WUZHENG JISHUXUE JIAOCHENG

物证技术学教程

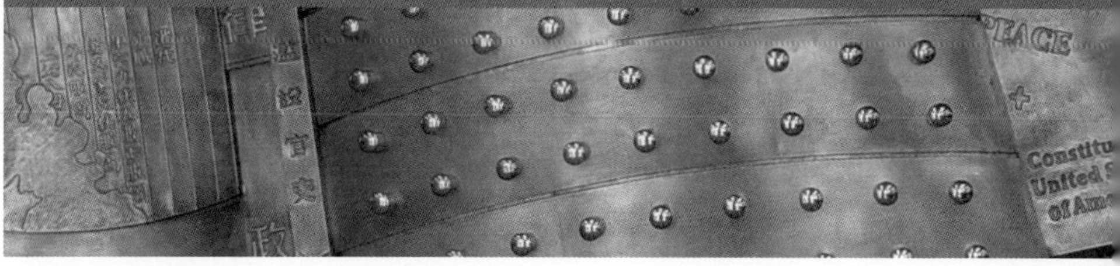

主编／许爱东

法律出版社
LAW PRESS·CHINA

序　一

物证技术学由20世纪80年代初发展至今，已经形成了独立的专业体系。它以探明事实真相为目的，以理论和实践相结合的视角研究如何利用科学技术方法去发现、记录、提取和鉴别证据材料。在法治社会中，裁判者认定案件事实必须依靠证据，也必然重视物证技术。实践证明，物证技术已成为执法、司法机关正确履行职能的重要手段。

华东政法大学作为新中国成立后建立的五大高等政法院校之一，在60余年的岁月中，以其雄厚的学术力量、严谨求实的学风、高水平的教学质量以及丰硕的学术研究成果，跻身于全国“法学教育的五大主力”之列。多年来，发挥了培养高端法律人才主阵地、主渠道的重要作用，为党和国家培养了大批高层次法律人才。在华东政法大学现职教师中，既有一批资深望重、在国内享有盛誉的法学前辈，更有一大批在改革开放后成长起来的优秀学术中坚。这些老中青法学专家多年来在勤奋研究法学理论的同时，也积极投身于国家的立法、司法实践，对国家法制建设与法学教育的发展贡献良多。

《物证技术学教程》是以科学发展观为指导，总结新中国成立以来物证技术领域所取得的成果和经验，吸收当前国际法庭科学领域的新动态，由理论和实务部门的专业技术人员共同编写的教学和实务培训适用的教材。其主要用于法学专业本科与研究生教学，凸显了新时期下本科与研究生教育的特点，将学术性、新颖性、可读性有机结合起来，运用生动的案例、简明流畅的语言阐述科学理论与专门技术。

站在新的起点上，我相信华政人一定能在“笃行致知，明德崇法”的校训指导下，奋力发扬“逆境中崛起，忧患中奋进，辉煌中卓越”的华政精神，进一步贯彻落实“以人为本，依法治校，质量为先，特色兴校”的办学理念，以教学为中心、人才培养为根本、学科建设为龙头、高素质师资队伍建设为保障，培养更多开放创新的应用型、复合型卓越法律人才，为我国高等法学教育事业和民主法治建设做出新贡献！

是为序。

霍宪丹

2016年3月10日

序　二

法学教育是高等教育的重要组成部分，是建设社会主义法治国家、构建社会主义和谐社会的重要基础。近年来，法学教育取得了长足的进步，随着我国司法理念的转变、诉讼结构的调整以及法治的进步，司法鉴定不仅仅局限于作为诉讼的科技辅助手段，也不单单是一种技术性的证据调查措施，而是作为维护与实现司法公正的重要保障，在中国特色的社会主义司法制度的发展和完善中得到发展和完善，并发挥越来越重要的作用。

在证明制度由神证、人证向物证发展的过程中，运用科学技术收集、检验与鉴定物证在历史的长河中经历了漫长的变革与发展。近代以来，物证在诉讼中的地位不断提升，司法鉴定意见作为三大诉讼证据种类之一也具有重要的作用。而物证技术长期隶属于侦查工作，作为刑事案件侦查的一种手段来运用。随着我国法治的不断进步、司法鉴定制度的不断完善，物证技术学已完全独立于侦查工作。作为司法鉴定领域中的一个重要组成部分，物证技术不仅有助于解决刑事诉讼中的专门性问题，为打击犯罪、保障人权服务，同时也成为民事诉讼案件与行政诉讼案件中的重要证明手段。物证技术学在当代的发展，已具有法学与自然科学技术的双重属性。华东政法大学在20世纪50年代已开设了刑事技术学、物证检验学等课程，属于在此领域起步较早的高等院校。2008年设立司法鉴定硕士点、博士点，并建有博士后流动站。迄今为止，已经培养8届司法鉴定专业硕士、博士研究生。物证技术学作为法学与自然科学的交叉学科，在政法类院校单独成为司法鉴定的一个研究方向以来，亦得到了长足的发展。而今，在华东政法大学与司法部司法鉴定科学技术研究所、上海市公安局物证鉴定中心、中国人民公安大学众多专家学者的不断研究实践下，《物证技术学教程》得以问世，并将成为本科生乃至研究生的专用教材，可喜可贺！

长期以来，有关物证技术方面的教材多为公安院校的专业书籍，政法院校编写并使用的相关物证技术类教材尚属少数。而本次编写的《物证技术学教程》在国内同类高校中也属于具有创新性的教材，既有理论内容，又有实践内容。并且本书内容较好地反映当前本学科的理论与技术的基本问题，同时在一定程度上还体现我国司法体制改革的最新成果，反映出主流的学术观点和方法。希望能帮助读者有所领悟并有所创新，在物证技术领域有所建树。

杜志淳

2016年3月16日

编写说明

物证技术学是一门法学与自然科学相互交融的综合性学科，所涉专业涵盖法学、工学、理学、物理学、化学、计算机学、生物学等众多领域。该课程作为司法鉴定、侦查学、治安学、边防管理等专业的基础课程以及全校性选修课，开设已有20余年，授课学生3万余人，受到学生高度认可与欢迎。同时，物证技术学亦是我校司法鉴定专业硕士、博士研究生的必修课程。为使法学专业学生熟悉并掌握物证技术学的理论与实务，我们组织了我校刑事司法学院、司法鉴定中心等部门长期从事物证技术学教学、科研与鉴定实践的专业教师、研究人员与鉴定人员，并联袂司法部司法鉴定科学技术研究所、上海市公安局物证鉴定中心、中国人民公安大学的专家、学者，共同合力编写完成了这本《物证技术学教程》。编写人员坚持以邓小平理论、"三个代表"重要思想以及科学发展观为指导，力求全面、系统、准确地阐述、诠释物证技术学的基本理论与知识，努力使教材实现科学性与实践性的有机统 。编写过程中，作者从政法类院校教学特点、学生的专业知识背景以及毕业后的工作实际能力需求等方面出发，量身定制了本教材。本书除作为政法类院校、法学院学生使用教材外，亦可为司法工作人员实务工作提供参考与借鉴。

编写人员（按章节先后顺序）及其分工如下：

许爱东：第一章、第二章、第四章

沈臻懿：第三章、第五章第一至四节、第六章第一至四节、第十八章、第二十六章

涂　舜：第五章第五节、第六章第五节

栾时春：第七章、第八章、第九章、第十章、第十二章第一至二节

糜忠良：第十一章、第十二章第三至四节、第十三章

李丽莉：第十四章

王　涛：第十五章、第十六章

杨　旭：第十七章

李　明：第十九章

陈维娜：第二十章第一至二节

柳　彬：第二十章第三节

胡　萍：第二十章第四节

郭名利:第二十章第五节

金　珂:第二十一章

王连昭:第二十二章

左吉园:第二十三章

徐昀霄:第二十四章、第二十七章

杨晓薇:第二十五章

赖红梅:第二十八章、第二十九章、第三十章、第三十一章

张玉荣:第三十二章

张润生:第三十三章、第三十四章

廖根为:第三十五章、第三十六章

本教材凝集了主编和撰稿人多年从事教学、科研及鉴定工作的经验和心得,全书内容深入浅出,力求先进性与科学性相统一,语言上专业性和通俗性相结合。但限于时间、经验,书中难免会存在不少错误,尚祈读者能多提宝贵意见,以资日后进一步完善。本书的出版受到中央财政支持地方高校发展专项资金项目《司法鉴定重点学科建设》项目、上海地方本科院校"十二五"内涵建设项目"高水平特色法学学科建设与人才培养工程"(085 工程)、上海市教育委员会重点学科建设项目(司法鉴定 J51102)资助。感谢霍宪丹教授、杜志淳教授在百忙之中为本书提序,并对书中的内容、结构提出了许多非常宝贵的意见,在此致以我们最为诚挚的谢意。本教材编写过程中,参阅并引用了大量相关资料、教材、文献、著作,谨向原作者表示诚挚的谢意。同时,本教材的编写也得到了我校司法鉴定专业梁适、朱裴、俞嘉琦、贺晨鸽等研究生的帮助,法律出版社沈小英分社长、责任编辑吴镝为本书的出版提供了大力支持,在此一并致谢。

2016 年 3 月 28 日

目　录

第一章　物证与物证技术

本章概要

本章主要介绍了物证的概念、特性、物证技术的界定与相近术语的辨析以及物证处理的基本原则。

通过本章的学习，应当掌握物证与物证技术有关的基本理论问题，了解物证的具体作用及不同角度、标准下的物证分类方式。

关键词

物证；物证技术；物证分类

第一节　物证的概念与特性

一、物证的概念

诉讼法学、证据法学以及物证技术学等学科均将物证作为其研究对象之一。相对于诉讼法、证据法中的狭义物证概念，物证技术学研究领域的物证概念外延较广，凡是能够证明案件真实情况的实物证据，均属于物证的范畴。

物证技术学中的物证，系指经依法收集且与案件存在关联，能以自身外部形象特征、所载字迹、声纹、图像、符号特征、物质属性等证明其与待证的人、事、物、时、空具有联系，从而证明案件事实情况的一切物质性客体。该定义表明，物证只有具备"双联性"的特点，才能作为定案或者认定案件事实的依据。一方面，物证必须使用符合法律规范的方式予以记录与固定，以确认其与案件中的人、事、物、时、空存在联系；另一方面，物证往往需要借助于科学鉴定的方法，才能确定其与受审查的人、事、物、时、空存在联系。物证的科学概念，具体而言可以反映在以下方面。

（一）物证是客观存在的实物

物证系相对于人证而言，有的称为"哑证"，区别于以言词作证的被害人陈述，犯罪嫌疑人、被告人供述及辩解，当事人陈述以及证人证言等。言词证据是个体对于客观实物的主观反映，易受各种主、客观因素的干扰，而物证本身即为客观存在之物，较言词证据更为稳定，不易受到外界因素的影响。各类物品、物质、痕迹、文书等物质性客体都可客观地对案件事实情况进行证明。

（二）物证依照法定程序收集

物证作为证据种类之一，需符合证据合法性的要求。在刑事诉讼中，绝大多数的物证是由办案人员在案件侦查过程中发现提取的，其余物证则由受害方或者证人提供。民事诉讼中，除当事人可以提出相应物证外，法院也可依职权或依当事人申请对物证进行调取。无论是刑事诉讼还是民事诉讼，都应当办理相关法律手续，依照法定程序收集作为物证的物，以证明该物与案件之间存在联系。

（三）物证与案件存在关联

司法实践中，能够作为物证的物品、物质、痕迹、声纹、文书等物质性客体，应与具体案件之间存在客观联系。具体而言，民事案件的物证必须与诉讼当事人或者特定的法律行为之间存在关联。刑事案件的物证则必须与犯罪预备、实施、掩饰等行为有着直接关联，或者与犯罪地点、被害人或犯罪人的身体存在必然联系。现场勘查过程中发现的物品、物质、痕迹、文书，应当对其进行细致识别后，才能作出是否与案件存在关联的判断。一方面，应当防止将与案件无关的客体作为物证；另一方面，又应注意案件中是否存在伪造物证等情形。

（四）物证能证明案件事实情况

物证的最本质特征，即其能够证明案件事实情况。物证的外部形象特征、所载字迹、声纹、图像、符号特征、物质属性等客观存在，均可以在案件中发挥证明作用。例如，盗窃案件中被撬保险柜表面发现的指印，能够以其外部形象特征证明某人是否在现场接触过保险柜；在民事纠纷案件中，合同上的签名字迹特征可证明该签字是否为某人所写；在银行抢劫案中，监控录像拍摄下的图像信息能够反映出作案人的人身特征；性侵案件现场上发现的精斑，其DNA信息能够证明是否为某人遗留。

二、物证的特性

物证作为证据的具体表现形式之一，除应当具备合法性、关联性、客观性等证据共有特性外，还具有其自身独一无二的特殊属性。各类诉讼活动中，物证往往比人证的证明作用更加真实、可靠，较人证而言具有客观可靠、科学依赖、不可替代以及较为脆弱等特性。

（一）物证的客观可靠性

犯罪嫌疑人及被告人的供述与辩解、被害人陈述、证人证言等人证，在以言词证明案件相关事实的过程中，易受主观或客观因素的影响，而使其证明的内容与事实情况存在出入或者自相矛盾。譬如，证人因主观偏袒、害怕打击报复或客观上观察角度不佳、记忆能力欠缺等因素，导致证人证言出现前后矛盾、出尔反尔等真实性较差的特点。但是，物证系以客观存在的实物证明案件事实情况，不会因个体的主观意识、理解偏差、记忆模糊等受影响而产生失真或变化。客观存在的物证并不以人的意志为转移，其本身就能如实反映或再现案件中的某一情形或某一结果。正如美国著名物证技术学家赫伯特·麦克唐奈先生所言："在审判过程中……唯有物证不会说谎。物证不怕恫吓。物证不会遗忘。物证不会像人那样受外界影响而情绪激动。物证总是耐心地等待着真正识货的人去发现和提取，然后再接受内行人的检验和判断，这就是物证的性格。"

（二）物证的科学技术依赖性

前述中赫伯特·麦克唐奈先生对于物证的理念，不仅论述了物证的客观可靠性，更阐明了物证对于科学技术的依赖性。由于物证本身属于"无言的证据"，需要内行人或专业人员介入其中，运用科学技术发现、记录、提取、检验、鉴定案件中的各种物证，从而准确揭示出物证潜在的客观规律。随着科学技术手段的突飞猛进，物证鉴定新技术不断涌现，进一步扩大了诉讼活动中物证的应用范围，提高了物证的鉴定水平及证明价值。以枪弹痕迹鉴定为例，比较显微镜的引入，使鉴定人员可以对发射枪支进行同一认定；现代分析仪器的应用，则可以认定嫌疑人虎口、袖口等部位是否存在射击残留物，并最终判断其是否进行过射击。科学技术的进步与发展，亦造就了一批现代新型物证。电子证据、声像资料等物证种类，其本身即为现代科学技术发展下的产物。此类物证在本质上具有完全的科学技术依赖性，必须依靠如电子学、计算机学等现代技术的支撑，才能用以证明案件具体情况。

（三）物证的不可替代性

物证的"双联性"已然揭示，任何与案件无关的实物均不能成为诉讼证据。物证不可用其他同类客体进行替换。例如，对于犯罪现场上提取到的作案工具，绝对不允许使用其他同类工具来予以替换。作为诉讼证据的物证，必须与案件事实之间存在客观的联系。通常而言，庭审过程中举证方应当向法庭提交物证原物，然而在提交原物确有困难的情况下，亦可提交原物的模型或照片。例如，盗窃案现场中提取的嫌疑人足迹模型、杀人案件现场中拍摄的反映喷溅血迹形态的照片等。此时，不可一味将上述情形视为对物证不可替代性的否定，而是在无法提交原物的前提下，对物证不可替代性的补充与完善。

（四）物证的相对脆弱性

司法实践中，物证的客观存在性往往是证明案件事实的有利武器。然而，传统理论在强调物证客观存在、稳定不变的同时，却容易忽略物证自身较为脆弱的特性。一旦物证的客观存在性因主、客观的原因而遭到破坏或者灭失时，该物证就无法再发挥其在诉讼活动中应有的证明作用。例如，生物组织在自然条件下极易腐败，腐败变性后的生物组织因无法给出准确的生物信息而不再具有证明作用。又如，现场勘查人员在提取嵌入墙体内或人体内的弹头，不慎使用金属镊子进行夹取时，极易在弹头表面形成新的形态特征，从而破坏了原有的能够证明案件相关事实的弹头外部形态特征。因此，物证较为脆弱的特性，要求专业技术人员在发现、提取、保存、保管物证的过程中，务必谨慎细致，防止改变或破坏物证原有的客观存在形式。

第二节 物证的作用与分类

一、物证的作用

物证的作用最早在刑事案件中显露，并为刑事诉讼所重视。随着法治建设的发展和科学技术的进步，物证的作用已由刑事诉讼中逐渐扩展、延伸至民事诉讼与行政诉讼。物证较言词证据而言，其客观性更强、可靠性更高的特点，决定了经法官认证成为定案依据的证据中，物证已占到了相当比例。可以说，物证在当前诉讼活动中地位的不断攀升，标志着诉讼证明已由传统意义上的人证证明迈向物证证明时代。具体而言，物证在诉讼中的作用主要包含以下内容。

（一）为案件定性提供客观依据

案件发生以后，通过专门人员对物证的勘验，可以初步判定案件的性质。例如，现场中获取的尸块、血迹、凶器等痕迹、物证，可以判明所勘查的现场发生过凶杀犯罪的事实；银行门窗破坏痕迹、保险柜撬压痕迹、地面上散落的货币等可以证明所勘查的现场发生了盗窃犯罪的事实。办案人员根据现场痕迹、物证勘验的结果，可以判明案件的性质，从而决定是否应当予以立案。

（二）为诉讼活动提供法定证据

案件事实情况的回溯与重建，必须经相关证据予以证明。《刑事诉讼法》第48条规定："可以用于证明案件事实的材料，都是证据。"物证作为三大诉讼活动中较为常见的证据之一，其在认定案件事实过程中往往具有无可比拟的作用。物证技术学中广义的物证经查证属实能够作为定案的依据，即成为诉讼法规定的物证、书证、视听资料等法定证据类型。

（三）有助于查明案件线索

刑事案件中，作案人在犯罪现场往往遗留有较多的痕迹与物品，如手印、足迹、工具痕迹、犯罪工具以及微量的油脂、涂料、金属微粒等。通过发现、提取并分析作案人遗留在现场的物证，可以为侦查工作的开展提供方向和线索。例如，对于连续发生的多起盗窃电缆案件中提取到的物证进行分析，判断这些案件的作案手段是否存在稳定的特征，从而为串并案提供依据，有助于确定案件侦查方向，缩小侦查范围。

（四）有助于查找、发现作案人

犯罪现场勘查中，通过对发现、提取的各类物证进行分析与判断，可以推断出有关作案人的详细信息。例如，通过分析作案人遗留在现场的工具痕迹特征以及犯罪工具种类，可以推断出作案人使用工具的熟练程度以及职业特征等信息；通过分析作案人遗留在现场的足迹，可以推断作案人的性别、年龄、身高、步行姿态、腿脚是否有残疾、疾病等个体信息。分析作案人的人身特点，对及时排查堵截，迅速查找并发现作案人具有重要的意义。

（五）有助于认定作案人、作案工具

案件中发现、提取的物证，有时需要进一步检验与鉴定。专门人员运用同一认定的理论，可以在鉴定的基础上利用物证直接认定作案人与作案工具。例如，对于现场遗留的手印、赤脚印、唾液等进行鉴定，可以直接认定遗留痕迹物证的人；对于现场遗留的工具痕迹、枪弹痕迹等进行鉴定，则可以直接认定形成痕迹物证的工具。

（六）有助于印证案件中的其他证据

当事人、犯罪嫌疑人、被害人及证人等有时会因为种种主客观的原因而未能如实供述或陈述，但案件中客观存在的物证往往具有较强的真实可靠性，不容易受到外界因素的影响而对案件事实的证明产生偏差。通过物证可以对案件中其他证据进行印证，判明两者之间是否一致或者存在矛盾，从而有效验证其他证据是否具有真实、可靠性。

二、物证的分类

根据物证的具体特点不同，可以将其划分为若干不同种类。综合当前理论界的研究共识以及实践操作中的通行方法，物证可依表现形式以及来源的不同而进行如下分类。

（一）依照物证的表现形式进行分类

根据具体表现形式的不同，一般可以将物证分为物品、物质、痕迹、文书、声像资料与电子证据等。

1. 物品

作为物证的物品，具有大小各异、种类繁杂等显著特点。物品既可小到衣服上的一粒纽扣，又可大到整座桥梁或整栋房屋。此类物品既可是完整之物，又可为断离碎片之物，但都能以其外在特征证明案件事实情况。

2. 物质

作为物证的物质，具有范围广泛、含量较少的特点。物质物证既可以分为化学物质与生物物质两大类，又可以表现为各类斑痕、微量附着物以及微体散落物等。此类物证，量小体微，均可以其物质属性对案件事实进行证明。

3. 痕迹

作为物证的痕迹，多指反映形象痕迹，系人体或物体与另一客体相接触后，在另一客体表面遗留下自身接触面外表结构的反映形象。如手、足的印痕、撬棒形成的撬压痕迹、车轮的刹车痕迹、弹头表面的膛线痕迹等。

4. 文书

文书从本质上而言，亦属于物品的范畴。但文书作为一种承载字迹、符号特征的书面材料，有别于一般意义上的物品。通常作为物证的文书最初往往以可疑文书的形式出现，只有经过鉴定，解决其中涉及的可疑情况后，文书才能作为物证或书证，或者既属物证，又属书证。

5. 声像资料

属于物证范畴的声像资料，一般包括各类可疑的录音带、录像带以及照片等。此类声像资料往往需要借助于专门的物证技术，确定其是否完整，有无增删、改动等情形，并对语音、说话者、图像、人像等进行真实性识别。

6. 电子证据

刑事、民事、经济等案件中，均有可能涉及电子证据，犯罪人和违法人员在利用计算机技术等高科技手段从事特定活动时，均可产生并遗留下此类电子证据。由于电子证据需要依赖于特殊的载体，因此需要借助于相关设备，才能确保证据的发现、提取与利用。

7. 生物物证

生物物证是指来自生物的物质，以其生物成分和特性来证明案件事实的一类物证。通常包括血迹、精斑、唾液斑、人和动物毛、骨及软组织碎块、植物叶片、果实、种子、孢子、花粉等。

8. 化学物证

化学物证是指以某物质的化学组成成分和特征来证明案件事实的一类物证。案件中常见的有各种毒物、毒品、爆炸物、油脂、涂料、纤维、泥土以及上述各类物品、物体物证分离而成的微细粉末、碎屑等。

（二）依照物证的不同来源进行分类

根据具体来源的不同，物证通常可分为以下四类。

1. 源于人体的物证

（1）人体印痕。主要包括手印、耳纹、唇纹、鼻纹等人体肤纹印痕以及足迹、牙齿印痕等。（2）人体外貌。诉讼活动中，专业人员有时能够利用人体外貌的特定性及相对稳定性，对人身进行有效识别。（3）人体运动习惯。主要包括行走运动习惯、书写运动习惯、发音习惯以及制作工艺习惯等。人体运动习惯除能够用于识别人身外，还能为案件提供线索及依据。（4）人体物质。主要包括人体组织、血液、血痕、精斑、唾液、呕吐物以及排泄物等。利用DNA技术对人体物质进行分析、鉴定，有助于准确认定犯罪人，并排除其他嫌疑人员。（5）人体气味。来源于人体的气味，除了人体皮肤汗腺分泌的汗液以及呼吸道的呼出气体等特殊、稳定气味外，酒精、烟草、香料等的气味亦是人体特定气味的共同组成部分。

2. 源于物体的物证

(1)物体实物。此类物证在诉讼活动中极为常见,通常具有较强的证明效力。譬如刑事案件中常见的犯罪工具、赃款赃物、犯罪行为所产生的非法物品等物体实物。(2)物体物质。物体物质在各类案件中涉及的范围极为广泛,如金属、毒物、油墨、印泥、纤维等。通过对于此类物质的定性、定量分析,能够帮助办案人员查明案件的真实情况。(3)物体印痕。物体印痕类物证在刑事案件现场中出现频率较高,如工具痕迹、枪弹痕迹、车辆痕迹等,需要勘查人员在犯罪现场中予以重点寻找、发现与识别。

3. 源于植物体、动物体的物证

(1)植物体、动物体的物质。植物体、动物体的物质主要包括植物的果实、孢粉、根、茎、叶以及动物的血、肉、骨、皮、毛等。通过此类物质不仅可以判断其种类所属,而且有的还能利用 DNA 技术进行同一认定,极大地拓宽了植物体、动物体检验的范围。(2)植物体、动物体的印痕。植物体、动物体的印痕在案件中出现的频率相对较低,案件现场中偶尔会有动物蹄迹出现,利用此类印痕不仅可以进行追踪,还可对其进行同一认定。

4. 与环境有关的物证

温度、湿度、光线、气味、烟雾、物体位置及形态等与环境有关的内容,均可以作为案件中客观存在的物证。例如,案件现场以及特定客体的温度、湿度详细记录,不仅可以为现场分析提供条件,也可为验证犯罪活动提供有力依据。

第三节　物证技术的概念及辨析

一、物证技术的概念

美国法庭科学学会(The American Academy of Forensic Science)曾对物证技术一词进行过界定,其认为物证技术乃是对物证进行分析、比较、鉴定并解释,主要通过客观地运用自然科学技术去检验物证,从而证明案件事实或确定某些存在的关联。自 20 世纪 80 年代起,物证技术一词作为一项术语,开始出现于高等院校的相关法学教材中。相较于域外对于物证技术词的定义,中国的物证技术内容不仅包含物证的检验与鉴定,还涵盖了物证的发现、记录与提取。就本质而言,物证技术作为一门应用技术,综合物理、化学、生物、医学、统计学等学科的原理、技术与成果,运用于具体案件中的物证之上,通过解决与物证有关的同一认定、种属认定以及其他技术性问题,充分发挥物证在证明案件真实情况中的价值与作用。因此,物证技术系运用现代科学的原理、方法和技术手段,对于案件中的各种物证依法进行勘验和鉴定,为查明案件真实情况提供科学依据的一项司法性技术活动。

物证技术的工作对象无疑是案件中的物证，具体而言，是需要利用科学技术手段进行检验才能起到物证证明作用的各类物品、物质、痕迹、文书、声像资料、电子证据等物质性客体。司法实践中，物证技术往往要针对一些潜在的物证，也就是可能成为物证的各种物体性客体。此类物质性客体将要发挥证明作用的种种特征或属性颇为隐蔽、深奥，其与案件之间的关联性不那么直白、一目了然，因而非常人依普通的学识、心智能够判断，它必须依靠物证技术的力量予以揭示、甄别、确定。[1] 例如，犯罪现场中发现多枚足迹，其中只有作案人的足迹才是能证明其进入过现场的物证。由于足迹中反映出的特征非常人所能分辨，这就需要借助于物证技术才能甄别、剔除与作案人无关的足迹，并最终通过物证技术确定某一枚与案件存在关联、能够证明某一事实的足迹物证。

物证技术在揭示物证与案件的关联以及发挥其对案件的证明作用时，都需要具体解决涉及物证的专门性技术问题。从这一层面而言，解决此类专门性问题已成为物证技术的核心、终极目标。譬如，协议书上的签名是否为某人书写，欠条上的指印是否为某人所捺，死者是否因某种物质而导致死亡，某文书中文字与印文形成的先后次序，以及作案枪支上被锉掉的号码原来为多少，等等。此类问题在诉讼活动中的出现，即需要通过专门人员运用物证技术予以解决。

二、物证技术与相关术语的辨析

长久以来，公安、司法机关以及法学界从各自不同的角度对解决涉及物证专门性问题的技术进行了不同命名。例如，公安系统习惯称为“刑事技术”，检察系统往往以“检察技术”命名，而法学界则多称以“物证技术”、“司法鉴定”或者“法庭科学”。物证技术与上述其他术语之间既存在密切的联系，又在某些方面具有较为显著的差别。

（一）物证技术与司法鉴定的辨析

2005 年全国人大常委会《关于司法鉴定管理问题的决定》明确规定，司法鉴定是指在诉讼活动中鉴定人运用科学技术或者专门知识对诉讼涉及的专门性问题进行鉴别和判断并提供鉴定意见的活动。从司法鉴定的含义而言，其范围既包括文书鉴定、痕迹鉴定、微量鉴定、声像资料鉴定等属于物证技术学范畴的鉴定，也包括法医病理鉴定、法医临床鉴定、法医精神病鉴定等不属物证技术学鉴定范畴的鉴定类别。而从字面理解中同样可以发现，司法鉴定侧重于鉴定，而物证技术除包括物证鉴定外，还包括物证的发现、记录、固定与提取等方面。

（二）物证技术与刑事技术的辨析

刑事技术，亦称刑事科学技术，是刑事侦查部门在同刑事犯罪斗争中，运用物理学、化学、生物学、医学、语言学等自然科学和社会科学的有关成果及其原理和方法，发

---

〔1〕 李学军著：《物证论——从物证技术学层面即诉讼法学的视角》，中国人民大学出版社 2010 年版，第 31 页。

现、提取、检验、鉴定与犯罪有关的痕迹、物品,为侦查破案提供线索和证据的一项侦查措施。[1] 由此可见,刑事技术主要针对犯罪案件,由公安、司法机关根据《刑事诉讼法》的规定,指派或聘请具有专门知识技能的人员,通过科学技术手段对案件中涉及的痕迹、物证进行鉴别与判断。物证技术一词则主要凸显其法律性质,无论是刑事、民事还是经济案件,只要存在物证,均可以运用相关物证技术予以解决。此外,从概念的外延来说,刑事技术显然比物证技术更宽,刑事技术中除"物证摄影技术"、"痕迹检验技术"、"文件检验技术"等属于物证技术的内容外,还包括法医技术、监控技术、测谎技术、警犬技术等显然不属物证技术的内容。

(三)物证技术与检察技术的辨析

"检察技术"一词从字面意义而言,即已充分反映出其与检察机关、检察权之间的密切联系,系检察机关对所属鉴定部门从事的专门性技术活动的惯用称谓。与刑事技术具有异曲同工之处的检察技术一词,同样源于公权力部门的职能划分,而非严格意义上的根据科学分类或法律划分进行命名。从这一命名与划分方式中,已经能够明显将其与物证技术进行有效区分。

(四)物证技术与法庭科学的辨析

法庭科学(forensic science)一词最初诞生于20世纪40年代末期的欧美地区,时至今日,已成为美国等西方国家诉讼法律体系中对解决案件中专门性问题的科学实证活动的特定称谓。中国部分专家、学者在翻译、引入的过程中,往往根据字面含义将其直接称为法庭科学,意为在诉讼或者法庭中运用的科学活动。法庭科学的提法,主要基于科学技术服务的考虑,认为各类诉讼案件中的科学实证活动应当以其科学性质予以命名。法庭科学作为法律工作与自然科学交叉融合的系列学科总称,主要包括法医学、物证技术学、司法精神病学、司法会计学、工程质量鉴定学、知识产权鉴定学等方面的科学领域。由此可见,物证技术学系法庭科学中的一门具体学科,两者之间存在明显差异。

第四节 物证技术中处理物证的基本原则

物证技术将物证作为其工作对象,因此,如何正确处理可能作为物证的各类物质性客体也就成为发挥物证证明作用的前提,需要在物证技术中予以明确规范。通常而言,物证技术中涉及如何处理物证时,应当遵循下列基本原则。

---

〔1〕 张文清主编:《中国公安通论》,辽宁人民出版社1988年版,第209页。

一、依法实施原则

（一）公正合法

处理可能作为物证的物质性客体时，必须符合相应法律法规的规定。在物证的处理过程中，应当严格依据规范程序和技术标准进行操作，不得污染或损失检材。在提取物证的过程中，应当根据检材性质、特性以及检验方式的不同，选择合理的方法予以提取。

（二）客观真实

能够证明具体事实的物证，应当客观、真实地存在于案件之中，不能凭空捏造。案件中的物证必须经依法搜查、现场勘验等方式进行提取。对于案件中发现的物品、物质、痕迹、文书等物质性客体，应当经过细致识别，判明是否与具体案件有关，如一时难以判断其是否为物证，应当先将其作为物证对待并及时予以提取。

（三）充分可靠

充分可靠性原则要求专业人员在处理物证时，应当尽可能予以充分、全面的提取，不能随意遗漏或者有所取舍。提取物证时应当尽量保持其原有状态，减少提取方法对物证的检验产生偏差，确保物证的真实、可靠性。

二、科学处理原则

对于具有物证意义的物品、物质、痕迹、文书等物质性客体，应当先进行静勘，后进行动勘。静勘时，首先应当观察与记录物品、物质、痕迹、文书的原始状态，并观察上述物证所处的具体位置以及与周边物质之间的关系。动勘时，则需要仔细研究物证自身所具有的特征，如形态、质料、颜色、温度、气味、有无文字、印记、商标、编码、损伤、残缺、斑迹或微量物质附着等情况。

发现相关物证时，必须边观察、边记录，按照规范操作对物证的原始状态以及自身特征进行拍照固定。对物证进行提取时，应当尽量保持其发现时的原始状态。除了防止作为物证的物品损坏外，还应当防止损坏物品表面的痕迹或者在其表面形成新的痕迹，并应注意防止将物品上附着的微量物质散落在地。当提取微量附着物时，专业人员应在戴上口罩后，使用透明胶纸黏取或者使用干净的镊子夹取，特殊情况下可连同载体一并进行提取。提取痕迹物证时，专业人员通常应当连同载体进行提取，如不易提取载体时，可根据痕迹的具体情况采用不同方法进行提取。对于作为物证的文书，专业人员必须戴手套提取，以防止文书造成新的痕迹、折痕，或者将提取人员自身的指纹遗留在文书上。

特殊情况下，专业人员在提取相关物证后，还应当及时提取相应的空白对照样本。例如，专业人员在连同泥土提取爆炸残留物时，应当在排除有爆炸残留物存在的附近泥土中提取空白对照样本，作为排除有检材存在的正常情况下的样品。

三、妥善保存原则

提取具有物证意义的物品、物质、痕迹、文书等物质性客体后，由于受条件的限制，有时无法在现场进行检验而必须送往专门的实验室进行鉴定工作。为防止送检中物证的污染或丢失，提取后的物证必须予以妥善包装与保存。由于物证种类广泛，性质各不相同，在包装和保存上应当根据各类物证的性质选择恰当的方法和措施，选用适当的材料或容器，对物证加以妥善包装，并在醒目处黏贴标签并编号加封。例如，对于金属微粒、涂料碎片、碎玻璃、纤维等不易变质、挥发的固体物证，通常采用普通的物证包装袋即可；对于易挥发、流动性的物证，必须采用密封性良好的包装物包装并密封处理。如果物证较为潮湿且容易变质、腐烂，则应当采用透气性能良好的包装物，必要时可以先烘干再进行包装，以防止物证霉变或腐败变质。

思考习题

1. 如何正确理解物证的双联性？
2. 物证在案件中的作用具体反映在哪些方面？
3. 如何准确理解物证技术与相近术语之间的关系？
4. 处理物证时应当遵循哪些基本原则？

拓展阅读书目

1. 杜志淳主编：《司法鉴定概论》，法律出版社 2010 年版。

2. 李学军著：《物证论——从物证技术学层面即诉讼法学的视角》，中国人民大学出版社 2010 年版。

3. ［美］李昌钰、蒂莫西·M. 帕姆巴奇、玛丽莲·T. 米勒著：《李昌钰博士犯罪现场勘查手册》，郝宏奎等译，中国人民公安大学出版社 2006 年版。

4. 邹明理著：《侦查与鉴定热点问题研究》，中国人民检察出版社 2004 年版。

第二章　物证技术学概览

本章概要

本章主要介绍了物证技术学的概念与研究内容、该学科解决的主要问题以及物证技术的体系与研究方法。

通过本章的学习，应当掌握物证技术学作为一门法学与自然科学交叉的综合学科，其在诉讼活动中所起的重要作用。了解物证技术学结构体系的具体内容以及研究该门学科时所应当掌握的主要方法。

关键词

物证技术学；结构体系；研究方法

第一节　物证技术学的概念

物证技术学，系指以物理学、生物学、化学、遗传学、电子学等自然科学为基础，以查明案件事实，为侦查破案、审判提供科学证据为目的，研究应用科学技术解决诉讼活动中涉及物证专门性问题的一门学科。物证技术学以法律的现实需求与自然科学的进步作为其产生和发展的必要前提，这就使物证技术学具有了法学与自然科学的双重属性。物证技术学不仅需要借鉴自然科学理论与技术对物证的发现、记录、提取、鉴定进行研究，更需要运用研究成果直接服务于法律实践，解决案件中涉及物证的一系列专门性问题。该定义表明，物证技术学研究内容主要涵盖以下方面：

（一）物证寻找、发现、识别技术

刑事诉讼活动中，案件的侦破往往起源于现场物证的寻找与发现。大多数的物证往往以潜在的、微量的形式存在于现场之中，需要借助一定的科学技术手段与仪器设备进行寻找、发现。同时，还应对寻找、发现阶段获取的物质性客体进行识别，以确定其是否为作案人所遗留，是否具有物证证明作用。因此，寻找、发现、识别物证的各项技术显然已包含在物证技术学研究的范畴之中。

(二)物证记录、提取技术

为了有效证明物证与案件之间存在的客观关联,专业人员必须依照法定规范对已发现的物证进行记录、提取。记录物证时必须达到客观、全面、准确的标准,除使用文字进行记录外,还必须同时运用照相、制图、录像等多种记录手段。专业人员针对不同种类的物证,应当分别采取相应的技术手段予以记录,以充分保证物证记录的质量。通常,对于现场中发现的各类物证,在条件允许的前提下都应及时予以提取。司法实践中,应当根据物证的不同特性,采取适当的方法进行提取。在提取物证的过程中,专门人员必须按照规定的提取程序、要求和方法进行操作,在保证提取质量的同时,又不能对物证造成破坏及污染。

(三)物证显现、保存技术

现场中遗留的大量潜在物证,需要通过一定的技术手段予以显现。例如,对于作案工具上遗留的潜在血指纹、合同文书上遗留的潜在汗液指纹等,都必须依赖于特定的专业显现技术。对于潜在物证,无论是在现场或者是在实验室条件下进行显现,都应当在遵循相关程序的前提下,选择最为恰当的显现方法。物证显现作为物证技术学研究的重要内容之一,只有将潜在的物证通过一定技术方式予以显现后,才能够真正达到证明案件真实情况的诉讼目的。

物证的保存技术涵盖了物证的包装、运送、管理、储存等多个环节,保存技术的好坏直接关系到某一实物是否能够起到物证作用,在诉讼证明中具有较为关键的地位。

(四)物证检验、鉴定技术

物证的检验、鉴定,是物证技术学中最为核心的内容。此项技术主要利用物品、物质、痕迹、文书等物质性客体所反映出的外部特征、物质属性,进行同一认定或者种属认定等。物证的鉴定由三大诉讼法明文规定,属于专门的法律术语,而物证检验则是实务部门在实际工作中普遍使用的专用技术术语之一。物证的检验技术与物证的鉴定技术之间存在密切联系。一般而言,物证的鉴定往往需要通过特定的检验手段、检验步骤来实现,离开了特定的检验手段与步骤,物证的鉴定意见也就最终无法得出。此外,物证的检验、鉴定技术中还包括相关仪器设备的研制开发,以及检验、鉴定物证时所应遵循的程序、步骤、方法等内容。

第二节 物证技术学解决的主要问题

物证技术学作为一门兼具自然科学与法学双重属性的交叉学科,其主要使命就是利用各项专门科学手段,为确定案件中的具体问题提供科学依据。物证技术学不仅为正确解决刑事诉讼中的专门性问题服务，也同时服务于民事诉讼案件与行政诉讼案件。《刑事诉讼法》与《民事诉讼法》均规定，在勘验现场与物证时，如果认为有必要，可以指派或聘请具有专门知识的人协助进行勘验。该项规定，为物证技术学在勘验现场与物证过程中提供技术服务提供了法律依据。此外，《刑事诉讼法》第144条、《民事诉讼法》第72条对委托鉴定亦进行了明确规定。根据委托方的委托，鉴定人应当对具体案件中涉及的文书、痕迹或其他物证进行鉴定。显然，物证鉴定在物证技术学中占了极大的比重。具体而言，物证技术学在其中主要应当解决以下问题。

一、人或物的同一认定问题

物证技术学领域中，同一认定问题主要包括认定“人身同一”与认定“物的同一”两大类。通常，只有当特定的人或物遗留下自身的痕迹、笔迹等特征反映体时，才能据此解决物证技术学中人或物的同一认定问题。

（一）人身同一认定

从当前物证技术学领域中应用较为成熟的科学技术和相关法律规定、司法实践来看，可以确认的人身同一认定主要有手印鉴定、赤脚印鉴定、牙印鉴定、笔迹鉴定、声纹鉴定、人像照片（颅像重叠）鉴定、DNA鉴定等。此类物证鉴定有的可以直接表明被认定同一的人是否就是实施犯罪行为的人，或者是否为民事法律关系的当事人。例如，牙齿痕迹具有的特定性、稳定性、反映性等属性，决定了案件侦破过程中利用牙齿痕迹对人身进行同一认定成为了可能。鉴定实践中，专门技术人员主要通过牙弓形态、牙齿排列、牙冠形态、牙列间隙、咬合状况、畸形病变等特征对牙痕进行比对检验。[1] 但在多数情况下，人身同一认定只能表明所认定的人在时间、空间上与案件事件存在某种联系，并不能直接肯定其即为刑事案件中的犯罪人或民事案件中的当事人；或者表明被认定同一的人与案件现场的某个物有联系，但不能据此直接证明其与案件事件有联系。在这种间接证明的情况下，要明确被认定为同一的人与案件的联系仍需综合全案其他证据加以认定。

（二）物的同一认定

物的同一认定问题在物证鉴定中亦经常出现，具体而言，物的同一认定就是确认受审查客体是否为被寻找客体。在物证鉴定中，物的同一认定主要有：鞋印、工具痕迹、枪弹痕迹、印章印文、整体分离痕迹、车辆痕迹等内容。由于案件中待证事实的不同，具体涉及物的同一认定问题与案件事实的联系及其证明力的大小也不尽相同。由于物是人的行为支配或承受的对象，因而物及痕迹就成了联系人与案件事实的媒介，需要从物与物、物与案件事实、物与人的联系中进行系统分析，来判明物的同一认定问题在具体案件中的证明作用。以刑事诉讼案件为例，物的同一认定问题一般具有以下四种情况，分别具有不同的证明作用：（1）物证鉴定意见表明被认定同一的物就是犯

---

[1] 许爱东、沈臻懿：“牙痕鉴定”，载《检察风云》2011年第6期。

罪工具或凶器,此类鉴定意见具有较强的证明力。(2)物证鉴定意见表明被认定同一的物是犯罪嫌疑人在实施犯罪行为时遗留的。这可以说明被认定同一的物与犯罪事件之间的关系,但应注意排除伪装。(3)物证鉴定意见表明被认定同一的物曾在犯罪地点使用过。(4)物证鉴定意见表明被认定同一的物所形成的痕迹曾被犯罪嫌疑人带到现场,该物与犯罪现场无时间、空间的内在联系,但与犯罪现场有偶然联系。在这种情况下,只能为侦查提供线索,从而寻找物的出处,确定嫌疑人的范围。

二、物证的种属认定问题

物证鉴定的目的是希望得到明确、可靠且唯一的意见,但由于科学技术水平及鉴定材料条件的限制,有时不能得出同一认定的意见,而只能作出某一种类或属类的鉴定意见。如血型鉴定、亲子鉴定(只检查红细胞血型时)、射击枪支类型的判断等鉴定都属于种属认定。物证的种属认定问题只能表明受审查客体与被寻找客体种类所属相同,或者可以确定某一客体的种类范畴,但不能直接肯定或否定受审查客体与被寻找客体的关系。

种属认定中得出的否定性意见可以排除某种事实。如在ABO血型系统的遗传规律中,父母只要有一方血型是AB型,就不可能生出血型为O型的子女。如果有O型的子女,则这个子女肯定不是这对夫妻所生。这种方法证明作用大,可直接否定某种事实,在种属认定中具有重要意义。种属认定中得出的肯定性意见只能表明案件中的某种事实有可能存在,并不能直接证明某种事实一定存在,需要与其他证据联系起来考查。因为这类意见具有不特定的特点,不能肯定或否定受审查客体与被寻找客体的关系,所以一般不能单独作为证据使用,其必须与其他证据相互印证,共同构成证据链进行证明。

三、物证的其他技术问题

除同一认定与种属认定问题之外,具体案件中还常常会遇到某些与物证相关的其他技术性问题,此类问题同样属于物证技术学需要解决的重点问题。例如,纸张上压痕字迹的显现,判断文书中文字与印文形成的先后次序,确定票证、货币是否属于伪造,车辆发动机上被锉去号码的恢复,污损文书中模糊字迹的辨读,纸张老化程度的判断以及文书物证中涂抹字迹的恢复等。

第三节 物证技术学的结构体系

物证技术学发展至今,已经具备了较为完整的结构体系。20世纪中叶以前,物证及其相关技术的研究完全依附于法医学学科体系的发展。随后,在公安、检察、法院、司法行政系统内部,物证技术学被完全包含在刑事技术学科的结构体系中,而高等政法院校则将其归于侦查学学科的结构体系。自20世纪80年代以来,公安院校相继设立的痕迹检验、文件检验、刑事化验、法医检验、刑事照相等专业,将物证技术学按不同专门技术进行了划分,在一定程度上亦促进了物证技术学的体系完善。同时,在政法院校的教学过程中,也逐渐将物证技术学从侦查学中剥离出来,使其逐渐形成一门独立的学科。经过数十年的发展,物证技术学的学科构建已趋于成熟与完善,其结构体系主要由物证技术学总论与物证技术学分论两大部分组成。

一、物证技术学总论

物证技术学总论是对本学科体系的高度提炼与概括,主要研究学科的基本理论与管理制度等共有问题,对物证技术学分论有极为重要的指导意义。具体而言,总论主要由以下内容组成。

(1)物证技术学基本概念。这一部分主要包括物证、物证技术及物证技术学的概念、特性、作用、分类,学科的研究对象、内容、方法等基础性内容。

(2)物证技术学历史沿革。这一部分主要论述了物证技术学学科在古今中外的历史发展过程、学科现状以及未来趋势等。

(3)物证技术学科学原理。这一部分主要阐明了物质转移理论、同一认定理论以及种属认定理论等物证技术学中共有的科学原理。

(4)物证技术学鉴定制度。这一部分对物证技术学鉴定的程序、步骤,物证鉴定机构的设置、管理以及物证鉴定人的准入、管理等相关鉴定制度进行了论析。

二、物证技术学分论

物证技术学分论主要是针对某一特定类别物证的发现、记录、固定、提取、显现、检验以及鉴定技术所作的详细、深入论述,着重解决诉讼活动中涉及物证的专门性问题。根据当前的司法实践以及结构体系的具体分类,物证技术学分论又可以进一步分为八大部分。

(一)基础技术

基础技术是指在物证技术学领域中,各类物证都可能需要运用到的若干技术手段。其内容主要包括:物证记录与检验中所需的影像技术,物证检验、鉴定中需要应用的显微镜技术以及分析物证时常运用的物证仪器分析技术。

物证影像技术作为记录、固定案件中各类物证的一项专门性技术手段,又可具体分为物证摄影技术、物证录像技术以及图像处理技术等方面。此项技术不仅可以对物证进行记录,还可在特定条件下对某些物证进行显现与检验。随着现代科学技术的飞速发展,物证技术早已告别萌芽时期的肉眼直观判断,需要依赖现代化的仪器设备对物证进行分析、检验。在检验各类物证的形态、特征时,往往需要借助于体视显微镜、生物显微镜、荧光显微镜、金相显微镜、比较显微镜、偏光显微镜、电子显微镜等显微检验技术进行观察、判断。而分析物证的物质属性时,则多需利用色谱法、原子光谱法、分子光谱法、质谱法、X射线分析法、核磁共振波谱法、联用分析法等物证仪器分析技术进行具体分析与检验。

（二）痕迹物证技术

痕迹物证技术，系运用痕迹学的理论与方法对案件中存在的痕迹物证进行检验、鉴定，确定痕迹物证与具体案件、形象痕迹与特定的人或物之间关系的一项专门技术。此处所研究的痕迹，在特指在力的作用下，一个客体作用于另一客体所留下的根据形态特征能够同一认定的物质变化形态。它既包括反映客体相互接触作用产生的形象特征的痕迹，也包括反映某客体分离作用产生的分离特征的痕迹。痕迹物证技术在各种诉讼中运用广泛。在刑事诉讼案件中，几乎所有的现场都会涉及各类痕迹的鉴定问题。在民事诉讼和行政诉讼中，其同样具有不可忽视的重要作用。现场遗留的各类痕迹不仅可以为刑事侦查工作提供破案线索与证据，而且在民事案件中，亦可以为诉讼活动提供法定证据。

痕迹物证技术的对象包括案件现场中遗留的各类痕迹物证。例如，杀人现场中，犯罪人逃离现场时遗留的足迹；盗窃案件中，作案者在撬压保险柜后留下的工具痕迹；交通肇事案件中，肇事车辆遗留的刹车痕迹；民事案件中，一方当事人在合同上所捺的指印等。具体而言，痕迹物证技术中包含手印、足迹、工具痕迹、枪弹痕迹、车辆痕迹、牙齿痕迹、整体分离痕迹、牲畜蹄迹、动物咬痕等痕迹物证的发现、提取、检验与鉴定技术。

（三）文书物证技术

文书物证技术，系指综合运用文字学、语言学、心理学、形态学、数学、物理学、化学等原理与技术，检验、鉴定与案件有关的各类文书物证，确定文书与当事人、嫌疑人关系或与案件事实之间关联的一项专门技术手段。文书物证技术不仅可以为案情分析提供依据，明确案件调查方向、缩小调查范围，在刑事诉讼中还可以为认定犯罪嫌疑人提供有力的依据。对文书的检验、鉴定主要通过对检材与样本的比较检验来进行，为了对文书中某些细节特征进行比较和检验，专业人员还需借助于显微镜、文检仪等专门检验仪器设备。随着科学技术的迅猛发展以及现代化办公系统的日益普及，文书物证技术的范围已不仅仅局限于笔迹、印章印文等传统领域。例如，主要依赖现代化分析仪器的文书物质材料，对制作文书的打印机、复印机进行认定等项目也已成为文书物证技术中的重要内容。

该技术的对象是文书物证，即以书写、印刷或摄录等方式制作的文书为载体，以语言、文字、图形、符号等方式提供有关当事人、文书制作的工具材料、文书的内容以及文书真伪等信息的物质性客体。按照文书物证技术中各类文书物证的外在表现形式以及内在本质属性，文书物证技术的具体对象又可以分七种类型：书写笔迹、印制文书、印章印文、污损文书、各种文书物质材料、各类票证、各种语言材料。根据上述具体对象的不同，文书物证技术领域中涉及的专业项目一般可以分成笔迹鉴定、印章印文鉴定、印刷文书鉴定、污损文书鉴定、文书制作时间鉴定、文书材料鉴定以及言语识别等。

（四）微量物证技术

各类微量物证在组织结构及成分含量上存在的差异，使其表现出不同的物理学、化学特性。专门技术人员可以根据微量物证的这种特性，利用物理学、化学等方法和技术，对微量物证进行定性、定量的分析与鉴定工作。换言之，微量物证技术即以物理学、化学和仪器分析等方法为手段，通过对有关物质材料的成分及其结构进行定性、定量分析，对检材的种类、检材和嫌疑样本的同类性和同一性进行认定。

在案件现场以及其他与案件有关的地点提取到的各类细小的物质，均有可能成为微量物证。常见的金属、玻璃、泥土、涂料、色料、粉尘、塑料、橡胶、纤维、黏合剂、油脂、射击残留物以及爆炸残留物等物质都是微量物证技术的研究对象。由于微量物证体小量微，其化学成分很低，物理性质很弱，因此需要用高精尖的现代化仪器检测其理化属性，来证明其与案件的关联性。[1] 司法实践中，微量物证技术主要包括纤维物证检验、油脂物证检验、涂料物证检验、玻璃物证检验、文书物质材料检验、爆炸物证检验、泥土物证检验、橡胶物证检验等内容。

（五）生物物证技术

生物物证，习惯上亦称为法医物证，是指经合法途径收集的与案件存在关联，通过科学手段能够查明案件事实的各类生物性物质。如血液（包括血痕）、唾液（包括唾液斑）、精液（包括精斑）、毛发、牙齿、骨骼、排泄物、人体组织以及与案件有关的动物、植物以及微生物等。生物物证技术是主要运用生物学、法医学、遗传学、免疫学、分子生物学、生物化学以及其他自然科学的原理与技术，研究并解决诉讼中涉及有关生物问题的专门技术。

生物物证技术的运用，可以明晰生物物质的性质、种类、个体特征、DNA 指纹等，并可进行个体识别与亲权关系的确定，判明生物物证的来源，从而证明生物物证与案件的关系，为案件侦破、审判提供线索及法定证据。其主要内容包括：人体物证检验、动物物证检验、植物物证检验、微生物物证检验以及 DNA 检验等。

（六）毒品毒物技术

毒品，特指经国际公约控制、防止非法滥用的天然生产或人工合成的各类成瘾性药物。主要包括法律禁止滥用的麻醉药品与精神药品。个体摄入此类药物后，易引起精神亢奋、欣喜快感或产生幻觉、抑制等作用，并使人产生成瘾依赖性。毒物，则是指在一定条件下，小剂量进入人体或动物机体后相互作用，侵害机体的器官组织，并在组织、器官内发生化学或物理化学作用，破坏机体的正常生理机能，从而导致组织损伤、功能障碍，甚至危害生命的物质。

毒品毒物技术，系利用化学、药学、医学等自然科学的理论、技术与方法，对危害人

---

[1] 刘文主编：《中国刑事科学技术大全——刑事科学技术总论》，中国人民公安大学出版社 2003 年版，第 56 页。

类生命健康的化学物质进行定性以及定量分析的专门技术。主要包括毒品以及中毒案件中的各类毒品物证、毒物物证的提取、检验与鉴定技术。

（七）声像资料技术

物证技术学领域中研究的声像资料，主要是指以图像、声音形式证明案件事实情况的证据材料，包括录音、录像、照片、胶片、光盘、计算机及其他高科技设备储存的材料等。声像资料技术则是指运用物理学和计算机学的原理和技术，对录音带、录像带、磁盘、光盘、图片、手机等载体上记录的声音、图像信息的真实性、完整性及所反映的情况过程进行分析，并对记录的声音、图像中的语言、人体、物体进行种类或同一认定。根据声像资料存储形式的不同，声像资料技术可分为模拟信息技术与数字信息技术。而根据鉴定对象的不同，声像资料鉴定技术又可以分为语音鉴定、图像鉴定两大类。

（八）电子物证技术

电子物证技术是物证技术学中一项新兴的专门技术，系指通过运用计算机理论和技术以及其他相关的专门知识对与计算机案件中有关电子物证的内容进行专业检验、分析、判断、鉴定的专门性技术手段。根据电子物证技术的性质和证据认定特点，其内容可以分为来源鉴定、同一鉴定、内容鉴定、相似性鉴定、功能鉴定、损失鉴定、复合鉴定七类。

第四节　物证技术学的研究方法

一门学科的研究对象与任务，直接决定了该学科的具体研究方法。物证技术学在研究过程中，将物证以及物证技术作为研究对象，其任务主要是研究物证寻找、发现、识别、记录、固定、提取、检验与鉴定的科学技术手段，为正确、公正处理刑事、民事、行政案件提供科学证据。物证技术学特定的研究对象及任务，决定了其必须采用与该对象、任务相吻合的方法进行研究。总体而言，物证技术学的研究方法除了应当细致研究相关法律，了解法律对于物证技术的特定要求外，还包括以下六项内容：

（一）研究现场勘查中采痕取证的实践经验

物证技术学的研究涵盖了发现、记录、提取、检验、鉴定物证等各个方面。因此在探索相关内容时，首先应当关注现场勘查过程中有关物证取证方面的经验总结。现场取证不仅是勘查现场的重要环节之一，也是物证技术在勘查过程中发挥证明作用的主要方面。物证技术学在研究过程中，应当不断提炼现场勘查的经验，总结现场勘查活动中行之有效的物证技术方法以及具体需要改进的相关技术。随时掌握现场勘查取证中出现的新问题、新动向，从而为物证技术学的研究指明发展方向。

（二）探索诉讼中运用物证鉴定的相关经验

各类物证在刑事诉讼、民事诉讼以及行政诉讼中的运用经验，同样值得物证技术学在研究的过程中予以重点关注与总结。物证鉴定意见作为诉讼活动的证据材料之一，最终需要在法庭审判中接受质证、认证等考验，才能最终成为证明案件事实情况的客观依据。物证鉴定意见正确与否，其具有多大证明效力，司法人员如何运用物证鉴定意见等此类问题，不仅涉及物证鉴定的技术性问题，还涉及物证鉴定的理论性问题。物证技术学在其发展过程中，应及时掌握此类信息，总结司法人员对于物证鉴定意见评断的经验，以不断充实物证技术学研究的内容与深度。

（三）总结物证技术实践操作的工作经验

物证技术学不仅是一门为法律服务的应用学科，还是一门极具科学技术性的实践学科。在研究这样一门文、理交叉的综合性学科时，应当着重总结物证技术实践操作中的宝贵经验。物证技术学的运用环节中，检验与鉴定物证无疑是最为重要的内容之一，这就需要专门人员不断总结检验、鉴定物证中积累的实践经验，从而进一步夯实物证技术学研究的理论积淀。

（四）积极开展科学实验活动

无论是掌握物证技术学的理论与技术，还是检案过程中的物证技术工作，乃至物证技术学科的发展与建设，都需要通过科学实验来予以深化。此外，侦查、审判以及鉴定实践中新型、疑难问题的涌现，同样需要通过开展科学实验活动予以探究与解答。利用科学实验不仅可以有效解决技术难题，还可以利用实验中取得的成果，提升物证技术的科学研究水平，推动学科的进一步发展与完善。

（五）关注学习自然科学的新型技术方法

研究物证技术学时，应当及时关注、学习自然科学的新技术、新方法与新成就。物证在诉讼活动中的运用与推广，无不伴随科学技术的进步与提升。物证技术学中的某些技术方法是根据物证技术的需要而专门研制的，另一些则是直接借用相关自然科学的原理及方法。这就决定了在物证技术学领域中，仍需借鉴、学习自然科学的新成就来解决不断出现的疑难问题。随着科学技术的进步，越来越多的新客体进入物证的范畴，这也使我们在物证技术学研究过程中，同样需要随时关注自然科学技术的新进展。

（六）借鉴、学习域外先进的物证技术

物证技术学虽然是为一国的诉讼活动所服务的，但其中所依赖的自然科学技术却没有国界、地域之分。中国在研究物证技术学时，同样需要借鉴学习域外先进的物证技术，交流学术研究成果。通过参加国际专业研讨会、学术会议，研习国外优秀的学术论文与专业著作等契机，及时了解、掌握域外物证技术学发展的新动态与新经验。

思考习题

1. 从物证技术学的概念出发,如何理解物证技术学的具体研究内容?
2. 物证技术学解决的主要问题有哪些?
3. 物证技术学的结构体系主要包括哪些方面?
4. 对物证技术学进行研究时,可以采用哪些具体研究方法?

拓展阅读书目

1. 闵银龙主编:《司法鉴定》,中国法制出版社 2004 年版。
2. 徐立根主编:《物证技术学》(第 2 版),中国人民大学出版社 1999 年版。
3. 何家弘主编:《中国侦查学·物证技术学发展报告》(第 2 卷),中国人民公安大学出版社 2005 年版。
4. 朱富美著:《科学鉴定与刑事侦查》,中国民主法制出版社 2006 年版。

第三章　物证技术学的历史沿革

本章概要

本章主要介绍了中国古代、近现代物证技术学的历史沿革，简要归纳、总结了国外物证技术学在各个专门领域中的发展简史。

通过本章的学习，有必要了解物证技术学产生的历史背景以及专门技术出现的社会根源。掌握中国古代物证技术取得的辉煌成就以及物证技术学在中国建设现代化法治社会中发挥的重要作用。了解国外物证技术学在各个时期、各个领域内所取得的突出成果。

关键词

物证技术学；历史沿革；发展简史

人类社会发展到一定阶段以后，逐渐出现了私有制、阶级以及国家。随着法律制度的诞生，司法实践中如何正确收集、审查、运用证据也就成为了社会发展的现实需求。在证明制度由神证向人证、物证发展的过程中，运用科学技术收集与检验、鉴定物证亦在历史的长河中经历了漫长的变革与发展。

第一节　中国古代物证技术学的萌发

纵观物证技术学的发展变革，虽然其从法医学以及侦查学中独立出来成为一门专门的学科只有短短数十年的时间，但就物证技术而言，却已经有极为悠久的历史。中国作为四大文明古国之一，古代科学技术积淀的丰硕成果为物证技术的萌芽与发展提供了必要的条件及土壤。

一、远古时期的物证技术

中国是世界上最早应用指纹的国家，也是手印技术的最初发源地。据现存的史书以及出土的文物显示，夏商时期制作的陶器上已留有捺印的指纹。例如，西安半坡遗址出土的陶罐上，郑州商城遗址的陶豆柄上都发现有纹线清晰、凹凸明显的指纹印痕。据分析，当时人们可能已认识到指纹的某些生理特性，陶器上的指纹应是制作者有意捺印作为标记或图案使用。因此，在周之前，指纹在陶器上同时作为个人款铭不仅是可能的，而且是现实的，它应该是中国指纹技术得以发明的一个必然环节。[1] 指纹技术的产生、应用与发展，需要广泛的社会基础与实践条件。而在远古时期缺乏纸张、文字的背景条件下，指纹作为一种天然的文字、印章功能，已为中国古代先人所认知。

早在西周时期，中国已经将指纹技术广泛运用于契约文书上以作为证明之用。《说文》记载："书契谓出予受入之凡要。凡簿书之取目，狱讼之要辞，皆曰契。"也就是说，古代将证明买卖、租赁、抵押、借贷、具结等法律关系的文书、法条、案卷等皆称为"契"。《周礼》卷十五记载："同市，以质剂结信而止讼。"质，指作为保证的人或物；剂，则指割断。这就意味着，周代在进行买卖交易时，当事双方订立契约并画押后，将契约分为两半，由双方各执一般作为凭证与依据。可见，周代时期，民间已将指纹捺印用于契约的签署、画押，以保证契约双方的信用关系。

二、中古时期的物证技术

战国、秦朝时期，物证技术的相关内容已不仅仅适用于契约、画押，并且零星地运用于实际案件的侦破过程中。1975 年湖北云梦睡虎地秦墓出土的一批竹简，被定名为《睡虎地秦墓竹简》或称为《云梦竹简》。其中的《封诊式》共有竹简 98 枚，分为 25 节，具体记载了案件勘验、调查、检验与审理的相关内容。此处的"封"特指查封，"诊"系指侦查以及相关技术，"式"则指法的程式，即进行"封诊"的程式。这一距今两千多年的法规，不仅是秦朝官方颁布的有关现场勘查、物证检验以及狱讼处理的规范性文书，还是世界上第一部以文书格式反映刑侦工作的法律规范。《封诊式·穴道》一文在介绍打洞入室盗窃案件的同时，记录了物证技术的相关内容。《封诊式·穴道》篇爰书中除载有"内中及穴中外壤上有膝、手迹，膝、手迹各六所"，还记有"外壤秦綦履迹四所，袤尺二寸。其前稠綦袤四寸，其中央稀者五寸，其踵稠者三寸。其履迹类故履"。此处不仅证明了当时现场勘查中已存在手印、足迹的寻找、记录，更有对足迹的具体勘验以及分析的内容，在现场勘查中不仅注意到足迹遗留的位置与数量，更研究了鞋印的特征，如鞋印的全长、前掌长度、弓长、后掌长度、纳底的密度以及新旧程度等。又如，《封诊式》记载："房内有其大内东，比大内，南向有户。内后有大堂，内中央有新穴，穴彻内中。空下齐小堂，上高二尺三寸，下广二尺五寸如猪窦状。其所以者类旁凿，迹广口雨，大半。"这充分证明在现场勘查中不仅已注意寻找工具痕迹，而且能够根据洞口的外形、大小来分析具体作案工具。从上述详细记叙来看，当时案件中的形象痕迹技术已经达到了相当娴熟与精密的程度。

---

〔1〕 刘持平编著：《指纹的奥秘》，群众出版社 2001 年版，第 10 页。

汉代起，文书物证技术被逐渐运用于侦查破案中。《史记·平准书》有云，公元前119年，“盗铸如云而起，弃市之罪不足以禁矣”。汉武帝针对当时伪造钱币案件增多的情况，设置了专门的官吏与机构。最早运用科学检验技术，通过钱币的式样、重量等方式，对货币的真伪进行鉴别。公元213年，三国时期的“国渊比书”充分展现了笔迹检验技术在案件侦破中的重要作用。《三国志·魏书·国渊传》曰：“时有投书诽谤者，太祖（此处特指曹操）疾之，欲必知其主。渊请留其书，而不宣露。其书多引《二京赋》，渊敕功曹曰：‘此郡既大，今在都辇，而少学问者。其简开解年少，欲遣就师。’功曹差三人，临遣引见，训以‘所学未及《二京赋》，博物之书也，世人忽略，少有其师，可求能读者从受之’。又密喻旨。旬日得能读者，遂往受业。吏因请使作笺，比方其书，与投书人同手。收摄问案，具得情理。”国渊任魏郡太守时，有人匿名投书诽谤曹操。国渊办理此案后，认真分析了诽谤信的内容和笔迹特征，根据信中多次引用的《二京赋》作为侦查线索，遂以求师为名，寻访能够熟读《二京赋》者，并将这些嫌疑人的笔迹同诽谤信笺上的笔迹进行比对，最终得以准确认定作案人。该案例中既有侦查谋略，又有特征比对，可谓早期笔迹检验技术的成熟标志。

三国时期（公元220～280年），生物物证技术中出现了运用“滴骨验亲法”来鉴别是否为亲兄弟的案件实例。具体而言，就是将弟之血液滴至兄之尸骨之上，如血液沁入骨内，则可认定为亲兄弟。此外，这一时期也萌发出了较为原始的枪弹检验。据《三国志·吴书·吴主五子传》记载：一日东吴孙权的长子孙登骑马出游，突然有一弹丸从身旁射过。孙登的随从在周围找到那枚弹丸，又在附近搜得一名手持弹弓之人。随从在此人未招供的前提下就欲将其拷打治罪，孙登不允，命随从取来飞过的弹丸并同抓来之人携带的弹丸进行了比对，结果弹丸之间差异极大，孙登随即释放了被抓之人。这起1700多年前通过弹丸比对进行同一认定的案例，其原理与目的已较为接近现代的枪弹检验技术。

隋唐年间，随着刻板印刷术的发明以及伪造文件、印章方法的不断更新，一定程度上也促使了文书物证技术在这一时期的进一步发展。据《唐律·张道元传》记载：唐垂拱年间（公元685～688年），湖州佐使江琛告刺史裴光勾结徐敬业谋反，并举裴致徐的“反书”为证。裴光看了信说：“书为光书，语非光语。”不承认写信谋反事实，先后换三个人都没有审结。又派张楚金查办，初亦百思不得其解，偶一日取反书向日观之，则见“反书为补葺而成。遂集州县官吏，令江琛以书投于水中，则字字解散”。江琛才供认“反书”是偷取裴光的字迹，择取有关字句拼凑黏合而成，服诬告罪。[1] 该案例，可以视为开创了透光观察与水浸法检验伪造文书的历史先河。由于隋唐时期伪造印章的案件逐渐增加，印章真伪鉴别技术随着也应运而生。唐律中还专门对伪造印章罪进行了明文规定，《唐律》曰：“伪造皇帝八宝者斩，太皇、太后、皇太后、皇后、皇太子宝者

---

〔1〕 贾玉文编著：《文件检验学导论》，警官教育出版社1997年版，第43页。

绞，皇太子妃者流三千里。伪造官文书印者流二千里，余印徒一年。"此外，唐代毒物物证技术也有了一定的发展，司法实践中不仅能够识别中毒的一般症状，还基本掌握了银钗验毒法等证明中毒的方法。虽然此类检验方法带有一定的片面性，但相较于国外最早用于汞、砷等毒物的检验方法，已提前了500余年历史。

宋代是中国古代史中，现存与物证技术相关的专著最多的一个时期。1133年南宋郑克撰写了《折狱龟鉴》一书。作者通过对具体案例的分析与点评，就历史上有关痕迹检验、文书检验、决疑断狱的各类经验教训进行了总结与阐述，为后人撰写有关物证技术的著作提供了有益的借鉴。1247年时任湖南提点刑狱官的宋慈（1186～1249年，字惠文，福建建阳人），在《内恕录》等著作的基础上，加以自身的经验与意见进行综合、校正，编著了《洗冤集录》共5卷。该书是世界历史上第一部法医学著作，在介绍法医科学的同时，也涉及大量现场勘查中有关痕迹的发现与提取方法。例如，《洗冤集录·溺死》记载："大凡有故入井，须脚直下。若头直下，恐被人逼赶，或他人推送入井。若是先脚，须看失脚处土痕。"这一时期，除《折狱龟鉴》、《洗冤集录》等巨著外，还有《谳狱集》、《结案式》、《内恕录》等著作中，均包含与物证技术相关的内容。

三、近古时期的物证技术

元、明、清三朝的物证鉴定制度基本沿袭了宋代体制，但在勘查、鉴定的范围上作了进一步扩大，并在法律中专门规定了"行人"这一专门从事物证鉴定的技术人员。譬如，《元典章·儒吏考试程式》中规定："诸滥伪之物及伪造所用作仗，皆须行人辨验。穿窬、发冢、杀人之物亦同。"根据这一规定，如在办案过程中怀疑材料或工具系伪造的，都需要经过专门技术人员予以检验。对于翻墙、盗墓、杀人过程中遗留的痕迹物证，同样适用于该规定。据现存史料记载，明代"行人"杨北山曾对足迹进行了比对检验。杨北山任佥都御史期间，受理了一起盗瓜毁园案件。杨北山分析此案为种瓜人的仇家所为。他命人印取现场上遗留的作案人足迹后，"布灰于庭"，令嫌疑人前来，并"令履其上"。杨北山通过比对现场足迹与嫌疑人在草木灰上遗留的足迹，从而认定盗瓜毁园者并顺利破获该案。

自蔡伦造纸成功后，纸张逐渐取代布帛而成为书写、印刷的物质载体。明代成化年间（1465～1487年）曾发生一起与纸张鉴别有关的案件。州官易贵为破获一起盗窃纸张案件，以"泛买诸贾人之纸"为名，将商贾所贩之纸全部送至官府，遂以被窃纸张之特征进行逐一辨认鉴别，从而发现被盗纸张并抓获盗贼。这一时期的司法实践中，主要通过纸张厚薄、光滑程度、纸张颜色以及纸幅大小等特征的异同，来对涉案纸张进行分析与鉴别。

清代早期和中期，随着火药的发明与普遍运用，枪弹痕迹检验技术得到了进一步的发展。1694年清律例官编印的《律例馆校正洗冤录》指出："受鸟枪伤者，有枪眼可验，及于骨者，亦可复检，唯肛腹凹之处，日久腐烂，无迹可验，须将棺内腐烂之物一并淘洗，如系枪伤，必有枪子，又恐死亲仵作，怀挟枪子，混入图害，务须严防。"该规定中还介绍一种具体的检验方式:“枪子伤人着肉里者,以大吸石吸之,其子自出。”主要阐述了通过磁石吸取的方法将人体内铁弹取出的操作方法。

中国古代物证技术的萌芽与产生,经历了数千年的漫长历史过程。由于中国古代科学技术在世界上处于领先水平,因此,物证技术中也吸取了较多当时颇为先进的科学手段,并在办案中发挥了卓有成效的司法功效。

第二节 中国近现代物证技术学论纲

进入近代以后,逐渐衰败的国力使当时的中国认识到学习西方先进技术才能提升本国的实力。随着西方先进文明与科学技术被引入国内,中国古代原有的物证技术受到了较大的冲击。甲午战争以后,中国开始吸收与建立各类具有近现代意义的物证技术以及相关鉴定制度。

一、清末时期的物证技术

近代工业革命的兴起以及自然科学的发展,使西方国家的物证技术有了质的飞跃。然而,中国的物证技术由于受到当时封建制度的桎梏而长期停滞不前,至19世纪时已远远落后于同时期的西方国家。直至19世纪末西方法律思想的传入,才使为法律服务的痕迹物证技术等为国人所接受。自清末起,近代意义上的物证技术在中国开始缓慢发展,各项专门技术也初现规模并形成一个较为完整的体系。1906年晚清政府制定了《大清刑事民事诉讼法草案》,就物证鉴定人进行了专门规定:“凡诉讼上有必须坚定始能得其事实之真相者,得用鉴定人。鉴定人由审判官选用,不论本国人或外国人,凡有一定之学识经验及技能者,均得用之。”

中国历史上最早的物证影像技术可追溯至1904年,是年正值《东方杂志》创刊,首次刊登了部分介绍西方摄影技术以及《尸体摄影之新法》的相关文章。1905年晚清政府正式废除画像识别罪犯法,改用照相、相片对囚犯进行管理,通缉在逃案犯。但当时中国并没有专门从事摄影器材生产的厂家,物证影像技术所需的设备基本依赖于国外进口,因此其在具体案件中的应用亦十分有限。

二、国民政府时期的物证技术

20世纪30年代,在国民政府颁布的《刑事诉讼法》与《民事诉讼法》中,均有专门法条对鉴定进行了相关规定。国民政府在其司法部门和警察部门中均设有物证检验机构,配备相关技术人员从事侦查、审判活动中有关线索和物证的勘查、检验与鉴定,主要为一些租界和部分大城市中发生的刑事案件侦破、裁判提供服务。期间,南京国民政府的一批警务专家、学者在继承古代经验的同时,着力从德、奥、法、美、意、日等国家引进西方刑事警察技术。[1] 但总体而言,旧中国时期由于政治不稳定,且战事频繁、司法腐朽混乱,导致为法律服务的物证技术处于可有可无的边缘状态,发展极为缓慢。

中国是世界上公认最早运用指纹的国家,但正式引入现代指纹学始于20世纪初叶。当时处于半封建半殖民状态的政府当局为了维持其统治,在继承中国古代指纹学经验的同时,力图从西方痕迹检验发达的国家引入指纹物证技术。1905年青岛市警察局首次采用"汉堡式指纹分析法"。[2] 自此之后,西欧各类指纹分类系统逐渐向中国传入。1909年上海英租界工部局设立了手印间,在其辖区内采用"亨利式十指指纹分析法",而同处于上海的法租界内,则使用"爱蒙培尔式指纹分析法"。1911年万国指纹学会成立,统治当局曾邀当时来华的弗斯缔克讲授指纹技术。1930年中华指纹学术研究会会长、中央大学刘紫菀教授编著的《中华指纹学》一书中,首创"中华式指纹分析法",在对英、法、德、意等国指纹分类系统的基础上加以改进,建立了适合中华民族特点的指纹"五种六类"以及"四步分析法"。国民政府时期,由于军阀割据以及列强在华势力范围的划分,作为统治工具的指纹登记制度通过不同途径传入中国,因此,各地所采用的指纹分类系统亦不统一。譬如,外交部汉口第三特别区市政管理局警察署、浙江省会警察局、首都警察厅、汉口市警察局、广东省会警察局、湖北省会警察局、江西省庐山管理局警察署、福建省会警察局采用英国"亨利式十指指纹分析法";江苏省会警察局采用刘紫菀教授创造的"中华式指纹分析法";青岛市警察局、北平市警察局采用德国"汉堡式指纹分析法";天津市警察局、江西省会警察局采用法国"爱蒙培尔式指纹分析法";上海市警察局、重庆市警察局曾使用过"弗斯缔克式指纹分析法",后改用"亨利式十指指纹分析法"。[3]

国民政府时期的文书物证技术,除吸收了中国古代书法的相关知识外,还大量借鉴、引入了西方文书物证技术的相关成果。中国近代的笔迹鉴定早期实践中,已经能够运用科学设备从事检案工作。受近代西方科技文明传播的影响,包括照相器材、光学仪器在内的科学仪器设备逐渐传入中国。这些仪器设备在笔迹鉴定中的运用,令鉴定工作从古代单纯依赖肉眼直接观察发展为运用科学设备进行检案,使其真正能够成为近现代意义上的笔迹鉴定。[4] 而在物证影像技术方面,20世纪20年代起,一些大城市中的警察部门内相继设立了专门的照相室,并在办案过程中逐渐采用滤光镜、红外荧光等照相手段。自20世纪40年代起,各种物证摄影方法相继被引入警察部门

---

〔1〕 沈臻懿:"近代中国笔迹鉴定的发展与剖析",载《江西警察学院学报》2011年第2期。

〔2〕 旧中国时期的青岛市警察局于1905年率先设立德国制汉堡式指纹管理制度,1914年被日本人将指纹带走,1926年青岛市警察局在其特务督察处指纹室重新设立指纹登记制度,采用德国制汉堡式指纹分析法,同时还设有单指纹制度。

〔3〕 冯文尧编著:《刑事警察科学知识全书》,世界书局1948年版,第456~457页。

〔4〕 沈臻懿著:"笔迹鉴定在近代中国的早期实践",载《山西师大学报》(社会科学版)2010年第6期。

中,成为发现、记录、提取、显现物证的一种重要手段。

中国的毒物检验自唐朝时就已出现,但直至18世纪末近代化学的开创,才使毒物物证技术具有了科学基础。1915年浙江公立医药专科学校在药科中首创裁判化学课程,对于毒物分析进行讲授。1931年中国第一部毒物分析专著《毒物分析化学》的问世,以及书中对于常见毒物的分离和化学鉴别方法的介绍,一定程度上促进了近代中国毒物物证技术的发展。

近代物证技术在中国的实践运用,主要集中在南京国民政府时期。这一时期的物证技术介于古代与现代物证技术相衔接的系统归纳阶段,西方科学技术与鉴定理论对近代中国物证技术的发展具有较大影响。虽然近代中国物证技术的理论根基偏于薄弱,引用论据多直接照搬国外资料,内容体系也较为杂乱,其中不乏伪科学的观点混迹其中。但不可否认,近代一批专家、学者受西方近代科学技术的影响,将涉及物证技术的中、外资料经过整合与编写后已形成专门的教材和著作。如冯文尧编著的《刑事警察科学知识全书》、俞叔平编著的《刑事警察与犯罪侦查》、俞秀豪著的《现代犯罪侦查》以及徐圣熙编写的《笔迹检证》等代表作。经过这些教材、专论的系统归纳,中国现代意义上的物证技术学已初见雏形。为新中国成立后的物证技术学建设提供了蓝本,构建了中国现代物证技术学研究的平台,推动了中国现代物证技术学教材建设和理论研究的进程。

三、新中国物证技术的建设与发展

物证技术学作为一门年轻的学科,其形成独立结构体系的历史相对较短。但作为现代意义上的物证技术,则随着新中国的成立而逐渐建立并发展迅猛。

1949年新中国成立后的较长一段时间内,物证技术学的相关专门技术多隶属于法医学、刑事技术及侦查学等范畴。新中国成立后的最初几年,主要通过接收、利用国民政府时期的一些人员、设施、技术和方法,从事部分物证技术工作以服务于当时的政治需要以及社会稳定。20世纪50年代起,开始在全国范围内设立从事物证技术业务的专门机构,培养了大批的专业技术人员。1950年主管刑侦的公安部治安行政局在其刑事侦查处下内设了刑事科学技术组,至1956年时单设刑事科学技术处。各地公安机构亦先后在其刑侦部门组建了刑事科学技术机构。有关主管部门还以举办训练班的方式,培训了较多包括照相、痕迹、文书、化验等方面的专门技术人员。1956年司法部建立了司法鉴定科学技术研究所,在苏联专家格鲁玛柯夫的帮助下,培养了新中国第一批物证技术研究生。在高等政法院校以及相关大学的法律系中,以物证技术和侦查方法为基本内容的犯罪对策学(后更名为犯罪侦查学)已作为必修课程而被列入教学计划。新中国成立后,随着政治、经济的发展以及打击犯罪活动的实际需求,消除指纹管理制度殖民化现象的问题也日益凸显,中央主管部门在20世纪50年代中后期时建立了全国统一的指纹分析法,并统一了全国的指纹档案管理工作,颁布了《刑事登记十指指纹分析法》以及《罪犯十指指纹管理办法》等规范性文件,为充分发挥指纹技术在案件侦破中的作用创造了极为有利的条件。

在“文化大革命”10年间，在“彻底砸烂公、检、法”的口号煽动下，物证技术工作亦遭到严重冲击与破坏。从事专门技术工作的机构自上而下被撤销，大批仪器设备被破坏、挪作他用或搁置到仓库里发霉、生锈、损坏，技术人员大部分被调离岗位、劳动改造或遭受批判。物证影像、痕迹物证、微量物证等专门技术工作在“文革”期间多处于瘫痪状态，然而，由于当时政治案件数量的上升，多涉及书写、印刷等“作案手段”，却使文书物证技术在此期间得到了较为畸形的发展。在此期间文书物证技术中发展最为快速的当属“书面语言的分析画像”，后改称为“言语识别”，其次是“文字案件的现场勘查”、“伪装笔迹的检验”与“印刷品的检验”等专门技术。但纵观全国的物证技术工作，这10年里其在各方面都已处于严重倒退阶段。

中国共产党十一届三中全会结束了十年“文化大革命”。从此，中国进入了一个新的历史发展时期。物证技术工作得到了应有的重视，有关部门恢复、重建了从事技术工作的专门机构，增加硬件设施的资金投入，使物证技术工作得以及时恢复并快速发展。尤其是1979年《刑法》、《刑事诉讼法》以及1982年《民事诉讼法》(试行)等重要法律的颁布实施，为中国的物证技术恢复与发展提供了重要的法律依据，使中国的物证技术真正走上正规、健康的发展道路。全国从事物证鉴定工作的专门机构，不仅在数量上有了极大的发展，在鉴定能力上也已有了质的飞跃。特别是在部分大城市的物证技术部门中，已配备了高、精、尖的现代科学分析仪器，在物证鉴定中发挥着极为重要的作用。无论是在痕迹、文书、枪弹，还是微量物证、生物物证、声像资料等方面，都已能够进行极为复杂的鉴定工作。

20世纪80年代起，为了对普通高等院校法学专业中的犯罪侦查学课程进行改革，原国家教委决定从国内外物证技术发展的实际情况出发，将犯罪侦查学划分为两门互为独立的学科——物证技术学与侦查学。同时，将物证技术学课程的教材编写列入了国家教委制定的“高等学校文科教材编写计划”，1990年由中国人民大学徐立根教授主编的《物证技术学》教材正式问世。高等院校法学专业中已经将物证技术学作为必修课程而列入了教学计划，部分政法院校以及大学法学院中也已招收物证技术学研究生。例如，华东政法大学不仅将物证技术学作为法学本科生的教学课程，还在全国唯一的司法鉴定学科(法学二级学科)硕士、博士点下设立了物证技术司法鉴定研究方向。至2016年9月，已招收并培养物证技术司法鉴定方向博士研究生10名、硕士研究生45名，培养了许多能够符合当前社会需求的高质量物证技术学领域专门人才。物证技术学的建立与发展，系中国法学教育的一大特色，有利于进一步完善法学专业学生的综合知识结构，培养高素质的法律专门人才，更对促进法治建设、贯彻依法治国方针，具有重大的战略意义。

第三节 国外物证技术学的发展史略

西方近代资本主义的产生,促进了自然科学技术的发展,而自然科学技术的发展,反过来又推动了资本主义的前进步伐。随着西方资本主义的发展,违法犯罪活动以及诉讼案件的日益增多,对物证的有效利用提出了更高的要求。自然科学技术的发展,则为满足该要求提供了有利条件。19 世纪中叶起,欧洲科学家在实现物证与科学技术相结合的同时,也进一步推动了诉讼证明制度的完善以及社会的文明化发展。

一、痕迹物证技术发展史略

中国是世界上公认最早利用指纹的国家,但真正从科学角度对指纹进行研究和利用的,则起源于自然科学技术最先发展的欧洲国家。1684 年英国科学家格鲁博士利用当时还发明不久的显微镜对手指和手掌皮肤进行了详细观察与研究,发现这些皮肤上不仅有粗大的纹线,还有许多细小纹线,在纹线上还有汗孔分布其中。作为英国皇家协会的会员,格鲁博士向英国皇家协会递交的关于人手掌面乳突花纹的研究报告也就成了欧洲最早研究指纹结构的文献记载。在格鲁博士的研究报告影响下,19 世纪起研究人手掌面乳突花纹结构的学者逐渐增多。1823 年普鲁士布列斯劳大学生理学家帕克杰教授在《触觉器官及皮肤组织生理研究》一文中,首次将指纹纹型分为九类。19 世纪后期,指纹能否作为人身同一认定的手段开始为学者所研究。这一时期,为指纹技术发展做出卓越贡献的专家、学者主要集中于当时的英国。威廉·赫谢尔、亨利·福尔茨等人对指纹进行深入研究后,认为通过指纹可以对人身进行识别。天文学、地理学专家弗朗西斯·高尔顿在 1892 年出版了世界上第一部指纹学专著《指纹》,较为全面地阐述了指纹的解剖学特性、指纹分类方法以及指纹捺印技术。高尔顿的研究成果被英国政府所高度认可,1894 年 2 月英国政府正式宣布将指纹作为人体测量登记卡片的补充性资料。1894 ~ 1897 年英国警察局官员爱德华·理查德·亨利在前人已有成果的基础上,对指纹进行了更为系统的研究,研制出了一套行之有效的指纹分析法——亨利式指纹分析法,该分析法至今仍为世界上众多国家所采用。然而,首先将指纹鉴定用于破案实践的却是大西洋彼岸的南美洲国家阿根廷。Juan Vucetich 任职于阿根廷布宜诺斯艾利斯警察局,1888 年发表了《比较指纹学》(Comparative Fingerprinting),他论述了指纹鉴定法的实用价值。1892 年 Juan Vucetich 利用犯罪现场上的血迹手印破获一起谋杀亲子案,创造了手印破案的奇迹。[1] 在 Juan Vucetich

---

〔1〕 赵向欣主编:《中国刑事科学技术大全——指纹技术》,中国人民公安大学出版社 2003 年版,第 43 页。

的努力下,1896年阿根廷成为世界上第一个废除人体测量法而改用指纹登记的国家。20世纪以来,潜在指纹显现技术的研究工作得到了全面的关注与发展。在此之前,手印显现技术仅包括硝酸银法与碘熏法。而20世纪初期,英国苏格兰场的警察已开始在案件中运用粉末法显现潜在手印。20世纪50年代以后,茚三酮法、502胶法、真空镀膜法等新型指纹显现技术不断涌现。

近代枪支的发明除了作为战争以及维持国家治安的武器外,也为犯罪分子提供了新的侵害与杀人工具,同时亦对物证技术提出了新的检验、鉴定任务。由此,枪弹痕迹检验也成了枪支发明之后应运而生的一种专门技术。19世纪末期涉及枪弹痕迹检验的工作都由兵工厂的军械师完成。由于没有得力的检验工具,更缺乏专门研究,这时检验枪械一般只能解决如枪弹口径、射程、膛线数目等种属问题。显微镜的发明无疑为枪弹检验开创了极为有利的条件。有些学者开始用显微镜观察研究留在弹壳和弹头上的枪支发射痕迹,并逐步觉察到这些痕迹在同一枪支发射时的"相似"性现象,从而使枪弹痕迹检验沿着解决枪支同一方向进行着探索。[1] 直至20世纪初,美国人查尔斯·怀特利用物理学家菲利浦·克雷威尔发明的比较显微镜,在一起涉枪谋杀案中利用现场弹头、弹壳痕迹认定了枪支的同一,才使枪弹痕迹的同一认定取得了突破性的进展,查尔斯·怀特由此也获得了"司法弹道学之父"的美誉。

二、文书物证技术发展史略

西方文书物证技术的发展与当时的商品经济发展有着极为密切的关系。然而,由于当时鉴定方法缺陷造成了不少错案的发生,使社会各界对以笔迹鉴定为主的文书物证技术产生了怀疑的态度。以法国德来福斯叛国案为例,指控阿尔弗雷德·德来福斯犯有叛国罪的唯一证据为一份怀疑是其本人书写的一份文书材料。为了证明该文书是否为德来福斯所书写,该案笔迹鉴定人、人体测量法创始者贝蒂隆采用了当时流行的笔迹特征描述法进行了鉴定,结果认定文书系德来福斯本人书写。1894年法院根据这一结论性意见判处德来福斯罪名成立,但很快,事实查明德来福斯确系无辜的。这一错案极大地动摇了当时民众对笔迹鉴定的信任。但客观而言,欧洲笔迹鉴定备受诟病的根源,实非鉴定本身之不科学,而是当时从事鉴定的人员采用的检验方法存在较大缺陷。早期欧洲并未有专门从事笔迹鉴定的专职人员,司法机关往往聘请学校教师、机关秘书、印刷技师以及雕刻工匠等的人员进行笔迹鉴定。此类人员一般具有较高的书写技能,能够鉴别书写水平的熟练程度以及基本的连笔规律。但由于缺乏对笔迹变化规律的实质认识,其在面对非正常书写笔迹时,极易产生错误的鉴定意见。

自19世纪末开始,欧洲部分学者开始注重对笔迹特征进行研究,提出笔迹特征应当是笔迹鉴定的基础,在对笔迹进行鉴定即是对其笔画的细节特征进行鉴定。由此诞生的"特征描述法",即将笔迹特征拍成照片后进行比对,再作出最终的结论。随后,

---

〔1〕 金光正主编:《司法鉴定学》,中国政法大学出版社2001年版,第30页。

法国的贝蒂隆为了改进这一方法，还提出用测量笔画的大小来进行鉴定。法国著名物证技术学家埃德蒙·洛卡德对此极为赞同，他认为，个体在书写时，字母的形态、大小、高度、倾斜以及连笔虽能改变，但字母的相对大小比例关系却不能改变。贝蒂隆提出的这一鉴定方法，又被后人称为“笔迹测量法”。

西方文书物证技术发展的历史上，笔相学的检验方法也占据了较为重要的地位。欧洲国家第一位研究笔相学的典型人物，当属意大利学者卡米洛·巴尔迪医生。1622年卡米洛·巴尔迪医生发表了论文《根据字迹判断人的性格和气质》，在该文中，他提出根据笔迹可以对书写人的性格与特点进行识别。19世纪下半叶，欧洲各国已出版了较多笔相学的著作。这类观点不仅流行于欧洲各国，而且随着近代中国国门的打开而逐渐传入国内。客观来说，利用笔相学观点进行笔迹鉴定是值得商榷的，个人书写时的心理因素虽对笔迹特征有一定影响，但这种影响与笔相学所研究的内容毫无共通之处。直至20世纪30年代以后，苏联学者利用巴甫洛夫教授的高级神经活动学说，全面解释了笔迹的实质以及笔迹特征的特定性与相对稳定性，才使笔迹鉴定真正迈向科学化道路，从而也奠定了其在文书物证技术中的科学理论基础。

三、毒物物证技术发展史略

人类诞生以来，历史长河中就始终贯穿着各类有意或无意的中毒事件。自古罗马时期以来，执法官、医生等就一直致力于研究各类毒物的中毒症状以及检验方法，以求能够找到证明中毒的直接证据。然而，受到人类社会发展以及自然科学技术的限制，毒物学作为一门独立的学科只有200余年的历史。在形形色色的各类物证中，毒物可谓最早利用科学技术进行检验的物证之一。欧洲18世纪末诞生的现代化学，使毒物物证技术具有了科学基础。1813年被誉为“毒物学鼻祖”的西班牙科学家马蒂尼·约瑟夫·博纳旺蒂尔·奥尔菲拉出版了一部在全球享有盛誉的毒物检验专著——《毒物与普通毒物学》。在这部巨著中，奥尔菲拉不仅总结了关于毒物的一切知识与前人经验，更反映了他本人对于砷的研究成果。1818年在奥尔菲拉以及其他毒物学先驱的不懈努力下，毒物学终于为法庭所承认，并发展为一门独立的学科。1840年法国巴黎的“拉法格案件”最终使奥尔菲拉名扬全欧洲。在该案中，一个名为玛丽·拉法格的妇女被控下毒谋害其丈夫。医生、化学家、药剂师虽多次对尸体检材进行了检验，但都出具了尸体内未检出砷的结论。在检察官的坚持与邀请下，奥尔菲拉担任了该案的鉴定人。经奥尔菲拉检验，死者的体内含有砷的成分，而且排除了其来源于检验所用试剂、死者棺材周围泥土以及机体天然成分的可能。随后，法官和陪审团根据奥尔菲拉作出的结论，最终认定被告有罪。

19世纪前半叶，由于客观条件的限制，尚没有人能够对有毒生物碱进行检验，当时奥尔菲拉所研究的主要为金属毒物以及矿物毒物。直至1850年比利时化学家斯塔斯教授发明的斯塔斯法，才使有毒生物碱的检验成为了现实。在此后的100年间，斯塔斯法都是检验有毒生物碱的基本技术方法。随着化学工业的进一步发展，除了天然有毒生物碱外，各类合成的生物碱以及其他毒物相继出现。但随着色谱分析法、光谱分析法以及现代分析技术的相继发明，自20世纪50年代起，毒物物证技术已全面迈进仪器化时代。

四、其他物证技术发展史略

1841年随着银版照相技术的发明，各国警察机关中相继采用摄影技术拍摄犯罪人员相片，并用于建档留存。自19世纪中叶起，摄影技术已在办案过程中被用于记录与检验物证。19世纪末，警察机关已经能够运用显微摄影技术对现场斑痕是否为血痕进行鉴别。

19世纪50年代起，欧洲学者开始对血痕进行研究，并提出了包括1859年刚发明的光谱分析法在内的若干血痕与非血痕鉴别的方法。19世纪末，医学专家开始对人血与动物血的鉴别进行了研究。1901年2月德国学者保罗·乌伦豪利用血清成功地将已有四周的人、马、牛的干血痕予以区分，并发表了关于不同种类血液鉴定方法的论文，为血痕检验作出了较大贡献。1900年奥地利人兰斯泰纳发现了人类的ABO血型，从此产生了著名的ABO血型检验法。此后，MN血型系统、红细胞酶型以及血清型等检验方法相继为世人所认知。20世纪分子生物学的兴起，证明了DNA是遗传的物质基础，从而将生物物证技术的研究提高到了分子水平。自1990年起，PCR（Polymerase Chain Reaction）技术已正式运用于生物物证的鉴定工作。

思考习题

1. 试述中国古代物证技术在发展过程中，取得了哪些令人瞩目的辉煌成就？
2. 物证技术学的建立与发展，对于中国当前的现代化建设具有哪些重要的意义？
3. 中国是世界上公认最早运用指纹的国家，但为何最早从科学角度对指纹进行研究和利用的却是自然科技最先发展的欧洲国家？
4. 新兴自然科学技术的不断问世，对现代物证技术学的发展起到了哪些推动作用？

拓展阅读书目

1.（宋）宋慈著：《洗冤集录译注》，高随捷、祝林森译注，上海古籍出版社2008年版。
2.（宋）郑克编撰：《折狱龟鉴译注》，刘俊文译注、点校，上海古籍出版社1988年版。
3. 冯文尧编著：《刑事警察科学知识全书》，世界书局1948年版。
4. 闫晓君著：《出土文献与古代司法检验史研究》，文物出版社2005年版。
5.［德］罗伯特·海因德尔著：《世界指纹史》，刘持平、何海龙、王京译，中国人民公安大学出版社2008年版。

第四章　物证技术学与相邻学科的关系

本章概要

本章主要介绍了物证技术学与相邻学科之间的关系与联系，归纳、分析了物证技术学在各个相关学科中所具有的重要作用。

通过本章的学习，有必要掌握物证技术学是一门法学与自然科学学科相结合的交叉性学科。该学科不仅与法学学科中的侦查学、法医学、实体法学、程序法学等有着极为密切的联系，而且与物理学、化学、生物等自然科学学科紧密相连，共同促进了物证技术学的发展与成熟。

关键词

物证技术学；相邻学科；侦查学；法医学；部门法学；自然科学学科

第一节　物证技术学与侦查学的关系

物证技术学与侦查学作为两门独立的学科，有其各自的研究对象。侦查学主要研究在刑事案件发生以后，如何依法运用各类公开和秘密的专门调查方法实现查明案情、收集证据以及揭露和证实犯罪行为人的刑事立法任务。早期的侦查学论著中，往往包含物证技术学以及侦查方法的相关内容。部分国家中亦有采用此类“大侦查学体系”，如苏联的侦查教材体系，即将物证技术作为侦查教材的组成部分之一。然而，随着物证技术的不断发展，越来越多的国家已经将物证技术学独立为一门与侦查学相区分的专门科学学科。譬如，美国的侦查教材体系就采用“小侦查学体系”，即将物证技术的相关内容独立为一门专门学科。奥地利人汉斯·格罗斯(1947 ~ 1915 年)于 1893 年出版的《检验官手册》可谓世界上第一部真正意义上的侦查学教材，也可以称为物证技术学教材的发端。在 19 世纪末的历史背景下，物证技术作为侦查学教材的一部分是完全符合当时社会的科学发展水平的。但自 20 世纪下半叶以来，世界各国的物证技术都有了飞速发展，如仍将物证技术置于侦查学体系中，显然会影响对于物证技术的深入研究。因此，1985 年原国家教委在组织编写高等学校文科教材时，就决定将原先的犯罪侦查学划分为物证技术学与侦查学两门学科，并在高等院校法学专业教学计划中对课程进行了相应调整。

从学科发展的历史角度而言，物证技术学与侦查学这两门学科之间有极为密切的联系。此类联系完全是由物证在案件侦查中的重要地位所决定的，物证技术学需要研究，侦查学同样也需对物证进行研究，但两者研究的角度却不尽相同。侦查学主要研究在案件查明过程中如何利用物证以及物证鉴定意见，侦查人员在侦查活动中可以充分运用自身的经验、知识结构对物证的真伪及其与案件的联系、证明作用等方面做出判断。而在侦查活动中遇到涉及某项专门知识的物证时，如签名字迹的真伪、微量物质的种类、射击枪支的同一等专门性问题，就必须委托专人进行物证技术学鉴定。而物证技术学则主要研究如何通过科学技术手段来发现、识别、记录、提取、检验与鉴定物证。从工作角度而言，物证技术学服务于侦查学并共同为实现翔实立法任务而工作；从学科关系角度，物证技术学必须从侦查实际需求出发，运用现代科学技术以及专门手段，研究鉴别物证的具体方法。但值得注意的是，刑事案件中的物证只是物证技术学研究对象的一部分，除此之外，物证技术学中还包括民事诉讼、行政诉讼中相关物证的发现、提取、检验与鉴定等方面。由此可见，与侦查学共同实现的刑事立法任务，仅仅是物证技术学的部分使命。

自古以来，统治阶级对于国家权力与社会秩序的维护，使犯罪预防、揭露、证实与惩罚成为了古代文化组成的重要部分之一。无疑，物证技术的产生，也首先出现于刑事领域中。直至 18 世纪至 20 世纪初，近代指纹学、毒物学的发展仍显著地突出了这一特点。长期以来，物证技术学往往被认为隶属于侦查学而为其所服务的。然而科学技术的突飞猛进，使物证技术学的内容日益丰富与完善，不仅刑事诉讼中需要依赖物证技术学对相关物证进行研究，民事诉讼、行政诉讼中也越来越倚重物证技术学在诉讼活动中的重要作用。

第二节　物证技术学与法医学的关系

在查明案件真实情况的各门科学中，法医学无疑是最为古老、研究最深、内容最为丰富以及应用范围最广泛的一门学科。当侦查学与物证技术学尚未形成之时，许多与物证相关的技术方法曾经均为法医学家研究的热点问题。手印、足迹、枪弹、笔迹等在古代甚至近代都被纳入法医学组成的范畴。在中国古代也是世界历史上第一部法医学专著《洗冤集录》中，作者宋慈曾对案件现场中涉及的痕迹物证进行过大量研究。

近代时，亦有在法医学专著中阐述笔迹鉴定技术的。譬如，1945 年中央大学法医学教研室林几教授在《中华医学杂志》撰文，对笔迹鉴定的发展进行了阐述。林几教授在文中提到，笔迹鉴定对于正常书写笔迹和轻微变化笔迹可以作出准确鉴识，但对于有意伪装或者努力模仿的字迹则不能辨别。

法医学系运用医学专门知识以及技术方法解决司法实践中与尸体以及活体有关问题的科学。法医学与物证技术学的研究对象虽不同，但两门学科间依然有着较为紧密的联系。物证技术学所研究的某些专门技术手段，在法医学中同样具有重要意义。例如，物证技术学中关于工具痕迹的理论，对法医学中根据尸体上的伤痕推断致伤（死）工具提供了有力帮助；物证技术学中研究的十指指纹捺印技术，对于法医学中无名尸体的检验具有较大意义；物证技术学中涉及的枪弹痕迹、微量物证的基本知识，对法医学中尸表检验与尸体解剖都有重要作用。在处理具体案件的过程中，物证技术学与法医学相互配合，分工明确。譬如，在涉枪类案件中，法医学主要对死亡原因、致伤（死）工具和其他相关问题进行研究，而物证技术学则主要研究现场物证的发现、提取和物证同一认定、种属认定以及其他技术性问题的解决。同样以枪击案件为例，尸体无疑是法医学的研究对象，而物证技术学则主要将与枪击密切相关的物证作为其研究对象。法医学在研究尸体上的枪伤时，主要需要解决他射还是自射的问题，物证技术学则需要研究弹头痕迹、弹壳痕迹以及射入口、射出口周围的射击附带痕迹等。发现可疑射击枪支后，物证技术学又需对射击弹头与弹壳是否为可疑枪支中射出的问题进行研究。

随着医学、生物学的发展以及分工的日益细化，法医学除传统的确定死因、鉴别损伤等内容外，还形成了以人体血液（痕）、精液（斑）、毛发、组织、排泄物等物证为研究对象的法医物证学。法医学中研究的“法医物证”与物证技术学研究的“生物物证”存在某些交叉领域，主要集中在于人体有关的物证，如血液（痕）、精液（斑）、毛发等。此类物证不仅存在于有人身伤亡的现场，同样存在于无人身伤亡的各类案件中。物证技术学除了研究来源于人体的物证外，还将来源于动、植物体的生物物证作为其研究对象。

第三节　物证技术学与部门法学的关系

一、物证技术学与实体法学的关系

实体法学是主要研究公民或法人的权利、义务等行为规范的综合性法学学科。遵循与贯彻刑法学、民法学、行政法学、经济法学等实体法时，除应当准确理解法律条款的具体规定外，还应当对包括物证在内的各项证据进行审查与运用，从而客观地对案件事实进行认定。当某一物证涉及的专门知识超出了一般常识范畴时,就需要委托具有专门知识的相关专家进行分析与判断。譬如,犯罪行为涉及的社会领域不断扩大,使犯罪分子的作案手段日趋专业化,在此前提下,刑法学与物证技术学的关系亦愈发紧密。如《刑法》中规定的爆炸、投放危险物质、伪造票证等罪名,都必须运用物证技术学解决案件中某些重要的专门技术问题,从而为认定具体犯罪提供科学依据。传统观念中,往往容易忽略物证技术学与民法学的关系。但随着社会经济的不断发展,社会生活中各类民事纠纷案件日益增多。民事案件中,为了确定某种因果关系,或认定当事人是否实施了某个行为或某一事实是否发生,往往依赖于物证技术学的帮助。司法实践证明,通过物证技术手段进行取证,往往可以为准确、及时处理民事案件提供有效保障。以现代科学技术为基础进行物证研究的物证技术学无疑已成为保障实体法执行,实现实体法立法目的的应用性法学学科。

二、物证技术学与程序法学的关系

程序法学是主要研究与落实实体法相关诉讼程序的法学科学。主要包括刑事诉讼法、民事诉讼法、行政诉讼法等法学学科。三大诉讼法的共同特点即在于其均研究诉讼原则、诉讼制度以及诉讼程序等有关诉讼的基本法律问题。《刑事诉讼法》第一编第五章证据、第二编第二章第七节鉴定,《民事诉讼法》第一编第六章证据以及《行政诉讼法》第五章证据等规定,不仅是全面贯彻、落实实体法的重要保障,也是研究物证技术学时所必须遵循的法律规定。物证技术学同样也是诉讼法学研究内容的重要组成部分,其重点主要包括委托鉴定的程序、委托主体、鉴定人资格、鉴定制度以及鉴定意见作为法定证据的具体特点等问题。此外,诉讼法中规定的某些程序,还是各类物品、物质、痕迹、文书得以成为物证的法律依据。而物证技术学则是在研究相关制度与原理的同时,侧重以现代科学技术及其最新成果为基础,研究开拓物证技术的具体操作与运用技术。物证技术学是将现在科学技术知识以及专门技术手段引入诉讼领域,用于对各类物证进行评断与检验的法律学科,是社会科学与自然科学紧密结合的交叉性学科。程序法学与物证技术学均对物证进行研究,但两者的侧重点有所不同。物证技术学必须以程序法学作为其行为规范,而程序法学又需依赖物证技术学的研究成果而不断丰富其证据内涵,物证技术学不仅扩充了物证的数量,更提高了物证的内在质量。

第四节　物证技术学与自然科学学科的关系

物证技术学系物理学、化学、生物学等自然科学学科与法学相结合而形成的一门交叉性学科。这一特殊性质决定了物证技术学不仅与法学学科存在密切联系,而且和自然科学学科之间亦有着紧密的联系。客观来说，当代自然科学学科的飞速发展无疑是物证技术方法赖以发展与成熟的根本动力。众所周知，当前在司法活动中占据重要地位的 DNA 识别人身同一认定的技术，只有在生物学、免疫学等学科充分掌握人类遗传密码的前提下才能成为现实；痕迹学中的微观检验与鉴定有赖于物理学的进步，其中显微镜的发明与运用显然起到了决定性作用；而指纹自动化识别技术则完全依赖于计算机学的发展以及图像识别系统的运用。自然科学学科的发展对物证技术学中各专门技术的进步起着决定性的作用；反之，物证技术学的进步及其研究成果又进一步推动了相关自然科学学科的再发展。具体而言，物证技术学与自然科学学科的联系主要体现在以下两方面。

第一，物证技术学直接运用物理学、化学以及生物学等学科的方法作为提取、检验与鉴定物证的技术方法。例如，利用紫外线对涂改字迹进行检验，利用显微镜检验物证的形态特征，利用 X 射线对痕迹物证进行检验，利用各类现代分析仪器检验各类案件中存在的有机物与无机物等。

第二，物证技术学创造性地利用自然科学学科原理与方法，研制出适合不同类型物证的专门技术。例如，利用光学显微镜原理与方法研制出的用以检验弹头、弹壳上痕迹的比较显微镜技术；利用光学原理研制出的检验、鉴定伪造、变造文书的红外文书物证技术；利用化学反应原理与方法研制出的毒品快速检测技术；利用电子计算机学原理与技术研制的指纹自动识别比对技术等。

物证技术学与自然科学学科的密切联系揭示出，各项专门物证技术的发展，一方面有赖于自然科学技术的发展，另一方面则需要依靠物证技术学专家在实践中不断开拓创造性的研究，利用现代科技来对物证技术方法进行不断创新。

第五节 物证技术学与其他学科的关系

在司法实践中，物证技术学与司法会计学之间也存在较为密切的联系。司法会计是办理经济犯罪案件或经济纠纷案件中经常需要运用的一项专业性查账工作。例如，在办理经济犯罪案件或者其他存在经济问题的案件过程中，往往需要对案件涉及的财务活动真实情况予以查明，以确定案件中是否存在犯罪事实或者犯罪事实是否为被告人所为。此类查账工作中就需要对大量会计凭证进行勘验与检查。被告人为了掩饰其自身的经济问题，往往会对凭证或账目进行伪造或变造，在会计凭证或其他文书中进行擦刮、涂抹、添改。这时，司法会计人员如果能够掌握物证技术学的相关知识，无疑将对查账质量的保证起到极为有益的作用。

物证技术学除了与法学以及自然科学学科存在密切联系外，某些人文科学的进步与发展同样对物证技术学起到重要的推动作用。例如，书法学、语言学的发展对于笔迹鉴定技术的进步至关重要，考古学、历史学的研究成果将直接有助于对文物真伪的鉴定。总而言之，物证技术学作为一门在自然科学与人文科学的基础上所形成的一门新兴学科，为了司法活动中运用物证的需要，有必要将各个学科的最新成果不断纳入各专门技术领域，以推进物证技术学的成熟发展。

思考习题

1. 为何物证在案件侦查中的重要地位，决定了物证技术学与侦查学这两门学科之间有极为密切的联系？

2. 以枪击案件为例，简述物证技术学与法医学如何在具体案件办理过程中互相配合、分工明确？

3. 程序法学与物证技术学分别侧重于哪些角度，对物证进行深入研究？

4. 物证技术学与自然科学学科的联系主要体现哪些方面？

拓展阅读书目

1. 霍宪丹主编：《司法鉴定学》，中国政法大学出版社 2010 年版。

2. 刘文主编：《中国刑事科学技术大全——刑事科学技术总论》，中国人民公安大学出版社 2003 年版。

3. 李文著：《司法物证鉴定学》，法律出版社 2011 年版。

第五章　物证技术学科学理论

本章概要

本章主要介绍了物证技术学科理论中的基础概念，阐述了物质转移理论、同一认定理论、种属认定理论以及系统鉴定理论等支柱性理论在物证技术学中的意义、地位及作用，并结合相关专门技术阐明了相关理论在各领域中的具体运用。

通过本章的学习，要求了解与物证技术学科学理论有关的基本概念，明晰物质转移理论的发展以及其在物证鉴定中的地位，掌握同一认定与种属认定的基本内容及其两者之间的异同，熟知系统鉴定理论在物证类鉴定，尤其是在文书鉴定中的具体适用。

关键词

客体；特征反映体；检材；样本；物质转移理论；同一认定理论；种属认定理论；系统鉴定理论

第一节　科学基础概述

一、基本概念厘析

(一)客体

物证技术学中所称的客体，系指运用专门知识与技术对其进行发现、提取、检验与鉴定的物质性实体。作为物证技术学中研究的客体，必须满足下列两个条件：第一，其必须与案件的事实有关；第二，必须具有证明该案件真实情况的证据作用。

(二)特征反映体

客体的特征反映体，在物证技术学中往往指来源于客体，能以一定方式如实地反映出客体特点，并能为人们所感知与认识的物质性实体。物证技术工作中，特征反映体一般可以分为两大类：

1. 客体的物质性反映形象。如字迹、印痕、声纹、图像等。

2. 客体的分离体。将客体分离体进一步细分,又可表现为固态分离体、液态分离体和气态分离体。

(三)被寻找客体

物证技术学中所称的被寻找客体是指与案件有关的实体,而这类实体就是物证技术工作的具体对象。例如,对于枪击案件现场上遗留的一枚射击弹头,专门人员需要依赖技术手段确定该枚弹头究竟由哪一把枪支所发射,而此时该枪支也就成为这一具体案件中的被寻找客体。

(四)受审查客体

受审查客体是指在物证鉴定过程中,由于其与案件关系密切而被列为可疑的实物,但这种可疑性也有可能仅仅是一种暂时的假定。受审查客体在物证技术学中通常作为一种比较对象而存在。当通过物证鉴定对某一受审查客体作出了同一认定时,即可达到鉴定的目的,从而也可彻底排除其他受审查客体与被寻找客体之间的关系。

(五)检材、样本

检材与样本是一对互相对应的概念。一般情况下检材是指被寻找客体所产生或留下的反映形象或者是其自身的一部分,而样本恰恰是受审查客体所产生的反映形象或其自身的一部分。由此可知,检材和样本都是一种反映形象或者是其自身的一部分,只不过检材是被寻找客体的反映形象或自身的一部分,而样本则是受审查客体的反映形象或自身的一部分。

二、司法鉴定方法的科学依据

(一)同一认定的基础条件

1. 客体特征的特定性

客体特征的特定性是指一个客体区别于其他任何客体的特殊性。世界上的每一事物都有自身的特殊性,每一事物之间都不可避免地存在一定的差异,绝对完全相同、相互同一的事物不可能存在。正是由于物证鉴定的客体具备了只能与自身相同的基本属性,鉴定才成为可能。构成事物特定性的原因主要有以下几点:第一,客体本身属性不同。任何事物的形成过程、环境都是不同的,并且在形成过程中由于事物自身的内部因素的多样性必然导致各种不同的事物有自己独有的特殊本质。第二,客体在形成过程或加工过程中所形成的特殊性。在客体的生产加工过程中,由于各种客观条件的差异,必然造成客体各自明显的特定性。第三,客体使用过程中所新增的属性也会使客体的特定性更加明显。作为物证鉴定对象的客体所具有的特征组合将会影响客体在鉴定过程中所发挥的实际意义。因此,对客体进行个体识别并把某客体与其他客体区分开来时,就必须具备一个有高度特定性的特征组合,以方便鉴定活动的展开和顺利进行。特定性的高低是各方面的因素所造成的,在各种因素中具有决定意义的是特征的数量、特征的质量、同类客体的数量、特征形成条件等方面。

(1)特征的数量。考察客体特征的数量,实质上是要分析检材实际反映出来的可供鉴定利用的特征与客体自身特征的量的比例。一般情况下，客体特征的数量与客体特征组合的特定性成正比关系，也就是说，特征的数量越多，特征的组合的特定性就越强，在鉴定活动中与其他客体相重复出现的概率就越低。

(2)特征的质量。任何特征在质上都有一定的规定性，这种质的规定性是一个特征区别于其他特征的重要根据。对于同一认定来说，特征组合中的各个不同特征的特定性价值取决于每个特征所具有的质量上的差异，质量高的特征特定性价值就高；反之，质量低的特征特定性价值就低。当特征组合的特定性表现为一个不变的定量时，该组合中每个特征的质量越高，该组合所要求的特征数量就越低。特征的特定性价值是由该种特征在客体上的出现率所决定的。一般来说，出现率越高，价值就越低；出现率越低，价值就越高。由此可知，特征的质量与其特定性价值成正比；在特征组合的特定性不变的情况下，特征的质量与特定性所要求的特征数量成反比；特征的特定性价值是由其出现率所决定的，而且与其出现率成反比。[1]

(3)同类客体的数量。同一认定所要求的特定性与特征组合可能出现重复的范围有密切的关系。所谓特征组合出现重复的客体范围包括与鉴定活动的客体相同类别的物体、物品的总体数量。例如，某种碟子花纹特征组合可能出现重复的范围就是这种碟子的生产总量。一般来说，特征组合出现重复的范围越大，同一认定过程中所要求的客体的特征数量和质量就越大；特征组合出现重复的范围越小，鉴定过程中所要求的客体的特征数量和质量越小。

(4)特征形成条件。在各种客体特征的形成过程中，由于不同的形成条件，将会造成特征形成的原因不同，即有的客体特征是在正常的状态下（标准状态下）形成的，有的客体特征是在偶然或者特殊的条件下形成的。在正常状态下形成的特征，其反映特征组合的特定性的意义就大得多；反之，在偶然或是特殊条件下才能形成的特征对于特征组合的特定性就没有太大的意义。因为这种特征的形成并不具有普遍性、经常性，其只有在某些具体化、特殊化的范围内才能使用。因此可以说，判断特征形成条件的标准应该是看其是否具有一般化、包含性强、适应面广的特性。

2. 客体特征的稳定性

辩证唯物主义认为，世界上没有不运动的物质，也没有无物质的运动。辩证唯物主义同时也肯定了物质世界的运动虽然是绝对的，但是也存在相对的静止，即相对的稳定性。也就是说，物质在一定的阶段上具有质的稳定，在这个阶段和这个时期，它的基本性质不变。这就为同一认定理论提供了必要的条件。客体的相对稳定性是同一认定基础，只有被鉴定客体的特性处在一个稳定的状态时，客体的特性才有可能反映出来，也只有客体处在稳定的状态时，我们才能发现特性、把握特性，才能根据以前留下的反映形象发现供鉴定的客体，鉴定人员才能根据检材与样本进行比较，从而确认

---

[1] 孙言文主编：《物证技术学》，中国人民大学出版社2000年版，第19页。

客体同一与否。如果客体不具备相对稳定的属性，在同一认定中就不可能把握其具体形态，更不能区别具体的客体。

3. 客体特征的反映性

反映性是物质的另一基本属性，根据这一属性，客体的特征可以借助一定的条件，以不同的外在形式表现出来，并且能够被人们所捕获、感知。客体特征的反映性不仅是遗留痕迹、微量物质的必要条件，也是根据这些痕迹、微量物质确定客体自身同一的必要条件。客体的反映性可分为两种：第一种是直接反映，它是以直接的方式反映出来而被作为物证的，如各种分离物、断裂物等。第二种是间接反映，它是客体特征在其他客体上通过反映形象或以其他方式表现出来，而不以自身为表现形式，如笔迹、指纹等。

4. 同一认定的主观条件

同一认定的主观条件是指同一认定的主体所必须具有的认识能力。同一认定是一种认识和判断的活动，虽然客体在这一过程中决定着认识的性质和内容，但是主体的认识能力同样可以把握和反映客体的现象以及客体的内在规律和本质，所以主体的认识能力也是同一认定的不可缺少的条件之一。如果在同一认定的过程中，只有客观条件的存在而不具有主观方面的因素，那么我们将无法认识到客观是什么样的一种状况，更不能去把握规律和本质，确定客体自身的同一。主体的认识能力说明在什么样的条件下才能使同一认定的可能性转化为现实性。

（二）种属认定理论的科学依据

种属认定作为物证鉴定工作中的重要方法之一，是鉴定人利用专门知识及其检验手段，依据反映形象或客体表现的特征认定客体种属的检验与评断。这类鉴定在司法实践中比较多见，如对于毒物种类的检验和对于 ABO 血型的确定等。种属认定在整个鉴定的过程中往往是同一认定的必经阶段。

种属认定的科学依据首先来源于对鉴定客体的种类相似性的分析，物证技术工作中的各类物证之间往往存在不同与差异，但是在物证与物证之间亦存在一定的共同性和相似性的特征。为了更好地认识物质世界，根据这些共同性，人们往往把物质客体分为若干不同的种类，这就为种属认定提供了理论基础。如果物证之间不存在共性，实际鉴定工作中就无法区分物证的种类，这必然会导致鉴定工作无法进行。其次，种属认定的依据就是物证的种类差异性，即不同种类的物证之间都存在差异。而同一种类的物证又可以随着差异性特征的增加而进一步划分为更具体的种类。只有各类物证之间具有的一定差异，才能对物证予以区分，将不同的物证归属于各自的种类。如果物证种类之间不存在差异，则所有的物证都将归属于一个大类，对物证进行种属认定将不可能实现，该差异性为准确确定物证的种类归属提供了鉴别依据。所以，在物证种属认定的过程中，物证的种类差异性以及同类物证之间的相似性是种属认定工作开展的客观依据。

第二节 物质转移理论

一、物质转移理论诠释

(一)物质转移理论的起源与发展

19 世纪在自然科学高速发展的社会背景下,欧美各国相继完成工业革命。医学、生物学、物理学、化学等专业领域科学技术取得的长足发展,为物质交换理论的孕育及产生起到积极的推动作用。20 世纪初叶,法国著名物证技术学家、法庭科学家埃德蒙・洛卡德(1877～1966 年)在其编著的《犯罪侦查学教程》第 6 卷中提出"完善获取物证的方法",第一次明确提出物质交换理论(Locard's Exchange Principle)。洛卡德在法国里昂警察局中主要从事物证分析、鉴定工作,他重视犯罪现场上客体之间相互交换的运动过程在案件侦查中的作用,并成功运用该理论为众多刑事案件的侦查及鉴定提供了有力证据。洛卡德提出,在任何物质性客体在外力作用下发生接触时,即会发生物质成分之间的相互交换。例如,在盗窃案件现场,可能会留下犯罪嫌疑人行窃时的撬压痕迹、手印、足迹或音像痕迹,而犯罪嫌疑人又会从现场盗走某种物品、沾走某种粉尘。[1] 反之,利用物质交换理论对原因以及结果的逆向认识,就可以通过记录、检验以及分析物质交换的性质与范围,确定作案人与特定的地点、证据以及被害人之间的联系。

随着现代物证技术学理论与实践的不断发展与完善,物质交换理论固有的局限性使其不能合理地解释某些痕迹形成机理的过程。例如,杀人案件现场中遗留在物体上的血手印,两个客体之间只存在一种客体的物质成分或痕迹转移至另一物质客体的事实,而并不存在两客体之间物质的相互交换。洛卡德的物质交换理论经过许多物证技术学家以及法庭科学家的不断改良,被扩展为物质转移理论,最终奠定了其作为物证技术学的基础理论地位。近年来,电子技术以及信息技术的迅猛发展,令传统意义上的物证范围也在不断扩大。如果物质转移理论仅仅研究有形实物、痕迹类物证的形成机理,则无法对电子证据以及信息证据的形成机理作出明确的解释。因此,为了满足时代、科技的进步以及物证技术学发展的现实需求,物质的外延也在不断延伸,从而在物质转移理论的框架内又进一步延伸出信息转移的理念。从本质上讲,证据就是一种信息,信息是物质的一种表现,而物质同时又往往是信息的载体,因此,信息转移是物

---

[1] 邵鸣利:"刑事犯罪中的物质交换原理",载《中国人民公安大学学报》(自然科学版)2006 年第 2 期。

质转移的一种方式。[1] 例如,计算机信息转移、电子数据信息转移以及语音习惯转化为声纹等都属于广义上的物质转移范畴。

(二)现代意义上的物质转移理论界定

物质转移理论主要研究客观存在的物体在外力作用下,相互之间发生的物质交换及转移。物质是社会科学以及自然科学领域中的基本概念,从哲学层面而言,一切独立于人意识之外的客观存在都属于物质的范畴。物证技术学领域中的物质概念,随着现代科学技术的不断进步,其范围也在不断扩充。当前物证技术学领域中的物质基本可以包括实物、痕迹以及信息三大类。实物类物质系指具有一定外形,能用肉眼以及仪器设备进行观察的物质性客体。实物类物质作为物证鉴定中最为常见的客体,主要包括金属颗粒、玻璃、涂料、纤维、泥土、橡胶、塑料、油脂、毒品、毒物、爆炸物等。痕迹类物质则是由于机械力、理化作用或是自然变化的原因,使实物类物质的外表结构形态或其组成部分在特定载体上形成的痕迹。痕迹类物质在物证鉴定中出现频率极高,如手印、足迹、工具痕迹、枪弹痕迹、车辆痕迹、牙齿痕迹、书写笔迹以及印刷笔迹等都属于痕迹类物质的范畴。此类物质的鉴定目的并非确定其结构、成分或特性,而是为了寻找形成痕迹的人或物,或者痕迹形成的具体原因。信息类物质作为一种新兴的鉴定对象,随着电子技术、信息技术的不断发展而被引入物证技术学领域。该物质与实物、痕迹类物质有较大差异,系通过声电转化、光电转化、电磁转化以及光化学转化等形式形成的转化物质,如磁盘、硬盘、光盘、录音带、录像带等媒介中储存的信息。

由此可见,物质转移理论并非一成不变,而是随着科学技术的发展不断深化。该理论在实物、痕迹以及信息领域中均适用,属于综合物质交换、物质转移以及信息转移三者本质属性的一种基础理论。通说认为,物质转移理论系指两个物质性客体在外力作用下,基于接触、挤压、碰撞、摩擦或者其他形式,造成两个客体接触面的物质成分部分脱落并相互交换,或者引起一客体的物质向另一客体上转移的变化状态。例如,盗窃案件中,作案人利用撬棒撬压保险柜,撬棒的接触面上黏附有保险柜的金属颗粒及油漆碎片,而保险柜被撬压处则遗留有撬棒上的铁锈、油污等物质;杀人案件中,被害人的血液喷溅至现场墙面上,而墙面上的物质成分并未转移至被害人身上。

二、物质转移的基本属性

物质转移的适用领域极为广泛,所涉物质种类以及转移的方式也不尽相同。但物质转移作为物证技术学的基础理论之一,在物证技术学领域中具有其特定的属性。一般而言,物证技术学中的物质转移现象,具有客观性、普遍性、稳定性以及复杂性等基本属性。

(一)物质转移具有客观性

诉讼案件中,物质转移的状态及其表现形式客观存在,不以行为人的意志为转移。

---

[1] 杜志淳主编:《司法鉴定概论》,法律出版社2010年版,第62~63页。

物质转移的客观性决定了案件中的有关行为都会引发物质转移现象，没有物质转移现象的案件是不可能存在的。以刑事诉讼为例，作案人在实施犯罪过程时，必然需要在现场上活动，作案人与现场上的物体相互接触，就会引发物质转移，从而产生相应地痕迹、物证。例如，罪犯尽管戴了手套，穿了鞋套作案，在现场上不留手印和鞋印，但是，他吐的痰迹，遗弃的烟头上黏附的唾液，身上脱落的毛发纤维等可能留在现场，〔1〕为鉴定人对专门性问题进行鉴别与判断提供了鉴定材料。尽管有些行为人在实施特定行为后企图消痕灭迹，但由于物质转移的客观存在，行为人在销毁原有证据的同时，又形成并遗留下新的痕迹、物证，为鉴定人认识诉讼中的专门性问题提供了新的依据。

（二）物质转移具有普遍性

物质转移的普遍性系指任何诉讼案件中均存在物质的转移过程，没有物质转移现象的诉讼案件是不可能客观存在的。诉讼案件中的特定行为过程，实质上就是物质转移的过程。行为人作为客观存在的物质性实体，在实施特定行为的过程中，与各种类型的物质性客体发生直接接触，并产生物质转移关系。物质转移的普遍性反映出，不管是在刑事案件、民事案件还是行政案件中，均广泛存在物质转移现象。例如：杀人案件中的尸块、血迹；盗窃案件中的赃物、作案工具；强奸案件中的精斑、毛发；计算机犯罪案件中的电子信息、病毒程序；在民事纠纷案件中的签名字迹、印章印文；车辆肇事案件中的织物纤维、油漆碎片等。

（三）物质转移具有稳定性

虽然物质经过交换和转移，但其物质成分和结构等特征一般不发生变化，仍能客观真实地反映其原所在客体的本质。〔2〕如在刑事案件中，作案人在实施犯罪活动时，接触现场物体时留下的指纹，仍然是作案人自身的指纹，而不可能因物质发生转移后而变成他人的指纹。在民事案件中，行为人签署在合同文本上的书写字迹，依旧是行为人自身的字迹，不会因为合同文本在对方的控制下而变成他人的字迹。任何客体经过物质转移之后，被转移的物质仍能够客观真实地反映其原所在客体的本质特征，这样才能通过此类与案件相关联的物质的鉴定，揭示出案件中的专门性问题，从而为诉讼活动提供证据。

（四）物质转移具有复杂性

不同的案件中，由于主客观方面原因的差异，导致物质转移的表现形式极为复杂。行为主体、行为客体以及所在环境的不同，就有可能产生人与人、物与物、人与物、人与环境或者物与环境之间的错综复杂的物质转移关系；通过不同形式来完成物质转移的，就会产生物质的转移、能量的转移或者信息的转移；而从物质转移的次数方面进行

---

〔1〕 张毅、皮建华主编：《刑事科学技术导论》，中国人民公安大学出版社2004年版，第42页。

〔2〕 刘文主编：《中国刑事科学技术大全——刑事科学技术总论》，中国人民公安大学出版社2003年版，第107页。

考察，有些案件信息是由一次性物质转移所产生，而有些案件信息则是经过多次物质转移后才最终形成。在诉讼活动中，只有通过对案件中的物证进行鉴定，才能确定物证与人、事、物或者环境之间的关联性，进而为认定案件事实提供依据。

三、物质转移理论在物证技术学中的定位

物质转移作为物证技术学的基础理论之一，揭示出诉讼案件中任何物质都可成为证明案件事实的客观规律，对于物证技术工作具有重要的指导意义。该理论作为案件中获取鉴定材料的科学基础，其价值不仅在于为确定物证鉴定方法提供了有力依据，更为物证鉴定提供了重要的理论支撑。

（一）物质转移理论揭示出案件中的任何物质均可成为物证

根据物质转移理论所揭示的客观规律，案件中的行为与活动是一种特殊的物质运动，行为人在实施特定活动时，必然与相关物质性客体以及周围环境相接触，并引发了物质转移的全过程，从而将行为人与案件事实联系在了一起。例如，一起杀人案件中，被害人与犯罪人殊死搏斗时，犯罪人的毛发、纤维、被撕破的衣服碎片以及被抓破的皮肤组织等遗留在了被害人身上或者现场上，而被害人的血迹、身上的纤维以及现场上的灰尘、泥土等又转移到犯罪人身上后被其带离现场。通过物证检验与鉴定，可以确定犯罪嫌疑人身上遗留的特定物质是否来源于现场或者被害人，以及被害人身上或者现场中遗留的特定物质是否来源于犯罪嫌疑人，从而将犯罪嫌疑人与杀人案件紧密联系起来，而此类与案件有关的物质也就自然成为物证，为证明案件事实提供依据。又如，在民事纠纷案件中，当事人对一份合同文书上甲公司印文的真伪有异议，可以通过物证鉴定确定该合同上的印文是否为甲公司的印章所盖印，即该公司印章的印文“痕迹”是否转移至合同文书上。若合同中的印文系由甲公司印章上的物质转移所形成，则该合同能够以其内容证明案件事实情况。若合同中的印文非由甲公司印章上的物质转移所形成，则该印文又可以成为证明合同伪造的物证之一。

（二）物质转移理论是获取物证鉴定材料的科学基础

鉴定材料包括检材和鉴定资料。检材是指与鉴定事项有关的生物检材和非生物检材，而鉴定资料则是存在于各种载体上与鉴定事项有关的信息。[1] 此类材料客观存在，并不因人为因素或者自然因素而完全消失、毁灭或隐藏。案件中的鉴定材料，所在场所往往比较分散、零星分布，需要公安司法人员以及鉴定人员依据物质转移理论的客观规律，采用科学技术手段和专门方法，对相关的场所、物品以及人身进行细致勘验、检查，发现、固定并提取案件中的鉴定材料。在三大诉讼活动中，刑事诉讼对于鉴定材料的要求最为严格，主要来源于勘验、检查、搜查等专门性活动，公安司法人员以及鉴定人员必须熟练掌握物质转移理论，坚持案件中存在鉴定材料的必然性，利用物质转移的规律进行鉴定材料的寻找、发现工作。尤其是遭到破坏的现场，对如何获取

---

〔1〕 司法部司法鉴定管理局编：《司法鉴定程序通则导读》，法律出版社2007年版，第51页。

有价值的鉴定材料提出了更高的要求。这就要求公安司法人员、鉴定人员坚信物质转移理论所揭示出的犯罪留痕必然规律，凡是客观存在的现场必然发生物质转移。尽管有的作案人在作案后企图毁灭罪证，但由于能量转换和物质不灭的结果，其在毁灭原有的痕迹物证的同时又会产生新的痕迹物证。[1] 除了适用于刑事案件之外，物质转移理论揭示出的获取鉴定材料基本规律在民事案件、行政案件中同样适用，对于民事、行政诉讼中的取证人员、鉴定人员获取鉴定材料同样具有重要的意义。要求民事诉讼、行政诉讼中的取证人员以及鉴定人员细致分析案件基本信息，判明物质转移的情况，从而有针对性的寻找、发现、收集案件中的鉴定材料。

（三）物质转移理论为确定物证鉴定方法提供有力依据

物证鉴定工作中采用的鉴定方法，主要由鉴定对象所属学科的理论和技术以及鉴定材料的形成方式所决定。司法机关以及诉讼当事人在委托鉴定时，往往根据鉴定材料的特性而提出不同的鉴定事项。例如，对于犯罪嫌疑人身上提取到的微量物质是否来源于犯罪现场进行鉴定，对于合同契约上捺印的指纹是否来源于特定的人身进行鉴定，对于光盘、硬盘等载体中记录内容的真实性进行鉴定等。这就要求鉴定人在开展具体的鉴定业务时，必须熟练掌握物质转移理论的基本规律，依据鉴定材料所属物质类型的不同，选用准确、恰当的鉴定方法。通常情况下，对于微量物证等利用物质相互交换而形成的鉴定材料，需要通过物证鉴定解决物质的定性、定量等问题时，鉴定人应当采用理化检验、生化检验等鉴定方法；对于手印、足迹、工具痕迹、牙齿痕迹等利用物质转移而形成的鉴定材料，通过物证鉴定解决“人身同一认定”或者“物体同一认定”等问题时，鉴定人应当选用显微检验、光学分析、物理学比对以及概率统计等鉴定方法；对于电子信息、电子数据等通过信息转化而形成的鉴定材料，需要通过物证鉴定解决事实真伪分析、内容恢复显现等问题时，鉴定人应当采用计算机检验、电子学检验等方法进行鉴定。

（四）物质转移理论是物证鉴定工作的重要支撑

案件活动中的特定行为使案件中的客体经过物质转移后成为各类物证。而诉讼活动中证明特定物质与案件事实是否存在关联时，则必须通过科学的鉴定工作才能最终确定，这就为物证鉴定的确立奠定了坚实基础。物证类鉴定作为司法鉴定中的一项重要类别，是在诉讼活动中由鉴定人运用科学技术或者专门知识对诉讼涉及的专门性问题进行鉴别和判断并提供鉴定意见的活动。鉴定人在面对不同的鉴定材料时，使用不同学科的理论、技术或者专门方法进行鉴别与判断，有利于促进物证鉴定的高度发展、鉴定涉及的领域逐渐扩大、鉴定分工日益细化、专业化程度不断提升。例如，在文书鉴定中，就已细分出笔迹鉴定、印章印文鉴定、印刷文书鉴定、文书制作时间鉴定、书

---

〔1〕 刘文主编：《中国刑事科学技术大全——刑事科学技术总论》，中国人民公安大学出版社 2003 年版，第 108 页。

写工具鉴定、朱墨时序鉴定等。根据物质转移理论的学说，物质经过交换和转移后，其物质成分以及结构特征等基本不变，经转移后的物质仍能保持原所在客体的本质属性。物质转移理论揭示出来的这一客观规律，为物证鉴定工作中解决被寻找客体以及受审查客体是否为同一客体或者同一类客体的问题，提供了重要的理论支撑。

第三节　同一认定理论

一、与同一认定术语相关的语义辨析

同一认定从其构词方式而言，系由"同一"与"认定"两个语词所组成。"同一"二字作为"认定"的修饰语，明示了这种认定的最终目的或可能达到的程度。[1] 然而除"同一"外，物证技术学研究中亦常常出现"相同"、"相似"等与"同一"较为接近的语词。前述语词之间虽含义相近，实则却有本质差异，且不得在物证技术学领域中互相换用与混淆。为了厘清前述语词之间的内在区别，就需要在对"同一"术语作出明确界定的同时，将其他较为接近的语词一并进行梳理与辨析。

（一）同一认定中的"同一"术语界定

"同一"作为同一认定术语中的核心要素，其词源发端于拉丁文"ibem"，原意即视为同一。[2] 前述概念性描述表明，"同一"最初的内涵实则是一种哲学层面上的认识论标准。即个体事物是否与自身同一以及在什么意义上与自身同一。[3] 不可否认，同一认定语境下的"同一"，亦属于认识论的范畴，且可谓哲学中同一论的具体表现形式。在以同一认定为目的的物证类鉴定中，通过对检材与样本的比较来寻找两者的特征是否相同，从而证明检材和样本是否是同一客体所形成。此时，"同一"即作为鉴定所追求的目标和标准而存在。[4]

然而，对于同一认定中的"同一"术语如何理解，国内学界长期存在较为激烈的争辩与讨论。通过对现有学说的考察可知，学界对于"同一"术语的实质性含义主要存在以下五种观点：(1)"同一"系特征反映体与特征反映体之间的同一；(2)"同一"系客体自身与其特征反映体之间的同一，如"所谓同一认定是指被检客体与嫌疑客体是否统一的判定，也就是关于客体物（反映形象）的重大特性与自身是否同一的问

---

〔1〕 李学军著：《物证论——从物证技术学层面及诉讼法学的视角》，中国人民大学出版社 2010 年版，第 74 页。

〔2〕 程军伟："笔迹鉴定相关理论问题的考量"，载《中国司法鉴定》2011 年第 3 期。

〔3〕 郭继海："同一论略"，载《科学技术哲学研究》2014 年第 1 期。

〔4〕 许爱东主编：《文书司法鉴定理论与实务研究》，法律出版社 2013 年版，第 49 页。

题”;[1](3)“同一”系物与物部分特征之间的同一;(4)“同一”系客体自身与自身的同一;[2](5)“同一”系指被认定的对象是否来源于同一客体。[3] 前述观点中,前两项论断显然有悖于形式逻辑上的同一律规律。[4] 即使是同一客体,其多个特征反映体之间实则相互并列,但并非“同一”关系。而特征反映体作为客体自身的衍生物,虽来源于客体,但其与客体之间仅为从属关系,[5]“同一”之说亦无从谈及。认为物与物部分特征之间相同一的论断,无疑将某一整体割裂成了数个部分,其显然亦不符合客观世界中任何事物均具有特定性的基本要求。对于学界所提出的后两项观点,本书认为,可以分别用“客体同一说”和“来源同一说”予以归纳与阐释。客观而言,无论是“客体同一说”,抑或“来源同一说”,其仅在文字表述与侧重视角方面有所差异,但两者的内在本源均高度一致。以笔迹鉴定为例,“来源同一说”侧重判断文书物证上的检材字迹与用以比对的样本字迹是否来源于同一书写人的书写习惯,即是否来源于同一书写人。而“客体同一说”则突出强调了“同一”的最终目的,即判断检材字迹的书写人是否就是受审查的书写嫌疑人。就此而言,“客体同一说”与“来源同一说”均强调了“同一”只能存在于客体自身与自身之间,且从根本上揭示出了“同一”的实质要义。

结合学界对于“同一”术语如何理解的主要观点以及物证技术学领域的实践情形,同一认定中的“同一”术语界定,实则阐明了客体自身同一的本质要义,即被鉴定客体只能与其自身相等同,而与其他任何客体相差异。

(二)与“同一”较为接近的语词辨析

除了“同一”一词外,“相似”、“相同”等与“同一”极易混淆的语词,亦是同一认定术语阐释过程中不容回避的一项重要问题。同一认定语境下的“同一”,系针对同一个客体而言。然而,无论是“相似”抑或“相同”,均基于“同一”以外的“非一”所言。

---

[1] 陈卫东:“论鉴定结论的科学依据和鉴定程序”,载《青海社会科学》1987 年第 2 期。

[2] 蔡杰:“同一认定理论的几个问题”,载《法学评论》1996 年第 3 期。

[3] 周志涛:“科学哲学视野中同一认定理论的修正与诠释”,载《中国人民公安大学学报》(社会科学版)2007 年第 2 期。

[4] 同一律作为形式逻辑中的基本规律之一,强调须在同一意义的前提下对概念和判断进行使用,且禁止将不同概念与判断予以混淆。客观而言,世界中任何一个存在的事物都为“一”,且具有独立性、特殊性。其与自身相等同,但却与其他事物相差异。如不考虑事物自身内部所存在的矛盾与差异,即同一认定中的“内差”问题,而简单采用公式表述,则为“A = A”,即 A 是 A,或 A 等于 A。该公式表明,客观世界中并不存在两个完全相同的 A,即德国哲学家莱布尼茨所称的“世界上没有两片完全相同的叶子”,而仅有且唯有一个与自身等同的 A。当然,基于辩证唯物主义角度而言,笔者在肯定事物与自身同一的同时,并不否定事物自身的演变与发展,进而亦不排除事物内部所存在的差异与矛盾。对于事物内部的这一“内差”问题,笔者将在下文中予以具体论述。

[5] 司法鉴定中所指的特征反映体系来源于鉴定客体,且能以一定方式如实反映出客体特点,并为人们所感知与认识的物质性实体。譬如,个体书写习惯与笔迹、指纹乳突花纹线与指印、个体语音习惯与声纹之间,均为鉴定客体与其特征反映体的关系。

具体而言,“非一”属于2到+∞的活动区间,且“非一”大于等于2并趋于+∞大。[1]可见,“相似”与“相同”皆指一个客体与另一个或另几个客体相似或相同,其所针对的均为两个或多个客体。诚然,某一客体可以与一个或多个客体相似或相同,但却难以与除自身以外的任何客体相同一。

“相同”即为彼此无差异,而既有“此”又有“彼”则反映出了两个或多个事物之间的特征具有某种一致性。如对于笔迹鉴定这一高度依赖同一认定的专门领域而言,对于复印、转印或扫描形成的签名笔迹,无论检材与样本均为或其一为复制件,皆不得据此认定检材与样本为同一人书写。即使经过比较检验后发现检材与样本的各项特征均相同,但此时其关系只能为“相同”而非“同一”。此外,“相似”实为“相像”、“相类”之意,其内含有不确定之判断结果。从汉字构成角度而言,任何汉字的书写均受制于一定规则的约束。因而绝大部分个体在正常书写相同的单字或语词时,其书写活动往往具有一定的相似性。有国内学者曾对266名本科在读的学生进行过统计,90.1%的受试者在书写“女”字时,均呈现出撇折、撇、横的规范书写方式,且在书写习惯上反映出一定的相似性。[2] 由此而言,不同个体的书写习惯虽具有共同性的特点,且可能出现共同点较为广泛的相似笔迹,[3]但其仍只属于“相似”范畴,且不得就此认定为自身之同一。

除“同一”与“相似”、“相同”的实质要义截然不同外,“同一”和“相似”、“相同”的评判标准亦有所差异。对于“同一”而言,其要求检材与样本之间所呈现出的种属特征和特殊特征所构成的特性等同,即两者都是同一客体的反映。“相似”、“相同”的评判标准,则是客体的自身或者检材与样本之间的种属特征相同,或者种属特征和一部分特殊特征相同,而差异点比例较高。[4] 诚然,客体在相同或者相似的范围内,有可能发生同一,但可能受制于主、客观条件等多项因素的制约,在未找到充分依据之前,不得将相似等作为同一对待。

二、同一认定释义界说与厘清

同一认定,可谓物证技术学领域中高频出现的语词之一。然而,对于同一认定的释义理解,其概念所蕴含的构成要素以及同一认定的应然地位等,国内外学界仍存在诸多不同的观点。这就需要在梳理各类学术观点的基础上,从笔迹鉴定视角出发,对

---

〔1〕 王俊:“案件事实的司法同一认证求解”,载《福建警察学院学报》2010年第1期。

〔2〕 关于“女”字书写笔顺的实验方法与统计结果,可参见申泽波、胡迎梅:“女字笔顺识别方法”,载《广东公安科技》2012年第2期。

〔3〕 不同个体书写习惯的共同性,除受到社会规范、书写规则、所受教育、交流环境等因素影响外,在师生、父子、兄弟、姐妹等关系尤为紧密且平时交往较多的个体中,还有可能产生一种名为“学仿”的单向影响关系,即学生摹仿教师的书写习惯,子女摹仿父母的书写习惯等。当“学仿”关系达成一定固化程度后,便会出现共同点较为广泛的相似笔迹。

〔4〕 金光正主编:《司法鉴定学》,中国政法大学出版社2001年版,第57页。

同一认定作出明确界说与分析。

（一）同一认定释义解读

对于同一认定的界说问题，国内外学者已从各自角度出发并提出了诸多见解与观点。譬如，“同一认定（ИЦеНТИФИКаЧИЯ）是解决是否同一的问题”。[1]“客体是否同一的问题如无法得以明确，在某些时候即意味着鉴定的失败。因而，同一认定亦被视为司法鉴定的最终目的。”[2]“笔迹的同一认定，系通过对于书写习惯的比较，以评估其相符之处或差异之处价值的具体过程。”[3]“在物证技术领域中，同一认定就是通过对先后出现客体留下的特征反映体进行检验，解决先后出现客体是否同一问题的一种方法。”[4]“文书司法鉴定领域中的同一认定，系指具有专门知识、经验的人，通过对案件中两次或多次出现的客体的特征反映体进行比较、分析，判断其是否来源于同一客体物的认识活动。”[5]

就“何为同一认定”的解答而言，前述学说的界定与阐释亦不尽相同，且相互之间差异较大。纵观同一认定释义的发展历程，其最初系作为司法鉴定的重要目的之一而存在，即“解决鉴定客体同一问题，系为同一认定”。随着对于同一认定释义的不断演变与丰富，国内外学者又相继提出了如“鉴定过程说”、“鉴定方法说”以及“认识活动说”等同一认定释义之学说。客观而言，前述学说集中反映了对于同一认定概念的不同认识与理解。但考虑到同一认定的本质属性及其在物证技术学中的特殊意义，其科学概念对正确理解同一认定有着重要意义。[6] 有鉴于此，对于同一认定释义解读，即需在厘清其语词构成的基础之上，结合物证实务活动予以专门探讨。

从语词构成角度分析，“同一”二字系同一认定的核心所在，而“认定”一词则为前述术语的内在灵魂。从字面解释分析，“认定”即“确定地认为”。“确定”、“认为”等语词，均反映出“认定”实为主观对于客观的认识与反映，属个体作用于客体物并反馈其影响的认识活动范畴。诚然，任何专门性活动均有其自身演变的固有过程。但据此为定义对同一认定予以释解，在概念界说层面上似乎不甚精准。不可否认，同一认定在实现的过程中，的确需要依赖于相应的仪器设备及专门手段。然而利用外界工具、手段以及特征比较法来达到同一认定的目的，并不意味着同一认定本身即是专门方

---

〔1〕［苏联］伐·雅·柯尔金著：《苏维埃犯罪对策学》（上册），中国人民大学法律系刑法教研室译，中国人民大学出版社1957年印刷，第27页。

〔2〕Keith Inman, Norah Rudin, *Principles and Practice of Criminalistics: The Profession of Forensic Science*, CRC Press, 2001, p. 122.

〔3〕Roy A. Huber, A. M. Headrick, *Handwriting Identification: Facts and Fundamentals*, CRC Press, 1999, p. 31.

〔4〕徐立根主编：《物证技术学》（第3版），中国人民大学出版社2008年版，第13页。

〔5〕许爱东主编：《文书司法鉴定理论与实务研究》，法律出版社2013年版，第48页。

〔6〕徐立根：“二十年来我国物证技术实践和理论的发展”，载《山东公安专科学校学报》1999年第2期。

法。就此分析，同一认定的本质系针对特定客体是否同一的问题所做出的科学认识活动。

综上所述，物证技术学领域内所探讨的同一认定，是一种对于特定客体所做的带有分析判断的科学认识活动。其系专业人员运用科学方法与技术手段对案件中多次出现的客体（人或物）进行分析和比较，以判断其是否来源于同一客体的专门性认识活动。所指“同一”，只能是客体自身与自身的同一，而不能是两个客体甚至是多个客体之间的同一。同一认定不仅是确定人或物是否为同一的具体检验、论证活动，亦是物证技术学的一项基本理论。通过同一认定所得出的结论性意见，可以为侦查提供线索与范围，并可为诉讼活动提供证据。

（二）同一认定的主体和客体

同一认定的主体是指在物证技术工作中负责解决同一认定问题，对客体自身是否同一作出判断的具有专业知识和鉴定资格或者了解客体特征的人。实际上，这已经说明了同一认定的主体有两种：一种是具有专门知识和鉴定资格的人，即鉴定人；另一种是了解客体特征的人，如侦查人员、证人等。从认识活动层面而言，任何一个具有特定常识与认知能力的个体，均有可能作出是否同一的经验判断。一般个体如借助于自身的认知、感官、记忆等能力对于某一客体是否同一所作出的判断，亦属于同一认定的范畴。但物证技术学领域内所探讨的同一认定，通常系作为一项专门认识活动而存在。考虑到现行法律法规已明确规定，“对专门性问题认为需要鉴定的，应当委托具备资格的鉴定人进行鉴定”。[1] 因此，在物证技术学领域，尤其是涉及物证类鉴定环节中实施同一认定活动的主体，必须是具有鉴定专门知识的鉴定人。

同一认定的客体主要是指与案件有关的、能够作为物证的一切物质性实体，而且这些客体至少已先后出现两次。第一次出现的客体是所要查找的客体，被称为“被寻找客体”，如在犯罪现场所留下的各种痕迹。第二次出现的客体是鉴定工作所要审查的客体，被称为“受审查客体”，如在犯罪现场留下痕迹的物品、物质等造形物。在物证技术工作过程中，物体是主要的同一认定的客体，这类客体通常情况下是指具有一定外形结构和用途的物体或物品。对该类客体进行同一认定，就是对物的同一认定。一般情况下，这种同一认定是利用物体所留下的形象痕迹或者利用分离物的自身属性以及表面附加特征进行的。

三、同一认定的分类

就整个同一认定理论而言，可以用不同的标准通过不同的角度对其进行分类。通过合理、科学的分类，可以帮助我们对种类繁多的同一认定进行研究，从而提高实务工作的效率，这对于我们学习同一认定的理论也具有重要意义。

---

〔1〕 参见《民事诉讼法》第76条第2款规定：“当事人未申请鉴定，人民法院对专门性问题认为需要鉴定的，应当委托具备资格的鉴定人进行鉴定。”

（一）以同一认定的主体为标准

同一认定的主体是指在物证技术工作中负责对客体自身是否同一作出判断的具有专业知识和鉴定资格或者是了解客体特征的人。从同一认定主体的概念中不难看出，同一认定的主体包括两种：一种是具有专门知识的鉴定人；另一种是了解客体特征但不从事具体鉴定工作的人。因此，可以根据同一认定的主体是否为鉴定人，而把同一认定分为鉴定型同一认定和非鉴定型同一认定两类。

鉴定型同一认定必须是由具有专门知识并且有鉴定资格的人来进行的，它的鉴定范围主要包括物证技术学鉴定中的各种同一认定。这种类型的同一认定所要解决的同一问题的性质和复杂程度都比较高，客体的种类繁多而且特征各异，所以要求鉴定人必须具备一定的技术和方法。该类同一认定结论在我国是作为法定证据的一种来使用的。

非鉴定型同一认定是指物证技术学鉴定以外的各种同一认定。这种同一认定总要以具体的人的观察、记忆、分析等个体认识活动为基础，而且个人的有关经验与能力往往起到决定性的作用，所以其主体必须是了解所要认定是否同一的那个客体特征的人，并且其应在识别与分析该类特征方面具备足够的经验与能力。[1] 但是，由于该种同一认定可能包含大量的个人经验和记忆、分析的成分，因此，其结论可能是一种法定证据，也可能只是采取其他措施的根据，而不能上升到法定证据的地位。

（二）以同一认定的客体为标准

同一认定的客体主要是指与案件有关的所要判断是否同一的客体，而且这些客体至少已先后出现两次。在物证技术实践活动中，涉及同一认定问题的客体是多种多样的，大致可以划分为以下三种：人身同一认定、物体同一认定和分离物同一认定。例如，物体同一认定是以先后出现的物体是否同一为目的的同一认定，这类同一认定的客体是具体的物品和物体，涉及范围很广，主要是各种痕迹的鉴定。在同一认定的过程中主要依据物体的各种特征来判断其是否同一。如印文的鉴定，就是根据印文的特点来判断其与原印章是不是同一。而所谓分离物的同一认定是指解决先后发现的两个或若干部分是否属于同一整体问题而进行的同一认定。一般情况下，此类同一认定的客体都属于无生命类客体。分离物的同一认定实际上属于物体的同一认定，但是由于其自身所存在的特殊性，所以专门列出。其相对于前面所述人身同一认定和物体同一认定的特殊性主要表现在以下两点：第一，非分离体同一认定的客体既可能是人体，也可能是物体，分离物同一认定的客体却只能是无生命的客体。第二，非分离物同一认定所依据的特征反映体是客体留下的物质性反映形象，分离体同一认定所依据的特征反映体是分离体本身。一个整体被分离后，分离体能反映整体的各种特征。[2]

---

〔1〕 何家弘著：《同一认定：犯罪侦查方法的奥秘》，中国人民大学出版社 1989 年版，第 143 页。

〔2〕 徐立根主编：《物证技术学》（第 2 版），中国人民大学出版社 1999 年版，第 34 页。

（三）以同一认定结论的性质为标准

同一认定的结论是指运用各种方法所得出的被寻找客体与受审查客体是否同一的结论。在物证技术实践中，同一认定的结论可以是肯定的，也可以是否定的，可能是确定的也可能是非确定的。因此，根据以上所述，可以把同一认定分为肯定性同一认定以及否定性同一认定、确定性同一认定以及非确定性同一认定。肯定性同一认定可以确定客体与案件事实之间的联系。否定性的同一认定则恰恰相反，它可以排除客体与案件事实之间的联系。确定性和非确定性同一认定是根据同一认定结论的确定性程度所划分的。一般而言，某一同一认定所依据的特征特定性强、稳定性高、与其他客体差异明显，就是确定性同一认定；反之，则是非确定性同一认定。

（四）以同一认定所依据特征不同为标准

在物证技术学中，同一认定所依据的客体特征主要有三大类，即客体的形象特征、客体的物质成分特征和客体的运动习惯特征。以此为标准，可以把同一认定分为：依据客体形象特征进行的同一认定，如工具痕迹同一认定等；依据客体的物质成分或结构特征的同一认定；依据客体运动习惯特征进行的同一认定，如笔迹同一认定等。但这种分类不是绝对的，因为在具体的同一认定过程中，所依据的可能同时包括上述两种甚至三种特征。[1]

四、同一认定的原则和方法

（一）同一认定的原则

由于同一认定是一种主观见之于客观的认识活动，所以鉴定人作为主观的一方必然会因为认识水平、认识深度、认识条件等的限制而在认识的过程中有或多或少的失误。为了保证同一认定工作的顺利开展，必须把实际工作与客观事物自身的规律性结合起来，遵循一定的原则，以减少同一认定主体在认识过程中的失误。

同一认定最重要的一条原则就是区分客体原则。所谓区分客体原则，就是指必须区分各种客体在同一认定中的地位和作用，明确它们之间的相互关系。根据上文所述，客体可以分为被认定同一客体、供认定同一客体、被寻找客体、受审查客体。区分客体主要就是对上述四种客体进行区别。首先，在同一认定的过程中要区分被认定客体和供认定客体。区分这两者之间的关系是因为有助于个体正确评价在同一认定过程中所发现的客体的特征相同点和差异点，分析客体异同点产生的原因，分析它们究竟是本质的不同还是非本质的差别。其次，应当区分被寻找客体和受审查客体。只有对这两者进行区分，才能在同一认定的过程中客观地比较它们之间的特征，全面寻找相同点和差异点。如果不进行此种区分，就会导致在同一认定的过程中受到先入为主思想的影响，仅仅片面的寻找相同点而忽视了差异点，这将最终影响同一认定结论的准确性和科学性。最后，在这一原则里，还应认识到被寻找客体与受审查客体在某些

---

〔1〕 孙言文主编：《物证技术学》，中国人民大学出版社2000年版，第23页。

情况下仅仅是一种观念上的区分，是为了同一认定的继续进行而做出的。因为在同一认定开始前，人们并不知道被寻找客体与受审查客体之间的关系，为了客观的对这两者进行评价，必须先假定两者分别为两个不同的客体，只有当同一认定结束后，才能确定两者之间究竟是一个客体还是两个客体。如果在开始时不把两者视作不同的客体，则同一认定也就没有必要再继续进行。

（二）同一认定的方法

上文所述，已明晰了同一认定是一种对鉴定客体作出判断的活动。那么如何对客体做出判断？怎样准确的判断客体自身是否同一呢？这就需要进一步思考同一认定过程中所要采取的方法。同一认定的方法视检材和样本的属性不同而不同。但归根结底，同一认定的方法主要还是依据同一认定存在的依据——客体特征和特性做出。这些方法归纳起来主要有以下两种：识别特征的方法和特征比较的方法。

识别特征的方法是对特征进行检验的基础，它与人们认识的能力以及科学发展水平有着密切的关系。人们对特征认识越深刻，技术手段越先进，识别的方法就越多。一般来说，不同性质的客体特征要求不同的识别方法，而不同的识别方法往往又标志着对客体特征的识别程度。在现阶段，根据客体的多样性和多特征性，常用的识别特征的方法有肉眼识别观察法、物理测量法、化学分析法、显微镜检验法、仪器分析法、照相识别法等。

所谓特征比较法，是指通过比较客体的特征来判断客体是否同一的方法。由于同一认定必须以一定的特征组合为依据，所以上述特征比较法的概念中所指的客体的特征其实是指客体特征的组合。特征比较的方法是以识别特征为基础，进一步分析客体特征组合的符合点和差异点的方法。这种方法在实际的运用中由于不同种类的客体特征具有不同的特点，所以特征比较的方法也是多种多样的。但归纳起来，则可以分成以下三种：特征对照法、特征重叠法、特征接合法。这几种方法在以下的内容中还会介绍，在此不予赘述。

五、同一认定的基本形式与步骤

（一）同一认定的基本形式

在同一认定的过程中，需要证实客体自身是否同一的问题是多种多样的，因此，同一认定也是多种多样的。但是，从总体上而言，同一认定主要有三种基本形式。

1. 典型式的同一认定

在这种形式的同一认定中，往往直接对检材及样本进行比较，并通过检材和样本之间的特征联系来间接认识被寻找客体与受审查客体之间的关系，最后得出被寻找客体和受审查客体之间是否同一的结论。例如，笔迹鉴定中通过对检材和样本的比较，从而确定书写者的书写习惯，最后推出检材和样本是否具有同一性。再如，印章印文鉴定中通过对检材印文与样本印文的特征比较，从而认定两者的同一。

2. 无客体反映形象的同一认定

无客体反映形象的同一认定是断离物同一认定的基本形式。在这种形式中，只有受审查客体和被寻找客体的特征反映体，但是不具有受审查客体的特征反映体，所以只能通过对受审查客体和被寻找客体的特征反映体进行比较来间接的认识被寻找客体和受审查客体的特性，以此来推出两者是否同一的结论。这种形式主要是比较整体和部分的特征体系是否相同。

3. 无供鉴定客体的同一认定

这种形式的同一认定的鉴定意见不能作为证据，只能是一种办案的依据。它是运用同一认定的原理和步骤进行的。整个认定过程比较的不仅仅是两个特征的反映体，在实践中很多的情况下是比较多个特征反映体，即这种认定的方式仅有检材的参加，而无样本的参加。同一认定的特征比较只是在检材之间进行。所以比较的结果只能是确定检材是否为同一个被鉴定客体形成。

（二）同一认定的步骤

同一认定方法是物证技术学中运用最为广泛的鉴定方法之一，通过对先后出现的客体留下的特征反映体进行检验，从而解决案件中先后出现的客体是否同一的问题。例如，笔迹鉴定中，鉴定人对检材字迹和样本字迹进行检验，以确定是否为同一人书写。同一认定步骤按检验程序先后顺序，可以分为准备检验、分别检验、比较检验以及综合评断四个阶段。

1. 准备检验

（1）审查委托人提出的鉴定事项。鉴定机构应当对委托的鉴定事项进行审查，对属于本机构司法鉴定业务范围，委托鉴定事项的用途及鉴定要求合法，提供的鉴定材料真实、完整、充分的鉴定委托，应当予以受理。委托人提出的鉴定要求应当合理、具体、明确。

（2）了解客体情况。了解客体情况主要包括对被寻找客体情况的了解和对受审查客体情况的了解。例如，在文书鉴定中，针对被寻找客体及其特征反映体，主要是了解案件中有关文书物证的情况；针对受审查客体，则是了解人的生理、心理状态以及物的使用、保管等情况。熟悉案情并对客体情况有了一定了解后，有助于鉴定人在综合评断阶段进行分析、判断工作。鉴定人可以向委托人进行询问，也可以通过查阅勘验、检查笔录等方式了解文书物证的具体情况。

（3）检查委托人提供的检材与样本。检材是被寻找客体的特征反映体，在准备检验阶段，应当检查检材是否完整、有无损坏，检材的名称与实际数量是否与委托人提供的清单一致，并从检材的质量以及数量上研究是否具备鉴定条件。

样本是受审查客体的特征反映体，是与检材进行比对的重要材料。应当检查样本是否真实可靠，是否来源于受审查客体，样本的质量、数量是否符合鉴定要求以及是否具备比对条件等。

（4）准备必要的检验器材。对于已受理的鉴定案件，应当根据特定的鉴定事项，准备各种必要的物质材料和仪器设备，以保障鉴定工作的顺利完成。

2. 分别检验

在分别检验阶段，需要对被寻找客体的特征反映体以及受审查客体的特征反映体（或受审查客体本身）分别进行观察和检验分析，判定两者之间各自具有哪些特征，为下一阶段进行比较检验提供依据。

（1）先检验检材，后检验样本。同一认定方法依据的是在检材中反映出来的、能用以解决同一性问题的一系列特征。特征反映体中反映出的特征往往只是客体自身特征中的一部分，如笔迹的特征是多方面的，有时在具体鉴定中反映出的形体特征、笔顺特征、搭配比例特征、运笔特征等只是笔迹的一部分特征。观察、分析检材中具有哪些突出的特征，有利于更快地发现样本中对应的比对特征。

（2）先检验一般特征，后检验细节特征。一般特征是同类客体所同有的特征，如字迹的熟练程度、文书物质材料的物理性质和化学成分等。细节特征是客体局部存在的微小特征。例如，在印章印文鉴定中，印章因长期使用被磨损后，使文字、线条的棱角变钝；印面被磕碰后，边框或文字、图案出现残缺的印痕；印面附着物牢固，使橡胶印章的刀痕消失等都属于客体的细节特征。在分别检验阶段，如发现检材与样本的一般特征存在根本性不同，在排除伪装的前提下，可以直接作出否定同一的意见，而无需再对检材和样本的细节特征进行检验、分析。如果经过检验发现检材与样本的一般特征相同，则需进一步对细节特征做认真、细致的检验。

3. 比较检验

在分别检验的基础上，鉴定人应当对检材和样本进行比较检验，确定被寻找客体以及受审查客体的特征中存在的符合点与差异点。比较检验一般有以下几种具体的方法。

（1）特征比对法。此法是分别检验中最常用的方法。一般可将检材与样本置于同一视野中，对两者之间的特征进行比对，即可发现两者之间存在的特征符合点以及差异点。譬如，笔迹鉴定中，检材字迹与样本字迹的比较，通常都可以用特征比对法来进行检验。运用仪器设备也可以进行特征比对，实践中经常利用比较显微镜以及投影仪等设备，以判定特征的异同点。

（2）特征接合法。通常鉴定人可以利用比较显微镜，对检材与样本进行特征结合的检验。具体操作时，可将需要比对的客体分别放置在两个载物台上，利用特殊的光学系统设计，可以从目镜中观察到同一视场两个客体的图像。在对同一视场内的两个客体进行同等放大后，选择两者特征最多的相同部位进行拼接，观察被拼接的特征是否完全吻合。

（3）特征重叠法。该方法比较适用于形象比较简单、刻板的特征反映体，如对印章印文进行检验。鉴定字迹是否属于套摹时也可以使用特征重叠法，若检材与样本特征完全重叠，即可证明字迹系套摹形成。特征重叠的方法在进行操作时可将检材与样本制成透明幻灯片后进行重叠,也可利用比较显微镜对检材和样本进行重叠检验,以观察检材与样本的特征是否符合。

4.综合评断

综合评断是指对比较检验中发现的特征符合点和特征差异点进行总的分析判断,目的是要确定已经发现的差异点是否影响作出肯定同一的意见,已经发现的符合点总体是否能作为肯定同一的依据。[1]

(1)符合点的评断。即将发现的符合点作为一个总体,分析、评断其是否能在其他客体上重复出现,如这些作为总体的符合点只能出现在一个客体上,即可将其作为同一认定的依据。对符合点的评断主要集中在特征的质量和数量上。特征的出现率越低,特征的质量就越高。特征的数量越多,其在其他客体上出现的概率就越低。

(2)差异点的评断。对差异点的评断主要集中在分析差异点的出现是本质差异还是非本质差异。差异点如系来源于两类不同客体的特征所形成,即属于本质差异,可以据此作出否定同一。如经过研究,认为差异点属于非本质性的,在评断时不影响作出同一认定。

第四节　种属认定理论

一、种属认定的概念

种属认定和同一认定一样,也是一种人们认识客观事物的基本方法。同时,种属认定必然也是一种判断活动,当人们无法确认某物品、物质是何种物质、物品时,必然要求判断该物品、物质的属性,而种属认定正是解决未知物属性问题的方法。它是指具有专门知识和专门检验手段的鉴定人,依据反映形象或客体特征对与案件有关的客体的种属或先后出现的客体的种类是否相同等问题所作出的检验和判断。种属认定往往是同一认定的必经过程,因为在一般情况下,对客体进行同一认定都要确定该客体或其反映形象的种类所属。不经过种属认定或者经过种属认定但是没有得出肯定的确认,同一认定是不可能进行下去的。种属认定的实质就是分析某一客体的特征,根据分析结果把该客体限制在一定的范围内。种属认定所限定范围的大小与它所依据的特征的质量和数量有着密切的关系,一般而言是一种反比关系,即特征的质量越高、数量越多,它所限定的范围就越小:如果特征的质量水平低、数量少,种属认定所限定的范围就越大。根据限定范围和特征质量、数量的反比关系,不难想象,如果特征质量无限高,数量无限多,它所限定的范围就无限小。这个范围就可以缩小到只能有一

---

〔1〕 徐立根主编:《物证技术学》,中国人民大学出版社1990年版,第47页。

个客体存在的地步，在这种情况下，种属认定就转化为同一认定了。

例如，利用纸张鉴定来判断某诈骗案件所用的纸张与犯罪嫌疑人家中所用纸张是否一致时，首先，可以根据纸张的纤维成分、添加的胶料、填料等判断出是何种类型的纸张，这就相当于把该案件中的纸张从复杂繁多的种类中提取出来，确定了纸张的类型。然后，利用仪器分析的方法，检测纸纤维的精细结构和纸张的各种有机和无机成分，进一步鉴别纸张的生产厂家及其批号，可以把纸张的原产地鉴别出来。在这一过程中，每增加一个特征，客体所属的种类范围就逐步减小，如果再附加一个该类型纸张的特殊标记。比如，该批纸张为专供某单位使用，此时就可以认为种属认定已经转化成同一认定。

二、种属认定的作用

如前所述，种属认定是同一认定的必经阶段。同时，种属认定也是对案件事实认识的重要手段，无论是在鉴定工作的过程中还是在其他有关方面，种属认定都起到了不可替代的作用。具体而言，种属认定的重要作用主要有以下几点。

（一）确定和缩小客体范围

鉴定工作的目的之一就是对案件事实所涉及的客体进行同一认定，所以，在鉴定工作中一个首要的任务就是要把客体所处的范围确定并且尽量缩小。而种属认定作为同一认定的前提，就起到这种作用，它可以通过对有关客体的种类所属的认定来确定和缩小鉴定客体的范围，不仅为鉴定工作指明了正确的方向，而且还提高了鉴定工作的效率。

（二）可以为确定鉴定客体的双联性提供证据

所谓客体的双联性，是指案件中的各种物质性客体必须一方面与案件中的人、事、物、时、空确定联系，另一方面也与受审查的人、事、物、时、空确定联系。[1] 种属认定恰恰可以在鉴定的过程中起到这种作用，可以帮助证明在案件中的物质性客体具备这种双联性的关系，从而帮助证明各种各样的案情。

（三）可以查明某些案件事实

种属认定可以分为确定种属的种属认定和鉴别种属是否相同的种属认定，但无论哪一种种属鉴定，对于查明案件都是具有重大意义的。首先，种属认定可以有助于确认案件的性质，判断案件发生、发展的各种原因。其次，种属认定还可以将案件事实的某些细节部分暴露出来，有利于案件鉴定工作的顺利进行。

三、种属认定的主体、客体及分类

（一）种属认定的主体和客体

种属认定作为物证技术学的基础理论之一，必然对专业性和科学性的要求极高。因此种属认定的主体必须具有相关专门知识，在某些情况下还要求主体必须是具有鉴

---

〔1〕 徐立根主编：《物证技术学》（第2版），中国人民大学出版社1999年版，第52页。

定人资格的人员。

种属认定的客体主要是指案件中对于案件事实有密切关系,可能具有证据意义的各种物质或物品。

(二)种属认定的分类

根据种属认定的概念以及鉴定实践,可以把种属认定分为两大类:

第一类是确定种类所属的种属认定(也可称为单一型种属认定)。这种种属认定在物证技术实践中是最为常见的一种类型,它主要解决的问题是通过检验,确定某一被鉴定客体属于物质的哪一种类型。例如,确认墨水属于什么类型,印章的材料属于哪一类型等。简言之,确定种属所属的种属鉴定就是对物质类型的认定。这类种属鉴定有助于确定鉴定以及侦查工作的方向和范围,有助于判明案件的性质。

第二类判断种属异同的种属认定(即比较型种属认定)。该类种属认定的主要任务是检验先后出现的客体是否相同,或者判断该客体的来源是否相同。如确定文件材料上的字迹是否为同一种墨水所写等。这类种属认定和第一类种属认定之间主要的区别在于,后者是对两个以上的客体的种类是否相同所作出的判断。

四、种属认定的原则和方法

(一)种属认定的原则

种属认定与同一认定一样,也是一种主观见之于客观的科学活动,为了避免主观因素以及其他因素对种属认定过程的干扰,科学地解决案件中所提取的物质的种属认定问题,应当在一定的原则指导下进行工作。首先,在进行种属认定之前,要做好准备工作,包括以下两点:第一,提交检验的各种物质必须未被污染,否则,将会影响检材的质量,最终导致种属认定结论不正确甚至种属认定失败。第二,从事种属认定的部门必须要有从事该工作所应具备的科学仪器和实验室。种属认定是一种对科学技术含量要求比较高的工作,要想准确地认定物质的属性以及其种类所属,就必须具备所需的科学技术条件。此外,还应当遵守以下具体规则。

(1)应当优先适用无损检材的检验方法,后采用有损检材的方法。这样可以避免检材的浪费,在某些案件中,所能提取的检材是少之又少的,如果在种属认定的开始就采取有损检材的方法,很有可能破坏检材,最后导致检材耗尽,无法获得种属认定的结论。

(2)采用化学检验方法时,应当先定性后定量进行检验。定性的检验方法是指只确定物质的组成成分,不确定含量的化学检验方法。定量的方法是指不仅确定物质的组成成分,而且确定其含量的检验方法。

(3)应当优先采用公认的、标准的检验方法,并应运用多种检验手段取得结果相互印证,以保证检验结论准确无误。公认的、标准的检验方法是经过实践证明并被人们所接受的方法,任何其他非公认的、非标准的方法都不能采用在检验过程中,因为非标准的方法很可能导致结果的不正确而不被人们所接受。同时,多种检验手段的使用能有效提高检验结果的正确率，防止单一手段的错误发生。

(4)应当节约检材。使用检材应留有余地，一般应留存总量的1/2或1/3供复检使用。[1]

(二)种属认定的方法

种属认定的一般方法所采用的也是一种特征比较的方法，如上一节提到的，所谓特征比较法，是指通过比较客体的特征来判断客体是否同一的方法。种属认定可以分为两个类型：第一个类型是确定种类所属的种属认定；第二个类型是判断种属异同的种属认定。由于第二个类型的种属认定是关于两个或两个以上的客体的认定，必然要涉及客体特征的相互比较。所以，判断种属异同的种属认定是一种特征比较的方法。对于确定种类所属的种属认定，虽然在表面上看这种认定是针对单个客体所做出的，但是这里仍然存在特征的比较，只不过比对样本的特征已经被人们所知，所以在主观上对客体特征的比较难理解而已。

在物质世界中，所有的物质都可以大体上分为三类：化学物质、物理物质和生物物质。同样，按照物质的分类，可以把种属认定的方法也分为三类：

(1)物理检验方法。这类检验方法主要是依据物质的物理特性所作出的，它是利用仪器检验物质物理属性的方法。虽然物理属性是物质的一个重要的属性，但是，在比较检验两个或两个以上的物质是否同属一个类别时，应当看到物质的物理属性也可能在一定的情况下出现不同类物质物理属性部分相同的现象。所以采用这种办法检验时，要对被检物质采取多方面的物理属性检验，以避免错误的发生。

(2)化学检验方法。化学检验方法就是利用化学反应的原理和器材对物质化学属性进行检验的方法。化学检验方法分定性和定量两种。定性的方法是指只确定物质的组成成分，不确定含量的化学方法。定量的方法是指既确定物质的组成成分，又确定其含量的化学检验方法。常用的定性方法有：沉淀反应、显色反应、气体反应、显微结晶反应、燃烧反应等。[2]

(3)生物检验方法。生物学检验的方法就是利用生物学的原理和器材检测物质生物属性的方法。这种方法主要分为三大类：生物化学方法、免疫学方法、遗传学方法。

五、种属认定的步骤

(一)获取特征

通过观察、分析以及检验客体，可以发现被检客体存在的种属特征。被检客体的种属(种类)特性是由该客体的根本属性所决定的，不同性质的客体，决定了其表现出的种属特征也不同。例如，文书物证技术中对于人的种属特征认定，主要依据客体掌

---

〔1〕 徐立根主编：《物证技术学》(第2版)，中国人民大学出版社1999年版，第47页。

〔2〕 李苑、王萍主编：《物证技术学简明教程》，中国人民公安大学出版社2001年版，第19页。

握、使用语言文字的能力、环境以及生理心理因素等；对于有关机具的种属特征认定，主要依据机具的生产要求以及技术指标等；对于材料物质的种属特征认定，主要依赖于材料成分、含量的异同等。不同的种属特征，获取的方式也不同。从文书物证内的字迹、言语中获取种属特征时，一般可以运用感官分析、显微检验等手段。获取材料物质成分等种属特征时，可以运用物理检验、化学检验以及仪器分析等手段。通过各种检验方法的综合运用，从而发现文书物证中的各类种属特征。

（二）比较检验

将检验中提取的种类特征及有关信息，同相近的已知客体的种类特征相比较，以全面发现其异同，为作出结论奠定基础。[1] 实践中，比较检验采用的方式一般有三种。第一，委托人既提供了检材，又提供了相近的已知客体样本，要求对于检材与哪种样本的种属相同进行鉴定。该方式通过检材与样本在相同条件下的分别检验，比较两者检验结果的异同。第二，委托人要求对客体进行种属认定，但只提供检材，未能提供相近客体的样本。鉴定人在进行比较检验时就需具有相关客体的种属特征、标准图谱或者数据材料等，并将其与检材进行比较。第三，对于言语的种属识别以及文书制作方法等不可能通过收集和提供样本来进行比较的鉴定事项，就要求鉴定人具有丰富的经验以及专门知识来进行分析、比较和鉴别。

（三）综合评断

综合评断，就是在比较检验的基础上，对应当作出的意见进行理性论证的过程。只有充分、准确地把握客体的种属特征，才能够正确分析、评断比较检验的结果。在进行评断时，应当综合考虑客体具有的各类种属特征，不能忽视任何具有检验意义的特征。综合利用各类种属特征，不仅可以使鉴定意见的论证更为充分，而且能够将客体的种属类别区分得更为明确。此外，综合评断时还应当抓住客体的本质特征，即与客体的种属性存在直接、必然联系的特征。在综合评断时，必须对具体问题进行具体分析。即鉴定人应当将每一项种属认定工作，都纳入具体案件发生的具体情形中，与案件、现场情况以及其他证据进行综合考虑，特别是对于种属类别界限较为模糊的客体，不能草率作出鉴定意见。

六、种属认定和同一认定的区别与联系

（一）种属认定和同一认定的区别

1. 解决的问题不同

由于种属认定和同一认定的性质有着明显的不同，它们所能解决的问题也有所不同。从本质上说，它们都是为了物证鉴定的最终结论服务，但是同一认定所要解决的问题是客体自身是否同一的问题，是为了证实被寻找客体和受审查客体是否为同一实

---

〔1〕 贾玉文、邹明理主编：《中国刑事科学技术大全——文件检验》，中国人民公安大学出版社 2002 年版，第 34 页。

体而服务的。种属认定解决的是客体究竟归属哪个种类以及种类是否相同的问题,所以两者之间有本质的区别。

2. 对客体特征的要求不同

经过上述分析可以发现,不仅判断种属异同的种属认定需要进行客体特征的比较,而且确认种类所属的种属认定也是需要进行特征的比较的,只不过后一种类型的特征比较是在本质上进行比较,而并非表露在外。同样不难理解,同一认定的过程也是对客体特征进行比较的过程。但是种属认定和同一认定关于客体特征的比较不同,主要体现在两者对特征的要求是不一致的。种属认定对客体特征数量和质量的要求比较低,只要求所存在的特征能把客体限制在某个范围之内即可,即种属认定只要求识别客体之间的种类差异即可。但是,同一认定对特征质量和数量的要求比较高,它不仅要求把客体限制在一定的范围之内,更重要的是它所要求的必须是能把客体特定化的特征组合,即同一认定要求完全排除特征组合在其他客体上出现的可能,直接识别客体之间的个体差异。这也是两者之间的又一不同之处。

3. 在鉴定活动中所处的地位不同

从认识能力的角度观察种属认定和同一认定,可以发现,种属认定属于人们对客体认识水平较低的阶段,而同一认定则属于认识水平较高的阶段。即就同类客体而言,种属认定所要求的认识水平要低于同一认定所要求的认识水平。种属认定是同一认定的初级阶段,很多同一认定都是从种属认定发展而来。同一认定则是种属认定的发展目标,它不仅显示了认识阶段从低级到高级阶段的发展历程,而且反映了物证技术工作的进行过程。

4. 鉴定意见的证据价值不同

种属认定和同一认定在物证鉴定中的作用都是很重要的。但是,物证鉴定的主要任务是确定具体的物同案件事实的关系,要做到这一点只有通过同一认定来实现,种属认定只能确定物的种类所属,不能确定具体的物。所以从鉴定意见方面来说,同一认定的鉴定意见的证据价值要高于种属认定的意见的证据价值。在分析两者的证据价值的同时,还应注意以下几个具体方面:

(1)两者鉴定意见证据价值的比较是针对同一客体而言的。不同种类客体的同一认定与种属认定不具备价值比较的条件,不存在可比性。

(2)对两者结论价值的比较首先要考虑鉴定意见的性质。种属认定和同一认定所作出的意见有两种,一种是肯定性,另一种是否定性。对这两种意见的价值比较要区别对待。肯定性意见中,同一认定意见的证据价值要高于种属认定,但是在否定性意见中,同一认定的结论价值并不高于种属认定意见的证据价值,两者在否定性意见中的证据价值是相同的。

(二)种属认定和同一认定之间的联系

同一认定和种属认定之间有紧密的联系,对于同一客体来说,人们的认识总是从首先认识一般特征，然后逐渐向认识细节特征过渡的过程。两者的关系是种属认定不断向同一认定发展，是认识水平从低级到高级发展的过程。

同一认定是对客体特征组合进行比较的过程。在鉴定过程中，种属认定往往是同一认定的第一步，鉴定有种属划分的客体时，必须要先比较客体的种类所属是否相同，即同一认定要依据多个特征一步步的比较。一般来说，应先比较一般特征，再比较细节特征，而每一次特征的比较，都可以看成一次种属认定，直至把客体限定在一个单一体的范围之内，即该范围内只有一个客体，这时，种属认定便转化为同一认定。[1] 正是由于同一认定的比较是从一般特征到细节特征的比较，所以，每一个同一认定都包含数个种属认定，只有代表一般特征的种属认定逐步走向细化，同一认定才能作出。丧失了种属认定，同一认定的过程就失去了认定的基础。

综上所述，在物证技术学鉴定过程中，同一认定和种属认定是相对而言的，两者之间既有区别又有联系，既相互对立，又在一定的条件下相互转化。

第五节　系统鉴定理论

一、系统鉴定的概念

系统鉴定与同一认定、种属认定一样，都是人们认识客观事物的方法问题，但它是更高层次的方法。当采取单独的某种或某几种检验手段，无法对案件事实作出准确的鉴别和判断时，就需要采取系统鉴定的方法来对鉴定对象进行综合判定。关于系统鉴定的概念，我们从以下两个方面进行说明。

（一）系统的概念

系统的原意是指“由部分组成的整体”。从系统科学的意义上讲，系统的定义是：“系统是指由两个以上互相联系与互相作用的要素所组成的、具有一定结构和功能的有机整体。”[2] 理解系统的概念时，应明确：系统是由多个要素组成；各要素之间是互相联系、互相作用的、不可分割的有机整体；系统有其特定的功能。系统论是系统科学的基础，强调把研究对象看作一个系统，着重研究其在系统中结构和功能的特征及其规律，注重从整体与各要素、整体与外部因素间相互联系、相互作用的关系中，综合地、全方位地考察对象，以达到最佳处理问题的一种方法。系统方法主要体现在系统的整体性、有序性、动态性和综合性四个方面。

---

〔1〕 何家弘著：《同一认定：犯罪侦查方法的奥秘》，中国人民大学出版社 1989 年版，第 178 页。

〔2〕 刘国艳：“试论在软件生产运用系统科学方法”，载《科技资讯》2007 年第 4 期。

(二)系统鉴定的概念

系统鉴定是把待鉴定的专门性问题作为与案件事实相联系的有机整体,采用各种检验手段发掘所能提供的全部信息,从案件的具体情况和各要素的联系上,对文件与案件事实的关系所做的鉴别和判断。[1] 系统鉴定不仅涉及各种检验手段,而且在对系统中各要素进行判断时,也需运用同一认定和种属认定的方法,然后再根据系统鉴定的规则加以综合评断,以提出鉴定意见。

例如,就文件物证系统而言,其基本属性有:整体性,即文件物证是由物质材料、笔迹、言语、文字布局等要素组成的相互作用、相互依存的整体;结构性,即文件物证是由各要素以一定的方式构成,如物质材料是文件物证的载体;功能性,即各要素都有一定的功能,系统的功能并不是各要素功能的简单叠加,应大于各要素的功能之和;层次性,即文件物证其本身由多要素组成,同时也是案件事实的组成部分,要将文件物证置于特定案件中去研究。因此,对文件物证各要素进行检验的方法构成了文件鉴定的方法系统,若对各要素进行同一认定或种属认定仍不能判断案件事实时,就应运用全方位、多角度的系统检验方法,将其置于特定案件中进行综合判断。

二、系统鉴定的意义

(一)系统鉴定的理论意义

系统是物质存在的基本方式,唯物辩证法认为,世界上的任何物质都不是单独存在的,而是一个有机整体,一切事物都处于相互影响、相互作用、相互制约之中,反对以片面、孤立的观点看问题。系统鉴定强调物证的整体性,而不是只着眼于某个单独的要素;强调外界因素(环境)的作用和影响,而不是只着眼于孤立的物证本身;强调对研究对象作具体分析,而不是仅依靠检验所见。因此,在涉及案件中的专门性问题时,应摆脱形而上的思维定式,坚持用辩证的、系统的观点和方法去分析问题、解决问题。

(二)系统鉴定的实践意义

系统鉴定不是一种新的科学技术,而是一种分析问题、解决问题的新方法,它具有单项鉴定所没有的特殊功能和效用,提高了解决复杂、疑难问题的能力。在实践中,有时会遇到不具备检验条件或者现有科学技术无法解决的专门性问题,这时如果采用系统鉴定的方法,很多问题将会迎刃而解。其原因在于:[2]

1. 系统鉴定的加和效应

系统鉴定的整体功能远大于某个部分或某几个部分的功能。单独就某一要素进行鉴定,得出结论的依据可能不充分,若把系统中各要素分别得出的结果综合起来,就能不同程度地证明同一个事实,由此可提高鉴定意见的准确性。

---

〔1〕 刘建伟:"系统科学方法在文件物证鉴定工作中的应用",载《第二届证据理论与科学国际研讨会论文集》(下卷)2009年。

〔2〕 贾玉文:"论文件物证系统的结构和功能",载《中国刑警学院学报》1994年第1期。

2. 系统鉴定的增值效应

系统鉴定坚持从案件的具体情况出发。鉴定对象本身是具体案件的一个要素，在鉴定对象上获得的全部信息，必须置于该案的特定情况中综合考虑，由此可使信息总和升值，提高鉴定意见的可信度。

3. 系统鉴定的迂回效应

系统鉴定可以避实就虚。当鉴定对象受到技术水平或检材条件的限制时，可以另辟蹊径，利用对系统中其他要素的检验，以达到同样的效果。

4. 系统鉴定的透视效应

系统鉴定可以反映实质问题。系统中某一要素有时不能决定问题的实质，如真实的签名、印章并不是证明文件真实性的主要依据，更不是唯一依据，而系统鉴定可以透过局部，发现伪造、变造的实质。

三、系统鉴定的步骤与方法

（一）了解案情，把握鉴定对象与案件的联系

鉴定对象为案件中涉及的专门性问题，其与案件事实之间必然存在某种联系，所以在系统鉴定前，应了解案情，把握鉴定对象与案件的联系，明确鉴定问题对案件事实所起的作用，理解鉴定要求的意义，以便从实际情况出发，有计划地进行系统鉴定，根据案件的实际情况评断检验结果，从而作出鉴定意见。文件检验中，应明确案件当事人之间的关系、争议的焦点问题、文件形成的时间、地点、场合，所使用的工具以及文件形成后的保存状况等，应形成详细的询问笔录或者书面材料，以验证陈述的真实性。

（二）剖析鉴定对象系统的要素和结构，拟定系统检验方案

在明确鉴定对象与案件的联系后，应仔细分析鉴定对象是由哪些要素构成的，且这些要素之间是以怎样的方式存在，并在此基础上选择适当的检验方法，拟定系统检验的方案。文书检验中，应判明文件材料的构成要素（包括纸张、笔迹、言语内容、印章印文、指印等），这些要素之间的结构，即相互之间的关系，是一次性形成的或者是添加形成的，前后是否同一支笔书写，是先盖章后写字还是先写字后盖章，等等。由此来拟定系统检验的方案。

（三）分别运用各种检验手段，全面提取鉴定对象的信息

针对鉴定对象的性质和特点，分别选择合适的检验手段，对其信息进行全面的发现和提取，不论是正面的或负面的，还是有直接联系或间接联系的，均应全面收集，不应忽略看似无关紧要的信息。例如，文件检验中，对于两份文件形成的时间前后问题，除了稿纸印刷特征、书写形成时间的检验外，若发现在第 2 页纸张上留有第 1 页相应字迹的书写压痕时，也可印证形成的时间前后问题。

（四）综合分析检验结果，提出鉴定意见

在作出鉴定意见时，需要对检验结果进行综合，从案件的实际情况出发去综合检验所得的结果，将其置于案件的特定情况中去分析，不能孤立地、脱离实际情况或仅凭

主观臆断来研究问题。在文件检验中,将文件物证置于案件的特定环境中,才能把握物证的本质及其与案件事实的内在联系。若只用一般的规律或标准去评断检验结果,则会有相当多的鉴定事项无法完成。因此,就具体问题做具体分析,才能真正做到从案件的客观事实出发,从而达到事半功倍的效果。

思考习题

1. 简述物质转移理论在物证技术学中的定位。
2. 简述同一认定的基本形式。
3. 同一认定分哪些步骤实施?
4. 简述种属认定的一般方法。
5. 简述同一认定与种属认定理论的区别与联系。
6. 简述系统鉴定的步骤与方法。

拓展阅读书目

1. 何家弘著:《同一认定:犯罪侦查方法的奥秘》,中国人民大学出版社 1989 年版。
2. 何家弘著:《从相似到同一——犯罪侦查研究》,中国法制出版社 2008 年版。
3. 刘昊阳著:《诉讼证明科学》,中国人民公安大学出版社 2007 年版。
4. 金光正主编:《司法鉴定学》,中国政法大学出版社 2001 年版。

第六章　物证技术学基本方法

本章概要

本章主要介绍了物证技术学检验、鉴定中所运用的基本方法，阐述了不同方法的特性、适用对象以及运用领域。

通过本章的学习，要求了解观察分析法、理化检验法、生物学检验法、仪器分析法以及数理统计法的主要内容与常用技术，并结合相关专门领域明确此类技术方法的具体运用。

关键词

基本方法；观察分析法；理化检验法；生物学检验法；仪器分析法；数理统计法

物证技术学运用的基本方法，是在辩证唯物主义认识论的基础上，运用物理学、化学、生物学、仪器分析等现代科学技术手段的一项综合性检验、鉴定方法，不仅适用于物证的种属认定，亦适用于物证同一认定型鉴定。

第一节　观察分析法

观察分析法是通过肉眼直观或者借助仪器，分析、检验物证的外观形态、结构以及细微特性的一种专门方法。专门技术人员通过感觉器官，能够有计划、有目的的感知物证的特性及其与周围事物之间的联系，从而获取有助于反映与案件情况有关的事实与状态。观察分析法作为物证技术学中普遍采用的一项认识方法，主要可分为外观检验法与显微检验法两大基本形式。

一、外观检验法

外观检验法是物证技术专业人员通过感觉器官或者借助于简单器具（如放大镜、厚度仪、硬度计、天平、比重计等），分析、检验客体特征的形态、颜色、大小、位置以及其与周围事物之间的联系的方法。在自然状态或者一定光照条件下，从不同角度、不同方位对物证的外观形态、结构特性进行全面细致的观察与检验，以获取和认知物证所具有的特征以及相关客观事实。外观检验法作为物证技术学鉴定的基础方法，在物证的宏观分析、相互联系等方面的研究中具有不可替代的作用。通常，外观检验法又可具体分为两种类型：第一，通过外观检验，获取物证检材的外貌特征及物质本身所具有的特性。外观检验常常是整个检验鉴定过程的初检阶段，它的意义在于否定嫌疑、缩小检验范围，具有排除、筛选和指向的作用。第二，对于只有从物证的宏观与整体、物证与环境之间的关联才能把握问题实质的检验鉴定，通过直观的检验和分析，可以为同一认定或种属鉴别打下检验基础，甚至直接确定其种属问题。[1] 外观检验法具有操作简便的特点，使其在各类痕迹形态检验中，往往是识别客体形态特征的主要方法。然而，肉眼或者借助简单器具观察、检验的方式在识别客体形态特征时也存在较大的限制，其通常只能鉴别客体外形较大且较为明显的形态特征。而客体微观形态特征的分析与鉴定，则须依赖于显微检验等间接分析方法。

二、显微检验法

显微检验法亦称间接观察法，系为了克服肉眼视力、生理阈值的限制，而借助于显微仪器扩大感知范围，提升对客体微观特征的分析、鉴别能力的一项现代科学方法。物证技术专业人员利用各类显微镜，以有效观察、检验物证的微观结构、形态以及其他特征。显微检验法作为一项有效的技术方法，极大地弥补了人眼视力的不足，从而将肉眼无法看见或无法看清的物质属性以及物证特征清晰明显地反映在了人的视野中。通常而言，物证技术中常用的显微仪器，主要有以下几类：

（一）体视显微镜

体视显微镜亦称立体显微镜，由上部两个目镜、中部对应的两个物镜以及下部一个组合的透镜等组成。光线从透镜侧射、直射后，物体便可放大，再经棱镜折射后就聚焦到物镜的焦平面上。人眼通过目镜观察到的两个重合放大图像，因存在视角关系，故可以观察到具有立体感的三维方向物体结构与形态。此类显微镜，通常适用于物证的扩大检验，在痕迹、文书物证检验中较为常见。

（二）生物显微镜

生物显微镜是最为常见的光学显微镜之一，主要可用于透明或半透明物体的微观结构与形态观察。其结构主要包括目镜、物镜、聚光镜以及反光镜等主要部件构成。生物显微镜利用可见光为光源，通过目镜、物镜放大成像，从而对物证检材进行直接观察、检验。其放大倍率为物镜与目镜放大率的乘积，放大范围从 10 倍至千倍不等，但生物显微镜的焦距较小，难以呈现清晰、立体感的物像，常用于木材、淀粉、纤维等理化物证以及生物物证的检验。

---

〔1〕 王彦吉、王世全主编：《刑事技术学教程》，中国人民公安大学出版社 2006 年版，第 16 页。

（三）比较显微镜

比较显微镜是一种能够在同一视场内观察与比对两个客体的专门显微镜。该显微镜主要有两个物镜，位于物镜下方的载物台可同时放置两个客体，反射光线经上方的物镜放大成像后再经棱镜折射，即可将两个图像分别反映在目镜同一视场的左右两侧。通过重叠投影装置以及载物台的调整，可以拼合或重叠比对目镜中的两个图像。其主要可用于痕迹物证技术以及文书物证技术领域。

（四）金相显微镜

金相显微镜系利用反射光对不透明金属与合金的组织结构进行观察的显微镜，主要用于检验金属的微观结构。不同金属的金相晶体组织与成分的差异，加工、处理工艺的不同都会影响到金相的晶体结构。因此，在使用金相显微镜时，应先磨平、洗净金属表面，再将光线射在处理好的金属表面，即可通过显微镜观察、分析不同金属的结构特点。常用于对工具痕迹、金属附着物以及枪弹等进行金属定性或微观结构检验。

（五）偏振光显微镜

偏振光显微镜亦称极化显微镜，系在光源与物证检材之间装有起偏镜，在目镜与物镜之间则装有检偏镜。其偏镜与检偏镜结合成为偏振镜，目的在于使光的振动只朝一个方向进行。起偏镜可使光的震动方向和前进方向相垂直，成为“偏光”并照射检材。偏振镜可将从检材透射、反射过来的光线，完全透过或不同程度地吸收。[1] 利用这一特性，偏振光显微镜主要可用于对玻璃、金属、纤维、岩石、矿物等微量物证进行检验。

（六）荧光显微镜

荧光显微镜利用能够发出紫外线的光源，对某些物证进行照射与激发，使之产生荧光后再进行检验。此外，有的荧光显微镜还在目镜下加装有能够阻挡激发光干扰、增强荧光与背景逆差的滤光镜，从而获得更佳的观察效果。检案实践中，荧光显微镜主要用于对微量的血痕、炸药、油脂、火药、精斑等物证的不同成分进行检验与鉴别。

（七）电子显微镜

电子显微镜与光学显微镜的显著差异之处，即在于其以电子流代替光照光线，同时又以电子源取代光源。电子显微镜以特殊的电极与磁极替代光学显微镜中的物镜、目镜与聚光镜的作用，最后形成电子图像。物证鉴定中，射击残留物、金属屑、火药、泥土、油漆、纤维、油墨、灰尘、纸张填料等物质均可以使用电子显微镜予以检验。该检验方法在不破坏检材的基础上，将物证分析的范围拓宽至微观领域，既能对物证的形态进行直观的比对，又能准确地对其进行定性与定量的检验。

---

〔1〕 刘文主编：《中国刑事科学技术大全——刑事科学技术总论》，中国人民公安大学出版社 2003 年版，第 119～120 页。

第二节 理化检验法

理化检验法,通常包含物理检验法与化学检验法两大类。物理检验法作为一项无损检验方法,即在不改变物证性质的前提下,利用光学、声学、力学、电磁学等原理与技术,对物证的物理特征、属性等方面进行检验、鉴定。而化学检验法作为一项有损检验方法,利用被检物质的化学属性与某些试剂相互反应并得到反应结构,从而根据结果推断被检物质的化学成分、化学性质以及化学结构等内容。

一、物理检验法

应用专门技术方法鉴定未知的检材时,应当首先运用各类显微镜、天平、比重计、厚度仪、紫外线灯等工具、仪器,对检材的形态、色泽、重量、气味、厚度、比重、荧光等特征进行观察和检验。物理检验法一般属于无损检验,能够节省检材,不破坏检材的外观和结构,主要通过观察检材的形态结构,并依据检材的各种特性来判断其种类所属。常见的物理检验法一般有以下几类:

(一)形态结构检验法

在常温常压下,可用肉眼或借助于放大镜和各类显微镜观察物证的形态和结构。利用显微放大技术可有效弥补人眼视力的不足,使非肉眼所能观察的物质微观形态和结构特征清晰地呈现在鉴定人的视野中。如检材为固体,可观察其有无定性或结晶性,是否有多种晶体存在并初步判定其纯度;如检材为液体,则需观察检材中是否含有悬浮的颗粒或者同时存在其他不相溶的液体;如检材为气体,需要观察其中是否存有微粒或者其他杂质。

(二)物理性质检验法

鉴定人通过测定、检验物证的物理性质,如物证的厚度、重量、比重、熔点以及气味等,有助于区分物证的种类。在对纸张、纺织物、塑料薄膜等检材的厚度进行测定时,一般可以利用厚度仪测量。利用天平等仪器可对物证的重量进行测定。在检验玻璃、塑料等客体时一般需要测定比重,可使用专门的比重计测得物质的比重。熔点在鉴别各类有机物时使用较多,一般常用熔点仪等工具进行测量。检材的气味一般通过嗅觉即可直接判断。在闻检材的气味时,不得直接猛吸,以防中毒,也不得尝试检材的味道。

(三)不可见光及荧光检验法

光作为一类电磁波,包含可被肉眼所见的可见光和另一类不可见光,如红外线、紫外线等。某些物质在可见光下难以区分,但在不可见光下,却具有吸收、反射和透射某些波段等特性。利用这一特性,鉴定人可以运用不可见光检验射击残留物、爆炸残留物、色料等微量物证的成分。案件中某些物质在一定波长的光线照射(激发)下会发出一定的荧光。物质是否会发出荧光、照射(激发)光在何种波段才能使物质发出荧光以及发出何种颜色的荧光等,各类物质各不相同。利用物质受到激发而发出荧光的颜色和强度不同,可以大致区分物质的种类。

物理检验法是物证种属认定的一项重要内容,检材和样本如属同类物质,则必然具有相同的物理属性。但不同种类的物质在某些方面的物理属性也可能相同。因此,通过物理检验法,测定两类物质的物理属性有明显差异的,可以作为物质属于不同种类的依据。物理检验方法的意义在于排除嫌疑、缩小检验范围,但不能得出物证"同一"或者"相同"的意见。

二、化学检验法

化学检验法主要利用物证检材与各种化学试剂进行化学反应,根据颜色变化、气体生成、产生结晶、沉淀或燃烧、焰色等化学反应结果,进行定性、定量的检验、鉴定工作。化学检验方法对判断、确定某些物证的内在特性具有重要的意义,可以起到"认定"或者"否定"的作用。该检验方法是一种有损检验,物证检材一旦与化学试剂产生反应即被破坏,因此,在进行化学检验前,应当预留足够的检材以备复核或者重新鉴定。化学检验法依据反应原理的不同,可分为如下几类:

(一)显色反应法

物证检材与某种试剂发生化学反应后,根据反应中的颜色变化,来确定物证的种类。物证的显色反应通常在点滴板或滤纸上进行。滤纸适用于带色反应产物的观察,点滴板则适用于腐蚀性带色溶液和无色溶液中带色沉淀或浑浊的观察。[1]

(二)气体反应法

某些物证与化学试剂作用可产生气体。将这类物证直接放入锥形瓶中,瓶口覆盖浸有显色剂的滤纸,当对该锥形瓶进行加热时,挥发出的气体与滤纸上的显色剂反应而显色。该法的特点是物证无需分离,且灵敏度较高。

(三)结晶反应法

特定物质之间经过化学反应后会产生具有特殊形态的结晶体。利用显微镜对其特征进行观察,判断其属于何种化合物。结晶反应法多用于对微量物证中含有的某些阳离子、阴离子进行定性检测。如对于爆炸残留物中硝酸根(NO_3^-)离子的检测。

(四)沉淀反应法

加入化学试剂后,物证与试剂发生化学作用后产生不同颜色的难溶或微溶物质而形成沉淀。注意:对某些物证反应时试剂用量不能太多,否则,产生的沉淀会溶解在过量的试剂中。通过显微镜可观察沉淀的特征,可以鉴别物证中所含的物质种类。此种检验方法常用于检验微量物证中含有的金属阳离子。例如,检验爆炸残留物中是否有

---

[1] 陈洪福、蒋敬主编:《刑事技术简明教程》,中国人民公安大学出版社2007年版,第409页。

汞(Hg),可作为判断爆炸是否由雷管引爆的依据之一。在检验中,可用硫化钾(K_2S)试剂与爆炸残留物中的汞离子(Hg^{2+})作用,如残留物中有汞离子(Hg^{2+}),即会生成硫化汞(HgS)沉淀。

(五)燃烧、焰色法

燃烧法,即通过检材燃烧时产生的火焰和烟的颜色、气味以及检材燃烧速度的不同鉴别检材。[1] 根据物证在高温条件下与空气中的氧气剧烈反应而产生的不同现象,从而区分物证的种属类别。如羊毛缓慢燃烧,有烧焦毛发的气味产生,形成黑褐色、脆性较大的灰烬。各类物质中,某些盐可在无色火焰中显出不同的颜色,如钾盐呈紫色,钠盐呈亮黄色,钙盐呈绛红色,钡盐呈绿色等。通过焰色法,可对物证中含有哪些物质成分进行一定的确认。

第三节　生物检验法

在物证技术学领域中,尤其是涉及生物物证技术的检验与鉴定,其鉴定客体往往涉及人体以及其他生物检材,如人体、动物的生理组织、分析物、排泄物等,此类客体必须运用生物学的检验方法予以鉴定。通常,生物学检验法中具体包含了细胞学检验、电泳分析法、免疫学分析、DNA 分析等相关内容。

一、细胞学检验

细胞学检验方法主要通过生物显微镜、偏振光显微镜、荧光显微镜以及电子显微镜等设备,对经过特殊处理的人体或动植物体的细胞形态变化进行微观层面上的观察与检验。对于中毒案件中的毒物判断,就需要提取相应的人体组织器官,通过专门方法进行加工、制备后,再借助于显微设备对其细胞的微观变化进行观察、分析,从而有效判断出中毒物质的具体类别。通常而言,一般鉴定时只需对组织切片进行 H.E 染色后,利用光学显微镜进行检验即可。但特殊情况下,还可对其切片进行特殊染色、免疫组织化学染色、组织化学染色等,并运用透射或扫描电子显微镜进行观察与检验。此外,生物物证技术领域中,还可运用细胞学检验的方法来对毛发、分泌物、排泄物、精子、皮肤黏膜细胞、阴道上皮细胞、子宫内皮细胞等进行检验与鉴定。

二、电泳分析法

电泳是带电粒子在电场中进行移动的特殊现象。运用电泳分析法时,需将不同电荷的粒子放在电场中同一起点上,利用粒子迁移方向以及速度不同的特性而将其进行分离。电泳分析系统的结构主要由电源、阴电极槽、阳电极槽、缓冲溶液以及支持介质

---

〔1〕 王彦吉主编:《微量物证与毒物毒品分析》,中国人民公安大学出版社 2001 年版,第 11 页。

五部分构成。电泳分析系统中的缓冲溶液被置于电极槽中，而支持介质则是架在阴、阳电极之间，含有缓冲溶液的薄膜或凝胶。支持介质中具有的粒子通道，使电泳可以在支持介质中进行与完成。根据分离方法的不同，电泳分析法又可以分为水平板状与垂直柱状的不同形式。为了提升物质的分离能力，还可以将电泳技术与层析法、免疫学方法等进行相互结合使用。

不同蛋白质的种类不同，使其分子大小及所带电荷的性质与数量各不相同，其在电场上移动的速度与方向也就存在较大的差异。通常情况下，带有正电荷的粒子就会向阴极移动，而带有负电荷的粒子则会向阳极移动；分子量较大的粒子相对移动速度较慢，而分子量较小的移动较快。因此，电泳分析法主要可用于血清型、酶型以及DNA 指纹的检验。此外，免疫电泳的运用不仅可以用来检测血清型，还能对血痕、精斑等生物物证进行定性分析与种属认定。

三、免疫学分析

免疫学分析方法主要根据抗原与抗体相遇后产生免疫应答而反映出的各种现象，对被检客体的性质进行检测与判断。物证技术学领域中，主要可以运用免疫学分析方法，对血型、毒物、毒品以及生物种属等进行检验。实践中，免疫学分析方法主要包括以下若干方面。

1. 凝集反应

凝集反应主要用于检材非溶性抗原，如红细胞血型的检验。当颗粒抗原与相应的抗体进行结合后，颗粒或细胞即被抗体分子所交链，从而使颗粒凝集成为团块。

2. 免疫电泳

物证鉴定领域中常用的免疫电泳包括对流免疫电泳以及火箭免疫电泳两类。该方法是将凝胶扩散与电泳原理有机结合，主要用于蛋白质分离、大致的定量检测以及种属认定等方面。

3. 放射免疫

运用放射免疫时，可将特定量的抗体与已知的放射性抗原相结合，之后再加入非放射活性抗原，促使标记抗原竞争与抗体结合。该放射免疫技术可用以测定大量化合物，灵敏度基本可达到10^{-12}克的高度。

4. 沉淀反应

沉淀反应中常见的方法包括试管法、辐射扩散法以及双扩散法三种。一旦抗体与可溶性抗原相遇时，就能形成较大的免疫复合体，而从溶液中沉淀下来。通过这一沉淀反应，主要可运用于对血痕的种类判断。

5. 免疫荧光

免疫荧光技术利用特定抗体与荧光素的结合而生成荧光抗体，从而将该抗体染在组织切片上。如组织中含有特定的抗原，则在荧光显微镜下即可发出荧光，故该方法多用于对于组织细胞的抗原定位检测。

四、DNA 分析

自 1885 年 DNA 指纹技术诞生并运用于生物物证鉴定工作以来，DNA 分析方法得到了飞速的发展。目前已经具备了 DNA 分子杂交技术、PCR 技术、DNA 测序技术以及 DNA 芯片技术等专门手段。几十年间，DNA 分析方法的检验速度不断加快，灵敏度逐渐提高，被检生物物证的范围亦在不断扩展。

1. DNA 分子杂交技术

DNA 分子杂交技术是生物物证技术中常用的专门方法之一，在物证鉴定领域中常用于限制性片段长度多态性的分析与检验。

2. PCR 技术

PCR 技术的全称为多聚链式反应，是一种能够快速体外扩增特异 DNA 片段的专门技术。PCR 技术具有微量、精确、省时、操作简便、成本较低等多项优点，已在生物物证鉴定中得以广泛运用。目前，PCR 技术已成为个体识别、血型确定以及作案人数确定等方面的通用技术。

3. DNA 测序技术

DNA 测序技术可对生物的全部 DNA 序列进行测定，在生物物证技术中的个体鉴定中具有极为重要的意义。

4. DNA 芯片技术

DNA 芯片系指利用大规模集成电路的方式，控制固相合成数以万计个已知序列的 DNA，并将其有规律地排列在特定的固相支持物上。物证技术学领域中，DNA 芯片技术主要可运用于个体识别等方面。

第四节　仪器分析法

适用常规的物理检验法和化学检验法对某些物证进行鉴定，往往具有较大的局限性。通常的检验、分析方法有时并不能得到准确、及时的分析检验结果，因此，物证鉴定中需要依靠精确度、灵敏度、可靠性更高以及速度更快的仪器分析方法。随着科学技术的不断发展，利用现代科学仪器对物证的内在结构和理化性质进行定性、定量的分析已成为现实，各类分析仪器设备在物证鉴定领域中的应用已经普及。与常规的物理、化学分析检验方法相比，仪器分析方法具有速度快、灵敏度高、分辨率强、分析结果准确、复现率好以及检材损耗少甚至不损耗检材等优点。仪器分析方法作为现代科学技术在物证鉴定领域中的具体应用，可以根据检验原理和分析仪器的不同，进行如下分类。

一、色谱分析法

利用物质在固定相（固体或液体）以及流动相（气体、流体、液体）之间，亲和力、溶解度、吸附能力以及阻滞能力等物理、化学性质的不同，对混合物的各组分进行分离分析的方法，称为色谱分析法。当欲分离的混合物随流动相向前移动经过固定相时，物质中的各种组分对在流动相以及固定相之间反复多次地分配，由于不同组分之间被吸附以及被溶解的能力各不相同，从而在不断的移动过程中不同组分被逐渐分开，直至最后被完全分离。色谱分析法的种类较多，微量物证司法鉴定中常用的色谱分析法有薄层色谱法（Thin Layer Chromatography，TLC）、气相色谱法（Gas Chromatography，GC）和高效液相色谱法（High Performance Liquid Chromatography，HPLC）。

薄层色谱法又可称为薄层层析法，通常可用于对炸药残留物、高沸点油脂、色料等微量物证的定性或半定量分析，还可用于对检材进行提纯和分离。气相色谱法是以气体作为流动相，以固体吸附剂或者涂于载体表面的高沸点有机物液膜作为固定相的一种色谱分析方法，特别适用于易挥发的有机物质的定性、定量分析，灵敏度可达亿分之一克以下。对于非挥发性的固体物质，如涂料、纤维等，可通过高温裂解再进行气相色谱分析。[1] 高效液相色谱法以液体作为流动相，以固定吸附剂或者涂在载体上的液体作为固定相，是利用高压输送流动相的一种色谱分析技术，主要可用于不易挥发、熔点较高的客体，如炸药、口红、泥土等的定性定量分析。

二、光谱分析法

由物质发射出的辐射以及辐射与物质之间的作用，引起物质内部的变化，通过仪器测量由此产生的发射、吸收的波长和强度而得到光谱，通过光谱分析物质的成分和含量的方法，称为光谱分析法。光谱分析法是现代仪器分析技术中的重要分析方法之一，可主要用于对微量物证的定性和定量分析。按照电磁辐射的本质，又可将光谱分析法分为原子光谱法和分子光谱法。

（一）原子光谱法

原子光谱分析法是对原子的外层电子跃迁而产生的光谱进行分析。其中又包括原子发射光谱法（Atomic Emission Spectrometry，AES）、原子吸收光谱法（Atomic Absorption Spectrometry，AAS）和原子荧光光谱法（Atomic Fluoressence Spectrometry，AFS）三类。原子发射光谱法主要可用于对微量物证中无机元素的定性定量分析；原子吸收光谱法可用于对微量物证中所含有的，如镁、锌、金、银、汞等元素的定性定量分析；原子荧光光谱法在微量物证司法鉴定中，主要适用于检测金属残留物以及通过对元素的定性定量分析，区分不同地区的泥土。

（二）分子光谱法

任何物质都是由分子都组成，分子的结构不同决定了分子光谱也不尽相同。因

---

〔1〕 邹明理主编：《司法鉴定教程》，法律出版社 1995 年版，第 195 页。

此，通过对分子光谱的分析，可以分析出分子的结构和含量。分子光谱法一般包括紫外—可见分光光度法、红外光谱法、激光拉曼光谱法以及分子荧光分析法。紫外—可见分光光度法可运用于含不饱和键的有机物和部分无机物的定性定量分析，物证鉴定中主要可对色料、黏合剂以及油脂进行分析。红外光谱法能鉴别橡胶、塑料、涂料、纤维、黏合剂、炸药等物质的种类，并在特定情况下为同一认定提供重要依据。激光拉曼光谱法主要可以鉴别玻璃、尘土、矿物、泥土等的来源。分子荧光分析法可用于对部分矿物油的产地和牌号进行鉴定。

三、质谱分析法

质谱（Mass Spectromety，MS）是将检材离子化后，利用离子在电场或磁场中的运动性质，把离子按其质荷比（m/z）大小进行排列后形成的一种图谱。质谱分析法是通过质谱来分析物质的结构特征和成分含量。质谱分析法主要依靠的质谱仪由进样导入系统、离子源、质量分析系统、离子检测系统、真空系统以及计算机等部分组成，其中的离子源和质量分析系统是质谱仪的核心部分。物证鉴定中，质谱分析法是进行定性鉴定和确定分子结构的重要分析方法，具有分析速度快、损耗检材少、提供多维结构信息以及适用范围广等特点，可与色谱分析法等联用，主要可用于炸药探测以及射击、爆炸残留物的检验。其与裂解色谱分析法联用时，还可对纤维、塑料、黏合剂等进行鉴别。

四、中子活化分析法

利用电磁辐射原理，中子源供出的慢（热）中心轰击物证检材的微量元素，这些元素俘获中子变成了放射性的元素。[1] 中子活化分析法实质上是一种放射性化学分析方法，将没有放射性的普通元素活化为具有放射性的元素。这些不同的放射性元素衰变时放出不同能量的 γ 射线，并形成不同的 γ 射线能谱图，并根据这一能谱图对检材中的元素种类和含量进行测定。中子活化分析法具有测定范围广、分辨率高以及无损检验的特定，多用于对涂料、玻璃、射击残留物等进行分析和检验。

五、热分析法

在温度控制下，测量物质的物理性质与温度变化之间关系的分析方法即为热分析法。随着温度的变化，物质的物理属性如质量、热量、电学、磁学、力学、光学等也会随着发生变化。热分析方法主要包括热重法（Thermo Gravimetry，TG）、差热分析法（Differential Thermal Analysis，DTA）、差示扫描量热法（Differential Scanning Calorimetty，DSC）等。热分析法的应用领域较广，物证鉴定中，主要可用于对无机物、有机物以及高分子聚合物的分析测定。

六、联用分析法

随着科学技术的迅猛发展，尤其是计算机的广泛运用，使多种仪器同时对一种检

---

〔1〕 张毅、皮建华、王渝霞主编：《刑事科学技术概论》，中国人民公安大学出版社 2008 年版，第 99 页。

材进行分析成为了现实。联用分析法将多种分析仪器以及计算机进行联用,在物证鉴定中充分发挥了各种分析技术的优点,同时弥补了各自的不足,并运用计算机系统对分析得到的数据进行处理,再整合成为更有用的信息。如气相色谱—质谱联用分析法(GC－MS)、气相色谱—傅里叶变换红外光谱联用分析法(GC－FTIR)、气相色谱—红外光谱—质谱联用分析法(GC－IR－MS)、高效液相色谱—质谱联用分析法(HPLC－MS)、质谱—质谱联用分析法(MS－MS)等仪器分析方法。

第五节 数理统计法

数理统计是数学的一门分支学科,它是在概率论的基础上,运用统计学的方法对试验、观察得到的数据进行分析、研究,并导出其规律性的一门学科。通过对某些现象频率的观察,来探析该现象的内在规律性,即随机现象中局部与整体之间及各因素之间相互联系的规律性,并作出一定精确程度的判断和预测。在物证技术领域,数理统计法就是运用数学中的统计法和概率论,对物证所具有的特征、有关的表象及图表等进行测量和统计以及数据加工处理,从而形成对研究对象规律性的认识。数理统计法作为物证技术学中普遍采用的一种分析方法,主要可分为随机抽样法与回归分析法两大基本形式。

(一)随机抽样法

随机抽样法是目前研究中具有代表性的一种方法,是指研究对象总体中每个部分都有同等被抽中的可能,即总体中每个部分被抽中的概率是一样的,是一种按照机会均等的原则进行的抽样调查。随机抽样有简单随机抽样、等距抽样、分类抽样和整体抽样四种基本形式。简单随机抽样,是指抽样前不对总体数量做任何分组,完全凭偶然抽取样本并加以研究的方法,一般可采用抽签、摇号等方式抽取样本。等距抽样,是指先将总体中的各部分按照空间、时间等标志排列起来,而后等间隔地依次抽取样本(抽样间隔等于总体数除以样本数的商)的方法,其在研究总体数量较多时比较方便。分类抽样,是指先将总体按照某一特征或差异程度进行分类,而后在各类中再随机抽取样本的方法,多在总体量大、差异程度较大的情况下适用。整体抽样,是指按照某一分类标准将总体分成若干组或群,并以组或群为单位进行抽取,而后将抽取的所有个体合在一起作为样本,由此来推断总体。

在进行物证技术研究时,可根据需要灵活选取抽样方法,通过抽取的样本的性质来估计、推断总体的某些性质。因此,在抽样调查中,样本的选择是至关重要的,样本能否代表总体,直接影响统计结果的可靠性,也影响分析结果的准确性。实践中,随机抽样法对人群中指纹类型分布情况估计、现场遗留足迹步幅的估算、嫌疑人身高的确定等方面,都有非常重要的作用。特别是在指纹类型分布情况方面,完全就是靠抽样调查来进行研究,因为不可能把世界上每个人的指纹都采集到,而且庞大的样本量也会增加统计的难度,所以通过抽样调查的方法,可从一定程度减少工作量,从而得出相对可靠的结论。

(二)回归分析法

回归分析法是一种处理变量与变量间关系的方法,是在大量观察数据的基础上,对具有因果关系的自变量(影响因素)和因变量(预测对象)所进行的数理统计分析。主要解决作为自变量的因素与作为因变量的预测对象是否有关、相关程度如何及判断这种相关程度的把握性有多大等问题。根据自变量数量不同,有一元回归和多元回归之分,一元回归分析是指研究的因果关系只涉及一个自变量与因变量的关系分析,而多元回归分析是指研究的因果关系涉及两个或多个自变量与因变量的关系分析。根据自变量与因变量关系类型的不同,即表达式的不同,有线性回归和非线性回归之分,线性回归分析是指自变量与因变量间的数学关系是近似直线的关系,而非线性回归是指自变量与因变量间的数学关系不是直线,而是曲线或不确定的关系。

在进行物证技术研究时,我们将线性回归分析法视为最基本的分析方法。当遇到非线性回归问题时,通常借助科学手段将非线性回归问题转化为线性回归问题来进行处理。回归分析法在通过赤脚印长度推算犯罪嫌疑人的身高、体重等方面具有实际意义,如赤脚印与身高的线性关系为:身高≈赤脚印(cm)×7,这个公式便是通过线性回归方法估算出来的。

思考习题

1. 简述各类显微镜的基本特性。
2. 简述利用化学检验法进行鉴定时应当注意的相关问题。
3. 简述 DNA 分析法自诞生后在物证技术学领域的飞速发展。
4. 简述仪器分析法中包括的主要技术方法。
5. 简述数理统计法的基本形式。

拓展阅读书目

1. 王彦吉、王世全主编:《刑事技术学教程》,中国人民公安大学出版社 2006 年版。
2. 王彦吉主编:《微量物证与毒物毒品分析》,中国人民公安大学出版社 2001 年版。
3. 邹明理主编:《司法鉴定教程》,法律出版社 1995 年版。

第七章　物证鉴定人

本章概要

本章主要介绍了物证鉴定人的概念、物证鉴定人的诉讼地位、我国物证鉴定人的执业资质、物证鉴定人的权利和义务。

通过本章的学习,应当掌握不同国家物证鉴定人的诉讼地位亦不相同。我国物证鉴定人资格证取得和注销的条件,以及物证鉴定人就应享有的权利和承担的义务。

关键词

物证鉴定人;回避;执业资质;法律责任

第一节　物证鉴定人的概述

一、物证鉴定人的概念

物证鉴定人是指接受委托主体的委托,运用专业知识和技能解决相关物证争议方面专门问题的人员。

英美法系国家并没有专门的物证鉴定人称谓。英美法系国家物证方面的专家证人相当于物证鉴定人。大陆法系国家的法律制度中则有关于鉴定人的称谓。在证据规则方面,英美法系国家物证方面的专家证人与大陆法系国家的物证鉴定人略有区别,本节将详述之。

二、物证鉴定人的诉讼地位

物证鉴定人主要为诉讼服务,其诉讼地位如何关系到所提供鉴定意见的证据能力。鉴定人的诉讼地位在英美法系国家和大陆法系国家存在较大差别。

(一)美国的物证鉴定人属于专家证人代表聘请方出庭作证

美国对专家证人无资质要求。在美国成为专家证人只需具备下列条件即可:(1)专家提供证据的能力可以来自专业课程的学习,也可以来自实际经验。(2)一般的经验不足以使证人成为专家。如证人是司机的事实并不足以使其对另一个司机酒后是否适宜驾车发表专家意见。(3)只要法官允许专家作证,而该证人在该问题上具备专业知识或经验,通常证人提供的证据可以被接纳。[1] 在美国,根据《美国联邦证据规则》(2015)第702条规定,如果证人因其知识、技术、经验、训练或教育而成为专家,那么在下列情形下,他可以以意见或其他方式作证:(a)专家科学、技术或其他专门知识有助于事实审理者理解证据或确定争论事实;(b)该证言是建立在足够的事实或数据之上的;(c)该证言是可靠的原则和方法推导出来的;(d)专家确实在案件事实中适用了上述原则和方法。英国的物证鉴定人也属于专家证人,出庭的作用是帮助法庭认识案件事实,不受聘请方影响。

(二)大陆法系国家的物证鉴定人属于鉴定人

鉴定人在大陆法系国家中有较高的诉讼地位,被看成"法院的助手",其任务是帮助法官发现事情的真相。他和证人都是独立的诉讼参与人,这种模式被称为分立式立法模式。鉴定人的诉讼地位往往高于一般证人的地位,[2] 如德国学者认为,鉴定人通常提供的是特别知识和经验,在裁判作用上属于上位命题,而证人提供的是具体的事实关系,在裁判作用上属于下位命题。法国的学者认为,鉴定人具有补充法官认识能力的意义,即属于"对象之评价",而证人仅为法官提供认识资料,属于"评价之对象"。[3]

(三)我国的物证鉴定人的诉讼地位类似于大陆法系国家鉴定人的诉讼地位

在我国,物证鉴定人被看成中立的诉讼参与人,根据全国人民代表大会常务委员会《关于司法鉴定管理问题的决定》释义第1条第2项鉴定人在我国是"特殊的证人"。在实务中我国有些地方给予鉴定人的诉讼地位过高,甚至法院的判决完全依据鉴定意见。对此,最高人民法院《关于民事诉讼证据的若干规定》予以了纠正:"审判人员对案件的全部证据,应当从各证据与案件事实的关联程度、各证据之间的联系等方面进行综合审查判断。"只有在"人民法院委托鉴定部门作出的鉴定结论,当事人没有足以反驳的相反证据和理由的,可以认定其证明力"。

三、我国物证鉴定人的回避制度

我国对鉴定人实行回避制度。《刑事诉讼法》、《民事诉讼法》、《行政诉讼法》均要求鉴定人回避。根据《司法鉴定程序通则》第20条规定:"司法鉴定人本人或者其近亲属与诉讼当事人、鉴定事项涉及的案件有利害关系,可能影响其独立、客观、公正进行鉴定的,应当回避。"物证鉴定人回避的制度包括:

---

〔1〕[美]理查德·梅著:《刑事证据》,王丽、李贵方等译,法律出版社2007年版,第207页。

〔2〕杜志淳等著:《司法鉴定法立法研究》,法律出版社2011年版,第48页。

〔3〕宫万路:"鉴定人制度比较研究",载何家弘主编:《证据学论坛》(第1卷),中国检察出版社2000年版,第71~72页。

（一）物证鉴定人的回避方式

根据相关法律规定，物证鉴定人回避可采取自行回避和当事人申请回避两种方式。自行回避，即鉴定人在接受委托的时候就发现自己与该案有一定的利益关系，为了保证鉴定结果的客观，保障诉讼程序的公正，自行提出退出该案鉴定活动。当事人申请回避，是指任何一方当事人发现鉴定人具备需要回避的法定事由时，可以对鉴定人提出回避。

（二）物证鉴定人回避的决定权

根据《司法鉴定程序通则》规定，鉴定人自行提出回避的，由其所属的司法鉴定机构决定；委托人要求鉴定人回避的，应当向该鉴定人所属的鉴定机构提出，由鉴定机构决定。根据《司法鉴定程序通则》实施之前的《刑事诉讼法》、《民事诉讼法》、《行政诉讼法》，对鉴定人回避的决定权比照审判人员、检察人员、侦查人员，即由法院院长、检察长、公安负责人决定。但《司法鉴定程序通则》颁布后，对我国的鉴定机构作了重大调整，对于鉴定人回避决定权应遵守《司法鉴定程序通则》。

（三）物证鉴定人回避的申请主体

根据相关法律规定，我国的物证鉴定回避的申请主体除鉴定人本人外，还包括当事人。然而，实践中可能存在"当事人双方由于所掌握信息的局限性，出现双方当事人均没有发现司法鉴定人存在法定的回避情形（事由）的情况，而鉴定人自己也因为主观和客观的原因没有进行自行回避，这时候并没有一个第三方主体对回避的提起进行监督和补充"。基于此，有学者提出，构建其由"鉴定人—当事人—事实认定者"三方均有权提起回避的"三方模式"。[1] 由于实务中事实认定者（往往是委托人）与鉴定机构有更多的业务交流，对与回避有关的信息了解得更为翔实，更有利于向鉴定人提出回避。

第二节 我国物证鉴定人执业资质

一、我国物证鉴定人执业资质的概述

我国目前对物证鉴定人的执业资格实行行政许可制度。物证鉴定人为获取鉴定资质必须具备相应条件，获得程序许可。目前，司法部负责全国司法鉴定人的登记管理工作，省级司法行政机关负责本行政区域内司法鉴定人的审核登记、名册编制和名册公告等工作。

《关于司法鉴定管理问题的决定》、《司法鉴定人登记管理办法》对于物证鉴定人

---

〔1〕 许爱东："试论我国司法鉴定回避制度的完善"，载《中国司法鉴定》2011年第1期。

所应具备的条件、执业审批程序均作了较为完备的规定，为物证鉴定人执业资质的取得提供了法律依据。

二、我国物证鉴定人的执业资质的取得和注销

（一）物证鉴定人的执业需要具备的条件

根据《关于司法鉴定管理问题的决定》第 4 条、《司法鉴定人登记管理办法》第 12 条、第 13 条的规定可知，物证鉴定人执业的条件包括：(1)道德品行方面要求。鉴定人作为公正、中立的主体，需具备较高的道德素养，需遵守法律、法规，社会公德、品行良好，“因故意犯罪或者职务过失犯罪受过刑事处罚的，受过开除公职处分的，以及被撤销鉴定人登记的人员，不得从事司鉴定业务”。(2)专业能力要求。“具有与所申请从事的司法鉴定业务相关的高级专业技术职称”，或“具有与所申请从事的司法鉴定业务相关的执业资格或者高等院校相关专业本科以上学历，从事相关工作五年以上”，或“具有与所申请从事的司法鉴定业务相关工作十年以上经历，具有较强的专业技能”。(3)符合条件的执业机构接收，个人不可直接申请司法鉴定业务，需由拟执业的司法鉴定机构向司法行政机关代为申请。(4)健康方面的要求。健康既包括身体健康又包括精神健康。身体健康指身体条件“能够适应司法鉴定工作需要”，精神健康指“需具备完全的民事行为能力”。

（二）物证鉴定人资质取得的程序

具备条件的个人申请物证鉴定业务，应当通过拟执业的司法鉴定机构向司法行政机关申请。以上海为例，个人申请从事面向社会的鉴定业务时，需填写《行政审批事项申请书》（许可类），申请人除需提交身份证及相关证明材料外，还需提交鉴定机构同意接收的证明书，及无违法、违规行为的承诺书。司法行政机关的办理部门经过接受材料、受理申请、审核申请、审批决定、决定送达、登记领证等环节后，申请人获得《司法鉴定人执业证》。[1]

（三）物证鉴定人的职业培训

目前我国对司法鉴定人尚无专门的岗前培训及职业培训。司法鉴定人的岗前执业知识来自其从事与物证鉴定相关工作时的经验积累。鉴定人取得执业资格后的执业培训仅靠自觉参加相关的研讨会等即可。物证鉴定人虽然不像律师需要具备相应

---

〔1〕 参见《上海市司法局关于申请司法鉴定人执业、司法鉴定机构设立等事项审批的规定》第 8 条审批工作流程：(1)接受材料。办理部门接受申请材料后，应当及时制发《行政审批收件回执》。(2)受理申请。经审查，申请材料符合要求的，办理部门应当制发《行政审批受理通知书》；申请材料不符合要求，能当场补正的，办理部门应当告知申请人当场补正，不能当场补正的，办理部门应当制发《行政审批补正材料通知书》；申请材料不符合要求，经通知补正后申请人在补正通知书要求的期限内未予补正的，视为申请人放弃申请。(3)审核申请。办理部门承办人员拟写审核意见。(4)审批决定。办理部门负责人作出审批决定。(5)决定送达。办理部门承办人员制发《行政审批决定书》，并送达申请人。(6)登记领证。申请人填写登记表格，办理登记手续，领取《司法鉴定许可证》或《司法鉴定人执业证》。

的执业技巧，但是物证鉴定人从事的是一项科学实证性职业，且作为诉讼参与人还需具备一定的诉讼知识和出庭经验。为保障物证鉴定人具备实践需要的执业技能和最新的行业动态，应建立系统的岗前培训和职业培训制度。

（四）物证鉴定人的资质注销

为加强对鉴定人的管理，应当对其采取退出机制。物证鉴定人的资质注销分为主动申请注销、无过错地被动注销和惩罚性注销。主动申请注销指鉴定人因各种原因，不能实际从事物证鉴定工作，申请正常退出。主动申请注销不影响鉴定人再次申请执业。无过错地被动注销指鉴定人所在司法鉴定机构注销或被撤销，以及《司法鉴定人执业证》使用期限届满未申请延续。无过错地被动注销也不影响鉴定人再次申请执业。惩罚性注销指物证鉴定人执业过程中因故意或重大过失给相关个人或单位造成重大损失，以及严重影响诉讼程序，司法行政机关给予其撤销登记。被撤销登记的鉴定人不得再申请从事司法鉴定业务。

第三节 物证鉴定人的权利与义务

一、物证鉴定人的权利

（一）物证鉴定人权利的概念

物证鉴定人的权利是指法律赋予物证鉴定人执业时作为或不作为的许可。这种法律上的许可即物证鉴定人实现执业权能的保障。为保障物证鉴定人正常开展物证鉴定工作，我国的《关于司法鉴定管理问题的决定》、《司法鉴定人登记管理办法》、《司法鉴定程序通则》等对物证鉴定人的权利作了相应规定。

（二）物证鉴定人权利的基本内容

《司法鉴定人登记管理办法》对鉴定人的权利作了详细的规定，鉴定人享有如下权利：(1)了解、查阅与鉴定事项有关的情况和资料，询问与鉴定事项有关的当事人、证人等；(2)要求鉴定委托人无偿提供鉴定所需要的鉴材、样本；(3)进行鉴定所必需的检验、检查和模拟实验；(4)拒绝接受不合法、不具备鉴定条件或者超出登记的执业类别的鉴定委托；(5)拒绝解决、回答与鉴定无关的问题；(6)鉴定意见不一致时，保留不同意见；(7)接受岗前培训和继续教育；(8)获得合法报酬；(9)法律、法规规定的其他权利。

二、物证鉴定人的义务

（一）物证鉴定人义务的概念

物证鉴定人的义务包括道德义务、约定义务和法律义务。鉴于物证鉴定人职业的特殊性，鉴定人的某些道德义务上升为法律义务，故本节所涉及的义务为法律上的义务。物证鉴定人的义务是指法律赋予物证鉴定人在执业活动中作出一定行为或不作出一定行为的约束。

（二）物证鉴定人义务的内容

根据《司法鉴定人登记管理办法》第22条的规定，物证鉴定人执业时，应当履行下列义务：(1)受所在司法鉴定机构指派按照规定时限独立完成鉴定工作，并出具鉴定意见；(2)对鉴定意见负责；(3)依法回避；(4)妥善保管送鉴的鉴材、样本和资料；(5)保守在执业活动中知悉的国家秘密、商业秘密和个人隐私；(6)依法出庭作证，回答与鉴定有关的询问；(7)自觉接受司法行政机关的管理和监督、检查；(8)参加司法鉴定岗前培训和继续教育；(9)法律、法规规定的其他义务。

（三）物证鉴定人的法律责任

1. 物证鉴定人法律责任的概念

物证鉴定人的法律责任是指物证鉴定人违反法定或约定的义务应受到的法律制裁。物证鉴定人的法律责任与物证鉴定人的义务密切相关，没有相应的义务就不会产生相应的责任。物证鉴定人法律责任的确立，其价值在于通过事前预防和事后救济来强化物证鉴定人的义务意识，进而保障司法鉴定工作公正、求实、科学、高效等价值目标的实现。[1]

2. 物证鉴定人法律责任的种类

物证鉴定人的法律责任包含刑事责任、民事责任和行政责任。物证鉴定证人违反刑事、民事和行政等法律规范规定的相关法律义务，需要承担相应的法律后果。

(1)刑事责任

刑事责任是物证鉴定人违反刑法相关规定，需要承担的刑事法律责任。《刑法》第305条规定："在刑事诉讼中，证人、鉴定人、记录人、翻译人对与案件有重要关系的情节，故意作虚假证明、鉴定、记录、翻译，以图陷害他人或者隐匿罪证的，处三年以下有期徒刑或者拘役；情节严重的，处三年以上七年以下有期徒刑。"鉴定人承担刑事责任的前提是伪证行为发生在刑事诉讼过程中，包括侦查、起诉、审判整个过程，其他时间段发生的鉴定人伪证行为不需承担刑事责任。而且鉴定人承担刑事责任的主观方面必须是故意，即故意作虚假鉴定，以达到陷害他人或隐匿罪证的目的。

(2)民事责任

民事责任包括违约责任和侵权责任，物证鉴定人承担的民事责任既有违约责任又有侵权责任。违约责任是鉴定人违反了司法鉴定协议书的内容，侵害人当事人的民事权利应承担的民事法律责任。如《司法鉴定程序通则》第22条第2款规定："司法鉴定机构和司法鉴定人在鉴定过程中应当严格依照技术规范保管和使用鉴定材料，因严重不负责任造成鉴定材料损毁、遗失的，应当依法承担责任。"物证鉴定人因故意或重大

---

[1] 杜志淳主编：《司法鉴定概论》，法律出版社2010年版，第89页。

过失侵害了当事人的民事权利的,应承担侵权责任。如鉴定人没有保守在执业活动中知悉的商业秘密和个人隐私,给当事人的权利造成直接损害的,其承担民事责任的形式是民事赔偿。

(3)行政责任

行政责任是因司法鉴定人违反行政法规所应承担的行政法律责任。承担行政责任要求鉴定人的主观方面是故意或重大过失。《司法鉴定人登记管理办法》第六章对鉴定人应当承担的行政责任作了明确而详细的规定。行政处罚的形式包括警告、责令改正、停止执业、撤销登记等。

思考习题

1. 不同法系物证鉴定人的诉讼地位如何?
2. 物证鉴定人执业需要具备的条件有哪些?
3. 物证鉴定人需要承担的法律义务有哪些?
4. 物证鉴定的法律责任的种类有哪些?

拓展阅读书目

1. 杜志淳主编:《司法鉴定概论》,法律出版社 2010 年版。
2. 杜志淳、霍宪丹主编:《中国司法鉴定制度研究》,中国法制出版社 2002 年版。
3. 杜志淳等著:《司法鉴定法立法研究》,法律出版社 2011 年版。
4. 邹明理主编:《司法鉴定法律精要与依据指引》,人民出版社 2005 年版。
5. 司法部司法鉴定管理局组编:《司法鉴定工作手册》,中国政法大学出版社 2008 年版。

第八章　物证鉴定机构

本章概要

本章主要介绍了我国、英美法系国家、大陆法系国家物证鉴定机构的概况，物证鉴定实验室的组成、物证鉴定机构的分类、物证鉴定机构的权利和义务。

通过本章的学习，应当掌握实务中我国物证鉴定机构的概况及运行情况，通过比较学习，了解国外物证鉴定机构的概况及运行情况。理解物证鉴定机构在执业时享有的权利和需承担的义务。

关键词

物证鉴定机构；物证鉴定实验室；犯罪实验室

第一节　物证鉴定机构的概念

一、物证鉴定机构的概念

目前，我国鉴定机构中以物证鉴定命名的较少，为大家所熟知的有公安部物证鉴定中心、北京华夏物证鉴定中心等。曾有一段时间，地方公安机关的鉴定中心多称为"××公安局物证鉴定中心"，现在大部分省级公安机关的鉴定中心称为"××公安司法鉴定中心"。物证鉴定机构的名称目前尚未有统一明确的界定，以物证鉴定中心命名的鉴定机构等同于司法鉴定机构，如根据2010年司法部公布的国家司法鉴定人和司法鉴定机构名册可知，北京华夏物证鉴定中心的业务范围包括：法医病理鉴定、法医临床鉴定和法医物证鉴定、文书鉴定、痕迹鉴定、微量物证鉴定、声像资料鉴定等。显然法医临床鉴定和法医病理鉴定不属于物证鉴定。

我国现阶段对鉴定机构的规范还有待完善，因此，我们研究物证鉴定机构时要将其与研究物证鉴定技术区别对待。由于传统上对物证鉴定机构与司法鉴定机构不作明确区分，直至现在除了少数几个省市出台了规范司法鉴定机构名称的规定外，大部分省市没有作统一规定，导致在相当大的程度上仍将物证鉴定机构与司法鉴定机构等同。而物证鉴定技术的外延基本已达成共识，即“形象痕迹技术、文书物证技术、化学物证技术和生物物证技术、音像、电子物证”。[1] 本章提到物证鉴定机构等同于司法鉴定中除司法会计鉴定、建筑工程鉴定外的司法鉴定机构。

司法鉴定机构有广义与狭义之分。广义的司法鉴定机构包括司法机关根据法律和规章自行设立与管理的内设鉴定机构和经省级人民政府司法行政机关审核登记，具备《司法鉴定机构登记管理办法》规定的条件，取得《司法鉴定许可证》，在登记的司法鉴定业务范围内开展司法鉴定活动的法人或其他组织。狭义的司法鉴定机构仅指后者。[2]

通过对目前我国物证鉴定机构的现状分析，对物证鉴定机构进行如下定义：物证鉴定机构是指根据法律或规章设立的，组织司法鉴定人独立实施鉴定的内设机构或面向社会的能够承担相应法律责任的法人或其他组织。物证鉴定机构包括公安机关、检察机关根据自身工作需要在本系统内建立的物证鉴定机构，以及经司法行政部门许可设立的物证鉴定机构。

二、我国物证鉴定机构的概况

我国现在的物证鉴定机构的格局是在新中国成立初期司法机关基于办案需要所设立的鉴定机构基础上逐步发展形成。在发展的过程中对物证鉴定机构的发展有转折性影响的事件分别发生在1998年和2005年。1998年国务院明确赋予司法部指导全国“面向社会服务的司法鉴定工作”的职能，各地又设立了一批新的面向社会服务的司法鉴定机构。2005年《关于司法鉴定管理问题的决定》出台标志着我国以法律形式规范司法鉴定的开始，伴随而来的是人民法院和司法行政部门鉴定机构的取消。以《关于司法鉴定管理问题的决定》的施行为界，可将我国物证鉴定机构的发展分为两大阶段。

1. 新中国成立后至《关于司法鉴定管理问题的决定》施行前我国司法鉴定机构的状况

新中国成立后，为满足侦查工作和打击犯罪的需要，我国建立了一批以公安侦查为主的鉴定机构。改革开放以后，又陆续地在审判机关、公诉机关、部分高等院校等机构内设立了司法鉴定中心。这一时期的司法鉴定中心数量较少，规模也不大。1998年国务院发布了《关于印发司法职能配置内设机构和人员编制的通知》后，为适应社会各方面对司法鉴定工作的要求，各地又设立了一批新的面向社会服务的司法鉴定机构。2000年司法部颁布了《司法鉴定机构登记管理办法》和《司法鉴定人登记管理办法》，一些省、市也出台了相应的司法鉴定地方性法规，依据上述规范性文件批准确认

[1] 徐立根主编：《物证技术学》（第2版），中国人民大学出版社1999年版，第16～17页。

[2] 杜志淳主编：《司法鉴定概论》，法律出版社2010年版，第74页。

了一批物证鉴定机构。

在2005年《关于司法鉴定管理问题的决定》颁布前，我国物证鉴定机构主要有以下几类：(1)侦查机关设置的鉴定机构；(2)检察机关设置的鉴定机构；(3)审判机关设置的鉴定机构；(4)司法行政机关设置和登记管理的鉴定机构；(5)其他系统设置的鉴定机构。例如，国家和地方的技术质量行政管理部门、文物管理部门、审计部门和有关专业学会或行业协会等也接受委托，对诉讼中涉及本行业业务的专门性技术问题进行检验鉴定。

2.《关于司法鉴定管理问题的决定》施行后我国物证鉴定机构的状况

该阶段我国的物证鉴定机构得到了较快的发展，特别是社会鉴定机构增长明显。2005年司法部出台新的《司法鉴定机构登记管理办法》和《司法鉴定人登记管理办法》后，不同的行业系统主体纷纷成立鉴定机构。

根据物证鉴定机构批准、登记的主体不同，可以分为两大类：(1)公安机关及其所属的科研机构、院校、医院和专业技术协会，检察机关设置的司法鉴定机构。这些鉴定机构立足为侦查、检察工作服务，系根据《关于司法鉴定管理问题的决定》、《公安机关鉴定机构登记管理办法》、《人民检察院鉴定机构登记管理办法》有关规定，由公安部门、检察部门登记管理的鉴定机构。(2)经司法行政机关登记管理的鉴定机构。

目前经司法行政机关登记管理的鉴定机构来自不同的行业系统，如教育系统、卫生系统、科研系统、民办非企业组织等。这些鉴定机构虽然接受社会委托，但案件主要来自公、检、法、仲裁等部门的委托。

三、域外物证鉴定机构的概况

（一）英美法系主要国家物证鉴定机构的概况

1. 美国的物证鉴定机构

美国的物证鉴定机构主要有两种：一种是由政府投资的政府或官方的法科学实验室，美国最大的法科学实验室是FBI(Federal Bureau of Investigation)实验室；另一种是私立的法科学实验室，大多属于文件检验人，[1]这些实验室通常为司法机构、律师以及私人侦探服务，有的还与州或当地政府签订合同为其提供法庭科学服务。[2]

美国所有的鉴定机构都是中立的，即使警察部门的犯罪实验室也是相对侦查部门完全独立，实行侦鉴分离，如美国联邦调查局犯罪实验室(FBI Laboratory)直属于美国联邦调查局执法服务部(Law Enforcement Services)，但其是完全独立于侦查部门的警察机构。[3] 美国公立犯罪实验室的资金来源广泛，除了来源于联邦、州和地方政府的

---

〔1〕 贾静涛著：《世界法医学与法科学史》，科学出版社2000年版，第770~771页。

〔2〕 周欣主编：《中外刑事侦查概论》，中国政法大学出版社1999年版，第265页。

〔3〕 殷治田等："加拿大皇家骑警和美国联邦调查局法庭科学实验室概况"，载《刑事技术》2006年第5期。

预算资金外,有55%的实验室接受社会捐赠,29%的实验室提供有偿服务。[1]

2. 英国的物证鉴定机构

英国现有的物证鉴定机构体制始于1995年英国司法大臣欧文勋爵提出的一项改革决议,该决议至2003年被批准实施,其内容包括:一是终止内政部直接控制司法鉴定局(Forensic Science Service)的模式,取而代之的是设立“非部门化的公共实体”先成为国有公司,随后过渡到公私兼容的股份商业公司(Public Private Partnership,PPP);二是苏格兰警察局直属的四所鉴定实验室,全部转制脱离警方,实现社会化、中立化;三是司法鉴定成为控辩双方都可以选择的社会公共服务产品;四是财政给警察和检察机构拨发专项鉴定经费,警方直接支付费用购买司法鉴定的公共服务。[2]

(二)大陆法系主要国家物证鉴定机构概况

1. 法国的物证鉴定机构

法国的物证鉴定机构以里昂与巴黎地区为例。法国里昂的法医机构有大学部门的法医机构、医院的法医机构以及省警察局的治安科学实验室。巴黎地区的法医机构有大学部门的法医机构、Fernand Widal 医院临床毒理科以及司法鉴定实验室。巴黎地区的法医机构属巴黎警察局刑事部领导,由巴黎第五大学的一名法医学教授负责。该室主要任务是协助警察局和法院寻找和提供犯罪痕迹证明。例如:(1)痕迹和剩余碎片研究,有血液、精斑、毛发等鉴定,尘埃、土壤、纸张、油漆等结构和成分对比;(2)痕迹及印记研究;(3)射击研究,通过模拟试验及比较试验,鉴别武器及子弹类型、射击距离及方向等;(4)假证研究,确定文件篡改或假造的事实和方式。[3]

法国除选任司法鉴定人和指定鉴定任务由法院决定之外,司法鉴定机构本身不受制于任何其他司法及行政执法部门,从管理到财务相对完全独立。[4]

2. 德国的物证鉴定机构

德国的法医类鉴定机构均设在不同的大学内,德国一个地区一般只有一个法医学机构,如德国的慕尼黑市仅慕尼黑大学法医学研究所一所法医学机构,负责该地区全部法医学检案。虽然各地法医学研究所大小不同,科研重点及特色各异,但基本上都能解决本地区法医检案工作中遇到的问题。[5] 另外,德国的司法鉴定与侦查活动相分离。刑事案件侦查中,警察均不参与涉及死因等法医病理鉴定,而是就近委托法医机构鉴定,其所作出的鉴定结论作为诉讼活动中的证据来源之一。德国的刑事技术机构,主要协助刑警进行现场勘查、提取样品、资料与标准样本收集、研发工作,也进行法

---

〔1〕 花锋:“中美法庭科学实验室比较研究”,载《刑事技术》2007年第6期。

〔2〕 郝晓琴、刘少文:“英国司法鉴定管理的改革走向与借鉴”,载《中国司法鉴定》2007年第6期。

〔3〕 姚季生:“法国的法医机构”,载《中国法医学杂志》1992年第3期。

〔4〕 刘新魁:“法国司法鉴定制度及启示”,载陈光中、江伟主编:《诉讼法论丛》(第7卷),法律出版社2002年版。

〔5〕 陈新山:“慕尼黑大学法医学研究所考察见闻与思考”,载《法医学杂志》1997年第1期。

医鉴定以外的刑事司法鉴定。但是,刑事技术机构不是刑警机构,无刑事侦查职能,其鉴定人员都是技术专家而非刑事警察。[1] 此外,德国警察系统中的司法鉴定仅限于服务破案,不参与诉讼领域的司法鉴定。

3. 日本的物证鉴定机构

日本鉴定体制呈多元化、分散性特点,警察系统、检察系统、法务部、法院(限情况鉴定)都设立鉴定机构。[2]

日本警察的三级鉴定机构能够提供所有专业的物证鉴定服务,而全日本警察部门也主要依靠警察内部的三级鉴定机构提供鉴定服务。[3] 日本警方视司法鉴定为自己的职能,在中央和地方警察机构中普遍设置鉴定课和科学(侦查)研究所,负责现场勘查及指纹、毒品、枪弹、笔迹等物证的鉴定工作,如日本国家警察厅附属的警察科学研究所里的法庭科学第一部、法庭科学第二部以及附属的鉴定所。

日本检察机关专设检察技术,负责通讯或物证检查技术工作。

日本法务省负责检察、矫正、与国家有利害关系的诉讼等事务,其中矫正局的医疗分类课就负责被收容者的鉴别、分类及保护,负责关于犯人的指纹及其他个人识别事项。

日本法院也设立鉴定机构,限于情况鉴定。

日本法医鉴定体制基本上承袭了德国的法医学制度,现有的80所医学院均设有法医教研室,大多由教授领导。监察医务院、医学院的法医教研室负责法医学鉴定,其他官厅或公署也有鉴定机构。

四、比较分析

通过对域外主要法治国家的考查,可以发现:(1)除英国外,警察机关均设置独立的物证鉴定机构,但物证鉴定机构独立于侦查机构,他们受侦查机关委托为其提供现场勘验和司法鉴定服务;(2)主要法治国家的物证鉴定实验室一般不设法医检验专业,加拿大蒙特利尔法庭科学实验室是个例外,它在实验室内开展法医病理和人类学检验;[4](3)公共服务性质的物证鉴定机构可以获得政府财政支持,这些公共服务性质的物证鉴定机构包括警察部门下属机构、政府法律服务部门下属机构、政府下属机构(独立于其他司法部门)等;(4)所有的物证鉴定机构均是中立的。

相对于域外主要法治国家,我国的物证鉴定机构主要存在以下特点:(1)侦查机关与检察机关的鉴定机构往往存在侦鉴不分、公诉与鉴定不分的情况,鉴定人员出具的鉴定意见在诉讼过程中具有当然的证据效力;(2)司法行政部门批准登记的鉴定机构承担了绝大多数的民事案件的鉴定;(3)随着民营鉴定机构的崛起,鉴定的营利性

---

〔1〕 司法部赴德司法鉴定培训团:“德国司法鉴定制度”,载《中国司法鉴定》2010年第3期。

〔2〕 邹明理主编:《我国现行司法鉴定制度研究》,法律出版社2001年版,第22页。

〔3〕 王桂强:“物证鉴定实验室的组织和服务体系”,载《刑事技术》2005年第1期。

〔4〕 [FSFP]. Laboratoire de sciences judiciaires et demédecine légale [EB/OL]. http://www. msp. gouv. qc. ca/ labo/labo en. asp? txtSection = sommnous, 2004.

日趋明显。

第二节　物证鉴定实验室

一、物证鉴定实验室的概述

（一）实验室的定义

实验室是进行校准和（或）检测的一个实体。它们全部或部分服务于社会公众，也有不少服务于内部机构。根据 ISO 指南 2—1986《标准化、认可与实验室认可的一般术语及其定义》，“实验室认可是指正式承认一个检测实验室具有从事特定检验或特定类型检验的能力”。

（二）物证鉴定实验室的定义

物证鉴定实验室是通过检测证据为查清事实出具具有证明作用的数据和结果的实验室。物证鉴定实验室通常指犯罪实验室，有广义与狭义之分：广义的物证鉴定实验室等同于物证鉴定机构。如“世界各国和地区专门从事物证鉴定的组织机构有不同的名称……本文使用物证鉴定实验室来统称这些专门从事物证检验鉴定的机构”。[1]以美国为例，在市、县、州及联邦层面均设立犯罪实验室，美国联邦调查局犯罪实验室（FBI Crime Lab），美国各州物证鉴定实验室也称为州犯罪实验室（State Crime Labs）。美国的联邦调查局犯罪实验室开展包括潜在印迹显现、可疑文件鉴定、爆炸物鉴定、物理学、化学、生物学等全方位的法庭科学服务。狭义的物证鉴定实验室指的是鉴定机构中的具体组成机构，如上海市公安司法鉴定中心的“法医物证学现场应用技术公安部重点实验室”、“上海市现场物证重点实验室”。

二、我国物证鉴定实验室的种类

从鉴定服务机构的实验室设置来看，各国情况大致相同，只是国外的尸体检验在另外一个体系中，故物证鉴定实验室一般不设法医检验专业。加拿大蒙特利尔法庭科学实验室是个例外，它在实验室内开展法医病理和人类学检验。[2] 目前，我国物证鉴定实验室主要是指狭义的物证鉴定实验室，按照技术人员的专业及实验室配备的仪器设备可分为以下几类。

1. DNA 检验实验室

DNA 检验实验室，是运用 DNA 技术对证据中的生物证据进行鉴定的实验室。DNA 检验实验室通过对所提取的血痕、精斑、唾液、毛发等生物学证据进行 DNA 技术

〔1〕 王桂强：“物证鉴定实验室的组织和服务体系”，载《刑事技术》2005 年第 1 期。

〔2〕 同上。

鉴定。在刑事案件中DNA技术可以确定犯罪嫌疑人或被害人身份，在民事案件中DNA技术可以确定血缘关系。DNA检验实验室的检验员通常需具有生物、化学或法庭科学相关领域的知识。DNA检验实验室需要提供保证安全和最小污染的设施。

2. 痕迹检验实验室

痕迹检验实验室的检验项目包括手印检验、足迹检验、工具痕迹检验、枪弹痕迹检验、特殊痕迹检验等。痕迹检验实验室利用痕迹检验的理论，对形象痕迹进行鉴定，为查清案件事实提供证据、线索。

3. 理化检验实验室

物证技术领域的理化实验室主要是以大中型分析仪器设备为手段，运用有机化学、无机化学、物理学等方面的知识对证据进行理化分析。

4. 文件检验实验室

文件检验实验室的检验内容包括笔迹鉴定、印章印文鉴定、印刷文件鉴定、篡改文件鉴定等方面。

5. 声像资料检验实验室

声像资料检验实验室的检验内容包括场所、物证和人相等照片、录像检验，以及语音分析与识别、视听资料等检验鉴定。

6. 电子物证检验实验室

电子物证检验实验室所从事的检验项目包括电子数据检验、软硬件相似性检验、信息系统功能检验等活动。从事电子物证检验的鉴定人员应具有计算机科学、电子技术科学或相关专业知识。目前刑事案件中主要涉及的是对电子物证存储数据的分析、推理，以获得破案的证据、线索。

第三节 物证鉴定机构的分类及属性

《关于司法鉴定管理问题的决定》实施以来我国的物证鉴定机构的数量呈快速增长趋势，司法行政部门登记管理的鉴定机构由2004年年底的2864家上升至2010年的4900多家，鉴定机构发展不平衡、类别众多。因此，对物证鉴定机构给予科学合理的分类并明确鉴定机构的属性，有助于研究和分析鉴定机构的规范化管理。

一、我国物证鉴定机构的分类

（一）按照批准、登记机关，可分为司法行政部门批准、登记的机关，侦查机关批准、登记的鉴定机构和各级行政机关下属的内部鉴定机构

1. 司法行政部门批准、登记的机关

根据《司法鉴定机构登记管理办法》，这类司法鉴定机构需具备如下条件：有自己

的名称、住所；有不少于20万～100万元人民币的资金；有明确的司法鉴定范围；有在业务范围内进行司法鉴定必需的仪器、设备；有在业务范围内进行司法鉴定必需的依法通过计量认证或者实验室认可的检测实验室；每项司法鉴定业务有3名以上司法鉴定人。目前这类鉴定机构发展迅速，鉴定范围涵盖了法医类、物证类、声像资料类、知识产权类、司法会计类、建筑类、产品质量类、价格类、文物类、涉农类等十几类。另据云南省司法厅负责人介绍，截至2010年云南的司法鉴定类别已达48个类别。[1]

2. 侦查机关批准、登记的鉴定机构

目前公安、检察、国安、军队内保等侦查机关均设有服务于侦查工作的物证鉴定机构。公安部发布了《公安机关鉴定机构登记管理办法》、最高人民检察院发布了《人民检察院鉴定机构登记管理办法》对本系统设立的鉴定机构进行规范。公安部通过强化人才培养，加强基础投入，完善工作制度，开展认证认可等工作，加强公安机关检验鉴定的规范化、标准化和现代化建设，保证了公安机关检验鉴定的水平。最高人民检察院已完成检察系统司法鉴定机构、司法鉴定人在司法行政机关的备案登记工作，实现了统一管理。

3. 各级行政机关下属的内部鉴定机构

各级行政机关下属的内部鉴定机构往往出现在行政案件中，该类鉴定机构一般为行政机关的技术部门，是行政机关为履行特定的行政管理职能需要，对行政执法中涉及的特定专业问题自行开展鉴定。在鉴定中如行政相对人提出异议，将由上一级行政机关的技术部门重新鉴定。

（二）按核定鉴定业务范围的执业类别数量，可分为综合性鉴定机构和非综合性鉴定机构

综合性鉴定机构一般是指核定鉴定业务范围的执业类别在3项以上的司法鉴定机构。目前有的地方出台相关的法规对鉴定机构的名称进行规范，如四川省、吉林省、云南省、河南省、陕西省、贵州省、宁夏回族自治区等，主要以规章的形式对综合性鉴定机构与非综合性鉴定机构进行区分。鉴定机构名称中以字号（或机构名称）+鉴定中心命名的，一般为综合性鉴定中心；以字号（或机构名称）+鉴定所（室）命名的，则为非综合性鉴定机构。上述省份在规章中同时规定，综合性鉴定机构需核定鉴定业务范围的执业类别在5项以上。在目前司法部尚无相关法规对鉴定机构名称进行规范的情况下，也有的综合性鉴定中心被称为鉴定所，如广东南天司法鉴定所，其目前开展8类司法鉴定业务。也有的会计类、工程类鉴定机构称为有限公司等。非综合性鉴定机构也有的直接以鉴定业务命名，如××精神疾病司法鉴定科、××法医物证司法鉴定所、××邮票鉴定所等。

---

〔1〕 资料来源 http://www.yn.xinhuanet.com/newscenter/2010-07/01/content_20219249.htm。

（三）按鉴定机构的组织形式，可分为独立法人型和非独立法人型鉴定机构

独立法人型鉴定机构对外以自己的名义独立承担法律责任，有自主权。独立法人型鉴定机构必须是在人事编制管理部门（指国家机关、事业单位）、工商管理部门（指企业）、民政社团管理部门（社会团体、民办非企业）登记。独立型法人机构应鼓励发展。受体制、历史等原因所限，我国也有很多非独立法人型鉴定机构，它们大多是由高等院校相应专业的教学科研部门、卫生系统的医疗部门及其他科研院所组建。这些鉴定机构一般具有较强的专业优势，但大多不是独立的法人，没有自主权，也不能独立承担法律责任。

（四）按鉴定机构的经费来源，可分为全额拨款、差额拨款和自筹自支的鉴定机构

经费的来源在很大程度上对鉴定人员招录及继续教育、仪器设备的购进、鉴定费用的弹性空间大小等均有一定的影响。目前全额拨款的鉴定机构主要是政法部门和事业单位，差额拨款的主要是教卫系统，民办非企业鉴定机构属于自筹自支。

（五）按鉴定机构是否专门从事司法鉴定活动，可分为专门鉴定机构和非专门鉴定机构

专门鉴定机构主要分布在政法、院校、教卫系统。非专门性鉴定机构主要是会计类鉴定，由于大部分会计类鉴定的主体是会计师事务所，他们主要从事企业财务审计工作。

二、物证鉴定机构的属性

物证鉴定机构主要是为解决诉讼、仲裁、民间纠纷而提供科学服务的组织，对其机构属性的研究不仅是管理的需要，也是约束、规范鉴定机构及鉴定人员行为的需要。结合司法鉴定的特性，我们对司法鉴定机构的属性总结如下。

一是独立性。独立性是指鉴定机构不需依附于其他主体，可以以自己名义承担责任。鉴定机构针对专门性的问题进行科学客观的判断，如果其不具备独立性，而是自侦自鉴、自检自鉴、自审自鉴，甚至在行政上隶属于其他机关，在资金来源上依附于其他机关，则其出具的鉴定意见势必缺乏当然的公信力。例如，国外的一些警察机关设置的鉴定机构并不等同于侦查部门的下属机构，法国警察系统的鉴定机构虽然能够出具鉴定意见，但其主要为侦查服务，并非为诉讼服务。美国的各类实验室，无论是联邦调查局的犯罪侦查实验室，还是州、县、市的法庭科学实验室均是独立设置，鉴定人不具有官方身份，作为专家证人出庭作证。[1] 英国于2003年开展的司法鉴定机构改革，也是确保鉴定机构独立性的需要。另外，美国的公立实验室也无资金来源于政府的某个部门，而是政府本身。鉴定机构中的鉴定人员为解决争议提供鉴定意见、作出鉴定意见的过程是鉴定人运用专门的知识和技能作出判断的过程，鉴定机构承担了对鉴定人员进行管理、监督的职责，鉴定机构的独立性也确保了鉴定人员的独立性。

二是中立性。中立性强调诉讼中鉴定机构超脱于争议各方。在诉讼中，鉴定机构

---

〔1〕 邹明理主编：《我国现行司法鉴定制度研究》，法律出版社2001年版，第23～24页。

由双方当事人摇号决定;在解决其他争议时,鉴定机构或者是由仲裁机构选择,或者是由双方共同选择。这些都是为了保证鉴定的中立性。在对鉴定机构管理的过程中,考虑到鉴定中立性就必然要求鉴定机构中立,诉讼中鉴定机构不能隶属于任何诉讼主体,也不能与参与诉讼的各方有任何利害关系。鉴定机构的中立性,可以使鉴定机构排除各种行政、人为因素的干扰,尽可能地保证鉴定意见的客观性、公正性。

三是公益性。物证鉴定机构的存在是为解决公众的诉讼、仲裁或调解服务,在一定程度上维护社会的公平、正义,因此具有公益性。为保证鉴定机构的公益性,需对鉴定机构的过度市场化进行控制。根据司法行政部门的统计,我国自筹自支类的鉴定机构比重过大。司法部司法鉴定管理局关于2009年“三大类”司法鉴定情况统计数据显示,国家全额拨款的机构仅有168个,而自筹自支的机构有1490个,分别占全国司法鉴定机构总数的7.8%、69.3%。其中,没有全额拨款司法鉴定机构的省份有10个,如吉林、河南、海南、重庆、四川、云南、西藏、陕西、青海、宁夏等省(自治区、直辖市),自筹自支机构占当地设立司法鉴定机构总数50%以上的省份有19个,有北京、天津、山西、内蒙古、辽宁、吉林、黑龙江、上海、浙江、安徽、福建、江西、山东、湖北、广东、广西、重庆、甘肃、新疆等省(自治区、直辖市)。虽然从公益性的角度,要求自筹自支类鉴定机构在提供鉴定服务时收费主要用来弥补仪器和材料的消耗所发生的成本,但是在我国社会捐赠制度环境不佳的情况下按照商业化运营模式成立的自筹自支性鉴定机构,很容易陷入公益性缺失,甚至会对公益性属性产生质疑。因此,近年来有学者基于鉴定机构的营利性倾向,提出成立国立鉴定机构的意见。[1]

四是法律服务性。鉴定意见是法定证据的一种,鉴定作为诉讼的辅助活动,具有明显的法律服务性。鉴定机构的法律服务性要求所属的鉴定人员具有与解决专门问题相适应的能力,为保证鉴定人员的专业性,有的国家对鉴定人员实行严格的登记管理,有的国家要求鉴定人员必须出庭接受对方质询。鉴定机构的法律服务性要求鉴定人员实行回避制度。鉴定机构的法律服务性要求鉴定机构需要具备一定的条件,如仪器设备条件、独立承担法律责任的条件。鉴定机构的法律服务性要求鉴定机构在接案、案件的鉴定过程、案件的发送要有相应的原始记录。

第四节 物证鉴定机构的权利与义务

一、物证鉴定机构的权利

物证鉴定机构在执业的过程中为切实履行其鉴定职责,保障鉴定活动公正、客观、

---

〔1〕 鲁跃晗、常林:“论司法鉴定机构的公益性建设”,载《中国司法鉴定》2011年第6期。

高效地开展，需被赋予相应的权利。通过对物证鉴定机构权利的研究，将有助于我们更全面地认识鉴定机构，更好地保障鉴定机构依法执业。

（一）组织制定机构内部的各项管理制度

为履行鉴定职责，实现对机构工作人员的有效管理，实现鉴定过程的有效控制，实现对机构财产的有效保护，实现对机构工作环境的维护，鉴定机构有权在法律、法规的框架内制定相应的管理制度。

（二）独立、统一接受鉴定委托

虽然限于现有的鉴定机构体制的不同，不同类型的鉴定机构接受鉴定委托的范围不同，但对于面向社会的鉴定机构，其接受案件不受地域限制，各地不能以各种各样的借口变相地保护本地的鉴定机构，阻止鉴定委托人将案件送往外地。鉴定机构有权不予受理符合《司法鉴定程序通则》第15条规定情形的委托鉴定事项。对于委托人委托的鉴定事项，鉴定机构需派专人统一接受委托，鉴定人员不能私自接受鉴定委托。

（三）组织所属鉴定人员依法实施鉴定

鉴定机构受理案件后，根据委托事项涉及的专业及案件的难易程度，将案件指派具体鉴定人员鉴定。我国要求鉴定意见至少2名鉴定人员独立鉴定，因此，鉴定机构有权对第一鉴定人、第二鉴定人的鉴定过程进行监督，对鉴定人员的鉴定能力不足时，需采取必要措施进行处理。在第一鉴定人、第二鉴定人的鉴定意见矛盾且相互不能说服对方时，鉴定机构可采取专家会诊的形式解决争议。

（四）享有独立的财务支配权

为保证鉴定机构鉴定活动的有效开展，需对鉴定机构应配备的基本仪器、设备进行规定，很多仪器设备的采购和维护需要具有独立的财务支配权。鉴定机构的有效运转还需要大量的司法鉴定人员、鉴定辅助人员、管理人员，上述人员的薪金、培训、继续教育等需要具有独立的财务支配权。另外，鉴定机构作为独立承担法律责任的机构，具有独立的财务支配权是其承担法律责任的基础。

（五）对鉴定意见异议的调查权

为保证鉴定服务质量，鉴定机构应对出具的鉴定意见书的合法性、客观性、规范性进行监督检查，对鉴定机构工作人员行为的适当性进行指导监督。在当事人对鉴定意见书提出异议时，应当复查案件全部档案，并及时向当事人作出回复。必要时应当采取一定的调查措施，查明事实真相。如发现有违反鉴定操作规程、内部规章制度的，可以对相应的人员进行处罚教育，如情节严重者，应移送司法机关处理。

二、物证鉴定机构的义务

为保障鉴定质量，需要严格规定鉴定机构执业期间的法定义务。鉴定活动中，不仅鉴定意见本身是法定证据，有些鉴定涉及的检材、样本本身也是重要的证据，因此，为保护诉讼当事人的合法权益、保障诉讼、仲裁或调解程序的顺利进行，并规范鉴定机构的执业行为，相关的法律、法规对鉴定机构规定了法定的义务。

(一)应当遵守相关的法律、法规和规章

国家为规范鉴定活动,于2005年出台了全国人民代表大会常务委员会《关于司法鉴定管理问题的决定》,对鉴定有管理职责的司法部、公安部、最高人民检察院,甚至与鉴定活动关系密切的最高人民法院、国家发改委等部门均独自或联合出台了相关的规章制度,对鉴定活动实施全面的监督、规范。涉及鉴定机构的内容包括鉴定机构的登记管理、认证认可、案件的收费、案件的委托受理、鉴定的程序细则等。这些规章、规定甚至司法解释都直接或间接地影响着鉴定机构,鉴定机构应当遵守。

(二)遵守司法鉴定程序规定、技术标准和技术操作规范

鉴定面临多头鉴定、重复鉴定的难题,我国对鉴定的规范化管理尚未跟上法治进程的脚步,当事人对鉴定过程的合法性也提出了质疑。为解决上述问题,相关部门先后制定了一系列的关于鉴定程序的规定、鉴定的技术标准以及技术操作规范等。如司法部颁布的《司法鉴定程序通则》、《司法鉴定机构仪器设备基本配置标准(暂行)》、《司法鉴定文书规范》、《司法鉴定协议书》(示范文本);公安部颁布的《公安机关鉴定工作规则》、《公安机关涉案枪支弹药性能鉴定工作规定》;最高人民检察院颁布的《人民检察院鉴定规则》(试行)。在技术标准方面司,法部先后分两批颁布了《文书鉴定通用规范》等33个司法鉴定技术规范;公安部颁布了《刑事技术鉴定规则》、《公安机关电子数据鉴定规则》;最高人民检察院颁布的《人民检察院法医检验鉴定程序规则》(试行)等。虽然目前有些技术规范,如司法部的技术规范为非强制性规范,但从保证鉴定意见的客观、公正角度,大部分面向社会的鉴定机构均将其作为鉴定的依据。

(三)负责对所属工作人员的业务能力、职业道德、职业纪律进行监管

无论鉴定人员,还是鉴定管理人员、辅助人员,其业务能力及职业道德、职业纪律的遵守都将对鉴定意见的客观性、公正性造成一定的影响。因此,需要对鉴定人员定期开展鉴定能力监督,对所属工作人员经常性开展职业道德、职业纪律教育。根据相关的法律规定,鉴定机构需要对由鉴定工作人员的违法或过错行为给当事人造成的损失,承担法律责任。

(四)应当保障鉴定人的独立鉴定权

鉴定人员独立从事鉴定工作,就包括鉴定机构对鉴定人员的鉴定工作不能作不适当的干扰或妨碍,鉴定机构对鉴定人员提出了异于他人的鉴定意见应允许其保留,不能强制鉴定人员改变鉴定意见。

思考习题

1. 物证鉴定机构的分类有哪些?
2. 物证鉴定机构的属性是什么?
3. 物证鉴定机构的权利有哪些?
4. 物证鉴定机构的义务有哪些?

拓展阅读书目

1. 杜志淳:《司法鉴定法立法研究》,法律出版社 2011 年版。
2. 徐立根主编:《物证技术学》(第 2 版),中国人民大学出版社 1999 年版。
3. 杜志淳主编:《司法鉴定概论》,法律出版社 2010 年版。
4. 邹明理主编:《我国现行司法鉴定制度研究》,法律出版社 2001 年版。
5. 闵银龙主编:《司法鉴定》,中国法制出版社 2004 年版。
6. 贾静涛著:《世界法医学与法科学史》,科学出版社 2000 年版。
7. 周欣主编:《中外刑事侦查概论》,中国政法大学出版社 1999 年版。

第九章　物证鉴定程序

本章概要

本章主要介绍了物证鉴定的委托程序、物证鉴定的受理程序、物证鉴定的实施程序,及补充鉴定和重新鉴定。

通过本章的学习,应当掌握物证鉴定的委托主体,物证鉴定的决定主体,物证鉴定机构的选择,物证鉴定实施的原则。

关键词

物证鉴定的委托;物证鉴定受理;物证鉴定的实施

第一节　物证鉴定的委托

物证鉴定的委托非单指委托鉴定人鉴定的行为,还包括提出鉴定申请、鉴定决定。

一、物证鉴定委托的主体

在我国,司法机关、仲裁机关、公民、法人或其他组织均可以作为民事案件或行政案件司法鉴定的委托人。根据最高人民法院《关于民事诉讼证据的若干规定》第28条可知,在民事诉讼中一方当事人可自行委托鉴定。但刑事案件的委托主体往往是侦查机关、公诉机关或审判机关。

二、物证鉴定委托的程序

(一)提出物证鉴定申请

提出物证鉴定申请,是指民事、行政案件的当事人、刑事案件的犯罪嫌疑人(被告人)、被害人、附带民事诉讼原告及其他与案件有利害关系的诉讼参与人,为保障自身权益对案件中涉及的某些专门性问题提出司法鉴定的请求。提出物证鉴定申请不包括公安、检察机关根据办理刑事案件需要进行鉴定的情况。

1. 提出物证鉴定申请的期间

在我国由于侦查阶段相对封闭，因此刑事案件中犯罪嫌疑人（被告人）、被害人、附带民事诉讼原告及其他与案件有利害关系的诉讼参与人提出物证鉴定申请，往往发生在公诉阶段和审判阶段，且主要是在审判阶段。在民事、行政案件诉讼中司法鉴定的启动与举证责任的分配有关，当事人应当在举证期限内提出物证鉴定申请。[1] 如果当事人为提起诉讼需要也可在诉前自行委托鉴定机构进行鉴定。

2. 提出物证鉴定申请的条件

提出物证鉴定申请一般应具备如下条件：（1）提出鉴定申请的理由合理；（2）要求鉴定的事项属于专门性问题且为查明案件事实需要；（3）需检的检材、样本能够初步满足鉴定需要；（4）所提出的鉴定事项属于司法鉴定领域可以解决的问题；（5）民事、行政案件申请鉴定方能够承担鉴定费用。

3. 提出物证鉴定申请的程序

在诉讼过程中，与案件有利害关系的诉讼参与人可以书面或口头提出物证鉴定申请。如果是书面物证鉴定申请，应包括以下内容：（1）申请鉴定的事项；（2）申请鉴定的理由；（3）申请人本人签章确认。如果是口头提出物证鉴定申请，法官应将申请记录在案。

4. 提出物证鉴定申请权的救济

与案件有利害关系的诉讼参与人提出物证鉴定申请后，通常由法官自由裁量是否同意鉴定。我国现行法律对提出物证鉴定申请权的救济没有规定，因此当与案件有利害关系的诉讼参与人行使该项权利受阻时，尚缺乏法律救济。随着司法改革不断深入，应该立法保障与案件有利害关系的诉讼参与人提出的物证鉴定申请权。对专门性问题裁定不予鉴定时，应说明理由，如申请人对裁定不服，可申请对该决定进行复议。

（二）物证鉴定决定

1. 物证鉴定的决定主体

物证鉴定的决定是指主体在诉讼中对提出的鉴定申请有权作出是否准许。在民事诉讼、行政诉讼中，物证鉴定的决定主体是承办法官，在刑事案件的公诉、审判环节由案件的承办人决定，在侦查环节往往由办理案件的侦查员自行决定是否鉴定。

在非诉案件或诉前阶段，物证鉴定的决定主体是当事人。

2. 物证鉴定决定的内容和形式要件

公安、检察或法院的办案人员对提出的鉴定申请审核后，作出是否同意的决定，如同意进行鉴定，则该决定的内容应包括进行物证鉴定的对象、鉴定的要求、鉴定需要解决的事实问题、必要的鉴定风险提示。

物证鉴定决定的形式相对较为简单，法官往往是以开庭笔录的形式固定。检察院

---

〔1〕 参见最高人民法院《关于民事诉讼证据的若干规定》、最高人民法院《关于行政诉讼证据若干问题的规定》。

和公安机关的鉴定规则均未涉及鉴定决定的形式,由于这两个机关有自己的鉴定机构,可以推知在决定委托鉴定时形式要求更为简单。

(三)物证鉴定的委托

最高人民法院原则上要求地方各级法院设立司法技术辅助工作机构。[1] 在最高人民法院《对外委托鉴定、评估、拍卖等工作管理规定》中对法院同意鉴定申请后的委托鉴定程序作了详细规定,分为收案与选择专业机构及委托两个环节。公安机关在委托鉴定环节规定:"鉴定委托单位应当按照逐级送检的原则向物证鉴定机构提出,并委派本单位熟悉案件或者事件情况的工作人员送检。"[2] 检察院在委托鉴定环节仅规定:"委托鉴定应当以书面委托为依据,客观反映案件基本情况、送检材料和鉴定要求等内容。"[3]

1. 收案

根据最高人民法院《对外委托鉴定、评估、拍卖等工作管理规定》第7条,案件的承办人决定委托鉴定后,应制作《对外委托工作交接表》并移交下列材料:(1)相关的卷宗材料;(2)经法庭质证确认的当事人举证材料;(3)法院依职权调查核实的材料;(4)既往鉴定报告文书;(5)申请方当事人和对方当事人及其辩护人、代理人的通讯地址、联系方式,代理人的代理权限;(6)与对外委托工作有关的其他材料。根据该法第9条,收到以上材料后,对外委托的收案工作由司法辅助工作部门的专门人员负责,按以下程序办理:(1)审查移送手续是否齐全。(2)审查、核对移送材料是否齐全,是否符合要求。(3)制作案件移送单并签名,报司法辅助工作部门负责人签字并加盖部门公章。由司法辅助工作部门和审判、执行部门各存一份备查。(4)进行收案登记。司法辅助部门的主办人应在3个工作日内提出初审意见,对不具备委托条件的案件应制作《不予委托意见书》,说明理由,报司法辅助工作部门负责人审批后,办理结案手续,并于3个工作日内将案件材料退回审判、执行部门。

2. 选择鉴定机构及委托

(1)公安机关对物证鉴定机构的选择实行的是逐级送检制。鉴定委托时应向物证鉴定机构提交的材料包括:《鉴定委托书》;证明送检人身份的有效证件;委托鉴定的检材;比对检验的样本;鉴定人要求提供的与鉴定有关的其他材料。(2)检察院委托本院内部的鉴定机构时,实行逐级受理制度;委托上级人民检察院或对外委托鉴定时,应当通过本院或上级人民检察院技术部门协助处理。(3)人民法院在选择鉴定机构及委托程序时相对复杂。选择鉴定机构由司法技术辅助部门主持,实行协商选择与随机选择相结合的方式。协商选择是由司法辅助部门的专门人员在告知当事人选择

[1] 参见最高人民法院《关于地方各级人民法院设立司法技术辅助工作机构的通知》(2006年9月25日法发〔2006〕182号)。

[2] 参见《公安机关物证鉴定规则》。

[3] 参见《人民检察院鉴定规则》(试行)。

程序的权利、义务后，向当事人介绍本院《司法鉴定名册》中鉴定机构情况，当事人听取介绍后协商选择双方认可的鉴定机构。当事人都同时要求随机选择的，当事人双方对鉴定机构协商不一致的，一方当事人表示放弃协商选择权利或一方当事人无故缺席或双方当事人选择有可能损害国家利益、集体利益或第三方利益的，可以采取随机选择的方式。随机选择分为计算机随机法和抽签法。无论协商选择还是随机选择，选择结束后，均需制作选择专业机构笔录，当事人阅读选择专业机构笔录，在笔录上签字。

三、诉讼模式对物证鉴定委托的影响

我国基本上把诉讼中的鉴定委托权授予了公检法三机关。如《刑事诉讼法》第144条规定："为了查明案情，需要解决案件中某些专门性问题的时候，应当指派、聘请有关专门知识的人进行鉴定。"《民事诉讼法》第76条第1款规定："人民法院对专门性问题认为需要鉴定的，应当委托具备资格的鉴定人进行鉴定。"

应当说，我国的诉讼法对鉴定委托权规定一定程度上反映了大陆法系国家职权主义诉讼模式在鉴定委托方面的特点。如法、德、日3个主要大陆法系国家刑事诉讼程序中辩方均只拥有鉴定申请权，而控方享有一定的鉴定决定权。例如，《法国刑事诉讼法典》第156条规定："任何预审法庭或审判法庭，在案件遇到有技术问题的情况下，或者应检察院的要求，或者依职权，或者应当事人的请求，得命令进行鉴定。"[1]《德国刑事诉讼法典》第73条第1款规定："应当由法官选任需要咨询的鉴定人，决定其人数。"《日本刑事诉讼法》第165条规定："法院可以命令有学识经验的人进行鉴定。"第223条规定："检察官、检察事务官或者司法警察职员，为实施犯罪侦查而有必要时，……或者嘱托他人进行鉴定、口译或笔译。"

英美法系国家的当事人主义诉讼模式下，鉴定的委托权一般由双方当事人行使，法院主动委托鉴定为辅。《美国联邦证据规则》(2015)第706(a)条规定："法院可以根据当事人的动议或依自己的职权要求当事人说明专家证人不应被聘请的原因，也可以要求当事人向法院提名专家证人。法院可以聘请当事人所共同同意的专家证人人选，也可以自行聘请专家证人。但是法院仅能聘请那些愿意提供专家意见的专家证人。"

第二节　物证鉴定的受理

物证鉴定的受理，是指物证鉴定机构对司法机关、其他机关、团体以及当事人的委托鉴定事项经过审查，对符合条件的鉴定委托予以接受，并由双方签订鉴定委托协议的程序。物证鉴定的受理是鉴定机构开展鉴定的前提，因此了解鉴定受理的相关要

---

[1]《法国刑事诉讼法典》，罗结珍译，中国法制出版社2006年版，第162页。

求、程序，有助于物证鉴定的委托顺利进行，同时也有助于高效、规范地开展司法鉴定。

一、物证鉴定受理的条件

物证鉴定的受理条件涉及委托鉴定方及受委托鉴定方：对于委托鉴定方需具备：(1)委托鉴定事项合法、合乎社会公德；(2)鉴定要求具体明确；(3)送检材料真实可靠。对于物证鉴定机构需具备：(1)具备相应的资质；(2)具备相应的技术能力。

二、物证鉴定受理的程序

物证鉴定机构在受理鉴定的过程中，必须遵循相应的程序。受理程序的主要环节依次为：审查鉴定委托书；查验检材、样本的情况；接收委托单位（或个人）提供的其他鉴定相关材料；经审查可建议委托单位（或个人）改进鉴定要求或补充提供样本；办理案件登记手续。

审查鉴定委托时，需要从委托事项是否超出本机构鉴定业务范围，鉴定材料是否真实、完整，鉴定事项的用途是否合法、合乎社会公德，鉴定事项是否超出本机构技术能力等方面进行审查。审查合格方可决定受理。

在审查委托时，需要注意如下问题：(1)鉴定委托主体为单位的，应审查委托书是否有公章印文，实务中如果没有公章印文的，必须出示盖有公章印文的介绍信；(2)检材、样本是否为原件，如非原件，且影响鉴定意见时，需向委托单位（或个人）释明鉴定意见的明确性受影响的原因；(3)委托单位（或个人）提供参考样本时，应告知参考样本的鉴定地位；(4)由于委托单位（或个人）不了解鉴定，致使所提出的委托要求与鉴定实务中的专业术语不符或改变委托要求更有利于查明案件真相时，案件接待人员应向委托单位（或个人）释明。

物证鉴定机构对符合受理条件的，应当即时作出受理决定，并与委托方签订《司法鉴定协议书》，缴费后办理案件登记事宜；不能即时决定受理的，应当在7个工作日内作出是否受理的决定，并通知委托人。对通过信函提出鉴定委托的，应当在收到信函之日起10个工作日内作出是否受理的决定，并通知委托人。对疑难、复杂或特殊事项的委托，可以与委托人协商确定受理的时间。

第三节　物证鉴定的实施

物证鉴定的实施，是指物证鉴定人开展鉴定直至出具鉴定意见书的过程。物证鉴定的实施是物证鉴定的核心环节，物证鉴定的实施情况决定了物证鉴定的质量。

一、物证鉴定实施的原则

（一）依法鉴定原则

依法鉴定要求鉴定人鉴定时既需遵守国家有关机关制定的规范性文件，又需遵照执行相关的技术性标准。依法鉴定原则要求:(1)检材、样本来源真实有效,应使用委托人提供的或委托人同意使用的检材、样本。(2)鉴定的程序合法。无论是对社会服务的鉴定机构,还是公安、检察机关的鉴定机构,相关管理部门都对鉴定的程序作出规定,鉴定人需严格遵守。(3)鉴定的技术合法。物证鉴定人应当遵守和采用该专业领域的技术标准和技术规范,若无,可采用所属鉴定机构自行制定的有关技术规范。(4)鉴定意见书合法。出具的鉴定意见书必须符合司法鉴定文书规范。

(二)独立鉴定原则

独立鉴定原则是指物证鉴定人在鉴定过程中不受外界干扰,独立自主地对鉴定事项作出科学评断,提出鉴定意见并对鉴定意见负责。[1] 独立鉴定原则要求:(1)物证鉴定人独立于委托人。不受委托人利益的影响,不被委托人思想意识左右,独立自主地作出评断。(2)物证鉴定人独立于鉴定机构的行政领导。鉴定机构的领导不能指示鉴定人出具某种鉴定意见。(3)物证鉴定人独立于其他物证鉴定人。物证鉴定人之间相互独立,鉴定人应独立检验(检测)并作出评断,不轻易听信其他鉴定人意见,在鉴定中如有不同意见应当注明。

(三)客观鉴定原则

客观鉴定原则是指鉴定活动必须遵循客观规律,根据检验(检测)过程作出科学的分析判断。客观鉴定原则要求:(1)重视方法的科学性。物证鉴定人员需具有较高的科学技术水平,掌握最新的鉴定技术。(2)提高鉴定手段技术含量。尽量减少鉴定中的主观评断,更多采用可量化手段。(3)尽量采用推荐适用的技术标准。目前法医类鉴定活动已有强制的技术标准,物证鉴定活动,司法行政管理部门、公安部门正在大力推进物证鉴定的标准化,虽然一些标准非强制使用,但为保证鉴定的客观性,应尽量适用。

(四)公正鉴定原则

公正鉴定原则指物证鉴定活动应公平、公正地开展。公正鉴定原则要求,鉴定人应保持中立。鉴定人鉴定时应独立于鉴定事项的相关当事人,与案件不得有利害关系或其他足以影响鉴定结论的关系。

二、物证鉴定的工作制度

(一)实行鉴定人负责制

根据《关于司法鉴定管理问题的决定》第10条司法鉴定实行鉴定人负责制度。"鉴定人应当独立进行鉴定,对鉴定意见负责并在鉴定书上签名或者盖章。多人参加的鉴定,对鉴定意见有不同意见的,应当注明。"同时,《司法鉴定程序通则》也将2002《司法鉴定程序通则》(试行)建立的复核人制度废除,第一鉴定人与第二鉴定人对鉴定意见的责任承担制度也被废除。《公安机关鉴定规则》明确规定,鉴定由两名鉴定

---

[1] 霍宪丹主编:《司法鉴定通论》,法律出版社2009年版,第52页。

人负责,并对本人出具的鉴定意见负责。

（二）实行疑难案例会鉴制度

在鉴定过程中如遇有特别复杂、疑难、特殊技术问题时,可以向本机构外的相关专业领域的专家进行咨询,但最终的鉴定意见应当由本鉴定机构的物证鉴定人出具。

另外,《司法鉴定程序通则》第 33 条规定了特殊的会鉴制度。即对于涉及重大案件或者特别复杂、疑难、特殊技术问题或者多个鉴定类别的鉴定事项,办案机关可以委托司法鉴定行业协会组织协调多个司法鉴定机构进行鉴定。

三、物证鉴定实施的基本步骤

（一）指派物证鉴定人

物证鉴定人由司法鉴定机构指派,只有在委托人有特殊要求时,经双方协商一致,才可以从本机构中选择符合条件的鉴定人进行鉴定。实务中,有的鉴定机构受理案件由鉴定人轮流受理,往往由代表鉴定机构受理案件的鉴定人担任该案的鉴定人。有的鉴定机构指定了专门的案件受理人员,这时对鉴定人员的指派由鉴定机构按照内部规程进行。

（二）制定鉴定方案并执行

鉴定方案是鉴定人实施鉴定的步骤和方法。物证鉴定人应在明确鉴定委托要求的情况下,根据每项鉴定事项制定鉴定方案,鉴定方案不一定是书面形式,鉴定人可根据鉴定事项的复杂程度决定鉴定方案的形式。

为保障鉴定质量,司法部委托司法部司法鉴定科学技术研究所组织制定了一系列司法鉴定技术规范。司法部司法科学技术研究所的一些鉴定方法可以授权使用。公安部也出台了一系列与物证鉴定有关的刑事科学专业管理规范和技术标准,并且全国刑事技术标准委员会也经常制定物证鉴定的技术标准。物证鉴定人在制定鉴定方案时,应优先适用本专业领域的技术规范和技术标准。

（三）出具鉴定意见书

目前,司法部的《司法鉴定程序通则》、公安部的《公安机关鉴定规则》、最高人民检察院的《人民检察院鉴定规则》均对鉴定文书作了规定。司法部还专门出台了《司法鉴定文书规范》,对鉴定文书的种类、文书的组成、鉴定文书的正文组成、文书的语言规范、文书制作格式等都作了具体的规定。

虽然文书的名称不一致,但总的来说,鉴定文书可分为两大类:一类是鉴定意见类;另一类是检验报告类。鉴定意见类文书是经过检验、论证得出的鉴定意见,公安部根据鉴定意见是否确定,对将其进一步细分为《鉴定书》和《检验意见书》。检验报告类文书是对鉴定材料进行检验后,直接得出检验结果的文书。

鉴定文书在形式上一般包括:标题;文书编号和页码;委托单位;受理日期;案情摘要;检材、样本的描述;委托要求;鉴定期间;鉴定地点、检验、分析过程;检验方法;必要的论证;鉴定意见;鉴定人、鉴定机构的签章;完成鉴定书的日期;鉴定书的附件和鉴定机构的声明。

由于鉴定意见具有证明能力，因此出具鉴定文书时，还需对鉴定的过程进行记录，并整理归档。通常需要对鉴定的检查记录、鉴定的检测记录、鉴定的原始数据、鉴定文书的原始底稿、鉴定材料的流转程序等进行归档。

第四节　鉴定的重启程序

在鉴定实践中，出具鉴定意见，意味着鉴定程序的结束。然而在司法实践中，关于鉴定意见书的对抗才刚刚开始，收到鉴定意见书后，委托单位甚至当事人、第三人都有可能重启鉴定程序。重启的鉴定程序包括补充鉴定、重新鉴定和另行鉴定。

一、补充鉴定相关问题研究

（一）补充鉴定的性质

补充鉴定是指在原鉴定的基础上，对其中的个别问题进行复查、修正、补充或解释，以使原鉴定意见更加完备而进行的鉴定。[1] 根据《司法鉴定程序通则》第30条的规定：有下列情形之一的，司法鉴定机构可以根据委托人的请求进行补充鉴定：(1)原委托鉴定事项有遗漏的；(2)委托人就原委托鉴定事项提供新的鉴定材料的；(3)其他需要补充鉴定的情形。补充鉴定是原委托鉴定的组成部分。因此，被充鉴定应在以下情形下发生。

(1)为缩小物证鉴定的不确定度而进行的鉴定。补充鉴定所包含的复查、修正之意，并非基于对原鉴定意见的不满，非是对原鉴定意见的复核，而是基于原鉴定意思所依据的材料不够充分，新增加的鉴定材料为前一鉴定意见出具后，一方当事人另行收集的足以改变原鉴定意见的不确定度，并且这种改变是缩小不确定度。

(2)对原鉴定意见的补充既包括补充鉴定要求也包括补强鉴定要求。如果申请人要求的物证鉴定项目委托人委托鉴定时有遗漏，则针对该被遗漏的鉴定项目进行鉴定，属于补充鉴定。如果提出了对原检材鉴定意见的法律效果有影响的新的物证鉴定要求，也属于补充鉴定。如经鉴定某份处罚告知书上的笔迹系非被处罚人所写，但是行政管理人员经回忆认为被处罚人到达行政管理机关时还有2名陪同人员，笔迹也可能是陪同人员趁行政管理人员不备代签，为证实猜测而申请进一步笔迹鉴定，该鉴定即为补强申请，属于补充鉴定。

(3)基于原鉴定意见书中检验发现，衍生出的与检材相关的鉴定要求。实践中，鉴定申请人往往非物证鉴定方面的专业人士，也未获取物证鉴定方面专家的帮助，其

---

〔1〕 杜志淳主编：《司法鉴定概论》，法律出版社2010年版，第111页。

所能提出的鉴定要求并不一定能够揭露案件事实。如一份关于收条内容的笔迹鉴定，债权人要求鉴定收条内容是否均为债务人所写，以及收款人签名是否债权人所写。鉴定人员在鉴定过程中发现收条内容为债务人所写，收款人签名是债权人所写，但收条内容非一次性书写形成，其中“所欠款项已全部结清”字迹是添加形成。但添加为另外的鉴定项目，委托人未委托。在此，鉴定人基于中立服务诉讼立场，在检验中提到收条内容字迹色泽不一，正是该字眼引起债权人兴趣，其立即提出添加鉴定申请，该添加鉴定申请即为基于解释的补充鉴定。

（二）补充鉴定需要注意问题研究

补充鉴定是针对原鉴定过程的扩张和继续，是对原鉴定中存在的局部性、个别性的瑕疵进行的补充、修正和完善的再鉴定活动。[1] 在对补充鉴定的理解中，需注意以下问题：(1)补充鉴定相对于重新鉴定最为明显的区别是，原鉴定意见不存在方向性错误。如果鉴定意思为非确定性肯定同一，通过补充鉴定改为肯定同一属于补充鉴定。如果鉴定意思为肯定性鉴定意见，通过补充材料鉴定意见改为否定性鉴定意见，则该鉴定非补充鉴定应为重新鉴定或另行鉴定。(2)补充鉴定原则上应由原鉴定机构原鉴定人进行，可以补充鉴定的事项不允许重新鉴定。由于原鉴定机构前期针对该案已经开展过鉴定工作，由其进行补充鉴定，从鉴定的成本考虑较为经济。补充鉴定时，先前鉴定结果不利方往往要求另行委托鉴定机构进行鉴定，如果由另行鉴定机构开展鉴定，相对于原鉴定机构，无疑需要花更长的时间，且由于补充鉴定机构本身并无回避理由，因此另行委托鉴定机构并不可取。(3)补充鉴定应出具正式鉴定意见书。补充鉴定有独立的委托要求，因此，补充鉴定应与其他鉴定案件一样，有完整的鉴定程序。尤其对于解释类的补充鉴定不能以说明等方式进行回应。

二、重新鉴定、另行鉴定相关问题研究

（一）重新鉴定、另行鉴定的界定

重新鉴定一直是困扰我国司法部门、鉴定管理部门的老问题。由重新鉴定引发的多头鉴定、重复鉴定等问题影响了司法鉴定的权威性。重新鉴定，一般认为是指委托主体对经原先鉴定所得出的鉴定意见进行审查后，认为原鉴定的意见并非可靠并且有必要放弃这一鉴定意见而委托原鉴定人以外的其他鉴定人对有关的专门性问题进行鉴定。[2] 重新鉴定是对原鉴定意见的扬弃后另行启动的鉴定。因此，重新鉴定不会引发鉴定结果的适用困扰，凡是能够引起多次鉴定结果适用困扰的均非重新鉴定。

在纠纷解决程序及鉴定管理过程中，相关部门需厘清重新鉴定与另行鉴定的关系。此处的另行鉴定，是指在不否定前次鉴定意见的基础上，另行委托鉴定机构对原委托要求进行鉴定。另行鉴定包括：(1)委托机构收到鉴定意见书后，一方当事人有

---

〔1〕 赵峰：“补充鉴定与重新鉴定的界分”，载《中国司法鉴定》2009年第2期。

〔2〕 霍宪丹：“规范重新鉴定条件保障司法鉴定质量”，载《中国司法》2007年第12期。

异议，并提出事实证据证明鉴定意见与事实不符，委托机构出于慎重，另行委托鉴定机构进行鉴定；(2)委托机构收到鉴定意见书后，一方当事人有异议，采用了一系列重启鉴定的策略，向委托机构施压，委托机构出于综合因素考虑，另行委托鉴定；(3)委托机构收到鉴定意见后，一方当事人有异议，在提起重新鉴定意见失败后，私自委托鉴定机构出具鉴定意见；[1] (4)当事人为提起诉讼，于诉前进行鉴定，诉讼中在对方当事人没有合理证据推翻鉴定意见时，自行要求裁判部门另行委托鉴定。另行委托鉴定才是实践中容易激起争议的鉴定，但是我们往往把另行委托鉴定记入重新鉴定中。[2] 将另行鉴定计入重新鉴定中，就不易把握现实中多头重复鉴定、久鉴不决的症结。将重新鉴定限定在程序不当引发初次鉴定无证据能力的范畴中，而将因当事人对鉴定意见存在的实体性异议引发另行鉴定定义为另行鉴定，更容易对重启鉴定程序引发的社会矛盾进行分类解决。

(二)目前重新鉴定与另行鉴定不加区分引发的问题

1. 重新鉴定的启动程序上存在的挑战

当鉴定意见出具后，当事人或第三人对鉴定结果有异议，要求启动重新鉴定。司法部门是否应该给予其重新鉴定的机会。如何防止当事人或第三人滥用重新鉴定权，是司法部门面对重新鉴定要求时的第一个挑战。

《刑事诉讼法》、最高人民法院《关于民事诉讼证据的若干规定》等均有关于重新鉴定的规定。为减少重复鉴定和多头鉴定，相关司法鉴定管理部门也对重新鉴定的启动作了严格的规定，根据《司法鉴定程序通则》第 31 条，有下列情形之一的，司法鉴定机构可以接受委托进行重新鉴定：(1)原司法鉴定人不具有从事原委托事项鉴定执业资格的；(2)原司法鉴定机构超出登记的业务范围组织鉴定的；(3)原司法鉴定人按规定应当回避没有回避的；(4)办案机关认为需要重新鉴定的；(5)法律规定的其他情形。

虽然与重新鉴定相关的规范性条文不断出台，但是仍然不能解决重新鉴定伴随的问题。现实中可能引起重新鉴定的情形中，《司法鉴定程序通则》第 31 条规定的第1 ~ 3 项容易操作，而第 4 项情形的重新鉴定在实务中最容易引起纠纷。重新鉴定往往是由一方对鉴定意见有异议引起，第 1 ~ 3 项之所以容易操作，也是基于有异议一方在对

---

〔1〕 有的省份认为这种行为应当杜绝，如浙江省的《浙江省司法鉴定机构受理鉴定委托规则》第 4 条规定："当事人确认鉴定所涉案件已进入诉讼程序的，应当同时提供办案机关同意鉴定的文书。当事人不能提供的，司法鉴定机构应当拒绝受理。"笔者认为，在当前我国鉴定机构整体水平参差不齐的情况下，出于对当事人权益的维护，委托人自行委托鉴定机构进行鉴定，不失为一种权利救济方案。但是为引起鉴定部门对鉴定事项的重视，应要求鉴定人如实提供案件情况。

〔2〕 邹明理先生在其《重新鉴定增多原因与对策研究》一文中所提到的重复鉴定与本文的另行鉴定类似，他在文中提出："不能将重复鉴定与重新鉴定混合在一起进行统计……有的部门认为重新鉴定成倍增长，都是基于这种认识和统计标准。"

鉴定意见有异议时,第 1 ~3 项是最容易从公开途径获得的"合法依据和合理理由"。而第 4 项的"合法依据和合理理由"相对于前 3 项更容易被认为是实体意义上的"合法依据和合理理由"[1],在异议方没有其他证据支持的情况下,一些不可量化操作、专业判断能力要求高的物证鉴定项目,异议方或其代理人很难对鉴定意见进行有效的实体攻击。固执的异议人的重新鉴定诉求得不到解决时,很可能将愤懑向司法部门、鉴定部门发泄,引发一系列问题。虽然这次程序通则改为由办案机关认为应该重新鉴定,但针对目前我国某些办案机关及鉴定机构相对一些闹访当事人表现较为弱势的现实来看,并不能改变我国目前重新鉴定的窘境。因此,在鉴定程序不存在足以导致重新鉴定程序启动的情形时,如何判定异议人重新鉴定理由的实体合理性才是相关部门及研究者应该重视、并重点考虑的问题。

2."重新鉴定"结果适用上存在的挑战

当"重新鉴定"结果与初次鉴定结果相反时,如何适用鉴定意见,是司法部门面对重新鉴定时面临的第二个挑战。重新鉴定是一种否定性鉴定,而非选择性鉴定。[2]从《司法鉴定程序通则》的相关规定来看,启动了重新鉴定意味着初次鉴定的结果已被否定,但是当将第四种重新鉴定情形时扩大解释时,实践中的重新鉴定就带有重复鉴定意味,初次鉴定结果不会被否定,两种鉴定意见的适用会引起很大的争议。

(1)为了增强"重新鉴定"结果的权威性,相关部门对重新鉴定的程序管理较为严格。《司法鉴定程序通则》第 16 条、第 32 条均涉及增强鉴定结果权威性的内容。"司法鉴定委托书应当载明……是否属于重新鉴定。""因特殊原因,委托人也可以委托原司法鉴定机构进行,但原司法鉴定机构应当指定原司法鉴定人以外的其他符合条件的司法鉴定人进行。""接受重新鉴定委托的司法鉴定机构的资质条件应当不低于原司法鉴定机构,进行重新鉴定的司法鉴定人中应当至少有一名具有相关专业高级专业技术职称。"管理部门的意见应是通过"资质"更高的鉴定机构出具更加审慎的鉴定意见,一次性平复鉴定意见引起的争议。为此不惜使用"……司法鉴定机构的资质条件,应当不低于原司法鉴定机构"这样的突破全国人民代表大会常务委员会《关于司法鉴定管理问题的决定》第 8 条所建立的鉴定机构平等原则的字眼,可见用心良苦。

(2)为了拓宽解决重新鉴定问题的途径,相关部门公布了 10 家权威司法鉴定机构。2010 年 10 月,公布了在司法部牵头组织下,最高人民法院、最高人民检察院、公安

---

〔1〕 作为我国司法鉴定管理部门的最高领导者,霍宪丹先生在其《规范重新鉴定条件保障司法鉴定质量——对〈司法鉴定程序通则〉关于重新鉴定规定的解读》一文中明确提出:"第(四)项所说的合法依据主要是指:根据有关规定对原鉴定所采用的科学原理和依据、技术方法和手段、仪器设备规格和采用的技术标准、技术规范提出重大质疑的。"即认为第 4 项的合法依据应为程序方面的。这意味着重新鉴定的理由无涉实体。但是实践中,实体方面的合理依据确实存在,而《司法鉴定程序通则》并未规范,人们很容易将第 4 项理解为也包含实体方面。

〔2〕 邹明理:"重新鉴定增多原因与对策研究",载《证据科学》2012 年第 1 期。

部、国家安全部、科技部等部门共同参与下所遴选出的10家权威司法鉴定机构。遴选出10家权威司法鉴定机构,希望能够达到"有利于消弭鉴定纷争,有利于引导行业健康发展,有利于促进司法公正和维护司法权威"[1]的目的。相关部门为解决好重新鉴定问题,可谓绞尽脑汁。从整个世界范围来看,行业中存在权威的鉴定部门确实"有利于消弭鉴定纷争"。例如,知名的国际钻石珠宝鉴定机构、国际木材鉴定机构等,国际权威鉴定机构的鉴定结果容易为市场各方所接受,促进交易达成。但是这些权威的鉴定机构并非由某一机构遴选而出,之所以权威是由其在所属领域的区域影响力和鉴定结果的接受度所决定。我国已遴选出的10家权威司法鉴定机构在3年多的时间中,鉴定实践效果如何?从目前来看,并未解决实际问题。从知网上以重新鉴定为篇名讨论重新鉴定问题的数量来看,并未因权威司法鉴定机构的遴选而减少。[2] 遴选国家级鉴定机构并未成为解决重新鉴定问题的有效路径。

(三)完善对重新鉴定、另行鉴定的法律规制

笔者认为,《司法鉴定程序通则》对重新鉴定部分所进行改造不够,应严格限定重新鉴定的启动条件为程序不当。对于另行鉴定应由委托人自行启动,从维护鉴定意见权威的角度,不应由委托部门启动。如当事人或第三人提出其他证据证明鉴定意见在实体上可能存在问题,由于这些证据多在委托鉴定前已开示,委托鉴定本身即为解决上述争议,故委托机构不应因此而向当事人或第三人妥协。如果是当事人提出新的证据指向的事实与鉴定意见指向的事实存在矛盾,委托机构也不应启动重新鉴定,在初次鉴定程序不存在任何不当的情况下,其已经出具的鉴定意见具备证据能力。至于鉴定意见的证明力,委托机构可以通过鉴定人出庭的方式,确定鉴定意见的证明力。

思考习题

1. 提出申请物证鉴定的条件有哪些?
2. 审查物证鉴定委托时应注意的问题有哪些?
3. 物证鉴定实施的步骤有哪些?
4. 鉴定机构在哪些情形下可受理重新鉴定?

拓展阅读书目

1. 张军主编:《中国司法鉴定制度改革与完善研究》,中国政法大学出版社2008年版。

---

〔1〕 资料来源 http://www.moj.gov.cn/zgsfjd/content/2010-10/16/content_2319794.htm?node=6856,最后访问日期:2013年12月3日。

〔2〕 从2010年前后3年的数据来看,2009年共11篇、2008年7篇、2007年15篇,2011年12篇、2012年6篇、2013年16篇。除去研究热点因素考量,2010年后对重新鉴定的关注度更高些。

2. 霍宪丹主编:《司法鉴定通论》,法律出版社 2009 年版。
3.《法国刑事诉讼法典》,罗结珍译,中国法制出版社 2006 年版。
4. 何家弘、张卫平主编:《外国证据法选译》,人民法院出版社 2002 年版。
5. 杜志淳、沈敏主编:《司法鉴定机构质量体系文件》,法律出版社 2004 年版。

第十章　物证鉴定意见

本章概要

本章主要从英美法系、大陆法系对鉴定意见的态度上概述物证鉴定意见，并在此基础上研究了物证鉴定意见的证据能力。

通过本章的学习，应当了解物证鉴定意见在不同法系国家的特点有所不同；相对于两大法系的主要国家，我国的物证鉴定意见也颇具特色；物证鉴定意见并非具有天然的证据能力；应了解影响物证鉴定意见证据能力的因素。

关键词

物证鉴定意见；专家意见；鉴定结论；证据能力；证据力

第一节　物证鉴定意见的概述

一、物证鉴定意见的概念

物证鉴定意见，是指鉴定人接受鉴定机构的指派运用科学技术或者专门知识对案件涉及的专门性问题进行检验或检查后得出的分析判断。物证鉴定意见可以作为证据使用。只是不同的国家和地区对物证鉴定意见的表述形式不同。大陆法系国家，如法国通常将鉴定意书称为鉴定报告，将鉴定意见称为鉴定结论。[1]《德国刑事诉讼法典》第161(a)条第1项称为“鉴定书”。英美法系国家通常将鉴定人看作专家证人，将鉴定意见称为专家意见。

我国三大诉讼法明确规定司法鉴定结论为独立的证据形式，然而我国的立法、司法解释和理论研究对于鉴定结果的表述不尽相同。三大诉讼法称为“鉴定结论”，最

---

〔1〕《法国刑事诉讼法典》，余叔通、谢朝华译，中国政法大学出版社1997年版，第166条、第167条、第169条。

高人民法院《关于民事诉讼证据的若干规定》第29条则称为"鉴定书"。鉴定结果的表述关系到其语言表达的准确性以及程序架构的方向,因此,2005年《关于司法鉴定管理问题的决定》中明确规定:"司法鉴定是指在诉讼活动中鉴定人运用科学技术或者专门知识对诉讼涉及的专门性问题进行鉴别和判断并提供鉴定意见的活动。"将鉴定结论改为鉴定意见,是基于鉴定结果只是鉴定人个人的认识和判断,表达的也只是鉴定人的个人意见,对整个案件来说,这些意见只是诸多证据中的一种,而不是最终的裁判认定结论,用"鉴定意见"来表达更为恰当,有利于摆正这类证据在诉讼中的位置。

二、两大法系关于鉴定意见的比较研究

欧洲大陆关于鉴定的历史记载较多,早在公元前3世纪古罗马就已实行人体解剖。Julius Caeser死后,由其尸检判明,他被其部下古罗马元老院议员所致的23处刺创,仅有1处属致命伤。[1] 欧洲在历史发展的过程中逐渐形成了普通法系的鉴定意见及大陆法系的鉴定意见。

(一)英美法系国家与大陆法系国家关于鉴定意见的历史考察

1.英美法系国家专家意见的历史

历史上英美法系国家就将鉴定意见看成专家依据所感知获悉的事实或数据得出的意见。英国法律具有悠久的专家咨询传统,据伦敦大学诺库斯教授的调查,早在14世纪就有外科医生在刑事案件中应审判官的要求提供意见的例子。到了16世纪中叶,关于自然科学等法学以外的专门事项,要听从该领域的专家证言成为理所当然的事情。[2] 在伯克利诉拉斯·托马斯(Buckley v. Rice Thomas,1554)案中法官桑德斯(Saunders)断言:"如果我们的法律遇到涉及其他学科和专业的问题,我们通常求助于有关学科或专业的帮助,这是我们的法律应受尊敬和值得赞赏的一面。因此,看来我们不仅尊重我们自己的学科,也尊重其他学科。同是我们认可、鼓励其他的学科或专业成为值得赞赏的事物……当摆在法官面前的讼案虽可以按照我们的普通法裁定,但也涉及民法(罗马法)法系的法律问题时,法官则愿意听取哈尔斯(Huls)的依据逻辑的辩论和陈述,后者有两类法律的学士学位。因为人们不能超越自己受教育的范围而哈尔斯的意见可以使人们更加明智。在重伤罪的诉讼中,根据我们的法律,法官通常需要外科医生告知伤情是否属于重伤,因为外科医生的知识和技术最能分辨是否为重伤。"[3]

以英国的验尸官制度为例,英国早在中世纪就建立了验尸官制度,采用验尸官主持调查暴力死亡、非自然死亡和狱中死亡等案件。12~14世纪是其全盛时期,15世纪逐渐减弱。验尸官的主要职责是查明死因,调查方法主要是查验尸体和询问证人。长

---

〔1〕[美]C. H. Weeht:"临床法医学的历史回顾及前景瞻望",载《中国法医学杂志》(第3卷)1988年第3期。

〔2〕黄维智著:《鉴定证据制度研究》,中国检察出版社2006年版,第43页。

〔3〕[英]麦高伟、杰弗里·威尔逊主编:《英国刑事司法程序》,姚永吉译,法律出版社2003年版,第232页。

期以来,验尸官一直从当地有固定财产的居民中选出,并不要求其具备专门的知识和医学知识。[1] 其作出裁判的是基于对尸体的查看和询问证人。随着法医学的发展,英国人逐渐认识到需要对验尸官制度进行改革。现在英国验尸官是从当地居民中选举产生,与警察机关无隶属关系,通常隶属于医疗机构或医学院,大多数人具备医学的专门知识,并且直接实施法医学检验的并非验尸官本人,验尸官召唤的检验人员绝大多数是大学法医学教师与临床病理医师,这些病理学医师,基本上是在学术上有造诣并且富有经验的专家。需要指出的是,专家意见通常以专家出庭口头表达其意见为准,陪审团不能看到书面的专家报告。

2. 大陆法系国家鉴定结论的历史

德国的《加洛林纳法典》第一次在法典中使用"鉴定"一词。该法典第 134 条规定:发生杀害的事件,须要求医师通过医学鉴定。第 147 条规定:认定伤害致死的因果关系,可以由外科医师作为证人,并应要求他进行鉴定。第 169 条规定:因为年龄小或者其他缺陷而没有明确的辨别事理能力的人犯罪时,应当根据鉴定进行审理。《加洛林纳法典》是第一部真正地将德意志和外国法有机地结合起来的法典,其统治德国的时间长达两个多世纪。此后,欧洲很多国家把鉴定写入法律之中,而且一些医学、化学等的理论相继被引入鉴定之中。19 世纪法国里昂大学教授亚历山大·拉卡对在古费案中成功地运用法医学知识查明了一具高度腐烂尸体的身份,这为警方侦破该案提供了有力的证据。法国巴黎大学的医用化学教授马蒂尔乌·奥菲拉通过自己的著作和鉴定实例,使法官承认了毒化检验的证据价值。

目前德国的法医工作基本由各医学院校的法医学研究所承担,法医接受检察院的委托,进行鉴定。以尸体解剖为例,解剖结束后,结合案件发生的情况,对可能的死亡原因、死亡方式和死亡时间等进行讨论,得出初步结论,在与检察院和警察局代表交换意见后,如无进一步检查需要,则将在 1 周左右时间出具书面报告。

(二)两大法系国家鉴定意见的特点

1. 英美法系国家关于鉴定意见的特点

英美法系国家专家证人以口头证言的形式提出的专家意见的特点表现在:第一,专家意见的非书面性。专家意见为法庭上专家证人的口头表述,专家证人虽需要提交书面报告,但该书面报告仅指明其对事实的认定结果,无任何证据效力。第二,专家意见的证明力的实现需要借助庭审质证。如果不对专家进行当庭询问而直接采纳专家报告,将被视为辩护律师被剥夺了审查庭外陈述者或行为者的感知能力、记忆力、是否诚实以及语言表达能力的机会,而这些方面的可靠性正是法庭上证言的可靠性所依据的因素。[2]

---

〔1〕 何家弘编著:《外国犯罪侦查制度》,中国人民大学出版社 1995 年版,第 48 页。

〔2〕 [美]乔恩·R. 华尔兹:《刑事证据大全》,何家弘等译,中国人民公安大学出版社 2004 年版,第 107 页。

2. 大陆法系国家关于鉴定意见的特点

大陆法系国家鉴定结论的特点如下:第一,鉴定结论必须以书面形式呈现;第二,鉴定结论证明力的实现必须以鉴定人出庭接受质证为前提。鉴定结论在大陆法系国家被作为人证,如有需要根据直接言词证据规则,鉴定师必须出庭接受质证,否则不具有证据效力。

三、我国物证鉴定意见的特性

在我国,物证鉴定意见是独立的证据类型,因此其除具有证据的基本属性外,还具有自己的特性,与其他的证据类型有一定的差异。结合国外物证鉴定意见的特点,我国物证鉴定意见的特性如下。

首先,我国的物证鉴定意见是独立的证据种类。这一点与大陆法系国家的观念是一致的,但与大陆法系国家相区别的是,我国的物证鉴定意见在法庭使用时不会准用证人证言,大陆法系国家对鉴定结论的规则设计准用证人证言。英美法系国家通常将专家意见视为证人证言,因此专家意见具有人证的特性。

其次,我国的物证鉴定意见具备形式上的要求。在这方面,我国与很多大陆法系国家的做法一致,大陆法系国家对鉴定报告大多有要式性的要求,需要准确、忠实地记载鉴定经过和鉴定结果。所以对鉴定结论是否值得信赖的探讨,主要从鉴定报告书的记载和法庭上对鉴定人的询问得出,包括鉴定的样材是否具有同一性、鉴定的过程是否严格执行了鉴定的统一标准等。[1] 我国鉴定的相关管理机关均出台了关于鉴定文书的规范,如司法部的《司法鉴定文书规范》、《公安机关鉴定规则》第48~55条、《人民检察鉴定规则》第20~23条。

最后,我国的物证鉴定意见不受直接言词规则的限制。我国没有将物证鉴定意见视为证人证言,因此不受直接言词规则的限制。鉴定人员出具鉴定意见书后,不意味着当然地出庭接受质证。根据相关法律的规定,法院认为鉴定人有必要出庭的,鉴定人应当出庭作证。经人民法院通知,鉴定人拒不出庭作证的,鉴定意见不得作为定案的根据。

第二节 物证鉴定意见的证据能力

物证鉴定意见作为证据的一种,对其证据能力的研究,有助于我们理解庭审中具体鉴定意见的证明力。证据能力,是指证据材料成为法律意义上的证据的资格或条件,是法律上可以采用的能力,解决的是证据材料之所以成为证据的问题。证据能力

---

〔1〕 陈卫东、李伟:“论鉴定结论的证据能力”,载《中国司法鉴定》2007年第5期。

也被称为证据资格，或证据的适格性。证据能力是大陆法系国家的称谓，英美法系国家一般称为证据的可采性。具体的物证鉴定意见不能当然地成为证据，需要具备一定的条件才可以作为证据使用。对物证鉴定意见证据能力的审查成为法庭使用物证鉴定意见的前提。通过对两大法系物证鉴定意见的考察，有助于我们更加理性地看待我国的物证鉴定意见的证据能力。

一、英美法系国家专家意见的证据可采性规则（证据能力规则）

（一）英美法系国家专家意见的证据可采性的一般规则

英美法系国家将专家意见归于证人证言类，因此关于证人证言可采性的一般规则适用于专家意见，如传闻证据规则。《美国联邦证据规则》(2015)第702条规定，如果证人因其知识、技术、经验、训练、或教育而成为专家，那么在下列情形下，他可以以意见或其他方式作证：(a)专家科学、技术或其他专门知识有助于事实审理者理解证据或确定争论事实；(b)该证言是建立在足够的事实或数据之上的；(c)该证言是可靠的原则和方法推导出来的；(d)专家确实在案件事实中适用了上述原则和方法。从美国专家的证言的一般规则可知，一般规则主要笼统地说明了专家意见的可采性的要件，包括专家意见的必要性、专家的主体适格性、专家意见的可靠性。专家主体的适格性在第六章已述，在此不再赘述。专家意见的可靠性在实务中很难评断，围绕专家意见的可靠性又相继出台了一系列具体的规则。

（二）英美法系国家专家意见的证据可采性的具体规则

专家证人之所以令人信赖，来自其证言所依据的专业知识，但是其所依赖的专业知识是否经得起实践的检验，使用的方法是否成熟可靠，这是英美法系国家在利用专家意见裁定案件事实时必须考虑的问题。“科学证据可能是误判的潜在原因”，[1]为此，英美法系国家需要对专家意见的证据可采性规则进一步细化，以避免陪审团被误导。

英国对专家证言的可采性的态度，总结相关案例可知：(1)如果专家证据意见清晰而又没有其他证据与之相左，陪审团应当接受；(2)然而如果专家证据不够明确，或者有与专家意见相抵触的证据，则陪审团可以拒绝接受。[2]

美国对专家意见的可采性上一直存在争议。从美国的Frye v. United States案建立的专家证据可采性标准，即“在专家能够以某种科学理论或技术为基础得出意见前，该项证据的提出者必须证明该理论或技术在其所属的特定领域中已经获得普遍的接受”。Frye案所建立的标准一度在美国掀起研究热潮，甚至出现了“‘Frye – ologist’这

〔1〕［英］麦高伟、杰弗里·威尔逊主编：《英国刑事司法程序》，姚永吉译，法律出版社2003年版，第233页。

〔2〕［英］理查德·梅著：《刑事证据》，王丽、李贵方等译，法律出版社2007年版，第217页。

个独特的术语,[1]已经被用来形容参与其中的人们”。美国有部分州奉行 Frye 案。Frye 案建立了这样一种规则,即对工具性科学知识法官需要进行审查,而对传统科学、软科学、非科学的专门知识则免于审查。1993 年的 Daubert 案所建立的专家意见可采性标准对 Frye 案形成的标准造成了冲击。Daubert 案认为,法官在专家证言可靠性上应当考虑如下几个因素:(1)形成专家证言所依靠的科学理论与科学方法是否建立在可检验的假设之上;(2)形成专家证言所使用的科学理论与科学方法是否与现有的专业出版物当中记载的原理相同;(3)有关理论的已知的或者潜在的错误率以及该理论现存的研究标准;(4)指导相关理论的方法论及研究方法为相关科学团体所接受的程度。Daubert 案甚至将法官对专家证言的审查范围扩大到所有的专家证言。目前 Daubert 案所建立的规则被更多的法院所接受。

二、大陆法系国家鉴定意见的证据能力

大陆法系国家对鉴定人实行登记入册管理制度,对鉴定人的资格实行严格审查制。基于此,大陆法系国家对鉴定意见的证据能力多无明确法律规定。如果鉴定人出庭接受质询,则将其视作证人,其所作的鉴定意见的证据能力等同证人证据能力标准;如果鉴定人无需出庭接受质询,则将鉴定意见视为书证,其证据能力等同书证的证据能力标准。[2] 综观大陆法系国家法官对鉴定意见证据能力的取舍,可知影响鉴定意见证据能力的因素如下。

(一)鉴定人资格

在法国,由法官任命相关名册中的专家鉴定人。根据《法国刑事诉讼法》第 157 条规定,专家应从最高院办公厅制作的全国专家名册中所列的自然人和法人中选取,或者从各上诉法院与总检察长商定提出的名册中选取。没有列入任何名册的专家每次接受鉴定时需要宣誓。

德国存在公职鉴定人员,一般法官从公职鉴定人员中任命鉴定人。根据《德国民事诉讼法》第 404 条规定,法官也可以建议双方当事人推荐鉴定人,只要双方当事人都同意,法官也可以任命专家。

可见,在法德两国鉴定人的资格主要由其他部门审核。

(二)鉴定的必要性

大陆法系国家对是否鉴定没有强制性规定,主要由法官或检察官决定。实务中一般是法官经当事人申请鉴定,并认为鉴定事项确属超出自己知识范畴的应委托鉴定。

(三)鉴定的关联性

鉴定的关联性,是指鉴定的意见与查明案件事实有一定的关联性。鉴定人员必须

---

〔1〕［美］Edward J. imwinkelried、王进喜、甄秦峰:“从过去 30 年美国使用专家证言的法律经历中应吸取的教训(上)”,载《证据科学》2007 年第 1 期。

〔2〕蔡墩铭:“鉴定之证据能力与证明力”,载王兆鹏主编:《“国立”台湾大学法学论丛》第 26 卷第 4 期,第 161 ~ 171 页。

按照法官委托的鉴定要求进行鉴定。法官的委托鉴定事项意味着鉴定意见与查明案件事实有关联性，如果不按照法官的委托要求进行鉴定，则鉴定意见与查明案件事实无关联性。另外，鉴定人需要依据法官提供的与案件有关的材料进行鉴定。例如，在文件检验中，法官需要向鉴定人告知检材和样本，对于参考样本需要特别向鉴定人解释，鉴定人不能超出委托的样本数量进行鉴定。

（四）鉴定的公正性

大陆法系国家的鉴定人员与法官一样适用回避制度，并且回避的条件基本一致。然而根据《德国刑事诉讼法》第 74 条第 1 款规定，鉴定人与鉴定证人有所不同，鉴定证人是目睹了案件发生的鉴定人员，既可以是证人又可以成为鉴定人。

三、我国鉴定意见的证据能力

我国的《刑事诉讼法》、《民事诉讼法》、《行政诉讼法》均将鉴定意见列为法定的证据种类，关于鉴定意见的证据能力已经有了较为明确地规定。相关的法律、法规对鉴定意见的取舍较为笼统且难以操作的年代已经过去了，如《刑事诉讼法》第 146 条规定："侦查机关应当将用作证据的鉴定意见告知犯罪嫌疑人、被害人。如果犯罪嫌疑人、被害人提出申请，可以补充鉴定或者重新鉴定。"虽然这一规定对犯罪嫌疑人、被害人提出申请的事项没有指明。但是最高人民法院《关于适用〈中华人民共和国刑事诉讼法〉的解释》第四章第五节专门对鉴定意见的审查与认定作了规定，其中第 85 条列举了 9 种情形下，鉴定意见不得作为定案的证据。最高人民检察院的《人民检察院刑事诉讼规则》规定："对于鉴定意见，检察人员应当进行审查，必要的时候，可以提出补充鉴定或者重新鉴定的意见，报检察长批准后进行补充鉴定或者重新鉴定。检察长也可以直接决定进行补充鉴定或者重新鉴定。"可见我国现阶段鉴定意见的证据能力的判断，虽然在法律层面上还主要是从程序方面进行规制，但相对之前的规定已显示出对鉴定意见证据能力判断方面的重视。

（一）实务中影响鉴定意见证据能力的因素

虽然法律层面对鉴定意见的证据能力规制不够完善，但并不妨碍实务中当事人对鉴定意见证据能力的质疑。众所周知，鉴定意见的重复鉴定问题也是实践中较为突出的问题之一，当事人往往利用法律对鉴定行为的规制，对鉴定意见的证据能力提出质疑，引发补充鉴定或重新鉴定。

1. 关于鉴定人的质疑

（1）针对鉴定人鉴定资质的质疑，《关于司法鉴定管理问题的决定》、《司法鉴定人登记管理办法》等均对鉴定人的鉴定资质作了严格的规定。当事人往往会从鉴定人执业类别与鉴定事项不匹配、鉴定人的执业证已届有效期但未申请继续执业等方面，对鉴定意见提出质疑，进而申请重新鉴定。

（2）要求鉴定人回避。目前我国大部分法院在确定鉴定机构时多采取抽签制或协商制，司法部也对鉴定机构及鉴定人员进行公示。当事人在确定鉴定机构时可行使自己的申请回避权，当然当事人也可以在出具鉴定意见之后行使申请回避权。这时会有一部分鉴定当事人从鉴定人应该回避的角度对鉴定意见提出质疑，达到申请重新鉴定的目的。

2. 关于鉴定程序的质疑

由于当事人及其代理人难以全面掌握鉴定涉及的技术知识，因此，其对鉴定意见的质疑，大多只能从程序及形式上提出。

（1）对鉴定意见书文书规范性的质疑，对鉴定意见书的文书规范性的质疑包括两方面：第一，对鉴定意见书格式的质疑。为了规范司法鉴定文书的质量，司法部出台了《司法鉴定文书规范》，对司法鉴定文书进行了规范，甚至附有司法鉴定文书范本。然而该司法鉴定文书范本，对刑事案件中的法医鉴定文书较为适用，故其他类司法鉴定的鉴定人在编制鉴定文书时，会在该范本的基础进行一定的删减，如文书类司法鉴定中"在场人员"项可删除。但有的当事人会认为，鉴定文书没有严格依据范本，所以申请重新鉴定。第二，对鉴定意见书文字性错误的质疑。鉴定人员在出具鉴定意见书时，由于疏忽大意，可能会导致鉴定意见书出现文字性错误。鉴定意见书的文字性错误中，有些文字性错误不影响检验认定事实的，属于笔误，如鉴定意见书将涉及的人、物的名称写错或出现错别字。有些文字性错误影响检验认定的事实，能够改变鉴定意见书主文的内容，如鉴定意见的分析部分持否定态度，但鉴定意见却是肯定性意见。有些当事人对文字性错误的性质不加区分，均要求重新鉴定。

（2）根据司法鉴定技术规范对鉴定意见书提出质疑。为规范司法鉴定的执业活动，自 2010 年起司法部已相继推荐适用了几十项司法鉴定技术规范，与物证技术相关的项目较多。虽然是推荐适用，但各鉴定机构在鉴定过程中大都依据该司法鉴定技术规范。当事人或其代理人对鉴定意见书存疑时，会越来越多指出鉴定文书与技术规范不符合之处，达到否定鉴定意见证据能力的目的。

（二）构建我国鉴定意见证据能力应考虑的因素

鉴定意见作为言词类证据，不具有当然的证据能力。由于出台关于鉴定意见证据能力的相关规定难度非常大，即使是法治发达的国家也没能力对鉴定意见的证据能力作系统规制。考虑到我国的现实，可以从加强鉴定人的执业监管、强化鉴定意见的质证等方面明确鉴定意见的证据能力。

1. 加强对鉴定人及鉴定过程监管

目前我国对鉴定人、鉴定机构资质的取得已有严格的规定，具体实施中也较为规范。然而对于能够有效监督具体要求鉴定人鉴定过程的鉴定技术规范，目前尚属推荐适用阶段，且仍有完善的空间。虽然《司法鉴定程序通则》第 23 条规定了鉴定人鉴定应遵守和采用的技术标准、技术规范和技术方法，但是目前尚无强制性的技术标准和技术规范，不利于对鉴定意见证据能力的评价。尤其是一些复杂、难度较大的鉴定项目，个别鉴定机构投入了大量的科研工作，发现了行之有效的鉴定方法，显然鉴定机构会对其采取保密措施。如果没有相关监管部门的介入,那么对由该鉴定方法得出的鉴定意见证据能力的评价陷入两难境地。因此,相关部门应考虑,在认可其价值和实用性后,承认其技术秘密地位。既鼓励研发,又有利于对相关鉴定意见证据能力进行评价。

2. 完善鉴定人的出庭接受质询制度

完善鉴定人的出庭制度不意味着鉴定人必须出庭。只有在当事人对鉴定意见书有异议,法官经过审查,认为当事人对鉴定意见书的异议需要专业解答时,鉴定人在庭上的解答有助于法庭对鉴定意见证据能力的判断,鉴定人才需出庭。目前实务界存在一种错误认识,即认为鉴定人在出具鉴定书后必须出庭。甚至当事人没有申请出庭,法官也会让鉴定人出庭,在庭上双方当事人对鉴定意见书均没有异议,法官自己也无需鉴定人解释,鉴定人一句话没说直接退庭,这不能不说是对鉴定资源的浪费。

法官在审查当事人要求鉴定人出庭的申请时,必须要求申请人对鉴定意见书提出明确的异议,如对鉴定意见不服,应提出"合法依据和合理的理由"。鉴定人员在法庭上应尽量向法庭释明,其内容包括但不限于鉴定所使用的仪器、设备,鉴定所依据的技术标准和技术规范,检验发现的特征以及特征的价值等。

3. 明确鉴定意见书的补正制度

明确鉴定意见书中属于笔误的部分可以通过《情况说明》等方式补正。所谓笔误,借用最高人民法院《关于适用〈中华人民共和国民事诉讼法〉若干问题的意见》的定义,是指"法律文书误写、误算,诉讼费用漏写、误算和其他笔误"。这些笔误由疏忽大意造成,但对检验事实、鉴定意见不构成影响,鉴定意见仍具备证据能力。如果鉴定意见书对鉴定分析、鉴定意见的描述出现矛盾,则会妨碍裁判人员对鉴定意见的使用。属于《司法鉴定程序通则》第 31 条第 4 项、第 5 项"办案机关认为需要重新鉴定的"和"法律规定的其他情形",法庭应允许重新鉴定。

思考习题

1. 如何理解物证鉴定意见的概念?
2. 英美法系专家意见的特点有哪些?
3. 英美法系专家意见的可采性规则包括哪些方面?
4. 影响大陆法系国家物证鉴定意见的证据能力的因素有哪些?
5. 构建我国物证鉴定意见证据能力需考虑的因素有哪些?

拓展阅读书目

1.《法国刑事诉讼法典》,余叔通、谢朝华译,中国政法大学出版社 1997 年版。
2. 黄维智著:《鉴定证据制度研究》,中国检察出版社 2006 年版。
3. [英]理查德·梅著:《刑事证据》,王丽等译,法律出版社 2007 年版。

4. [美]乔恩·R. 华尔兹著:《刑事证据大全》,何家弘等译,中国人民公安大学出版社 2004 年版。

5. 何家弘编著:《外国犯罪侦查制度》,中国人民大学出版社 1995 年版。

6. [英]麦高伟、杰弗里·威尔逊主编:《英国刑事司法程序》,姚永吉译,法律出版社 2003 年版。

第十一章　形象痕迹检验概述

本章概要

本章主要介绍形象痕迹的概念、种类和形成机理等基本理论，痕迹检验的方法及检验鉴定的方法程序，痕迹检验中的同一认定理论。

通过本章学习，必须掌握构成形象痕迹的三个基本要素，形象痕迹检验中的同一认定理论，同时了解检验鉴定的步骤和方法。

关键词

形象痕迹；同一认定

第一节　形象痕迹的概念与分类

一、形象痕迹的概念

形象痕迹，是指两个客体在相互接触作用过程中形成并保留下来的反映形象。这个反映形象所反映的内涵，既可能是留痕客体的外部形态结构，也可能是留痕客体作用力特性的形态化，还可能是承载客体自身固有的形态与结构特性（整体分离痕迹）。痕迹检验中常把形象痕迹简称为痕迹。检验这种痕迹可以解决同一认定问题，即现场犯罪痕迹是何人、何物所留的问题。

二、痕迹对于侦查工作的意义

（一）判断犯罪的实施过程及具体情节

案件发生以后，通过勘查人员对现场痕迹的勘验，可以初步判定案件的性质和犯罪实施的具体过程。例如，现场获取的尸块、血迹、凶器等痕迹，可以判明所勘查的现场发生凶杀犯罪的过程；银行门窗破坏痕迹、保险柜撬压痕迹等可以证明所勘查的现场发生了盗窃犯罪的事实，反映盗窃人的作案手段。

（二）提供侦查方向、线索，划定范围

作案人在犯罪现场往往遗留有较多的痕迹，如手印、足迹、工具痕迹等。通过发现、提取并分析作案人遗留在现场的痕迹，可以推断出有关作案人的详细信息。例如，通过分析作案人遗留在现场的工具痕迹特征以及犯罪工具种类，可以推断出作案人使用工具的熟练程度以及职业特征等信息；通过分析作案人遗留在现场的足迹，可以推断作案人的性别、年龄、身高、步行姿态、腿脚是否有残疾、疾病等个体信息。分析作案人的人身特点，可以为侦查工作的开展提供方向和线索，划定侦查范围。

（三）可以为串并案件提供可靠依据

通过对多起案件中的痕迹进行分析，如存在稳定的相似特征，可以为串并案提供依据。例如，对于连续发生的多起盗窃电缆案件中提取到的痕迹进行分析，判断这些案件的作案手段是否存在稳定的特征，从而为串并案提供依据，有助于确定案件侦查方向，缩小侦查范围。

（四）是证明犯罪事实、揭露犯罪人的重要证据

现场勘查获取的痕迹、物证，有时需要进一步检验与鉴定。运用同一认定的理论，可以在鉴定的基础上，利用现场痕迹认定作案人与作案工具，成为证明犯罪事实、揭露犯罪人的重要证据。例如，对于现场遗留的手印、赤脚印、唾液等进行鉴定，可以直接认定遗留痕迹、物证的人；对于现场遗留的工具痕迹、枪弹痕迹等进行鉴定，则可以直接认定形成痕迹的工具。

（五）痕迹可以建档储存，为侦破现行案件提供查询线索和证据资料

如我国现在已建立较完备的指纹资料数据库。将案发现场获取的指纹通过指纹数据库的比对检验，可以直接找出犯罪嫌疑人。

三、痕迹形成的基本要素

立体痕迹的形成必须具备三个基本要素：造型客体、承受客体、作用力。平面痕迹的形成必须具备四个基本要素：造型客体、承受客体、作用力、中介质。

（一）造痕客体

亦称造痕体、造型客体，是指两个客体相互接触、作用并形成痕迹的过程中，在其他物体表面留下自身表面结构形态特征的物体。即形成痕迹的主体，没有造型体也就没有形象痕迹。造型客体可以是人体的局部，也可以是物体，如手指、手掌、脚掌、鞋底、工具、车轮等。造型客体本身的形状、体积、硬度、弹塑性及分泌、吸附能力，可直接影响反映形象痕迹的特征反映。

形成形象痕迹的造型体，应当具有比较稳定的形状、体积和硬度。符合这一特性的都属固体物。各种固体的软硬程度不同。造型体的硬度一般应大于痕迹的载体。有时候，造型体的硬度虽不如载体，但在造型体的表面有一层物质附着，在这种情况下，当造型体和另一客体相接触时也能留下自己的印痕。例如，人的手掌与玻璃、瓷器、光滑金属等较坚硬物面接触时，可留下汗液指纹。

（二）承痕客体

亦称承痕体、承受客体，是在痕迹形成时反映造痕客体特性并承载痕迹形象的客体。又称载体，即留有痕迹的客体。各种物体的表面，以及人体皮肤表面，都可以作为痕迹的载体。承痕客体的密度、硬度、塑性、表面光洁度、表面干湿度等也会影响客体对造痕客体外表形象特征的反映程度。

不同的承受体具有不同的性质，在不同性质的承受体上形成形象痕迹的情况也不相同。其一，有些客体具有可塑性。在这类客体上造型体可以形成有立体感的凹陷痕迹。如果承受体没有可塑性，也就形不成立体痕迹，但可能形成平面痕迹。可塑性能把造型体接触面的外表结构特点清楚地反映出来并保存下来。其二，有些客体具有渗透性。渗透性是指某些属于纤维质的承受体具有能使造型体上的汗脂物质渗入的性质。在有渗透性的客体上能形成平面加层痕迹，并能把指纹保存下来。据有关文献记载，汗液渗入纸张的指纹，在良好条件下保存，很多年后还能被显现出来。其三，有些客体表面平滑对细小物质具有吸附性。在这类承受体上能够形成比较清楚的平面加层痕迹，如手指接触玻璃或电镀金属表面，会形成清晰的汗液或灰尘指印，脚踩在油漆地板上会形成清晰的加层尘土脚印。

承受体表面的物质结构和造型体相比应当较细腻，这与痕迹的清晰度有直接的联系，承受体表面越细腻，痕迹就越清楚。

（三）作用力

指加载于承痕客体的载荷。作用力使造痕客体与承受客体在接触中产生相互作用，这种作用或改变了物体的运动状态，或改变了物体的局部形状，形成痕迹。没有作用力就不会形成能反映造型体接触面结构特点的形象痕迹。作用力的大小、方向和角度以及作用力的分布面积与作用方式等因素都会对痕迹的形态和特征反映产生影响。作用力的大小与形象痕迹的深浅、粗细、明显程度具有直接的联系。作用力的方向、角度对形成痕迹的形状和特征也有密切的关系。

（四）介质

又称中介质，是形成平面痕迹的必需物质。平面痕迹是造型客体与承受客体在接触过程中，附着其表面的一些物质发生转移，从而形成痕迹。中介质在造痕体与承痕体之间转移的方向决定了平面痕迹加层、减层性质。中介质本身的物质成分、密度、黏度、色调等直接影响痕迹的形成及特征反映。

四、痕迹的分类

（一）依据痕迹的自身表现形式分类

1. 立体痕迹与平面痕迹

立体痕迹，是指在外力的作用下，造痕客体破坏承痕客体的表面结构，在该接触范围内出现塑性形变而形成的痕迹。形成立体痕迹需要具备以下条件：第一，造型体的硬度要大于承受体的硬度，否则无法突破承受体表面结构，也就不可能形成立体痕迹。

第二,承受体必需具有一定的可塑性,可塑性越强,痕迹就越清晰。第三,作用力大小适当。

平面痕迹,是指在造痕客体作用于承痕客体时,并不破坏承痕体的表面结构,而是在接触面上发生介质的转移而形成的痕迹。平面痕迹根据介质转移的方向,又分为平面加层痕迹和平面减层痕迹。平面加层痕迹是由于造型体接触面附着的一层物质带到承受体表面而形成的痕迹,如汗垢指印、血手印、尘土脚印等。平面减层痕迹是在造型体与承受体接触时,由于承受体表面附着薄薄一层细微物被造型体带走而形成的痕迹,如手指触及落满灰尘的玻璃板而在玻璃板上形成的尘土指印等。

2. 显在痕迹与潜在痕迹

显在痕迹,是指不需借助其他方法和仪器,直接凭肉眼可以观察到的痕迹,如立体痕迹、与承受客体有明显反差的平面痕迹。

潜在痕迹,是指无法凭肉眼直接观察到,必须借助于仪器或特殊方法予以显现才能看到的痕迹,如无色汗液手印。

3. 静态痕迹与动态痕迹

静态痕迹,是指造痕客体与承痕客体在接触作用过程中,接触部位不发生相对位移,痕迹直接反映造痕体局部原有形态的特点。静态痕迹一般比较完整、清晰,有时候痕底、痕壁的特征也能得到较明显反映,常见的指印、足迹、工具撬压痕迹、车轮滚动痕迹等都是静态痕迹。

动态痕迹,是指造痕客体与承痕客体在接触作用过程中,接触部位发生相对位移(滑动),造痕体表面的点状特征滑动成线状反映,故又称"线状痕迹"。常见的擦划痕迹,剪切痕迹,锯、锉、钻痕迹,车轮刹车痕迹,弹头上来复线痕迹都属于动态痕迹。

(二)依据造痕客体的类别分类

1. 人体痕迹。或称人的痕迹,是由人体的某个部位留下的痕迹,如手印、赤足迹、牙印、耳纹、唇纹、毛发、血迹、精斑、唾液、粪便等。手印、足迹、牙印、耳纹、唇纹等痕迹的形成必须符合造型体、承受体以及作用力三要素,属于反映形象痕迹。其中手印、足迹在在犯罪现场中的出现频率极高。

2. 物体痕迹。或称械具痕迹,是由某个物体局部留下的痕迹,如工具痕迹、枪弹痕迹、车辆痕迹以及整体分离痕迹等。工具痕迹在各类犯罪现场中出现频率极高,特别是盗窃现场中几乎都有工具痕迹存在。枪弹痕迹主要集中在涉枪类案件中,主要由枪痕、弹痕以及射击附带痕迹三部分组成。车辆痕迹在驾车肇事逃逸案件最为常见。其他性质的案件,如盗窃机动车辆案件中有时也会出现车辆痕迹。

(三)依据痕迹特征所反映的内涵分类

1. 外部形象痕迹。痕迹特征反映的是造痕客体局部的外表形态结构特点。常见的工具痕迹有撬压凹陷痕迹、打击凹陷痕迹、剪切线形痕迹以及擦划线性痕迹等。

2. 动作习惯痕迹。即在痕迹形象中反映出来的人或动物动作习惯特点,如足迹反映出来的人的步幅特征、行走特点等。

3. 整体分离痕迹。某一完整的客体被分离成若干部分，在分离缘上保留下来的，互为衔接吻合的形态。整体分离痕迹按分离的状态，可以分为断离痕迹以及脱离痕迹两类。案件侦查中，整体分离痕迹对查明事实真相具有一定的证据价值。

第二节 痕迹检验的理论与方法

一、痕迹检验

（一）痕迹检验的概念

痕迹检验是刑事科学技术科学的一部分，是运用本门学科的专门理论和方法检验案件中的痕迹，确定痕迹与案件的事实，痕迹与一定人或物的关系的一门科学技术与司法鉴定工作。通常将痕迹检验简称为"痕检"。

（二）痕迹检验的对象

痕迹检验的对象是案件现场上，犯罪行为所遗留下来的各种形象痕迹。例如：犯罪活动中触摸客体遗留的手印；在现场行走过程中遗留的足迹；破坏或侵害客体时留下的工具痕迹；枪支射击出现的枪弹痕迹；以及牙齿痕迹、纺织品痕迹、牲畜蹄迹、车轮痕迹、开破锁痕迹、整体分离痕迹、玻璃破碎痕迹等特殊痕迹。

二、发现、显现、提取及固定痕迹

（一）寻找发现现场痕迹的重点部位

现场痕迹应着重从以下地点寻找：

（1）在犯罪活动的中心现场与相关地点寻找。犯罪活动的中心现场往往是犯罪目的物的所在之处，是犯罪嫌疑人实施犯罪行为的主要地点，在翻动、毁坏、移动物体的过程中，不可避免地会在相关客体上留下各种痕迹，因此，应着重在犯罪活动的中心现场及相关地点寻找现场痕迹。

（2）在受破坏（侵害）的客体上寻找。无论是物体或人体，在受到破坏或侵害时，都会在相应部位留下痕迹，由此反映出破坏或侵害的方式，如用械具撬压门锁，会在相应部位留下撬压痕迹。因此，应注意在受破坏或受侵害的客体上寻找现场痕迹。

（3）在犯罪嫌疑人使用的工具器械上寻找。犯罪嫌疑人使用或接触过的器械，会留下犯罪嫌疑人的手印等相关痕迹，因此，要努力寻找这些器械，从而发现其上的相关痕迹。

（4）在犯罪嫌疑人的遗留物上寻找。现场中心及附近可能会存在犯罪嫌疑人的遗留物，若发现遗留物则应立即提取，并注意发现其上是否有犯罪嫌疑人的相关痕迹。

（5）在犯罪嫌疑人来往行走路线上寻找。在来往的路线上，犯罪嫌疑人往往会放松警惕留下相关痕迹，如用手触摸相关障碍物，则会留下手印；遗弃作案工具，则可提取原物，以发现痕迹；在必经路线上，则会留下足迹。因此，要注意确定犯罪嫌疑人的来往路线，以发现相关痕迹。

（二）发现痕迹的方法

1. 直接观察发现痕迹

对于立体痕迹和平面有色痕迹，用肉眼在普通光照下仔细观察即可。对于透明物体或有光泽物体表面的，也可通过不断调整视线的方向、角度观察无色痕迹。

2. 特殊光源检验发现痕迹

对于不能用肉眼直接观察到的光滑或有光泽的非渗透性客体表面的痕迹，可借助紫外灯、多波段光源、紫外观察系统、激光器等设备进行观察，以便发现甚至显现出潜在的痕迹。

（三）显现痕迹的方法

有一些痕迹是潜在的或直接观察不到的，需要采取某项技术措施使其显现或增加反差。显现痕迹的手段主要可归为两大类。

1. 物理的方法

在不改变痕迹物质成分的前提下，增加痕迹色差而使其显现的方法。主要有附着法、镀膜法、光致荧光法和不可见光摄像法。

2. 化学的方法

通过化学反应的方法改变痕迹物质的成分和化学性质，使其显色的方法。主要有颜色反应法和沉淀反应法。现场痕迹有时需要综合运用多种方法才能显现出来。因此，发现、显现痕迹应本着先无损、后有损，先选用对痕迹物质破坏小的方法、后选用对痕迹物质破坏大的方法的原则。基本的发现、显现痕迹的程序是：光学检验法、其他物理显现法、化学显现法顺序应用。

（四）提取固定痕迹的方法

1. 转移法，是将痕迹物质转移到专门载体上的方法。如用透明胶带将粉末显现的汗液指纹从承痕体上转移到白色或黑色硬纸背上。

2. 制模法，通常用石膏液、硅橡胶或牙科打样膏灌入立体的痕迹中，制作立体痕迹模型。

3. 复印法，常用于粉尘形成的痕迹提取。如用静电吸附的方法提取粉尘足迹。

4. 原物提取法，凡是体积较小，载体和痕迹不易变形损坏的，尽量提取原物，可以更全面地保存痕迹原貌特征。

5. 照相法，对所有痕迹都普遍、必须采用的方法，它既是提取痕迹的方法，也是固定痕迹的方法，而且又是在采取其他方法之前必须先行采取的保险措施。

三、常用的痕迹检验仪器

研究细小的痕迹或痕迹的微观形态、结构时，单靠眼睛的直观不易分辨，往往要借助一些工具或仪器。痕迹检验领域中常用工具和仪器有以下几种：

(1)放大镜，是用来观察物体微小细节特征的简单目视光学器件，是检验中最常用的工具。

(2)立体显微镜，是在观察物体时能产生正立的三维空间影像、具有较强立体感的显微镜。在痕迹检验中，常用于检验细小客体的外观形态。

(3)比较显微镜，是指能够通过同一个目镜同时观察左右两个显微镜下被检物体的仪器。在枪弹痕迹检验中，常用于线痕的对接。

(4)荧光显微镜，是以紫外线为光源，用以照射被检物体使之发出荧光，然后在显微镜下观察物体的形状及其所在位置的仪器。

(5)金相显微镜，是对物质的显微组织、断口组织进行观察、分析的显微镜。在痕迹检验中，可利用金相显微镜分析金属内容结构特征。

(6)电子显微镜，是利用电子来展示被检物体内部或表面性状的显微镜。在痕迹检验中，可用于观察微小客体的结构特征。

第三节　痕迹检验中的同一认定理论

一、痕检中的同一与同一认定

"同一"是指事物同其自身相一致，即同一是客体的自身同一。痕迹检验中的同一是指造型客体自身的同一。同一认定是通过发现、比较和评断被比较客体(受审查客体与被寻找客体)的特性，查明二者是否同一的检验过程。它是刑事科学技术鉴定中的一种基本理论和方法。同一认定的任务是证实留下痕迹的客体是不是某个嫌疑客体。

二、同一认定的主体

在痕迹检验过程中，同一认定的主体是指从事痕检鉴定工作的人员。根据有关法律、法规规定，痕检鉴定员应具有的条件是：(1)具有从事痕迹检验工作的专业知识，首先是自身的专业水平和工作能力，能胜任痕检鉴定工作；(2)必须经主管部门批准，接受侦查或司法机关的委聘，获得痕迹鉴定的合法权利。

痕检鉴定员是权利与义务的统一体，痕检鉴定员具有的权利是：(1)有权了解案情、查阅有关案卷，必要时可以勘验现场和进行侦查实验；(2)有权要求补充检材和样本，了解检材和样本提取保管和运送过程；(3)根据检材和样本条件，修改和补充鉴定项目与要求；(4)在不具备鉴定条件时有权拒绝委托；(5)独立从事鉴定活动，不受非法干涉。

痕检鉴定员应该履行的义务是：(1)对接受委托的案件应及时检验，提出鉴定意见;(2)应公正、客观地进行检验鉴定,不得作虚假结论;(3)应妥善保管送检材料,鉴定后及时发还委托单位,倘若必须消耗检材时,应事先通知送检单位并做出说明;(4)根据审判需要和法院要求,出庭就鉴定中的问题予以说明和解释。

三、同一认定的客体

客体是与主体相对而言的,是指被检验的对象。痕检同一认定的客体分为被寻找客体、受审查客体、供同一认定客体、被同一认定客体。

(一)被寻找客体

被寻找客体,又称被查找客体,是指在现场勘查阶段,在犯罪现场留下犯罪痕迹的人或物。如犯罪人、犯罪工具等。在同一认定的检验过程中,被寻找客体是未知的,对它的特性的分析研究是通过它的反映形象来进行的。通过检验,未知的被寻找客体与已知的受审查客体被查明为同一客体,得出同一认定的结论后,被寻找客体与受审查客体则被称为"被认定同一客体"。

(二)受审查客体

受审查客体,是指在案件侦查阶段,查找到的可能留下犯罪痕迹的嫌疑人或嫌疑物。如被怀疑留下犯罪指印的嫌疑人或搜查到的可疑工具。在检验中,对受审查客体特性的认识,既可通过检验客体本身解决,也可通过检验该客体的反映形象解决。

(三)供同一认定客体

供同一认定客体,是指被寻找客体遗留的犯罪痕迹与受审查客体的反映形象,即现场痕迹与样本痕迹。因为这些反映形象反映的是被认定同一客体的特性,在同一认定中具有专供分析研究被认定同一客体特性的意义,因而被称为"供同一认定客体"。检验鉴定过程,要正确地寻找、分析、利用现场痕迹的各种特征,正确地采集样本或按要求制作实验样本,通过检验现场痕迹与样本痕迹,即检验供同一认定客体,才能做好鉴定工作。

(四)被同一认定客体

被同一认定客体,是指经过鉴定而认定的留下现场痕迹的人或物,是同一认定过程中的"被寻找客体"和"受审查客体"的合称。在做出同一认定结论之前的整个检验过程中,被认定同一客体都被作为互相比较的两个客体对待,其意义在于:(1)不至于把供比较的反映形象同所要认定的对象混淆;(2)被寻找客体和受审查客体具有不同的诉讼本质,前者具有确定的证据意义,后者只有根据同一认定才能确定其证据意义;(3)有助于更客观地寻找和比较二者的异同点,作出正确的评价和科学的解释。

四、同一认定的科学依据

(一)被同一认定客体的特定性是同一认定的客观基础

同一认定的客体,无论是人还是物,作为种类关系有不同程度的共性,但作为个体来讲,又是互不相同的。在同一认定时,客体的特定性通过特征表现出来,如笔迹特征可以反映某人的书写习惯,步幅步态特征可以反映某人的行走姿势等。这种通过特征所表现的特定性，为同一认定提供了鉴别依据，是同一认定的客观基础。

（二）被同一认定客体的稳定性是同一认定的基本条件

客体的稳定性，是指在一定时期内，客体能保持其特性或基本特征不变，维系其自身同一的属性。尽管世界上的万事万物都处在不停的运动与变化中，但在一定时间内，又能保持其处于相对静止的状态，即稳定性。如人的指纹从生到死，其花纹类型和基本特征终身不变；人的书写习惯一旦形成就能在相当长的时间内不发生大的变化。客体的这种稳定性，是同一认定的基本条件。

（三）供同一认定客体的反映性是同一认定的保证条件

同一认定的客体是客观存在的物质。物质的哲学定义是具有能动的反映性，即能为人们所认识。在正常情况下，它能客观真实地反映其本质，即使在被改变的情况下，也能以曲折的形式反映其本质。如伪装笔迹，从表面上看不像是作案人书写的，但是认真分析就会发现，由于书写动力定型的自主性和能动性的作用，在作案人注意不到和控制不严的地方，还是反映了作案人的书写习惯，从而为同一认定提供了物质基础，是同一认定的保证条件。

第四节　痕迹检验鉴定的一般步骤

受理鉴定后，根据具体的检验对象和鉴定要求，采用科学的方法、手段进行检验并做出鉴定结论。痕迹检验鉴定的一般步骤为：预备检验；分别检验；比较检验；综合评断；得出结论并制作鉴定书。

一、预备检验

预备检验是指在正式检验前要做的准备工作。一般要做好拟定检验方案、准备检验材料与器材两项准备工作。

二、分别检验

分别检验是通过观察，分别发现和研究现场痕迹与样本（品）痕迹的形成条件和变化，并由此认识它们所反映的被同一认定客体特征的过程。在检验中，一般是先研究现场痕迹的形成条件以及所反映的被寻找客体特性的范围和真实程度，初步分析和选择确定那些清晰、稳定、可靠的特征，以供比较检验。再研究样本（品）痕迹是否真实、可靠，反映受审查客体特性的方式、范围是否具有充分可比性，并选择那些稳定、可靠的特征供比较。如条件不足，应通知委托单位重新或补充收集样本（品）。分别检验是同一认定的基础性环节，是取得感性认识的阶段。

三、比较检验

比较检验又称比对检验，是在分别检验的基础上对检材痕迹和样本（品）痕迹的特征逐一进行比较，充分揭示两者所反映的被同一认定客体特征异同的过程。根据同一认定客体的性状，可分别选取物证和样本所反映的特征，通过对比确定特征异同；也可采用测量、拼接、画线、重叠、并列对比等方法发现两者的异同点。比较检验的目的是在比较的基础上，发现两类痕迹特征的相同点与差异点，为进行综合评断做准备。

（一）比较检验的内容和顺序

现场痕迹与嫌疑样本痕迹两者间的总体类型，相互间对应特征的形态、大小、位置、相互关系等。先比对一般（种类）特征，再比对个别特征。比对时，如两者种类特征完全不符，即可否定。如果一般特征相符，则需进一步对个别特征进行比对，直至全部特征的总体比对。

（二）比对检验的方法

1. 直接观察法

直接观察法是运用刑事科学技术的理论和实践经验，采取直接观察的方式，从宏观角度研究物证的特点及其与外界环境之间的练习的方法。例如，为研究作案人的步法习惯，对足迹中的蹬、磕、压等痕迹的观察；为把握作案人的笔迹特征，对物证笔迹中有规律的现象的观察；为推断死亡时间，对尸体现象的全面观察等。

2. 图像比对法

表 11－1 痕迹检验鉴定图像比对法的一般步骤

方法	内容
（1）并列比对	将相比较的图像并列置于同视野内相互对照，逐区、逐点地比对
（2）拼接比对	主要借助有图像拼接功能的投影比对仪或比较显微镜等仪器，通过对痕迹图像进行拼接，或者用同倍数的图像照片或复印件进行拼接，观察特征是否吻合
（3）重叠比对	将相同比例的透明或半透明的痕迹图像叠放在一起，在透光下观察和比较两个图像的重合状况。也可用有图像重合投影功能的比较显微镜、投影比对仪等对各种图像进行重叠比对。还可用拍摄或仔细描摹的痕迹图像透明胶片，直接置于痕迹样本上进行重叠比对
（4）测量比对	测量相比较的两个图像所共同具有的任意两点间的距离、线条本身的倾斜角度和线条之间的夹角大小，并对比其数值的异同

四、综合评断得出结论

综合评断是对经过比较检验所发现的符合点和差异点进行全面的分析与判断，并作认真的科学论证，最后依此作出鉴定结论的过程。

（一）差异点的评断

差异点是指现场痕迹与样本痕迹两者特征的不相符之处，多指个别特征的不相符之处。差异有本质差异与非本质差异两种可能。本质差异是指两个客体之间存在的必然的、内在的区别。非本质差异是指同一客体自身变化或痕迹与样本的形成条件不同产生的差别，其来源有：第一，客体自身演变形成的差异；第二，形成条件不同造成的差异；第三，因样本反映不充分形成的差异；第四，作案人故意伪装形成的差异；第五，显现、提取痕迹时形成的差异。

经过上述分析、验证，如果差异点不符合以上变化规律，或采用上述验证手段也不能证实其属于非本质差异，则很可能是本质差异，还可通过与符合点的综合权衡作最后确认。

（二）符合点的评断

对于比较检验中发现的符合点，要从分析其稳定性与特定性两方面进行评断。首先，根据现场痕迹和样本两种痕迹中相同特征的形态、位置、清晰度及多个痕迹中的再现率，确定特征的稳定性。然后，分析各符合特征的质量或价值，以确定是否本质符合。

（1）本质符合是指痕迹与样本两者特征的总和是必然的实质的相同，且构成了特定性。当作出痕迹与样本是本质符合的评断结果时，可作出同一认定结论。

（2）非本质符合是指两客体形象所反映的某些特征相同点属偶合，无必然的、实质的内在联系。非本质符合一般是某些特征的相似或偶合，似乎符合，但又有难以解释的差异，有时差异点还占主导地位。存在非本质的符合，则要作出否定的结论。

五、制作痕检鉴定书

鉴定结论的物质载体是鉴定书，它是记录鉴定的检验过程与结论的法律文书。鉴定书由文字和照片两部分组成。

文字部分包括绪论、检验、论证和结论四部分。照片部分既辅助说明文字，又提供审核时与文字相互印证的内容，包括痕迹所在部位照片、痕迹和受检材料（或实验样本）的全貌照片、痕迹比对照片等。

规范的痕迹鉴定书，应该是文字在前，照片在后。首页为封面，印有痕迹鉴定书的字样，下面是鉴定单位以及公安局落款。封面背面是目录，标注文字部分页数、照片部分页数及共计页数。在文字叙述部分上方写明“××痕迹鉴定书”及编号、制作日期。文字内容叙述完后，应由鉴定人、复核人签名，注明专业技术职务（其中复核人的专业技术职务至少不低于鉴定人的技术职务），写明鉴定日期并加盖鉴定单位的刑事科学技术鉴定专用章。

思考习题

1. 痕迹对于侦查工作有哪些意义？
2. 为何可利用形象痕迹进行造痕体的同一种类认定？
3. 痕迹鉴定人的权利与义务有哪些？
4. 制作痕迹鉴定书需要注意哪些问题？

拓展阅读书目

1. 王彦吉主编:《刑事技术学教程》,中国人民公安大学出版社 2006 年版。
2. 张书杰主编:《痕迹检验学》,中国人民公安大学出版社 2007 年版。

第十二章　手印检验技术

本章概要

本章主要介绍了手印检验的历史及科学基础、手印的勘验、手印的检验以及手印的自动化识别系统。

通过本章的学习，应当掌握手印检验的历史、手纹的基本形态和结构、手印的勘验方法、手印检验的程序以及手印自动化识别系统的应用。

关键词

乳突纹线；手印的勘验；手印的检验；手印自动化识别系统

第一节　手印检验的概述

一、手印检验的历史追溯

手印检验作为法庭科学的组成部分，其对事实发现所起到的重要作用已为世人所认可。虽然指印的利用古已有之，但现代指印检验技术的历史并不长。

（一）现代指纹学产生前手印的应用历史

中国古代已将手印应用于人身识别。世界上有记录可查的最早将手印应用于人身识别的时期是中国的秦代。唐宋时期的文字记载也表明了时人对手印作为人身识别的工具有较为深入的认识。

据考证，秦简《封诊式·穴盗》简载有房中和洞内外土上有膝部和手迹6处，表明当时已把手迹作为现场勘察的证据之一了。[1]《封诊式》中的记载是现有记录中最早对手印在诉讼中作用的记载。后期唐宋年间大量的文献记载表明，手印在诉讼中具有人身识别的作用。我国新疆维吾尔自治区吐鲁番阿斯塔那左憧熹墓（编号：64TAM）

---

〔1〕 赵向欣、张秉伦："手纹在中国古代诉讼中的应用"，载《现代法学》1982年第4期。

出土了几件唐代文书契约，每张契约上都明文写道："两和立契，画指为信"，或"两和立契，按指为信"，或"官有政法，人从私契，两和立契，画指为信"等，而且在每张契约落款处，当事人、保人、知见人还在自己名下画上指印。这些指印都是将手指平放纸上，画下手指3个指节间的距离作为信验的。[1] 签押是宋代契约成立的必要条件，且不可委托他人代为签押。《名公书判清明集》莫世明案中写道："然据莫如江款词内声说，昨来交易之日，托相识周祐代作莫如山名字批押。且人之交易，不能亲书契字，而令人代书者，盖有之矣。至于着押，最关利害，岂容他人代书也哉？"

古代中国对指纹的应用随着文化和贸易的交流对日本、朝鲜等东亚国家产生了影响。而且不仅是东亚国家，南亚的印度也对在文件上捺印指印产生了兴趣。据记载，公元1637年沙贾汗（Shah Jahan）和阿迪尔汗（Adil Khan）联军打败了浦那（Pona）的统治者夏胡吉·波萨利，夏胡吉被迫在和平条约上签下自己的手印。这应是印度关于指印应用的最早记载，然而学者们仍然认为，此时夏胡吉在重要文件上捺印指印的做法受中国的影响，并且区别于中国，印度人的做法更多的是皇室的仪式。中国、日本、印度等国对指印在人身识别方面的应用早于欧洲。[2]

（二）现代指纹鉴定学最初在欧洲的建立与发展

现代指纹鉴定的历史始于19世纪晚期，应身份识别机构准确保存个体识别记录（非根据人名记录，而是身体特征记录）的需求而产生。现代指纹鉴定学的产生是诸多研究者经过两三个世纪的不断研究最终建立起来的。

1. 解剖学对现代指纹学的建立奠定了基础

（1）解剖学家最早开始观察研究手指的脊纹、汗孔及其结构

最早对指纹展开科学研究的是解剖学家。被誉为"植物解剖学之父"的英国植物解剖学和生理学家内赫迈亚·格鲁被认为是第一位描述手足的小脊、犁沟和汗孔的人。1684年内赫迈亚·格鲁在他的论文《手足汗孔的描述与应用》中[3]认为，人的手上有无数等大等间距平行排列的小脊，尤其是在手指的末端和手指的第一关节处。在第一指节的球形部位表面，拇指根部和手腕上部，这些小脊有规律地排列成球面三角形和椭圆形。在小脊上还有肉眼可见的等大小气孔。

---

[1] 赵向欣、张秉伦："手纹在中国古代诉讼中的应用"，载《现代法学》1982年第4期。

[2] Jeffery G. Barnes, "History"，资料来源 http://www.ncjrs.gov/pdffiles1/nij/225321.pdf。

[3] Nehemiah Grew, "The descritption and use of the pores in the skin of hands and feet", *Philosophical Transaction*, 1684.

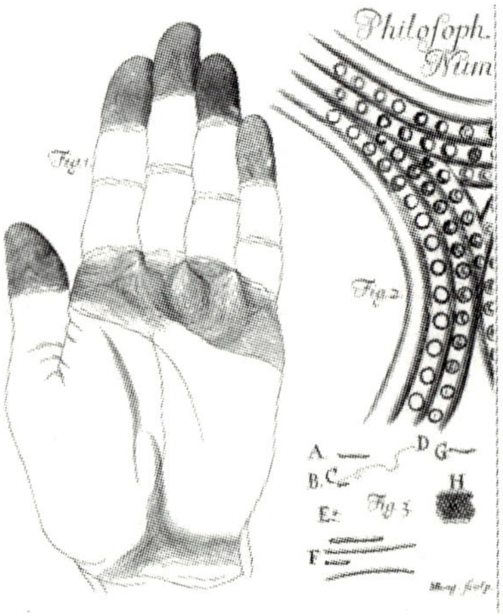

图 12 -1

在内赫迈亚·格鲁之后,相继有荷兰解剖学家哥沃特·比德罗(Govert Bidloo)和意大利显微解剖学家马尔切洛·马尔皮吉(Marceuo Malpighi)等学者先后对手指的摩擦脊纹进行了研究。直到18世纪中期,德国科学家梅耶(Johann Christoph Andreas Mayer)宣称,每个人手足上的摩擦脊纹都是不同的。[1] 梅耶被认为是第一个提出指纹人各不同的欧洲人,此前一些文献称,波斯历史学家拉希德·艾丁(Rashid - Eddin)在1303年就已提出"经验表明没有两个人的手指是完全相同的"。[2]

(2)19世纪的解剖学家对指纹作了分类

1823年捷克著名的解剖和生理学家浦肯野(Johannes Evangelista Purkinje)发表的博士学位论文《论视觉器官和皮肤系统的生理学检查》(Commentatio de Examine Physiologico Organi Visus et Systematis Cutanei)对手指指纹作了九种分类:①弧形纹(transverse curve);②帐形纹(central longitudinal stria);③斜形纹(oblique stripe);④斜箕纹(oblique loop);⑤扁桃仁斗(almond whorl);⑥螺旋纹斗(spiral whorl);⑦椭圆形斗(ellipse);⑧靶心斗(circle);⑨双斗纹(double whorl)。[3]

浦肯野被认为是第一位对指纹进行分类的欧洲人。在浦肯野之前,中国古代的人们已经将指纹分为箕和萝(斗)。为今天能够创建指纹登记奠定了基础。[4]

---

〔1〕 Charles Edward Chapel, *Fingerprinting: A Manual of Identification*, Chapman, p. 1.

〔2〕 Charles M. Grinstead, William P. Peterson, J. Laurie Snell, *Probability Tales*, *American Mathematical Society*, p. 192.

〔3〕 Faulds H., *Guide to Finger - Print Identification*, Wood Mitchell & Co. Ltd.: Hanley, Stoke-On-Trent, U. K., 1905, p. 33.

〔4〕 [德]罗伯特·海因德尔著:《世界指纹史》,刘持平、何海龙、王京译,中国人民公安大学出版社2008年版,第40页。

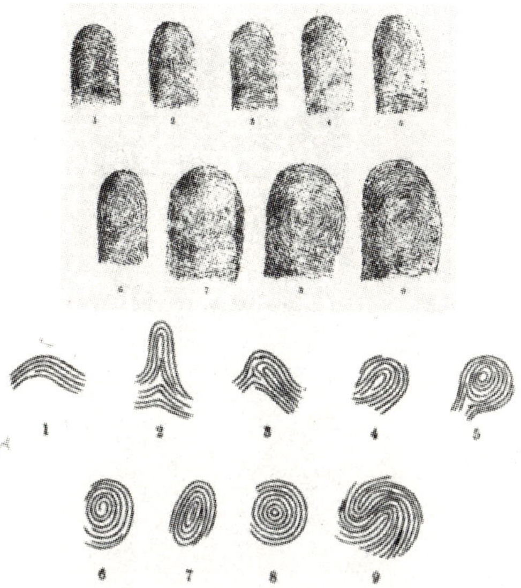

图 12－2　浦肯野指纹分类示意图及中心花纹纹型图[1]

(3)手纹不可变特性的发现

手纹不可变特性的发现是手印成为证据的基础。来自哈雷大学的德国人类学家赫尔曼·维尔克(Herman Welcker)成为第一个发现手纹终生不变的人。他分别于1856年和1897年捺印了自己的右手手纹,发现手纹终生不变。然而,由于维尔克在1898年发表的论文并未对此发现进行充分论证,只是对之前的发现提供了一些说明,因此,维尔克作为第一个发现手纹不变的人的说法并未得到广泛认可。[2] 这一荣誉更多地被归于英国人威廉·赫谢尔爵士(William James Herschel)。赫谢尔在任职东印度公司时,他在一份关于公路黏结材料合同中要求一方当事人利雅德哈尔·科奈(Rājyadhar Kōnāi)在合同的背面捺印右手手印作为签名。该行为被认为是欧洲人第一次手纹的官方应用。这一次的手纹应用开启赫谢尔漫长的手纹研究之路,他开始广泛收集手印。到1877年他被任命为胡格里(Hooghly)治安官和税务官时,他开始对他所收集的指印作为人身识别的方法进行研究,并且应用于他管辖下的司法实践。1877年8月15日赫谢尔写信给孟加拉的监狱长和注册署署长,介绍他对指印的应用并建议将指印识别系统扩大到其他地区,在信中说明了指印的唯一性和不变性。[3]

---

[1] Francis Galton, *Finger Prints*, MacMillan& Co. , London and New York, 1892.

[2] Jeffery G. Barnes, "History", http://www.ncjrs.gov/pdffiles1/nij/225321.pdf。

[3] William James Herschel, *The origin of finger－printing*, Oxford University Press, 1916, pp. 7－24.

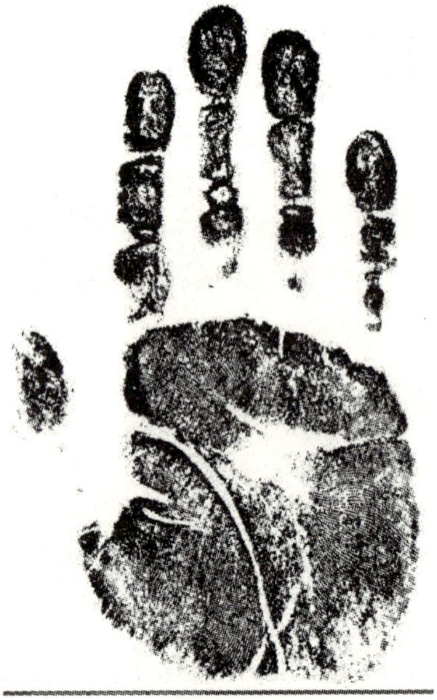

图 12-3 赫谢尔捺印的科奈手印

亨利·福尔茨(Henry Faulds)是一位苏格兰的医生、传教士和科学家。他在日本工作时受考古发掘的陶罐上的指印影响后,开始研究指印,他收集并研究了大量的猴子和人类的指印。他在 1880 年 2 月 16 日写给博物学家达尔文的信中称,手纹是唯一的、可进行分类的,并婉转地指出指纹的不变性。[1] 1880 年福尔茨在《自然》杂志上发表了一篇论文,该文被认为是人类首次在公开出版物中提出指印可用于犯罪侦查中的人身识别。福尔茨也被认为是原创性地提出可以利用犯罪现场留下的指纹来识别罪犯。[2]

2. 手印分类法的发明及应用

赫谢尔和福尔茨对指纹的研究成果,包括指纹的唯一性、不变性、可分类性,上述三性足以使指纹成为人身识别的工具。当科学家意识到指纹对人身识别的重要性后,开启了对手纹分类法的研究及应用。虽然前文述及浦肯野对指纹进行了分类的欧洲人,但当时浦肯野的分类并无人身识别的目的。高尔顿(Francis Golton)被认为是第一位从人身识别目的对指印进行系统分类研究的学者。最终,高尔顿—亨利指纹分类法直至目前仍然影响世界。

---

〔1〕 Gerald Lambourne, *The Fingerprint Story*, Harrap, 1984, pp. 34 - 35.

〔2〕 [德]罗伯特·海因德尔:《世界指纹史》,刘持平、何海龙、王京译,中国人民公安大学出版社 2008 年版,第 45 页。

(1)高尔顿—亨利指纹分类法的产生及应用

大约在1889年,高尔顿试着开始根据浦肯野的分类原则,研究拇指指印的分类法。[1] 高尔顿将指印分成了60大类,但是他很快发现,这种分类方法不可采用,容易造成混淆。经过进一步地思考,高尔顿提出了以指印三角为基础的指印分类方法,将指印分为四大类。但这一分类方法因过于概括而被专门委员会建议细分。后经高尔顿和亨利的共同努力,终于确定了以指纹的三角洲外端点与中心点,以及两点间的计线方法为基础的指纹分类法。并于1901年被英国的新苏格兰场正式采用。1905年的斯特拉顿兄弟案(Stratton brothers case)是英国历史上第一起完全依靠指印定罪的谋杀案件。[2]

(2)胡安·武塞蒂奇(Juan Vucetich)指印分类法及应用

1891年成为武塞蒂奇受高尔顿的影响开始研究指印。他采集犯人的指印,并开发出自己的指印分类系统。武塞蒂奇的指印分类系统是世界上第一次由执法人员开发的适用于犯人的人身识别系统。1892年发生在阿根廷的布宜诺斯艾利斯的弗朗西斯卡·罗哈斯杀人案(Rojas murder case)中,受过武塞蒂奇培训的警方检验员爱德华多·阿尔瓦雷斯(Eduardo Alvarez)利用现场发现的一枚血拇指印将该案侦破。该案也是世界上第一个利用指印破获的杀人案件。自此,武塞蒂奇的指印分类法开始在整个世界产生影响。

之后,世界各地所采用的不同的指印分类法均系在高尔顿·亨利指印分类法和武塞蒂奇指印分类法的基础上衍变而成的。

二、手纹的基本形态和结构的研究为手印检验的科学性提供了依据

随着人类学、解剖学、生理学等对手纹研究的深入,人们对手纹的形态和结构有了更为充分、全面的认识,可以对手纹类型做出更为精准的分类,这为手印检验的科学性提供了依据。

(一)手纹的基本形态

1.手纹的概念

手纹指人手正面的皮肤花纹的总称,包括乳突纹线、屈肌褶纹和皱纹。根据乳突纹线的整体形态不同,人的手纹可分为指纹、指印纹和掌纹三个部分。

2.手纹的基本纹线形态

(1)乳突纹线

第一,单一乳突纹线的形态。

乳突纹线是人手足正面特有的凸起纹线。手部乳突纹线形态多样,在指头、指节、手掌处的分布形态存在差异,且形态分布具有较强的类型性和稳定性。根据单一乳突

---

〔1〕 Francis Galton, *Finger Prints*, MacMillan& Co. , London and New York, 1892, pp. 64 – 65.

〔2〕 资料来源 www. murdermap. co. uk。

纹线的形态可分为如下几种：

①弓形线。弓形线的纹线从一方起流向相对的另一方，中途弯曲成弓形而不向出发一方返转。[1]

②弧形线。弧形线的纹线从一方流向相对方，中间弯曲呈圆弧状。

③箕形线。箕形线的纹线从一方流向另一方，中途弯曲成不折、不断的箕头形态，又流向出发的一方。箕形线由箕头、箕枝、箕口组成。

④环形线。环形线的纹线成圆滑、完全的圆形或椭圆形的环状。根据圆环的形态可分为正圆、椭圆、方圆。

⑤螺形线。螺形线的纹线旋转如螺，必须超过起点1周以上的。有顺时针和逆时针旋转之别。

⑥曲形线。曲形线的一条纹线弯曲绞绕，形成两个上下或左右对应的箕头。

⑦波浪线。波浪线的纹线呈多次起伏的波浪形。

⑧直线。直线的纹线直行。

第二，乳突纹线的细节特征。

乳突纹线的细节特征，是指由乳突纹线的种类、大小、方向、角度、位置、结合形式等形成的细小的乳突纹线标识点。乳突纹线细节特征方面的差异，是手纹人各不同的原因，是手印鉴定的依据。常见的手印乳突纹线细节特征共有10种。

①起点，按顺时针方向，纹线之起端。横状线的左端为起点，竖状线的上端为起点，螺形线及曲形线的出发点为起点。

②终点，按顺时针方向，纹线之终端。横状线的右端为终点，竖状线的下端为终点，螺形线及曲形线的结束点为终点。

③分歧，按顺时针方向，一条乳突线上分叉成为两条乳突线以上的分叉点。

④结合，按顺时针方向，两条乳突线结合成一条乳突线的汇合点。

⑤小勾，一条纹线上分出来的短叉，形似勾状。

⑥小眼，纹线中途分叉后又结合形成眼形的。

⑦小桥，两条纹线之间由一条斜行短线相连接，形似斜桥状。

⑧小棒，长度大于2mm，小于5mm的垂直或倾斜的纹线。

⑨短线，长度小于2mm的短小纹线称为短线。

⑩小点，即长度不超过1mm的独立存在的纹线。

标识乳突纹线细节特征时，应用红色直线标示，直线的一端指向特征点，另一端指向标号。直线应尽量与特征点垂直，标线之点不能交叉，尽量呈放射状均匀分布。标

---

〔1〕 参见《公共安全行业标准　指纹专业名词术语》（GA/T 144—1996）。下述的箕形线、环形线、螺形线、曲形线、波浪线、起点、终点、分歧、结合、小勾、小眼、小桥、小棒、短线、小点、内部花纹系统、外围线系统、根基线系统、箕形纹的定义均来自或参考此标准。

号尽量顺时针分布于同心圆的圆周(多为指印)[1]或平行直线的边上(多为指节印或掌印)。

(2)屈肌褶纹

屈肌褶纹是指手指关节处和手掌部位皮肤屈曲形成的皱褶。屈肌褶纹是手部固有纹线,且纹线粗大明显。根据屈肌褶纹所处部位不同可以分为指间屈肌褶纹和手掌屈肌褶纹。指间屈肌褶纹有三组(大拇指只有两组),由指根向上分别称为第一指间屈肌褶纹、第二指间屈肌褶纹和第三指间屈肌褶纹。80%人的掌部有三条屈肌褶纹,[2]从四指侧向拇指侧分别称为手掌第一屈肌褶纹、手掌第二屈肌褶纹和手掌第三屈肌褶纹。

(3)皱纹

皱纹是指手表面由于皮肤屈曲形成的皱褶。皱纹既有在胎儿时期形成的,又有出生后形成的,皱纹的数量一般会随着年龄的增长而增加。皱纹形成后在短时间内难以去除。

(二)指纹的结构和类型

虽然手纹由指纹、指节纹和掌纹组成,但在与人身识别有关的应用中,指纹的应用最为广泛。这与手指末端接触物体表面机会多,且面积小适合捺印。而且由于指纹的脊纹需要适应指尖的球状表面和半圆形顶端以及横行的指间屈肌线生长,[3]指纹类型化明显,适合分类,且十指指印便于存储、检索。因此,指纹较多的运用于人身识别。

1. 指纹的结构

(1)指纹的系统

为便于认识指纹,根据指纹流向、组合形态和位置关系,绝大多数指纹(弓形纹的只有外围线系统和根基线系统)可分为三个系统:内部花纹系统、外围线系统和根基线系统。

内部花纹系统,居于花纹中心部位。主要由箕形线、环形线、螺形线、曲形线组成。内部花纹系统所包含的纹线种类多,细节特征多样,具有较高的检验价值。

外围线系统,从上面和侧面包围着内部花纹的弓形线。外围线系统通常处于第三指节的指尖部位和侧面部位,纹线形态较为单一,纹线细节特征较少,且不容易清晰反映,如果检材指印仅为外围线系统,则检验的难度加大。

根基线系统,内部花纹和两侧外围线下部的横形纹线。根基线系统通常位于第三指间屈肌褶纹之上。纹线数量少且形态单一,细节特征较少,检验中较少独立出现。

---

〔1〕 根据司法部司法鉴定管理局发布的《文件上可见指印鉴定技术规范》(SF/Z JD0202001—2015),建议从一点钟附近的位置作为指印特征标号的起始点。且用蓝色标号标示不同或变化的指印特征。

〔2〕 刘少聪著:《新指纹学》,安徽人民出版社1984年版,第109页。

〔3〕 赵向欣主编:《中华指纹学》,群众出版社1997年版,第132页。

(2)指纹系统的汇合——指纹三角

指纹的三系统纹线汇合之处形成类似三角的纹线结构,称为指纹三角。指纹三角通常处于内部系统下缘的左侧或右侧。箕型纹只有 1 个三角。斗型纹有 2 个三角。极少数指纹有 3 个三角,其中 1 个三角处于内部系统中。

指纹三角的三个边由汇合处三个系统的纹线组成。内部系统的纹线称为内边。外围线系统的纹线称为外边,也叫上支线。根基线系统的纹线称为底边,也叫下支线。指纹三角的上、下支线及其延长线构成指纹三个系统的分界线。

2. 指纹的类型

从 19 世纪至 20 世纪,先后经过浦肯野、高尔顿、武塞蒂赫、亨利、岳根生等人辛苦钻研,具备检验价值的指纹分类法最终确立。指纹的类型是按指纹三角的数量和内部花纹系统的形态对指纹纹型所作的划分。其中影响较大的是高尔顿—亨利法,被包括我国在内的多个国家采用。公安部发布的《指纹专业名词术语》和司法部司法鉴定管理局发布的《文件上可见指印鉴定技术规范》均将指纹的类型分为四种,即弓型纹、箕型纹、斗型纹和杂型纹。本章将以该四种纹型为基础对指纹类型进行研究。

(1)弓型纹

弓型纹是由上部的外围线系统和下部的根基线系统组成,没有三角。根据弓型纹花纹中心形态可分为弧形纹和帐形纹。弧形纹的上部外围线系统由较多弧度较小的弓形线相层叠组成。帐形纹的上部外围线系统由较多弧度较大的弓形线相层叠组成,且在外围线系统最内一条弓形线中有一条以上的垂直或倾斜的直形线支撑弓形线,纹线整体形似帐篷。

图 12-4 弧形纹

图 12-5 帐形纹

(2)箕型纹

箕型纹的内部花纹由一条或一条以上箕形线组成,具备纹线的三种系统,有一个三角位于箕枝某边的相对侧。根据箕口的朝向可分为左箕、右箕或正箕、反箕。

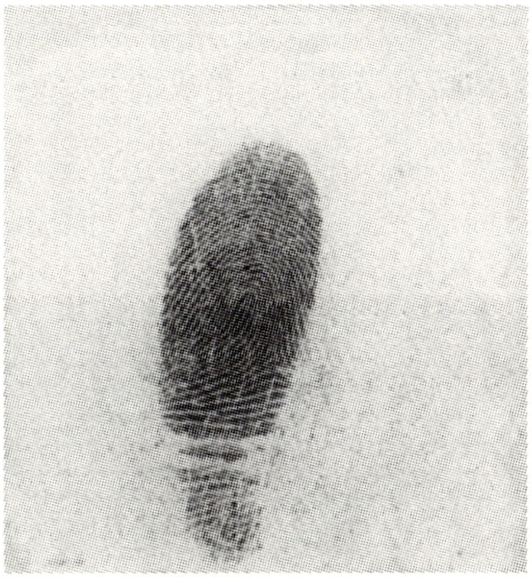

图 12 -6　左箕

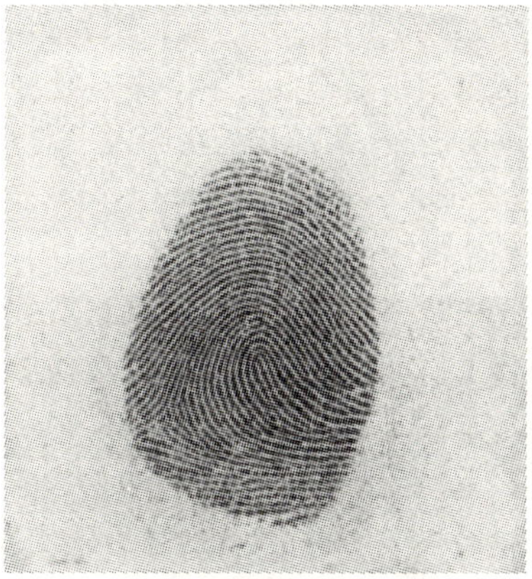

图 12 -7　右箕

(3)斗型纹

斗型纹的内部花纹由一条以上的环形线、螺形线、曲形线、双箕形线组成,有两个或两个以上三角。斗型纹根据中心纹线结构的不同,分为环形斗、螺形斗、绞形斗、双箕斗、曲形斗、囊形斗。

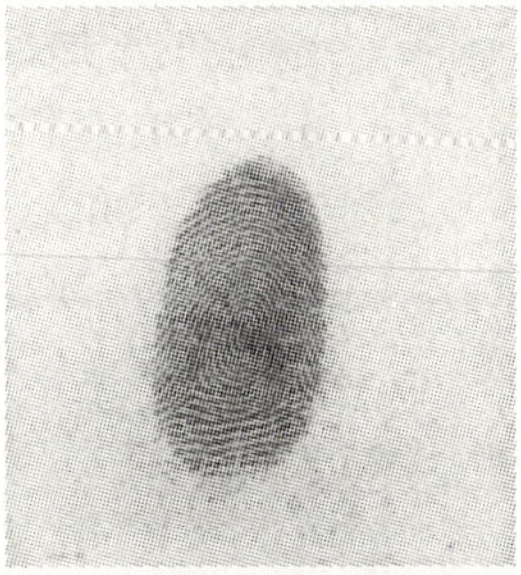

图 12 -8　环形斗

图 12 -9　螺形斗

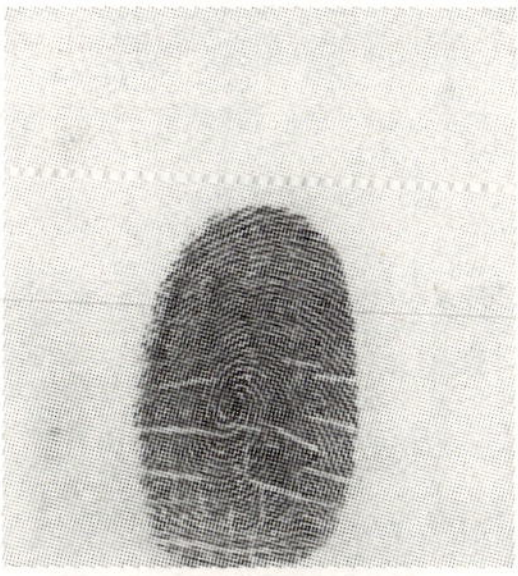

图 12 -10　绞形斗

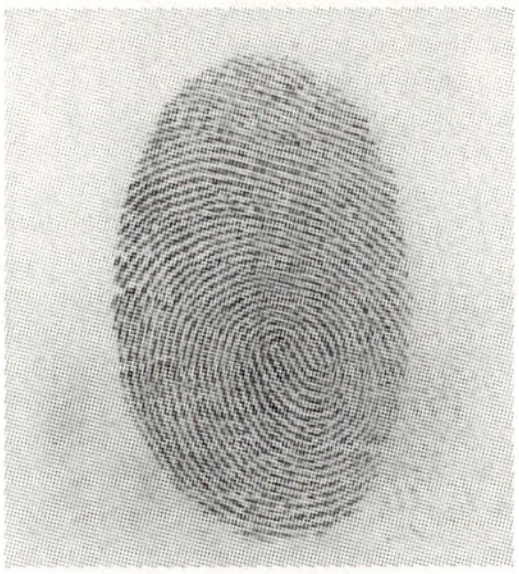

图 12 -11　双箕斗

图 12 -12　曲形斗

图 12 -13　囊形斗

(4)混杂型纹

混杂型纹是指凡弓箕斗单一纹型所不能包括,由两种纹型混合组成的花纹或一些形态畸特,结构杂乱而无法归入弓箕斗的花纹。

(三)指节纹和掌纹的形态和结构

1. 指节纹的形态和结构

指节纹是指手指头以下的指节的乳突花纹。指节纹在纹线的形态和结构上与指纹整体上有明显的区别。指节纹在形态上接近于指纹的根基线系统,由弧形线、直线、波浪线组成。

根据纹线的形态和分布方向,可将指节纹分为三种类型:(1)平弧型。大部分指节纹是由横向平行排列的弧形线、直线、波浪线组成。(2)倾斜型。大部分指节纹是由倾斜平行排列的弧形线、直线、波浪线组成。(3)混合型。大部分指节纹由横向和倾斜平行排列的弧形线、直线、波浪线组成。

无论是弧形线的弧度还是倾斜平行排列的一组纹线的倾斜度,都是越接近屈肌褶纹越趋向平直,越靠近屈肌褶纹直线出现的概率越高。波浪形线的出现概率较低,且多存在于指节的中部。

2. 掌纹的形态和结构

随着掌纹识别技术在身份认证、公共安全、信息安全等领域的应用需求的增加,近年来针对掌纹识别特征的研究成果较多。[1] 在掌纹识别特征方面,基于掌纹细节特征点的掌纹识别技术仍然是鉴定领域掌纹识别的主要方法。因此,对掌纹形态和结构的研究在物证技术信息化时代仍具有重要意义。由于手掌面积较大,且虽然有掌间屈肌褶纹将掌面分为几部分,但以掌间屈肌褶纹为界限对掌面所作的划分的各区域纹线没有明显界限特征,故不足以采用。结合实践中现场掌印所留区域,本章采用“T”字形标界法[2]对掌纹特征进行研究。“T”字形标界法,以手掌第一屈肌褶纹外侧作一条水平延伸线作为手掌划分的横界,以大小鱼际在腕部的分界点为起点作一条垂直于横界的竖线,交叉点为终点,作为手掌划分的纵界。把手掌面分为三个区域:指根区、内侧区和外侧区。

(1)指根区纹线的形态和结构。指根区的检验价值较高的纹线以乳突纹线为主。近指根区域的乳突纹线可构成三角和花纹。三角是由近第一指节屈肌褶纹处的弧线与两侧来自指间流向手掌外侧的纹线构成。花纹多为指根箕形纹,有时出现指根弧形纹,极少数人有指根斗形纹。

(2)内侧区纹线的形态和结构。内侧区存在较多网格状皱纹。乳突纹线凸起不

---

〔1〕 截至2015年12月,在中国知网中检索篇名“掌纹识别特征”可以搜索到60篇文章,且多为近10年发表的文章。

〔2〕 邓裕东主编:《手印检验技术》,中国人民公安大学出版社2008年版,第63页。

明显,较少情况下可以发现花纹,在近第三屈肌褶纹处纹线趋向清晰,且多为平行于第三屈肌褶纹凸向掌心的长弧线。

(3)外侧区纹线的形态和结构。外侧区的乳突纹线多起源于食、中指根部,流经掌心发散至手掌外侧,整体呈"扫帚状"。外侧区纹线以斜直线为主,偶见箕型纹、弓型纹和斗型纹出现。

第二节　现场手印的勘验

现场手印勘验是刑事技术人员对作案人遗留在案件现场的手印进行勘查、提取、分析的技术性工作。自从手印在案件调查中的重要作用被发现后,现场手印的勘验工作就成为刑事技术人员现场勘查的重要组成部分。

一、现场手印的发现

(一)现场手印发现需遵守的原则

1. 先重点部位后一般部位

现场手印勘验时,应先明确发现作案人可能遗留手印的重点部位,重点部位勘验后再对一般部位进行勘验。重点部位的确定需要结合案件的性质、现场的环境、物品的性状等进行判断。如案发时作案人的作案工具为就地取材,则现场可以作为作案工具的物件就是勘验重点;进入中心现场需要经过多道门时,门把手附近为勘验重点;作案人可能接触的物品有的粗糙有的光滑,则光滑的物品为勘验重点。

2. 先静态勘查后动态勘查

为发现作案人的手印,对可能留有作案人手印的部位应先静态观察,根据现场物品的摆放情况、作案人的行为活动情况,对重点部位进行观察以发现作案人的手印。作案人的手印基本确定后,可再通过移动物品、调整视线的角度开展进一步观察以确定手印的具体位置。

(二)现场手印发现的方法

现场手印的发现需要借助光照。一般情况下,有色手印或附着物较多的手印可以在自然光的条件下被发现,可以通过调整入射光角度、适当增大背景反差或移动物品等方法发现。以往实务部门在自然光条件下会用"哈气"加湿法显现指印,但是随着接触性 DNA 技术在现场勘查中的应用,"哈气"加湿法容易影响 DNA 检验结果,因此不建议使用。可以采用其他方法加湿,也可以利用照明工通过移动光线角度发现手印。可以利用的照明工具包括强光手电、多波段光源,便携式激光器等。在使用强光光源发现手印时,需注意光源与手印的位置及照射的时间,不要将手印或其承载客体烤坏。特种光源可以发现不同成分形成的指印,如蓝光灯可以发现遗留在光滑物体表面上的汗液手印,紫外灯可以发现遗留在光滑物体上的各种矿物油手印,多波段光源下可以发现荧光物质形成的手印。

二、潜在手印的显现

形成犯罪现场指印的物质多种多样,有血液、汗液、油脂、唾液、精液、灰尘等。这些物质中除血液外,多为无色物质,即使血指印也会因为颜色较淡或时间久远不易为肉眼直观发现,形成潜在手印。对于潜在手印需要采用物理、化学方法、光学方法显现,使无色手印变成肉眼可以直观感知的手印。潜在手印的显现方法包括如下。

(一)物理显现法

1. 粉末显现法

粉末显现法是利用粉末附着于潜在手印上,手印中的纹线吸附粉末,从而达到染色效果呈现手印。粉末显现法有一定的局限性,只能用于显现光滑物体表面上的手印。粉末显现法需要准备粉末、粉刷、透明胶带和底衬纸。

(1)常用的粉末及其适用范围如表 12－1 所示:

表 12－1

种类	名称	颜色	适用范围	特性
普通粉末	铝粉(又称银粉)	银灰色	光滑物体表面手印	附着力很强
	青铜粉(又称金粉)	金黄色	光滑物体表面手印	附着力与铝粉类似
	氧化铜粉	棕黑色	适用于瓷器、金属、漆面、木器。粗糙纸张上的新鲜手印	附着力次于铝粉
	铬酸铅粉(又称铬黄)	黄色	铜器、镀镍、铁器、铝制品和 48 小时内漆面手印	附着力较前三种差
	四氧化三铅粉(又称铅丹)	亮红色	加层油质手印,蜡纸上、竹器上的新鲜汗液手印	附着力较强
	二氧化铅	棕黑色	金属、粗糙纸张、木器、竹器上的新鲜手印	附着力较强
	硫酸钡粉	白色	铁器、橡胶等物体上的新鲜手印	附着力一般
	石墨粉	黑色	平滑纸张上较新鲜的手印	附着力一般

续表

种类	名称	颜色	适用范围	特性
荧光粉末	蒽粉	黄白色	彩色物体表面的新鲜手印	附着力较差，在紫外光照射下发出蓝色荧光
	硫化锌粉	白色至灰白或浅黄色		在紫外光照射下呈浅蓝色荧光
	曙红粉	红色		在紫外光照射下呈亮红色荧光
	8－羟基喹啉粉	白色或淡黄色		在紫外光照射下呈黄绿色荧光
	邻氨其苯甲酸粉	白色或微黄色		在紫外光照射下呈浅蓝色荧光
磁性粉末	通常由铁粉与硒静电复印粉按 3∶1 比例配制而成	黑色	玻璃、电镀制品、瓷器、塑料制品、油漆以及皮革、人造革、竹器、各种光滑纸张、人民币等物体上的手印显现	附着力较强，吸附性好

在实务中，需要根据留有指印物体表面的颜色、光滑度、湿度、手印的新鲜程度、形成手印物质的成分选择粉末。在选择粉末时，通常需要考虑如下因素：

①粉末颗粒大小适当。粉末颗粒的大小要能够精确呈现指印。粉末颗粒过大，黏附的粉末量过少，纹线不清晰；粉末颗粒过小，指印小犁沟处亦黏附粉末，难以清楚呈现指印。通常，轻质粉末在 400 目以上，重质粉末在 200 目以上，磁性粉末在 300 目以上。

②粉末要松散、干燥。受空气湿度影响，粉末会受潮结块。受潮的粉末纹线显现不清晰。如遇粉末受潮，应采用烘烤、研磨筛后再使用。

③粉末种类的选择需考虑多种因素。粉末的种类选择需考虑指印的新鲜程度、指印承载面的颜色、指印物质的性质、指印承载面的性质。例如陈旧性指印应选择附着力强、渗透力强的粉末，同时还要兼顾指印物质和指印承载面对粉末吸附力的差异；在粉末颜色选择方面，应选与指印承载面的色差大的粉末。

(2)粉末显现的方法

粉末显现法主要用于显现汗潜手印。常用的粉末显现方法有毛刷刷显法、磁性刷刷显法和撒粉显现法。

①毛刷刷显法。用毛刷蘸取少量粉末，在距被显物体表面 5cm 处，敲击刷柄，使

粉末均匀散落被显物体。再用毛刷轻轻刷过疑有手印部位，待纹线显露时应顺其纹线刷显。毛刷刷显法一般适用于光滑物品表面的汗潜手印。手印固定时先采用照相法，除吃粉量较小的手印外还可用透明胶带黏取。

②磁性刷刷显法。待磁性刷吸附磁性粉末后，使磁性刷上的粉穗稍微接触被显物体表面，轻轻刷显。手印显出后，可用磁性刷回收磁性粉末。磁性刷刷显法不适用于金属物体表面手印的显现。可采用照相法和透明胶带黏取法进行固定。

③撒粉显现法。撒粉显现法是将粉末倒在被显物体表面，双手分别捏住物体的两端左右晃动，使粉末均匀附于手印上，待手印显出，可通过弹击被显物体背面，将粉末回收。撒粉显现法适用于纸张、塑料、金属等物品上的汗潜手印的显现。可采用照相法固定，对于硬质被显物体也可采用透明胶带黏取固定。

2. 熏染显现法

熏染显现法是利用某些物质在一定条件下能够气化，附着于潜在手印上，将潜在手印染色而显现手印的方法。常用的熏染显现法有碘熏显现法、烟熏显现法、“502”胶熏显法。

(1)碘熏显现法

碘熏显现法是利用常温下碘升华成紫色蒸汽，附着于汗潜手印，从而将手印显现出。碘熏显现法不破坏手印且因碘在常温下升华，因此，碘熏显现法显现出的手印也会消褪。消褪后可重新用碘熏法显现。实践中，碘熏显现法根据使碘升华方式的不同可以分为：加热熏显法、常温熏显法、喷碘器熏显法。

碘熏显现法获得的手印通常可以采用照相法、照相底片法、硝酸银固定法、氯化钯水溶液法等固定。

(2)烟熏显现法

烟熏显现法是利用某些物质燃烧时产生大量黑色烟雾，这些烟雾粒子颗粒细腻与手印中的汗垢和油脂有较强的附着力从而将手印染色显现。烟熏显现法常用的形成烟雾的材料有松香、煤油、橡胶等。烟熏显现法适用范围较广，与粉末法的适用范围相似。

烟熏显现法获得的手印通常可以采用照相法固定，对于硬质被显物体可以采用透明胶带法提取。

(3)“502”胶熏显法

“502”胶的主要成分是氰基丙烯酸酯，易挥发。“502”胶挥发到汗潜手印部位后，与手印中的水、氨基酸中的阴离子发生快速聚合反应，生成乳白色聚合物，从而将汗潜手印显现出来。“502”胶熏显法只适用于非渗透性物体上的汗潜手印的显现。

(二)化学显现法

1. 硝酸银显现法

硝酸银与汗潜手印中的汗液中所含的氯化钠、氯化钾产生反应，生成氯化银，氯化银在光照下极易分解成银粒子,从而使手印显现。实践中,通常采用紫外线或日光照射进行曝光显现手印。硝酸银显现法适用于浅色纸张的汗液手印。

2. 茚三酮显现法

茚三酮与汗潜手印中的汗液、体液、排泄物、牛奶中所含的氨基酸或多肽等均能发生呈色反应,生成化合物,从而使手印显现。由于茚三酮能与绝大部分人类体液和含氨基酸类饮料发生反应,因此茚三酮显现法的适用范围较广,不仅能显现新鲜指印,还能显现陈旧性指印。

3. 四甲基联苯胺显现法

四甲基联苯胺与血液中的过氧化氢或血卟啉发生化学反应,生成蓝绿色的四甲基联苯胺蓝,从而使手印显现。四甲基联苯胺既能显现新鲜手印又能显现陈旧性手印,广泛应用于血手印的显现。

三、现场手印的提取

现场手印的提取是一项技术性要求较高的工作。现场手印能够作为证据在法庭上出示,手印能够被完整地提取是基础。限于现场手印所处的位置、形成手印的物质成分、载体的物质成分等情况,现场手印的提取方法也是一项重要的研究课题。经过理论界和实务界的不断探索,常用的现场手印提取方法如下。

(一)照相提取法

通常照相是现场手印的记录方法,在采用其他方法提取指印之前,都要通过照相对现场指印进行记录。照相也是现场手印的提取方法。有些现场手印受现场环境的限制用其他方法难以提取,所以只能用照相提取法。

照相提取现场手印时,首先,要客观反映手印的细节特征及其位置分布。因此在拍照时为保证照片不变形,通常采用垂直于手印平面的方法进行拍照。其次,要能够反映现场手印的大小。现场手印的大小在某些情况下会成为确定侦查方向的参考。另外,现场手印大小的真实记录也能在一定程度上提高手印检验的效率,因此,手印检验人员需要了解现场手印的大小,所以照相提取现场手印时需加标比例尺。

照相提取现场手印的方法也多种多样,针对不同情形下形成的现场手印,需要采用相应方法进行照相提取。例如为了将手印的细微特征或模糊不清的印纹反映出来,需要采用扩大照相的方法;[1]为了消除现场手印载体表面的反光,可以采用偏振光照相的方法;为了增强有色载体与其上手印的反差,可以采用分色照相的方法;为了提取光滑客体表面遗留的潜在指印,可以利用同轴光定向反射仪或全光谱照相系统进行

〔1〕 赵向欣主编:《中国刑事科学技术大全·指纹技术》,中国人民公安大学出版社2003年版,第329页。

拍照。[1]

（二）转印提取法

转印提取法有两种方式：指纹胶带黏取法和相纸转印提取法。

（1）指纹胶带黏取法通常适用于光滑物体表面上已经粉末、烟熏等方法显现出的指印或光滑物体表面上的灰尘加层手印。为确保所提取指印的质量，胶带黏取时在手印部位需压平、压实，不能出现气泡或褶皱。因此，要求手印的载体表面要光滑，且载体的表面要有一定的强度，确保胶带能够与手印载体无损分离。

（2）相纸转印提取法常用于提取灰尘手印。通常先将相纸浸湿，使相纸胶层蛋白溶胀具有黏性，待相约上的水分挥干后，利用其产生的黏性将灰尘指印黏取。[2] 然而常规的相纸转印后的灰尘手印反差较弱，检验条件较差。为增加相纸转印法提取的指印的反差，利用染色方法对相纸转印提取手印法所做的改进，[3]在很大程度上提高了相纸转印提取手印的检验清晰度。

（三）实物提取法

实物提取法是直接将遗留有手印的物体进行提取。适用于遗留手印的物体规格较小，或易于分割的物体。由于实物提取法保留了遗留手印的客体，因此有助于全面分析检材手印，合理解释检材手印特征的性质。实物提取指印前也需要先拍照，对物体在现场中的方位进行固定。

（四）制模提取法

制模提取法用于提取立体手印，可用于提取立体手印的制模材料需满足以下条件：（1）能在常温下凝结，凝结时间能控制在几分钟左右，便于迅速提取痕迹。（2）流动性好，特征反应细腻。（3）凝结后的材料具有一定的强度，性能稳定，能在常温下长期保存。（4）使用方便、配料不十分精确亦不影响性能。[4] 目前主要的制模方法是熟石膏制模法和硅橡胶制模法。

1. 熟石膏制模法

熟石膏制模法是将熟石膏与水按比例调成石膏液，将石膏液缓慢倒入手印四周的密封围栏中，让石膏液从手印低处缓慢、自然地灌满整个手印，在距围栏最高处有0.5cm左右时，将准备好的封签、绳套（必要时用骨架）平稳地放在石膏液上面，让其固定下来，然后再继续灌注石膏液，直至形成模型。[5] 熟石膏制模法存在如下不足：（1）印模表面粗糙，有时不能完整呈现手印的细节特征；（2）印模的抗压强度低，在提

---

〔1〕 徐政、杨玉柱："同轴光定向反射仪与全光谱照相系统对光滑客体表面潜在指印提取效果比较"，载《中国人民公安大学学报》2015年第1期。

〔2〕 荆朝宏："提取灰尘指印的方法改进"，载《刑事技术》2003年第3期。

〔3〕 罗瑞彪："相纸转印灰尘手印的染色方法"，专利申请号：CN 99127492。

〔4〕 季峻："快速提取立体痕迹的两种方法"，载《森林公安》2005年第5期。

〔5〕 邓裕东主编：《手印检验技术》，中国人民公安大学出版社2008年版，第126页。

取、运送、检验过程中容易断裂；(3)受环境限制，有些手印如斜坡上的手印不能用熟石膏制模法提取。针对熟石膏制模法的不足之处，学者和实务界人士也作了针对性改进，如高强石膏制模法。[1]

2. 硅橡胶制模法

在制模技术方面，用高分子材料替代石膏作为制模材料已成为趋势。在痕迹提取领域使用较多的高分子材料就是缩合型硅橡胶[2]。硅橡胶制模法相较于石膏制模法，不仅有石膏制模法的固化速度，而且对石膏制模法的不足有了改进，硅橡胶制模法塑型细致，能够提取绝大部分细节特征。硅橡胶自身具有弹性，所制印模不易断裂，且易于保存。制模受环境影响较小，据前文季峻等人的研究成果发现，可以提取垂直物体上的痕迹。

四、现场手印的分析

(一)分析确定现场手印的遗留人

现场手印既可能是作案人所留，也可能是被害人、事主、无关人员案前或案后所留。提取、固定作案人所留现场手印是手印现场勘验的重点。确定作案人所留现场手印，有以下几种方法。

1. 根据留有手印物体与作案行为的关系进行确定。作案人的现场行为会接触现场的很多物体，从而在物体上留下包括手印在内的各种痕迹。分析作案人的现场行为，判断接触物体在作案人作案行为中的作用，可以确定物体上所留手印是否为作案人所留。如物体处于现场进出口部位、属于作案工具或属于被翻动的财物时，手印为作案人所留的概率较大。

2. 根据手印的位置和性状进行确定。通过对手印的遗留方位的分析，可以判断接触物体者当时的动作，从而判断是否为作案人所留。通过对手印的新旧程度、形成手印的物质成分分析，可以判断手印是否为作案人所留。如在厨房的窗框上发现指尖向内的油渍手印，则作案人所留的可能性较大。

3. 根据手印排查结果进行确定。由于现场所发现的手印不一定为作案人所留，所以在上述方面不能排除是其他人所留的情况下，检验人员应该对可能遗留手印的其他人进行排查，以确定是否为作案人所留。

(二)分析确定现场手印的手位

1. 分析确定现场手印为指印还是掌印。首先，根据手印遗留的方位、手印载体在作案人现场活动中的作用，判断作案人的手部动作，从而确定是指印还是掌印。其次，根据手印的面积确定是指印还是掌印。通常，指印的面积小，掌印的面积大。最后，根

---

〔1〕 汪丽萍、肖世祥、张福源：“高强石膏制模法”，专利申请号：CN 1062518A。

〔2〕 季峻、周庆立、曹永兴、章志成、李黎明：“‘膏状’固化剂刑侦制模——快速固化硅橡胶的研究与应用”，载《警察技术》2003年第4期。

据乳突纹线的形态结构确定是指印还是掌印。通常，指印的乳突纹线较细、密度大，掌印的乳突纹线较粗、密度小。如果有中心花纹系统或三角出现时，指印较掌印规则、清晰。

2. 分析确定左右手印。首先，根据承载手印客体与周围物体位置关系确定左右手印。受承载手印客体与周围物体位置关系的限制，作案人使用左、右手有一定的局限性，有时只能使用左手或右手。如作案人从两个靠墙摆放的物体间拿取财物时，则留在左侧物体右侧面上的手印只能是右手所留。其次，根据手印间的位置关系确定左右手印。出现握的动作时，由于拇指处于其余四指的相对位置，可以据此判断左右手。最后，根据指印纹线的流向确定左右手印。一般而言，左倾弧形纹手印多为左手所留，右倾弧形纹手印多为右手所留。右箕手印多为左手所留，左箕手印多为右手所留。左旋螺形斗手印多为左手所留，右旋螺形斗多为右手所留。

3. 分析确定现场手印的指位。确定了现场手印为指印后，应确定现场手印的指位。通常可以结合印痕的面积大小、指印在接触不同物体时的出现规律，以及不同花纹类型指印在十指上的出现概率等，综合判断现场手印的指位。

第三节　手印的检验

一、预备检验

（一）检验与分析检材手印

1. 了解检材手印基本情况

检验人员应重点了解检材手印的发现、显现、提取、运送过程，以及刑事案件中现场手印的分析情况。

2. 分析、确定手印的方向、部位、形态和尺寸

分析、确定时，应首先从手印的遗留情况入手，并根据手印的形态结构和流向规律进行方向及部位的确定，必要时可与样本手印进行分区比较或制作相应部位的实验样本进行对照分析。

3. 分析检材手印应为何种动作所留、何手、何指、何部位所留

可结合前文现场手印的分析方法。

4. 分析、确定检材手印的痕迹种类

确定是立体手印还是平面手印，是加层手印还是减层手印，是乳突纹线痕迹还是小犁沟痕迹等，以便在鉴定中正确分辨出乳突纹线。印痕中，中区连续分布着空白小点（汗孔痕）的线条或呈虚线状分布的线条为乳突纹线，与之相间并行、色调相反的线条为小犁沟；与褶纹、皱纹（穿行于规则线条中的不规则线条）色调相反的线条为乳突

纹线；与照片中手印周围色调相反的线条多为乳突纹线；用浅色附着物或生成物显现的手印，白线多为乳突纹线，相反则黑线多为乳突纹线；线条均匀，且呈规则性断续者为乳突纹线，线条过窄且宽窄变化明显的线条为小犁沟。

5. 判断检材手印有无重叠、变形

如果手印出现两个以上的边缘，纹线衔接不自然，同一部位出现多次，或手印的色泽明显不协调，则应考虑手印有无重叠。如果纹线的间隙宽窄不一，纹线流向混乱，中心花纹畸形，则应考虑手印有无变形。

6. 判断检材手印的花纹类型及形态

在检材手印不够清晰、完整时，对检材手印的花纹类型和形态进行分析通常是形成手印鉴定意见的前提。鉴定实践中，通常从以下几个方面判断检材手印的花纹类型和形态：(1)根据纹线的形态和流向分析判断。不同类型的指印在中心花纹区域纹线的形态和流向存在类型性差异。如斗型纹中心处的纹线呈现向内弯曲的迹象；箕型纹中心下部近根基线的纹线呈现一端延平行根基线方向延伸，另一端弯曲向上的迹象；弓型纹中心下部近根基线的纹线呈现两端延平行根基线方向延伸的迹象。(2)根据三角的数量和三角附近纹线形态分析判断。一般而言，存在两个以上三角属于斗型纹。如果只有一个纹线的三角清晰可辨，则可根据三角内侧纹线的曲度及根基线的形态判断纹型。如果三角内侧纹线的曲度较大，根基线的弧度向上，则多为斗型纹。如果三角内侧纹线的曲度较小，且附近根基线平直流向对侧，则多为箕型纹。

（二）检验样本手印

1. 检验样本指印的清晰程度和完整情况

一般而言，由技术人员公开捺印的样本手印清晰程度和完整情况较好。民事案件中，部分由非专业人员公开捺印的样本手印在清晰程度和完整情况方面表现较差。检验人员需结合检材手印的指位情况，判断样本手印的清晰程度和完整情况及其对检验的影响。

2. 确定样本手印是否需要补充捺印或重新捺印

如样本手印受捺印提取因素影响，导致样本手印的清晰程度和完整情况较差，足以影响检验的开展。应考虑补充捺印或重新捺印。

二、深入检验

比对检材指印与样本指印的纹型、中心花纹的倾斜方向是否相符；各自的中心至左右三角间相隔线数是否相符；检材指印与样本指印的纹线流向、弧度、密度等特性是否相符，以确定检材手印与样本手印的种类特征是否相符。在种类特征相符的基础上，寻找确定检材手印与样本手印的细节特征。

（一）寻找、确定检材手印的细节特征

主要是确定检材手印细节特征的种类、位置、形态、方向等。

（二）寻找、确定样本手印细节特征

寻找确定样本手印细节特征时，应在检材手印出现特征的对应部位和区域寻找。寻找、确定的过程也应尽量与检材手印相对应，若各对应点的特征有别或根本找不到对应点，则无需进一步寻找和确定，即可否定。

三、比对检验

比对检验是通过检材手印与样本手印的对应比对，确定两者特征的符合与差异的过程。比对中，应先对照比较检材手印与样本手印对应的“中心”部位的特征（寻找特征时的“中心”特征），并由此为起点向四周逐线扩展，将逐个特征点的特征进行一一对照，使用不同颜色的笔将符合点、差异点及无定论点等标示出来，为下一步综合评断提供条件。参考《文件上可见指印鉴定技术规范》比对检验的方法包括：

（一）标示比对法

对观察到的检材手印和样本手印特征在特征比对表中标示，并且进行比较检验。

（二）重叠比对法

将检材手印和样本手印直接重叠进行比较、观察相互间的吻合程度。重叠比对法可以采用透明薄片重叠、底片重叠和图片重叠法。

（三）几何图形比对法

将检材和样本手印的特征点进行连线，对构成的图案结构、形状进行比较。

（四）仪器比对法

利用专门的比对仪器，对检材和样本手印进行系统的比对。

四、综合评断

综合评断是评断检材手印与样本手印之间特征的质量和数量，评断检材手印与样本手印之间差异或符合的性质及产生的原因，以及能否做出合理性解释。其关键在于查明符合点和差异点的来源和性质。

（一）分析符合点的来源和性质

1.符合点的主要来源

（1）同一手同一部位反映的同一特征；（2）不同手或不同部位在某个特征方面的符合；（3）客体条件的变化或显现、处理过程中引起的特征符合。

2.符合点的性质分析

（1）同一手同一部位的符合特征为手印本质属性的反映；（2）不同手或不同部位在某个特征方面的符合是偶然的符合，属于非本质属性；（3）客体条件的变化或显现、处理过程中引起的特征符合，准确地说是特征相似，在特征的具体形态、大小、方向、角度和位置关系等方面仅为某一方面的符合，不可能是全面符合，因此也属于非本质属性。

（二）分析差异点的来源和性质

1.差异点的主要来源

（1）不同手或同一手的不同部位所反映差异；（2）手在生活、工作过程中因生理、病理或外部因素造成的检材手印与样本手印间的差异；(3)手印在形成过程中受客观因素影响造成的差异；(4)手印在提取、显现过程中受客观因素影响造成的差异。

2. 差异点的性质分析

(1)不同手或同一手的不同部位所反映的差异为本质差异；(2)其余三种差异为非本质属性的差异。在发现本质符合点的基础上，对检材指印与样本指印间出现的差异的形成原因从上述三种来源角度进行分析。

五、鉴定意见的种类和表述

参考《文件上可见指印鉴定技术规范》鉴定意见的种类，手印鉴定意见可包括：肯定同一，否定同一，不能作出鉴定意见。

(一)肯定同一的认定条件及表述

1. 肯定同一的认定条件

检材手印与样本手印肯定同一，须同时满足如下条件：(1)检材手印与样本手印一般特征符合，即两者的花纹类型及形态相同或不排斥，这是肯定意见的必要条件；(2)检材手印和样本手印有足够数量的细节特征符合，特征总和反映了同一人捺印的特定性；(3)检材手印和样本手印没有明确的细节特征差异，若有可疑的变化特征能得到科学合理的解释。后两个条件是肯定同一意见的充分条件。

2. 肯定同一的表述

当样本捺印人确定且出具认定结论的，鉴定意见表述为："检材手印是样本捺印人的何部位捺印形成"，或"检材指印是样本捺印人的何部位所留"。当样本捺印人不确定且出具认定结论的，鉴定意见表述为："检材手印与样本手印是同一人捺印形成"，或"检材手印与样本手印是同一人所留。"

(二)否定同一的认定条件及表述

1. 否定同一的认定条件

检材手印与样本手印否定同一，只要满足如下任一条件即可：(1)检材手印与样本手印一般特征不同。花纹类型或形态确实不相符。(2)检材手印与样本手印细节特征不符，细节特征的差异点总和价值反映了非同一人捺印的特定性。即检材手印与样本手印虽然花纹类型或形态相符，但细节特征的总和不符。

2. 否定同一的表述

当样本捺印人确定且出具否定结论的，鉴定意见表述为："检材手印不是样本捺印人捺印形成"，或"检材手印不是样本捺印人所留"。当样本捺印人不确定且出具认定结论的，鉴定意见表述为："检材指印与样本指印不是同一人捺印形成"，或"检材指印与样本指印不是同一人所留"。

(三)不能作出鉴定意见的认定条件及表述

1. 不能作出鉴定意见的认定条件

当检材手印不具备鉴定条件或样本手印不具备鉴定条件时，鉴定人员应出具不能作出鉴定意见的结论。一般而言,刑事案件中受现场条件的影响,限于检材手印不具备鉴定条件而出具不能作出鉴定意见者居多。民事案件中,检材手印受捺印人捺印知识的限制,导致检材手印不具备鉴定条件。也有部分民事案件中,一方当事人或利害关系人无法提供鉴定需要的样本手印,导致样本手印不具备鉴定条件。

2. 不能作出鉴定意见的表述

当检材手印或样本手印不具备鉴定条件,样本捺印人确定时,鉴定意见表述为:"无法确定检材手印是否样本捺印人捺印形成",或"无法确定检材手印是否样本捺印人所留"。当检材手印或样本手印不具备鉴定条件,样本捺印人不确定时,鉴定意见表述为:"无法确定检材手印是否捺印人捺印形成",或"无法确定检材手印是否样本捺印人所留"。

第四节　指纹自动识别系统在手印检验工作中的作用

我国违法犯罪人员的指纹管理工作经历了手工管理、计算机半自动管理和全自动管理三个发展阶段。目前所采用的是全自动管理即指纹自动识别系统。指纹自动识别系统,是指以指纹自动处理为核心的指纹处理、管理、识别计算机系统。系统的内核包括指纹自动分类、定位、形态特征提取、细节特征提取和指纹比对等一整套高效算法,以及指纹输入、图像处理、数据库管理和指纹查询等功能齐全的配套子系统。指纹自动识别系统以其所具有存储量大、比对速度快、效率高、质量好、便于网络应用等诸多优越性,使指纹管理工作发生了质的飞跃。

一、指纹自动识别系统的概述

(一)指纹自动识别系统的特点

1. 高效、准确

指纹自动识别系统的核心是高效、准确的指纹自动处理、识别算法与指纹图像特征点的自动提取。特征提取与比对的准确性决定了整套系统的品质,高效的处理和查询决定系统的性能。通常,提高算法的准确性是和增加算法的复杂性的运算量成正比的,这就意味着要降低系统的效率。而提高效率则需要增大筛选幅度、降低运算量,这会导致准确性降低。二者是一对矛盾,如何合理、有效地处理好这一矛盾关系是指纹自动识别系统优劣的关键。

2. 实用性和易用性

系统的实用性体现在系统的工作流程与实际的业务需求以及用户的管理经验是否密切结合。系统的易用性体现为系统的自动化程度以及交互操作上是否友好方便。简洁、实用、功能齐全是一个好的指纹自动识别系统必须具有的特性。

3. 优化的系统结构

灵活高效的系统结构应满足不断增长的业务需求，如库容量、处理和比对速度、网络互联、与其他业务系统的互联及工作模式的变化等。同时，优化的系统结构具有安全性、可扩展性和良好的性能价格比，可以有效地降低成本，最大限度地保护用户投资。系统结构优化的主要技术包括面向对象的技术、分布处理、并行处理、服务器结构等。

4. 网络化和大库容量

网络化和大库容量是信息技术飞速发展的今天指纹自动识别系统的发展方向，是实现系统之间、地区之间、国家之间数据共享，提高系统效率，改变工作模式，充分发挥指纹自动识别系统作用的一条必经之路。

(二)指纹自动识别系统的基本功能

对任何指纹自动识别系统而言，捺印指纹自动建库、指纹比对都是必不可少的基本功能。

1. 捺印指纹自动建库

捺印指纹通常以十指指纹卡的形式存放，指纹自动识别系统的捺印指纹自动建库功能就是要将十指指纹卡的图像和文本信息存入数据库。这一功能在指纹自动识别系统建设和启动的初期最为常用。捺印指纹自动建库分单卡建库和批量入库两种形式。同时，结合业务和系统的需要还可分为允许人工干预和全自动入库两种方式。在这一功能中，主要完成以下工作：图像切割、裁剪；图像压缩；文本信息录入；图像处理、特征提取(人工干预或全自动)；数据格式转换、存入数据库。

在自动建库过程中，根据指纹图像的来源、性质和实际的业务需求，可分别建立十指指纹库、现场指纹库、单指指纹库等。通常，十指指纹库、现场指纹库是指纹自动识别系统最常用的指纹库。捺印指纹自动建库的数据处理部分一般是由若干台高档的微机组成的分布式网络结构，负责从输入系统的指纹图像数据中提取指纹特征信息，并进行指纹图像压缩，最后把这些特征数据和压缩图像存储到相应的数据库中。

2. 四种指纹比对功能

指纹自动识别系统利用指纹的特征进行指纹比对鉴定。这些特征包括纹型、中心、三角和细节特征。计算机就是根据这些特征信息从数以万计的指纹档案中查对与送检指纹相匹配的候选指纹。指纹的匹配和比对采用模式识别技术，充分借鉴指纹专家的理论和经验，对待检指纹与指纹库中的指纹逐一进行比对，提供候选名单，最后由指纹专家确认。

在指纹自动识别系统中有四个比对功能：捺印指纹对捺印指纹库的前科查询；捺印指纹对现场指纹库的倒查；现场指纹对捺印指纹库的顺查；现场指纹对现场指纹库的串查。

(三)指纹识别原理与核心算法

1. 指纹识别原理

计算机自动处理指纹图像与比对是指纹人工鉴定方式的计算机模拟与扩展。计算机指纹自动识别也基本上模拟了这一过程。计算机指纹自动识别和人工鉴定的相同之处,也是先确定纹型、中心、三角等宏观特征,再提取细节特征,而且比对也是按着先比对宏观特征,再比对细节特征这样一个过程,最后给出两个指纹的相似程度,这个相似程度往往用一个数值表示,数值越大表示两枚指纹越相似,当比对过程结束时,按相似程度排出前面最相似的若干个指纹供指纹鉴定人员参考。

计算机自动识别指纹也有和人工鉴定不同之处:(1)要想利用计算机自动处理、比对指纹,必须将指纹图像数字化;(2)计算机自动纹型分类的类别要少于人工鉴定的类别,特征点的类别也远少于人工鉴定时的类别;(3)计算机引进了特征点方向的概念;(4)计算机利用特征点的位置以及方向分布的异同来增加或减少两枚指纹相似度的值。

总之,利用计算机处理、比对指纹的关键点在于指纹特征提取的精确程度和比对算法的速度,指纹图像特征点的自动提取与比对算法是计算机指纹自动处理与识别技术的核心。

2. 核心算法

(1)指纹特征自动抽取

利用计算机进行指纹处理与比对,第一步就是要提取特征。特征包括宏观特征与细节特征。宏观特征指的是纹型、中心点、三角点等一些特征。细节特征指的是特征点及其方向。特征抽取的精确率与原始指纹图像的质量有着直接关系。如果整个指纹图像的质量很好脊线和谷线界限分明,那么无论宏观特征还是细节特征都很容易提取,精确程度也比较高;相反,如果指纹图像在中心点、三角点附近比较模糊,那么将影响中心、三角。而且这也将影响纹型的判定,在模糊区域内的细节特征也无法正确标识。因此,要想提高特征抽取的正确率,在指纹采集时,无论是用卡片捺印还是光电采集,均应注意采集质量,以便为计算机自动处理奠定一个良好的基础。

(2)指纹比对

正确抽取特征之后,计算机自动处理的另一个重要环节就是指纹比对。一般来讲,指纹特征最基本的信息是指位、纹型、中心、三角、细节特征点的位置、方向等。这些信息的记录是要依赖于一个指定的参考点的。由于同一枚指纹两次捺印或取印时没有办法取得相同的参考点,因此,同一枚指纹两次取印的信息记录经常是不同的。要从这两组不同的数据判定这两枚指纹的相似度就需要进行大量的计算。当然,如果能够从这些基本信息中提取出一些那样的信息,它们和指纹图像的移动、旋转无关,而且信息量又不大,那么无论对存储量、数据读取时间、比对计算时间都会大大减少,从而提高指纹比对的效率。

(3)指纹图像数据压缩

一般来说,在计算机指纹自动识别系统中,既要存储指纹特征的信息数据,又要存储指纹图像。特征信息数据主要用来比对,而指纹图像用来核查比对结果。但指纹图像的数据量要远大于特征信息数据量。这样大的信息量,如果不加处理,那么无论对存储还是传输都会造成巨大的压力。因此,必须考虑指纹图像的压缩问题。对指纹图像压缩而言,需要达到如下要求:一是压缩比尽可能的高,即压缩后的数据量要尽可能的小;二是要保证恢复图像的质量,使恢复后的图像要很好地保持原图像的特征;三是要保证图像压缩方法的标准性或规范性,以保证在不同的指纹自动识别系统中数据是可以互换的,即一个指纹系统所存储的数据,必须能够在另一个指纹系统上使用。在这方面,目前公安部已经制订了行业标准。

(四)指纹自动识别系统的基本构成

指纹自动识别系统,主要包括以下几个子系统。

1. 指纹图像输入子系统

图像输入子系统通过扫描仪、摄像机、活体指纹采集仪或其他指纹图像采集设备把捺印指纹和现场指纹录入到计算机系统,以二进制图像方式保存,以便系统自动提取特征和图像数据压缩。根据我国《指纹图像数据转换的技术条件》的规定,指纹图像的每个像素量化成256灰度级,获取指纹图像的最低分辨率为500DPI,图像采取面积为32mm×32mm。

输入设备包括扫描仪和各种采集仪等。由扫描仪输入的图像一般包括十指卡/单指卡捺印指纹及现场指纹。活体指纹一般由采集仪输入。

图像输入子系统还应有图像切割、旋转、标尺等处理功能模块,这些功能模块调整输入图像的位置、角度、图像比例尺等,使系统的图像数据满足系统的要求和系统所引用的标准。可应用裁剪框分别对扫描输入的十指指纹进行裁剪,同时,可对裁剪框进行旋转以调整指纹的偏转,利用其标尺设定来调整指纹图像的图像比例,使经过输入系统的指纹图像满足系统的要求。

2. 指纹图像处理子系统

该系统采用多种图像处理技术,充分借鉴人工处理指纹的经验和方法,由计算机自动识别指纹的图像质量,自动抽取指纹特征等信息。指纹图像处理是自动指纹识别系统(Automatic Fingerprint Identification System,AFIS)对捺印指纹(或现场指纹)的特征进行自动提取的过程。这些特征通常包括指纹的纹型分类、中心(和中心方向)、下中心(也叫副中心)、三角和细节特征。有的AFIS还提取了指纹中心和三角之间的纹线数、细节特征之间的纹线数等信息。这些特征都是指纹自动比对的依据。在自动处理过程中,一般应具有的功能模块如下:

表 12－2　指纹图像处理子系统应具有的模块

1	指纹区域的计算
2	指纹方向场和流向场的计算
3	指纹图像质量和模糊区域的计算
4	指纹图像的增强和锐化
5	指纹图像的二值化
6	指纹图像的细化
7	指纹图像的特征计算

根据上述的功能模块的计算结果,从而实现自动的中心、三角提取,纹型分类和细节特征提取。

3. 指纹图像压缩子系统

为节省数据库空间,增加指纹的存储量,指纹图像存储一般采用数据压缩技术,对指纹图像及特征点进行压缩。为保证压缩图像的质量,图像压缩一般不超过 20 倍。图像数据压缩原理是通过减少灰度图像或经过变换的图像数据的相关冗余以较少数据表示并且能够在基本不失真情况下,复现原始图像信息。

小波变换压缩方法是经常采用的指纹图像压缩方法,实现指纹压缩高倍率、高保真的图像压缩。捺印指纹可以以 20 倍压缩倍率存储,图像恢复质量可满足重新提取特征的要求。

4. 指纹比对子系统

指纹比对系统采取先进的计算机方法,充分借鉴指纹专家的理论和经验,根据计算机自动提取或人工标点的指纹特征,对特定指纹与指纹库中指纹进行筛选和特征匹配、逐一进行比对鉴别,提供候选名单,以便专业人员确认。特征匹配的方法和相似程度的度量依模式识别的方法及具体的比对算法的不同而不同。指纹比对包含四个基本功能:捺印指纹查前科、捺印指纹倒查、现场指纹正查、现场指纹串查。

通常,指纹比对子系统排列出候选指纹名单,最后由人工进行确定配对指纹。一些指纹比对子系统也具有唯一认定的功能选项。指纹比对子系统是 AFIS 的核心,其关键的技术指标包括指纹比对子系统的最大库容量、指纹查询速度、指纹查准率。

5. 人机交互子系统

指纹自动识别系统的终端系统包括下面的人机交互功能:指纹输入、指纹处理、指纹压缩、人工编辑、指纹提交比对和指纹认定、指纹数据远程上报和比对结果输出。指纹输出包括打印捺印指纹和现场指纹、打印鉴定书、打印统计报表。

人工编辑系统是人机交互系统中的一个十分重要的子系统,人工编辑系统应具有友好的图形界面,操作简洁、方便。这一系统具有以下的功能:(1)图像编辑界面,包括图像旋转、平移、放大、裁剪;(2)中心、三角定位,包括坐标、方向、误差范围、偏转范围和纹线间距等;(3)特征点编辑,包括坐标、方向,特征点增、删、改;(4)纹型编辑、指位编辑;(5)图像处理,包括方向场、图像增强、锐化、二值化、亮度对比度等;(6)纹线线宽、分辨率处理、图像比例尺处理等。

6. 数据库管理子系统

在 AFIS 中,至少包括捺印指纹库和现场指纹库,有的 AFIS 系统中还包括犯罪人员信息库和案件信息库。捺印指纹库分为捺印指纹特征库和捺印指纹压缩图像库。捺印指纹压缩图像库存储犯罪人员捺印指纹图像数据,数据量大,占指纹系统绝大多数存储空间。捺印指纹压缩图像被保存用来在比对结果认定时比照指纹图像,供人工确定配对指纹。根据我国标准,每枚指纹压缩图像数据量是 20K 字节,也就是说每万人指纹图像数据占用 2GB 硬盘空间。

捺印指纹特征库管理的是 AFIS 系统预先从指纹图像提取指纹特征数据。在指纹查档中,待检指纹是和特征类型和细节特征数不同、特征数据量不同,每枚指纹特征数据量一般在 0.5K ~ 1.5K 字节范围之间。

同样,现场指纹库也分为现场指纹图像库和现场指纹特征库。在大多数 AFIS 系统中,现场指纹以原图(非压缩)方式保存,以保证现场指纹图像的质量。

在 AFIS 系统中犯罪人员信息库和案件信息库用来存储简要的人员信息和案件信息,主要在指纹认定、破案时调用。

数据库管理子系统应具备数据存储和备份的功能,数据库的增删、修改的功能和数据库查询和维护的功能。

二、指纹自动识别系统的应用

(一)指纹的捺印质量与自动识别率

指纹自动识别系统具有建库速度快、比对快捷和大容量数据的比对筛选及先进的管理能力等方面的特点。而且在进行自动纹型分类、抽取中心、三角和特征点、比对准确性等方面,与人工管理指纹相比,都有无与伦比的优势。指纹自动识别系统的上述优势和特点,都取决于捺印指纹样本的质量。

1. 指纹自动识别系统对捺印指纹的要求

指纹自动识别系统的先进性是靠入库样本的质量作为保障的,这也是指纹自动识别系统与人工管理指纹的区别,它直接关系到系统工作的质量。

指纹自动识别系统是通过设计软件,借助硬件设备自动实现对指纹的分析、存储、比对等。从这个过程可以看出,指纹自动识别系统对捺印差的指纹进行完整分析,是不可能像人工管理那样对模糊指纹正确识别,对不完整指纹进行完整分析,对错位指纹自动复位的,即指纹自动识别系统是在固定的设计程序和算法原则下工作的,它不可能改变自己的设计原则。因此,指纹的捺印质量直接影响指纹自动识别系统的工作质量,即指纹自动识别系统对指纹的捺印质量较之人工管理指纹而言要求更高。指纹自动识别系统对指纹的捺印要求:按系统设计的十指格式依次捺印,捺印指纹必须纹线清晰、完整(必须三面捺印)、着色均匀、不变形,手位、指纹不能颠倒错位等。

2. 指纹的捺印质量与指纹特征点自动抽取准确率的关系

指纹自动识别系统的自动化程度高,指纹的纹型分类、特征的抽取、图像的存储以及检索、比对等都是由计算机自动完成的,特别是对指纹细节特征点的抽取,是将指纹灰度图像二值化和细化之后进行的。通过特定的设计和算法,检出纹线细节特征点的位置和方向,并给特征点以标示。

指纹自动识别系统在检测、确定指纹纹线细节特征点及方向时,是以指纹图像为前提的。指纹纹线清晰时,计算机就可以在其特定的设计和算法下确定指纹特征点的位置和方向,其自动抽取准确率就越高;反之,若指纹纹线质量差,指纹自动识别系统在自动抽取指纹特点时必定出现紊乱的现象,其准确率就很低。

3. 指纹捺印的质量与指纹自动入库率的关系

指纹自动识别系统指纹资料的入库存储,是将捺印指纹通过扫描仪输入计算机,变成计算机数据保存的。按照指纹自动识别系统的要求,一台专用扫描仪每天输入计算机的指纹资料应在1000人份左右,或者更多。这比人工分析、存储指纹,建库速度快。但是,这个工作的完成必须以指纹的捺印质量为前提和保障。一般指纹自动识别系统自动抽取指纹特征率均在95%以上,当然,这是针对捺印指纹质量好的指纹而言的。可以这样认为,捺印指纹质量好的指纹样本,通过AFIS系统自动提取特征后,基本上不再需要对其进行人工修正,指纹自动识别系统可以发挥较好的效益。但是,如果捺印指纹不清晰或者模糊,那么就会直接影响指纹的入库率。捺印指纹的样本通过扫描仪自动扫描入库是建立指纹自动识别系统的第一道工序,为了提高指纹自动入库率,需要从以下几个方面入手:

指纹捺印样本通过扫描输入计算机,指纹自动识别系统设计了多种指纹捺印卡格式作为捺印指纹的扫描入库的支持。因此,首先,捺印指纹必须按照这几种固定的指纹卡进行指纹捺印,不能左右手错位捺印,这样会影响入库的速度和准确性;其次,如果捺印指纹不清晰或者模糊,操作人员还必须调整光亮度和对比度;最后,若是捺印指纹的质量达不到指纹自动识别系统的要求,则必须进行人工修正,或是选择清晰指纹与相对应的模糊指纹进行替换,以弥补因捺印指纹质量差对检索比对准确率的影响,甚至漏查。但是,人工修正与指纹自动识别系统自动提取特征标准必须保持一致性,这一点至关重要。

(二)现场指纹库的建立

任何一个指纹自动识别系统必须建立两大指纹库,即捺印样本指纹库和现场指纹库。建立现场指纹库的目的就是能够最大限度地发挥指纹自动识别系统的指纹比对破案功能。

1. 现场指纹卡的制作标准

现场指纹卡是为建立指纹自动识别系统的现场指纹库而专门设计的，以粘贴现场指纹照片及有关案情为主要内容的指纹卡片。现场指纹卡的制作是建立指纹自动识别系统现场指纹库的基础。

(1)现场指纹卡的内容

现场指纹卡一般包括以下内容：正面，留有“现场指纹信息卡”字样，并包含现场指纹卡号、案件性质、发案时间、发案地点、损失情况、送检单位、作案手段、指位判断、手印显现等方法，遗留客体部位及纹型判断等，并留有粘贴的现场指纹照片的位置；反面，主要记录查破案件的情况，即查中的犯罪嫌疑人姓名、档案条码号、查中的指位、排名(指纹自动识别系统的比对排名)以及犯罪嫌疑人前科情况等。现场指纹卡格式应该统一采用“公安部现场指纹信息卡”格式(暂行)。现场指纹卡号共有15位数字，第1~6位为指纹信息管理单位的行政区划编码，第7~10位为年份，第11~15位为卡片序号。对应的案件编号有20位必须填写，其中案件类别、涉案级别、提取单位、提取时间、提取人等也必须填写。否则，就不能录入公安部现场指纹计算机管理系统。

(2)现场指印输入的条件

指纹自动识别系统将犯罪现场提取的指印通过扫描仪输入计算机，作为指纹自动识别系统检索、比对现场指印。按照公安部〔1999〕844号文件要求，现场指印必须具备以下条件：①指印图像必须原物大，一律使用黑白照片；②指印乳突纹线的颜色必须为黑色；③在指印照片一边要用比例尺标出，比例尺要贯穿整个指纹图像，误差不超过0.5mm；④要判明手位、指位，不标特征；⑤现场指纹照片反差要明显。

2. 现场指纹库的建立和维护

指纹自动识别系统现场指纹库是指纹管理部门将各类犯罪现场发现提取的犯罪遗留指纹，通过扫描仪输入存储的现场指纹信息资料。指纹自动识别系统现场库建立起来以后，要重视对其进行维护和管理。只有维护管理好，使用起来才能方便，才不会造成混乱。

现场指纹库的维护管理要求包括：(1)经常性地对现场指纹原件或者照片，在放大镜下通过肉眼观察指纹特征点，再与显示器上指纹进行比照，最后确定指纹特征点。(2)建立现场指纹库后，要通过指纹自动识别系统，随时与存储的现场指纹进行核对编号，检查是否有指纹与案件错号。(3)在查案时要分配合理，不要一起案件一枚指纹同时分配给两个人查。(4)查对人员不得更换现场指纹编号。(5)对已经查破的案件和相同指位的现场指纹要适当地进行清除和替换。(6)要切实做好指纹档案管理工作，保持与现场指纹一致，做到发现问题及时修改。

(三)指纹的检索比对

指纹的检索比对是指纹自动识别系统功能的具体体现，指纹检索比对的结果和效果如何，是检验指纹自动识别系统质量的唯一标准。

1. 指纹自动识别系统指纹检索比对的方法

(1)现场指纹与捺印指纹库的检索比对方法

现场指纹与捺印指纹库内指纹的检索比对,也称为现场查案或者正查,其方法如下:

首先,将送检的具有鉴定条件的现场指纹粘贴在现场指纹卡上,填写有关案情和其他信息,并予以登记、编号;其次,在开始扫描输入现场指纹前,可以根据现场指纹的实际情况,改变扫描仪的亮度和对比度等参数,使现场指纹反映出最好效果;最后,对查档的现场指纹进行编辑,即准确分析、判断指纹类型、确定中心点、三角等。如果类型不能够确定的,应将可能的类型都核查。在做完上述工作后,指纹专家发出提请系统检索比对的请求,很快指纹自动识别系统就将捺印指纹库最相近的50枚(或者100枚)指纹提供给指纹专家进行比对鉴定,指纹专家将通过这些指纹与现场指纹进行比对,并作出查中或者未查中的结论。

(2)违法犯罪嫌疑人指纹与现场指纹库的检验比对方法

违法犯罪嫌疑人指纹与现场指纹库的检索比对方法,也称为“倒查档”,是指指纹管理部门收到侦查部门送来的违法犯罪嫌疑人员指纹捺印样本后,输入指纹自动识别系统现场指纹库进行检索比对,以此来揭露犯罪行为人,其步骤如下:

第一,捺印查档的十指纹,必须用指纹专用油墨捺印在专用的十指纹卡片上,若发现个别指纹不清晰或错位,必须修正或者重新捺印。第二,为捺印的十指纹编号(或者采用临时编号),要求编号是唯一的,不会出现相同的编号。第三,将捺印的十指纹扫描输入计算机,计算机自动提取指纹特征、分类、定中心和三角点。为了保证查档的可靠性、准确性,指纹专家应逐枚指纹进行人工修正,再进行查档。如果对某些指纹分类有疑问,那么查完后,应改变纹型,再查一次。第四,上述工作完成后,提交系统进行检索比对。指纹专家将根据指纹自动识别系统提供的相似指纹得出比对鉴定意见。

(3)违法犯罪嫌疑人指纹与前科档案比对方法

违法犯罪嫌疑人指纹与捺印指纹库的比对,是把嫌疑人的捺印指纹输入系统与存档指纹库的指纹进行比对,可以解决犯罪嫌疑人是否有犯罪前科及所述姓名是否属实的问题。

(4)现场指纹与现场指纹库的检索方法

现场指纹与现场指纹库的检索比对方法,是将送检的现场指纹直接与指纹自动识别系统中的现场指纹库进行检索比对。由于是现场指纹比对现场指纹,如果指位分析准确,纹型确定正确,那么指纹特征点标示完整、正确,检索比对一般也就会准确率较高,效果明显。

这种检索方法及步骤:首先,将现场指纹编号登记扫描输入,其方法同前所述。其次,对其特征进行编辑确定。由于现场指纹的所有指纹特征点都由人工编辑完成,因此,必须对现场指纹认真分析,要准确确定中心、三角点、细节特征点等,还要对中心和三角部位进行范围扩大,以保证该部位特征的价值。再次,确定比对条件,即准确判断现场指纹的指位、纹型,为检索比对提供更多的条件。实在难以确定的,要扩大范围,反复查档。最后,由指纹专家提交给系统比对。

2. 指纹检索比对中应该注意的问题

指纹检索比对是指纹自动识别系统应用的最关键的步骤,也是指纹自动识别系统显示自己能力的体现。指纹检索比对能否成功,除了指纹自动识别系统本身的功能优势外,关键是系统管理者如何管理和使用。因此,在运用指纹自动识别系统进行检索比对过程中,应注意以下问题:

第一,现场指纹查档、十指纹查现场指纹以及现场指纹查现场指纹库,这几项工作都要分别在专门的登记本上登记。现场指纹必须建立相应的档案管理,并与指纹自动识别系统现场指纹库保持一致。违法犯罪人员指纹样本在查现场指纹时需要临时登记号码,比对工作结束后,要重新编号,正式入库保存,并做好中文资料的信息输入。

第二,通过现场指纹查出的犯罪嫌疑人,应立即将此人的十指纹提出,反过来与指纹自动识别系统现场库里面的现场指纹进行倒查,扩大破案效果。

第三,随着指纹自动识别系统中指纹资料库的不断增大,要注意将一些重特大案件(或者积案)现场指纹,隔一段时间后再查,有的要反复多次。

第四,要针对现场指纹条件,不断进行指纹特征修订,按照指纹自动识别系统功能作用,不断给出检索比对条件,反复检索比对,提高查档效果。

思考习题

1. 现代手印检验的发展历史?
2. 手纹的基本形态和结构的分类?
3. 手印勘验的方法?
4. 手印检验的程序?
5. 手印的自动化识别系统如何应用?

拓展阅读书目

1. [德]罗伯特·海因德尔:《世界指纹史》,刘持平、何海龙、王京译,中国人民公安大学出版社 2008 年版。

2. 赵向欣主编:《中国刑事科学技术大全·指纹技术》,中国人民公安大学出版社 2003 年版。

3. 邓裕东主编:《手印检验技术》,中国人民公安大学出版社 2008 年版。

4. 刘少聪著:《新指纹学》,安徽人民出版社 1984 年版。

第十三章　足迹检验技术

本章概要

本章介绍了足迹的形成、分类及作用，详细阐述了不同种类足迹的特征，明确了现场足迹的勘验与分析方法，以及足迹鉴定的一般方法，即如何利用足迹进行同一认定及种属认定等。

通过本章学习，必须掌握足迹的特征、足迹的提取以及足迹鉴定的一般方法。

关键词

足迹；足迹鉴定

第一节　足迹的形成、分类及作用

足迹，又称足印或脚印，是人体站立、踏蹬或行走等活动时，自身重量（人体质量与地球引力构成的重力）和人体肌力通过其足（赤足或穿鞋、穿袜的足）作用于地面等物质客体上所形成的痕迹的总称。

一、足迹的形成

（一）足迹的形成

足迹的形成，即足（赤足、穿鞋袜的足）作为造型客体与地面等承受客体直接接触作用，使承受客体表面发生塑性变形或造型客体与承受客体之间发生其他种类物质转移的过程。

（二）足迹形成的三要素

1. 足迹的造痕客体。根据直接与承痕客体接触的客体种类不同，可以分为赤足、鞋、袜三种客体。

2. 足迹的承痕客体。足迹的承痕客体种类繁多，常见的有软质客体、硬质客体、鞋内底等。不同承痕客体具有不同的结构、性质，其表面形成的足迹具有不同形式、不同质量的反映,因此,也使足迹具有不同的检验价值。

3. 形成足迹的力。即造痕客体与承痕客体两者间的相互直接作用力,包括人体的肌力和重力、对地面的压力和摩擦力、人体行走运动的惯性力等。

二、足迹的分类

足迹的分类通常依据教学和实际工作的不同情况、不同目的、不同表述,采取不同的分类标准。

(一)按造痕客体进行分类

1. 赤足足迹

亦称赤脚印,是指人的赤足直接与地面等客体接触形成的足迹。

赤足足迹可反映脚掌面外部结构的特点,有时也能反映脚掌皮肤的乳突纹线。它是进行人身同一认定的重要依据。在不同的物体表面上会形成不同的赤足形态特征。例如,在可塑性好的泥土地面和软质客体上形成的足迹,可反映赤足足型的外表结构形象和行走运动特征;在平整硬地面和硬质客体上形成的足迹,可反映赤足足底结构轮廓形象特征与行走运动特征;条件较好的情况下,还有可能反映出足底乳突纹线特征。

2. 穿鞋(袜)足迹,亦称为鞋(袜)印

(1)穿鞋足迹(鞋印)是指人足穿鞋与地面等客体接触形成的足迹,可反映鞋底的外表结构形象及鞋底花纹结构等特征,同时由于行走运动,也会反映出人体行走运动特征。穿鞋足迹是进行鞋的同一认定的依据。

(2)穿袜足迹(袜印)是指人足穿袜与地面等客体接触形成的足迹,可反映袜子的织物结构及足的结构和行走运动等特征。穿袜足迹一般只能进行种属认定,在特殊情况下(如补丁等)才能进行同一认定。

(二)按承痕客体表面变化形态分类

1. 立体足迹

立体足迹是指足作用在具有可塑性的地面(如稀泥、松土、厚的粉尘、雪地等)或软质客体上形成的具有凹凸结构(三维特征)的,具有明显立体感的足迹。

立体足迹不仅能反映出足接触部位的立体形象,而且能较好地反映出人行走运动特征,是进行足迹(赤足、鞋或袜)同一认定或种属认定的重要依据。

2. 平面足迹

平面足迹是指足在平整的硬质地面(水泥地面、木板等)或硬质客体上,因客体间表面物质(附着物)的物质转移所形成的,无明显立体感的足迹。平面足迹仅能反映出足底凸出部位的形象特征,包括赤足足底的轮廓形象特征和乳凸纹线特征,并在一定程度上反映出人行走运动力的形态特征。平面足迹是现场上最常见的一种痕迹,其较立体足迹来说不完整、不直观,但可反映出乳突纹线、褶纹皱纹等细微特征。

依据不同的标准可以对平面足迹作不同的划分:

(1)依据承痕客体表面物质(附着物)的增减情况不同,可以分为加层平面足迹和减层平面足迹。加层平面足迹是指承受客体表面附着物少,足上沾有附着物,当两者接触时足上的附着物黏附在承受客体上形成的足迹。减层平面足迹相反,是指足沾走了承受客体表面上的附着物形成的足迹。

(2)按其附着物的性质和状态,还可分为平面汗液足迹、平面血迹足迹、平面粉尘足迹以及几种物质混合型的平面足迹。了解平面足迹是什么物质形成的,对足迹的发现、固定、提取极为重要,可以采取相应的、具有针对性的技术方法进行处理,从而获得比较清晰的足迹。

(3)按照平面足迹和承痕客体表面色泽的对比,还可以把平面足迹分为有色平面足迹和无色平面足迹等。

(三)按足迹的反映质量分类

1. 正常足迹

正常足迹是指轮廓完整、清晰、特征稳定的足迹。就立体足迹而言,其完整度和清晰度主要取决于承痕客体的塑性、可塑性和颗粒结构。

2. 非正常足迹

非正常足迹是指轮廓明显变形,残缺不完整,模糊、重叠,特征不稳定的足迹。因此,非正常足迹可分为变形足迹、残缺足迹、模糊足迹、重叠足迹。

这种分类对足迹检验很重要。通过对正常足迹的形象、形态特征进行鉴定,可以得出可靠的结论;对非正常足迹,应根据其不同类别研究其形成的原因,找出可靠的特征再进行检验。

(四)按足迹的数量及搭配关系分类

1. 单个足迹

单个足迹是指不能直接、完整地反映出双足连续的搭配关系或双足的周期性运动的一个或多个不连续的足迹。单个足迹在现场上的出现率较高,能反映足底、鞋底或袜底的外表形态特征。

2. 成趟足迹

成趟足迹是指能够直接、完整地反映双足连续的搭配关系或双足的周期性运动的四个以上的连续足迹。成趟足迹不仅能反映出赤足或鞋袜的外表形态特征,而且能反映出足迹遗留人的行走步态特征。

三、足迹在侦查中的作用

足迹是犯罪现场常见的遗留痕迹。足迹与其他痕迹物证相比,对分析确定案件的性质,划定和缩小侦查线索、范围,确定犯罪嫌疑人有重要的作用。

(一)分析案件性质

在刑事案件的侦查中,首先要确认该事件是否构成犯罪,是否需要立案侦查。通过对现场足迹的勘查,可进行案件性质的分析——是自杀、他杀还是意外事件。若现场除了死者的足迹外,还有大量其他人的足迹,则可为判断他杀提供有力依据。

（二）分析作案活动过程,确定现场出入口和来去路线

确定犯罪嫌疑人出入现场的地点和方式,对推断作案过程是至关重要的。根据现场外围犯罪嫌疑人的步行路线的走向来确定出入口。从外围指向中心的足迹一般是犯罪嫌疑人进入现场的足迹;反之,则是离开现场的足迹。对于异常的出入口要耐心寻找、全面勘查。不同类型的犯罪嫌疑人,选择的出入口也不一样。

（三）分析作案人数

现场足迹可以反映出到过现场的人数,所以现场足迹是分析作案人数的依据之一。利用现场足迹分析作案人数,主要是根据人的生理条件、具体现场足迹的类型、大小、数量和各种足迹的结构及种类特征与个别特征,结合具体案情进行分析。

利用足迹分析作案人数时,应注意识别同一人穿不同种类的鞋(换穿鞋)和不同人穿同一种类的鞋的假象。在现场发现足迹后,不仅要注意研究其足迹的花纹形象,更要注意研究足迹上所反映的行走动力形态特征和磨损特征。

（四）分析足迹遗留人的人身特点及职业特点

根据现场足迹反映出遗留人的生理特点和特殊磨损特点,分析足迹遗留人的人身特点(如性别、身高、年龄、体态、行走姿势等)及职业特点,为侦查工作提供嫌疑人排查范围。

（五）分析鞋的种类

现场足迹大多是穿鞋足迹,由此来确定鞋的种类,这是侦查工作的内容之一。传统的人工查询方法费时费力,现在以鞋底花纹自动识别系统和鞋底花纹在线查询系统服务平台为基础的全国公安机关鞋样本数据库应用系统,为确定鞋的种类、产地提供了便捷的方法。

（六）循迹追踪

在大多数案件中,犯罪嫌疑人都会在作案现场和途经路线上遗留相应足迹,可根据作案人足迹特征的特点,沿其来去的路线进行循迹追踪。同时,可与警犬结合追踪连续成趟足迹,以快速抓获犯罪嫌疑人。

（七）串并案件

通过对多起同类型或不同类型案件现场当中的遗留足迹特征进行分析、比对检验,是串并案件重要的依据之一。对不同案件现场遗留的足迹进行比对检验,能够将同类型鞋印或不同类型鞋印但具有相同或相近特征点的鞋印进行串联,结合其他痕迹物证,进行串并案件,可以及时整合信息,为侦查破案提供线索。

（八）为视频侦查提供线索

在现场足迹勘查中分析推断的作案人人身特点及职业特点的基础上,结合案发现场周边的视频监控图像进行分析,对现场人员进行筛查,甄别犯罪嫌疑人,从而为侦查提供线索。

第二节　足迹的特征

一、赤足足迹特征

（一）赤足结构特征

赤足结构特征是指赤足足迹中所反映出来的赤足外表结构的特殊点、特殊表现形式、局部形态等。足的骨骼和软组织是构成赤足结构的基础。

1. 足骨骼

（1）足骨。正常人的单足足骨共有26块，其中包括7块附骨（跟骨、距骨、舟骨、骰骨和三块楔骨）、5块跖骨（由足内侧向足外侧分别为第一、二、三、四、五跖骨）和14块趾骨（除拇趾为两节近节趾骨和远节趾骨外，二、三、四、五趾各为三节，即近节趾骨、中节趾骨和远节趾骨）。

另外，在第一、五跖骨末端（头）底部和跟骨下方，各有一籽骨。

（2）足关节。关节是指骨与骨之间借助结缔组织、软骨组织及骨组织所构成的一种连结。足关节主要有踝关节、距下关节、足跖趾关节和趾关节。

（3）足弓。除了趾骨部分外在总体上形成弓状结构的是足弓。沿纵向的弓状结构为纵弓，沿横向的弓状结构称为横弓。纵弓有内纵弓（亦称弹性弓）和外纵弓（亦称支撑弓），横弓有前横弓和后横弓。

2. 足软组织

足软组织主要有足肌和足皮肤。足肌分为足底肌和足背肌两群，主要运动机能是使足趾做屈伸运动。足皮肤分表皮、真皮、皮下组织三层，主要机能有保护足免受外界的侵害、调节体温、分泌汗液、接受外界环境的各种刺激等。

赤足足迹是赤足的结构在承痕客体上的客观反映，分为足趾、足掌、足弓和足跟四个区。

（二）足型特征

足型特征是指在赤足结构特征中能够反映足解剖结构特点的特征，包括足型整体特征和足型局部特征。

1. 足型整体特征

足型整体特征是指能够反映足整体解剖结构特点的特征，主要有足长、各区域长宽以及各特征点之间的距离关系等。

足型整体特征要经过对足迹的测量加以确定，因此，必须建立测量标准或测量基线。足迹测量基线（或称赤足足迹中心线）的确定方法是：找出赤足足迹跟后缘向后最突出点和第二趾头的中心点（如果二趾未出现时则找出拇趾头和三趾头所夹空间之中点），将二点连线作为赤足足迹测量基线（或赤足足迹中心线）。

此外，确定足迹测量基线（或称足迹中心线）还可以采取其他方法：

第一，分别作赤足足迹的跖、跟内缘凸点及外缘突点的公切线，两线交于一点，以二公切线夹角的平分线为测量基线或足迹中心线；

第二，分别作赤足足迹的跖、跟内缘突点为外缘突点的公切线，找出四个切点，分别连接跖区二切点和跟区二切点，确定二线段的二中点，将此二点的连钱作为足迹中心线；

第三，分别确定跖区和跟区的中心点（即最宽处中点），将连线作为足迹中心线。

（1）长度特征。赤足足迹长度特征，是指足型整体结构的纵向长度特征。

赤足足迹全长，是指沿足迹中心线方向赤足足迹的最大长度。具体测量方法是：先确定赤足足迹最长处的前缘的最凸点，过此点作足迹中心线的垂直切线交于一点；确定足迹跟后缘最凸点，过此点作垂直足迹中心线的切线交于另一点，测量两点之间的距离，作为赤足足迹全长。

（2）宽度特征。赤足足迹宽度特征，是指足型整体结构的横向宽度特征。

①赤足足迹足宽（又叫跖宽），是指沿足迹中心线垂直方向赤足足迹的最大宽度，因绝大多数人的跖区最宽，所以常常用跖宽代表足宽。具体测量方法是：分别过跖内外缘突点作足迹中心线的平行线，两平行线之间的距离即为赤足足迹的足宽。

②赤足足迹弓宽，是指沿赤足足迹中心线垂直方向，足迹弓区的最小宽度。具体测量方法是：用直尺在垂直足迹中心线方向上以目测的方法找出弓区最窄处，测量直尺与弓内外缘两交点之间的距离，即为弓宽。

③赤足足迹跟宽，是指沿赤足足迹中心线垂直方向，足迹跟区的最大宽度。具体测量方法是：用直尺在垂直足迹中心线的方向上，以目测的方法找出跟区最宽处，测量跟区最宽处内外缘两交点的距离即为跟宽。

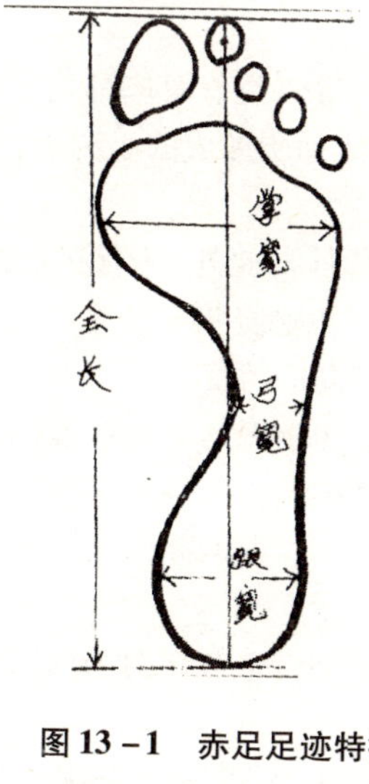

图 13-1 赤足足迹特征

2. 足型局部特征

足型局部特征，是指足型特征中能反映赤足局部结构特点的特征。主要有以下几类：

(1) 足趾区结构特征，是指足趾个体结构特征和足趾组合结构特征的总和。主要包括足趾形状、足趾大小、足趾排列形态、足趾节区形状等特征。

(2) 足跖区结构特征，主要有跖内外缘、跖前后缘、跖表面等结构特征，特征稳定、特殊，是分析和鉴定的主要依据。

(3) 足弓区结构特征，足弓是由跖骨和部分跗骨构成的纵向、横向凸起的弓形结构，主要有弓内缘、弓外缘的形态特征。

(4) 足跟区结构特征，即足迹跟区的轮廓形态。每个人足跟边缘形态的不同，决定了赤足足迹跟区具有不同类型的四个边缘及一些细节特征。不同年龄的人所形成的足迹跟区的结构形态也有一定的差别。

(三) 足底肤纹特征

足底面的皮肤和手掌面皮肤一样，分布着乳突纹线、褶纹、皱纹。清晰的赤足足迹往往能反映出足趾头、趾节和足掌面上的肤纹特征，即足底乳突纹线。足趾头乳突纹线与手指的乳突纹线类似，常能构成弓、箕、斗、杂型纹和三角形花纹，并且具有内部、外围、根基三个纹线系统。但与手掌面的乳突花纹相比，其特点表现为：足底面的乳突花纹大，纹线较粗，间隔宽；纹线多以斜形线和弧形线构成，除拇趾外，其他四趾很少出现复杂花纹；花纹中心较扁平，纹线间常出现脱皮的斑点。

在足趾头，趾节和足掌面的乳突纹线中，同样有起点、终点、分歧、结合、小桥、小眼、小勾、小棒、小点等细节特征。这些特征是人身鉴定的重要依据。检验中要注意它们的形态、位置、流向及分布关系。

褶纹是指足趾关节、跖趾关节、跗跖关节对应部位上的皮肤表面固有的粗大明显的沟纹；皱纹是指因足底皮肤松弛活动所形成的小沟纹，它们都具有各自的结构形态。

(四) 其他特征

前面介绍了正常的赤足足迹特征。此外，还有在足的形成、生长和运动过程中形成的如畸形、损伤、伤疤、鸡眼、脱皮和附着物特征等。它们出现率低，形态结构特殊，是足迹检验和鉴定所依据的质量较高的特征。

1. 趾的畸形主要指生理解剖结构出现的异常形态，如多趾、联趾、缺趾、断趾等。

2. 伤疤是受伤的皮肤局部的纤维组织和结缔组织繁殖增补而形成的一种疤痕。

3. 鸡眼是由于对足底面某一局部长期的高强度的摩擦或较大压力的作用，从而导致皮肤局部角质化或损伤形成的。

4. 脱皮是由于足底皮肤受霉菌的侵蚀或压力的作用，从而导致表皮角化层局部损伤、细胞坏死，最后脱落形成的。

5. 附着物是临时包扎、捆绑在足上的物质或黏附的物质，所以附着物特征包括包扎、捆绑特征和黏附物特征。

二、鞋的结构特征

鞋的结构特征主要是指鞋或穿鞋足迹中反映出的鞋的各部位形状、大小外表结构形态特征。

（一）鞋的分类

鞋的种类繁多，通常的分类方法有以下几种。

1. 按鞋底原料分类，有布底鞋、皮底鞋、胶底鞋、塑料底鞋四大类。每一类鞋都有相对应的用料和加工成型工艺以及自己的结构特点。

2. 按鞋底生产工艺分类，有黏胶底、纳制底、模压底、注塑底、硫化底、冲切底等。

3. 按鞋底成型工艺分类，有胶黏、缝制、模压、注塑、硫化等。

4. 按鞋的穿用用途分类，有军用鞋、民用鞋、文体用鞋和特殊用鞋等。

5. 按鞋型分类，有满帮鞋和非满帮鞋。满帮鞋包括靴子、高筒靴、矮腰鞋、浅口鞋、便鞋等，非满帮鞋包括凉鞋、拖鞋等。

（二）鞋型特征

鞋型特征是指鞋或穿鞋足迹中反映出来的鞋的各部位形状、大小等结构形态特征。

1. 鞋底结构形态特征

（1）鞋底长宽特征

鞋底长宽特征包括鞋底的长度以及鞋底的前掌宽度、鞋弓宽度、鞋跟宽度。测量鞋底长宽的方法可参考测量赤足长宽的方法。

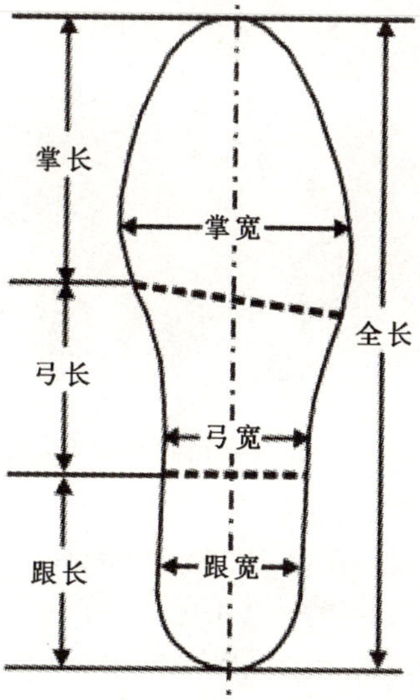

图 13－2　鞋底长宽特征

(2)鞋底结构形态特征

鞋底结构形态特征包括鞋底周围边缘形态和鞋底面结构特征。鞋底边缘形态主要是指鞋底掌区内外侧边缘形状和鞋底前尖、后跟边缘形状。鞋底面结构特征即鞋底面的立体结构形态,主要有平底、加厚掌底和加厚跟底三种类型。

(3)鞋底花纹结构形象特征

鞋底花纹种类繁多,根据不同标准,对鞋底花纹的分类就不同。按鞋底花纹的形状分,有波、折型,格、块型,圆、圆环、椭圆、类圆型,交织型,线型,图画型,角型、三角型,文字型,平底型等。按大底边缘的情况分,有无边缘型、一条、两条、三条边缘型、三条以上边缘型等。另外,现在市面上的鞋子大多都会出现鞋底标记,即鞋底出现的如商标、牌名、厂名、鞋号等特殊标记,其所在位置、形状内容和相互位置关系对足迹检验和鉴定具有重要意义。

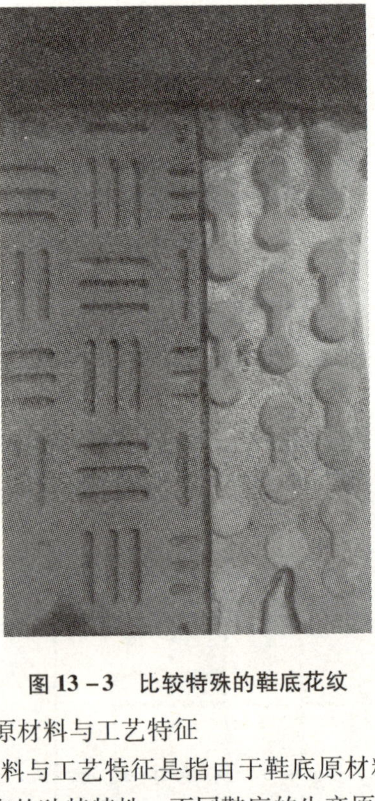

图 13－3　比较特殊的鞋底花纹

(4)鞋底生产加工的原材料与工艺特征

鞋底生产加工的原材料与工艺特征是指由于鞋底原材料品种的不同和生产工艺的差异,使不同的鞋所具有的独特特性。不同鞋底的生产原材料和加工工艺不同。例如,我国生产的塑料鞋底原材料一般采用聚乙烯、聚氯乙烯、乙烯－醋酸乙烯酯等,塑料鞋底的生产加工工艺主要有注塑法、压延冲切法、模压法等。

2. 鞋子生产、使用过程中形成的特征

鞋在生产、穿用、修补的过程中会在一定程度上改变原有的结构形态而形成新的形态特征，主要包括鞋底生产时的瑕疵特征、鞋底花纹磨损部位与磨损形象、鞋底损伤特征以及鞋底修补特征等。这些特征多是特定特征，是构成鞋印特定性的主要依据，也是足迹检验与鉴定的重要依据。

（1）鞋底生产特征

鞋底生产特征是指鞋底在生产过程中，由于制作方法、制作过程的不可重复而形成的特殊特征。其中以手工制作的鞋底特定性程度最高。虽然现在机制鞋底的标准化程度越来越高，但也不可避免地会出现一定的“公差”或瑕疵。

（2）鞋底磨损特征

鞋底磨损特征是指鞋在穿用的过程中，鞋底外表经常受到摩擦、弯曲、伸长和压缩等力的作用，使鞋底表面花纹磨损，进而使鞋底外表发生形变，如磨光（花纹磨平）、窟窿（孔洞）等。鞋底磨损的形式主要有挤压磨损、磨粒磨损、疲劳磨损三种。

磨损的种类特征，包括磨损程度（轻度磨损、中度磨损、重度磨损和窟窿）、磨损部位（起、落脚部位的磨损及足趾、掌、弓、跟等部位的磨损）及磨损的一般形状。磨损的一般形状主要是指穿鞋足迹反映的足型轮廓；足迹反映出的起、落脚磨损形状；足迹反映出的鞋掌区、弓区、跟区等部位的磨损形状、大小等。

磨损的个别特征，包括穿鞋足迹反映出的重点磨损面的位置、形状、大小及其相互关系；因磨损而形成鞋底花纹深浅的具体变化；几处磨损特征之间的相互关系；起、落足部位的磨损；起、落足力的方向及其相互对应关系；鞋底附属物（如绊带扣、鞋钉等）因磨损而形成的细节变形等。

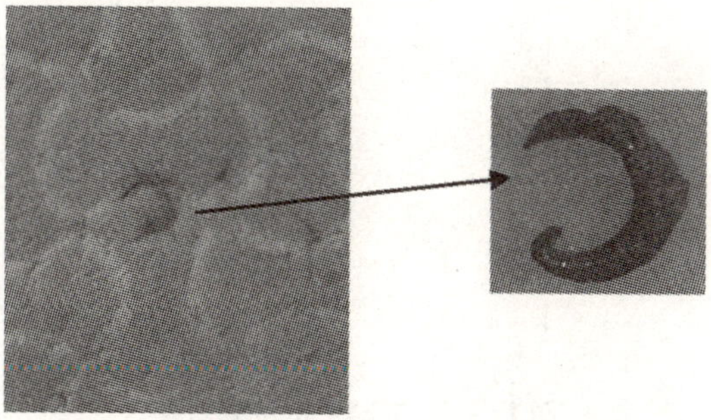

图 13－4　现场物品在嫌疑鞋底所留的特殊痕迹

（3）鞋的修补特征

鞋的修补特征是指鞋在穿用过程中出现损坏、窟窿（孔洞）、折断、脱胶等情况后进行修补形成的特征。此外，还有为了增加鞋的功能或延长鞋的使用寿命而在鞋底加装饰物形成的修饰特征。

鞋的修补方法主要有缝补、钉补、黏补、换跟等，形成的特征主要包括补丁的位置、大小和形状等；钉补的密度、角度，钉帽形状、大小等；缝补的针脚起终点位置，针脚大小等。鞋的修饰特征主要是指在鞋底根部或掌部钉上耐磨的云形钉、方形钉和铁根等。

三、足迹的行走运动特征

行走运动的特征，主要是指人行走运动规律或行走运动习惯在足迹中的综合反映，可反映双足搭配关系及动作痕迹特点。它与人的身体结构密切相关，身体结构决定行走姿势，行走姿势决定行走运动特征，故通过对足迹中行走运动特征的分析，可反映足迹遗留人的身体结构及行走习惯。行走运动特征主要包括步幅特征和步态特征。

（一）步幅特征

1. 步幅特征

步幅特征，是指在成趟足迹中反映双足运步协调搭配关系的特征，是行走运动特征在成趟足迹中的一种反映形式，包括步长、步宽和步角。

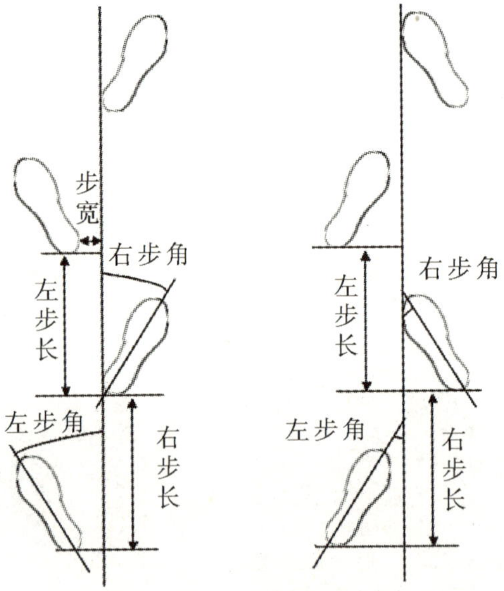

图13-5 成趟足迹步幅特征

（1）步长。步长是指成趟足迹中相邻的左、右足迹相同部位之间与步行线平行的垂直距离。

步长的分类：长步（80cm及以上）、中步（70~79cm）、短步（70cm以下）。

（2）步宽。步宽是指成趟足迹中，一足迹的内沿最凸点到对侧步行线的垂直距离，可分为左步宽和右步宽。左步宽即左足迹内沿最凸点到右侧步行线的垂直距离，右步宽即右足迹内沿最凸点到左侧步行线的垂直距离。

步宽的分类:特宽步(5cm 以上)、宽步(1～2.9cm)、较宽步(3～4.9cm)、拼搭步(－1～1cm)、较窄步(－4.9～－3cm)、窄步(－2.9～1cm)、特窄步(－5cm 以下)。

(3)步角。步角是指左右足迹各自的中心线与其同侧的步行线相交所构成的角度。分为左步角和右步角。左步角为左脚足迹中心线与左步行线的夹角;右步角为右脚足迹中心线与右步行线的夹角。

步角的分类:一般分为外展步、直行步(0～5°)、内收步(0°以下)、不对称步,其中外展步根据展角大小又可分为小外展步(5°～9°)、中外展步(10°～19°)和大外展步(20°以上)。

2. 步幅特征的测量方法

(1)先画步行线。步行线是成越足迹中相邻的同侧足迹的某一相同点的连线,步行线分左步行线和右步行线。

步行线的画法:

先将成趟足迹中相邻的同侧足迹内侧沿的最凸点连成直线作为该侧足迹的步行线,再将成越足迹中相邻的同侧足迹后跟中心点连线作为步行线。

(2)测量步长、步宽、步角。

①步长的测量

首先,把相邻的同侧足内沿的最凸点连成直线作为步行线。左、右步长分别是与左、右步行线平行的相邻两足迹的垂直距离。另外,也可采用目测或棍测。

其次,棍测。是指将刻有标记的 2m 左右的棍置于同侧足、迹足跟内沿,再观测左右相邻足迹的相同部位之间的最远距离。

②步宽的测量

首先,作出左右足迹的步行线,然后分别作出左右足迹内沿最凸点到对侧步行线的垂线,再分别测量垂线的长度,即步宽。另外,也可采用目测或棍测。

其次,目测。将同侧的足迹内侧最凸点连一假设线,以此假设线为基准线,看对侧足迹内沿最凸点至此线的最近距离。

最后,棍测。是指将 2m 左右的棍置于同侧足迹内沿,再观测对侧足迹内侧最凸点至棍之间的距离。

③步角的测量

首先,画出足迹中心线及各自的步行线,两者相交,然后用测量出其夹角度数的大小。

其次,画出足迹的中心线和步行线,使两者相交以夹角的顶点为原点,分别在足迹中心线和步行线上量出 57.3mm 的 A、B 两点,测量 A、B 两点之间的距离,此 AB 线段长度的厘米数即近似于步角的角度。

(二)步态特征

步态特征是指足迹中能够反映足迹遗留人的习惯行走姿势、动作习惯及身体结构的特征。按人体行走运动规律及行走顺序，步态特征可分为落足阶段的步态特征、垂直支撑阶段的步态特征及起足阶段的步态特征。

(1)落足阶段的步态特征

落足特征，是指身体重心位于支撑足足跟部接触地面的瞬间在承痕客体上形成的各种能反映身体结构特点的步态特征。主要痕迹是踏痕，即足跟部向下方踏动地面形成的痕迹，在立体足迹中反映为痕底呈坡面向前的斜坡状，止缘有开口向后的横条裂纹的痕迹；在平面足迹中反映为空缺或擦蹭状的线条。此外，常出现的伴生痕迹有磕痕、推痕、跄痕、擦痕等。

图 13－6　踏痕特征

图 13－7　磕痕特征

图 13－8　推痕特征

(2)垂直支撑阶段的步态特征

垂直支撑特征，是指身体重心位于足底第一、五跖趾关节和跟骨结节三个支撑点上方时在承痕客体上形成的各种支撑痕迹。主要痕迹是压痕，即支撑体重的足碾压地面形成的痕迹，在立体足迹中以不同深浅的凹痕反映压痕的轻重，在平面足迹中以细微物质聚集或沾取物质的多少来反映。此外，常出现的伴生痕迹有迫痕、拧痕、坐痕等。

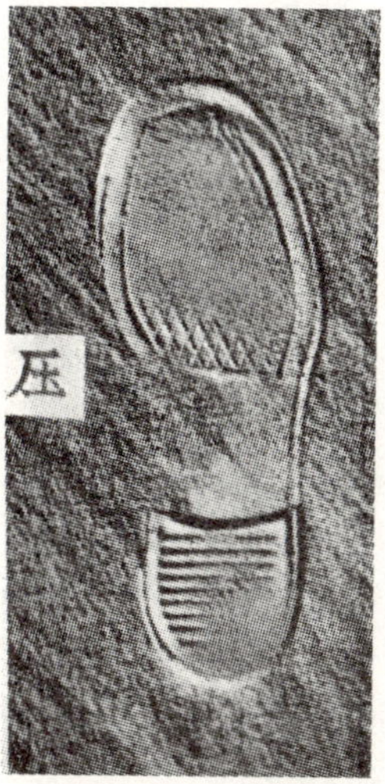

图 13－9 压痕特征

图 13－10 拧痕特征

图 13－11 坐痕特征

(3)起足阶段的步态特征

起足特征，是指身体重心在支撑足的足跖部蹬离地面的瞬间，人行走时与地面等承痕客体相互作用形成的特征。主要痕迹是蹬痕、挖痕和抠痕。在立体足迹中，蹬痕反映为足掌向后蹬离地面时形成的掌部隆起的痕迹，挖痕反映为足趾向后下蹬挖地面在趾尖部位形成的凹陷小坑，抠痕反映为足趾向下抠压地面在前尖部位形成的眉毛状或月牙状凹陷小坑。此外，常出现的伴生痕迹有抬痕、挑痕、划痕、扫痕等。

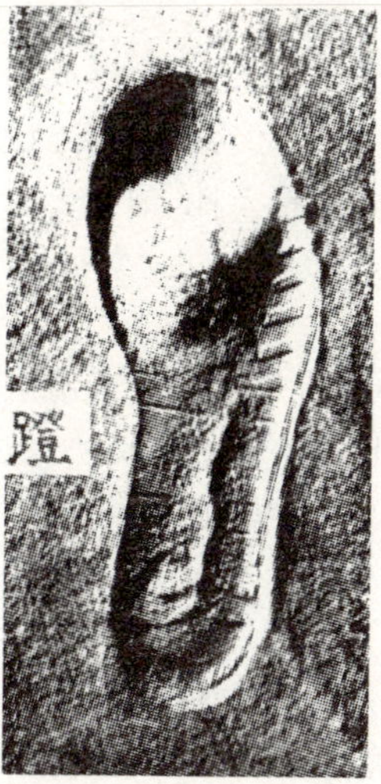

图 13－12 蹬痕特征

图 13－13 挖痕特征

图 13－14 抠痕特征

（三）影响行走运动足迹形态特征的变化因素

影响行走运动足迹形态特征的变化因素主要有：作案嫌疑人的心理状态和伪装；不同材质的鞋袜；不同的负重条件；现场环境及承痕客体的性质等。

1. 作案嫌疑人的心理状态因素

作案嫌疑人的心理状态，是指作案人在一定的环境和条件下，支配其犯罪行为的各种心理因素的总和，是其心理过程和个性特征的综合反映。主要有以下三个阶段：

(1)作案前的足迹

在接近现场时常反映出高抬腿轻落脚，时跑时跳，或徘徊不前，行走的路线弯曲多变，并时有停顿，后退或爬卧动作和蹑手蹑脚现象，足迹反映多为不完整，步行线弯弯曲曲，步幅较大，步角常出现不对称，一直行一外展，时轻时重，慢步、短步等足迹特征。

(2)作案中的足迹

此时的心理状态是急于达到作案目的，注意力集中于侵害目标，现场足迹较集中，常出现重叠、模糊、残缺、移动等现象，但也有清晰和完整的足迹。

(3)作案后的足迹

急于脱离现场，足迹反映出大步走或急跑或出现暂时休息坐卧或处理赃物、分赃、埋藏赃物等迹象。在逃跑的路线上，足迹特征的反映是步幅较长、足后跟较重或有负重引起的足迹变化。

2. 地面等承痕客体的状态

犯罪现场地面条件多种多样，各种地面、道路纷繁复杂，一般可将地面等承痕客体归纳为以下几种：

(1)松散可塑的承痕客体上足迹的反映

常见的松软可塑的承痕客体一般都颗粒细、质地松散，可塑性好，往往能形成相应深浅清晰的足迹，特征反映相对明显。但当承痕客体附着力强时，就会影响足迹特征的清晰程度，产生相应的变化。常见的松散可塑客体有湿土地、干松土地、饱和土地及各种雪地等。

(2)密实平坦的承痕体上足迹的反映

常见的密实平坦的承痕客体的表面只能形成平面足迹，无论是平面加层或减层足迹，均能反映出结构特征和步幅、步态特征。常见的密实平坦客体有地板砖块、地板革、瓷砖、干燥的硬土地面、水泥、沥青、三合土地面等地面。不同性质的承痕客体，形成痕迹的中介物质也不尽相同。

(3)粗糙凹凸不平承痕客体上足迹的反映

常见的粗糙凹凸客体表面凹凸不平，质地混杂，形成的足迹多是模糊不清或残缺不全的，通常只能反映出造痕客体的轮廓及行进方向、起落脚部位等，而其他特征多不明显或变化较大。常见的粗糙凹凸不平客体主要有砾石、瓦砾、农田、草地、荒地等。

3. 人为的伪装

作案嫌疑人在实施犯罪行为时，为了逃避打击、转移视线、嫁祸于人或毁掉足迹等，往往会有意识的采取各种手段、方法制造假象，掩盖其真实面目。

(1)穿别人的鞋作案

这种足迹经常能反映出起、落足部位和鞋底前、后端磨损部位不符；蹬踏压痕的部位特别是足型特征等与鞋底都磨损形态反映不一致；有时还会出现大脚穿小鞋、小脚穿大鞋、肥脚穿瘦鞋、瘦脚穿肥鞋等特征。

(2)倒穿鞋、反穿鞋或倒行步，改变原有行走习惯特征。

①倒穿鞋，足迹往往是鞋尖跷起，中腰部出现支撑压痕，鞋跟部有向中腰处蹬擦痕迹，或有捆绑鞋的绳索痕迹。

②反穿鞋，是左足穿右鞋，右足穿左鞋，足迹经常反映步宽不规则。前尖趾蹬不到位，小趾侧前尖空缺大，且磨损和足型差异很明显。

③倒行走，足迹反映出动作不协调、不规则，甚至出现足迹"打横"现象；足迹前尖出现向里擦划痕迹。

第三节　足迹的寻找、记录与提取

任何一个犯罪现场都可能留下不同形式的嫌疑人足迹，寻找、发现、记录、提取嫌疑人足迹是足迹勘查、检验工作的一个重要组成部分。现场勘验时，首先应对现场进行初步观察，同时对被害人和有关知情人进行调查访问，了解现场情况，判断哪些地方可能遗留足迹，并结合现场环境和条件，确定勘查重点。

一、寻找足迹的重点部位与方法

(一)寻找足迹的重点部位

1. 作案嫌疑人来去的路线

因条件限制和犯罪心理影响，在进出口和中心现场的足迹数量往往比较少或不完整，所以在现场外围作案嫌疑人可能经过的路线上，可能发现比较清晰、完整的足迹，从而确定嫌疑人的来去方向，甚至追踪嫌疑人。

2. 作案现场出入口

常见的出入口，除了门以外，还有相当一部分从窗户(天窗、气窗等)，以及翻墙、挖洞出入的。要注意这些部位附近留下的足迹。

3. 作案中心现场

中心现场即实施犯罪的地点。如命案杀人地点、尸体周围和尸体下的地面；路劫、强奸等案的遭遇地点；盗窃案的被盗物品原存放地点及其周围。

4. 作案嫌疑人守候藏匿处

作案嫌疑人守候藏匿处即其实施犯罪时躲藏、掩蔽的地方。通常有墙角、门洞、床下、厕所、地窖、阳台、商亭旁、箱柜里、乡间草垛、牲畜棚、树林等。

5. 埋尸藏赃处

埋尸藏赃处,如凶杀案中埋尸体的地点及抛尸的地点;盗窃案转移隐藏赃物的使用交通工具及赃物附近容易留下嫌疑人的足迹。

6. 作案嫌疑人蹬踩的物品上

踩踏的物品,除了各种地面外,还有纸张、玻璃、砖石、塑料、纺织物、金属等。如尸体穿的衣服、地上的纸张、被强奸者的床单等。

（二）寻找足迹的方法

1. 光学方法

（1）侧光法。对可疑部位采用与观察视线呈0°至90°的光照射,发现足迹。

（2）逆光法。对可疑部位采用与观察视线相对应的（180°）逆光照射,发现足迹。

（3）多波段光源照射法。对疑有油类、血液等物质形成潜在足迹,用多波段光源选择不同波长的光线照射,发现潜在足迹。

2. 物理方法

（1）静电吸附法。对水泥地面、水磨石地面、木板地面等硬质地面或地毯、皮毛、呢绒、毛巾、布料、床等软性客体上遗留的不易显现的粉尘加（减）层足迹,可采用静电吸附法进行发现提取。

（2）粉末显现法。对光滑客体上的汗液赤足迹,可采用磁性粉末显现。

3. 化学方法

对纸张、木板、纺织品上的尘土足迹可喷洒化学溶液显现,主要有以下几种:

（1）“502”胶熏显法。“502”胶熏显法几乎适用于所有非渗透性客体上的灰尘足迹,如瓷砖、大理石、油漆面、本色木、塑光纸、人造革等,对于渗透性客体上的灰尘足迹也能显现,但效果不太理想,需经进一步染色,才能显现清楚。

（2）溴酚蓝显现法。溴酚蓝显现法主要适用于非渗透客体上的灰尘足迹,如瓷砖、大理石、水磨石、塑料板等,也适用于纺织品、牛皮纸硬纸板等渗透性客体。由于白纸、报纸等中含有碱性填料,也能与溴酚蓝发生变色反应,使灰尘足迹和背景不能形成反差,因此,该法不适用于含碱性的客体。

（3）四甲基联苯胺溶液显现法。有些血液足迹非常淡薄或反差弱时,可用四甲基联苯胺溶液加以显现,使之变为明显的足迹。

二、确定犯罪分子足迹的方法

现场勘查时,嫌疑人可能活动和接触的地方所发现的足迹不一定都是嫌疑人的,在判断嫌疑人足迹时,要紧密结合案情和现场情况,全面把握,具体问题具体分析。通常要抓住以下几点:

（一）根据足迹的遗留位置，结合案情分析足迹的分布是否与作案活动有关。

嫌疑人在现场遗留的足迹是其犯罪活动的记录，足迹所在部位、方向和分布，是由其活动方式和范围决定的。如凶杀案现场尸体的周围及尸体下面、被盗物品或被翻动物品周围的地面及踩踏物等。

（二）根据足迹的新旧程度，分析足迹的形成时间是否与发案时间吻合。

分析足迹遗留时间，首先必须在熟练地掌握当时当地各种足迹在不同气候条件下，具体环境引起变化规律的基础上，结合被害人、报案人、知情人所反映的情况进行综合分析，然后再具体分析判断现场足迹的新旧程度，推断足迹的形成时间，从而确定是否为嫌疑人的足迹。

（三）根据足迹反映出的行走动作规律，结合作案手段，判断是否作案人的足迹。

分析足迹反映出的步法特征和遗留位置是否与作案心理状态和作案手段相符。如足迹遗留在房前、窗下、屋角的蹑手蹑脚和攀登、爬卧等形成的足迹以及不择道路、大步流星逃窜时留下的足迹等。

（四）根据足迹与其他痕迹物证的关系和足迹中的附着物质的来源，判断是否为作案人的足迹。

有时在现场会遗留血液足迹、油漆足迹、墨水足迹，或粉面等物质形成的足迹，这类足迹大多为嫌疑人的。

（五）通过甄别到过现场的人的足迹，逐个排除无关者、确定作案人的足迹。

现场的足迹有时非常杂乱，鞋的种类、大小不一、先后层次不一，必须甄别到过现场的人的足迹，逐个排除无关者，最后找出嫌疑人的足迹。

三、提取足迹的方法

根据不同足迹的反映形式、形成条件及承痕客体的性质，要分别采取不同的提取方法。

（一）照相固定提取方法

现场各种平面足迹、立体足迹、成趟或单个足迹，均先采用比例照相的方法固定提取。根据配光不同，具体有：普通照相法、掠入射照明法、偏振光照相法、紫外反射照相法。

单个足迹拍照固定提取：要保持相机镜头光轴正对足迹弓部中间，并与足迹平面垂直，取景范围适中，比例尺（不短于 10cm）摆放平整。特别要注意足迹反映的起落足特征、避免足迹照片变形、反光。配光时要掌握好光照角度，以在足迹中不出现阴影为原则，使拍照的足迹完整，特征真实、清晰。

成趟足迹的提取：除分别进行单个足迹比例拍照外，还必须采取连续比例照相的方法进行拍照。

（二）实物提取

为了保持实物原始状态，有利于分析检验工作，在条件允许下可提取留有足迹的实物。无论提取哪一类带有足迹的实物,都必须切实有效地采取妥善措施,精心包装,严防碰撞、揉搓,避免破坏足迹特征。

(三)制模提取

立体足迹经过拍照后,还应该制作足迹模型。用石膏粉制模提取的足迹特征反映清晰、检验方便、方法简单、成本低。

制作石膏模型的步骤,包括:(1)做好准备工作。在待制模的足迹周围堆起3~4cm高的围墙;清理足迹内的杂物,如树叶、草叶、沙石、纸屑等;备全制模所需物品,如石膏粉、清水、敞口容器、做骨架用的干树枝、铁丝、竹条等。赤足、鞋立体模型前后有3cm,两侧边有2cm的余量。(2)调制和灌注石膏液。(3)模型处置。灌注半小时,石膏凝固后取模;稍干后,用清水冲洗;冲洗后应放在通风处晾干,晾干后应妥善加以保持、包装。

图13-15 制模提取

(四)静电吸附提取

对遗留在水泥地面、木板面、地毯、毛巾、纺织品等物体表面上的粉尘足迹,可以采用静电吸附提取方法提取。石膏模型上和静电膜、板上,要直接注明或贴标签,注明案名,提取时间、地点、数量。

(五)专用胶片(纸)黏取法

黏取法,是指用指纹胶带纸黏附清晰的粉尘平面足迹或经过粉末刷显后的汗液足迹及经过染色固定的平面足迹等。

四、足迹的测量记录

现场足迹的记录应有助于追踪分析、检验，以准确、简明的文字，辅之必要图案并标明数字，如实做好记录。要求如下：

1. 对单个足迹要记录足迹遗留的准确位置、方向、角度及与其他痕迹物证的关系等。

2. 成趟足迹的记录。对于成趟足迹，除进行单个足迹比例照相外，还应进行步幅照相，采取直线连续的照相方法，并记录左、右足迹的步幅特征。

3. 记录足迹的种类、大小、形状、数量、形成足迹的物质特点、足迹各部位反映取处理足迹的方法，现场足迹提取过程等。

第四节　现场足迹的分析

足迹分析，是指利用遗留在现场的各种相关足迹及其他痕迹物证，结合案件具体环境条件，作出有关穿鞋足迹的鞋的种类、痕迹遗留人的人身条件及案件性质、作案人数、作案过程等的分析判断，为刻画犯罪嫌疑人和确定侦查范围提供重要依据。

一、分析性别

（一）赤足足迹形态特征

男性：足弓较高，足底面力度不均匀明显，周边边缘不完整，在前尖外侧和弓内侧等轻压部位常出现虚边；赤足纹路粗大，脱皮老茧伤疤多，趾头相对较长。

女性：足外观较小，足底面圆滑饱满，着力点不明显，周边边缘完整，线条连贯柔和；足弓低，轻重压层次不分明，皮肤光滑细腻，脱皮老茧伤疤少。

（二）鞋印足迹形态特征

男性：鞋宽大，花纹较粗大简单，跟平且宽，足迹压力不均匀，周边反映不完整，着力部位磨损重，不均匀磨损明显，后跟较粗大，相对平低，鞋前掌宽 9 ~ 12cm，后跟宽 6 ~ 8cm。

女性：鞋窄小，花纹细浅，跟较高而细，足迹相对较浅，压力均匀，周边反映整齐丰满，足体各部位着力反映不明显，鞋前掌宽 7 ~ 10cm，后跟宽 5 ~ 6cm。

（三）行走特征区别

1. 步幅特征

男性：步幅较长（70cm 以上），步宽较窄，步角较大。

女性：步幅较短，步宽较宽，步角较小。

2. 步态特征

男性：起足多偏内，或正起足，落足部位多为偏外，蹬踏痕清楚，压痕不均匀，易伴生出现磕、坐、挖痕，行走时身体摆动。

女性：起落脚平稳，身体摆动不大，压力均匀。多正起足或偏外落足，动作轻缓故压力面均匀。足弓低者居多，后跟压较轻，内压重，前掌压更轻，程度均匀。少蹬、挖痕，有挖痕时甩土多但不远，有时出现拧痕。步宽较窄。

二、分析身高

分析身高(cm)的常用公式：

(一)赤足印：身高 = 赤足全长 ×6.876

身高 = 赤足足长 ×7 - 3

(二)鞋印：身高 =(全国统一鞋号 - 1)×6.876

全国统一鞋号 = 鞋底长 - 内外差 - 放余量 + 后容差

三、分析年龄

根据前掌及后跟的压痕位置、大小来分析年龄。

(一)前掌球形压痕计算年龄

确定前掌球形压痕的范围，准确划定球形压痕的界限，量取球形压痕面前边沿到后边沿的纵向长度(cm)，乘以5。

测算公式：年龄 = 球形压痕纵向长度 ×5(系数)

(二)后跟重压痕分析年龄

确定后跟压痕的范围，量取后跟压痕的最大纵向直径 L(cm)后乘以5。

测算公式：年龄 = 后跟压痕的最大纵向直径 L ×5

跖趾关节外侧凸点与跖压痕后缘共同切线间距乘以7。

四、分析体态

根据足弓外侧压力面的宽度分析体态。

(一)为瘦或偏瘦型体态：足弓外侧压力面在足迹中心线外侧；

(二)中等体态：足弓外侧压力面接近足迹中心线；

(三)为偏胖体态：足弓外侧压力面超过足迹中心线。

五、分析行走姿势

(一)根据步幅特征分析步行姿势

直行分离步：足跟正擦，足掌整挑的多是直行分离腿的人留下的足迹，走路时，多躯干后仰，两臂前后甩动。

小外展或直行分离步：后磕或后坐，前掌有挑痕的，多是直行分离腿或小罗圈腿人留下的足迹，走路时，多躯干后仰，左右晃，两臂前后摆动。

小外展分离步：足跟内偏压重，足掌有外蹬或外侧挖的，多是直行分离腿的人走的。走路时多躯干微前倾，左右摆动，两臂前后甩动。

小外展并跟步：足掌中间压痕重，并有前后拧痕的，多是直型分离腿或小罗圈腿的人走的，走路躯干窜动，两臂前后甩动。

小外展搭跟步：足跟内偏擦，足掌有外挑的，多是剪子腿或直型并拢腿的人走的；走路时，躯干多不晃动，两臂前后甩动。

大外展并跟步：足跟外压重，有的伴有外偏擦，前掌有内挑的多是中罗圈腿；走路时躯干前倾，左右摆动大头部左右晃，两臂前后甩动。

（二）根据步态特征分析步行姿势

1. 蹬、挖、抠痕：躯干前倾或正常，两臂前后甩动。

2. 挑痕：躯干微后仰或正常，两臂向后甩动。

3. 擦痕：躯干向后仰或微后仰，两臂向后甩动。

4. 磕、坐痕：躯干正直或挺胸，两臂前后甩动。

5. 跄痕；躯干前倾（步短），两臂向后甩动。

6. 迫痕：躯干左右晃，两臂向后甩动。

7. 拧痕：躯干和臀部左右扭动，两臂向腹部甩动。

8. 抬痕：臀部凸出，上下移动，躯干前倾，两臂前甩大。

9. 扫痕：躯干微前倾；并左右晃，两臂前后甩动。

（三）根据足迹中的压痕特征分析步行姿势

压痕：因部位不同，它们反映的躯干和上肢运动姿势也不同。

1. 足掌全压：躯干姿势正常，两臂前后甩动。

2. 足跟压重：躯干后仰，两臂向后甩动。

3. 前掌压重：躯干前倾，两臂前后甩动。

4. 外侧压重：躯干左右晃，两臂向前甩动。

5. 内侧压重：躯干微左右晃，两臂前后甩动。

第五节　足迹的检验与鉴定

一、足迹检验

（一）足迹检验的内容

足迹检验包括足迹分析与足迹鉴定两部分内容：

1. 足迹分析，是指依据足与人身整体因素、人的生理因素和心理因素的相关性，通过足迹反映出的特征来分析人身特征以及根据鞋印的花纹分析鞋种类的检验过程。概括来说主要有分析鞋袜种类、犯罪嫌疑人人身特征、嫌疑人所从事的职业、案（事）件性质、作案条件等方面内容。

2. 足迹鉴定，是指依据同一认定理论，用比对检验的方法，比对现场足迹特征与样本足迹特征的异同，认定留下足迹的鞋、袜和留下足迹的人的检验过程。足迹鉴定的具体内容是广泛的，主要包括：根据赤足足迹对遗留足迹人的人身进行同一认定；根据鞋、袜足迹对遗留足迹的鞋、袜进行同一认定；根据穿鞋足迹对遗留足迹人的人身进行同一认定等。

（二）足迹检验的科学依据

1. 赤足结构形态的特定性和相对稳定性

（1）赤足结构形态的特定性。由于人体遗传和后天发育的影响，人的赤足各部位形态的组合具有较强的差异性，在一般情况下足以作为区别人身的依据，尤其是足底乳突线花纹结构特征，具有与指纹一样的人各不同、终生不变的特点。

（2）赤足结构形态的相对稳定性。人赤足的结构形态（骨骼和肌肉）一定年龄阶段内是相对稳定的，尤其是成年人的稳定性相对较强。

2. 鞋底外表形态的特定性和相对稳定性

（1）鞋底外表形态的特定性：①生产加工过程中形成鞋底花纹结构的特定性；②鞋在穿着过程中形成的特征特定性，如鞋底的磨损、局部损伤或修补等特定性特征。

（2）鞋底外表形态的相对稳定性：鞋底外表形态结构在一定时间具有相对稳定性，其稳定性的长短取决于该鞋留下鞋印后继续穿用时间的长短或存放的条件。

3. 行走运动特征的特定性和相对稳定性

（1）行走运动特征的特定性。一是不同人的人身的整体结构的差异性制约了人行走运动中的用力方式和特点，因而决定了每个人行走时运动形态的一定差异。二是每个人所处的生活环境条件不同，在成长过程中形成的条件反射具有个人特点，形成了大脑皮层的动力定型，使每个人具有各自不同的行走动作习惯。

（2）行走运动特征的相对稳定性。人的成长发育以至衰老的过程是一个渐进的过程，当人的骨骼停止生长发育后，其足底结构形态是相当稳定的。一个人在一定生活环境中已形成的大脑皮层的动力定型使人的行走运动特征具有稳定性，因而形成足与地面作用力的形态的稳定性，形成了稳定的足迹形态。

4. 承痕客体对足迹的反映性

承痕客体质地状况对赤足及穿鞋、袜足的特征的反映性，是足迹形象检验认定同一的重要依据。作为足迹的承受客体能否全面反映足迹的形象特征，是进行同一认定的关键条件。

二、足迹鉴定

足迹鉴定的种类可以划分为赤足足迹鉴定、穿袜足迹鉴定、穿鞋足迹鉴定。

足迹鉴定的内容很广泛，主要包括：根据现场赤足足迹对遗留足迹人的人身进行同一认定；根据现场穿鞋、穿袜足迹对遗留足迹的鞋、袜进行同一认定；根据现场穿鞋足迹对遗留足迹人的人身进行同一认定；现场提取的鞋与嫌疑人的其他种类鞋是否为同一人所穿用等。

(一)足迹鉴定的程序与方法

1. 准备工作

(1)审查委托鉴定手续。查验委托主体和有关手续是否符合要求,委托书及相关材料是否齐全等。

(2)了解案件简要情况。了解案件性质、发案时间、地点,了解现场勘查和现场保护的情况等案情。

(3)了解现场足迹。了解足迹的发现、提取、送检情况,即现场足迹遗留的时间、地点、气候;现场足迹的种类、数量,质量、分布;提取的时间、方法,保护、包装运输方法等。

(4)了解送检的样本足迹及嫌疑人的情况。了解样本足迹(含鞋、袜)的搜集、采取方法;搜集时间、数量、种类,嫌疑鞋、袜的穿用情况;嫌疑人的性别、年龄、职业及健康状况行走姿势等。

(5)明确委托鉴定目的、要求。向委托单位或委托人了解鉴定目的、要求。

(6)清理、登记委托鉴定材料。根据委托书要求,清点、核对、登记检材和样本的名称、数量,并妥善保管有关检材和物品。

(7)准备所需的鉴定器材。如准备直尺、量角器、铅笔、彩笔等测量、绘图工具;准备光源、滤色片等观测用品;准备石膏粉、静电提取仪、容器等提取足迹的用品。

2. 分别检验

分别检验是分别检验现场足迹和样本足迹,分别检验的任务是客观地、独立地寻找确定各自的特征。分别检验的原则是先检验现场足迹,后检验样本足迹。

(1)现场足迹检验

检验方法有:

①从一般特征到重点特征的方法

一般特征——观察足迹大小、形状、鞋底花纹,起落足、支撑特征的位置形状、方向、面积,成趟足迹的步长、步宽、步角等确定赤足、穿鞋、穿袜、左右足。

重点特征——寻找确定鞋底上的针迹、线头、补丁、钉帽、切边、磨损、损伤,赤足足迹反映的各趾、各部位的形态、肤肌纹线特征、茧、疤、伤的情况等。

②由点到面的方法

从清晰的部位开始,发现、确定一个明显、稳定、可靠的特征为基点,向四周逐步扩展,发现确定更多的特征。如对布底鞋足迹的检验,一般先寻找一个稳定、明显的针脚特征,以之为起点向外扩展寻找其他针脚特征。

③比照验证的方法

比照验证的方法,是指将同一现场或不同现场但已并案的多个足迹中的同一只脚的足迹放在一起相互对照,从中补充、发现新的特征,验证特征的稳定性、可靠性。

④先易后难的方法

先易后难的方法,是指从足迹中反映清晰的部位入手,从明显可靠的特征开始寻找的方法。如同一现场提取多个足迹时,应从其中完整、清晰的足迹开始检验。

⑤追踪的方法

追踪的方法,是指顺着足迹反映的造痕客体表面的纹线流向去寻找和发现特征。如顺着赤足足迹的纹线流向一根一根寻找,会发现起点、终点、分歧、结合等特征。

以上5种检验方法是相互联系的,在足迹检验中可相互补充,综合利用。

(2)对样本足迹的检验,参照现场足迹的检验。

3. 比较检验

比对检验是指将现场足迹与样本足迹放在一起进行观察,比较对照,确定特征的异同点。比较检验内容是:特征的形状、部位、范围、大小;起落足、支撑特征是否一致;针迹、线头、针帽、花纹、商标、磨损是否一致;赤足足迹反映的各趾、各部位的形态、肤肌纹线特征、茧、疤、伤的情况。

常见的比较检验方法有:

(1)直观比对法

直观比对法,是指直接观察、比较现场足迹与样本足迹的特征。如方位、形状、范围、数量、大小、面积、角度等。具体方法有:

引线编号法:对乳突纹线细节特征、针脚特征等,采用直接引线编号法,即将符合点和差异点画线引出并加以编号。

虚实线标划法:对面积较大的特征,如压力面、磨损面、破损、附着物等,采用虚实线标划法,即用红色笔和蓝色笔分别将符合点和差异点以虚线或实线勾画出来,并且加以编号。

(2)方位比对法

方位比对法,是指比较现场足迹与样本足迹各自特征所在的方位,确定两者特征在分布方面的符合点和差异点。具体方法有:

直角坐标法:在足迹上确定直角坐标系,可将足迹中心线作为y轴,以过足迹掌区内侧最突出点作垂直于足迹中心线的直线为x轴,然后分别用直角坐标确定现场和样本足迹中已经发现、确定的足迹特征方位。

极坐标法:在足迹上确定极坐标系,然后在极坐标系下分别确定现场和样本足迹特征相对极点的距离和夹角,确定二者的符合点和差异点。

(3)重合比对法

重合比对法,是指将现场足迹与样本足迹重合起来进行整体比对,从整体上全面认识特征各方面的符合点和差异点。具体方法有:

底片重合法:将现场和样本足迹拍摄成同倍数的底片,再将两底片重合在一起,利用幻灯机或其他透射方法观察比对。

照片重合法:将现场和样本足迹拍摄成同倍数的照片,再将两照片放两投影仪上,投影到同一屏幕,调整照片位置使其重合,并加以比对。

胶片重合法：将两张完全透明的胶片，分别覆盖在现场和样本足迹上，将两张胶片按预先选好的特征点固定重合，再进行重合比对。

(4)线条结合法

线条结合法，是指当某些特征呈线条状时，可借助检验仪器或计算机检验软件将现场足迹与样本足迹相同部位的线状痕迹相互对接，观察线条宽窄的变化、线条接合是否流畅自然。

(5)关系比对法

关系比对法亦称连线构图法，是指比对特征点之间距离关系和特征之间的角度关系。比对方法是采用画线构图法，以几何图形表现特征方位关系、图形边长、面积和形状的异同。

4. 综合评断作出鉴定结论

经过分别检验、比对检验对现场和样本足迹各自特征及二者特征之间的符合点和差异点有了感性认识后，还必须将感性认识上升为理性认识，即再推理判断得出二者各自特征的特定性是否同一，现场足迹是否为嫌疑人所留的结论。

(1)分析符合点和差异点的来源

符合点和差异点有各种不同的来源，这些来源对符合或差异的性质所起的作用不同，查明这些来源非常重要。

(2)科学实验

科学实验是对足迹特征认识的继续深入，是分析、验证特征形成过程的一种手段，也是检查符合点和差异点来源的一种科学方法。

(3)分析足迹特征的质量和数量的关系

特征的总和是由一定的质和一定的量构成的。综合评断中，既要强调特征的数量，使其客观如实地反映本质特性，也要研究每个特征的出现率、稳定性、反映性，即特征的质量。

(4)根据符合点和差异点的性质作出鉴定结论

应考虑引起现场足迹特征变化的因素：

①承痕客体表面物理形状的影响；

②承痕客体及附近地理、地貌环境的影响；

③现场环境温度、湿度等气候条件的影响；

④从作案人心理状态伪装的影响；

⑤形成现场足迹具体动作的影响。

应考虑引起样本足迹特征变化的因素：

①制作样本足迹的条件与现场足迹形成的条件不一致；

②提取和处理样本足迹的方法不同，以及保管、运输等环节的影响；

③案发后嫌疑人的健康状况变化的影响，鞋袜在案发后正常穿用所引起变化的

影响；

④对鞋、袜和步法特征进行伪装所引起的变化。

通过分析和验证，如果差异点的总和占主导地位，则可作否定结论，即现场足迹和样本足迹不是同一人或同一鞋、袜所留。如果符合点的总和占主导地位，则可作认定结论，即现场足迹和样本足迹是同一人或同一鞋、袜所留。

5. 制作鉴定书

制作《足迹鉴定书》是足迹鉴定工作的最后一道程序。制作《足迹鉴定书》应坚持客观性、相关性、全面性和科学性等基本原则。具体要求是：逻辑严谨，层次分明；形象直观；整洁规范；语言客观、恰当、准确、简练；有理有据、全面论证。《足迹鉴定书》由文字和照片两部分组成，二者相互印证、相互补充、缺一不可。

鉴定书制作结束后，应统一编发文号，把鉴定书连同检材一并发给委托鉴定人或委托单位。

（二）残缺足迹鉴定

1. 正确确定足迹的种类

（1）依据足型和鞋型的差异确定所检足迹是赤足、穿鞋或穿袜；

（2）依据足迹表面的肤纹、针脚、针织结构来确定所检足迹是赤足、穿袜；

（3）依据鞋型的设计和生产工艺特征反映判断足迹系何种鞋所留。

2. 确定残缺足迹在鞋上的部位

（1）依据足型特征，区别左、右脚遗留，区别左、右脚哪个部位所留。

（2）依据鞋型特征，区别左、右脚鞋遗留，依据花纹结构设计规律和生产工艺特点，确定左、右脚鞋底哪个部位所留。

3. 按照形象特征的检验鉴定步骤进行鉴定

在正确确定残缺足迹的种类、在鞋上的部位等后，即可按照形象特征检验鉴定的一般步骤进行残缺足迹的检验鉴定。

三、现代信息技术在足迹检验中的应用

现场足迹作为犯罪现场的主要痕迹物证，在常发性、系列性、流窜性案件中的出现率和提取率远高于其他痕迹物证，因此，利用足迹获取犯罪嫌疑人的信息和串并案件成为足迹的重要应用途径。这需要建立大型的跨地区、跨省市的足迹综合利用系统。而现代信息技术的发展，为我国足迹检验的信息化起到了巨大的推动作用，目前我国的足迹信息系统主要有以下三类。

（一）全国公安机关鞋样本数据库应用系统

该系统是将收集到的鞋样本信息通过数字图像处理技术、模式识别技术和数据库技术等计算机相关技术进行分析、存储和管理，利用犯罪现场提取到的鞋印图像信息自动检索遗留鞋的种类，提供鞋的外观图片、品牌、尺码、生产厂家、式样、颜色、材质、销售范围、消费人群等信息，为查找犯罪嫌疑人提供侦查线索，为分析犯罪嫌疑人的人身特点和现场鞋印的检验鉴定提供技术支持。

（二）鞋底花纹自动识别系统

此类系统采用了国际先进的基于内容的图像检索技术，在对图像进行预处理后，自动提取每幅足迹图像的内容特征作为查询比对的依据，解决了以往足迹系统人工定义偏差问题，通过强大的图像处理功能和高效的查询检索技术，进一步提高了自动化处理和识别程度，并重点解决了模糊现场足迹图像查询的技术问题。

（三）全国刑事案件现场足迹协查应用系统

该系统利用各地已经建成的鞋底花纹自动识别系统和日常勘查采集的现场足迹，搭建起对跨地区的案件现场足迹进行全国联查比对的应用型数据库。主要为基层公安提供现场足迹的处理、识别、比对服务，从而提高足迹的利用率，实现在全国范围内及时、快速、准确串并案件，更好地发挥足迹在刑事案件侦破中的作用。

思考习题

1. 足迹在侦查中的作用是什么？
2. 足迹检验的科学依据有哪些？
3. 足迹的行走运动特征有哪几个方面？
4. 怎样分析现场的足迹？

拓展阅读书目

1. 公安部政治部编：《足迹学》，中国人民公安大学出版社 2007 年版。
2. 史力民、马建平主编：《足迹学》，中国人民公安大学出版社 2014 年版。

第十四章　工具痕迹检验技术

本章概要

本章主要介绍了工具痕迹的概述、分类、提取及鉴定。通过本章学习应掌握工具痕迹的分类，熟悉典型工具痕迹的形态特征，并能通过对工具痕迹的检验，依据工具痕迹的具体形态分析推断工具的具体种类。

关键词

工具；工具痕迹

第一节　工具痕迹的概述

一、工具痕迹的概念

（一）工具痕迹的定义

工具，传统意义上是指工作时所需用的器具，后来也用于指为达到、完成或者促进某一事物的手段，具有机械性和智能性的特点。工具痕迹，是指犯罪嫌疑人在实施犯罪行为过程中，借助工具作用于承痕客体而产生形变后形成的立体反映形象痕迹，一般简称为“工痕”。在近十几年发展起来的道路交通事故痕迹鉴定中，车辆作为交通工具，是造痕客体也是承痕客体，在道路交通事故痕迹中，已远远超越传统轮迹的范畴，扩大了痕迹物证的外延，与工具痕迹最为接近和类似。工具痕迹主要是在犯罪活动实施过程中形成的痕迹，包括在犯罪准备阶段、销赃、毁证阶段使用工具在相关客体上形成的变形和在实施犯罪行为时利用工具侵害人身、物品时导致的变形。

（二）工具痕迹的产生

工具痕迹是因承痕客体遭受外力作用发生形变而产生的。任何客体的形变都与施加在该客体上的外力及客体本身的结构、性能等存在必然的联系。

1. 工具痕迹产生的要素

工具痕迹产生的要素一般包括造痕客体、承痕客体和作用力。

(1)造痕客体

亦称造痕客体,即施加作用力的客体,在刑事科学技术领域,一般称为作案工具。工具的种类很多,从体积大小和精细程度上来分,一般分为新发明或有特定用途的设备;小型及比较简单的器具;经过精细调节的、具体的或抽象的仪器;煮食用的食具;由数件简单工具以上组成有秩序系统的机器。从用途和动力系统上分,包括钳、扁斧、斧、凿等手工具;镰刀、铁锹、铁犁、钢叉等农具;压碎机、电钻、碎纸机、平地机、线焊、刨刨等电动工具;车床、铣床、造形机、研磨机、钻床等金工用具;液压打桩机等液压工具;气动研磨、气动打磨、气动钻、气动螺丝起子、气动攻牙机、气动钢锯、气动剪等气动工具;烙铁、焊接等热力工具;筷子、叉、刀、匙等食具;锅、鼎等煮食器皿;各种刷、扫帚、刷布、清洁用手套等清洁用具;圆珠笔、毛笔、钢笔、铅笔、羽毛笔、铁笔等书写工具;直尺、卷尺、游标卡尺、测量仪等测量仪器;吉他、钢琴等乐器;马鞭、赶牛棒、磨刀石、吹风机、发烙、壁炉戳等特定用途的工具;瑞士军刀、工具钳等多用途工具;跳绳、吊袋、棋子、鞍马等体育用品;开瓶器、开罐刀、风扇、刷布等其他家居用品;小朋友游戏使用的玩具;汽车、飞机、船等交通工具。

(2)承痕客体

指遭受外力作用而被破坏的客体,可以反映造痕客体的全部特征或者部分特征。常见的承痕客体,从材质上来分,一般包括木质类的、金属类的、纤维类的和塑胶类的,也包括生物类的,在人体作为承痕客体时,往往反映为相应的损伤特征。

(3)作用力

在工具痕迹中,特指借助工具形成的力,与反作用力总是大小相等,方向相反,是形成工具痕迹的前提和不可或缺的必要条件。力不能离开物体单独存在。作用力是以造痕客体与承痕客体相接触为前提,而这两个客体的物理特性(如硬度、弹性等)对痕迹的产生起到了较大的影响。

2. 工具痕迹产生的因素

工具痕迹产生的因素有很多,主要是体现在以下几个物理特性上。

(1)硬度

在借助造痕客体的作用力下,承痕客体抵抗压入其表面的能力。在作用力相同的情况下,造痕客体的硬度越高,在承痕客体上形成的痕迹就越能呈现特征性。一般来讲,硬度差异较大的客体发生接触,由于受破坏程度较高,更不易体现造痕客体特征。

(2)强度

在借助造痕客体的作用力下,承痕客体抵抗产生永久变形或断离的能力。按所抵抗外力的作用形式可分为:抵抗静态外力的静强度,抵抗冲击外力的冲击强度,抵抗交变外力的疲劳强度等。按环境温度可分为:常温下抵抗外力的常温强度,高温或低温下抵抗外力的热(高温)强度或冷(低温)强度等。按外力作用的性质不同,主要有屈服强度、抗拉强度、抗压强度、抗弯强度等,工程常用的是屈服强度和抗拉强度,这两个强度指标可通过拉伸试验测出。

(3)弹性与塑性

外力作用消失后,承痕客体维持变形前的状态被称为弹性,承痕客体维持变形后的状态被称为塑性。弹性形变一般不能完全反映工具在被破坏客体表面上接触时的外在形象,所以弹性越大的承痕客体,对其进行痕迹检验、鉴定能给出明确意见的几率越低。但塑性形变与之相反,当造痕客体与承痕客体相互发生接触作用时,由于客体具有塑性属性,从而在接触面上形成可以体现客体特征的痕迹。从客体材质上来讲,木质材料相较于金属材料而言,其塑性较差,发生塑性形变时往往伴有断裂。

工具痕迹产生的因素除以上几种以外,还有韧性、干缩性、吸湿性等因素。韧性一般相对于脆性,是指在外力作用下,客体抵抗破坏的性能。干缩性则是指水分从内部蒸发的性能,而吸湿性是指从周围环境中吸收水分的性能。

二、工具痕迹的类别

(一)从工具痕迹体现的痕迹特征来分,可以分为线形痕迹和凹陷痕迹

1. 线形痕迹

造痕客体施加给承痕客体切向力作用,在接触面发生相对位移过程中,在被破坏的表面或断面上所形成的凹凸线带,被称为线形痕迹。线形痕迹一般由起点、终点和痕迹面三个部分组成。线形痕迹中的每一条凹线或凸线,都是造痕工具边棱或刃口上的每一个凸或凹点所产生的印迹。一般来讲,工具上的凸点形成凹线条,而凹点形成凸线条。凹凸线条有方向,开始形成凹凸线条的一端称起点;位移停止端称终点。

2. 凹陷痕迹

造痕客体施加给承痕客体反向力作用后,在接触面发生塌陷产生的变形,被称为凹陷痕迹。凹陷痕迹一般由痕起缘、痕止缘、痕壁、痕底四个部分组成。痕起缘是指造痕客体与承痕客体开始接触时产生的痕迹的边缘;痕止缘是指结束接触作用的瞬间产生的痕迹的边缘;痕壁是指造痕客体在承痕客体上移动作用过程中形成的痕迹面;痕底是指造痕客体与承痕客体始终保持接触状态形成的痕迹面。

(二)从工具痕迹的产生方式来分,可以分为撬压痕迹、打击痕迹、刮擦痕迹、剪切痕迹

1. 撬压痕迹

依据杠杆原理,承痕客体在遭受造痕客体法线方向压划作用后,在承痕客体的接触面上形成的凹陷变形,被称为撬压痕迹。常见的撬压工具有螺丝刀、剪刀、钢丝钳等。

2. 打击痕迹

承痕客体在法线方向遭受造痕客体冲击载荷作用后,在承痕客体的接触面上形成的凹陷变形,被称为打击痕迹。常见的打击工具有钳工锤、铁斧等。

3. 刮擦痕迹

承痕客体在遭受造痕客体压划作用后形成的线条形痕迹,被称为刮擦痕迹。刮擦

痕迹在工具痕迹中常常伴生出现。

4. 剪切痕迹

承痕客体在遭受造痕客体剪切作用后形成的线条形痕迹，被称为剪切痕迹。常见的剪切工具有钢丝钳、剪刀等。

（三）从工具的作用方式来分，可以分为撬压痕迹、打击痕迹、擦划痕迹、钳剪痕迹、刺切痕迹、割削痕迹

1. 钳剪痕迹

造痕客体为钳剪时对承痕客体产生剪切作用而形成的痕迹，被称为钳剪痕迹。

2. 刺切痕迹

造痕客体为带刃工具时对承痕客体产生刺切作用而形成的痕迹，被称为刺切痕迹。

3. 割削痕迹

造痕客体为钻、锯、锉类工具时对承痕客体产生割削作用而形成的痕迹，被称为割削痕迹。

三、工具痕迹的特征

一般特征主要体现在：工具痕迹的一般形状；工具表面结构的类型、花纹的种类、间距、数量等；痕迹的宽度、深度、长度、直径等。个别特征主要体现在：生产、加工、使用或者维修过程中形成的磨损、弯曲缺角、卷刃、缺口裂纹、表面凸凹点等；个别特征的分布位置及相互关系；工具相关部件的特征体现。

四、工具痕迹的运用

（一）分析案件性质

案件性质是案件本身具有的本质属性。案件的性质由实体法的内容决定，是划分案件类型的依据。凡是侵犯《刑法》所保护的客体的属刑事案件，侵犯民事法律保护的客体的属民事案件，侵犯行政法保护的客体的属行政案件。通过对现场工具痕迹的检验、鉴定，能够分析评判案件的性质，从而确定案件的归属范围。例如，通过检验、鉴定车辆轮胎胎壁的破口痕迹，分析判断被鉴定轮胎胎壁是在道路交通事故中遭受外力碰撞形成破口还是使用工具恶意破坏或者因轮胎本身质量问题、保养不当造成自然裂口，从而确定案件的性质。

（二）划定侦查范围

侦查范围是指针对侦查目标和侦查方向所划定的区域界限和区域内人员的界限。当确定案件性质后，划定侦查范围是刑事侦查工作向纵深开展首先遇到的一个关键问题。通过对现场工具痕迹所在的方位、部位以及工具痕迹的类别进行初步的检验、鉴定，同时再进行整合分析，从而帮助划定侦查的范围及方向。如报案人称家中被盗，致使大量财物丢失，铁门链条锁被破坏断裂脱开，经技术人员勘验，链条锁断端呈现钳剪痕迹特征，且痕迹起缘检见油污附着，由于链条锁链条较粗，分析认为作案工具为大力

钳的可能性较大，以此为侦破口，划定侦查范围，最终破案。

（三）判断作案人的个性特征

个性特征是指个体在心理发展过程中逐渐形成的稳定的心理特点。个性特征的形成与环境、教育、社会和遗传因素有密切的关系。一个人的个性特征对其心理特点和行为方式有很大的影响。通过对现场遗留的工具的种类、工具痕迹的形成方式以及工具痕迹所体现的作用力特征等方面进行分析，可以判断作案人对工具的熟悉程度和使用工具的熟练程度，同时也可以反映出作案人的体形特征和行为习惯、个性特征等。

（四）运用串并案侦查

串并案是指两个或者多个案件的很多特点、细节具有相似性，相互串联，而采取并案侦查的案件。对工具痕迹的检验，特别是对作案人利用工具破坏客体的手段及特点的分析成为当前串并案件工作中的一个重要内容，其理论依据是巴甫洛夫的条件反射学理论，即如果一个人在日常生活中比较稳定地从事某一活动，客观刺激系统经常按照一定的顺序和强弱作用于人体，人的大脑皮层便以同样的顺序把这些刺激有规律地协调成为一个条件反射链系统，这便是一个人的动力定型。一个人的动力定型的特点是当其已经形成后，一旦相关刺激作用于人体时，条件反射的链系统就会出现相应的反应，这样就形成了各种各样的习惯。作案人作案时往往带有连续性，欲望使其屡次作案，成功的犯罪经验不断得到强化和满足，形成了其固有的作案特点和征象。技术人员通过这些征象，分析工具痕迹所反映出的种类或细节特征，以及形成痕迹的手段、技巧和方法，提炼共通之处，从而为串并案提供依据。

（五）锁定作案工具，提供诉讼证据

物证是指以其存在的形状、质量、规格、特征等来证明案件事实的证据。物证是通过其外部特征和自身所体现的属性来证明案件的真实情况，它不受人们主观因素的影响和制约。作案工具是侦查和诉讼阶段的重要物证之一，虽然工具痕迹的鉴定是间接认定人身，但根据工具痕迹所反映出的种类或细节特征，对工具进行种属或者同一认定，却是法庭认可的诉讼证据。

五、工具痕迹检验鉴定的依据

（一）形态特征的稳定性和特定性

稳定性是指在生产、使用、维修和保管过程中，工具外表结构形态特异性保持相对不变的能力。特定性是指工具外表结构形态的特异性。能够形成工具痕迹的工具外表细微结构都是不同的，所以能够形成独特和稳定的痕迹特征。这些独特且稳定的痕迹主要来源于工具本身尺寸、形状、结构、表面形态不同，其次是来源于生产、使用、维修和保管等环节造成的特征差异。

（二）工具痕迹的反应性

物与物相互作用并留下痕迹的过程，叫作反应。作用物与被作用物都是客观存在的。引起反应与被引起反应都只是作用物与被作用物的属性之一。只有作用物与被作用物直接接触，才会引起反应现象。形成工具痕迹时，造痕客体和承痕客体之间发生接触，产生机械作用力，承痕客体被破坏，工具的特征在工具痕迹中得以体现。

（三）标准化的要求和现代科学技术的应用

标准是对重复性事物和概念所作出的统一性规定。标准化是指在经济、技术、科学和管理等社会实践中，对重复性的事物和概念，通过制订、发布和实施标准达到统一，以获得最佳秩序和社会效益。工具痕迹的检验鉴定必须适应标准化的要求，同时其也对现代科学技术产生需求和依赖。痕迹作为经验学科，通过现代科学技术引入量化指标，对最终得出科学的论断起到了画龙点睛的作用。

第二节 常见工具痕迹

一、撬压痕迹

（一）分类

根据作用方式的不同，常见的撬压痕迹有扩缝撬压、折离撬压、扭转撬压以及夹持撬压四种。

1. 扩缝撬压，是把工具插入承痕客体的缝隙中，进行上下撬压或左右撬压，造成承痕客体的缝隙扩大，甚至造成承痕客体局部损坏。这种作用方式进行过程缓慢，且易于重复多次，从而造成痕迹的重叠。

2. 折离撬压，是通过工具把承痕客体撬弯折达到分离的目的。折离撬压施力过程是渐加载荷过程，力量由小到大，反复动作在支、重两处分别反映工具前端部和秆部的痕迹。出现的痕迹有时会出现重叠，在进行检验、鉴定的时要发现、分析一次动作所形成的两处对应痕迹。

3. 扭转撬压，是指将工具插入承痕客体的某一间隙里，然后旋转工具进行撬压，使承痕客体的某一局部或承痕客体上的某些部件受到损坏。常见的扭转撬压痕迹是嫌疑人为将挂锁撬开而使用撬棍采用扭转方式破坏而形成的。扭转撬压痕迹往往是一次形成。

4. 夹持撬压，是指利用工具的夹持结构夹住承痕客体的某一部位，进行上下或左右活动来达到破坏的目的。此类留痕客体多是有夹持功能的工具，如钳子，会在承痕客体正反面都形成痕迹。

（二）形成方式

一次撬压的过程一定会产生两处痕迹，一处在支点，另一处在重点。由于承痕客体的机械性能不同，这两处痕迹的反映程度可能因承痕客体物质材料性能不同，即硬度、强度、塑性及弹性等有所区别。另外，因杠杆作用，这两处痕迹的凹陷方向即受力方向是相反的。

两处痕迹的位置关系受工具结构的制约较大。支、重两点痕迹是由同一把工具的两个部位同时形成的,重臂长度必然受工具结构的约束。因此,两处痕迹所在位置有内在联系,并且两处痕迹相距不远。两处痕迹反映同一工具的两处局部形态甚至整体结构。

二、打击痕迹

打击痕迹常遗留在承痕客体的附近物品上。由于采用打击方式破坏承痕客体时,打击位置往往并非作案人主观意愿的部位,所以打击痕迹多有重叠,特别是使用斧、锤打击时,由于工具同一个部位多次重复冲击,故会形成重叠痕迹。在使用棍棒、砖石等打击时,工具打击面也会经常变换。如果打击工具上有附着物的话,打击痕迹中常有异物印痕,如工具上附着的鱼鳞、树叶等参与形成痕迹,这种独特的痕迹在诉讼过程中具有较高的鉴定价值。由于击打激烈,在现场也可能会发现工具的分离物。

三、擦划痕迹

(一)分类

1. 单独出现的擦划痕迹。这是用工具直接作用于承痕客体表面而出现的痕迹,又称直接出现的擦痕。

2. 伴随其他痕迹同时出现的擦划痕迹。这是伴随其他的工具痕迹而形成的痕迹,又称间接出现的痕迹。

(二)特性

1. 变化性

擦划痕迹是工具在客体上划动接触形成的痕迹,其变化较大,主要变化有多条擦痕的数量的变化,以及线条痕间距的变化,如数量由多到少,痕间距的由宽到窄;单一擦痕的有无变化和线痕形状上的变化,如擦痕的从无到有,由凹变平。

2. 相符性

工具在使用过程中会产生前角、偏角、侧角、楔角和后角,承痕客体会与之产生相应的痕迹。

前角,又称"正面角"或"迎面角",是指工具前进方向的切削面与承痕客体未被破坏表面的夹角。前角大于90°时,工具是沿承痕客体表面被推动向前;小于90°时,工具是沿承痕客体表面被拉动向前。

偏角,又称"倾斜角",是指工具切削线(两切削刃面相交的线)与承痕客体平面纵轴线的夹角。偏角等于90°时,工具以非偏斜状态前进,形成的痕迹带最宽,各条线痕间距最大。偏角大于或小于90°时,形成线形擦划痕迹的总宽度缩小,各条线痕间距也随之减小,甚至出现某些线条重合。在形成擦划痕迹过程中,偏角常会发生变化,造成痕迹起始缘与终止缘方向的不一致,以及痕迹特征如线痕粗细、间距甚至数量的改变。

侧角,又称侧面角,是指工具向左或向右倾斜的侧面与承痕客体表面的夹角。

楔角，又称工作角或交叉角，是指工具两个切削面所夹的角。

后角是指工具的后切削面与承痕客体已被破坏表面所夹的角。

四、刺切痕迹

（一）刺切方法

1. 直刺切

工具垂直于客体表面的刺切。这种刺切方法所形成的痕迹能够良好地反映出刺切工具接触部位的形状、宽窄和大小以及印压特征。

2. 斜刺切

工具斜刺于客体表面的刺切。这种刺切方法所形成的痕迹往往有一定变化，斜刺切的角度不同，所形成的痕迹也不尽相同。一般情况下，痕迹宽度多大于工具接触部位的宽度，在客体表面上伴有线形条状痕迹。

（二）痕迹特点

刺切工具多为刀、斧、匕首、钢锹等，其形成痕迹的特点是：在承受客体上出现向一侧翻卷或向一侧倾斜的形态，断面上的线条痕迹的方向是从开始的一侧走向断端的另一侧。

刺扎的一般客体为木板、薄金属板等，其痕迹特点是：刺入口大体可反映出刺器接触部位的形状；人体组织上的刺痕，由于软组织具有弹性，对工具的形态有不同程度的反映，但往往出现变形。

五、割削痕迹

（一）痕迹特点

当钻、锯、锉类工具割削破坏承痕客体时，工具在推进过程中，易出现重复切划面而产生复合线条痕迹，易出现层次剥离，并产生分离物（钻屑、锯屑和锉屑等）。

（二）常见的割削工具痕迹

1. 钻痕

钻口（钻入口）附近有时会出现圆弧形印压或划动的痕迹，其痕迹的直径反映了轧头或轧爪的直径或大小；钻口的内径基本上反映出钻头的直径；钻壁有螺纹状的，也有平滑状的；钻底多呈两个斜坡，交点构成的角度大体反映出钻头的锋角。

2. 锯痕

锯开线的宽度反映出锯片的大体厚度。锯断面上的线形痕迹包括原生痕迹、再生痕迹、单齿痕迹三种。断面上的梯纹间隔能反映出锯条的长度，锯齿的高度。

3. 锉痕

锉痕包括锉痕线条的大小、未锉断客体的锉口形状和锉屑的大小三种痕迹特征。

第三节 工具痕迹的勘验和提取

一、工具痕迹的发现

1. 出入通道的封闭物、障碍物上,即嫌疑人进入现场的出入口。入口可能是常规的门、窗,也可能是地下通道、窨井盖下等非常规的出入口。在嫌疑人逃离现场的路线上也有可能发现相应的痕迹。

2. 作案的目标物上。目标物是被直接侵害的客体,如被撬开的保险柜、被敲打的头颅、被擦划的车体、被拆卸的轮胎,等等。

3. 现场遗留物上。现场遗留物可能是嫌疑人离开现场时遗留的,这些物品可能留有工具痕迹。遗留在现场的也有可能是作案目标物的分离体,在分离体上也能寻找到使用工具留下的痕迹。

二、工具痕迹的确定

(一)易于与工具痕迹混淆的痕迹类型

1. 疲劳断离形成的痕迹

一般是固体材料在低于极限强度后,经过有周期性的力的反复作用,表层细小的裂痕逐渐扩大,直至断离。因而断面会出现一些线状花纹,称为疲劳断纹。与工具痕迹不同的是,工具痕迹往往是一次性形成的,痕迹的新旧程度是一致的,而疲劳断离痕迹的疲劳花纹会呈现新旧不同的情况。

2. 腐蚀痕迹

腐蚀痕迹不仅可能发生在客体表面,还可能通过客体本身的纹理渗透到客体内部。与工具痕迹较为整齐的痕迹形象不同的是,腐蚀痕迹往往比较模糊,没有明显规则的形状和细节特征。通过光学仪器可以发现明显的腐蚀坑、腐蚀沟等痕迹。

3. 自然破坏痕迹

自然破坏是由于较为恶劣的自然天气而造成客体的破损。比如雷电劈开的树枝、狂风吹折的广告牌等。

4. 动物咬痕

动物咬痕一般出现在动物常出没的地方,在电缆、绳索上容易出现。所以在鉴别的过程中,还要从整体上观察现场,寻找痕迹周围是否由动物的足迹或者生活痕迹,这些痕迹与工具痕迹相类似,但是动物的咬痕是参差不齐、方向不一的,而工具痕迹恰恰相反。

(二)易于与现场工具痕迹混淆的痕迹

现场发现的痕迹并非都是该次作案时形成的痕迹,可能在案发前就早已形成与本次案件相类似的痕迹，抑或是在案发后，工作人员提取痕迹之前，由于某种原因而再次形成的痕迹。所以，在提取和检验、鉴定的过程中，要仔细观察区分痕迹的新旧程度，排除无关的工具痕迹，在整体上，研究所有现场痕迹的关联性，确认工具痕迹，再根据工具痕迹所在的位置来判断与本次破坏行为有无关联性。同时，向关键人员了解被破坏客体的情况也很重要。

三、工具痕迹的提取

（一）拍照提取法

发现的工具痕迹，第一时间进行拍照固定，按照照相的相关规程，拍摄方位照、概貌照、部位照和细目照。

（二）实物提取

对承痕客体进行切割提取。这种方法一般适用于较小承痕客体的提取，采用此种提取方法，能够最完整、最客观的保留工具痕迹的所有特征。

（三）微量物质提取

工具痕迹除反映形象特征外，往往伴随工具脱落的金属、油漆及其他物质附着，在进行工具痕迹提取之前，需要先提取微量物质，一般采取毛刷轻扫、镊子收集和敲打的方法提取。

（四）醋酸纤维素薄膜法

醋酸纤维素，简称“AC纸”。使用前先在工痕表面涂少许甘油，以利脱模，然后取稍大于工具痕迹的AC纸一片，用镊子夹住浸在丙酮中3～5秒，浸软即取出贴在工具痕迹上，表面再放一层干的AC纸，压紧1分钟，使两者相黏，20分钟后，AC纸干透，工痕即在AC纸上压印成成模。此法适用较浅的工痕，如擦痕。不适用较深的凹陷痕迹，更不宜用于表面粗糙和有毛刺的客体。

（五）硅橡胶制模法

106RTV室温硫化硅橡胶为白色黏稠状液体。它塑型细腻，且固化之后弹性和韧性较强，不发生断裂，可适用于深浅不同、大小不一形状各异的工具痕迹。

（六）软、硬塑料提取法

首先，在工具痕迹上涂抹甘油，硬塑料需要用热水浸泡，一边浸泡一边揉搓，变软后放在玻璃上压出一个平面，该平面要求平滑无沟痕。然后，照工具痕迹用力下压，充分接触，塑料变硬后再取出。而软塑料则是揉成一团，一面放在玻璃等光滑的物体表面压平，将软塑料压平的一面压入痕迹中，完全接触后，垂直取出。

（七）易熔合金提取法

在工具痕迹周围做好围墙，将易熔合金熔化后从工具痕迹边缘部位缓缓注入，等冷却固化后取出。

第四节 工具痕迹的检验、鉴定

一、工具痕迹的分析

(一)分析确定是嫌疑人所使用的由工具形成的痕迹还是由动物或自然破坏形成的痕迹。

(二)分析确定是嫌疑人在作案过程中使用工具破坏所形成的痕迹还是生产、使用、维修或者保管过程中所形成的痕迹。

(三)分析确定现场是否存在伪造嫌疑。存在工具痕迹的现场,不都是可以分析作案动机和方向的现场,有可能是为了混淆视听而故意形成的工具痕迹,故需要分析甄别。

(四)作为串并案的依据。嫌疑人在使用工具作案时都有自己的作案特点及独特的作案方式,根据分析工具痕迹不仅能够分析作案人的身体特征,还能够利用多起案件中相同或类似的痕迹来对案件进行串并,从而形成统一的侦查方案。

(五)判断作案工具的种类。

1. 推算杆状工具直径

方法一,划线测量法。在圆弧上划两条弦,并作弦的平分线,平分线的交点为圆心。测量圆心至弧的距离即可得出半径。

方法二,弦高计算法。在圆弧上划出一条弦,并测出弦长和弦高。用公式 $\Phi = h + s \times s/4h$(Φ 为直径,h 为弦高,s 为弦长)可计算出直径。

2. 多边形工具边数的判断

首先测量多边形工具的边长,再测量邻边间的夹角,按照如下公式计算边数:

边数 = 360°/(180° - 夹角度数)

(六)分析作案人的行为习惯和职业特点。

二、工具痕迹的鉴定步骤

工具痕迹的鉴定是指依据现场勘验的工具痕迹来分析是由什么工具所形成的检验、分析评判的过程。一般过程主要有以下几步:

(一)预检和现场勘验

根据现场的描述,确定检验、鉴定方案,选取鉴定所需的工具和仪器等。观察现场工具痕迹的外观特征,对工具痕迹进行提取。

(二)制作实验样本与寻找遗留样本

制作实验样本,即用嫌疑工具可能留痕的部位,在适当材料上模拟痕迹形成的动作实验。这样做不仅可以把工具上的特征转化为与现场相一致的痕迹,而且可以通过实验验证该工具在某种条件下留痕的可能性。

制作实验样本应注意的问题：比对实验样本制作是工具痕迹鉴定的关键步骤，因为大多数工具痕迹是比较细小的、同一个部位留下的痕迹，由于力的作用方式、角度不同所形成的痕迹会有明显的变化，容易产生误导，因此，必须严格按照现场遗留痕迹时的动作来制作比对样本。

(三)比较检验

通过观察比较现场工具痕迹与受检工具的特征，发现确定两者特征间的相同点和差异点。在分别检验的基础上，再进行比较检验。比较是要把现场工具痕迹、受检工具及样本痕迹客观地联系起来，相互比较。比较检验主要有以下几种方法。

1. 特征对照法

主要适用于凹陷痕迹的检验。检验时以现场工具痕迹特征为基础，一般使用光学放大设备，如放大镜、立体显微镜或投影仪等进行检验，反复比对两者特征出现的位置、形状、大小、间距、分布关系等的符合或差异情况。这种比较检验法对于客体是否为原件要求不大，实物、模型和照片均可。值得注意的是，相比对的部位的特征应尽量在同一视野内或靠近为好，以避免产生视觉上的差异。应避免受检工具与现场痕迹发生接触，防止损坏或增加新的痕迹特征。

2. 特征接合法

主要用于对线形痕迹的检验。检验时将现场线形痕迹与实验线形痕迹的凸凹线条左右相对，接合在一个平面上观察符合点或差异点。可借助比较显微镜或带有存储功能的立体显微镜，同样反复比对两者特征出现的位置、形状、大小、间距、分布关系等的符合或差异情况。与特征对照法相同，比对的是实物、模型和照片均可。检验时，要将接合检验的两痕迹放在同一水平面上，且两者痕迹放置的方向也应是一致的；同时，两者痕迹的放大倍数要相同，两者光照角度要一致；再者，光照方向应与凹凸线条接近垂直，两者灯光亮度尽量接近。

3. 特征重叠法

将现场工具痕迹和样本痕迹通过比较显微镜，或者通过三维立体扫描或拍照成底片或用透明材料描出特征，使两者特征重叠，以便观察其形状、位置、数量、大小等是否相同或存在差异。

4. 特征测量法

利用测量仪器或常用简单测量工具，对两者痕迹特征以及各特征之间的角度、长度、宽度、厚度、深度、弧度、直径等，分别测量后进行比对检验，也可将各特征连接构图后测量，以利于确定特征之间的关系。

5. 特征拼接法

主要适用于断离、整体分离痕迹检验。利用两者断端特征，使左右凸凹相对拼接为一整体，然后检验两者断端是否吻合。

(四)分析说明

1.差异点的判断

差异点的性质有两种,本质差异点和非本质差异点。本质差异点,是指被比较的痕迹和样本所反映出的特征是由两个不同工具所形成的。发现两者特征具有本质差异时,不能作出同一认定的鉴定意见。非本质差异点,是指被比较的两个客体,由于客观因素的影响而出现某些差异。非本质差异点的出现不影响作出同一认定的鉴定意见。

非本质差异点的产生可能基于以下几种原因:(1)工具痕迹形成的条件不同,即现场工具痕迹与实验样本痕迹形成的条件不同;(2)工具痕迹检验过程不规范;(3)工具本身发生了物理或者化学改变;(4)工具痕迹和嫌疑工具因保管不当,使痕迹发生了变化;(5)工具痕迹提取过程中出现失误,使痕迹发生了变异。

2.符合点的判断

主要是解决两者特征符合程度(质量、数量),是否可以作为同一认定的依据。特征符合点的表现形式:两者一般特征和个别特征均相符合。两者一般特征和多数个别特征相符合,有一个或少数个别特征存在差异,但不是本质差异点。

(五)鉴定意见

工具痕迹检验、鉴定的鉴定意见一般有以下几种。

1.肯定

符合点具备同一认定的条件,作出的鉴定意见一般表述为“现场工具痕迹是嫌疑工具所形成”。

2.否定

差异点是本质差异点,作出的鉴定意见一般表述为“现场工具痕迹不是嫌疑工具所形成”。

3.不确定

当符合点未达到同一认定的条件,同时差异点不能分辨是否为本质差异时,作出的鉴定意见一般表述为“不能确定现场工具痕迹是否为嫌疑工具所形成”。

思考习题

1.工具痕迹的类别一般有哪些,具备什么样的痕迹特征?

2.工具痕迹的产生因素有哪些?

3.工具痕迹有哪些方面的运用?

4.工具痕迹检验、鉴定的鉴定意见怎样表述?

拓展阅读书目

1. 刘耀主编:《物证鉴定科学》,群众出版社 1998 年版。

2. 邹明理主编:《痕迹学》,法律出版社 2000 年版。

3. 张书杰编著:《工具痕迹学》,中国人民公安大学出版社 2002 年版。

4. 李学军著:《物证论——从物证技术学层面及诉讼法学的视角》,中国人民大学出版社 2010 年版。

5. 刘红等编著:《物证技术学实验教程》,经济科学出版社 2010 年版。

6. 徐立根主编:《物证技术学》,中国人民大学出版社 2011 年版。

第十五章 枪弹痕迹检验技术

本章概要

本章主要介绍了枪弹痕迹概念、种类及其作用，常见枪械、枪弹的种类及结构特点，枪弹痕迹的特征及发现、提取和分析方法，通过枪弹痕迹检验推断发射枪械种类、认定射击枪械、判断案件性质等。

通过本章学习，掌握枪弹痕迹的特征以及枪弹痕迹的分析方法、检验方法。

关键词

枪械；枪弹；枪弹痕迹

第一节 枪弹痕迹的概念、种类与作用

一、枪弹痕迹的概念

枪弹痕迹是指在枪械发射时，在射击弹头、弹壳、枪械和射击客体上形成的痕迹。包括射击过程中枪械在射击弹头、弹壳上形成的痕迹，射击弹头与被射客体相互作用形成的痕迹以及各种射击残留物痕迹。

二、枪弹痕迹的种类

枪械发射枪弹后形成的射击痕迹可以分为四类：

（一）射击弹头痕迹

射击弹头痕迹，是指当枪支发射时，在弹头上遗留下反映枪支的有关作用机件表面结构特点，特别是枪管内膛表面结构特点的痕迹，主要是弹头通过枪管线膛区与凸膛线摩擦而形成的线形痕迹。

（二）射击弹壳痕迹

射击弹壳痕迹，是指当枪支发射时，在弹壳上遗留下反映枪支的有关作用机件表面结构特点的痕迹，有在装弹、击发、排壳三个阶段形成的摩擦、撞击、挤压等多种

痕迹。

（三）弹着痕迹

弹着痕迹，是指当弹头脱离枪口后，击中被射客体形成的弹孔、弹道、弹着点及擦撞等痕迹的总称。即弹头射出后，在目的物和障碍物上形成的弹孔或弹着点以及弹头与客体之间相互撞击时产生的擦撞痕迹。

（四）射击残留物痕迹

射击残留物痕迹，是射击时伴随弹头和弹壳从枪口、机件缝隙中喷出的火药燃烧生成物、未完全燃烧的火药颗粒、微量金属屑、枪油等物质，射击或喷溅在客体物上而形成的痕迹。这类痕迹常存在于入射口周围表面、弹孔内壁和射击枪械以及持枪人手背等部位。

三、枪弹痕迹检验的任务、作用

（一）发现、固定、提取和保全涉枪案件现场的枪弹痕迹物证

当勘查涉枪案件现场时，应注重发现、固定、提取和保全现场的枪弹痕迹，为进一步检验打好基础。积极探索发现、固定、提取和保全的新技术、新方法，提高采证质量。

（二）区分发射枪种和认定射击枪械

根据射击弹头、弹壳上反映的枪械机件痕迹特征，可以区分发射枪种和认定射击枪械。可以“由痕及枪，以枪找人”，从而缩小侦查范围，提供破案线索和证据。

（三）检验弹着痕迹和射击残留物

通过分析判断弹着痕迹和射击残留物，确定现场洞孔是否为弹孔，确定是否为枪击案件。在判明案件性质的基础上，进一步辨别弹头的入、出口，推断射击距离、射击方向、射击时间和顺序等。根据射击残留物成分，可确定发射弹种及配用枪械的范围。根据射击残留物在人体上的分布，确定是否为持枪人。从而为划定嫌疑人范围，查明作案的具体情节提供线索。

（四）检查枪械、枪弹的性能、状况

检验枪械机件的使用安全性和动作可靠性，判断是否因枪械机件失灵而造成误伤或走火，鉴定其是否具有杀伤力，弄清枪击肇事是否构成犯罪，从而为定罪量刑提供依据。

（五）分析计算弹道诸元

测量、计算射击弹道诸元，从而分析、确定射击的距离、方向、射角、落角和弹头穿射物体的动能变化以及计算弹道高度、弹头飞行时间等，确定枪支杀伤力，推测射击地点。

（六）查对枪弹痕迹档案

根据射击弹头、弹壳上的痕迹特征、弹壳底面的标记符号、痕迹分类和编码以及文字、图形等，查明枪械的归属地区。查明枪械、枪弹的制造国别、厂家和年代等信息，可提供枪械、枪弹的来源等线索，缩小侦查范围。枪械、枪弹的来龙去脉和弹痕特征的异

同反映，还可用来并破积案。

（七）建立、管理、完善枪弹痕迹数据库

利用计算机和网络技术，对枪支按部门、地域分类编码管理，将管辖枪支痕迹、案件枪弹痕迹输入电脑，建立枪弹痕迹数据库。具有快速查询、识别枪弹痕迹的优势，从而为及时侦破案件提供支持。

第二节　枪械和枪弹

一、枪械

（一）枪械的概念

枪，是热兵器时代步兵装备最早、使用面最广的基本武器，距今已有800多年的历史。枪在不同的领域有不同的概念。

在军事领域中，枪械是指利用火药燃烧所产生的气体压力发射弹丸，以达到对被击目标的杀伤、毁坏效能，口径一般在20mm以下的轻型射击武器。

在法律领域中，《枪支管理法》第46条规定："本法所称枪支，是指以火药或者压缩气体等为动力，利用管状器具发射金属弹丸或者其他物质，足以致人伤亡或者丧失知觉的各种枪支。"

（二）枪械的分类

1. 按枪械完成射击循环动作的性能分类

枪械完成一次射击过程，必须经过以下射击循环动作：进弹→闭锁→击发→开锁→后坐→退壳→复进→进弹，可根据是否能自动完成该循环动作将枪械分为：

（1）自动枪械，是依靠火药气体压力的作用，自动上弹、发射、退壳的枪械。根据自动程度的不同，可分为全自动枪械和半自动枪械。全自动枪械扣动扳机会连续发射子弹，如56式冲锋枪。半自动枪械扣动1次扳机仅发射一枚子弹，如64式手枪等。

（2）非自动枪械，是指由于没有复进簧及发射瞬间可移动的枪机，不能利用火药气体自动装弹、发射和退壳，需要人为的推、拉枪机，逐发装、退子弹的枪械，如53式步枪。

（3）转轮枪械，是指具有"鼓形"弹轮，内装子弹，扣动扳机可发射子弹，同时带动鼓轮向左或右转动的枪械。该类枪械可连扣连发，但其排壳和装弹时，需要人为地将鼓轮移出。

2. 按枪械用途分类

（1）军用枪械，包括手枪、步枪、冲锋枪、机枪、信号枪等。这类枪械威力大、射程远、命中率高、性能良好，多为军警所用。

(2)民用枪械,包括猎枪、运动枪械等。猎枪是狩猎用枪,具有单、双管之分,有工厂制造和土造两种。运动枪械是专供体育比赛和练习射击、打靶用的,一般指5.6mm以下的手枪、步枪等。二者均具有一定威力,射击人身也可导致死亡、伤残。

(3)特种枪械,如钢笔式手枪、刀形手枪、打火机形手枪等形状比较奇特的特殊用途枪械。这类枪械是供完成特殊任务使用的,其形状较为特殊,外形与一般物品相近似。

(4)教学枪械,解剖后用于讲解示教的枪械。这类枪械外形同一般军用枪械,解剖后能直观、形象地看到枪械的结构和发射程序,便于示教。

3. 按枪管内壁结构分类

(1)滑膛枪:枪管内壁平滑无膛线,只呈圆筒状,如猎枪和部分土造枪等。

(2)膛线枪:枪管内壁冲旋有一定数量、旋向的凸凹膛线的枪械。膛线可使弹头飞行稳定,速度、命中率增高,现代军用枪械一般都具有膛线。

4. 按枪管口径大小分类

(1)小口径枪:口径在3～6.5mm之间的枪械。

(2)中口径枪:口径在7～11mm之间的枪械。

(3)大口径枪:口径在11～14.5mm之间的枪械。

在计算枪管口径方面,有膛线的枪管是以相对阳膛线之间的距离计算;霰弹猎枪以"号"来计算,号数越大,枪支口径越小。

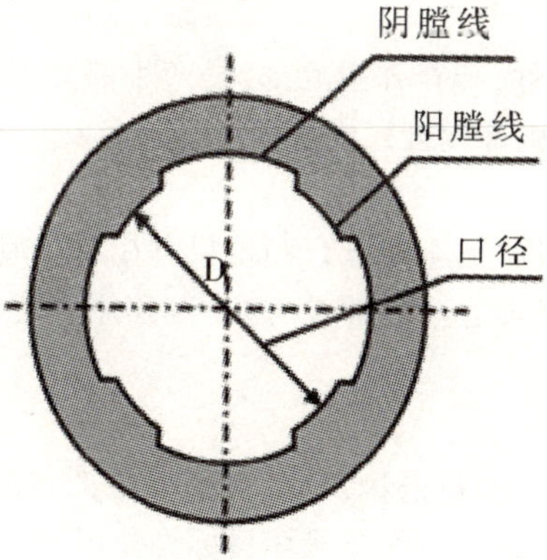

图15-1　枪管口径

(三)枪械的基本结构

枪械机件很多,构造较复杂。各种枪械的结构差别很大,与形成痕迹有关的主要有枪管、枪机和机匣三部分。

1. 枪管

(1)枪管的作用

发射前枪管是容纳枪弹并使其正确定位的空间;发射时则是火药燃烧的场所;作为能量转换器,它赋予弹头一定的初速、转速和飞行方向;也是产生大部分弹头痕迹和部分弹壳痕迹的造痕体。

(2)枪管的结构

枪管由弹膛、坡膛、线膛组成。弹膛是容纳枪弹并使其正确定位的场所。坡膛是连接弹膛和线膛的过渡部分,作用是导引弹头平稳挤入线膛。线膛位于坡膛的前部,内壁冲旋有膛线,射击时,线膛区域的内壁直接与弹头发生摩擦作用,使弹头开始旋转。膛线有阴线和阳线之分,并有左旋、右旋两种。不同的枪种,其膛线数量、结构特征不同。

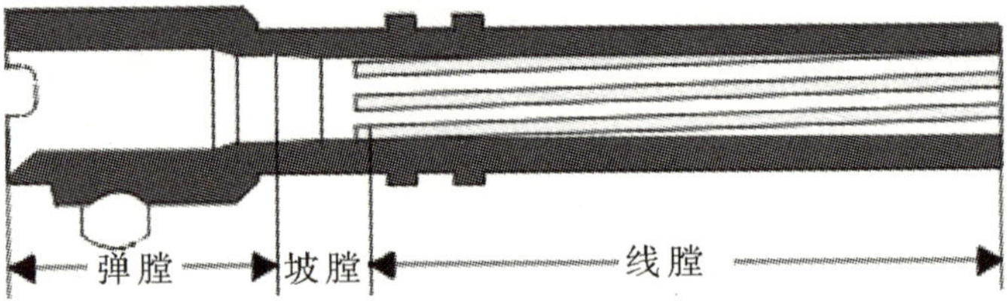

图 15-2　枪管的结构

2. 枪机

枪机是枪械的核心机件,装在弹膛后部,是产生部分弹壳痕迹的造痕体。枪机在射击过程中与枪械的其他机件配合完成推弹、闭锁、击发底火、退壳等动作。

3. 机匣

机匣是枪械的基础部件,是连接枪管和枪机并引导活动机件前后滑动的部件,一般由弹匣和弹仓组成,具有安装连接部件、抛壳等作用。转轮手枪以鼓轮代替弹匣供弹。

二、枪弹

枪弹是供枪械发射的一种被击物,是以火药燃烧产生的气体压力为动力,推送弹丸用来碰击或燃炸物体,以达到杀伤或毁坏目标物作用的一种组合体。

(一)枪弹的分类

1. 按枪弹用途,可分为战斗用弹和辅助用弹。战斗用弹包括普通弹、特种弹等。辅助用弹主要有空包弹、教练弹、高压弹等。

2. 按配用枪种,可分为手枪弹、步枪弹、机枪弹、信号枪弹、猎枪弹、教学枪弹等。

3. 按发火部位,可分为中心发火弹、边缘发火弹等。一般军用子弹为中心发火。

4. 按弹壳外形,可分为瓶形弹和柱形弹。前者有斜肩,一般供步枪和部分手枪使用;后者则没有斜肩,一般供转轮手枪、部分冲锋枪使用。

5. 按弹壳底部形状，可分为有底槽弹和有凸缘弹。

（二）枪弹的结构

枪弹一般由弹头（或弹丸）、弹壳、发射药和底火四部分组成。

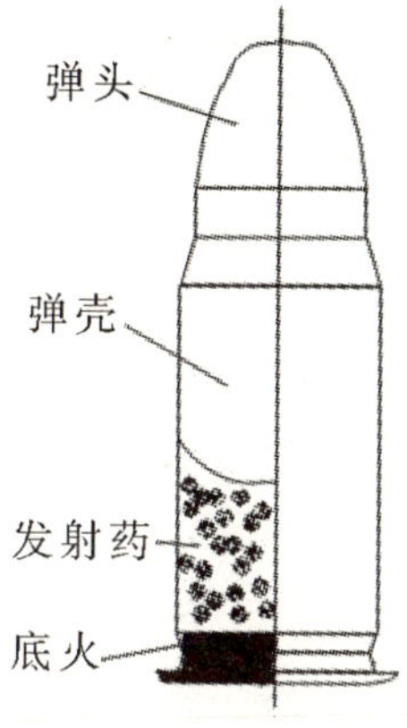

图15－3　枪弹的结构

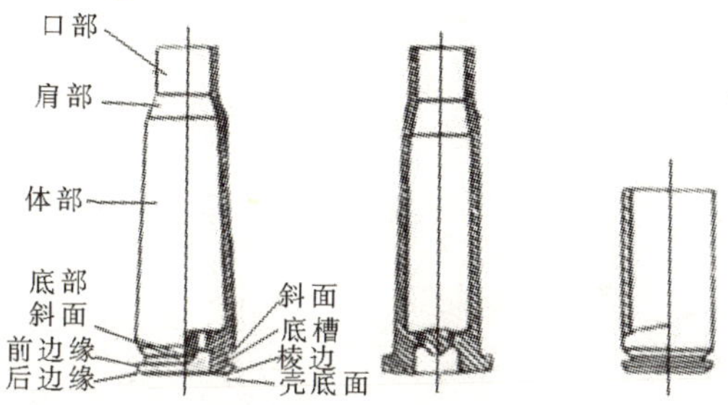

图15－4　弹壳的结构

1. 弹头，是用来直接杀伤和破坏目标物的部分，呈尖头或圆头流线型。最外面表层叫弹头外壳或披甲，一般多用铜锌合金、铜镍合金制成。

2. 弹壳，是连接弹头、底火，并盛装和保护发射药的部分，呈圆柱形或瓶形。一般多用铜锌合金或复铜钢制成。

3. 发射药，是弹头获得能量，使其产生速度的药剂，过去多用黑火药、烟火药，现主要用无烟火药。

4. 底火，是点燃发射药的引燃装置。

三、枪械和枪弹的识别

枪械和枪弹识别的意义在于：有利于鉴别枪械、枪弹的类型，判明它们属于何国、何厂、何时出产，枪械机件是否经过变换，便于查明枪械来历，利于选取合适的枪弹进行实验及检验。

（一）枪械的识别

为了检验枪械规格质量和表明枪械是否经过检查，各国往往专有一些图案、标记刻于枪械的某些机件上，如在新中国成立后生产的枪支上刻有五角星。为了统计枪械的数字和分辨枪械，工厂在枪械上刻有枪械号码，有的枪支保管部门为了便于管理有时也加刻一些号码。工厂在枪械上往往还刻有国别、厂名、批次、口径、枪种等标识。根据枪械的外形尺寸、机件结构、印压标记等可以识别枪械种类。

（二）枪弹的识别

1. 根据枪弹的外形尺寸识别，不同种类枪弹外形尺寸有差异可供识别。

2. 根据弹头涂色标志识别，普通弹没有色标；特种弹多采用弹尖色标来表明具体用途。

3. 根据弹壳底部印压标记识别，弹壳底部印压标记一般用来表示枪弹制造年份、厂家、枪弹批号、口径等，也有的单纯为装饰，不含具体意义。

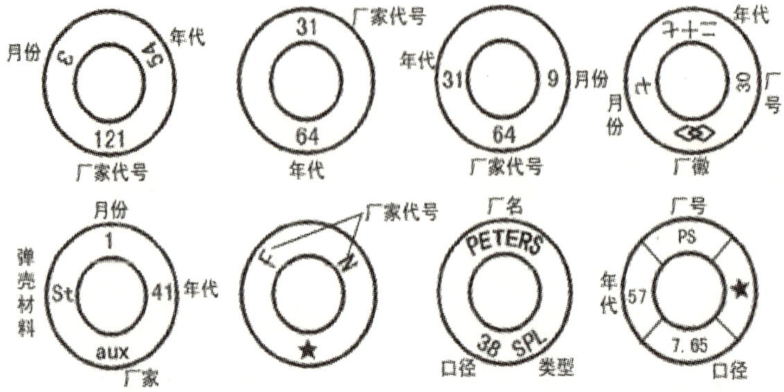

图 15－5　弹壳底部印压标记

第三节　枪弹痕迹的特征

枪弹痕迹是当枪械发射时，在射击弹头、弹壳、枪械和射击客体上形成的痕迹。其形成的机理是：枪弹上膛后，即子弹被推上弹膛后，射击者扣动扳机，击针就以一定的击发能量打燃底火，底火再点燃发射药，使火药快速燃烧，将其中蕴藏的化学能量转换成火药气体的热能。高温、高压的火药气体经膨胀做功，又转换成机械动能，迫使弹头高速通过枪管向前飞行；同时推动枪机后退、抛壳，再次推子弹上膛，使枪支处于待发状态。枪弹的发射过程是很短暂而又极其复杂的过程，射击弹头、弹壳上的痕迹正是在这一能量转换过程中形成的。

一、射击弹头上的痕迹

（一）膛线枪射击弹头上的痕迹

射击时，弹头在火药气体的压力作用下通过枪管，受到多个力的作用。弹头披甲与枪管内壁作用形成能反映枪管内壁构造和使用状况的痕迹特征，在枪弹检验中既可区分发射枪种，又能认定射击枪械。按形成痕迹的时间、顺序和作用客体性质不同，弹头上的痕迹可分为弹头部的磕碰痕迹、拔弹痕迹、坡膛痕迹（初生痕迹）和线膛痕迹（次生痕迹）。因为国产枪械多为右旋膛线枪械，所以下文论述中均指右旋膛线枪，不再加以说明。

1. 进膛痕迹

进膛痕迹即弹头顶部的磕碰痕迹，是枪弹进膛过程中产生的。当枪机复进推弹时，弹尖及其附近区域会与机座导引面、枪管尾端导弹斜面或棱边、弹膛上方内壁等部位碰撞形成头部的磕碰痕迹。位于弹尖附近或弹头弧形部，多为圆形、月牙形、角形点块和点线状等。

2. 拔弹痕迹

拔弹痕迹是弹头在火药气体压力作用下克服弹壳口部对弹头的拔弹阻力，脱离弹壳束缚向前运动，因摩擦作用所形成的与弹轴方向平行的线条状的擦划痕迹，位于弹头圆柱部与弹壳口部相接触的部位。

3. 坡膛痕迹

坡膛痕迹是弹头在火药气体压力作用下经过坡膛时，克服坡膛内表面，尤其是坡膛区阳膛线起始部位对弹头披甲的阻力而形成的间隔分布的与弹轴方向平行的线条状擦划痕迹。始于弹头弧形部末端并贯穿整个圆柱部，常被后形成的线膛痕迹部分或全部覆盖，多分布在阳膛线痕迹中次棱线痕迹的左侧。

4. 线膛痕迹

线膛痕迹是弹头挤进线膛和在膛内旋转前进时，因挤压、剪切、摩擦等作用形成的与弹轴方向有一定夹角的擦划痕迹。始于弹头的弧形部末端并贯穿整个圆柱部。

线膛痕迹是成对出现的，这就是阳膛线痕迹和阴膛线痕迹。

在射击弹头上，阳膛线痕迹是弹头圆柱部被刮擦掉的表面凹陷的条带状痕迹，弹头表面没有什么磨损或磨损不严重的部位叫做阴膛线痕迹。阳膛线痕迹是由两条棱线痕迹、条带状的凹陷痕迹和起、末端痕迹等组成。线膛痕迹反映出枪管线膛的结构特征和阳膛线表面的状态特征。反映结构特征的参数有阳膛线的旋转方向（右旋或左旋）、阳膛线的宽度、深度、缠角、数量等。反映状态特征是指膛线表面与弹头表面相对运动时在弹头表面形成的细微纹线特征。

（1）棱线痕迹和阳膛线痕迹的数量

由阳膛线两个棱边的棱角所形成的痕迹叫做棱线痕迹。如右旋膛线枪，弹头进入线膛后随膛线向右旋转，则膛线导转侧作用于弹头的力在右边，右边棱角的摩擦力加大，形成比较粗大明显的棱线痕迹，这就是主棱线痕迹。相反，左边那条不及右边粗大明显的叫做次棱线痕迹。当膛线痕迹模糊不清时，一般利用弹头上粗大的主棱线痕迹来计算其数量。

（2）阳膛线痕迹的宽度

一条阳膛线痕迹中主、次棱线痕迹之间的垂直距离即阳膛线痕迹宽度。枪械的种类不同，阳膛线痕迹的宽度也有所不同。在实际鉴定过程中，它可以作为种类特征，但不能作为认定同一的依据。

(3)阳膛线痕迹的旋向

枪管里的阳膛线有左旋、右旋两种。从枪膛往枪口来看,膛线呈顺时针旋转的为右旋,反映在弹头上是自右上向左下的倾斜线痕。发射时弹头首先进入坡膛中作直线运动,所留的痕迹与弹头轴线平行。凡是与弹头轴线平行的擦痕(除拔弹痕迹)就叫做初生痕迹。当弹头进入线膛区域开始转动时,在弹头上留下倾斜的擦痕,这些擦痕就是次生痕迹。

(4)阳膛线磨损特征

根据弹头上膛线痕迹特征的反映,可以判断枪管磨损的状况。枪管磨损主要是由于弹头外壳与枪管内壁摩擦及火药气体烧蚀等造成的。枪管的磨损程度一般可分为三类:①枪管轻度磨损时,主、次棱线痕迹都能反映出来,阴膛线部位看不到线条状痕迹,阳膛线痕迹中起、末端形态轮廓清晰,小线纹较少,对鉴定不利;②枪管中度磨损时,常能反映阳膛线主棱线痕迹,次棱线痕迹反映有时断续、不明显,阳膛线中小线纹较多,阴膛线中也能见到一定数量的线条痕迹,起、末端形态较清晰,对鉴定有利;③枪管高度磨损时,阳膛线痕迹的主、次棱线痕迹很难分辨,线条多呈平行于弹头轴线的状况,有时可见到部分阳膛线主棱线痕迹,阴、阳膛线痕迹中细小纹线密集,鉴定时难度较大。

(5)阳膛线的起、末端痕迹

靠近弹头尖端的阳膛线痕迹叫起端痕迹,靠近弹头底部的阳膛线痕迹叫末端痕迹。每支枪管的枪口部及后部形状结构、特点都不相同,所以其痕迹特征也不相同。一般来说,膛线起端痕迹与阳膛线起始端的形状、特点相适应,末端痕迹则与枪口处膛线的边沿特征相吻合。膛线磨损严重时,弹头上起、末端痕迹就会形成椭圆形、弧形,甚至连在一起的特征;反之,则多呈平直、较短的线条形。

(6)膛线痕迹中的小线纹

膛线在生产加工过程中会留下多种斑痕,再加上使用、擦拭、保管过程中造成各种斑痕,形成了各种不同的特征,发射时就会在弹头上形成小线纹特征。膛线痕迹中的小线纹是每支枪所固有的重要特征,检验价值较高。

(7)金属卷屑痕

如果膛线的棱角在形成棱线痕迹时,刮下较多的金属屑,这些金属屑经过摩擦与翻压就被压在棱线痕迹的边沿,形成了金属卷屑的特征。

5.影响射击弹头上痕迹特征的因素

(1)弹头直径

弹头直径过大、过小都会使射击不正常,降低弹头的初速,射击弹头上的痕迹也会有相应变化。弹头直径过大,从枪管中射击后,膛线痕迹会变深变长,把外壳刮去一层,甚至弹头披甲碎裂脱离。若弹头直径过小,则不易紧贴枪管内壁,形成的痕迹分布零乱,膛线痕迹断断续续,头部和尾部有时也会留下擦痕,弹头形状有时也会变化,易形成棱角状。

(2)枪管内壁磨损程度

由于生产、使用、擦拭、保管等原因,枪管内壁在物理、化学作用下发生形状和尺寸的变化。枪管轻度、中度、高度磨损程度不同,会在射击弹头上形成不同的痕迹,痕迹特征会相应反映出枪械膛线的不同磨损程度。

(3)截短枪管

由于枪管截短,弹头飞出枪口时所受到的火药气体压力比正常枪管要大,但初速变低。弹头在压力较大、受力不均的情况下,易发生破裂变形。截短过程中,枪管易歪斜变形,截口处边沿锐利,直径变小,毛刺增多,在射击弹头上反映出痕迹杂乱,截口处形成的刮擦痕迹有时覆盖了反映前段枪管特征的细微线痕。膛线痕迹的起、末端痕迹发生变化,且轮廓不清。

(二)平滑枪管射击弹头上的痕迹

平滑枪管的枪械主要有古老式枪械、特形枪械、信号枪械、猎枪和自制或改制的枪械。用古老枪械、特形枪械、信号枪械作案的极少见。发射制式猎枪弹、自制霰弹的猎枪、火药枪目前作案较多,这些枪发射的霰弹表面通常也有一些擦痕,但这些痕迹变化大,随机性大,难以检验。这里主要介绍土造枪管的一般特点及其射击弹头上的痕迹。

1. 土造枪管的特点

枪管材料多为普通金属管,内壁加工粗糙,极易被烧蚀、磨损和锈蚀。枪管内径与弹头直径不匹配,内弹道性能差。枪管结构简单,通常为直膛,没有使枪弹定位的端面和斜面,闭锁能力差,发射过程中有时炸膛。

2. 土造枪管射击弹头上的痕迹特征

射击弹头上无膛线痕迹;擦划痕迹分布不均匀,杂乱无章;在弹头头部、底部边缘等部位常有撞擦的痕迹或留有火药残渣;留在弹头上的擦痕多呈鱼鳞状或云彩状;弹头易发生变形、破裂;自制弹头上常有锯、锉痕,有时还会出现钳剪痕等。

二、射击弹壳上的痕迹

在装弹、发射和退壳三个阶段,枪械有关机件与弹壳的对应部位在紧压贴合下产生相对运动和相互作用,在射击弹壳上会形成不同的痕迹。

(一)装弹过程中形成的痕迹

1. 弹匣口痕迹

枪弹压入弹匣及从弹匣中被推入弹膛过程时,壳体和匣口的两侧棱边发生摩擦,在壳体和底座棱边上留下两条平行而有一定间隔的擦划线条痕迹,其宽度等于弹匣扣弹齿宽度。双排装弹弹匣,只留下单条痕迹。

2. 枪机下表面痕迹

枪弹上膛时,枪机必须后坐,枪机下表面和待进枪弹弹壳发生摩擦,在壳体表面和底座棱边有时留下较大的擦痕,位置在两条弹匣口痕迹之间。

3. 推弹突笋痕迹

当推弹突笋表面与弹底面碰撞并推弹进膛过程时,在枪弹弹底面相应位置上会形成推弹突笋痕迹。

4. 弹膛后切口痕迹

弹膛后切口是指枪管后部弹膛口沿上开设的切口。枪弹进膛过程中与弹膛后切口以一定的速度碰撞、摩擦而形成了弹膛后切口痕迹。多出现在弹壳口部、口沿、斜肩或接近口部的壳体上。

5. 拉壳钩前端痕迹

枪弹进膛过程中,拉壳钩前端与弹壳底面、棱边发生碰撞而留下的磕碰痕迹。

6. 指示杆痕迹

枪弹被推进弹膛时,弹膛指示杆就突出在枪机尾部外面,用肉眼可以辨别弹膛内是否留有枪弹。在发射过程中,指示杆痕迹会加深。可以根据指示杆痕迹确定发射枪械的种类。如国产64式手枪发射子弹的弹壳底部就具有指示杆痕迹。

(二)发射过程中形成的痕迹

发射过程中留下的痕迹,是枪械机件的主要痕迹。因为在这个过程中接触面广、作用力大,且多是印压痕迹,所以特征反应明显、稳定可靠,检验中价值较高。

1. 击针头痕迹

击针以一定动能撞击底火时,会在弹壳底部的底火帽上留下一个凹痕,凹痕包括击针头部的印压痕和击针边缘的擦划痕迹。它反映出击针头表面的几何形状、尺寸、结构特征及端面细节特征等。

击针头痕迹特征主要包括:

(1)形状圆球形、截锥形、矩形等。

(2)位置目前较常用的确定位置的方法是直角坐标系“象限法”。即把射击弹壳放正位置后,通过弹壳底面的几何圆心,把弹壳底部分成垂直相交的四个象限,并查看击针头痕,视其面积主要处于第几象限来定位。

(3)舌痕是击针头痕的次生痕迹,一般留在击针头痕上边沿或稍偏于左右两侧。闭锁机构为枪管摆动式、击发机构为击锤回转式的枪械大多出现舌痕。

(4)针端特征击针头部在生产加工及使用、擦拭、保管过程中,往往形成各种特征。针端特征在检验中价值较高。

(5)深度击针孔痕的深度主要由击针惯性突出量决定,属于种类特征。它也受击针磨损程度、底火材质及其安装情况的影响。

(6)坡度大小除与击针形状有关外,主要由击针撞击动能决定。撞击动能大,底火壳体变形速度快,则口沿坡度大,反之则小。

2. 弹底窝痕迹

射击过程中由于火药气体压力的作用,使弹壳底部与枪机弹底窝表面紧密接触。

由于弹壳与枪机弹底窝的硬度不同,在弹壳底部形成枪机弹底窝表面痕迹。反映弹底窝的结构特征、加工特征、个别特征。

3. 弹膛内壁痕迹

射击过程中,弹壳在弹膛内受到火药气体压力的作用,径向膨胀,与弹膛紧密相贴在一起,使弹壳表面留下反映弹膛内壁结构的压痕。如 64 式和 77 式手枪,均使用 64 式手枪弹,但 64 式手枪弹膛结构是 4 条螺旋槽,77 式手枪弹膛结构是中间有一环形槽。64 式手枪射击弹壳上有 4 条螺旋形微凸痕迹,而 77 式手枪射击弹壳中间有一环形凸起。弹膛内壁痕上容易附着烟垢。

(三)退壳过程中形成的痕迹

1. 拉壳钩痕迹

射击后,枪机在火药气体作用下开始后退,枪机上的拉壳钩抓住弹壳底部边缘一起后退,在弹壳底部及边缘、弹底槽形成拉壳钩痕迹。拉壳钩痕迹与拉壳钩的宽窄、钩角、形状和位置都有密切的关系。

2. 抛壳挺痕迹

射击后枪机带动弹壳一起后退,当弹壳底部退到机匣上抛壳挺的位置时,与抛壳挺产生猛烈撞击,弹壳从抛壳口抛出,同时在弹壳底部留下了抛壳挺的端面痕迹。抛壳挺痕迹比较明显、特征稳定,反映出抛壳挺表面加工痕迹特征和几何形状。不同枪械抛壳挺痕的深浅、大小不完全相同,抛壳挺痕的形状、位置、痕迹特征也不同。

3. 抛壳口痕迹

抛壳口痕迹是弹壳受抛壳挺惯性力的作用,从抛壳口抛出时,壳身、斜肩、壳口等部位与抛壳口边缘擦划形成的痕迹。利用其宽度、大小、数量、位置及其与其他痕迹的关系可判断枪械种类。

4. 弹匣口刮擦痕迹

大部分 64 式、77 式、59 式、公安式手枪在抽、抛壳瞬间都会产生弹匣口刮擦痕迹,这一痕迹又被叫做抛壳匣口痕、小旗痕。其形状似小旗。弹壳被抽且壳底接近抛壳挺时,弹壳表面与弹匣右侧棱边接触并产生线性摩擦,形成旗杆痕。这时壳底与抛壳挺撞击,弹壳翻转,在杆痕末端滚动旋擦,形成旗面痕。它一般出现在壳体中部对应壳底 4、5 时位。

第四节　现场枪弹痕迹的寻找、提取与分析

现场枪弹痕迹勘验的主要任务是寻找、发现、提取现场上的枪弹痕迹及其他物证,研究分析案情,判断案件性质,确定侦查方向和范围,为侦查破案提供线索和依据。枪击现场勘验时,应认真观察现场上每个物品的位置、状态,然后使用各种技术手段和方

法，对现场上的有关部位进行详细勘验，以发现、提取有关痕迹、物品，由此来进行分析判断。必要时，可进行现场实验。

一、现场枪弹痕迹的寻找

枪弹痕迹的寻找，就是要发现射击弹头、弹壳和射击枪械等，由于其遗留的条件和情况不同，其寻找、提取的部位、方法也就不同。

（一）射击弹头的寻找

射击弹头是不易寻找的物证之一，由于其常穿透物体或折射反跳，具体方向不明，但只要仔细寻找，通常还是可以发现的。具体包括：

1. 查看弹孔、确定弹道、弹着点，特别要在弹着点处仔细观察，在其附近搜寻弹头。若弹头遇坚硬物质发生反跳，则应在被击物附近寻找弹头。

2. X 光透视寻找。当弹头射入人体或动物躯体，如遇只有射入口没有射出口的情形，则可借助 X 光拍摄发现其所在部位。

3. 探测筛滤搜寻。若弹头撞击地点不明，查找范围过大，可借助磁铁、金属探测器等进行筛滤搜寻。

4. 复原定位，搜寻弹头。对被撞倒的被害人、被击物，可通过恢复其原位来确定弹孔、弹着点的高度、方位等，再据此搜寻弹头。

（二）射击弹壳的寻找

射击弹壳的寻找，主要注意以下几方面：

1. 由痕迹、遗留物等推断发射点，然后以发射点为中心，以射击距离为半径的范围内去寻找射击弹壳。

2. 按各种枪的排壳规律去寻找。若提取到嫌疑枪支，就可根据该枪种的排壳规律去寻找。

3. 在可能存在弹壳的地点探测、筛滤。根据现场遗留的足迹、遗留物等痕迹去推断发射地点，并逐块寻找，认真筛滤，可用磁铁、金属探测仪等帮助寻找。

4. 在嫌疑枪支里寻找弹壳。当枪击现场未发现弹壳的，当提取到嫌疑枪支，应认真检查有无弹壳和其他物证。

（三）射击枪支的寻找

射击枪支的寻找，应注意以下几方面：

1. 在自杀或伪装自杀的现场寻找枪支。一般在该类现场都留有枪支，应及时发现、提取。

2. 枪杀现场要注意搜寻隐蔽角落。一般在该类现场不易发现枪支，应注意搜寻现场隐蔽角落及周围可能抛弃的地方，如池塘、沟渠等。

3. 借助探测仪器寻找。若现场范围较大，可借助金属探测器等仪器进行寻找。

（四）射击残留物的寻找

射击残留物的寻找，应注意以下几方面：

1. 寻找被射人体、物体上的射击弹孔和弹着点，找到弹孔、弹着点后，确定是否近距离射击，在射击弹孔入口和弹着点周围、射击孔洞内寻找射击残留物。

2. 在可能为自杀的死者手上拇指与食指之间的虎口、手背、中指、手掌等部位寻找射击残留物，对其衣服外层、里层均应仔细寻找。

3. 在射击嫌疑人手上拇指与食指之间的虎口、手背、中指、手掌及袖口等部位寻找射击残留物。

4. 对于肉眼难以发现的，可借助放大镜或显微镜，加装各种滤色镜去寻找；在反差微弱的物体上，可用红外线、紫外线灯照射，即可发现。

二、现场枪弹痕迹的提取

（一）射击弹头、弹壳的提取

发现射击弹头、弹壳后，应首先拍照固定，使其反映出与现场物体间的相互关系，然后再提取。提取时，要按提取的先后顺序进行标号，并将弹头、弹壳分布的状况、位置及射击附带痕迹一并记载。提取弹头、弹壳，应尽可能地保持物体原始状态，不要破坏和擦掉原有黏附物，也不要造成新的痕迹。提取后，应用洁净布块或软纸进行妥善包裹，并放入物证盒或袋内，以备送检。

（二）射击枪支的提取

现场发现枪支后，首先应拍照，固定枪支的原始状态及其与周围物体的关系，然后再进行提取。提取时，要特别注意检查枪膛内有无上膛的子弹，并及时加以处理，以免发生走火、误射等意外。枪支上可能留有作案人的指印，注意不要破坏。对于提取枪支的情况，应详细记载，如枪支的种类、型号、口径、剩余子弹数、是否上膛等，以备查对。提取后，应对枪支、弹匣等部分分别用清洁柔软的棉布或白纸包裹，用棉花堵住枪口，放入空匣内，以备送检。

（三）射击残留物的提取

提取留有射击残留物的洞孔和物体时，根据客体的实际情况，除了采用照相方法提取外，还应提取留有弹孔痕迹的实物。若不能提取原物时，可在一定范围内剪下部分织物或取下部分物品。对提取的留有弹孔的衣物采用复印法（物理方法、化学方法）、红外线照相方法、紫外荧光法等显现射击残留物的存在和分布状态。对留在手上、皮肤上或玻璃、瓷器等硬质客体上的弹孔和射击残留物，采用黏取和化学药液擦洗方法提取。提取案发时嫌疑人穿的衣服，在左、右袖口上侧边缘用黏取方法提取射击残留物。对于各种射击残留物的提取，应首先拍照固定，然后刮取其微粒物质，以备检验。

三、现场枪弹痕迹的分析

对于现场枪弹痕迹的分析，可推断枪支的种类、射击距离、判断案件性质等，为侦查破案提供线索，为审判提供证据。

（一）分析可疑洞孔是否为弹孔、是射入口还是射出口

弹孔是指弹头侵彻或贯穿各种目标物时，在其表面所形成的射入口和射出口及孔洞。判断现场孔洞是否为弹孔，是确定案件性质的前提，也是进行弹道分析，进而确定枪击案件情节的基础。弹孔除盲孔外，都有射入口和射出口。不同物理属性的客体，其射入、射出口特征不同；同一种客体，枪弹射击形成的弹孔和其他工具形成的洞孔特征也不同；近距离射击时，还会在弹孔射入口周围附着一定分布形态的射击残留物。

1. 根据洞孔入口、出口的形态、特征分析确定

（1）人体上弹孔的特征

①射入口的特征：人体上的射入口特征随着射击距离、角度的变化而反映不同。根据弹孔特征判断其是否为射入口时必须结合射击距离、角度的具体情况进行分析。

②射出口的特征：多为撕裂伤，出口一般大于入口，出口形状不规则。

（2）玻璃上弹孔的特征

①弹孔基本呈圆形或椭圆形，断面粗糙，孔径大于弹径；

②弹孔从入口到出口呈喇叭形，入口周围平整，边缘锐利，出口大于入口；

③玻璃表面有辐射状裂纹，但少见同心圆裂纹；

④弹孔入口、出口和弹孔断面有明显的细小玻璃粉末。

（3）纺织物上弹孔的特征

①入口特征：弹孔边缘擦带较明显，纤维断裂而仍较整齐；边缘略向内卷，多呈灰褐色；近距离内射击时，入口周围有较明显的射击残留物；弹孔中心多呈缺损，射击距离越近，枪械威力越大，缺损越明显。

②出口特征：一般肉眼观察不到擦带和射击残留物；裂纹的纤维向出口一侧外翻卷曲；孔沿略有外突现象。

（4）铁皮上弹孔的特征

①入口特征：弹孔孔沿凹陷，周缘光滑整齐，多因冲塞式破坏而呈圆整缺损；口沿有时有金属光泽，但无细小裂纹，难见擦带。

②出口特征：弹孔边缘呈锯齿形或花瓣形；口缘的锯齿碎片外翘；在外翘端有时能见到弹头的撞击痕迹或附有弹头细屑。

（5）木板上弹孔的特征

①入口特征：弹孔外边沿常见明显擦带，近距离射击时可看到射击残留物；入口一侧的弹孔边缘略向内陷，或有细小碎口分布；入口弹孔较小，形状较圆整。

②出口特征：出口一侧弹孔面积较大，很不规整，孔缘呈明显的崩裂状；出口一侧没有擦带和射击残留物；出口处常见到折裂的木茬屑外翘。

2. 根据洞孔周围是否有射击残留物确定

（1）射击残留物的成分有火药燃烧生成物、未完全燃烧的火药颗粒、微量金属屑、枪油等。

(2)射击残留物分布在持枪射击者的手部,主要在拇指与食指之间的虎口部位呈V字形分布,另外在手背、中指、手掌上也会出现;射击者衣袖袖口上;持枪射击者所处位置附近的地面或其依靠的墙壁上;目标客体上射入口周围和射击孔洞内。

3. 根据弹头的贯穿能力分析

弹头在射出枪口后,会表现出极大的穿透能力,可以把几十米开外的较厚的铁皮、木板、人体等客体射穿,这是其他弹弓等工具所无法比拟的。故根据贯穿能力的大小,可推断该洞孔是否为弹孔。

(二)分析发射枪支的种类

分析发射枪支的种类就是要确定现场使用哪一种枪械,是正确划定作案嫌疑人范围的重要依据;是突出检验重点,减少检验枪种数量,提高鉴定成效的重要条件;是正确认定射击枪械的重要环节。

1. 根据弹孔分析发射枪种

当现场仅发现弹孔,而未发现弹头、弹壳时,可根据弹孔的形状、大小、分布情况及其周围的痕迹特点,分析推断发射枪种。弹孔的形状和直径大小,可反映弹头的形状和直径、枪管的直径。根据弹孔的数量及分布,可判明是军用枪还是霰弹猎枪。

2. 根据弹头的贯穿能力分析发射枪种

根据弹头贯穿能力的大小,可分析枪支的性能和威力。枪种不同,其贯穿能力也不同。弹孔周围的裂纹形态及烟垢痕迹的浓度,可反映枪种的威力。步枪枪弹较大,装药量多,穿透力强,裂纹密集,烟垢残渣多;而手枪枪弹较小,装药量少,穿透力相对弱,裂纹少,残渣分布面小。

3. 根据射击弹头、弹壳分析发射枪种

(1)分析发射枪种的依据

①枪弹形态、结构、规格和枪械机件的对应性。弹头直径和枪管口径要吻合;弹头长短、形状与枪管、坡膛的长短要适应;弹头与枪管的横截面形状要对应;弹头结构及制成材料与枪种的用途相适应;弹壳的形状、口径与弹膛要对应;弹壳的锥数、锥度和长度与弹膛要对应;弹壳的底缘、底槽与枪械性能要适应;底座直径、厚度同弹底窝大小、深浅要相对应。

②枪械机件形状、大小、位置和枪弹留痕特征的相同性。这是区分发射枪种的最重要依据,它可以解决单纯根据枪弹形态、结构、规格无法解决的问题,还可把区分发射枪种的范围缩到最小限度。枪械机件的形状、大小、位置以及它们的相互关系,可以在枪弹被作用过的各个部位上得到相应的反映,这就是物体与它的痕迹的同一性。这种同一性包括了种类结构的相同性和特殊结构的同一性,据此可正确识别发射枪种。

(2)分析发射枪种的一般步骤

①按照弹头、弹壳的结构、材质、形貌、规格分析配用枪种范围。观察、测量弹头、弹壳的全长、重量、头形、壳形和底座直径、底缘、底槽等,确定其枪弹种类。根据弹头、

弹壳种类,可以判断配用枪种范围。

②根据弹头、弹壳上的枪种痕迹特征区分发射枪种。观察、测量弹头上的膛线痕迹数量、缠角、旋向、膛线宽度;确定弹头上进膛磕碰痕迹的形状、大小和位置;观察、测量弹壳上反映枪种特征的击针头、弹底窝、拉壳钩、抛壳挺、抛壳口等痕迹的形状、大小和位置;根据弹头、弹壳上的枪种痕迹特征的差异,进行综合分析,判别发射枪种。

4. 常见枪种弹壳痕迹的比较

(1)配用51式手枪弹射击的几种国产枪械的区别

51式手枪弹可配用于国产51式、54式、80式手枪射击,也可配用于国产50式、54式、79式、85式冲锋枪及64式微声冲锋枪等发射。其弹壳痕迹的主要枪种特征区别如下:

表15－1　51式手枪弹配用于不同制式枪其弹壳痕迹的主要枪种特征

枪械名称	弹壳痕迹的主要枪种特征
51式手枪	(1)击针头痕迹12时位有“舌痕” (2)弹底窝痕迹不明显或呈纵倾直线状
54式手枪	(1)击针头痕迹12时位有“舌痕” (2)弹底窝痕迹呈横弧状线痕
80式自动手枪	(1)壳口至斜肩有6条纵向微凸弹膛内壁痕 (2)短矩形抛壳挺痕在6时位 (3)拉壳钩痕在12时位
50式冲锋枪	(1)撞针痕直径较大,凹陷深,外宽内窄 (2)拉壳钩痕在12时位 (3)抛壳挺痕在6时位,呈“一”字形 (4)在弹壳底缘侧边多有两处擦痕
54式冲锋枪	(1)撞针痕直径较大,凹陷深,外宽内窄 (2)抛壳挺痕在9时位,呈舟形
64式微声冲锋枪	(1)撞针痕直径较大,凹陷深,外宽内窄 (2)壳口至斜肩有3条纵向微凸弹膛内壁痕
79式冲锋枪	(1)弹底窝痕中可见马蹄形纹 (2)击针痕周围有环形凸起痕
85式冲锋枪	(1)撞针痕直径较大,痕底平凹 (2)长条形抛壳挺痕在8时位

(2)配用64式手枪弹射击的几种国产枪械的区别

64式手枪弹可配用于国产64式、77式、52式等手枪。其弹壳痕迹的主要枪种特征区别如下：

表 15－2　64 式手枪弹配用于不同制式枪其弹壳痕迹的主要枪种特征

枪械名称	弹壳痕迹的主要枪种特征
64 式手枪	(1)壳体上有 4 条螺旋形微凸弹膛内壁痕 (2)指示杆痕位于 12 时位标记面中间处，为压痕，较深
77 式手枪	(1)壳体中间有 1 条与弹轴垂直的环状微凸弹膛内壁痕 (2)击针痕周围有环形微凸痕
52 式手枪	(1)壳体上没有弹膛内壁痕 (2)指示杆痕位于 12 时位标记面边缘处，为压擦痕，较浅

(3)配用 59 式手枪弹的几种国产枪械的区别

59 式手枪弹可配用于 59 式手枪和 82 式冲锋枪发射。其弹壳痕迹的主要枪种特征区别如下：

表 15－3　59 式手枪弹配用于不同制式枪其弹壳痕迹的主要枪种特征

枪械名称	弹壳痕迹的主要枪种特征
59 式手枪	(1)壳体上有弹匣口刮擦痕 (2)抛壳挺痕位于 9 时位，呈长方形，在标记面内侧 (3)拉壳钩前端痕位于弹壳底面棱边 2～3 时位，粗大明显
82 式冲锋枪	(1)壳体上无弹匣口刮擦痕 (2)击针痕底平，痕边有环形微凸痕 (3)抛壳挺痕位于近 8 时位标记面边缘处

(4)配用 56 式步枪弹的几种国产枪械的区别

56 式步枪弹可配用于 56 式半自动步枪、冲锋枪，以及 63 式、81 式自动步枪等发射。其弹壳痕迹的主要枪种特征区别如下：

表 15－4　56 式手枪弹配用于不同制式枪其弹壳痕迹的主要枪种特征

枪械名称	弹壳痕迹的主要枪种特征
56 式半自动步枪	(1)抛壳口痕呈横或斜形，较短小 (2)弹壳底面无马蹄形微凸痕 (3)抛壳口痕距弹壳底面 15mm 以内
56 式冲锋枪、63 式自动步枪、81 式自动步枪	(1)弹壳底面均有马蹄形微凸痕 (2)三种枪拉壳钩痕长度、位置有差异

观测方法:将击针痕中心对准圆规中心,再将抛壳挺痕右上角对准圆规120°处,观察拉壳钩痕中心点与圆规0°构成的角度:56式冲锋枪为40°左右,63式自动步枪为35°左右,81式自动步枪为27°左右。

(三)推测射击距离

射击距离对于分析射击者与目标物的各自位置,查明案件的性质和情节,寻找枪弹痕迹和物品等具有重要作用。射击距离分为贴近射击、近距离射击、远距离射击。可根据以下方法判断:

1. 根据射击残留物的分布状况分析。贴近射击时,弹孔周围的射击附带痕迹面积小,颜色呈深褐色;近距离射击时,弹孔周围的射击附带痕迹面积比贴近射击大,靠近弹孔中心的颜色较深,外围一圈较浅。

2. 运用几何作图计算确定。对于远距离射击,通常可利用弹孔或弹着点的分布状况(一般有射入口和射出口),运用几何作图及三角形推算等方法计算确定。

3. 根据弹头落角分析。对于远距离射击只有一个弹孔时,可以根据弹头的落角,用三角函数法进行推算。

(四)分析射击方向和角度

1. 根据弹孔形态和擦带特征分析。弹头正射(垂直射入)时,弹孔呈圆形,其边缘擦带痕迹呈圆环状,擦带宽度大致相等,分布比较均匀;弹头斜射时,弹孔呈椭圆形,其擦带痕迹各处宽窄不均匀,斜射角度越大,弹孔椭圆形的长轴越长。

2. 根据射击残留物的分布状态分析。近距离射击时,可留下射击残留物,弹头正射(垂直射入)时,射击残留物呈圆形均匀地分布在弹孔周围。弹头斜射时,射击残留物呈椭圆形分布,斜射角度越大,椭圆形的长轴越长。

3. 根据弹道落角分析。首先判断是近距离射击还是远距离射击,远距离射击弹道弯曲,有升弧段和降弧段,然后按落角分析确定。

4. 根据连续弹孔的轴线分析。如果射击现场有连续两个以上的弹孔,两个弹孔中心连线即为射击方向。

5. 根据跳弹痕迹分析。如发现弹头反跳点后,判明入射方向(命中角)和反跳方向,再按落角法判断射击方向。

(五)分析射击时间

1. 根据气味分析。枪支在射击后的几小时内,可在枪支的枪口、枪管等部位闻到一股“火药味”,且可持续数十小时以上。因此可根据气味的大小来分析射击的大致时间。

2. 根据枪支机件的积炭变化分析。枪支射击后,会在枪管及弹膛周围形成积炭物质。形成时为深灰色,一昼夜后变成棕色,并开始形成锈斑,3~5天后形成锈层,潮湿环境会加快锈层的形成。据此可进行射击时间分析。

3. 根据实验分析确定射击时间。根据枪支使用、保管的条件,使用相同的枪支和子弹，在相近的条件下，反复进行射击试验，并分时间段仔细观察，由此来进行射击时间推断。

（六）分析射击顺序

1. 根据硬脆性客体辐射裂纹中断情况来分析。玻璃等脆性物质被子弹射击后，在弹孔周围会形成裂纹。第一发子弹形成的裂纹较完整，第二发子弹形成的裂纹扩散到第一发子弹的裂纹时，会产生中断。由此可分析射击顺序。

2. 根据射击残留物的覆盖情况来分析。多次射击同一目标，射入口周围留下的射击残留物会发生重叠。由此可确定射击顺序。

3. 根据人体上多个弹孔的位置来分析。子弹射入人体致命部位会导致其立即死亡。若人体有两处以上的子弹创口，而只有一处是致命伤，且尸体无移动迹象，则致命伤常常是最后一发子弹所致。

4. 根据现场上犯罪人行走路线与排落弹壳的位置来分析。犯罪人射击时弹壳可能随射击路线散落地面，若能结合现场足迹及弹道特点，分析犯罪人进出现场的过程，则可确定射击顺序。

（七）分析枪击案件的性质

分析枪击伤亡事件的性质，主要是指根据射击距离、枪创位置、尸体状况及现场实际情况等明确究竟是他射、自射、流弹误射还是“走火”、“跳弹”造成的伤亡事件。

1. 他射的一般特点

（1）尸体上的致命伤是枪弹创，但现场没有发射枪械，或留有枪械但不能发射现场弹头、弹壳，或经认定该枪械不是现场发射枪械。

（2）现场遗留的弹头、弹壳和弹着点不符合自射规律。

（3）现场上留有多枚弹头、弹壳，尸体上有两处以上立即致命的枪伤。

（4）尸体上有两个以上射入口、射出口方向不同的贯通伤，且符合被射过程中体位自然转动造成。

（5）尸体上的枪伤本人不能形成。死者衣物上无近距离射击的痕迹，手部没有射击残留物。

（6）尸体上有挣扎、搏斗的伤痕。

（7）现场有被翻动、被窃等迹象或作案人留下的其他痕迹物证。

对于他杀案件，虽然远、近距离射击均有可能，但以远距离为多。若在枪击现场勘查分析中，确认被害人尸体上弹孔周围没有火药气团的作用征象的远距离枪弹创，通常可作为持枪他杀的有力依据。

2. 自射的一般特点

（1）尸体上只有一处可立即致命的枪弹创。

（2）弹道特点符合自射的动作。

（3）死者手上、身上、衣服上留有明显的近距离射击残留物。

(4)死者身上无挣扎、搏斗痕迹。

(5)现场留有发射枪械,且枪械多处于待发状态,枪械上留有死者的指纹。现场大多留有射击弹头、弹壳。

(6)现场一般门窗紧闭,只有由内向外的弹孔,没有由外向内的弹孔。

(7)现场没有被翻动、被窃等迹象或作案人留下的其他痕迹物证。

绝大多数情况下,自杀案件均为接触射击、贴近射击或比较近的近距离射击造成的,若该距离超出了自杀者手臂能达到的范围,则无法扣动扳机。因此,勘验检查尸体时,若出现该种情况,可作持枪自杀的分析依据。

3. 流弹误射的一般特点

(1)现场既没有发现罪犯留下的痕迹物证,又不具备自射的特点。

(2)除人体上留有枪弹创和射击弹头外,现场没有发射枪械和射击弹壳。

(3)发案时间,一定距离内有人朝着现场方向发射过枪弹。

(4)在发射地点一般无法瞄准被害人,但根据弹道曲线规律,弹头可能飞到现场。

4."走火"的一般特点

(1)肇事枪械机件陈旧松散,保险机件失灵,枪械处在一定状况下,可在拆卸、擦拭、触摸、碰撞等过程中引起"走火"发射。

(2)枪弹痕迹分布状况符合无意击发的动作,现场无作案的迹象。

(3)肇事人员的交代情况与勘查、实验的结果相一致。

有时涉及他杀或枪支走火时,确定此类案件性质时存在一些难度,但关键是要仔细勘察现场、检验枪支各机件的性能,结合弹道规律来综合确定案件性质。

5."跳弹"的一般特点

(1)枪弹入射角度越小越容易发生跳弹。

(2)被击物较坚硬时以较小角度射击容易发生跳弹。

(3)发生跳弹的弹头弧形部一侧易形成明显擦划痕迹。

(4)发生跳弹的弹头擦划痕迹上易有附着物。

(5)发生跳弹的弹头质量常会减少。

对于是故意持枪杀人,还是跳弹时被射中,则必须结合现场情况、枪弹伤特点及损伤程度进行弹道分析和计算才能确定。

第五节 枪弹痕迹的鉴定

枪弹痕迹鉴定,主要是指确定射击枪械的种类和认定射击枪械,就是要根据射击痕迹确定现场弹头、弹壳是哪一类、哪一支枪发射的。

一、利用射击弹头、弹壳认定射击枪械的理论依据

要确定现场弹头、弹壳是否为嫌疑枪械发射，就不能只利用种类特征，还必须利用细节特征。同一支枪发射的弹头或弹壳上的痕迹能反映发射枪械有关部件的细节特征。只要枪械机件没有发生本质的变化，通过检验弹头或弹壳上的痕迹，就可以对具体枪械进行同一认定，确定发射枪械。将现场的射击弹头、弹壳上的个别特征与用嫌疑枪械制作的弹头、弹壳样本比对，从总合角度来评估，两者如果相符，就可认定为同一枪械所射击。因此，认定射击枪械的关键在于发现、确定、比对和评断枪械个别特征。

二、利用射击弹头、弹壳认定射击枪械的检验步骤

（一）熟悉案件材料，确定检验的任务和范围。

（二）检验现场弹头、弹壳，取下检材上的附着物供理化检验。

（三）确定检材种类及适用枪种的范围。

（四）现场如有多枚弹头、弹壳要一一比对，确定它们是否由一支枪发射，还可以从比对中找出稳定的个别特征。

（五）检验嫌疑枪械，用它制作实验样本。

（六）将检材与相应样本进行比对检验。

（七）经综合评断，作出认定同一或否定同一的结论。

（八）制作枪弹痕迹鉴定书。

三、利用射击弹头、弹壳认定射击枪械的方法

（一）寻找和确定个别特征的方法

1. 区别射击弹头、弹壳上的无关特征

无关特征是指射击弹头、弹壳上的并非射击造成的痕迹特征。

（1）枪弹生产加工特征。例如：生产弹壳时形成的布满壳体的与弹轴平行直线、弹壳底面上的斜线；底火外围的环状压痕、120°间隔分布的各种底火压入痕迹；弹头上的点铆痕、辊沟痕、腰带痕等紧口加工特征。

（2）拔弹痕迹。此痕迹的造痕体是弹壳口部内壁而非枪械。

（3）撞擦障碍物痕迹。主要是与被射客体相撞、摩擦形成的痕迹。

（4）多次人工上膛、退壳痕迹。这些痕迹与射击痕迹相比较浅、光泽较暗。从各机件痕迹的相互位置关系上，也可以区分此类痕迹与射击痕迹。

2. 用技术手段发现、确定个别特征

（1）配光照明。对纵横交叉的痕迹要用漫衍射光照射；较深的痕迹要用强光从较高角度照射；较浅的痕迹要用弱光从较低角度照射；反光强的痕迹要在物镜前加上偏振镜片观察或拍照。

（2）转动观察。采取转动观察与适时配光相结合的方法对弹头、弹壳上的痕迹进行观察，可以创造最佳光照观察条件，有助于发现各种细小痕迹特征。

（3）扩大显微。可用体视显微镜、比对显微镜、扫描电镜等仪器高倍放大以观察、

发现痕迹特征。

3. 从主到次、由点到面地寻找、确定弹痕特征

4. 在应留痕迹的部位重点寻找、确定特征

5. 通过特征的相互关系进行印证、确定弹痕特征

（二）比对检验方法

比对检验是指任何两个客体或其痕迹特征进行相互比对。它能为鉴定结论提供科学的依据。对弹头痕迹进行比对时，主要运用线条特征。对弹壳痕迹进行比对时，除线条特征外，还可运用特征中的小点、小线、小块、转折、弯曲、磨损、崩裂、卷边等形态特征。

目前常用的比对检验方法主要有四种：

1. 对照比对法

将检材与样本弹头、弹壳相同部位的痕迹特征并列安放，使其位置相同、方向一致，然后去发现、确定、比对特征的符合点或差异点。此种方法适用于点、块状痕迹的比对。

2. 接合比对法

将检材与样本弹头、弹壳上的线条状痕迹，用比对显微镜接合比对，观察特征是否能自然接合。此种方法适用于线状痕迹的比对。

3. 重叠比对法

将检材与样本通过拍照或扫描的形式将特征固定下来，再将二者重叠比对，观察痕迹是否完全重合。

4. 综合比对法

将检材与样本弹头、弹壳上分布在不同部位、不同种类的特征，综合在一起进行全面比对。

（三）对枪弹痕迹特征的评断

对枪弹痕迹特征能否正确评断，主要取决于两点：一是所确定的特征是否正确；二是对特征异同的评断是否具有科学依据。

1. 对拟作认定射击枪械鉴定结论的评断

（1）现场的射击弹头、弹壳确实可配用于检验的枪种发射，且弹头、弹壳的形态、规格和痕迹特征反映正常，无修改和变动迹象。

（2）现场和样本射击弹头、弹壳上的枪种痕迹特征相互符合。

（3）在枪种特征符合的基础上，两者的个别特征无论从总合角度分析，还是对主要个别特征作比较，确实是本质的符合，是枪械机件特征的反映。

（4）现场和样本弹头、弹壳痕迹虽然存在某些差异，但不是主要的，差异的原因能给予科学的解释或实验的证实。

2. 对拟作否定射击枪械鉴定结论的评断

（1）现场的射击弹头、弹壳不能用送检枪械发射，且弹头、弹壳的形态、规格和痕

迹特征反映正常。

(2)现场射击弹头、弹壳能配用送检枪械发射,但其枪种痕迹特征有明显的差异。

(3)枪种特征虽然相同,但个别特征的差异是主要的、本质的,无法作出科学解释,是枪械机件本身存在不同特点的反映。

(4)现场和样本弹头、弹壳痕迹虽然存在某些符合点,但只是反映枪种特征的相同,有的个别特征看似符合,实际只是类似的巧合,在本质上有区别。

四、枪弹痕迹计算机自动识别技术

枪弹痕迹计算机自动识别是近年来发展起来的枪弹痕迹鉴定的新技术。随着计算机模式识别技术、大规模数据库技术、高清晰数字摄像照相技术、光机电一体化技术和网络技术的发展,在指纹自动识别技术和指纹自动识别系统之后,枪弹痕迹自动识别技术也开始应用于实际办案。传统的枪弹痕迹检验是在显微镜下进行人工比对,耗时较长。而在我国持枪犯罪案件不断增多的情况下,需要更加快捷、准确度更高的识别技术来提高办案效率、串并案件。因此,枪弹痕迹自动识别技术成为了探索的焦点。

枪弹痕迹自动识别技术是在自动工作站上实现的,而多个不同配置的工作站联网,形成了枪弹痕迹自动识别系统。枪弹痕迹自动识别多功能工作站由自动识别软件和不同配置的硬件组成,主要功能有枪弹痕迹图像录入,自动建库,自动比对,输出比对图像及相似度排名,人工图像比对及实物比对,打印鉴定报告,涉枪案件信息贮存、查询,建立涉枪案件数据库等。

必须说明的是,枪弹痕迹自动识别技术不能完全取代传统的人工比对,因为最后认定必须由人工完成,且人工一对一比对效率更高。不过枪弹痕迹自动识别技术在建立大规模枪弹痕迹数据库、涉枪案件的串并案件、异地远程查询比对等方面,则是人工比对无法做到的。该技术已在许多国家大规模的应用,我国也建立了枪弹痕迹数据库,实现了枪弹痕迹自动识别和网络化运行。

思考习题

1. 枪弹识别的主要方法有哪些?
2. 枪弹痕迹的寻找与提取方法?
3. 影响射击弹头上痕迹特征的因素有哪些?
4. 如何区分发射枪种?

拓展阅读书目

1. 王成荣主编:《痕迹物证司法鉴定实务》,法律出版社 2012 年版。
2. 张书杰主编:《痕迹检验学》,中国人民公安大学出版社 2007 年版。
3. 卢小康主编:《枪弹痕迹学》,群众出版社 2007 年版。

第十六章　特殊痕迹检验技术

本章概要

本章主要介绍常见其他痕迹的概念及作用，通过本章学习，了解车辆痕迹、牙齿痕迹、整体分离痕迹等形成的特征和提取方法。

关键词

车辆痕迹；牙齿痕迹；整体分离痕迹；锁痕；织物痕迹；玻璃破碎痕迹

第一节　车 辆 痕 迹

一、车辆痕迹的概念与作用

（一）车辆痕迹的概念

车辆痕迹是指在各类案件、事故现场中遗留的由涉案车辆轮胎及车体其他部位所形成的痕迹。

常见的车辆痕迹包括机动车痕迹（以汽油机、柴油机和电动机作为车辆的行驶动力）与非机动车痕迹（以人力或畜力作为车辆的行驶动力）。

（二）车辆痕迹的作用

1. 根据很集中所反映的轮数、轨距、轮胎规格、胎面花纹结构等特征，可以推断留痕车辆种类，缩小侦查范围。

2. 根据车辆在行驶过程中形成的痕迹特征，可以分析判断车辆行驶方向，为追踪作案、肇事后逃逸的车辆提供线索。

3. 根据车轮或车辆其他部位留在现场上的各种痕迹，可以认定嫌疑车辆，为审查嫌疑车辆提供证据。

4. 根据车辆留下的刹车痕迹，可以计算车辆刹车时的速度，为判断交通事故责任提供依据。

二、车辆痕迹特征

车辆痕迹的特征就是车体结构特征、轮胎表面结构特征及车辆其他特征的反映。

(一)车体结构特征

车体结构特征主要指车辆参数特征,即车辆痕迹中反映的有关车体结构的数据,包括胎面宽、轮距(前后差别)、轴距、轮数、轴数、轨距等。

1. 轮数与轴数

两轮、边三轮、正三轮、二轴四轮、二轴六轮、三轴六轮、三轴八轮、三轴十轮、多轴多轮。

2. 车轮轨距

同一轴上两侧车轮之间的距离称为轨距。汽车前后轴上的轨距有时不一,一般情况下前轮轨距比后轮轨距稍小些,各种类型汽车的轨距各不相同。因此,根据汽车的轨距大小,可以推断汽车类型。

3. 车辆轴距

汽车前后车轴之间的距离即为轴距。

(二)轮胎表面结构特征

1. 轮胎的结构尺寸

车种类型、作用不同致使车轮胎胎面宽度不同。

2. 轮胎胎面花纹结构特征

不同类型的车辆其轮胎表面的花纹形态类型不同。胎面花纹主要类型:

普通花纹:以纵向沟槽为主的曲折花纹。

野花纹:以横向沟槽为主的曲折花纹。

混合花纹:轮胎面中部为纵向沟槽、两侧为横向沟槽构成的花纹。

3. 轮胎花纹组合特征

在同一台车辆上使用的,花纹形态或花纹方向不同的轮胎的组合。

花纹方向不同:有向花纹反向安装、无向花纹。

花纹形态不同:类型相同、方向不同;类型不同、形态不同。

4. 轮胎使用过程中形成的特征

磨损特征,充气不同形成的磨损(充气过量、充气不足),机械损伤特征,老化形成的裂纹缺损特征,修补特征及其他分离物、附着物特征。

上述特征的面积、形态、数量、相对位置是检验的重要内容。

(三)车辆其他特征

1. 车辆行驶特征

车辆在行驶过程中轮胎形成轨迹的总体形态。

2. 车灯花纹特征

行车灯、超车灯、转向灯、刹车灯、倒车灯、急行灯的灯种不同,灯罩形态、花纹、标志、颜色不同。

3. 附属痕迹特征

附属痕迹特征主要有支架痕迹特征，包括支架数量、位置，支脚形态、底面花纹、花纹磨损等；碰撞、擦划痕迹特征；伴生痕迹特征，包括脱落物（零件、油漆）、掉落物（液体、砂石、花纹夹带物）、手印、足迹。

三、车辆痕迹检验

（一）车辆痕迹的提取

1. 提取轮胎痕迹

（1）现场照相：概貌、方位、局部、特写（比例尺）。

（2）提取轮胎痕迹：立体轮胎痕迹，石膏提取；平面轮胎痕迹，透明胶纸或石膏将轮胎痕迹提取。

（3）提取受害人身体上及服装上的轮胎痕迹。

2. 提取现场痕迹物证和车体痕迹

提取脱落物：车辆的油漆片、电镀层剥离片、玻璃和塑料碎片、零件等；提取散落物、遗撒物；提取碰撞、擦划痕迹。

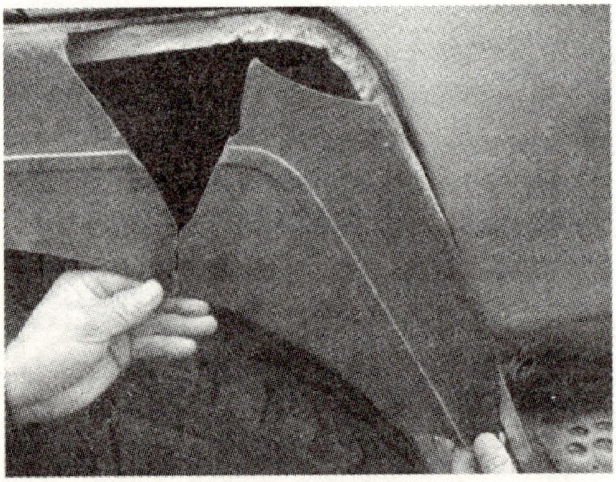

图 16－1　提取散落物

（二）现场车辆痕迹的分析判断

1. 判断车辆行驶方向

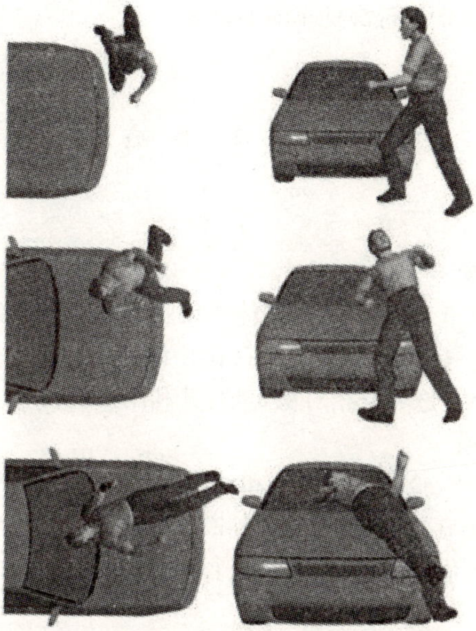

图 16－2　分析行驶状态

（1）依据尘土分布判断行驶方向（柏油、水泥和硬土路面）。

（2）依据转弯处的轮胎摩擦痕迹判断行驶方向。

（3）依据刹车痕迹判断行驶方向（柏油、水泥及较硬的土路）。

（4）依据轮胎花纹颜色深浅判断行驶方向（横向花纹）。

（5）依据立体轮胎痕迹判断行驶方向。

①依据立体轮胎痕迹壁上的线条判断（旋轮曲线）高速、低速；

②依据立体轮胎花纹判断方向。

（6）依据车体脱落物等其他痕迹判断行驶方向。

2. 判断车辆种类

（1）根据轮胎痕迹和车辆参数判断车辆种类。

（2）根据脱落物判断车种。如根据车灯玻璃碎片、油漆颜色、掉落的装载物等判断车种。

（3）根据掉落物证判断车种。

（三）车辆痕迹检验

车辆痕迹检验是利用遗留在现场的各种车辆痕迹及嫌疑车辆上提取的痕迹，进行比对检验，以确认现场车辆痕迹是否为嫌疑车辆所留。主要通过轮胎痕迹及车辆脱落物来进行检验,比较现场痕迹是否与嫌疑车辆轮胎花纹形态、轮胎花纹组合相吻合;现场的脱落物是否与嫌疑车辆的缺损相吻合;现场提取的泥土、砂石是否与嫌疑车辆上的相应物质相吻合,由此来进行嫌疑车辆的认定。

第二节 牙齿痕迹

一、牙齿痕迹的概念

牙齿痕迹又称为牙印,是指牙齿对客体行使咬合功能时在客体上形成的痕迹。

牙齿痕迹的特点:一是人类中不可能存在牙齿完全相同的两个人,每个人形成的牙齿痕迹也各不相同。二是具有相对稳定性,其利用价值较高。

二、牙齿痕迹的作用

(一)通过牙齿痕迹检验可区分人咬和动物牙咬痕迹,为判明案件性质提供依据。

(二)通过对现场牙痕的检验,为分析判断作案人数、性别、年龄等情况提供依据。

(三)通过牙齿及其痕迹的检验,可以进行人身识别。

三、牙齿的结构

(一)牙齿的外观结构

牙齿又称为牙体,是由牙冠、牙根和牙颈三部分组成。

(二)牙齿的解剖结构

牙体组织由牙釉质、牙本质、牙骨质三种钙化的硬组织和牙髓软组织组成。

四、牙齿的排列和名称

成年人的正常牙齿为32个,生长在上下颌骨齿槽内,按生长部位、形态和机能分为切牙8个、尖牙4个、双尖牙8个、磨牙12个。

牙齿的排列遵循一定的规律,通常是上、下颌同名牙齿位置对应,左、右侧同名牙齿位置对称。

五、牙齿痕迹的形成、分类及特征

(一)牙齿痕迹的形成

1.咬合动作

咬合动作是下颌在颜面咀嚼肌带动下产生的。牙齿痕迹的形成及痕迹特征反映主要取决于咬合动作。

牙齿痕迹的形成与咬合力大小和下颌运动形式有关。力的大小决定痕迹的深浅或损伤程度。下颌的运动决定了牙齿的运动方向。

2.牙齿痕迹的遗留情况

(1)食品上的牙印。如糕点、馒头、水果、糖等食品。食品上的牙印多数为前牙形成。

(2)物体上的牙印。一般形成在不便于徒手破坏或拆卸的部位上,形成牙印的力较大。痕迹中反映的牙齿数量较少,较硬的客体上通常是由后牙形成的痕迹,较软的客体上一般由前牙形成痕迹。

(3)人体皮肤上的牙印。当被害人与案犯搏斗时,二者身体上均有可能形成牙印。在被害人身体上的牙印,可出现在脸部、颈部、肩部和胸部;案犯身体上的牙印,可出现在手部、前臂、也有脸部和颈部。人体上的牙印一般都是前牙形成。

(二)牙齿痕迹的分类

1. 根据牙齿数量分类

受客体硬度和形状的影响,参与咬合的牙齿数量可以在1至十几个之间变化,根据牙齿数量分为牙痕、牙弓痕和咬痕。

牙痕是指由1~3个上颌或下颌牙齿形成的痕迹。牙弓痕是指上颌或下颌4个以上牙齿形成的痕迹。咬痕是指上、下颌牙齿同时在客体上形成的痕迹,咬痕中反映的牙齿数量较多,并反映上、下牙的对应关系。

2. 根据客体变形分类

根据客体变形情况,可将牙齿痕迹分为平面牙印和立体牙印。

(1)平面牙印

平面牙印即客体上被咬部位的变形只能反映牙齿二维结构的痕迹。承痕客体为人体皮肤、弹性较大或表面较硬的物体。痕迹不仅能反映牙冠面结构形态,而且对面上的一些细小特征也能反出来。牙齿的数量足够时,也能反映排列关系和牙弓形态。

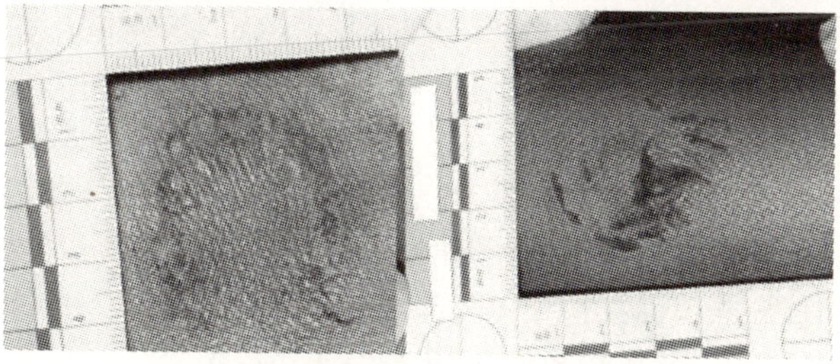

图16-3　承痕客体:人体皮肤(上胸部)

(2)立体牙印

立体牙印即客体上被咬部位的变形能反映牙齿三维结构的痕迹。承痕客体为塑性较好的食品或物体。包括四个结构:咬起缘,即被咬客体表面与咬切面的交线;咬合面,即牙齿面形成的痕迹;咬切面,即咬起缘至咬合面边缘的部分;咬止缘,即咬合面与咬切面的交线。

(三)牙齿痕迹的特征

牙齿痕迹特征与牙齿结构形态有直接关系,牙齿结构形态是通过承痕客体变形反映出来的。

1. 物体上的牙齿痕迹特征

(1)形态特征

牙齿痕迹反映的牙弓形态受客体形状的影响会产生不同变化。扁平状食品上可以形成上下相对,并且弧形方向一致的咬痕,痕迹能分别反映出上、下颌牙弓宽度和形态。球状食品上,形成上下相对、弧形方向相反的咬痕,弧形中部间距最大,两端间距较小,痕迹可以反映出上、下颌牙弓形态和宽度,但牙弓形态受客体形状的影响容易产生变化。

咬起缘特征,咬起缘能分别反映出牙冠唇面和舌面形态。咬起缘的形态稳定,是牙印鉴定的主要特征。

咬切面特征,是由相互平行的凸起线痕构成,两条相邻棱线之间的距离可反映出牙冠宽度;棱线的宽度、高度和形态能反映两个牙齿相邻面的形态。咬切面长度随客体的厚度或形态而变化。咬切面特征在果、菜类食品中反映较清晰,而在面制食品上反映较差。

咬止缘特征,能反映牙齿面边缘形态或面结构。前牙止缘形态多为扁长的矩形,尖牙则为三角形或弧形。另外,还可以反映缺牙、牙冠缺损、牙缝宽度、两个牙齿相邻面的形态等特征。

(2)数量特征

数量多则特征的反映多,数量少则特征的反映少。咬食柔软的或较大的客体时,痕迹中反映的牙齿数量较多,一般可达 10 ~ 14 个,上颌牙印略少于下颌牙印。咬食较硬或体积较小的客体时,牙齿数量较少,一般能反映上、下颌各 2 个牙齿。

2. 人体皮肤上的牙齿痕迹特征

皮肤上的咬痕多数都是前牙形成,咬合力的大小对痕迹特征影响很大。

咬合力较轻时,皮肤上能清晰地反映出牙齿切缘的形态及牙齿排列关系,但皮肤组织并未受到损伤,经十几至几十分钟时间,牙印就会消失。

咬合力较重时,皮肤表面损伤并伴有部分皮裂及皮下出血。由皮肤损伤状态反映的牙齿排列关系及切缘形态比较明显,但牙齿痕迹边缘不清。

咬合力重时,牙齿切入皮肤,组织破裂,咬痕边缘不齐,有组织间桥,痕迹只能反映牙冠轮廓及排列关系。

(四)牙齿各部位的痕迹形态特征

1. 牙弓的大小与形态特征

(1)牙弓大小

牙弓大小与人的身高和脸形有关,身高较大或脸较宽的人其牙弓宽度大;反之,身高较矮或脸较窄的人,其牙弓宽度小。

根据牙弓宽度大小,可分为宽型牙弓、中型牙弓和窄型牙弓,根据牙弓半径可分为大、中、小三种类型。

人的上颌牙弓宽于下颌牙弓。

牙弓宽度的度量，通常是以同名牙齿远中点之间的长度来标定。

(2)牙弓形态

牙弓形态是指牙齿排列后的总体形态，分为尖圆形、椭圆形和方圆形。

牙弓形态与牙弓宽度的相关性；即尖圆形牙弓其牙弓宽度较小；方圆形牙弓其牙弓宽度较大。

2. 牙齿的咬合痕迹状态特征

牙齿咬合力是指单个牙齿所能发挥的实际咀嚼力量。男性的咬合力大于女性。前牙的咬合力较小，其中侧切牙咬合力最小；后牙的咬合力较大，其中第一磨牙的咬合力最大。

牙齿的咬合状态，是指上、下颌牙齿咬合后，牙齿的相对位置关系。正常的咬合状态是：上下中切之间的中线应位于同一矢状面上（正中）；上颌牙超出下颌牙的外侧，覆盖度不超过3mm，上后牙的颊尖覆盖在下后牙的颊侧。非正常的咬合状态。如反切咬合、对切咬合、开放咬合。

3. 牙列痕迹形态特征

(1)正常牙列

牙弓形态规范，牙齿数量齐全，牙冠形态正常，排列整齐有序。

(2)牙列畸形

牙列畸形是指由于个别牙齿错位使牙齿排列不齐而改变牙列形态。牙齿的错位方式主要有：舌向错位、唇向错位、近中错位、远中错位、扭转错位、高位、低位、易位和斜轴等。其中拥挤错位多发生于前牙，主要由遗传因素、乳牙早失或全身性疾病引起，是高质量的特定特征。

(3)牙列缺损

牙列缺损是指因病变、机械损伤和职业习惯等因素，造成等牙冠局部断裂或全部脱落，使牙列出现空位。

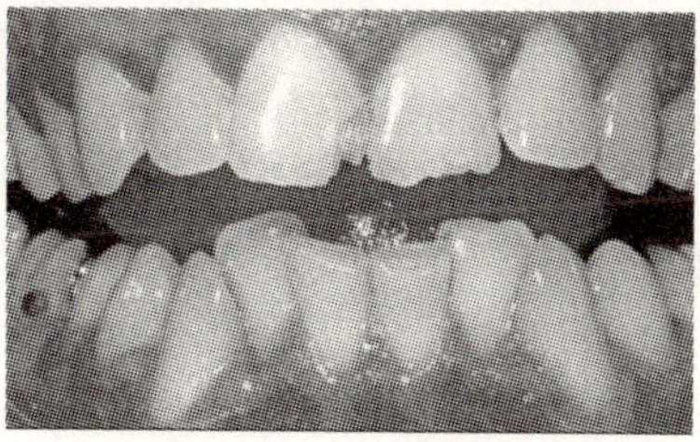

图16－4　牙齿缺损

病变缺损，如龋齿病，浅龋、中龋、深龋、残冠和残根。浅、中龋可形成较浅的龋洞，牙冠面粗糙；深龋时牙冠上有较深的龋洞；残冠和残根，牙冠上形成较大、较深的龋洞或牙冠完全被龋蚀。

损伤缺损，如碰撞。常出现在前牙，后牙出现较少。

职业习惯缺损，如修鞋工、木工，惯用前牙长期咬磨食物等，常出现在前牙上。

牙列缺损是牙齿的后天特征，牙齿缺损的数量、大小、种类、位置及缺损形态都是特定性很强的特征。

4. 牙冠特征

(1)牙冠形态特征

牙冠的宏观形态和细微结构都具有人各不同的特点，具有很高的利用价值。

(2)牙冠畸形特征

由于牙齿发育不正常而形成的，具有异常形态的牙齿，主要有数量异常和形状异常。

5. 镶牙和补牙特征

数量、大小、种类、位置及缺损形态都是特定性很强的特征。

六、牙齿痕迹的提取

(一)照相提取：照片应将痕迹和比例尺同时摄入镜头。

概貌照片：主要反映牙齿痕迹与周围客体之间的关系，反映齿痕迹在客体上的具体位置。

局部特写照片：主要反映牙齿痕迹的细节特征。

(二)制作牙痕模型。制模采用硅橡胶或石膏。

(三)提取留有牙痕的实物，既能保持痕迹的原始形态，又便于长期保存。

(四)提取唾液痕迹。在牙齿痕迹上通过提取的唾液，鉴定留痕人的血型等有关情况。

七、牙齿痕迹鉴定

牙齿痕迹鉴定是根据牙齿痕迹特征，分析和确定现场痕迹是否为某人所留。

(一)现场牙齿痕迹检验

主要是根据牙齿痕迹反映的特征、痕迹方向，分析形成痕迹的牙齿颌位、牙位，确定痕迹特征，并结合客体材质、形状分析咬合动作及牙齿痕迹的变形情况。

1. 确定颌位。根据前牙大小确定颌位：上颌牙齿大于下颌牙齿。根据牙弓大小确定颌位：多数人是上颌牙弓大、下颌牙弓小。另外，还可根据上、下牙列形态确定左右侧。

2. 确定牙位。根据牙印中反映的牙齿数量和牙冠形态确定牙齿的具体位置。

3. 确定特征。确定特征时，应首先测量牙弓宽度、牙弓深度、牙齿的相对角度和牙冠宽度。

(二)嫌疑人牙齿痕迹样本检验

对嫌疑人牙印痕迹的检验要明确嫌疑人牙齿的特点,如是否有龋齿、修补等现象。制作牙齿痕迹样本时,应尽量模拟现场痕迹形成条件制作,并使其能够反映现场牙齿痕迹相应部位的特点。

(三)比较检验

比较检验主要是确定现场牙齿痕迹与嫌疑人牙齿痕迹样本之间的特征异同。应先比较齿弓形状和大小、咬合状态,然后比对各牙齿的特征。

(四)综合评断

对比较检验中发现的牙齿痕迹特征的符合点和差异点进行分析,综合评断,以确定符合点与差异点的性质,并给出意见。

第三节　整体分离痕迹

整体分离痕迹是刑事案件现场和各类事故现场较为常见的痕迹。在刑事案件中,作案人员在破坏客体时,工具的某一部分很有可能断离在承载客体内。在交通事故案件中,现场可能遗留断离的金属部件等。通过检验分离痕迹,可以直接与未断离的部分进行同一认定,以确定案件或事故性质。

一、整体分离痕迹

(一)整体物质的概念

整体物质是指一种形态完整的并且具有一定几何形状的单一物体,或采用某种方式连接的并且具有一定功能的组合物体。整体物质一般具有较规则的外观形态,其外形结构与特定功能存在某种必要联系。

1. 整体物质的分类

(1)单一物体

单一物体是由相同成份的材料构成,并且可以根据需要将单一物体加工成各种形状。如各种金属材料、木材、塑料、橡胶、纸张等。

(2)组合物体

组合物体是由若干个单一物体通过某种方式连接而构成。组合物体外在形态上采用某种方式连接,整体上体现着与之相匹配的功能。如自行车,整体上是起到代步工具的功能,而各个部分如车轮、车链等的形态和功能都与整体功能相匹配。

根据组合物体内各单一物体的材质不同可将整体物质进一步分为同质组合体和异质组合体。

①同质组合体。同质组合体内的基本单元均由同质材料构成。如多股电缆线,即

由多股铜线裸线按照顺时针或逆时针缠绕而成。

②异质组合体。异质组合体内的基本单元是由不同材质的材料构成。如多股电缆线的内部是铜质的裸线，外部是塑料制的包裹，两部分共同组成了电缆线。

2. 整体分离的概念

整体分离是指具备整体条件的物体在外力作用下被分离成若干部分。整体物质的分离与外部机械力和物体内部的结合力是分不开的。显然，一般情况下，对相同的物质施加的外力越大，整体物质越易被分离。

3. 整体分离的类型

(1)根据整体物质被分离后的表面状态，可将整体分离分为破坏分离和分解分离。

第一类为破坏分离，即物体在外力作用下由于破碎、断裂而分离。这一类分离一般出现在单一物体上，当外力作用大于物质的强度极限时，将破坏物质的微观连接条件，使物质沿着原子边界、分子边界、晶体边界和纤维边界分离。

第二类为分解分离，即物体在外力作用下，解除物体内部的宏观约束，使之分解成相互独立的物体。通常出现于组合体，即通过拆卸作用破坏宏观连接条件，使组合体分解。第二类分离有时可以伴随着第一类分离同时出现。

(2)根据整体物质的方式和手段，可将整体分离分为徒手分离、器械分离以及其他因素分离。

①徒手分离，是指以人力直接作用于物体并使之分离。主要是利用人身器官(手、脚等)的特定动作，采用撕、拉、扭、折摔等动作，可将细长杆状物折断、将平面物撕断、将块状物摔碎等。

②器械分离，是指人利用工具或器械作用于物体并使之分离。器械分离可分为器械破坏分离和器械拆卸分离。

器械分离可分为器械破坏分离和器械拆卸分离。利用锯、锉、钻、钳、剪、刀、锤等工具将物体破坏分离称之为器械破坏分离。利用螺丝刀、扳手等旋具将物体拆卸分解称为器械拆卸分离。通常情况下，对于块状物或细长物采用锤、锯等工具分离物体，对于平面物则采用剪、钳等剪切工具。

③其他因素的分离。物体还可以在很多非人为因素作用下分离。如风力、雷电、温度变化、化学腐蚀和材料的疲劳断裂等。有些组合体也可以由于振动等因素的作用而使内部的某些约束被解除。

(二)整体分离痕迹的类型和结构

整体分离痕迹是指整体物质在外力作用下，由于断裂或分解而形成的新界面的形态。整体分离痕迹可分为两类：第一类是断离痕迹，是指在外力作用下使一个物体断离为几个部分，在分离体上形成断口痕迹。第二类是脱离痕迹，是指由若干部件组合成的完整体被拆卸为几个部分，在组合接触部位留下的痕迹，其分离端表现为原部件接触部位的脱离。比如,一张纸被撕下一角,分离缘处形成的是撕裂的断离痕迹;工具脱落下一个零部件,在分离缘处形成的是脱离痕迹。

分离痕迹的结构通常是由分离面和分离缘构成的。分离面,是指整体物质被分离时形成的新界面(如图 16－5)。分离缘,是指分离时形成的新界面与整体物质原始表面的交线。

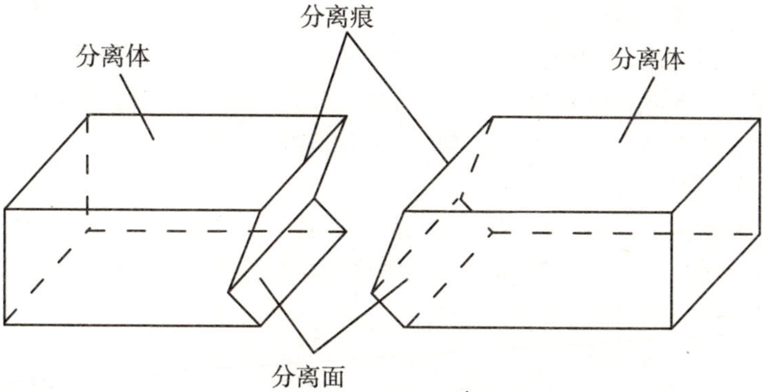

图 16－5　整体分离痕迹结构

分离面和分离缘的形态与整体物质的连接条件、空间结构、整体物质的类型有关,同时也与分离时所用的方法有关。

二、整体分离痕迹的特征

(一)分离体的固有痕迹特征

分离体的固有痕迹特征是指反映物质固有属性的成分、微观结构和物质的连接方式所构成的特征。例如:金属的色泽、成分、金相组织、杂质形态;木材的种类、管胞、导管、木射线、纤维束、年轮的结构形态;纺织物的组织结构、纱线的细度、捻度、捻向、股数及纱线的配置关系等。

(二)分离体的加工、使用痕迹特征

分离体的加工、使用特征,是指物体在加工或使用中,由于表面状态变化或物体内部结构纹线相对位置的变化而构成的特征。

(三)分离痕迹特征

整体物质被分离后,分离面和分离缘的形态可以构成分离特征。由于分离会形成相对偶的两个分离面,所以分离面与分离面具有相互补形态这一特征。受承载客体的硬度、韧性的影响,分离痕迹也有不同的形态。

1. 破坏分离特征

物体由人力或借助于工具进行破坏时,形成的分离面和分离缘。因为破坏的痕迹不可能与施力者的主观完全一致,所以痕迹具有凸凹不平的结构,而且分离面和分离缘形态具有不可重复性,是难以模仿伪造的,所以其在鉴定中具有较高的价值。

2. 分解分离特征

组合体分解分离形成的分离面和分离缘。其特征的意义与组合体的构成有关。

标准件组合体，分离面和分离缘的形态只能反映出种类属性。在使用时间、运作状态、存放环境等因素的影响下，在连接面上形成附加痕迹或遗留附着物。当组合体分离后，在相邻的分离面或分离缘上，反映出的相互对应的附加痕迹和附着物对标准件组合体分离痕迹中同样具有特定意义。

非标准件组合体，由于组合体内部各单一物体的形态和尺寸都具有随机性，因此，分离后形成的分离面和分离缘本身就具有特定性。可见，非标准件组合体的分解分离特征的鉴定价值要高于标准件组合体的分解分离特征。

3. 变形分离痕迹特征

尽管分离面变形，但相邻分离面之间还存在着对应关系（如从树上断离的树枝，风干后的树枝分离面与另一分离面呈等比例放大缩小关系）。根据变形种类和变形程度，可以选取和确定特征。

4. 无断口分离痕迹特征

无断口分离痕迹，由于分离面完全被破坏，因此，只能从物体的固有特征和加工特征中寻找能够反映物体特殊属性的特征。

三、整体分离痕迹的提取

（一）整体分离痕迹的勘查

分离痕迹鉴定的主要任务是解决现场发现的两个或两个以上的分离体，或现场遗留的分离体与嫌疑人发现的分离体，是否为一个整体或者均从同一整体分离下来的问题。

1. 分离痕迹的寻找

寻找分离痕迹是进行鉴定的第一个步骤。有的分离痕迹比较容易发现，而有的分离痕迹却比较隐蔽。根据不同类型的案件，应该有针对性的、在可能遗留痕迹的重点部位细心寻找。

（1）作案人进入现场的入口处

这是作案人的必经之处。作案人在破坏入口障碍物时，必定会留下痕迹。如果作案人使用工具的话，很可能在入口障碍物处（如门锁）留下整体分离痕迹，或者一部分遗留在案发现场，另一部分附在作案人身上而离开现场。

（2）作案的侵害物或破坏物

此类破坏物均为作案人直接侵害的客体。如果被破坏物难以被破坏，那么此处必然会留下较多的破坏痕迹，这些痕迹内就极有可能留下加载客体的分离体。

（3）现场遗留物

作案人使用的工具被破坏后，局部可能遗留在现场，这也是分离痕迹寻找的重点部位。比如，搏斗时双方撕扯下来的衣物碎片，交通事故中案发现场遗留的油漆碎片，等等。

2. 分离痕迹的识别

对现场上发现的分离痕迹，必须在提取之前认真分析。根据分离体的材质、分离痕迹的形态，确定其与案件性质的关系。

（1）根据目的物上的分离痕迹识别

发现目的物上存在分离痕迹后，应立即分析缺少的部分并仔细寻找。如果确认缺少的部分没有在现场勘查中寻找到，则其极有可能存留在作案人处。如果寻找到与目的物分离面不相符的分离体，则其有可能与作案工具有一定关系。如果目的物是贵重金属，则极有可能是财产类犯罪。

（2）根据遗留物识别

现场遗留物的整体状态是确定分离痕迹是否具有实际意义的主要根据。如果遗留现场的是破碎的、残缺的不齐的物体，则另一部分很可能保存在与作案人有关的场所。如果遗留现场的是相对完整的物体，则这些物体往往是从某一物体上直接分离下来，或经过一定加工而制成的。

（二）整体分离痕迹的提取

对待提取的分离痕迹，应该立刻进行比例照相，记录分离痕迹的原始形态。这也是任何现场勘验提取的第一步。现场分离痕迹的提取，应以提取分离体为主。全面提取被分离的破碎物。对于不易提取实物的分离体，如分离体的体积较大、较重，可以采用制模的方法提取。提取包装时，应注意按照分离体性质进行分别保存。对于易腐败的物质，应经过防腐处理后放入玻璃容器；对于易锈蚀的金属物品，应经过防锈处理后放在干燥的容器中保存。在提取过程中，还要注意分离痕、分离面痕迹的保护，防止其损坏和变形，并视具体客体采用相应的方法。

四、分离痕迹检验

分离痕迹检验的主要任务是鉴定现场提取的分离体与嫌疑分离体是否可以构成同一整体。检验的依据是分离痕迹特征的整体对应关系。

（一）分离痕迹检验的步骤

首先，根据一般特征对分离物的种属进行鉴定，只有种属认定相同，才可能进行同一认定，如果种属认定不相同，否则就没有必要进一步的检验了。

其次，根据分离痕迹特征确定分离方法。比如，分离痕呈现线性剪切痕迹，痕迹即有可能是由钳子等器械造成客体断离而形成的。

再次，根据分离面或分离缘形态，进行比对检验，确定分离体之间的整体对应关系。分离所形成相对偶的两个分离面具有相互补形态，根据这一形态进行比对检验，可以得出分离物与整体物之间是否同一的结论。

最后，根据比对检验和特征综合评断的结果制作鉴定书。

（二）分离痕迹检验的内容

1. 确定分离体是否具备构成整体物质的宏观条件

整体物质的外观形态是连续的，物体被分离后，其连续的外观形态可以在分离体上反映出来。因此，外观特征的连续性是构成整体物质的基本条件。对于单一物体，应该分析若干分离体的材质、表面色泽、尺寸等是否一致；对于组合体，除了分析外观特征是否一致，还要分析不同分离体的结构是否相关以及整体结构是否具备特定的功能。

2. 确定分离痕迹特征是否发生变异

提取的分离体可能由于某种原因已经发生的质变，这就会造成分离痕迹的变化。在这种情况下，就应该综合考量案发时间，分离体提取、保存、运输的方法，分离体本身材质等因素，确定变质原因。

3. 确定比对特征

比对特征是鉴定最重要的步骤，分离痕迹的同一认定，主要根据以下四种类型的特征。

第一类特征，分离面和分离缘的形态。此类特征具有明显的凹凸结构的形态，在相对偶的分离面和分离缘上，凹凸结构是相互对应的。

第二类特征，分离面上和分离体原始表面上的固有花纹、图案特征。在其未被分离之前，分离面和分离体原表面上固有的花纹和图案是有一定规律、流向和趋势的，可以根据表面的花纹、图案进行比对，确定整体与分离体的关系。比如，对被撕碎的纸张，可以通过类似拼图的方法，按照纸张上原有的字进行排列后再进行对比。

第三类特征，分离体上的附加痕迹特征及分离面上的附着物特征。这些附着的痕迹可以是木制品表面上的裂痕、金属制品表面上的锈斑等。这些痕迹都具有特定性，所以在整体分离痕迹鉴定中，如果存在附加痕迹，这些痕迹就对同一认定起到举足轻重的作用。

第四类特征，分离体的结构及物质的种属特征。由于提取的分离体的分离面或分离痕已经遭到了破坏，无法与整体通过分离痕和分离面的痕迹进行同一认定，对此类分离体可以对其结构及物质的种属进行鉴定。可以从外观、材质、组织结构等进行全面检验、综合分析。在一定条件下，也可以确定整体与分离体的关系。

（三）分离痕迹的比对检验方法

1. 特征对接法

将分离体的分离面对接，观察分离缘（面）的凸凹结构是否能够完全吻合，同时观察分离体原始表面上的附加特征或花纹图案是否连续接合，总体形态特征是否吻合。

如果物体破碎程度较大、分离体较多，对接时可以从分离体的原始表面或边角向中心接合。

如果分离痕迹产生非均匀变形，则可以采用分离缘局部对接法进行对接，对接时从分离体的某一原始表面或边缘开始逐段对接。

2. 特征对照法

将相邻分离面的形态进行对照，观察相邻分离面的几何形状和尺寸是否一致、分离面的凸凹结构是否相互对应、断面上的花纹结构是否一致。

3. 特征重叠法

将相邻分离痕迹制成一正一反的负片进行重叠比对，观察特征的形态、位置、数量是否重合。

（四）对特征符合点和差异点的综合评断

评断的目的是确定特征的符合点是否可以作为同一认定的根据，如果出现差异点，应该分析差异点对同一认定结论的影响，评断过程中应结合分离体材料的性质及分离痕迹特征的类型。同时，还应该考虑分离体提取的先后时间、存放环境，以及分离体被腐蚀、污染情况。

第四节　玻璃破碎痕迹的检验

玻璃是一种较为透明的固体物质，在熔融时形成连续网络结构，冷却过程中黏度逐渐增大并硬化而不结晶的硅酸盐类非金属材料。普通玻璃化学氧化物的组成（$Na_2O \cdot CaO \cdot 6SiO_2$），主要成分是二氧化硅。其广泛应用于建筑物，用来隔风透光，属于混合物。现在玻璃广泛应用于电子、通信、光学及特种行业等。

玻璃破碎痕迹，又称为玻璃破碎裂纹特征，是指玻璃受载荷作用，由于断裂而形成的裂纹形态和裂纹的分布。玻璃破碎痕迹特征检验的内容，主要是分析裂纹形态和分布，然后确定所受载荷及破坏方式。

一、几种不同载荷作用于玻璃的裂纹特征

现代建筑中，玻璃被普遍安装在门窗等入口，作案人往往是通过枪击、抛击、撬压、打击、玻璃刀划破等方式破坏玻璃。由于玻璃具有与普通客体相异的强度、脆性，不同的破坏方式会形成的独特的裂纹。

（一）枪击玻璃的裂纹特征

1. 弹孔

弹孔呈圆形或椭圆形，断面粗糙、孔径大于弹径，弹孔周缘分布有明显的白色玻璃粉末圈。

2. 层裂区

从入口至出口，层裂区呈喇叭形，入口周围平整、边缘锐利。出口大于入口。层裂区最大直径与弹孔直径随射击距离增大而减小，但二者之比为定值，比值约等于 3mm（弹径小于 7.62mm 时不满足此关系）。出口附近有玻璃剥落的碎片。

3. 末稍纹

末稍纹在弹孔周围呈放射状分布，密度大、长度小，形态细、直，且分布均匀。断口呈柱面，在孔洞处的断面粗糙，并带有少量条状痕，而在前沿处则是较平滑的镜面。前沿形态是入口侧长、出口侧短。在两条末稍纹之间有切向裂纹，断面上有时可出现弓形纹，其汇聚方向是从入口向出口，但不易观察。

4. 放射纹

放射纹在末稍纹之外呈放射状分布，弹头动能较大，裂纹沿切向分叉较多，则在末稍纹之外呈网状分布。放射纹密度小、长度大，形态弯曲、较粗，断面呈空间曲面，没有弓形纹分布。

（二）高速抛击玻璃的裂纹特征

抛射物体，一般是采用抛射器或弹弓将物体抛出，使其获得较大的速度。物体的速度与抛射器的性能有关，与被抛物体的几何形状、材质、重量和尺寸有关。高速抛击物与玻璃撞击，既有应力波的作用，又有变形作用。

1. 孔洞

孔洞近似于圆形或不规则形态，孔径大于物体直径；从入口至出口形成喇叭口状斜面断口，入口侧为斜面状断口，出口侧喇叭口边缘有层裂现象，但层裂次数少；入口小、出口大，出口处有玻璃碎块分布。

2. 末稍纹

末稍纹分布于孔洞周围、呈放射状。末稍纹数量少，长度变化大、较直，断口近似于柱面，但有一定扭曲；末稍纹前沿形态与枪击末稍纹相反，即出口面长、入口面短；裂纹断面上有弓形纹，纹线是从自由面向入射面汇聚。

3. 放射纹

放射纹可从作用点扩展至边界。断口形态，在作用点附近近似于柱面，在边界附近扭曲较大。断口上有弓形纹，汇聚方向与末稍纹相同。

4. 切向纹

尺寸小的物体高速抛击时，一般不出现切向裂纹。大物体抛击时有可能出现切向裂纹，裂纹断口呈柱面，断面上分布着弓形纹，纹线从入射面向自由面汇聚。

（三）低速抛击玻璃的裂纹特征

低速抛击，是指由人力将石块等物体抛出，抛射速度通常低于弹弓抛射速度。且物体的几何尺寸大，形态复杂。

1. 孔洞特征

低速抛击形成的孔洞与物体的尺寸有关，物体小、形成的孔洞小，断口呈斜面状。物体大、形成的孔洞大，有时仅在边框上留些残片，不出现斜面状断口。在玻璃的自由面分布着较大的玻璃碎块。

2. 放射裂纹

放射纹数量少。小物体冲击时，出现少量的末稍纹；大物体冲击，一般不出现末稍纹，而放射纹较长、直。断口呈柱面。

3. 切向裂纹

低速抛击玻璃，一般都出现切向裂纹。裂纹的半径和形态有很大变化。小物体冲击，可以形成圆环状或弧状切向裂纹；大物体冲击，形成的切向裂纹呈直线状。

4. 弓形纹

放射纹断口和切向纹断口上均分布着弓形纹。放射纹断口上的弓形纹是从自由面向入射面汇聚，且汇聚于作用点；切向纹断口上的弓形纹是从入射面向自由面汇聚。

二、玻璃破碎痕迹的勘查

（一）玻璃破碎痕迹的发现

勘查现场时，首先应观察被击碎玻璃的位置、破碎面积大小、玻璃碎块掉落的方向、分布范围及飞溅的距离。再观察现场内外是否有击碎玻璃的冲击物，冲击物表面是否有玻璃碎屑，确定冲击物与被击碎的玻璃之间的距离和方向，现场被击碎的玻璃是边缘固定或是点固定。对现场发现的玻璃碎块或破碎裂纹，应拍照或记录。

（二）玻璃碎块的提取

根据发现玻璃的具体情况，可以采取不同方法提取。

1. 提取玻璃碎块上的附着物或痕迹

对于类似于整体分离的物质上的附着物或者痕迹应该重点、仔细、小心的提取。因为附着在玻璃碎块上的物质，如手印、足迹、血痕、纤维、灰尘、污渍等，都可能反映出工具特征或者作案人的个性特征。

2. 玻璃碎块的提取

对于散落的大块碎片，提取时可以接触玻璃的断裂面直接拿取，而不能接触玻璃表面；对于散落的小碎片可以用非金属镊子直接夹取；对于固定在边框上的碎块，条件允许，对玻璃碎块加以固定后，即可带框提取。不能带框提取的，应按顺序将玻璃碎块拆卸提取，注明碎块在边框上的原始方位和固定方法。提取玻璃碎块时，应注意防止碎块的再次损坏，防止原有裂纹继续扩裂。提取后应采取相应的措施加以包装，以防在送检过程中损坏。

三、玻璃破碎裂纹的分析

（一）判断冲击方向

1. 根据作用点断口判断冲击方向。枪击、抛击作用形成的喇叭状断口，均为入口小、出口大。

2. 根据切向裂纹断口上的弓形纹判断冲击方向。玻璃受枪击作用形成的切向裂纹，其断面很小，弓形纹的汇聚方向有时反映不清。抛击和敲击均能形成切向裂纹，其断面上的弓形纹线多、汇聚方向明显，应注意切向裂纹断口上的弓形纹与抛击和敲击形成的放射裂纹断口上的弓形纹汇聚方向相反。

3. 根据玻璃刀划口特征判断冲击方向。检验时可观察固定边框上的残余玻璃断口，如果断口的一边为锯齿状，而另一边为刃状，则锯齿状的一侧为案犯所在位置；根据与锯齿状边缘相邻的棱线区位置判断作用面，棱线区靠近哪一侧，则该侧为作用面。

4. 根据末稍纹判断冲击方向。一般情况下，枪击末稍纹在入射面的扩裂长度大于自由面上的扩裂长度；抛击和敲击末稍纹在自由面扩裂的长度大于入射面扩裂的长度。

（二）判断冲击顺序

同一块玻璃收到多次冲击后，冲击的顺序可以通过裂纹的相对位置加以确定。每一次冲击都可能会造成裂纹，而在后形成的裂纹会在遇到在先形成的裂纹而停止延伸。如果被冲击严重，已造成玻璃破碎散落，则应该尽量将碎块对接，再分析冲击顺序。

有时在一块玻璃上会出现综合性裂纹，即一块玻璃分别受到两种以上不同载荷作用后形成的裂纹。比如，盗窃纵火案件中，作案人可能先击碎玻璃入口，再纵火毁灭现场。这种情况下玻璃是先受到机械载荷作用破碎，后受热冲击载荷作用，其痕迹特征表现为断口和表面烟垢均匀分布。如若顺序相反作用，玻璃碎块表面的烟垢分布情况有明显的不同，由此可以判断冲击顺序。

（三）判断作用方式

根据玻璃破碎裂纹特征，可以确定作用方式。在玻璃各种形态的裂纹中，以点热源、面热源、撬压、玻璃刀划口作用形成的裂纹特征差别最大。由于以上各种作用方式之间相关性很小，因此，可以根据裂纹形态准确的区分各种作用方式。

（四）判断作用距离

与不同高度滴下的血滴会形成不同大小的血迹一样，不同距离击碎玻璃后，其裂纹分布也将产生变化。如枪击玻璃，近距离射击时，孔洞附近有射击残留物，周围有纹线向入射面汇聚，并指向作用点。远距离射击时，放射纹一般不能扩展至边缘，此时如果弹头姿态稳定，则弹孔特征明显。

四、玻璃破碎裂纹的鉴定

（一）整体分离痕迹检验

现场提取的玻璃碎块较大，可利用碎块的断口形态进行接合，确定碎块的整体对应关系。断面比较平滑时，则利用碎块断面上的弓形纹进行比对检验，确定是否原属同一整体。

（二）密度检验

密度检验的原理是将现场提取的玻璃碎片放到一定密度的溶液中，如果玻璃碎片能稳定的漂浮于液体任意位置时，则玻璃碎片的密度与液体密度相同，通过测定液体密度从而得出碎片密度。在做密度检测之前，要将玻璃碎片上的附着物清洗干净，晾干后放入较大密度的溶液中，再慢慢加入密度较小的溶液，直至碎片能稳定的漂浮于液体任意位置。

(三)折射率检验

玻璃是一种高度透明的物质,当光投射到玻璃时,可以产生反射、透射和吸收,这三种性质与折射率有关。另外,玻璃的密度也会影响折射率,玻璃的密度越大,光在玻璃中的传播越慢,折射率越大;密度越小,折射率越小。

(四)测定玻璃碎片的表面形态及碎片成分

可以根据光的干涉原理,利用光学仪器测量玻璃碎片表面形状,干涉条纹的分布能反映玻璃碎片表面是平面、曲面或不规则形态。

第五节　增配钥匙开启弹子锁痕迹的检验

一、钥匙增配痕迹的检验

(一)钥匙增配痕迹的概念

在复制母钥匙齿的过程中,复制工具在母匙上留下的痕迹。根据钥匙齿的结构,有三类增配手段:外凸齿钥匙(常用单面钥匙),通常采用手工靠模锉齿配制法和手摇、电动配齿机(俗称电脑配钥匙机)配制法;叶片插芯门锁钥匙常采用机械配制法;量子钥匙等采用立铣床配制法。

(二)外凸齿钥匙上增配痕迹的特征

1. 手工靠模锉齿配制过程中,由于操作人用力不稳定、控制不准确,会在钥匙齿面局部留下呈横向分布的锉痕;钥匙的两侧可能留有夹压痕迹。

2. 利用手摇和配钥匙机配制新钥匙的过程中,由于仿形刀是边棱较为锋利的耐磨金属物,会在母匙齿面留下有规律的擦划线性痕迹。有时,还会在母匙侧面留下夹压痕迹。

钥匙在生产和正常使用等过程中,所形成的痕迹和前述增配痕迹的形态、位置、方向、均匀性等方面是有一定的差异。

(三)检验方法和内容

1. 检验方法

对照观察,即对照观察全部钥匙的结构、形状、类型、图标,弄清送检钥匙之间的关系。

2. 检验内容

在显微镜下配光观察钥匙齿面上有无斜向分布的擦划痕迹和横向分布的勺状锉痕,对称齿面和多把钥匙的相同部位上的痕迹是否对应,匙槽上有无坑状或条状印压痕迹。

（四）注意事项

1. 应清楚待检钥匙的来源、保管、使用及作为样匙使用情况；

2. 必须清楚前期检验和实验情况；

3. 送检单位应同时提供该锁的其他所有钥匙。

二、开锁痕迹的检验

（一）开锁痕迹

开锁痕迹，是指在开锁过程中由于钥匙或工具对锁内零件进行作用，或锁件之间相互作用而在锁件表面形成的痕迹。开锁痕迹又可称为锁痕。

（二）开锁痕迹的形成

锁痕的形成，一般是以锁具零件作为承痕体，钥匙和工具作为造痕体。二者之间通过摩擦作用，在零件表面形成线条痕迹或印压痕迹。

在锁内特定部或采用特殊的作用方式，锁件既可以作为承痕体，同时又可以作为造痕体，锁件与锁件之间的相互作用，硬度高的锁件可以在硬度低的锁表面形成擦痕。因此，对于锁痕的形成，造痕体和承痕体是相对的。

锁内零件是由不同的金属材料制成的，而钥匙和其他开锁工具的材料主要是铜、铝、低碳钢和高碳钢制成。不同的金属材料，其硬度有较大差别，从而将对痕迹的形成产生一定的影响。

一般钥匙和工具材料的硬度均大于锁件硬度，而不同锁件之间的硬度也不同。因此，钥匙和工具比较容易在锁件上形成痕迹。

（三）不同钥匙开锁时在锁内弹子上形成痕迹的检验

1. 原配钥匙开锁在锁内弹子上形成的痕迹

原配钥匙是指与锁配套并由厂家制造的钥匙。原配钥匙开锁痕迹，是指用原配钥匙开锁时，在锁内零件上形成的痕迹。一把锁经过长期使用，其痕迹是比较明显的，这种痕迹属于正常使用痕迹。

（1）圆头弹子球形面上的痕迹

在圆头弹子球面上，沿弹子径向分布着钥匙齿的摩擦痕迹，痕迹的宽度与齿厚度相近，其形态主要有“一字形”和“对顶扇形”。

痕迹的反映程度随钥匙作用次数及弹子排列位置而变化。使用次数少的锁，则痕迹能反映出明显的线条；当使用次数较多时，则痕迹表面光滑，没有明显的线条特征。

弹子球面上的摩擦痕迹反映程度，随弹子的位置不同而变化。靠近最外端的弹子上的痕迹反映最明显，并由外向内，弹子上的痕迹依次减轻。

（2）锁芯上的开锁痕迹

锁芯上的开锁痕迹是由平头弹子的作用形成的，痕迹出现在与弹子孔对应的位置，呈条带状摩擦痕，痕迹的长度由锁芯旋转的角度决定。痕迹主要分布在柱面和外端面上，痕迹没有明显的范围，痕迹反映较差。

(3)锁体上的痕迹

锁体上的痕迹主要出现在锁芯孔内的弹子孔附近,呈条带状,是由圆头弹子的平面端摩擦形成的。痕迹的长度由锁芯的转动角度决定。

2. 选配钥匙开锁在锁内弹子上形成的痕迹

选配钥匙选用的是与原钥匙槽形一致、齿高与原配钥匙基本相同或相似的一组其他钥匙。

选配钥匙开锁痕迹,是指用选配钥匙开锁时,在锁内零件上形成的痕迹。选配钥匙进入锁芯后,与圆头弹子的配合可出现以下两种状态。

一是圆头弹子平端面凸出锁芯柱面。圆头弹子平端面与锁体弹子孔作用,使圆头弹子平端面边缘和与之对应的锁体弹子孔边缘形成相对挤压擦痕,痕迹比正常开锁明显。

二是圆头弹子平端面凹入锁芯柱面。平弹子与锁芯弹子孔作用,在平弹子倒角斜面上和与之对应的锁芯弹子孔边缘形成挤压擦痕。

3. 增配钥匙开锁在锁内弹子上形成的痕迹

根据锁具使用的需要,要增加一些钥匙,这些后增加的钥匙称为增配钥匙或后配钥匙。增配钥匙是用与原配钥匙形态相同的齿模板,并按原配钥匙的齿高精度复制而成。

增配钥匙开锁痕迹,是指用增配钥匙开锁时,在锁内零件上形成的痕迹。增配钥匙的精度,对开锁痕迹有很重要的影响。

增配钥匙开锁痕迹的特征主要有:

(1)只出现在圆头弹子球面,并且叠加在原配钥匙开锁痕迹之上,呈一组明亮的、细小的线条,方向与原配钥匙开锁痕迹相同。

(2)痕迹在圆头弹子球面与柱面的相交部位及弹子顶端比较明显,锁芯外侧的弹子留痕较重。

(3)用复制精度较差的增配钥匙开锁,须不断调整齿位、加大据矩,因此可以在弹子球面及匙槽内形成增配钥匙开锁痕迹。同时在锁芯柱面弹子孔边缘、锁体弹子孔边缘、平弹子端面及圆头弹子平端面上形成增配钥匙开锁痕迹。

4. 不同钥匙开锁时在锁内弹子上形成痕迹的检验

锁痕检验,主要是对被检锁具进行检验分析,以确定锁具的开启方法或破坏方法,以认定开锁工具,分析嫌疑人的职业特点等。锁痕检验可按照工具痕迹检验的方法进行,因此不再赘述。

第六节 纺织物痕迹的检验

纺织物与人们的生活息息相关,它不仅在工业、军事、医疗等领域中占有重要地位,同时也是人们在日常生活中不可缺少的必需品。在杀人、强奸、盗窃等各类犯罪案件中,经常可收集到与纺织物有关的痕迹物证,如纤维、绳索等。目前,纺织物痕迹检验已经成为刑事技术检验的重要组成部分。

一、纺织物的加工、使用特征及其痕迹特征

(一)纺织物加工过程形成的特征

1. 生产过程形成的特征

织物生产过程中形成的特征,主要是指织物表面的突变点,主要包括纱疵和织疵。纱疵,是指纺纱过程中形成的粗细不均匀的纱线,进入织物中就会形成一些突变点,从而使织物表面形成疵点。织疵,是指织布过程中由于断纱或纱线分布不均等原因,在织物表面形成疵点。

疵点在织物表面的分布包括局部性疵点和散布性疵点。局部性疵点是指织物局部位置上存在的各种疵点;散布性疵点,则指分布面较大,甚至遍及整匹布的疵点。

常见的棉型织物的疵点有:纱线原因造成的疵点,如错纬、断经、断纬等;织机状态不良和织布操作不当造成的疵点,如粗经、纬缩、经缩、断经、纬纱带人、杂物织入等。

2. 加工过程形成的特征

使用的裁剪方法和缝纫工艺不同,以及使用的工具、制作方法和个人的习惯动作不同,使织物在加工过程中形成的特征也不同。主要有以下几个常见的特征:

(1)织物的裁剪特征

根据设计对坯布进行裁剪,有时利用剪刀和电动刀具,也可以直接撕断。被撕断或剪断的织物,其断口形态有明显差异。撕断织物,纱线一般是沿经向或纬向断裂,断缘不整齐,有长短不齐的纱线断带,呈毛边状,毛边的宏观形态为一直线。当剪断织物时,纱线可以沿任意方向被切断,断缘平直整齐。

大批量生产的纺织物成品件多采用套裁的方式。常用的有平套、互套、镶套、拼接套、剖缝套等方式,从而构成特定的裁剪特征。

(2)织物制品的对接特征

将两片织物连接时所采用的方式称为对接特征。连接方法主要有压边连接、对缝连接和折边连接。

压边连接是将两片织物展开,两个对接的边缘相互重叠一定的宽度,然后将两片织物缝成一体。对缝连接是将两片织物边缘重合对齐,在距边缘一定宽度处缝纫连

接，然后将织物展开成为一个整体。折边连接是将对缝连接后的毛边缝在内部。

(3)织物制品的封边特征

封边特征，是指将织物的毛边封闭固定时形成的特征。封边方法主要有三种：

单纯性封边，是将毛边折向内部后缝制固定。

装饰性封边，是将毛边折向内部后缝制固定，并且表面制成一定的结构，具有装饰效果。

机器封边，是用封边机将织物毛边封锁。

(4)图形特征

织物的图形特征有三个：一是纺织物自身组织变化的图形，二是纺织物印染过程中形成的花纹，三是纺织物在使用中由于污染形成的图形。纺织物自身由于组织变化形成的图形，一般能反映纺织物的种类。坯布经过裁剪和缝制后，图形特征具有较高的特定价值，利用图形特征可以进行整体分离痕迹的检验，同时也可以进行服装归属的检验。

(5)缝纫特征

缝纫方法主要有机器缝纫和手工缝纫，缝纫线迹有链式线迹、仿手工线迹、锁式线迹、多线链式线迹、包边链式线迹和覆盖链式线迹。缝纫特征是通过缝纫时的针迹形态，反映操作者的技术及个人习惯。

(二)纺织物的使用特征

1. 纺织物磨损特征

纺织物在长期的使用中会在某些部位产生不同程度的磨损。磨损特征有纺织物色泽减退，纤维表面的绒羽脱落，表面光滑，厚度变薄等。磨损程度与使用的时间长短有关，时间长的纺织物制品的磨损部位与未磨损部位界限不明显，磨损程度变化连续性强。由于意外原因造成的突然磨损，其磨损界限明显。在纺织物制品检验中，可以根据磨损程度分析检材的使用情况，也可以利用磨损程度确定纺织物的部位。

2. 纺织物的修补特征

对纺织物制品的破损部位进行修补时形成的特征，称为纺织物的修补特征。常用的纺织物修补方法主要有以下几种：

(1)线缝

线缝，是指用线将纺织物破损部位缝合。线缝主要用于纺织物上的线条状破损部位修补。修补的部位有密集的针迹。

(2)补丁缝补

补丁缝补是一种常见的修补方法，是将补丁与破损织物缝合在一起。缝补后，织物厚度增加。有两种方法：手工缝补和机器缝补。补丁的边缘能构成特定的形态。有时，补丁使不规则的破损部位显露于纺织物外观。

(3)粘贴修补

用专用粘贴布、胶纸或医用黏膏等,将纺织物破损部位黏合连接称为粘贴修补。黏膏可贴于纺织物表面、里层或内外均粘贴,粘贴后一般不进行缝纫。修补后破损部位厚度增大、形态改变。

(4)装饰性修补

装饰性修补,是指服装生产时,在新服装的膝部、肘部、肩部、臀部用皮革等其他织物与服装缝合,起到加固和装饰作用。

纺织物经过修补后,其修补特征主要表现在修补方法,补丁的颜色、组织结构、表面图纹、面积大小,缝纫时的针迹、技巧、习惯等方面。同时,应注意补丁的来源,判断其是否能与其他纺织物构成整体。

(三)纺织物痕迹特征

纺织物痕迹,是指以纺织物为造痕体,通过与承痕体相互作用,在承痕客体上反映的纺织物结构形态。常见的纺织物在承痕客体上形成的痕迹,通常分为纺织物立体痕迹和平面痕迹。

1. 纺织物立体痕迹

纺织物立体痕迹,是指能反映纺织物立体结构形态的痕迹。如果客体的可塑性好,立体痕迹可以反映出纺织物的组织结构、纱线的密度,在极特殊的情况下,可以反映纱线的捻向。纺织物的接缝、补丁等形态变化较大的部位,能形成明显的、具有立体结构的痕迹。

2. 纺织物平面痕迹

纺织物平面痕迹,是只能反映纺织物平面结构的痕迹。纺织物在与较硬的承痕客体表面接触时,将所附着的物质遗留在客体表面上,或将客体表面物质带走,使客体表面发生变化会形成的一种立体感不明显的平面痕迹。

根据形成痕迹的物质,可以将平面痕迹分为尘土、油污、血迹痕迹等。根据形成痕迹的物质状态,又可分为减层平面痕迹和加层平面痕迹。纺织品带走客体表面物质所形成的痕迹,叫纺织品减层平面痕迹;纺织品将本身所带的物质遗留在客体表面上所形成的痕迹,叫纺织品加层平面痕迹。平面痕迹往往能够反映接缝、封边、补丁等加工、修补特征,有时也可以反映织物的组织结构特征。

二、纺织物及其痕迹鉴定

纺织物及其痕迹鉴定的主要任务是:鉴别现场提取的纤维种类,分析其来源;检验现场纺织物是否与嫌疑纺织物为同一整体;检验现场纺织物痕迹是否为嫌疑纺织物形成;检验现场纺织物制品是否为某人制作。

(一)纺织物痕迹检验

进行纺织物痕迹检验时,首先,应根据痕迹的形态和面积大小,确定痕迹是由人体穿着的服装所形成还是由纺织物用品形成。然后,再确定形成痕迹的具体部位和痕迹特征。

1. 分析留痕部位

由于受人体各部位形态及形成痕迹时的姿态和动作的影响,人体穿着的服装形成的痕迹的面积、痕迹边界的形态、痕迹的整体凹凸形态都有很大变化。检验时应结合案件性质、痕迹的形态、人体各部位的形态及案犯可能采用的姿态等因素进行综合分析。

纺织物制品形成的痕迹,一般是指用纺织物包装物品后形成的痕迹。由于包装物的形态和体积不易变化,因此,痕迹的面积固定,痕迹边界形态规范,痕迹的凹凸变化小。

2. 确定痕迹特征

确定纺织物痕迹特征,应根据承痕客体的表面形状、光洁度、客体物质的颗粒大小和形成痕迹的物质种类等因素进行分析。在尘土较多或松软潮湿的泥土客体上形成的纺织物痕迹特征反映较好。另外,由血渍和油垢等物质形成的加层痕迹,也能反映出一定的特征。

3. 制作痕迹样本

制作痕迹样本,应选择与现场痕迹相同的承痕客体,利用嫌疑纺织品有可能在现场遗留的部位制作。有时,为了更仔细地观察痕迹特征反映,也可以用石膏作为承痕客体制作样本。

(二)现场纺织物制品的检验

对现场纺织物制品进行检验时,应了解检材的收取和保存情况。嫌疑纺织物的检验,一般是采用从宏观至微观的方法。

1. 纺织物制品的外观检验

首先,应确定纺织物的外观形态和用途,即确定检材是否为服装、绳索或其他纺织物制品。

其次,确定纺织物的颜色和新旧程度,观察纺织物的磨损程度和磨损部位。

最后,确定破损或修补的部位及形态,确定修补方法、补丁的面积和形态、补丁的颜色和新旧程度。

外观检验的同时,应注意发现和提取纺织物表面及织物组织内部沾附的微量物质。通过对微量物质的分析,往往能确定使用者的职业特点及纺织物的使用环境。

2. 纺织物组织结构检验

(1)确定经纬方向

在检验现场纺织物检材时应首先确定纱线的经纬方向。可以根据裁剪规律、织物表面的图案、纱线的密度配置和纱线捻向配置等情况来确定经纱或纬纱。

(2)确定组织循环

可以利用拆线法确定组织结构,首先应确定纺织物表面是否有隐形条格或由色线织成的彩色条格,然后将纺织物沿经向和纬向裁剪成具有一定面积的正方形或长方形。

(3)确定织物密度

对简单的织物组织,可以用读数显微镜直接测量在某一长度内的纱线数量,然后通过计算机得出经密和纬密。

(4)确定纱线捻向

确定纱线捻向,应将织物中的经纱和纬纱各拆除一根。然后观察加捻纤维的倾斜方向。另外,还可以用解捻法确定纱线捻向。

(5)确定纺织物的加工特征

检验现场遗留的成衣或其他纺织物制品时,应分析纺织物的裁剪方法和纺织物制品的结构。检验时应注意发现非常规的裁剪方法,并观察纺织物制品是机器缝纫还是手工缝纫,缝纫的针迹规律,测量针距大小,分析针迹的均匀程度,寻找特殊的针法及缝纫线的打结规律。

思考习题

1. 车辆痕迹的作用?
2. 牙齿痕迹的特征有几大类?
3. 整体分离痕迹有几大类?
4. 判断某外凸单面钥匙是否增配过新钥匙的依据是什么?

拓展阅读书目

1. 刘耀主编:《物证鉴定科学》,群众出版社 1998 年版。
2. 戴林编著:《特殊痕迹检验》,警官教育出版社 2010 年版。
3. 黄群主编:《特殊痕迹检验技术》,中国人民公安大学出版社 2008 年版。

第十七章　文书鉴定概述

本章概要

本章主要介绍了文书鉴定的基本概念、历史沿革、基本理论、检验技术以及文书鉴定研究内容和学科体系。

通过本章的学习，应当重点掌握文书鉴定的基本理论即同一认定和种属认定原理，了解分析、检验技术。

关键词

文书与文件；历史沿革；基本方法；检验技术

第一节　文书鉴定基本概念

一、文件与文书

文件又称文书，是人们在社会交往中形成和使用的各种公文、合同、契约、书信、字据、证照等材料的总称。在文书鉴定中，它泛指一切以文字、语言、语音、图像、图形、符号为表现形式的记录和提供与案件事实相关的内容和信息的各种材料。

二、文书的种类

文件按照制作方式，可分为书写文件、印刷文件和电子文件等。按照制作技术，可分为普通文件和特种文件等。按照性质，可分为真实文件、篡改文件、污损文件等。按照其状态，可分为原件和复制件等。

书写文件，是各类手写文件的统称，也称手写文件。包括正常书写的文件、伪装书写的文件、摹仿书写的文件和各类非正常条件下书写的条件变化文件等。

印刷文件，又称印刷品、机制文件，是采用各种印刷技术制作的文件的总称。印刷文件包括传统制版印刷文件、办公设备机制文件、特种印刷文件等。传统制版印刷文件包括：凸版印刷文件、凹版印刷文件、平版印刷文件、孔版印刷文件等；办公设备机制文件包括:打印文件、静电复印文件、传真文件等。另外,印章印文也是一种特殊类型的印刷文件。

电子文件,是指通过计算机键盘、扫描仪或其他各种摄录设备输入,经计算机软件(如文字、图表、图形、图像编辑和处理软件)的编辑、处理并储存于硬盘、移动盘、光盘等存储媒质上的文件。该类文件的载体不是传统的纸张,其必须通过计算机或专用设备进行读取,也可通过计算机外围设备(如打印设备)制作成普通的机制文件。

特种文件,是指采用特殊的制作方法,通常会运用不同的防伪技术制作的有特定用途的文件,如货币、护照、身份证、信用卡及其他法定的证明身份的证件和有价票据等。

篡改文件,有广义和狭义之分。狭义上的篡改文件,是指在真实文件基础上采用作假的手段改变原文件的局部内容形成的内容虚假的变造文件,故又称变造文件或局部变造文件。常见的做假手段有添改、擦刮、拼凑、消退、掩盖、替换等。广义上的篡改文件既包括采用做假的手段改动形成的变造文件,也包括因环境或其他意外因素导致受污染、损坏或发生其他变化的污损文件。

污损文件,是指受污染、损坏或发生其他变化的文件。其与变造文件的区别在于,文件的各种变化并非系故意采用做假的手段形成,而通常是环境或意外所致,如污物污染、破碎、烧毁、浸损、粘贴、裱糊、模糊等。

三、文书鉴定

文书鉴定,又称文件检验、文件鉴定、可疑文件鉴定等,是指运用文件检验学的理论、方法和专门知识,根据鉴定人的经验,并结合测量、检测的结果,通过综合分析对各类文件的书写人、制作工具、制作材料、制作方法、性质、状态、形成过程等进行的专业判断。文件鉴定根据文件的种类、鉴定的对象和任务,可分为:笔迹鉴定、印章印文鉴定、印刷文件鉴定、篡改文件鉴定、污损文件鉴定、特种文件鉴定、文件材料鉴定、文件制作时间鉴定等。

第二节　文书鉴定的历史沿革

一、古代文件检验

在我国,文件检验古已有之,从许多著作中就可见一斑,如《史记》、《二十四史》、《封珍式》、《疑狱集》、《文献通考》、《折狱龟鉴》、《棠阴比事》、《洗冤集录》等中都有零星记载。

我国拥有悠久的文件制作历史,为文件检验提供了物质基础条件和可能性。我国在2000多年前就已经出现了文字,公元前300年有了类似现在的笔(当时称为

“聿”)；公元前200年出现麻纤维的古纸，105年蔡伦制造新纸（而20世纪以来几项考古发现表明，在蔡伦之前的西汉时期，中国就有了“纸”，这两种观点引起了学术界四十多年的争论)；隋朝发明了刻版印刷术，唐代得以完善，约210年前，秦朝云梦竹简《封珍式》就有盗铸钱币的记载；公元前700年，东周时期就有了印章，古称“玺”。

在文件检验实践方面，也存在先例。我国早在西汉时，就出现了鉴别笔迹的实例，唐代则出现了印章和变造文件的鉴别，而到宋代，则有了印刷假币的鉴别。约南北朝时期，产生了书画鉴定。

二、近代文件检验

西方对于文件检验技术的研究起始于英国。1854年文件鉴定在英国得到认可；1987年法国人类学家阿·贝蒂发表了《笔迹的比对和同一认定》；1898年俄国的布林斯基发表了《文件的司法鉴定》，并于1903年获得俄国皇家科学院授予的罗蒙诺索夫奖金。19世纪末美国的P. Frazer出版了《文件鉴定手册》。1910年奥斯本出版了《可疑文件检验》。1913年联合国开始承认专家的笔迹鉴定。1956年Ordway Hilton发表了《可疑文件的科学检验》。

由于历史原因，中国文件检验技术的研究起步较晚。最初的著作可见于著名学者冯文尧于1938年出版的《刑事警察科学全书》，1949年此书出了增订版。1943年犯罪学家徐圣熙写的《笔迹学》是民国在这领域内唯一专著。

三、现代文件检验

1956年公安部举办了文件检验专业培训班，培养了公安系统第一批骨干；

1956年9月司法部司法鉴定科学研究所培养了首批刑事技术研究生，组建了我国第一个文件检验实验室；

1982年中国刑事警察学院开始面向社会招收文件检验专业本科生，并陆续编写了文件检验学专业教材。

之后，某些政法院校刑事侦查、物证技术专业也相继编写了文件检验相关教材。

第三节　文书鉴定的基本理论

一、同一认定

司法鉴定中的“同一”是指被鉴定客体的自身同一。同一认定，是指在诉讼过程中，由具有专门知识的鉴定人通过对检材与样本的比较、分析，对与案件事实有关的客体自身是否同一的问题作出的科学判断。

司法鉴定中的客体，是指能够证明与案件有关事实的，需要运用专门的科学技术进行鉴定的人、物、事实或现象。

客体的特征是客体各方面特性的外部表现，是构成客体特性的具体内容。任何客体的特性都是通过一定的特征表现出来的。因此，同一认定中要鉴别每个客体，都必须从考察客体的具体特征着手，研究客体的特征与特性及其相互关系。

客体的特性是指一个客体区别于其他任何客体的特殊性。

客体反映形象是指与案件有关的人或物的某一部分在一定条件下形成的痕迹，或通过一定的技术加工形成的复制品。例如：人形成的笔迹、声纹、指纹、牙印、脚（鞋）印等；各类物体形成的印文、印刷图文、弹头痕迹、弹壳痕迹、工具痕迹等；通过一定的技术制作的人像或物体的照片、图片和录音、录像资料等。

被鉴定客体是指与案件事实有关的人、物、事或现象。

供鉴定客体是指鉴定过程中作为供比较对象的实体。

二、种属认定

种属认定是指具有专门知识的人，根据文件物证的分析、检验所获得的结果，对留下物证的人或物以及有关事实的种类归属进行鉴别和判断的过程。

种属认定的主体，必须具有某种相关的专门知识。如果问题涉及案件中的物证，主体还应是有鉴定人资格的专家。

种属认定的客体，主要是案件中可能有证据意义的各种物质或物品。

种属认定的依据，如果是确定物质属性，是物质本身；如果是确定客体类型，则是客体留下的反映形象——印痕。

三、系统检验理论

系统检验理论，是指从具体案件出发，把文件物证作为与案件实事相互联系的有机整体，通过对文件系统要素和与案件事实有关的其他要素的综合分析，采用各种检验手段，综合判断文件要素之间以及与案件系统其他相关要素间在时间、空间上的分布规律或相互关系，从而鉴别文件的真伪。

第四节 文书鉴定的检验技术

一、形态比对和测量技术

（一）宏观形态的比对和测量技术

通过肉眼或借助放大镜对宏观的特征进行观察和分析，主要可以通过图像录入技术、图像处理技术、图片制作技术、形态分析技术进行比对。

用合适的测量工具或测量软件对宏观特征进行测量。测量技术主要包括目测、平面测量技术、三维测量技术、显微测量技术、特殊测量技术（印刷图文测量系统）。

（二）微观形态的比对和测量技术

借助显微镜对微观的特征进行观察和分析，主要可以通过图像录入技术、图像处理技术、图片制作技术、形态分析技术进行比对。

借助测量工具或测量软件对特征的位置、形态及分布关系进行测量，必要时可运用统计学的原理和方法，对测量结果进行统计分析。测量技术主要包括目测、平面测量技术、三维测量技术、显微测量技术、特殊测量技术（印刷图文测量系统）。

二、理化检验技术

（一）普通化学分析技术

颜色反应，是选用特定的试剂与文件的某种物质产生的显色、变色或褪色现象，以鉴别物质种类异同或显示不易见的字迹和物质的潜影。例如：用格拉夫 C 染色体，根据呈现的颜色不同，鉴别物质纸浆的种类；用酸、碱或氧化剂，根据色料中所含染料不同所呈现的颜色变化鉴别墨水是否相同；根据被消退字迹残存的铁离子与亚铁氰化钾试剂发生的普鲁士蓝反应，显现被消退的含铁墨水字迹；用醋酸铅与墨水笔画中的硫酸盐作用形成硫酸铅沉淀，再用硫化钠或硫化铵溶液与硫酸铅作用，使其变成褐色的硫化铅，以显示墨水硫酸盐的影响；等等。此类方法虽然会污损物证，但简便易行。

燃烧反应，是物质在高温条件下剧烈的氧化过程。物质燃烧产生的火焰及其颜色、产生的烟雾及其颜色、灰烬的颜色及形态等，均与物质成分相关，所以燃烧反应常作为鉴别物质种类的方法之一。在文件检验中，还可以根据物质在不同的燃烧温度下所呈现的颜色变化，以及在同一温度下不同物质的颜色差别，显现烧毁文件的特征。

结晶反应，在文件检验中主要用于对变造文件上残留的消退剂和文件物质材料的某些组分进行种类鉴别。例如：残留的硫酸与醋酸钙试剂作用，生成针状或花瓣形硫酸钙结晶；残留的苛性钾与氯铂氢酸作用，生成柠檬色八面体结晶；残留的高锰酸钾与甲基兰醋酸钠溶液作用，生成蓝色帚状针形结晶。

电解反应目前主要用于对枪支、车架、汽缸等金属器件上，被锉、刮掉的冲压号码的显现。

（二）光谱/能谱分析技术

传统的光谱分析，包括紫外—可见分光光度法、红外吸收光谱法、荧光光谱法等分子光谱法和原子发射光谱法、原子吸收光谱法、原子荧光光谱法等原子光谱法。在文件检验中，主要用于对文件材料的物质组分的定性和定量分析，通过与已知样品的分析对比，鉴别物质材料的种类和变化程度的异同。但这些方法都需要从文件上提取检材，从而会不同程度的损坏文件。近些年在文件检验领域引用的显微分光光度法、激光拉曼光谱法，可为伪造、变造文件的检验和书写时间鉴定提供科学事实，而且对文件本身无损害。

（三）色谱分析技术

色谱分析，主要包括气相色谱法和高效液相色谱法，可对文件材料中的某些物质进行定性和定量分析。由于物证一般都是混合物或化合物，故不宜直接用质谱分析。当今处于前沿的分析技术是色质联用法。即将提取物通过气相或液相色谱仪分离成单质，再依次进入质谱仪逐一定性、定量，这种方法的检测灵敏度高，结果更准确。

在色谱分析技术中，纸色谱法和薄层色谱法是简便易行的分析方法。尤其是再配以薄层扫描仪，在墨水、油墨等文件材料的种属鉴别，在添改文件鉴别和书写时间鉴定方面有着很好的应用效果。

三、专门检验技术

静电压痕显现技术，是基于电容原理，通过对有印压痕迹的纸张充电，使文件上印压痕迹与纸张平面之间形成电位差，并感应成像薄膜形成稳定的电位图像，即印压痕迹的静电图像的一种技术。带负电荷的黑色显影粉喷在成像薄膜上时，其被无压痕部位的负电荷排斥，而被带正电荷的压痕部位吸附，使压痕处与无压痕处所吸附的墨粉量不同而形成了反差，通过黑色显影粉末使成像薄膜上的静电图像清晰地显示出来，从而实现对纸张材料上印压痕迹的显现。

伪钞、证件鉴别技术。伪钞鉴别仪是一种能判断钞票是否伪造的机器，即验钞机，能对钞票真伪进行有效的识别。运用荧光检测、磁性检测、红外穿透检测、激光检测等对人民币的纸质、油墨、荧光字迹等防伪特征进行鉴别，以验明真钞或伪钞。证件鉴别仪应用红外线扫描、紫外线荧光反应等多种方式对证件的材质及色差、光谱频率等防伪特征进行智能鉴别，对涂改、伪造的证件有独特的鉴别功效。

语音分析技术，是借助语图仪（声纹仪），对发出的声音，主要是录音带、录像带录下来的语声，从其频率、音强、音长等方面进行分析，并输出声纹图和相关数据，供声纹鉴定。

第五节　文书鉴定研究内容和学科体系

一、文书鉴定研究内容

文书鉴定的研究内容，主要包括笔迹鉴定、印章印文鉴定、印刷文件鉴定、篡改（污损）文件鉴定、特种文件鉴定、文件材料鉴定和文件制作时间鉴定。

笔迹鉴定，又称笔迹检验，是指根据人的书写技能习惯特性在书写的字迹、符号、绘画中的反映，通过检材与样本笔迹的比较、鉴别，从而确定文件物证书写人的专门技术。

印章印文鉴定，简称印文鉴定。印章在制作、使用、保存过程中形成的印面材料和结构特性会在印文中具体反映，印文鉴定是指通过检材与样本印文的比较、鉴别，从而确定文件物证上印章印文真伪的专门技术。

印刷文件鉴定，又称机制文件鉴定，是指根据印刷工艺和印刷设备的材料和结构特点及其变化规律在承印物（文件载体）上的具体反映，通过对根据印刷原理、方法制作的各类文件进行分析、比较和鉴别，确定文件物证的印刷工具、印刷方法、印刷过程及其真伪、来源、关系等的专门技术。

篡改文件鉴定，狭义上的篡改文件鉴定又称变造文件鉴定，是指在原真实文件的基础上，采用各种作假的手段对原真实文件的局部内容加以改变形成的内容虚假的文件。常见的变造手段有添加、涂改、擦刮、消退、掩盖、粘贴、拼凑、挖补、换页、拆封等。根据变造手段的不同，变造文件可分为添改文件、擦刮文件、拼凑文件、消退文件、掩盖文件、换页文件、拆封文件等。

污损文件鉴定，是指根据受污染、损坏或发生其他变化的文件物证的物质特性，采用理化检验方法对其进行恢复、整理、显现和鉴别的专门技术。常见的污损文件有污染文件、破碎文件、烧毁文件、浸损文件、粘贴文件、裱糊文件、模糊文件等。

特种文件鉴定，是指根据特种文件的制作方式、制作工具、制作材料及采用的防伪技术等特性，必要时通过与真实文件（或标准样本）的比较检验，采用形态比对和理化检验方法或专门仪器检测方法等对其真伪进行鉴别的专门技术。

文件材料鉴定，是指根据制作文件的物质材料特性，采用形态比对和理化检验方法对其理化特性、种类进行分析和鉴别的专门技术。文件材料鉴定，包括纸张鉴定、墨水鉴定、油墨鉴定、墨粉鉴定、黏合剂鉴定等。

文件制作时间鉴定，是指根据文件物证系统要素的特性及其变化规律，对文件的制作过程、顺序和形成时间进行鉴别的专门技术。文件制作时间鉴定包括：印刷文件制作时间鉴定、印章印文盖印时间鉴定、印字先后顺序（又称朱墨时序）鉴定及书写时间鉴定等。

二、文书检验学科体系

文件检验学，简称文检学，是指综合运用现代科学的理论和技术方法，以与案件有关的文件物证为对象，研究文件的形成与变化、文件检验的理论和方法以及利用文件进行犯罪的规律和特点的一门技术科学。

三、文书鉴定与相关学科的关系

（1）文书鉴定与侦查学的关系。两门学科虽然研究对象不同，但仍有密切联系。文书鉴定为犯罪侦查提供了技术手段，而侦查学关于各种侦查措施的运用以及关于侦破方法的基本知识，对于学习文书鉴定和从事文书鉴定实际工作，也是十分必要的。

（2）文书鉴定与司法会计的关系。司法会计是司法机关办理经济犯罪案件中的一项查账专业工作。查账工作离不开对大量会计凭证的勘验和检查。如果被告人确有经济问题，他很可能在凭证或账目上弄虚作假，免不了要在会计凭证或其他文书上擦、涂、添、改。司法会计人员如果熟悉文书鉴定专业知识，对保证查账的质量无疑是有益的。

（3）文书鉴定与部门法学的关系。我国《刑事诉讼法》、《民事诉讼法》和《行政诉讼法》都规定，在办案过程中，为了解决案件中的专门性问题，可以聘请有专门知识的专家提供帮助。文书鉴定是诉讼过程中解决专门性问题不可缺少的。同时，鉴定人员对于诉讼法规定的各项办案原则和程序，也应严格遵守。同样，文书鉴定与刑法、民法也关系密切，在刑事犯罪和民事案件中经常会对物证进行鉴定，这就需要文书鉴定的专业知识，为案件的侦破或解决提供可靠的依据。

（4）文书鉴定和自然科学的关系。文书鉴定专家直接利用物理学、化学、生物学的方法作为提取和检验物证的方法。例如，利用显微镜检验物证的形态特征，利用 x 光检验痕迹，利用紫外线检验涂改字迹等。文书鉴定的发展，一方面依靠科学技术的发展；另一方面要依靠鉴定专家在实践中不断实验，开展科研活动，利用现代科技成果，开发新的物证技术方法。

思考习题

1. 文书鉴定研究内容有哪些？请简述之。
2. 文书鉴定的基本理论有哪些？
3. 文书鉴定有哪些检验技术？

拓展阅读书目

1. 杜志淳等著：《司法鉴定法立法研究》，法律出版社 2011 年版。
2. 涂丽云主编：《文件检验学》，群众出版社 2007 年版。
3. 王冠卿著：《笔迹鉴定理论与实践新探》，北京大学出版社 2003 年版。

第十八章　笔迹检验技术

本章概要

本章主要阐述了笔迹检验概述、笔迹检验的机理、笔迹特征体系、鉴定程序以及常见笔迹的特点与鉴定方法。作为物证技术学领域中常见的专门性事项之一，笔迹检验往往能起到重要的人身同一认定作用。

通过本章的学习，应当着重了解笔迹检验在诉讼活动中的功能与作用。明确常见笔迹的基本特点与检验方法，从而更好地认知并掌握这一专门性技术。

关键词

笔迹检验技术；检验机理；笔迹特征；同一认定；检验方法

第一节　笔迹检验概述

一、笔迹基本释义

（一）笔迹概念厘晰

笔迹，系书写人运用笔或其他书写工具，按照一定的文字符号书写规范，在纸张或其他载体上通过书写活动所遗留下的，能够反映出其本人特有书写动作习惯的一类特殊痕迹。笔迹概念的内在属性，具体而言可以反映在以下方面：

1. 笔迹是一类特殊的痕迹。笔迹作为个体书写活动所遗留的一项痕迹，与指印、工具痕迹、枪弹痕迹等反映形象痕迹存在诸多不同之处。其反映出的并非书写工具接触面的静态形象特征，而是书写人自身所特有的动作习惯特征。个体在书写运动过程中形成的习惯性动作，通过外力作用于承痕体上，并能反映于外显的书写笔迹中。笔迹内含的书写动作习惯特征，即可用于对书写人进行同一认定的一项重要依据。

2. 笔迹是多项信息的载体。笔迹通常以文字符号等形式作为其外部表现形象。这一外部表现形式中，往往隐藏着与书写活动密切相关的诸多信息。笔迹中不仅含有能反映个体书写动作的信息，在一定情况下亦可反映出书写内容的信息。此外，文字符号书写所需的工具、文字符号的载体——纸张以及文字符号赖以显现的墨水等物质材料，其中所蕴含的各类客观信息，均保存并反映于书写笔迹中。

3. 笔迹是个体书写动作习惯的特征反映体。笔迹作为个体书写动作习惯的特征反映体，能够揭示出书写人自身特有的书写习惯与书写技能。利用笔迹的这一特性，不仅可以在刑事案件侦查中为发现书写嫌疑人提供线索与方向，更可通过笔迹检验，对书写人进行同一认定，从而为案件事实认定与定案提供依据。

（二）笔迹的构成要素

笔迹构成要素中，一般须具备四项基本内容，即书写动机、书写运动、书写技能以及书写工具与承痕体的相互作用。这不仅是书写活动的构成要件，亦是笔迹产生变化的实质性原因。

1. 书写动机

书写动机作为个体意识控制下的产物，虽非直接外显于书写活动中，但却直接决定了书写活动是否得以形成。作为书写活动过程的起点，个体的不同书写动机对于其笔迹所产生的影响亦各有差异。譬如，在伪装笔迹与摹仿笔迹中，书写人出于刻意掩饰自身笔迹或摹仿他人笔迹的反常书写动机，往往会对书写活动造成干扰，从而形成有别于平时书写的各类非正常笔迹。

2. 书写运动

笔迹构成所依赖的书写运动，须通过大脑思维的引导，并借助于骨骼、肌肉、神经的协调作用下才得以最终完成。书写运动依靠个人书写技能的模式来进行，人的书写技能训练的过程，就是书写运动体系建立的过程。[1] 可以说，个体书写技能的熟练过程与其自身书写运动体系的建构与巩固呈正比关系。一旦个体书写技能达到熟练程度，其自身书写运动就可成为一项自动化的行为方式。在正常书写状态下，个体只需开启书写技能，就可使书写运动协调、有序地进行。

3. 书写技能

书写人通过对语言文字及写作活动的驾驭，以表达自身思想的能力，即所谓的个体的书写技能。这一技能既存在先天性因素，又是后天习得的结果，且在学习、积累中不断发展与提高。客观而言，个体书写技能的演变就是一个由简单到复杂、从低级到高级的不断发展过程。由于不同个体先天素质的差异，后天学习训练的环境与条件亦千差万别，其书写技能亦不尽相同。通常而言，个体的文化水平与书写技能之间往往呈现出正比关系。

4. 书写工具与承痕客体的相互作用

笔迹的形成与外显，除了以上因素外，亦离不开具体的书写工具与承痕客体之间

---

〔1〕 涂丽云主编：《文件检验学》，群众出版社2007年版，第31页。

的相互作用。书写工具的作用力与承痕客体表面因书写工具的摩擦力而形成的反作用力，共同构成了形成笔迹不可或缺的条件。常用的书写工具和承痕客体因相互作用而产生的作用力与反作用力，随着个体书写活动的不断重复与训练，已成为一项动觉信息并储存于个体的书写运动体系。在正常书写环境下，个体按照自动化的书写运动体系进行书写，即可形成反映出个体书写特征的笔迹。

（三）笔迹的种类划分

为了充分掌握各类文字符号的书写特点与规律，往往需要从不同角度对笔迹的种类进行划分与区别。一般而言，笔迹检验理论与实务工作中，主要以文字符号种类、笔迹反映的书写习惯是否真实以及形成机理三大视角，对笔迹进行具体分类。受制于章节篇幅，本章仅以文字符号种类为例，对笔迹划分进行具体阐释。

1. 中文汉字笔迹

汉字是世界上运用人数最多的文字之一。除中国以其作为通用文字以外，汉字在马来西亚、新加坡、日本、朝鲜、韩国、越南等国家亦时常运用。以日本为例，汉字在日本亦称为“真名”。2010 年 11 月 30 日，日本政府颁布了《新常用汉字表》，共含 2136 个常用汉字，以作为日本国民在使用汉字时的参考。譬如，“遠足”、“会社”、“駅前”、“映画”、“勉強”等，均为日语中所常用的汉字。而作为法律规定的规范性文字，汉字在中国范围内则广泛运用。因此，我国笔迹检验实践中的鉴定对象多为中文汉字笔迹。

2. 少数民族文字笔迹

中国属于多民族国家之一。在 56 个民族中，大多数都拥有自身特有的语言，甚至是本民族文字。根据法律规定，少数民族有权使用本民族语言及文字。因而在多民族杂居地区或少数民族聚居地区，诉讼活动中也常涉及少数民族文字的笔迹检验。

3. 外文笔迹

世界范围内，大部分国家使用的文字均为拼音文字。此类文字根据其构架组成及适用地域的不同，主要可以分为拉丁字母文字、斯拉夫—基里尔字母文字、印度音节文字以及阿拉伯文字四大谱系。除上述谱系外，尚有日本词素——音节文字、希腊文字、蒙古文字等不属于以上文字体系范畴。我国司法鉴定实践中，面对的外文笔迹检验多为英文、法文、德文、俄文等拉丁字母及斯拉夫字母文字，有时也涉及日文、韩文等笔迹检验。

4. 非文字性笔迹

行为人在书写过程中，承痕客体上除遗留有个体书写的文字符号外，亦往往同时存在阿拉伯数字、标点符号等非文字性笔迹。作为各类文字系统的附属部分，阿拉伯数字不仅可以表述时间与数量的概念，更在当前社会与经济活动中具有重要的记录作用。特别是在账簿、单据、图表等文书中，阿拉伯数字往往是笔迹检验的主要对象之一。而标点符号在现代文字系统中亦不可或缺。作为文字符号的附属部分，标点符号在书写人同一认定过程中有着自身独特的鉴定价值。

5. 绘画笔迹

行为人在绘画过程中，往往以图案、线条等形式来记录、储存、表达自身的思想与情感。从内在机理和形成过程而言，其与以文字符号为表现形式的笔迹存在诸多相同之处。行为人利用一定的绘画工具，按照绘画的要求与规则，将所反映内容以绘图形式外显于承痕体上。客观而言，个体绘图技能同样是一项动力定型，其在类别划分上可视为一种特殊类型的笔迹。

除此之外，通过笔迹反映出的书写习惯真实性与否、笔迹的形成机理等角度，亦可对笔迹种类作出不同划分。

二、笔迹检验释义

（一）笔迹检验概念厘晰

中国在数千年漫长的历史长河中，早已运用笔迹来进行断狱决案。笔迹检验堪称中国最为古老的检验、鉴定技术之一。早在公元213年，东汉建安年间的“国渊比书”已充分展现了笔迹检验技术在案件侦破中的重要作用。该案通过将嫌疑人的笔迹同诽谤信笺上的笔迹进行比对，最终得以准确认定作案人，可谓早期笔迹司法检验技术的成熟标志。[1] 随着现代社会与科学技术的飞速发展，笔迹检验领域亦在不断前行与完善，并在当前诉讼活动中起着极为重要的作用。

根据当前理论与实务界的通过观点，笔迹检验系指根据笔迹所反映出的书写人特有的书写动作习惯，运用文字学、语言学、形态学、生理学、心理学等专业的理论与方法，对书写人进行同一认定的专门技术。笔迹检验所运用的是同一认定的基本原理，但相较于其他同一认定客体，笔迹有着其自身的特定属性。该同一认定活动，依赖于笔迹的相对稳定性、特殊性及反映性等科学基础，上述特性为笔迹检验提供了客观依据。司法鉴定人在对检材与样本笔迹进行分别检验、比较检验的基础上，综合评断笔迹特征符合点与差异点，从而认定被鉴定的笔迹是否为特定书写人所写。

从上述定义中可见，笔迹检验作为一项为诉讼活动服务的专门技术手段，其鉴定对象即为刑事案件、民事案件、行政案件中所涉各类文书资料上的手写字迹、数字、符号以及手绘线条与图案。从外在形式而言，笔迹检验的对象既有肉眼可直视的，又有隐性存在的。在检案实践中，大部分笔迹均为显性可见，而少部分为压痕笔迹、潜影笔迹等。此类隐性笔迹通过一定技术手段对其笔画形态与反映内容进行显现后，亦具有一定鉴定条件。

（二）笔迹检验的作用

笔迹检验在整个文书鉴定领域中，占据着极为重要的地位。长期以来，我国在对文书鉴定进行体系划分时，往往习惯于将其分为笔迹检验与文书技术检验两大块，这

---

〔1〕 许爱东主编：《文书司法鉴定理论与实务研究》，法律出版社2013年版，第29页。

也足见其自身的重要性。近年来,办公自动化的普及在一定程度上减少了文书资料中大批量手写字迹的数量,但诸多案件中对于签名笔迹的争议,仍使笔迹检验的检案数量占到了文书鉴定案件总量的50%左右。无论是在刑事案件,抑或民事、行政案件,笔迹检验均有其自身特殊的作用。

1. 揭示案件事实、确定案件性质。案件争议文书上载有的笔迹,往往需要通过笔迹检验来予以鉴别,并对其涉及的相关事实进行确认。譬如,民事诉讼中,被告对原告提交的一份署名为被告本人的借条真实性存在异议,通过笔迹检验对该争议文书的真实性作出鉴别,以确认或消除嫌疑。如鉴定意见确认借条为被告本人书写,则可证明原被告之间存在借贷关系,从而揭示案件事实。此外,笔迹检验还有助于确定案件性质。如在一具非正常死亡的尸体旁发现一份以其名义手书的遗书,经鉴定后确认该遗书并非死者本人所书写,往往可以据此证明死者的死亡原因系他杀而非自杀,从而为确定案件性质提供了科学依据。

2. 明确侦查方向、缩小侦查范围。刑事诉讼中,通过对于文书物证中手写字迹的鉴别和判断,通常可以为侦查人员提供具有价值的线索并明确侦查方向。对于数起绑架案件中发现的勒索信,经过鉴定人的鉴别,如认定系同一人书写,侦查人员即可根据这一笔迹司法鉴定意见对数起案件进行并案侦查,从而明确案件侦查方向。

3. 认定或否定行为主体。无论在刑事或民事、行政诉讼中,笔迹检验都可以起到确认或者否定行为主体的作用。刑事案件中,通过将文书物证中的字迹与犯罪嫌疑人的笔迹进行比对检验,可以认定笔迹书写人并排除无关人员。譬如,公安机关为确定案件所涉恐吓信是否为某人书写,经过侦查后锁定数名嫌疑人时,需对恐吓信中的笔迹与嫌疑人员的字笔迹进行比对分析,从而认定或者否定特定行为人。

4. 印证案件中的其他证据。同其他证据类型相比,笔迹司法鉴定意见的客观性、科学性往往更胜一筹。犯罪嫌疑人、报告人供述及辩解、被害人陈述、当事人陈述以及证人证言等,往往由于畏罪、恐惧、仇恨心理以及利害关系,或由于感知、记忆的偏差而出现供述、陈述虚假失真的情形。尤其是涉及笔迹方面的专门性问题,必须依靠笔迹检验这一科学技术手段来对其他证据进行印证。据此甄别犯罪嫌疑人、被告人的口供、被害人陈述以及当事人陈述、证人证言等是否真实可靠,有助于裁判者在案件审理过程中有效鉴别与核实相关证据材料。

第二节　笔迹检验机理阐释

书写活动作为人类区别于其他生物体的重要指征,在社会交往中早已扮演着不可替换之角色。但对于笔迹检验而言,书写活动中的技能与习惯,则是笔迹书写人同一认定科学阐释中不容回避的两个重要问题。书写技能与书写习惯作为书写活动形成与动力定型的中坚力量,共同阐释了笔迹检验中得以对书写人予以同一认定的检验机理。

一、书写技能是个体文字掌握的后天习得

技能,即"掌握和运用专门技术的能力"。[1] 个体通过学习、训练而掌握的书写技术与能力,自然也属于技能之范畴。书写技能作为个体通过后天努力所获得的专有能力,无疑是一项"知觉—运动"活动,有时亦被称为一种神经肌肉活动。[2] 究其本源而言,其不仅是个体掌握与运用文字符号的书写技术,亦是个体借以表达内在思想的专门能力。

(一)书写技能形成的必备条件

高级神经活动生理学研究证明,书写技能同人类其他运动技能一样,均非先天所能自然拥有。个体在后天社会生活中,需通过一系列学仿与训练而习得书写技能这一专有能力。在此过程中,每一个体均历经了认字与摹写的全过程。在某种程度上,认字与摹写的学习、实践过程,就是一项不断克服、纠正错误与巩固、强化书写训练成效的系统工程。鉴此,前述环节的存在与衔接也自然成为了书写技能形成的必备条件。

1. 认字

认字是书写技能形成的前置基石。作为书写对象的文字,系社会文明的时代产物。任何一名社会人在掌握前述产物前,需要经历从读音习得、字形熟识到语义融会的认字流程,且通过反复刺激后令三者在大脑皮层中建立相互联系。首先,语音习得过程即是个体借助听觉系统对读音予以感知,并支配自身生理机能来模仿现有声源的发音。同时,个体亦可利用言语知觉与听觉系统的相互反馈来校正原有读音的偏差。其次,字形熟识过程系个体运用视觉系统这一人类和高等哺乳类动物最为重要的感觉通路,[3] 对于视域范围内的字形予以感知的过程。在此基础上,个体可借助视觉分析器的活动,在大脑中形成文字的形状、图案等概念并储存于记忆系统内。最后,语义融会过程则需要依赖教授者的讲解,来帮助个体驾驭字词之内涵,进而领悟字词与客观事物之间的联系。个体经过前述流程的反复刺激与巩固后,即可在大脑中构建起字音、字形与字义的三维多向联系。此时,个体的听觉感受器一旦接收到外界读音信息,即可在大脑中将其与该词的字形与字义相联系;而个体的视觉系统如输入特定字形信息后,其大脑则将随即反射出该词的字音与字义;当某一概念一经提及后,个体即可联想至其所代表的字词或读音。

---

[1] 中国社会科学院语言研究所词典编辑室编:《现代汉语词典》(第6版),商务印书馆2012年版,第613页。

[2] Roy A. Huber, A. M. Headrick, *Handwriting Identification: Facts and Fundamentals*, CRC Press, 1999, p. 9.

[3] 阮迪云主编:《神经生物学》,中国科学技术大学出版社2008年版,第175页。

2. 摹写

摹写是书写技能形成的必由通途。摹写作为书写技能形成过程中的专门环节，不仅是认字流程的衔接和延续，亦是个体书写技能培养与提升的主要方式。当今社会，个体书写技能的获得主要源于青少年阶段，通常需要在后天学习与训练的基础上，历经长时间的识字与摹写，从而建立并强化笔画、文字或字母书写的条件反射联系。[1] 个体在从事摹写活动时，需在观察字形的基础上指令手臂"开启"书写模式。在此过程中，个体尚需同时依赖视觉系统的监督矫正，以实时修正摹写时的动作偏差。书写训练实践证明，个体在摹写活动初期，其注意力主要集中于局部范围，尚无法实现书写动作的精细控制。因而个体书写活动往往欠协调，且伴有多余的紧张及迟缓状态。随着摹写活动的不断深化与实践，个体不仅在大脑中形成了各类字形的清晰表象，更刺激皮层运动区对于书写予以调配和控制，进而促使个体的书写运动逐渐趋于精准与灵活。

值得注意的是，书写活动的练习并不等同于每个单字的一一摹写。个体在生理层面上所固有的技能迁移机制，使其已掌握的运动技能得以对新技能的学习施以影响。如果已学运动技能与新学运动技能在动作结构、动作顺序等方面具有相似性，已有的动作技能动力定型便能迅速地被提取，并通过大脑皮层的指挥，利用原有知识和技能使身体各部分迅速学习并完成原本已经比较熟悉，且多次操作过的似曾相识的动作。[2] 个体经过反复训练并能熟练掌握常用偏旁部首、单字外形结构、基本笔画运笔以及笔顺书写规则后，即使在书写过程中遇有先前从未接触过的单字，其亦可基于技能的正迁移机制而将该字顺利写出。不过，个体如对字形的辨识存有偏差，其在新技能的习得过程中极有可能因负迁移机制的作用而形成错字、别字以及背离规范结构、运笔或笔顺等现象。[3]

（二）书写技能发展的核心规律

书写技能作为一项运动能力，实则处在不断发展与演进的动态轨迹之中。但无论是何种变化与发展，均受制于书写技能习得的核心规律限定与约束。

1. 自生疏向熟练演进的书写技能水准。包括书写技能在内的任何一种运动技能，均在学习与实践的基础上，遵循从低到高、自生疏向熟练的客观发展规律。个体在适龄就学的初期，正处于书写技能形成的入门阶段，其日常学习通常以专门书写练习与

---

〔1〕 沈臻懿："青少年历时性变化笔迹特点与检案论析"，载《青少年犯罪问题》2013年第2期。

〔2〕 曹跃新："对运动技能迁移的研究"，载《体育科技》2004年第1期。

〔3〕 从运动技能迁移的科学规律而言，其在实践中通常具有"双刃剑"效应。技能迁移机制既可对新运动技能的学习与掌握具有正向推动意义，亦可在一定条件下起到阻碍制约作用。具体至书写技能而言，个体如熟练掌握基本笔画、单字的书写规则后，其即可在正迁移机制的作用下将这一技能迁移至其他未曾书写过的文字中；反之，如个体对于字形的认识、辨别存在不甚准确之处，则极易在新书写技能的学习过程中产生技能负迁移或技能干扰等负面影响。

掌握书写技能为主要任务。源于“零基础”的技能习得背景，令个体在此阶段内的书写活动多依赖于视觉系统的监督调节，其执笔书写普遍较为生疏、迟缓，且伴有僵硬、紧张现象以及部分多余的动作（见图 18－1）。尤其是小学低年级学生所书写的笔迹，往往呈现出稳定性、规律性较差的显著特点。[1] 因而学龄儿童在书写学习之初，其书写技能一般仅处于较为低下的水准。

随着书写练习和实践的不断反复与强化，个体的书写技能通常从小学高年级至中学时期开始逐渐提升。在此过程中，个体心理的成熟发展，促使其大脑语言思维能力的愈发活跃。个体在学习、实践过程中掌握的相关语法、词汇、文字符号、书写规则以及基本书写技能，经过大脑高级神经中枢的整合与凝练，最终形成较为完备的书写活动系统。故进入熟练阶段的书写技能，其在书写活动中则能够反映出执笔连贯、流畅，且较为协调、高效的特点。

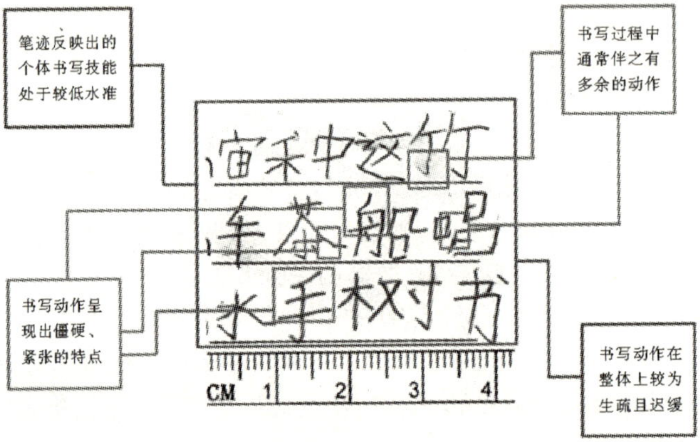

图 18－1 个体在学龄初期时的书写技能通常处于较低水准

2. 先迅捷后缓慢提升的书写技能发展。诚然，任何个体的书写技能均无法在瞬间内完成突飞猛进的跳跃。[2] 但从技能练习的发展与演进角度而言，书写技能亦同样沿袭着先迅捷后缓慢提升的客观规律。个体在学龄阶段的前期，其已掌握并熟悉的各类书写技能可通过迁移机制而对新技能施以影响。因而在此阶段中，个体的书写技能通常可呈现出迅捷提升的态势。然而当个体进入学龄阶段后期时，原有书写经验中可供利用的技能开始逐渐减少。个体新书写技能的形成与提升除需不断建立条件反射

---

〔1〕 Puspa Inayat Khalid, Jasmy Yunus, Robiah Adnan, "Extraction of Dynamic Features from Hand Drawn Data for the Identification of Children with Handwriting Difficulty", *Research in Developmental Disabilities*, Vol. 31, 2010, pp. 256－262.

〔2〕 Ted M. Burkes, Diana Harrison, Danielle P. Seiger, "Handwriting Examination: Meeting the Challenges of Science and the Law", *Forensic Science Communications*, Vol. 11, 2009, p. 115.

与联系外，更需努力克服、改造原先的习惯动作。前述客观因素的存在，致使书写技能提升的速率渐渐放缓。

此外，个体在学龄初期时，其对于书写学习的兴趣盎然，且具有极高的主观能动性与积极进取性。这也使个体在练习书写时往往格外努力，而其书写技能也得以随之而获得较大的提升空间。然而个体在掌握一定书写技能后，其练习积极性可能会在一定程度上有所下降，甚至滋生出疲倦甚至厌烦的消极情绪。大部分个体在日常实践中仅仅只关注于书写技能的运用，而忽视了进一步的强化练习与技能提升。在此情形下，个体自身书写技能的提升速率亦将因此而减缓。

3. 由共性至个性转化的书写技能构建。通常而言，学龄初期的个体正处于书写动力尚未定型的起始阶段。在此期间，个体的心智尚不甚成熟，多需依赖直观方式来感知与记忆客观事物。因而个体在最初学习书写技能时，均须历经摹写这一专门环节。通过教授者的语言讲解与示范摹本，书写人始能领会运笔的基本动作，并理解它们之间的配置关系，从而形成对字的结构形态的视觉表象，即对所学新字的书写运动技能具备初步的认识。[1] 具体练习过程中，个体的摹写动作多呈现出“一笔一划”，且较为拘谨的书体形式，故而这一时期个体所书写的笔迹中普遍存在有“印刷体”现象（见图18－2）。此外，多名个体的书写技能习得如来源于同一人所教授，其在学习过程中所书写的笔迹则具有较强的共性特点，且易使人产生“千篇一律”之感。

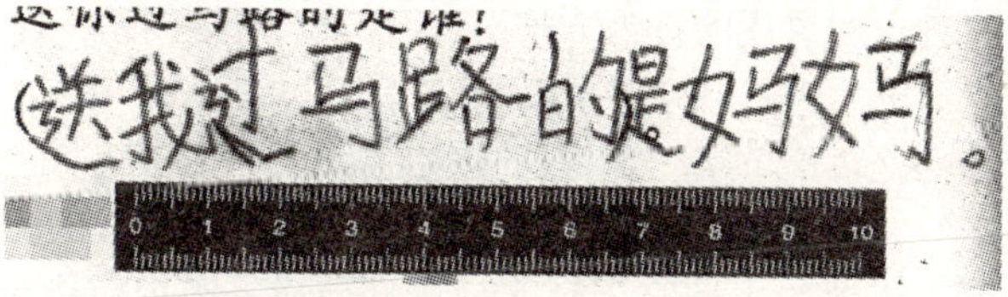

图18－2　书写技能形成初期的个体笔迹多呈现出“印刷体”的书体形式

随着书写技能的提高以及动力定型的强化，个体笔迹中所呈现出的特点则逐步向着个性化的发展方向演进。在心理活动的驱使与支配下，每一个体均能够自由地选择并进行书写练习。前述自主型练习模式的存在，无疑为书写技能的个性化发展奠定了有利条件，从而增强了个体笔迹个性化特点的外在显露。因此，随着不同个体书写技能个性化转变的持续与深化，其笔迹中所呈现出的外在差异亦将随之趋于明显。

（三）书写技能演变的动态变化

实践证明，包括书写技能在内的任何一项运动技能均非一成不变的，个体在专门技能学习、掌握与运用方面往往呈现出动态化更迭的演变特点。具体至个体书写技能而言，其动态演变轨迹与人体生理机制与学习实践规律互为契合。

从生理机能与学习训练角度分析，个体书写技能最初往往呈现出较为显著的上行

---

〔1〕　贾玉文主编：《笔迹检验》，警官教育出版社1999年版，第57～58页。

性提升态势。一方面,个体从儿童至少年阶段,其心智增长与开发的速率极为明显;另一方面,个体在此时期内刚迈入学校的门槛,其日常学习主要以识字与书写为核心任务。高强度的书写练习与实践,加之心智的快速提升,令个体的书写技能水准得以因生理机能与学习训练的协同作用而在上行性演变轨迹内较为凸显。不过,处于上行性通道中的个体书写技能,在定型化程度方面尚不甚稳固且易变。首先,个体在书写训练与实践层面上的不断强化,令其无论是在言语表达抑或是在书写技巧方面,均可在短时间内发生明显变化与提升。其次,书写技能演变的上行性发展,使个体原有"一笔一划"书写的拘谨书体,因书写技能的提升而逐渐为结构简化、运笔流畅且连笔增多的自由体形式所取代。个体经强化学习与反复训练后,其大脑皮层得以通过整合机制来对书写运动的各个因素、各个局部动作予以精细分析与综合,从而令皮层的兴奋与抑制、扩散与集中更为适度,并随之形成完整的书写运动系统。[1] 换言之,当个体的书写技能提升至一定高度后,其"自动化"的书写运动业已形成。此时,个体在从事书写活动时,只需在考虑文字内容的基础上即可"自动"完成相应书写动作。

个体书写技能在不断提升与熟练的同时,其动态演变轨迹亦由上行性发展向平稳式维系所过渡。书写技能在历经一段快速上升期后,个体的学习任务已从掌握书写技能为主转入运用书写技能为主。随着书写技能的不断熟练,其演变轨迹逐渐趋于平缓发展,并最终维持在某一相对稳定状态。通常而言,个体在高中后期至大学时期起,其书写技能已基本呈现出习惯化的行为方式,且能在较长时期内基本保持某一水准。书写技能平稳渐变背后的生理机制是书写动力定型的最终形成。在此动态演变过程中,个体无须事前专门回忆每个单字的结构与运笔,亦不再需要依赖意识控制,即可实现书写活动的流畅运行。较之于上行提升期的书写技能,个体在书写技能平稳渐变期内的书写活动已由原先零散的个别字词转变为以词句或完整内容为单位的动作系统。加之个体书写动作准确率在动态演变轨迹中得以大幅提升的特点,令此前书写活动中多余的紧张动作已不复存在。而在监督机制方面,个体的书写动作已由此前视觉控制的高度依赖,演进为运动感觉的反馈调整与控制。此时,意识对于书写动作的监督已逐渐趋于消减,取而代之的则是书写技能平稳保持期内业已形成"自动化"的具体书写活动。

人体生理机能的自然法则,决定了书写技能在长期动态演变的过程中,终究无法避免技能退化的客观规律。因而任何个体的书写技能在演变历程中,均沿袭了"上行性提升→平稳式渐变→下行性退化"的动态轨迹。从书写技能退化的缘由分析,其主要涵盖了生理性退化与病理性退化两方面。生理性退化,即个体因年岁的增长,而在老年期所发生的符合自然衰老规律的书写技能退化。究其本质而言,其系个体因年老而导致生理机能衰退与心理活动障碍,进而在书写技能层面呈现出能力退化的现象。

---

〔1〕 贾玉文、邹明理主编:《文件检验》,中国人民公安大学出版社2002年版,第98页。

通常情况下，因生理机能而导致的书写技能退化，使个体笔迹与年轻时期相比，往往外显为执笔偏软、笔画抖动、起收笔迟滞、落笔偏差与笔画拖带等特点。个体在书写技能退化期内，亦可能受限于记忆衰减、思维退化等制约，而在笔迹中出现错字、别字等情形。在字形字体上，个体则可因视觉监督机制与肌肉神经系统的退化而令笔迹反映出结构松散且形体偏大的现象（见图 18－3）。

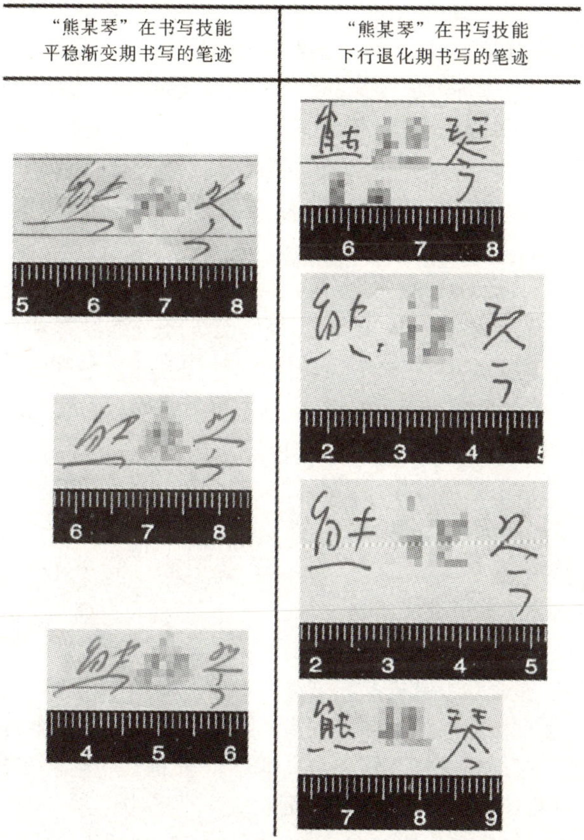

图 18－3 同一个体在书写技能平稳渐变期与下行退化期内的书写笔迹比较

此外，病理性退化则是个体因疾病损伤、心理障碍或肢体伤残等原因而导致其书写技能发生退化。与生理性退化仅发生于个体老年期不同的是，书写技能的病理性退化在个体任何阶段时期内均有可能发生。在书写技能病理性退化的动态演变过程中，个体所书写的笔迹往往因运笔能力的减弱而在笔画中呈现出不同程度的抖动与弯曲。而在字形字体方面，则反映为结构松散、形体偏大且不甚规整（见图 18－4）。

图 18－4　个体书写技能因病理性退化而在笔迹中的外在反映

二、书写习惯是笔迹同一认定的内在本质

习惯，即"长时期里逐渐养成的、一时不容易改变的行为、倾向"。[1] 心理学层面上，则将因反复练习而得以巩固，进而演变为需要的行为方式称为习惯。基于前述界定，个体书写作为一项复杂且精细的条件反射活动，经长期训练与巩固后成为书写人个体所需。其中相对较难改变的部分书写技能，则成为笔迹检验中同一认定所探讨的书写习惯。

（一）训练巩固下的书写习惯形成标志

个体的书写习惯，并非源于先天遗传，而是后天经过练习养成的。其全过程都贯穿着人的思维活动、语言表述、字迹书写动作、熟练程度的发展变化。[2] 通常情况下，一名经由正规教育与书写练习实践的个体，其书写习惯体系的有效建构需跨越识字摹写、训练提升与书写系统自动化三个阶段，且往往耗费数年乃至十几年的时间才得以全面成型。就此而言，一名能够做出书写动作的个体，并不意味着其已形成特定的书写习惯。个体在书写训练与巩固历程中，唯有符合以下要素，方可作为其书写习惯最终形成的典型标志。

1. 业已建构的个体书写动作体系

作为一项极其复杂的条件反射行为，书写活动除依赖于手臂、手臂、手指以及视觉机制的相互协调外，亦受到大脑皮层与书写规则的控制与约束。[3] 就此而言，书写动作体系的建构，在生理机能层面上即表现为参与书写活动的各个器官、各个系统、各个部位能协调配合，书写动作锁链系统完全自动化。[4] 前述情形的实现，令个体得以脱离意识监督对于书写动作的强力控制，转而依赖条件反射系统即可实现自动化的书写活动。对于笔迹这一特征反映体而言，书写动作体系的建构则意味着文字符号书写的一系列动作得以在笔迹中凸显出较为稳定的规律性。换言之，书写动作规律性的固化，令书写习惯的个性特点得以向外呈现，且在短时期内不易受到各类主客观因素的

---

〔1〕 中国社会科学院语言研究所词典编辑室编：《现代汉语词典》（第6版），商务印书馆2012年版，第1395页。

〔2〕 陈锡田著：《现代实用笔迹学》，警官教育出版社1996年版，第24页。

〔3〕 Katherine M. Koppenhaver, *Attorney's Guide to Document Examination*, Quorum Books, 2002, p. 87.

〔4〕 邹明理、杨旭主编：《文书物证司法鉴定实务》，法律出版社2012年版，第30页。

影响而发生质的改变。此外，个体长期的书写练习与实践，令其大脑皮层的神经联系得以建构与巩固，进而刺激书写性言语中枢的兴奋与抑制趋于协调。在此前提下，个体原先进行书写活动时所产生的紧张状态与错误动作已逐渐消失。随着笔迹中呈现出的熟练程度不断提升，个体书写速度得以明显增快，其运笔动作亦较为流畅，且字体结构与笔画形态均符合书写规则的具体要求。

2. 由视觉控制向动觉控制的演进

个体在书写活动初期，必须高度依赖视觉系统的监督与矫正，才得以完成尚不甚熟练的书写动作。然而，随着书写练习与巩固的长期实践，书写性言语中枢不仅因反复刺激而与视觉中枢之间形成稳定联系，其与书写运动器官之间亦得以搭建起极为牢固的“沟通桥梁”。在此情形下，运动感觉控制逐渐在书写活动中取代了视觉控制的主导地位，个体甚至可以在昏暗环境或闭眼状态等完全脱离视觉控制的前提下从事书写活动，并可在一定程度上反映出个体自身的书写习惯。具体而言，原先以视觉控制为主的书写活动，在历经反复练习与实践后，书写运动器官的感知因持续刺激而趋于敏感，进而令书写动作形成基于动觉表象的心理感知，且在视觉与运动感觉之间构建起相互联系。加之运动感觉控制的不断强化以及视觉控制的逐步减弱，个体甚至仅仅依靠运动感觉控制即可实现书写活动。譬如，一名书写水平较高的个体在书写某些常用高频词汇时，其无需通过大脑来回忆文字符号的视觉图像，仅需依靠运动感觉系统来自动调节手臂、手指的肌肉收缩与舒张，即可执笔完成相应地书写活动。

3. 适应性与多样性共存下的书写

个体在最初接触书写练习时，其往往感觉到“提笔如有千斤重”，且书写出的文字多呈现出千篇一律，且极为拘谨的“印刷体”现象。可以说，处于这一时期的个体，其书写活动的适应性以及书写形式的多样性相对较为欠缺。但随着书写练习的强化与书写能力的提升，个体大脑皮层活动与书写运动器官亦不断活跃。前述生理机能的作用，令个体最终所形成的书写技能与书写习惯能够具有较强的适应性。就此而言，一名已形成书写动力定型的个体，除可在正常条件下进行书写外，尚可在不同环境中运用不同书写工具与书写材料，并采用不同姿势进行书写。个体在正常条件下所形成的书写习惯，亦可在非正常书写条件下通过笔迹予以再现。但是，书写环境、条件对书写活动的反作用毕竟是客观存在的，因而在不同的环境、条件下形成的笔迹就会发生不同的变化。这种变化不是书写习惯本身的变换，而是具体的书写环境与条件对正常书写活动的阻碍与干扰。[1] 此外，个体在书写习惯得以形成后，其在书写形式方面也呈现出多样性的特点。个体在书写练习初期，只能书写出极为拘谨的“印刷体”笔迹，但当个体熟练掌握书写技能并形成书写习惯时，其不仅能作出快速或慢速书写动作，亦可书写楷体、行书、草书或自由体等多种书体的笔迹。

---

〔1〕 李文著：《笔迹鉴定学》，中国人民公安大学出版社 2008 年版，第 98 页。

(二)书写习惯与书写技能间互为交织

针对笔迹书写人的同一认定过程中,有关书写技能与书写习惯的问题常常互为交织,且成为探究同一认定检验机理不容回避的重要问题。从学理层面考量,书写技能作为人类极为重要的一项运动技能,代表了书写人文字符号书写过程中的自动化与完善化程度。换言之,书写技能即揭示了文字符号书写动作系统得以在个体中予以再现的程度。对于书写习惯而言,其系个体在文字符号书写的运动技能活动中所呈现出的各类规律性特点。因而书写习惯亦可认为是由书写技能所衍生出的形成动力定型的书写运动方式。基于书写习惯分析,其伴生于书写技能而存在,且随着书写技能的培养而逐渐形成,进而伴之前述运动技能活动的实施而反映在书写笔迹之中。在某种程度上,书写习惯已然成为超越书写技能规定范畴之外的具有可重复再现性的活动特点或活动倾向。

综上所述,书写习惯与书写技能之间,确存在千丝万缕的密切联系。首先,书写习惯与书写技能在生理机制层面均属自动化运作系统范畴,且共同表现为书写动力定型。两者在最终形成与反复再现的过程中,虽一定程度上受到意识的控制与调节,但其主要仍依赖自动化书写来予以实现。其次,就具体表现形式而言,作为笔迹检验中同一认定检验机理的书写技能与书写习惯,均以笔迹作为其实质表现形式。诚然,个体的书写习惯与书写技能皆为书写动作的行为方式,但两者所具有的抽象性、隐蔽性与非物质性,令人们无法对其予以直观感知与认识。在此背景下,书写习惯与书写技能唯有通过笔迹的外在反映形式才能为人们所间接认知。一旦缺乏笔迹这一实体形象,个体书写技能的高低与否即无从考察,而反映个体书写动作特点的书写习惯亦难以探寻。最后,书写习惯与书写技能的形成均源于同一发端时期,且皆以条件反射系统为其自动化基础。前者系在后者形成的同时,从中衍生出的具备独有个性与自动化的书写动作特点。由此可见,个体在形成书写技能的同时,反映其书写动作个性特点的书写习惯亦随之诞生。

不过,书写习惯与书写技能在笔迹学与心理学层面上仍属于不同术语的范畴。前述两项事物在具有紧密联系的同时,亦有本质的区别与差异。第一,书写技能与书写习惯在主客观形成层面上存在差异。书写技能系个体或对老师、家长指定的范本进行描红,或照书本进行摹仿,或以某个、某几个书法作品为范本学习书写的基础上,[1]经有意识反复书写练习与实践后,由个体通过主观能动且持续改进原先不甚规范、不成体系的书写动作的基础之上所最终形成。而书写习惯通常则是个体在无意识的状态下,通过重复实施某一动作的基础上所形成并巩固。就此而言,书写技能因其习得方

[1] 由明文、高岩:"浅谈笔迹鉴定中的书写习惯多样性",载中国刑科协会文件检验专业委员会、文件检验鉴定公安部重点实验室编:《第六届全国文检学理论与实践研讨会论文集》,中国人民公安大学出版社2010年版,第305页。

式与途径，在表现形式上往往反映出一定规范性与互通性；而书写习惯所呈现出的个体特性则更为显著，其通常具有较强的稳定性与特殊性。第二，书写技能与书写习惯在外在表现形式上存有差异。个体的书写技能，主要通过书写水平、文字布局以及熟练程度等方面来予以展现。其系个体经训练而巩固，进而实现自动化、模式化的动作体系，多呈现出个体的书写技术与书写能力。反观个体的书写习惯，其主要反映在个体书写的运笔、搭配、比例、笔顺等细节动作方面，多呈现出个体独有的书写动作特点。此外，个体与个体之间的书写技能虽也存在一定区别，但其差异性尚不足以揭示各自书写的个体差异性。书写人之间的差异，唯有通过书写习惯才得以有效区分。因此，个体的书写习惯亦成为笔迹检验中同一认定的内在本质。

（三）书写习惯系同一认定的内在本质

鉴定人在面对文字符号时，不仅可以利用书写技能特点，亦可利用书写习惯特点对书写人予以分析。在通常情形下，书写技能较高的个体，其书写习惯相对稳定且特殊；书写技能较低的个体，其书写习惯则缺乏稳定性。诚然，书写技能作为个体书写熟练程度高低的重要标志，可以有效缩小书写人认定的范围。但基于前述论析可见，书写技能与书写习惯在内在特质上的差异，决定了笔迹检验中同一认定的内在依据只能是个体自身所特有的书写习惯，而非书写技能。换言之，书写技能多为书法学科中的研究核心，而书写习惯则为笔迹检验中同一认定的重点内容。究其缘由，书写技能系个体有意而形成，其稳定性较小且容易伪装；而书写习惯则是无意形成的，其隐蔽性强、稳定性大，且不易被伪装。[1] 因此，鉴定人在同一认定过程中，应尽量避免使用仅能反映个体书写技能的笔迹一般特征，而应深入探寻与运用能够全面反映出个体书写习惯的笔迹细节特征，进而为书写人认定同一奠定坚实基础。

书写人在书写不同单字时，因动作系统要素和练习水平自身特定性而形成书写力（笔压、笔力）、书写顺序、笔画方向和字行方向、字形、结构等的特点。[2] 前述特点的稳定存在，构成了个体独有的书写动作习惯体系。当笔迹材料中反映出的书写习惯足以区分不同书写人，或满足书写人唯一性的特质构成时，即符合了同一认定的客观要素。具备这一前提条件后，鉴定人如果发现检材笔迹的书写习惯与样本笔迹的书写习惯相同，自然就可以认定两笔迹为同一人所书写。即使两笔迹反映的书写习惯不完全相同，有少量细微的差异之处，但只要能够找到合理的解释，也完全可以认定笔迹为同一人所书写，从而实现笔迹检验的人身同一认定。[3]

通常而言，个体在正常条件下所书一定数量的笔迹，其固有书写习惯在笔迹中的反映较为明显且充分。在此情形下，鉴定人对于笔迹中所含个体书写习惯的解读以及

---

〔1〕 邹明理、李纯实编著：《笔迹学》，四川科学技术出版社 1988 年版，第 48 页。

〔2〕 贾治辉："书写习惯多样性的同一认定研究"，载《中国司法鉴定》2012 年第 6 期。

〔3〕 阳成勇："笔迹鉴定实现人身同一认定的科学根据探析"，载《警官文苑》2011 年第 3 期。

书写人同一认定的活动相对难度较低。但在某些特殊笔迹中，其个体书写习惯的暴露往往受制于各类主客观因素的作用而对鉴定人解读带来一定的干扰与影响。以摹仿笔迹为例，其系书写人故意改变和隐去自身的书写习惯，同时有目的地仿照他人的书写习惯进行书写。[1] 不过，无论是何种因素所引发的笔迹改变，其多为临时性的书写动作变化，而非书写习惯的本质突变。除个体一次性所书文字或笔画数量过少外，一般情形下，特殊笔迹中仍可反映出个体固有的书写动作习惯，并可满足笔迹检验中同一认定之要求。任何一名个体如要完全改变原有的书写习惯，必须首先对自身现存的书写动作体系具有深入且全面的认知。同时，其唯有在完全打破现有书写动作自动化体系的基础上，才可令书写活动彻底符合全新动力定型的要求。不过，前述两条要求在短期内对于任何个体而言均难以真正实现。“动力定型的转变，也就是旧动力定型的破坏与新动力定型的建立。在变化过程中，新旧动力定型之间会产生剧烈的斗争，且在整个神经系统机能上可能将产生混乱或困难……其在相当程度上也使得旧动力定型的被改变、破坏与新动力定型的建立变得尤为困难。”[2] 即使个体试图通过意识控制来完全改变原有书写动力定型，并刻意掩饰自身书写习惯，其仍不可避免地在笔迹中保留了若干能够反映出个体固有书写习惯的笔迹特征。故而面对个体书写动作因主客观因素而发生变化，且在笔迹中呈现出某些反常现象等情形，特殊笔迹中顽强存在的个体书写习惯仍系笔迹检验中同一认定的内在本质，且依然可据此对书写人予以认定同一。

可见，书写习惯作为书写人同一认定的内在本质，系以同一性作为分析、认定书写人的客观依据。换言之，每个人的书写习惯只能与其自身同一，而不可能与其他人的书写习惯相同一。[3] 如实践中存在某一书写习惯既属于这一个体，又同时属于另一个体的情形，书写习惯即丧失了其据以对书写人认定同一的核心基础。因此，笔迹检验领域内所存在的同一认定，皆以书写习惯的同一性作为其内在本质。

第三节　笔迹检验依据与程序

一、笔迹特征体系研究

笔迹特征作为笔迹检验的专门术语，系指个体书写习惯与书写技能在笔迹中得以

---

〔1〕 张公正：“关于摹仿笔迹鉴定之探索”，载《公安大学学报》（自然科学版）2002 年第 1 期。

〔2〕 张琼编著：《巴甫洛夫高级神经活动学说基本教程》（第 2 版），人民卫生出版社 1954 年版，第 3 页。

〔3〕 程军伟：“笔迹鉴定结论的新认识”，载西南政法大学刑事侦查学院、西南政法大学司法鉴定中心编：《首届全国司法鉴定机构物证技术鉴定学术研讨会论文集》，中国检察出版社 2011 年版，第 104 页。

外显的各类征象。其体系总和反映出个体书写习惯的特殊性。笔迹特征不仅可以反映出书写人习惯与技能的内在本质,更是鉴别、判断书写人笔迹是否同一的科学依据。检案实践中,鉴定人可按照整体到局部、宏观到微观的次序,来发现与运用各类笔迹特征。按照笔迹特征表现形式的不同,往往可以对其进行具体分类。

（一）概貌特征

概貌特征作为笔迹整体性的表现征象,其并非通过某一单字或部分单字来予以体现,而是能够客观反映出整篇笔迹的全貌特征。具体而言,笔迹概貌特征又可细化为下述方面。

1. 书写水平

书写水平特征一般可以反映出行为人的书写技能。个体书写技能的参差不齐,直接形成了不同书写水平的手写笔迹。

2. 书写字体

个体书写文字的形体性特点,直接构成了笔迹的书写字体特征。笔迹检验实践中,多数个体书写的文字多为运笔快慢接近于行草与楷体之间的自由体。

3. 书写字形

笔迹中内含的书写字形特征,往往反映出个体文字书写的形态性特点。汉字字形为正方形,但日常生活中,多数个体往往具有方形、长形、圆形、扁形等习惯性的书写字形。

4. 字的大小及倾斜方向

字的大小特征,系指个体在不受限制的条件下所书写的文字大小。由于书写人可以在一定条件下根据特殊需求而调整自身书写文字的大小,因此检案中需结合多份笔迹对该特征进行综合判定。而字的倾斜方向特征则是指个体书写文字的倾斜角度。该特征一旦成为习惯后,往往不会轻易变化。

（二）布局特征

布局特征作为个体书写习惯与空间分布习惯的综合性反映,主要指整篇笔迹在书写载体页面上的分布型特点。具体包括字行方向与形态,页边形态,字间、行间距离,字间组合,字行与格线关系,段落开头位置、程式语安排以及页码位置等内容。该特征主要可从整份笔迹各个部分的相互关系中予以体现,故而鉴定人应着重从整份笔迹各个独立部分之间的相互关系来对布局特征进行鉴别与判断。整篇笔迹各个部分空间关系所体现出的具体情形,使布局特征往往具有较强的个性化特点。即便是行为人故意采用伪装方式来掩饰自身笔迹,也往往容易忽视对于笔迹布局的改变,从而在布局特征上更能反映出个体自身固有的书写习惯。鉴定人在检案实践中,应对布局特征予以重视与运用。但客观而言,布局特征在整篇笔迹中所占的数量与比例较小,如单凭这一特征,也无法直接作出依据充分的鉴定意见。

（三）写法特征

写法作为笔迹检验的术语之一，系指单字的基本构成要素以及具体构成方式。中国数千年的汉字演变与应用史，使汉字一字多形的现象已根深蒂固。诚然，我国文字改革推行的字形标准化，对文字写法进行了规范化限定。但历史与运用等因素的长期作用，使当前社会中，各类文字写法的现象仍普遍存在。

1. 规范写法

现行规范写法，系指我国法律规定的现行简化字以及未经简化的通用汉字的具体写法。通常而言，笔迹检验中的规范写法特征价值较低，但在某些案件中，其可以作为差异点来予以鉴别与分析。

2. 异体写法

异体写法，则是那些与现行规范文字同音同义却不同形，曾被社会规范所承认的文字的具体写法。检案实践中，异体字的出现频率，往往与其特征价值成反比。

3. 简化写法

简化写法，一般来说就是特定范围内普遍使用的非规范性简化字，其在字形结构上往往较规范字更为简洁。通常又可将简化字进一步细分为地区性简化字与行业性简化字。

4. 外来写法

经其他使用汉字的国家传入的、不符合我国汉字规范的写法，即为外来写法。在判定外来写法特征的价值时，应充分考虑所受影响的地区以及所受影响的对象范围。

（四）搭配比例特征

从字形结构而言，汉字可分为独体字与合体字两大类。独体字即由笔画所构成，如“大”、“人”、“本”等。而合体字则是由偏旁与笔画或者偏旁与偏旁所构成，如“海”、“杠”、“伐”等。但无论是独体字抑或合体字，其构成部分之间均存在一定空间结构关系。而在笔迹检验中，则以搭配比例这一术语，来代指单字等组成部分间的空间结构关系。具体而言，搭配比例特征中又包含有搭配与比例两类特征。搭配特征系指笔画或偏旁间的交叉位置及两者远近、高低等方面的特征。而比例特征则是指笔画或偏旁间的大小、宽窄或长短方面的比例关系。不同搭配比例特征的稳定性差异较大，有的稳定性较强，有的稳定性则较弱，较易受书写速度影响。检案实践中需不断进行总结、归纳，善于采用较为稳定的搭配比例特征来进行检验、鉴定工作。

（五）运笔特征

运笔特征，即个体书写笔画时所反映出的基本特点。完整的运笔形态，包括了个体从落笔到收笔，且最终形成笔迹的全过程。从系统性角度而言，运笔中含有时间、空间以及作用力三大因素。这也使鉴定人需从以上三方面对运笔特征展开研究。在这一连串的书写动作中，又可将运笔特征具体分为起笔、收笔、连笔与笔力等方面。起收笔特征，主要指个体在提笔书写与结束书写时，在笔画中所反映出的具体特征。而行笔特征，则需从其行笔方向与笔画形态方面进行综合分析。练笔特征，是指书写人习惯在于文字中的那些笔画之间进行连写。笔力特征，则是基于立体视角对笔迹所作的考察，即判定书写人用笔的力度及其变化规律与特征。

（六）笔顺特征

笔顺，系指个体书写汉字笔画或偏旁的先后顺序。比错别字等显而易见的笔迹特征不同，笔顺特征运用的难点即在于如何对笔画、偏旁书写先后顺序作出准确判定。汉字具有一定的笔顺规范，但实际书写活动中存在的诸多笔顺往往超出了一般人的经验认知。这就需要鉴定人拥有专门知识，以便于准确判定笔顺关系。在检案实践中，鉴定人一般可以从起收笔位置与方向、笔画或偏旁搭配关系、运笔趋势、笔画交叉部位观察等角度来对笔顺关系作出准确认识。由于笔画、偏旁的书写顺序是个体书写习惯的重要构成因素，其一旦形成动力定型后，往往较为稳定，且不易受到书写条件的干扰。此外，笔顺特征一般并不直接反映在笔迹形态上，因而个体在控制与注意书写活动时，往往容易忽略笔顺特征的存在。这一特性，使笔顺特征在故意伪装笔迹中，具有特殊的检验价值。

（七）错别字特征

错别字包含了错字与别字两大类。错字的出现，往往是由于书写人对文字的正确写法与字形结构不甚了解而将文字写错。常见错字类型中，笔画增加、结构混乱等类型较为多见。别字则是书写人错误使用的文字，即日常生活中常说的“白字”。常见的别字，主要包括同音别字、义近别字以及形近别字等。错别字特征是笔迹检验中最容易判断的特征之一，往往不需要特殊方法即可发现。但如何正确分析并合理运用错别字特征，则须依赖于鉴定人的专门知识。在低水平书写笔迹中，错别字特征出现的频率较高。作为笔迹检验中常用的一项特征，错别字在对于书写人同一认定方面往往具有自身特殊的作用。

（八）笔痕特征

笔痕特征，系指个体运动书写工具，在外力作用下在纸面上形成的痕迹特征。书写工具与纸面接触的部位为笔尖，由于书写工具材料、结构等方面的不同，即可反映出各自不同的笔痕特征。即使是相同材料的笔尖，由于制造工艺的不同，亦可展现出不同的痕迹特征。此外，个体的书写习惯、书写技能以及执笔方式，也可对笔痕特征造成一定影响。可以说，笔痕特征中不仅包含了书写活动特征，也具有书写工具的特点。

二、笔迹检验程序

笔迹检验的程序，按照检验方法的先后步骤，可以分为准备检验、分别检验、比较检验以及综合评断四个阶段。

（一）准备检验

鉴定人在从事具体检案前，应务必做好以下几项准备工作：

1. 审查委托人提出的鉴定事项

鉴定机构应当对委托的笔迹检验事项进行审查，对属于本机构司法鉴定业务范围，委托鉴定事项的用途及鉴定要求合法，提供的鉴定材料真实、完整、充分的鉴定委托，应当予以受理。委托人提出的鉴定要求应当合理、具体、明确。

2. 了解客体情况

了解客体情况主要包括对被寻找客体情况的了解和对受审查客体情况的了解。针对被寻找客体及其特征反映体，主要是了解案件中有关文书物证及其所载有笔迹的情况；针对受审查客体，则是了解人的生理、心理状态以及物的使用、保管等情况。熟悉案情并对客体情况有了一定了解，有助于鉴定人在综合评断阶段进行分析、判断工作。鉴定人可以向委托人进行询问，也可以通过查阅勘验、检查笔录等方式了解文书物证的具体情况。

3. 检查委托人提供的检材与样本

检材是被寻找客体的特征反映体，在准备检验阶段，应当检查检材是否完整、有无损坏，检材的名称与实际数量是否与委托人提供的清单一致，并从检材的质量以及数量上研究是否具备鉴定条件。

样本是受审查客体的特征反映体，是与检材进行比对的重要材料。应当检查样本是否真实可靠，是否来源于受审查客体，样本的质量、数量是否符合鉴定要求，以及是否具备比对条件。

4. 准备必要的检验器材

对于已受理的鉴定案件，应当根据特定的鉴定事项，准备各种必要的物质材料和仪器设备，以保障鉴定工作的顺利完成。

（二）分别检验

在分别检验阶段，需要对被寻找客体的特征反映体以及受审查客体的特征反映体（或受审查客体本身）分别进行观察和检验分析，判定两者之间各自具有哪些特征，为下一阶段进行比较检验提供依据。

1. 先检验检材，后检验样本

笔迹检验所运用的同一认定方法，是依据检材中反映出来的、能用以解决同一性问题的一系列特征。特征反映体中反映出的特征往往只是客体自身特征中的一部分。客观而言，笔迹的特征是多方面的，有时在具体鉴定中反映出的写法特征、笔顺特征、搭配比例特征、运笔特征等只是笔迹的一部分特征。观察、分析检材中具有哪些突出的特征，有利于更快地发现样本中对应的比对特征。

2. 先检验一般特征，后检验细节特征

一般特征是同类客体所同有的特征，例如，字迹的熟练程度、整篇字迹反映出的书写水平等。细节特征是客体局部存在的微小特征，如笔迹中的笔顺特征，起收笔特征、行笔特征、连笔特征等。在分别检验阶段，如发现检材与样本的一般特征存在根本性不同，在排除伪装的前提下，可以直接作出否定同一的意见，而无需再对检材和样本的细节特征进行检验、分析。如果经过检验发现检材与样本的一般特征相同，则需进一步对细节特征做认真、细致的检验。

（三）比较检验

在分别检验的基础上，鉴定人应当对检材和样本进行比较检验，确定被寻找客体以及受审查客体的特征中存在的符合点与差异点。笔迹检验中常用的比较检验方法多为特征比对法，但在特殊情形下亦设计特征重叠法等比较检验方法。

1. 特征比对法

特征比对法是笔迹检验分别检验中最常用的方法。一般可将检材与样本置于同一视野中，对两者之间的特征进行比对，即可发现两者之间存在的特征符合点以及差异点。在笔迹检验中，检材字迹与样本字迹的比较，通常都可以用特征比对法来进行检验。运用仪器设备也可以进行特征比对，实践中经常利用比较显微镜以及投影仪等设备，以判定特征的异同点。

2. 特征重叠法

特征重叠法比较适用于形象比较简单、刻板的特征反映体。在鉴定字迹是否属于套摹时也可以使用特征重叠法。若检材与样本特征完全重叠，即可证明字迹系套摹形成。特征重叠的方法在进行操作时，可将检材与样本制成透明幻灯片后进行重叠，也可利用比较显微镜对检材和样本进行重叠检验，以观察检材与样本的特征是否符合。

（四）综合评断

综合评断是指对比较检验中发现的笔迹特征符合点和笔迹特征差异点进行总的分析判断，目的是要确定已经发现的差异点是否影响作出肯定同一的意见，已经发现的符合点总体是否能作为肯定同一的依据。[1]

1. 符合点的评断

应当将发现的符合点作为一个总体，分析、评断其是否能在其他客体上重复出现，如这些作为总体的符合点只能出现在一个客体上，即可将其作为书写人同一认定的依据。对符合点的评断主要集中在笔迹特征的质量和数量上。笔迹特征的出现率越低，其所具有的质量就越高。笔迹特征的数量越多，其在其他客体上出现的概率就越低。

2. 差异点的评断

对于笔迹特征差异点的评断主要集中在分析差异点的出现是本质差异还是非本质差异。笔迹检验实践中，如发现检材笔迹与样本笔迹之间存在一定差异点，鉴定人就需对差异点形成的原因进行分析与判断。分析此类差异点的产生，究竟是因不同人书写而形成的本质性差异，抑或同一人在不同条件下书写所形成的差异点，如衬垫物因素、书写工具因素、生理、心理因素等。特征差异点如由不同个体书写所形成，即属

---

〔1〕 徐立根主编：《物证技术学》，中国人民大学出版社 1990 年版，第 47 页。

于本质差异,可以据此作出否定同一。如经过研究,认为差异点属于非本质性的,在评断时不影响作出书写人同一认定。

第四节 常见笔迹的一般检验方法

一、签名笔迹检验方法

(一)签名笔迹检验概述

签名,亦称签字,其不仅可指个体签名所形成的笔迹,又可指代个体将自身姓名签于文书之中以示负责的具体行为。随着当前经济活动的不断普及,经济犯罪以及债务、财产、合同等经济、民事纠纷中,涉及签名笔迹检验案件的数量亦逐年提升。此类案件中涉及的票据、支票、担保文书、协议、合同等文书上的签字真伪常发生争议。其结果无非以下三类:第一,本人所签;第二,他人所签;第三,本人签名被他人窃取利用。显然,后两类即属于签名造假。检案实践中,伪造签名的常见方式及特点主要存在以下方面。

1. 摹仿他人签名

摹仿他人签名,主要以占有他人签名式样或熟悉他人签名式样为前提。总体而言,摹仿签名亦具有摹仿笔迹的固有特点,但由于签名的连贯性、整体性较强,较一般笔迹更难以摹仿,故行为人为了能够尽力摹仿,而往往暴露出更多的摹仿特征。

2. 冒签他人姓名

行为人在冒签他人姓名时,一般不知其签名式样,或者掌握的式样不适合所填写的场合,因而基本均凭借自身书写习惯于技能去签署他们姓名。此类签名与被冒签人本人的签名差异较为明显,往往较为充分地反映出书写人自身的笔迹特征。

3. 复制他人签名

复制他人签名的方式,系指行为人通过一定方式窃取特定人员的亲笔签名后,采用相关技术方法将签名笔迹转移至伪造的文书之上。按照所采用方法的不同,行为人所用的方法通常包括复印签名法、转印签名法以及复写窃取法等。

(二)签名笔迹检验要点及方法

签名笔迹检验主要依赖于笔迹检验技术的原理及方法。除某些伪造迹象极为明显并足以判定签名系伪造形成外,大部分签名笔迹均应通过同一认定方法,将可疑签名与签名样本进行比较检验,从而明确签名笔迹的真实性。在鉴定此类笔迹时,往往需要注意以下问题。

1. 全面掌握案件信息,明确签名形成过程

鉴定人在实施签名笔迹检验时,应首先明确案件基本信息,如争议文书的形成时

间、形成方式以及在案件所起的作用等。其次，则是明确签名个体自身的详细信息。譬如，签名人的年龄、职业、性格、身体状况以及与案件之间的联系等。此外，签名在个体一生的书写运动体系中占到主导性地位，且书写人的行为习惯、客观条件以及心理状态等，都不同程度地影响着其签名活动。因此，对于签名形成的具体过程，也需要鉴定人在检验过程中予以关注并掌握。

2. 注重笔迹整体风貌在签名笔迹检验中的作用

笔迹整体风貌能客观展现出个体书写字迹时的风格面貌，其往往可反映出较为稳定且极具个性化的特征组合。签名笔迹高度个性化的特点，使整体风貌在签名笔迹中反映得尤为明显。这就使鉴定人可以从宏观层面上，审视签名笔迹的整体书写效果，判断检材与样本是否属于同一人书写的风格，进而再结合笔迹细节特征进行微观考量。笔迹整体风貌的充分利用，有助于鉴定人对伪造签名的识别以及对书写人的认定。

3. 着重选取反映书写人自身书写习惯与技能的特征

鉴定人对于书写人进行同一认定，依据的是能够反映出书写人自身书写习惯与书写技能的笔迹特征。在选取具体特征时，单字中的连笔、绕笔、运笔、笔顺、转折以及笔画间的相互照应关系，在签名笔迹检验中，往往具有较高的特征价值。

二、随意伪装笔迹检验方法

（一）随意伪装笔迹检验概述

随意伪装笔迹，亦称一般性伪装笔迹，系指书写人凭借自身主观意识，在伪装方式上不借助某类特殊手段、不追求某种特定形式而对笔迹进行随意改变。诚然，随意伪装笔迹没有其自身的固定形式，但检案实践中出现的随意伪装笔迹，主要存在以下几种类型。

1. 降低书写水平的笔迹

书写人为了掩饰自身笔迹特点，意图控制自身书写技能与数量程度的外显，故意采用强行快写或故意慢写等方式，制造出降低书写水平的假象。书写人出于故意目的强行快写时，笔迹往往反映出字字相接、笔笔互连的现象。而故意慢写时，又反映出的笔迹又像是写字初学者的笔迹，或书写水平极低的成年人笔迹。

2. 破坏字体结构的笔迹

书写人采用破坏字体结构的方式进行伪装时，往往故意破坏偏旁或笔画间的搭配比例，从而使所书写的笔迹反映出结构紊乱、松散的特点。一般而言，书写人多采用故意改变单字组成部分比例、变动组成部位位置以及改变笔画长短比例等形式，意图达到掩盖自身笔迹特征的目的。

3. 改变正常字形的笔迹

中文汉字俗称方块字，这也反映出了标准汉字的字形特点。然而行为人采用改变正常字形的方式进行伪装书写时，往往故意将单字字形写成长形、扁形、圆形等。在故意书写长形字时，书写人必然将拉长单字的竖画，并压缩单字的横画。而扁形字则正好相反，书写人需尽量拉长单字的横画，并缩短单字竖画之间的距离。在故意书写圆形字时，书写人则需要直行与转折的笔画，故意写成弧形，以达到圆形字的目的。

4. 故意书写错字、别字的笔迹

故意书写错字、别字这种伪装手段的前提必须是书写人明知该字的正确写法及用法，但为了达到掩饰自身的目的，而故意写错或用错。具体而言，书写人在采用这一伪装方式时，反映出的笔迹中可能有故意写错字或故意写别字，甚至两者兼而有之。故意写错字时，书写人往往故意调换单字形构或添笔少画。而在故意写别字时，书写人则故意用同音、同形或近音、近形的单字来替代正确单字。

（二）随意伪装笔迹检验要点及方法

随意伪装笔迹虽没有哪类固定的伪装手法，但根据检案实践中所反映出的具体情况，对于随意伪装笔迹检验应主要掌握以下方面。

1. 正确鉴别随意伪装笔迹与低水平笔迹

随意伪装笔迹中，普遍反映的一大特点即书写水平被降低。因而如何准确鉴别书写水平高低的性质，判明字迹是否为低水平笔迹抑或随意伪装笔迹，对于鉴定工作有着极为重要的作用。随意伪装笔迹中的故意慢写降低熟练程度的方式，虽与小学生笔迹、书写水平较低的成年人笔迹有一定相似之处，但通过伪装方式来降低熟练程度的笔迹，表面看似书写水平较低，但经仔细检验、分析后，可以发现其在某些细小笔画的连笔上仍能反映出水平较高的运笔特点，甚至在部分笔画较多的单字上，反映出结构运笔、搭配比较恰当的特点，书写水平折射出“低中有高”的反常现象。而小学生笔迹与低水平笔迹，则通篇笔迹均能反映出笔画生硬、呆板，搭配比例失称等低水平现象。

2. 随意伪装笔迹特征的准确发现与选用

鉴定人在选用随意伪装笔迹检材特征时，首先，应注重反复出现且带有规律性的特征。此类特征往往即是书写人自身书写习惯的真实流露。其次，鉴定人可从运笔较为自然、结构较为正常的单字、偏旁或笔画中，发现、选择笔迹特征。尤其是选择那些不易受到书写速度等因素干扰的特征，如写法特征、交叉部位特征、笔顺特征等。再次，鉴定人应重点从字形较为复杂的单字结构内部选择适当特征。客观而言，笔画较少、结构简单的单字较易伪装，而结构复杂、笔画较多的单字，则往往容易暴露出书写人固有的习惯特点。最后，笔迹中的页面布局、形态特征、言语特征以及标点符号特征等，往往不受随意伪装的影响。这也为鉴定人准确选择笔迹特征提供了较大帮助。

3. 充分占有可供比对检验的笔迹样本材料

随意伪装笔迹的形成，往往会对书写水平、书写速度、字形结构、搭配比例、文字布局以及运笔形态等诸多方面造成影响与变化。因此，鉴定人就须根据随意伪装笔迹所反映出的实际情况，来选择并收集可供比对检验的样本材料。除被鉴定人同期笔迹样本外，还应收集足够数量的早期或前期样本，进而有利于在其笔迹历时性变化中，发现其固有的特征。在条件允许的前提下，鉴定人还应收集被鉴定人的实验样本，以便进一步明晰样本材料的可比性，巩固检材笔迹中的特征价值。收集过程中，鉴定人除需模拟检材字迹的书写工具、书写材料、承载客体、衬垫物体、书写环境外，还应使被鉴定人处于较为放松的氛围下进行书写，以防被鉴定人因心理极度紧张而导致书写的实验样本变化过大，无法反映出具有检验价值的笔迹特征。

三、左手伪装笔迹检验方法

（一）左手伪装笔迹检验概述

右利者临时改用左手执笔时，其书写活动易受生理机制阻碍的影响而产生一定变化。书写人除无法有效控制运笔外，更难以适应便于右手书写的书写规则，从而在左手伪装笔迹中反映出某些固有的典型特点。

1. 书写水平呈明显降低态势

临时改换左手书写的行为人，由于左手书写协调性较差以及伪装心理的影响，其通篇书写的文字水平呈明显下降态势。

2. 呈左高右低或波浪状排列

左手书写支点位于书写重力点左下方，这就决定了个体书写时必须由近及远地不断向右前方推送。支点每向右移动一次，就形成一个新的运动半径，于是出现一段又一段的左高右低区间，导致整个字行总体向右下倾斜，形成参差不齐的波浪形。[1]

3. 反向运笔现象较为突出

行为人运用左手执笔时，其书写动作易朝右手相反方向进行运动，从而出现反起笔、反行笔、反字、反笔顺和字的组成部分左右颠倒现象。[2]

4. 执笔、运笔动作生疏失控

右利者未经长期左手书写的训练，偶尔利用左手写字时，其手、腕、肘、臂等书写器官不能协调运动，造成执笔生疏或运笔失控的情形，从而在书写的文字中反映出落笔位置偏差、运笔抖动、运向失控、起收笔拖带或反射钩、笔画交叉部位改变等特征。

（二）左手伪装笔迹检验要点及方法

左手伪装笔迹的检验要点，除了需判明其伪装方式外，亦需从笔迹中准确挑选可供比对的特征，并反复验证检材与样本字迹中所选定的特征价值，最终运用笔迹特征对书写人进行同一认定。

1. 分析特征信息，判断左手伪装

鉴定人在检案过程中，首先需要运用笔迹特征反映出的情形，对左手伪装事实进行查明。一旦发现检材中存在左手伪装现象后，鉴定人员必须首先立足于检材本身，

---

〔1〕 贾治辉主编：《笔迹学》，法律出版社 2010 年版，第 125 页。

〔2〕 贾玉文、邹明理主编：《中国刑事科学技术大全——文件检验》，中国人民公安大学出版社 2002 年版，第 293 ~294 页。

通过对检材字迹中相同单字、偏旁部首、标点符号等反映出的笔迹特征进行反复推敲、验证，以最终判明检材字迹是否确系书写人左手伪装形成。

2. 根据变化规律，选取笔迹特征

鉴定人员判明检材系左手伪装形成后，即可以根据左手伪装笔迹变化规律选取相应的鉴定特征。通常而言，能够作为同一认定依据的左手伪装笔迹特征主要集中在：不易变化而又反复出现的特征；偶尔出现但极为罕见的特征；反映一定个性的书面语言、文字布局、标点符号三大类。

3. 补充特定样本，巩固特征价值

左手伪装笔迹的特殊性在于，其对于样本的要求除了充分、真实等基本条件外，更要强调可比性。鉴于左手伪装笔迹一是左手书写，二是速度较慢的特点，要求尽量提取慢速书写的样本。必要时也需收集左手实验样本，以创造较好的检验条件。[1]

4. 综合评断特征，防止误判误用

综合评断的任务是分析在比较检验中找出的特征符合点和差异点，并在此基础上得出客体是否同一的结论。[2] 就左手伪装笔迹检验而言，需要在该环节中对检材与样本中出现的特征符合点与特征差异点的具体价值作出系统评断。鉴定人员应综合自身知识、经验积累、变化规律、个案特性等方面，全面评断书写特征所反映出的左手伪装笔迹内在本质，从而为最终出具鉴定意见奠定坚实的基础。鉴定人员对于笔迹特征评断的准确与否，直接决定了该鉴定意见在诉讼活动中的证明效力。

四、摹仿笔迹检验方法

（一）摹仿笔迹检验概述

摹仿笔迹，系指摹仿人仿照被摹仿人平时书写的字迹而形成的笔迹。从笔迹分类而言，摹仿笔迹是伪装笔迹中的一类特殊现象，主要可分为临摹、套摹、描摹、记忆摹仿与练习摹仿等。此类笔迹中反映出的特点主要有以下方面。

1. 形快实慢

行为人意欲摹仿的笔迹，通常均为正常书写速度的自由体。而其在对该笔迹进行摹仿时，往往需边看边仿，这也使实际的笔画形态、连笔动作与其外在表现出的书写速度存在明显矛盾。

2. 笔力迟缓

正常书写活动中，个体书写的笔迹往往存在轻、重、疾、徐的节奏感。而行为人在摹仿过程中，往往只注重字形上的相似，而在笔力分布上基本无轻重之分。

3. 中途停顿

摹仿人采用临摹方式书写时，边看边仿的特性使其在书写长笔画、转折笔画或者

---

〔1〕 王相臣主编：《文件检验》，群众出版社2010年版，第104～105页。

〔2〕 何家弘著：《同一认定——犯罪侦查方法的奥秘》，中国人民大学出版社1989年版，第259页。

负责运笔处，往往呈现出中途停顿或者另起笔的现象。

4. 笔画抖动

正常书写的笔迹，一般笔画平直且边缘齐整。而行为人在实施摹仿过程中，由于需打破自身书写习惯，且内心处于紧张之中，其行笔过程必然缓慢，并易出现运笔抖动等现象。

5. 修饰重描

行为人在摹仿过程中，为了避免摹仿走样，常利用描、添、改等方式对笔迹局部加以修饰、补救，使部分笔画或转折处亦出现较为明显的修饰重描迹象。

（二）*摹仿笔迹检验要点及方法*

鉴定人在对摹仿笔迹进行检验时，务必结合具体案情，全面、细致地对检材笔迹及样本笔迹进行分析与研究，从而去伪存真，深入探寻签名笔迹的真伪情况。

1. 全面了解案情，掌握案件信息

行为人实施的摹仿行为，其本身就是一种违背客观事实、制造假象骗局的违法行为。司法鉴定人在了解、分析具体案情的过程中，往往可以发现某些异常现象。

2. 深入研究检材，观察是否正常

鉴定人在分别检验阶段中，首先应当深入研究检材，确定检材笔迹书写是否正常，有无摹仿或者伪装的迹象存在。

3. 充分收集样本，使用原件检验

鉴定摹仿笔迹案件时，应当充分收集与检材笔迹书写条件、书写工具、书写时间、书写速度等相近或者相同的样本笔迹，以便于司法鉴定人进行认真分析比对，把握检材与样本之间的本质特征。

4. 细致比对检验，确定特征异同

摹仿笔迹“同在明显处，异在细微处”的特点，使鉴定人在对检材与样本进行比对检验以确定两者之间的特征异同时，务必应当对细节特征进行细致剖析，发现是否有本质差异点的存在。

5. 吃透摹仿笔迹，发现固有习惯

鉴定人在实际检案过程中，应当在吃透摹仿笔迹的基础上进行比较检验，从而在检材笔迹中发现摹仿人固有的书写习惯。着重观察样本笔迹中没有的，而检材笔迹中出现的多余动作，从而反映出摹仿人固有的书写习惯特征。

6. 全面综合评断，判明摹仿事实

鉴定人在综合分析评断时，应全面考虑客体特征的异同点。舍弃因摹仿而形成的大同假象，准确判明细节特征中的本质性差异。防止将被摹仿人当作检材笔迹的书写人，从而导致错误鉴定意见的产生。

思考习题

1. 笔迹构成的基本要素主要包括哪些内容?
2. 从文字符号种类的角度出发,可以将笔迹划分为哪些类型?
3. 试述笔迹检验的科学机理。
4. 试述笔迹检验的程序主要包括哪些方面?
5. 试述左手伪装笔迹的检验要点及方法。
6. 试述摹仿笔迹反映出的常见特点。

拓展阅读书目

1. 贾玉文、邹明理主编:《文件检验》,中国人民公安大学出版社 2002 年版。
2. 徐立根主编:《物证技术学》,中国人民大学出版社 1990 年版。
3. 何家弘著:《同一认定——犯罪侦查方法的奥秘》,中国人民大学出版社 1989 年版。
4. 许爱东主编:《文书司法鉴定理论与实务研究》,法律出版社 2013 年版。
5. 许爱东主编:《笔迹鉴定理论与实务研究》,法律出版社 2014 年版。

第十九章　印章印文检验技术

本章概要

本章主要介绍了印章印文检验的概念及其检验技术的基本原理和方法。

通过本章的学习，应当掌握印章、印文、印章印文检验的概念，印章印文特征的基本种类和印章印文检验的基本方法，了解印章印文检验面临的技术难点和解决难题的主要途径。

关键词

印章；印文；印油；印文检验；仿真印文；印文同一认定

第一节　印章印文的概念

在我国，印章印文同时也是一种和中国书法、绘画密不可分的艺术样式，也是在社会管理中用以确认各个主体行为的凭证，具有取信之物的属性，是当今社会生活中单位或个人的一种信物。

印章印文其实包含两个对象即印章和印文。印章是指用来鈐印的章体，也称图章，主要由印面、章体两大部分构成，其中章体又可分为印体和印柄两部分。印面又称章面，是指印章上镌刻有文字、线条或图案等印文内容的表面；印体是指印章中支撑、固定印面的部分；印柄是指印章中用于执掌的手柄。

印文也称印鉴，是印面在相应承受客体上钤印后的痕迹，也是印面图文形态状况的反映形象。印文因印面上镌刻图文凹凸方式的不同分为阴文和阳文，印面上镌刻的文字、线条或图案等印文内容凸起、空白部位凹陷的为阳文；印面上镌刻的文字、线条或图案等印文内容凹陷、空白部位凸起的为阴文。

在通常表述中将“章”与“印”二字合用，章即印，印即章，故称“印章”，以用来称谓实物章体。印章在各种承受客体上用印面转印形成印文的过程称为“盖印”，印章用

"方"来表述其单位名称,而由印章盖印形成的印文,其单位名称则为"枚"。

第二节 印章印文的种类

一、印章的种类

印章按其印面材质、制作方法、用途、着墨方式等可以有多种分类,通常以制章材质、制章方式和着墨方式分类,而且往往是材质的差异决定了不同的制章方式和印章着墨方式。

按照印章印面的材质不同,可将印章分为木质印章、牛角印章、金属印章、石料印章、橡胶印章、树脂、高分子聚合材料等。

按照印章印面图文的刻制技术不同可将印章分为手工雕刻印章、机械雕刻印章、照相制版印章、热压成模的原子渗透印章、感光成形的光敏印章等。

此外,按印章的着墨方式不同,可分为蘸墨印章、回墨印章、自含墨印章和无墨印章。按是否采用防伪技术,可将印章分为普通印章和防伪印章。按印章的用途分类,可分为公章、专用章、私章等。

二、印文的种类

印文是印章印面在文件上留下的印迹,是印章印面图文形态结构在承印客体上的反映。文件上的印文按其形成方式不同,可分为盖印印文、印刷印文、打印印文和压印印文。严格来说,除了压印印文外,其余均可视为印刷印文,只是加印主体或加印方式有明显的差别,造成印迹特征和检验方法的不同,故另作分类。

1. 盖印印文

加印主体为印章实体,依靠使用印面直接转印图文至承印客体上,承印客体一般多为纸质文件。盖印是最常见也是主要的用印方式,形成的印文称为盖印印文。盖印印文的形成过程通常包括加印主体、承印客体、色料介质和加印作用力。其中,加印主体为实体印章的印面,承印客体通常为纸质材料,色料介质常见的有各类印泥、印油,加印作用力是指使印章印面与承印客体相接触时的外力。盖印印文也是印章印文检验工作的主要对象。

由于目前使用的印章印面多为阳文,所以盖印相当于用印面在承印客体上进行一次凸版印刷,故形成的印文具有凸版印刷特点,墨迹同样会有出现"中淡边浓"的挤墨现象。

2. 印刷印文

印刷印文常见于批量用印的印刷品上,如发票、公文、证件、宣传品等。在印刷时,将印发单位的印章印文图像制成印模印版,直接套印到文件上形成。从印刷原理和工艺上看，这类印文主要为平版胶印，但一些重要证件的印文也有制成凸版或凹版进行印刷的，也可见丝网印刷方法（孔版印刷的一种）制成的印文。因此，这类印文具有平版胶印、凸版印刷、凹版印刷或孔版印刷文件的相应特征。

3. 打印印文

使用彩色打印机将印章印文的电子图案输出至相应的文件上，简易的如办公用彩色打印机，而桌面印刷设备则可以将各种复杂图案输出至相关的承印介质上。所以打印印文也可以看作是电子印刷文件，具有打印文件的相应特征，需使用打印文件检验方法进行检验。早期的打印印文多见于伪造文件中。随着办公自动化的普及和降低办公成本提高工作效率的需要，不少机关和事业单位越来越多地使用彩色打印机打印带有单位印章印文的内部文件，在检验工作中需要特别注意。

4. 压印印文

压印印文一般指钢印印文，常见于证件和证书上。钢印是由上、下两块印面组成，上印面图文线条为凹入的阴文，下印面图文线条为凸起的阳文，使用钢印时，文件被置于两印面之间，在抑压力的作用下两印面凹凸咬合，同时挤压文件形成压凸的印章图文线条。

压凸印文无色，凸起于承印文件表面，立体感强。这种印文的特征反映，不仅与印章印模结构、凹凸模咬合的精度有关，还与作用力的大小和方向、文件品质及厚度等因素有关。

第三节　印章印文的特征

印章印文的特征是印章章面形态结构在承印客体表面的形态反映，这些特征可以在印章的制作、使用、保存等过程中形成。在司法鉴定实践中，根据印章印文特征的形成原因、性质及在检验中的应用，一般将印章印文特征分为规格特征、细节特征和防伪特征三大类。

一、规格特征

印章印文的规格特征包括印章印文的内容、结构、布局、形状、尺寸特征。这类特征形成于印章的制作过程中，与印章的用途、性质和用户的基本要求相关。

（一）印文内容特征

印文内容特征主要指印文上表明印文所代表的单位、机构、部门的名称或个人的姓名，或其他用途（如财务专用章、合同专用章等）的文字内容，也包括除章面文字外的其他内容，如印文中心图案、附加的边框线条等。

（二）印文结构特征

印文结构特征是指印章章面上构成印文的基本元素及其特性（如位置和排列）。印文结构通常由文字、图案、边框和空白等基本元素构成。由于印文的种类和用途不同，其印面结构也有不同的规定和要求。如国家行政机关和企业事业单位、社会团体印章的印文结构由单位的法定名称、中刊国徽或五角星图案、边框和空白四部分组成，私章的印文结构由所有者姓名、边框和空白三部分组成。

（三）印文布局特征

印文布局特征是指构成印文的基本元素如文字、图案、边框之间具体的排列组合、搭配比例等空间分布关系。如国家行政机关和企业事业单位、社会团体的印章中央刊国徽或五角星，外刊单位法定名称，文字自左而右环行或者名称前段自左而右环行、后段自左而右横排。

（四）印文形状特征

印文形状特征是指印文的外框形态。目前常见的公章为圆形，个别外资企业、合资企业的印章为椭圆形；专用章有圆形、方形、椭圆形、三角形、菱形等；私章的形状更为多样，除上述形状外，有的为不规则形状，有的甚至无外框。

（五）印文尺寸特征

印文尺寸特征指印文外框的大小尺寸，是印文形状外径的几何数值，通常以厘米（cm）或毫米（mm）为单位。不同形状的印文，其大小有不同的测量和表达方法，如圆形印文一般用直径表示，方形印文可用长、宽或对角线表示，菱形印文可用边长和对角线表示，椭圆形印文或不规则印文可用横向和纵向最大值表示，没有外框的印文从文字外缘测量横向和纵向最大值表示。

国务院《关于国家行政机关和企业事业单位社会团体印章管理的规定》中规定："国务院的印章，直径6厘米；各省、自治区、直辖市人民政府和国务院办公厅、国务院各部委的印章，直径5厘米；国务院直属机构、办事机构、直属事业单位的印章，正部级单位的直径5厘米，副部级单位的直径4.5厘米；国务院议事协调机构和临时机构的印章，直径5厘米；国务院部委管理的国家局的印章，直径4.5厘米；国务院部委的外事司（局）的印章，直径4.2厘米；国务院部门的内设机构和所属事业单位，法定名称中冠"中华人民共和国"或"国家"的单位的印章，直径4.2厘米；自治州、市、县级和市辖区人民政府的印章，直径4.5厘米；地区（盟）行政公署的印章，直径4.5厘米；乡（镇）人民政府的印章，直径4.2厘米；驻外国的大使馆、领事馆的印章，直径4.2厘米；国家行政机关内设机构或直属单位的印章，直径不得大于4.5厘米；企业事业单位、社会团体的印章，直径不得大于4.5厘米；国务院有关部委外事用的火漆印，直径4.2厘米；国务院的钢印，直径4.2厘米，其他确需使用钢印的单位，其钢印直径不得大于4.2厘米，不得小于3.5厘米等。"

二、细节特征

印章印文的细节特征包括印章印文的字体、字形、字号、文字线条的布局以及文字和图案的线条形态、墨迹留白的形态、图案线条和文字笔画的布局和搭配比例关系等特征。这类特征主要形成于印章的制作过程中，与印章的制作人、制作设备、制作技术、制作工艺等相关。

（一）印文文字特征

印文文字特征，是指印文中使用的文字的字形、字体及字号、单字与单字之间、单字笔画之间的布局、搭配比例等空间分布关系。在自动刻章系统中，还涉及系统自动设定的单字形态、笔画的长短、粗细、转折及形态等。

（二）印文线条特征

印文线条特征，是指印文的边框和内部线条的形态、结构和大小、长短、粗细的搭配比例，以及线条之间的相对位置、高低、远近的布局等空间分布关系。

（三）印文图案特征

印文图案特征，是指构成印文图案的各部分如点、线、面的形状、结构、大小、长短、粗细等，各部分之间的布局、搭配比例等空间分布关系。

（四）印文疵点特征

疵点特征是指印章印文在除了正常笔画线条的墨迹形态特征以外，仍在承印客体上有规律的留下墨迹形态。其形成原因较为复杂，在早期的印章印文检验中具有相当高的同一认定价值，但随着仿印技术的发展，不少疵点特征同样被仿制，需要特别注意区分。

（五）印面附着物特征

附着物是印章印面和印文色料在保存、使用过程中其表面沾附的来自周围环境的细小物质，如尘埃、毛发、纤维、纸屑、烟灰等。印章盖印时印面与印文色料的接触会使这些附着物相互混杂或转移，从而形成印面附着物特征。

印面附着物特征具有较强的阶段性，在一定的时间段里易反复出现，其他时间段则没有。

（六）印面磨损特征

印面缺损特征，是指印章在使用和保存过程中因洗刷、摩擦、磕碰或印面材质的老化等原因形成的印面图文线条、笔画的磨损、残缺及变形等特征。

印面缺损特征形成后，在一段时间内保持稳定，多次盖印可重复再现，其形态、位置一般固定不变。随着时间的推移，缺损会增多，原来缺损部位会增大、变形，这类特征是渐变的、不可逆的。

（七）印面墨迹分布特征

印面墨迹分布特征，是指印章印面墨迹的深浅、浓淡、堆积、露白等的分布特点在印文中的具体表现，以及印章墨迹盖印后在纸张等文书载体上的吸附、渗透、洇散等特点。印章的结构、章面材质、印文色料特性的不同，以及盖印条件的变化和章面老化等原因都会形成印面墨迹不同的分布特点。

印面墨迹分布特征受到的影响因素较多，其中印文色料的“质”和“量”是较为重要的两类因素，如印迹的颜色、光泽度、色料用量和均匀度等。

印章印文墨迹分布特征的属于可变性印迹特征，在司法鉴定实践中应予以充分的重视。这类特征出现有随机性，且富于变化，但在一段时间内却能够保持稳定，特征价值较高。

三、防伪特征

印章印文的防伪特征包括印面防伪图文、印面暗记和印油印墨防伪等特性。对防伪特征的识别和运用，有助于鉴别印章印文真伪。

其中，印面防伪图文指防伪印章在制作过程中在印面图文的点、线条或边框上制作的虚线、点、间断、微缩图案和数字等的分布、形状等空间布局关系。

印面暗记特征是指印章在使用过程中，为了防伪或其他目的故意在印面上制作的各种记号。

印油印墨防伪是指在印文色料中掺入特殊理化性质的物质，使这种印文在普通光源下与常见印文无明显差别，但由于其色料中增添了特殊的物质，因此，在特殊理化条件下能检测到其特性。

第四节　印章印文检验鉴定

印章印文鉴定可分为是否源自同一章体的同一认定、朱墨时序鉴定和印墨成分鉴定，分别对应不同的鉴定方法，需要运用的检验原理和检验方法各不相同，其基础理论自然也有所不同。其中，源自同一章体的鉴定一直是我们传统的检验项目，也是目前印章印文鉴定数量最多的项目。目前面临的难点问题是仿制印章印文，而朱墨时序和印墨成分往往与印章印文的时间鉴定密切相关，也是一项需要专门研究的项目，印墨成分的鉴定则往往与防伪油墨有关。本节仅就印章印文是否源自同一章体或同一印章模板进行介绍。

一、印章印文检验的常规步骤与方法

（一）检材、样本的初检与确认

检验印章印文需要对检材和样本的客观状态有明确的认识，确定与检验鉴定相关的检材和样本的细节问题，为进一步检验奠定基础。首先，要确认的是检材是盖印印章还是复制印章或印刷印章。多份检材的情况下，还应对检材的一致性进行分析和鉴别，并将送检人的对检材陈述的相关细节与初检情况进行核对与确认。其次，是对样本材料的相应确认，同样是对其客观性状及来源和是否存在多样性进行检验和核对，并注意样本的形成的条件，如样本的载体、样本形成的时间及形成方式。多数情况下，不同的承印客体和相隔较长的盖印时间及盖印条件的不同，均会造成印章印文表观形态较明显的差异。作为比对样本，这应尽量获取与检材形成条件相近的样本，对特征的发现和确定更为有利。

（二）特征比对

在确认了检材和其相对应的比对样本后，对检材和样本进行印章印文的特征比对，比对的方法一般有直观比对、重叠比对，拼接比对、作图比对、测量比对、运用图像软件比对等。

特征比对的方法灵活多样，可以直接观察比对，也可以借助显微工具、图像处理工具等进行各类特征的比对和鉴别。特征比对的重点是要能发现特征，某些特征直接观察就能发现，而有些特征则需要借助相应的工具经过反复比较和鉴别后才能发现和确定。有些直观发现的特征，经反复比较和鉴别后反而会发现其不具备特征价值，所以发现特征、确定特征、比对特征是一个反复循环的过程，是一个仔细甄别并最终确定本质特征的过程，既要尊重检材样本已呈现出的客观形态表现，又要善于透过现象看本质，不拘泥于个别的客观形态，发现特征形态所隐含的规律。

（三）结论

作结论是在对检材和样本的特征进行充分的检验分析后作出一个明确的判断，只有在对印章印文本质性特征确定无疑的前提下才能做出明确的判别。只要有存疑的特征，就不宜作出明确的结论。

由于案件检验的复杂性和有条件性，检验结论的分级制逐渐为鉴定行业和送委托方所接受，是对有争议事实或一时难以认清事实的一项权宜之计。作为鉴定技术人员，应当视发现事实真相为己任，在实践工作中为作出确定性结论积极创造条件，尽量避免分级制的意见。

二、影响印章印文特征变化的因素

印章印文的检验鉴定主要是基于对印迹特征的发现和确定，但在实际检验工作中，印迹特征的发现与确定却是一个复杂的问题。印迹只是章体在承印物上的一个客观的表观形态，受多种因素影响，其表观形态无论在宏观上还是微观上都会发生不同程度的变化，且其形态的变化又是有一定的局限性和规律性，即这种变化具有与章体本身相关的特定性，并且它不会超出章体本身所允许的限度，并在相似条件下能重复出现。所以在印迹的变化上会呈现出规律性和特定性，我们习惯将其称为本质特征，而本质特征价值的发现与确定则需要对检材和样本进行反复的研究和斟酌，有时也需要进行相应的实验来辅助。

能够引起印章印文特征变化的因素是复杂多样的，较常见的有以下几种：

(一)印章自身变化导致的印文特征变化

章体受制作材料、长期浸润色料以及环境条件(如温度、湿度、光照)的影响,印面会发生涨缩变化,反映在印文特征中表现为印文形状、尺寸大小以及图文线条的粗细等发生变化。此外,印章自身在长期的使用过程中,印面会因老化、磨损,受外力作用如磕碰等因素,也会导致印文形态特征发生变化。

(二)附着物变化

印章在使用和保存过程中,印面容易黏附各类杂质从而在印文中形成特殊的印迹,也称为附着物特征。这些附着物特征的出现有较明显的时段性,并随时间条件的变化而变化或消失。

(三)使用介质变化

不同质、不同量的印泥印油都会对印文的客观形态产生影响。这是因为不同质的印泥、印油对印面的沾附及对承印物的转印程度都会有不同,从而形成有差别的印迹形态。而印面沾附不同量的印泥印油也会直接导致印文的笔画形态、油墨堆积发生明显变化。

(四)盖印压力变化

印章在盖印时作用力的大小、方向、均匀程度等都会对印文特征产生影响。标准的盖印压力是大小适中、方向垂直向下、用力均匀,盖印出的印文图文线条清晰、端正,无变形和错位等现象,能够全面地反映出印章印面的图文结构特点。盖印压力不均且方向不同,会造成印文的墨迹分布浓淡不定,甚至会图文线条变形。

(五)承印客体变化

承印客体的变化可分为承印物本身和承印物下是否有不同的衬垫物。如同一枚印章,在普通纸张或在票据纸张或较厚的卡纸上盖出的印文会有较大的差异。而盖印时承印物下是否垫有衬垫及衬垫物的软硬、厚薄均会对形成的印迹形态产生影响。

(六)印文形成后的变化

形成印文后随文件的保管、使用过程中,会随承载客体发生摩擦、受潮、折叠、揉搓甚至污染、破损等,导致印文也会随之发生相关联的变化。再则印文形成后,受印文色料及承印物对色料的吸附性能以及环境、时间等的影响,都会造成印文形态的变化。

第五节　仿制印章印文检验鉴定

一、仿制印章印文概述

"仿制印文"则是印章印文检验实务中近年来出现频率较高的词语,其实严格来说,所有的伪造印文都是以仿真为目的的,只是仿真程度不同而已。直到 20 世纪 90

年代初，印章是以手工刻制为制作手段的，所以在手工刻印时代，伪造印章的仿真度与刻印人的技艺水平好坏密切相关，不经过长期的练习，刻印一枚可以乱真的印章几乎不可能，这也从客观上极大地限制了仿真度高的伪造印文的出现。随着科技的发展，尤其是计算机技术的广泛应用，制章业的手工刻印逐步被计算机自动刻章所替代，同时也为伪造印章印文提供了极大的便利，伪造印章印文的仿真程度也有大幅度提高，以致出现“高仿真印文”。

“高仿真印文”一词主要用来专指使用了现代制章技术手段，尤其是利用机算机制版和激光雕刻技术伪造出来的印章所盖印的印文。它其实也是伪造印文，只不过由于其制作过程中采用了计算机为制版辅助工具，并使用激光刻蚀或曝光的方法对原章图文进行高精度的仿制，使伪造形成的印文对原印文的形态细节仿制得非常全面，用以前传统的检验方法较难进行特征识别，依照传统的检验方法非常容易导致误检。

仿真印文检验的难易程度既与伪造印章制作技术有关，也与检验技术水平的高低有关。当检验水平停留在仅对印文笔画形态、比例的分析层次上时，对于利用现代图像复制技术和计算机排版刻印技术仿制而成的印章，因其所盖印文与被仿制章差异细微，就会认为真假难以鉴别，而当对仿制印章的制作技术过程和达到的水平有了较完整的认识后，不少仿真印文的特征还是可以准确地鉴别出来的。所幸的是，经过努力，尽管这一领域仍存在需要攻克的难题，但对高仿真印文的检验水平确实已经有了明显的质的飞跃，在检验实践中，尤其是在一些重大的经济犯罪案件中，大量的精心制作的高仿真印文被准确鉴别出来。

高仿真印文的检验鉴别是一个对印章印文个性特征整体观察、综合分析的过程，在检验过程中一定会从个性特征形成的机理方面去发现与之相关的印迹表观状态。就目前来说，除在艺术篆刻等一些有特殊需要的领域，自动化刻印仍无法替代手工刻印外，在社会生活及商业领域，计算机刻印已被广泛使用，印章的制作过程已经较为彻底的机械化、标准化、自动化。因而如果用同设备同参数制成印章，其差异性极其微小，部分仿制印文正是由于系采用了同样的技术与设备仿制印章所盖印，所以其仿真效果确实是手工刻印时期无法想象的。

二、仿制印章印文检验鉴定主要方法

由于前述的计算机制章过程中仍有各种因素是自动化刻印设备无法逾越的障碍，所以印章自身的个性特征始终存在，而这些独有性特征一定会在印文中留下其存在的印迹表观形态，成为我们鉴别印章印文是同一或是仿制的重要依据。检验高仿真印文其实就是对这些特殊的细微特征的发现与认定，在检验实践中可以从以下几个方面来入手观察与分析：

（一）对印章印模类型的分析与认定

仿制印章一般会注重印章印文形态的复制，而在印章印模的制作材料方面，往往难以采取相同材质的材料进行仿制。而同一份电子版的印模用不同的材料制成印章，其形成的印文特性是有所有不同的，尤其是沾墨盖印的和自身为储墨垫渗透的，差异会更容易发现。如果发现检材印文与样本印文系用不同材质的印章盖印形成的，则结论是显而易见的。经过反复的实践和观察，不同材料制成的印章的差异还是能被发现的。

（二）对印文中笔画线条形态的分析与认定

对于高仿真印章来说，印章印文的基本笔画形态与样本会表现出基本的一致性，用一般的观察比对的方法是难以发现有质量的差异特征的，而且往往会看到不少有一定质量的符合特征。所以对印文笔画的微观形态分析是高仿真印文检验的必经的检验程序。通过对印文笔画线条的观察与分析，一般来说，印章图像电子版中的差异性特征、激光器性能及偶然因素影响形成的差异性特征及光敏印章制版曝光而生成的差异性特征均可以有所发现，比较多见的有印文呈现不规则的漏白点、笔画线条边缘不连贯、笔画交叉部位有不规则的堆积形态、线条有缺损等特征。这些特征的出现都具有偶然性和不可控制性，即便是对印文图像进行复制制模，也难以在印迹中完全复现出同样的特征。

（三）硬质材料的印章章体刻制成后的打磨工序造成的印文差异性特征

一些用硬质材料雕刻的印章，其印面刻印完成后，为了印面着色均匀美观，一般都会对印面用砂纸进打磨，磨平印面的细微凹凸，这是一个手工操作的过程，但却能给印而增添一些极偶然的变化，如在印面笔画或边框的线条上留下磨砂划痕，如果有一定的深度也会使印章印文形态产生细微的缺损条痕，由于其纯属偶然形成，故而在检验鉴别中有着极高的特征价值，是认定同章盖印或仿制的重要依据。

（四）对印章印文附着性特征的分析与认定

附着性特征也是印文形成的独特性的、阶段性的特征，这类特征往往是随着印章使用过程偶然或逐步产生的，也具有不可复制性，但若具有某一阶段性特征的印文被用作模版仿制的话，同样的附着性特征形态也会被仿制下来，在检验中极易误导结论。印章在使用过程中因各种原因造成的损伤、黏附污物及带盒体的印章，其盒体除印面以外的部位因各种原因沾附印油等多种因素均会使印章印文的笔画线条呈现缺损或变形，有时则呈现多余的墨点或线条。此类的表现都是印章的个性化特征的表现，其形态、位置往往是独一无二的，是鉴别印章是否仿制或源自同一章体的重要依据。

（五）仿制带防伪标记印章印文的分析与认定

当前技术较先进的刻印企业已将防伪刻印技术用于印章雕刻，印章上形成的防伪线条由计算机控制，随机产生，即便同台设备同样软件都无法生成相同的防伪图线，所以此类印章的仿制只能用扫描复制模版的方式仿制，仿制的印章图文在防伪线条或标记上容易出现模糊，边界不清，个别微小的防伪线会有缺失。

（六）印文油墨成分的检验

一般来说，无论是何种储墨垫式的印章，其印墨是固定的，而正常使用的沾墨式印章，其印墨在一定时期里也是相对固定的，仿制的印章印文难以使用同样的油墨，尤其是原章使用特种油墨时，仿制者更不可能获得同样的特种油墨，所以油墨成分检测也是分析印章印文同一性的重要参考因素，油墨成分检测可以根据实际情况采用光学无损检测或化学分析的方法。

（七）注意区分仿制印文形成的特征不符合与同章体印文特征变化的差异

在高仿真印文检验实践中，对印章印文受各种因素影响（如油墨多少、衬垫物、承印物、盖印外力的大小与方向等）而产生的印文形态的变化与仿制造成的差异难以区分确定，从而较容易引起检验意见出现分歧。在实践中，造成印文形态特征差异的因素具有偶然性和复杂性，没有足够的依据，很多差异甚至是无法分析其究竟是来自不同章体还是同一章体的合理变化，如果不进行深入的观察分析和完整的论证，是不能仅根据一定量的差异来认定仿制的。差异既可以是变化造成的，也可以是不同章体形成的，所以每一次检验都是一次细致而深入的研究，只有明确了章体的变化特点或规律的情况下，才能对可疑印文作出正确的鉴别。

（八）重视各阶段样本和实验样本在仿真印文检验中的重要作用

阶段性样本在印文检验中本来就有着很高的比对价值，高仿真印文的鉴别更是需要阶段性样本尤其是同时期样本的比对。而在阶段性样本缺失的情况下，实验样本也能起到很好的辅助作用。而在实践检验中，如果能够对检材的形成有明确的了解，就能有目的地提取相应的阶段性样本，从而在很大程度上优化检验条件。即使在阶段性样本缺失的情况下，也有助于制作具备良好比对条件的实验样本，为检验提供便利。高仿真印文的检验往往是需要与印章印文的自然变化相区别，而每个印章的自然变化是没有共同的规律可循的，只有从其大量的样本材料中去寻找。

（九）印文形成方式的检验与鉴别

实践中经常会遇到彩色印文为打印形成，多为红色或蓝色，采用打印文件的检验方法是很容易鉴别的，在检验中应首先对检材作是否为打印件进行的鉴别，确为章体盖印再进行印迹比对。但近年来，随着网络化工作模式的应用，不少企事业单位甚至政府工作部门都在使用彩色打印机打印印章，而仿制的印文有仿制印章体盖印的，也有直接打印的，这就涉及印文形成方式的检验以及是否同台或者同类打印机打印的鉴别问题，也有部分印章是排版后平版胶印形成的，仿制章也有排版胶印或仿刻印章盖印或彩色打印机打印的。在实践检验中，要根据个案的实际状况，清晰地区分清楚检材的类型和条件，并确定有比对价值的样本印章印文，避免走弯路甚至走错路。

（十）充分观察，综合评析

仿真印文的检验鉴别不是机械地将多种特征进行比对求和的过程，而是在对检材样本有了充分观察,并获得了足够的特征后再进行综合评析后得出结果的过程。如果仅是将发现的各种表观特征现象进行对应比照,遇到高仿真印文,往往会左右为难,陷入迷茫,此时也就容易受其他非客观因素的影响走向选择看似较为合适的鉴定结论。在实践中仅就表观特征进行了对应性比对,而没有对其进行成因分析和论证就妄作结论是十分危险的。

每一次仿真印文案件的检验,在对检材和样本进行多层次的观察过程中一定会发现检材与样本存在表观特征的多个符合与差异,而且往往用传统的检验方法来分析,符合特征都是有较好的检验价值的,而如果观察得不够细致的话,差异往往数量少,检验价值较低。在高仿真印文出现初期,正是由于对仿真印文的特点和特征成因没有清晰的认知,造成不少案件难以鉴别或误鉴。即便在对高仿真印文的成因和可能出现的表观特征进行了大量实验与研究后,受个案条件的限制,仍有部分案件是难以鉴别的。所以在实际案件的检验过程中,需要检验者对印章印文的表观特征用正确的手段作全面且充分的观察提取,对其成因及其特征价值进行分析与验证,在实践检验中,检验人如果对当前仿制印文的基本方法及可以形成的差异性特征没有较为全面细致的研究,是很难对检验材料做出符合实际的鉴别的。

(十一)全面了解与检材生成相关的案件情况及完善样本的种类及时间覆盖度

在检验实践中,"结合案情"总是检验中的一个重要方面,但并不意味着根据案件趋势作结论。检验方了解相关案件情况也是检验工作的一个重要组成部分,一般案件需要了解,高仿真印文的检验更需要详细地问清相关案件细节。

通常,委托鉴定方一般会根据其认为的需要适当告知检验方一些有关案件情况,并且会就事论事提出鉴定要求,希望以最短的时间和最简单的方式解决问题。而对于检验方来说,了解案情往往有助于分析检材或样本,有助于明确检材的形成条件,有助于有针对性地提取阶段性样本,有助于实验样本的制作,甚至扩充相关检材或样本,明显改善检验条件,实际上也就是有助于更全面细致地认知和分析检材样本的表观特征的规律性变化,从而准确把握住检材和样本的个性特征,为正确结论奠定良好的基础。在高仿真印文的检验中,更需要在这方面多下功夫。

思考习题

1. 印章印文的分类。
2. 印章印文的特征种类。
3. 印章印文检验的一般方法。
4. 仿制印章印文检验的主要方法。
5. 影响印章印文特征变化的因素有哪些?

拓展阅读书目

1. 徐立根主编:《物证技术学》,中国人民大学出版社 2008 年版。

2. 邹明理、杨旭主编:《文书物证司法鉴定实务》,法律出版社 2012 年版。

3. 邹明理著:《我国现行司法鉴定制度研究》,法律出版社 2001 年版。

4. 何家弘主编:《司法鉴定导论》,法律出版社 2000 年版。

5. 许爱东主编:《印章印文鉴定理论与实务研究》,法律出版社 2015 年版。

第二十章 印刷文件检验技术

本章概要

本章主要介绍了印刷文件检验技术。通过本章的学习，使学生了解印刷、印刷文件、印刷文件检验等基本概念；掌握各类印刷文件的形成机制；能够根据印刷文件上出现的各种特征，对印刷文件进行种属鉴别和同一认定。

关键词

印刷文件；传统印刷文件；打印文件；复印文件；传真文件

第一节 印刷文件检验技术概述

一、印刷与印刷文件

(一)印刷的概念

在国家标准《印刷技术术语》(GB/T 9851—2008)中，印刷(printing)的概念是"使用模拟或数字的图像载体将呈色剂/色料(如油墨)转移到承印物上的复制过程"。其中，图像载体(image carrier；image store)是指"能够传递需印刷的原始视觉信息(如图文等)的介质(如印版、胶片、电子媒体等)"。由此可见，印刷是一种图文信息的复制技术。

从"印刷"二字可以看出，最早的印刷时"印"和"刷"的结合，即在梨木或枣木上用刀雕刻出凸起的反向图文，涂墨后铺上纸，用毛刷轻轻刷，将图文转印到纸张上，称为"雕版印刷"。印刷技术的发展从雕版印刷到活字印刷再到现代的工业化印刷经历了漫长的历程，印刷设备不断推陈出新，印刷质量日益提升，印刷范围越来越广，书报、单据、商标、包装等制作无一不需要印刷。可以说，印刷已成为当今社会不可或缺的一种信息交流、文化传播手段。

印刷品的生产过程，一般要经过印前处理(原稿的选择或设计、分色、加网、印版的制作）、印刷和印后加工等环节。要实现这一过程，需要具备五大要素。

1. 原稿

原稿是要复制的对象，是印版、印刷的基础。传统的原稿为各类实物载体上的图文信息，随着计算机技术的发展，原稿越来越多地以电子稿的形式呈现。原稿中的图文信息主要包含图像（Image）、图形（Graphic）和文字（Text）三种类型。

2. 印版

印版是依据原稿复制的印刷模版，用于传递油墨至承印物上的印刷图文载体。按照印版上的图文部分和空白部分相对位置及结构的不同，可分为凸版、平版、凹版和孔版四种。这四种印版所用的材质及制版方式各不相同，印刷的方法也存在差异。因此工业印刷根据版型不同划分为凸版印刷、平版印刷、凹版印刷和孔版印刷四种印刷方法。在数字印刷方式中，印版不一定是印刷过程的必备要素，如静电成像数字印刷、喷墨数字印刷等。

3. 油墨

油墨是在印刷过程中被转移到承印物上的呈色剂/色料，是能够形成耐久的有色图像物质。在工业印刷中，不同的印刷方法对油墨的性能要求不同，据此可将油墨分为凸版油墨、平版油墨、凹版油墨、孔版油墨。按照不同印刷产品对油墨需求的不同，可将油墨分为书刊油墨、包装招贴油墨、塑料印刷油墨、玻璃陶瓷印刷油墨等。在数字印刷方式中依据色料成分或形态的不同，可称为墨水、色带、墨粉等。

4. 承印物

承印物是能够接受油墨或其他色料并呈现图文的各种材料的总称。最常见的承印物是纸张，包括新闻纸、凸版印刷纸、胶版印刷纸、铜版纸、白纸板、合成纤维纸等。除了纸张以外，塑料、木材、金属、陶瓷、玻璃等都可作为印刷的承印物。

5. 印刷机

印刷机是用于生产印刷品的机器、设备的总称。印刷机的主要功能是将油墨涂在印版上，然后加压使印版上的油墨转移到承印物上形成印刷品。印刷机一般由输纸、供墨、定位控制、印刷、收纸等装置组成。

（二）印刷的分类

随着印刷技术的发展，它所涉及的领域越来越广泛，对印刷进行分类的方法有很多种，如可以按照印刷品的用途进行分类，把印刷分为书籍印刷、票据印刷、商业广告印刷、柔性版包装印刷、金属制品装潢印刷等。按照印刷的原理及数字化程度不同，可对印刷进行如下分类：

1. 模拟印刷与数字印刷

根据印刷过程中数字化的程度不同可将印刷分为模拟印刷、半数字印刷、全数字印刷。模拟印刷不使用计算机，采用非数字化的生产方式，在印前对于原稿的设计采用照相排版的方式进行，得到胶片后进行制版和印刷。半数字印刷是指在印前利用计算机来设计原稿,处理相关的文字、图形和图像信息,并将它们输出为可以直接用于制版的胶片,然后进行制版和印刷。在这种半数字的印刷方式一直到输出制版胶片之前,所有的图文信息处理都利用计算机技术实现,称为CTF(Computer to Film)方式。还有一种半数字印刷是利用计算机直接制版,它可将计算机设计出的原稿信息略过输出胶片的步骤,直接与制版机相连,输出印版,称为CTP(Computer to Plate)方式。如果将与计算机相接的直接制版机换成数字印刷机,就可以直接输出印刷品,称为全数字印刷方式。

2. 单色印刷与多色印刷

单色印刷,是指整个印刷过程中,只在承印物上印刷一种颜色。多色印刷,是指一个印刷过程中,在承印物上印刷出多种颜色。多色印刷中一般应用色料减色法,即将青(cyan)、品红(magenta)、黄(yellow)三种色料再加上黑(black)色料,依照顺序印刷在同一承印物上,进而再现原稿颜色,称为四色印刷(Cyan Magenta Yellow Black, CMYK)。自20世纪90年代以来,随着印刷技术的发展,采用青、品红、黄、黑、红、绿、蓝七种色料印刷的多色印刷品已经出现,使彩色原稿的色彩再现得到了大幅度提升。

3. 加网印刷与不加网印刷

加网印刷是指通过网点覆盖率来再现连续调图像的明暗层次的一种方法,网点可分为调幅网点和调频网点两种。调幅网点是单位面积内网点的数量不变,通过各网点的大小不同来反映图像阶调的深浅:颜色深的地方网点大,颜色浅的地方网点小。调频网点是单位面积内各网点的大小不变,通过网点的密度不同来反映图像阶调的深浅:颜色深的地方网点多,颜色浅的地方网点少。不加网印刷是利用墨层厚度的变化等方式来再现连续调图像明暗层次的一种方法,印刷品上深色调部分的墨层厚,浅色调部分的墨层薄。

(三)印刷文件

1. 印刷文件的概念

印刷文件又称印刷品,机制文件,是指采用各种印刷技术制作的各类文件的总称。在人们的日常生活中较为常见,如书籍、报刊、纸币等。印刷文件的制成一般需要经过印前处理、印刷和印后加工等环节,根据不同的需要,按照相应的印刷原理及技术方法来实现。

2. 印刷文件的种类

印刷文件的种类繁多,按不同的分类方式可分为多个种类。按照文件用途进行分类,可分为书籍报刊、货币票证、公私文件、书写纸印品等。按印刷方法进行分类,有各种版型的专业印刷设备制成的文件(凸版印刷文件、平版印刷文件、凹版印刷文件、孔版印刷文件),也有现代办公设备制成的文件(打印文件、复印文件、传真文件)。按图文色彩进行分类,可分为单色印刷文件和多色印刷文件。从检验鉴定的角度出发,印刷文件包括传统制版印刷文件、办公设备机制文件、特种印刷文件和防伪印刷文件四大类。

印刷文件是信息传播的主要媒介之一，在推动社会发展，促进文化繁荣等方面起着积极的作用。与此同时，一些人常利用印刷文件来进行违法犯罪活动，如印刷反动宣传品、制作假币、仿冒有价票证等，严重危害国家安全和社会稳定。

二、印刷文件检验

（一）印刷文件检验的概念

印刷文件检验，又称机制文件检验，是指根据印刷工艺和印刷设备的材料和结构特点及其变化规律在承印物（文件载体）上的具体反映，通过对根据印刷原理、方法制作的各类文件进行分析、比较和鉴别，确定文件物证的印刷工具、印刷方法、印刷过程及其真伪、来源、关系等的专门技术。

印刷文件检验的内容，具体包括确定文件的印刷方法、判断文件的印刷机具、分析文件的印版和印刷阶段性特征、鉴别印刷原件与其复制品的差别等。

印刷文件检验的对象，通常是指涉案的各类印刷品。在检验时，主要对文件所用的纸张、油墨及文件上出现的印刷特征进行分析、鉴别，进而判断印刷文件种类，对多份印刷文件进行同机鉴定、同稿鉴定、同版鉴定等。

（二）印刷文件检验的任务

印刷文件检验的任务，是通过对具体案件中印刷文件物证的研究，揭示文件与案件事实、与当事人或嫌疑人的关系，以便为案件的侦查、调查和审理提供可靠的线索和诉讼证据。[1]

1. 鉴别文件的真伪

鉴别文件的真伪，是印刷文件检验的任务之一。通过对可疑的纸币、票据、证件、证书、合同等印刷文件进行科学检验，并将其与真实样本进行比较，确定可疑文件的真伪，揭露伪造、变造文件的违法犯罪事实，从而为立案侦查提供依据，为法庭诉讼提供证据。

2. 鉴别文件的印刷方法和来源

对于伪造、变造的印刷文件，可根据其上出现的能够反映出印刷机具、印刷材料、印刷工艺种类特性的表征，即印刷文件种类特征，来鉴别文件的印刷方法和印刷机具种类，从而判明嫌疑人所具备的技术和设备条件，为侦查工作提供线索。对于涉案范围较广的印刷文件，通过调查、取样和比较鉴别，可根据印刷文件空间分布的规律，鉴别涉案印刷文件来源，为判定侦查方向，缩小侦查范围提供依据。

3. 对印刷机具和印版进行同一认定

对于伪造、变造的印刷文件在确定其印刷方法和来源后，可通过印刷文件上反映出的个体特征，判断涉案印刷文件是否使用了某可疑印刷机具、印版印制形成，即对印刷机具和印版进行同一认定，进而为侦查和诉讼提供证据。

---

〔1〕 崔岚编著：《印刷文件检验技术规范》，中国人民公安大学出版社 2012 年版，第 7 页。

第二节 传统制版印刷文件的鉴别技术

在传统印刷行业中,工业印刷的方法主要为制版印刷,按照印版的结构可分为有凸版印刷、平版印刷、凹版印刷、孔版印刷四种。不同制版印刷方法的印刷原理不同,在文件上形成的特征也会存在差异,从而为我们鉴别文件的印刷方法提供了依据。

一、凸版印刷文件鉴别

(一)凸版印刷的概念

凸版印刷的印版的图文部分高于空白部分,且在同一平面上。印刷时,将油墨涂布于凸起的图文部分表面,当承印物与印版接触时,在压力的作用下使油墨从凸起的印版表面转移到承印物上,完成印刷。凸版印刷属于直接印刷方式,所谓直接印刷,是指油墨从印版直接转移到承印物上的印刷过程。

凸版印刷是由印章盖印和拓石演变来的,而标志着凸版印刷术产生的是雕版印刷,起源于我国唐代。11 世纪北宋时期的毕昇发明了泥活字印刷,作为中国古代“四大发明”之一,曾对世界文明进程和人类文化发展产生过重大影响。1445 年德国人约翰内斯·古登堡(Johannes Gensfleisch zur Laden zum Gutenberg)发明了铅活字印刷,引发了一次传媒革命,迅速推动了西方科学和社会的发展。1850 年照相凸版印刷的发明,解决了图形、图像的印刷复制问题。1951 年联邦德国赫尔公司设计并制作出电雕凸版,大大提升了凸版的制版速度和质量。

(二)凸版印刷的种类

1. 铅活版

20 世纪 70 年代以前,铅活版在以文字为主的书刊报纸印刷中占有很重要的位置。铅活版,是用铅活字排成完整版面进行印刷的工艺技术。印刷中的制版材料是用铅、锑、锡三种金属按比例配比熔合而成的。铅活版制版前要先制成凹型字符的铸字模具,再铸造铅活字,制版时按照原稿的内容进行拣字排版,然后进行装版印刷。印刷后,印版中的铅活字可以拆下,以备下一次制版印刷时使用。

2. 照相凸版

照相凸版是利用照相的方法制成凸版印版的总称。制版时,首先对原稿进行拍照得到负片,将负片覆在涂有感光胶的版材上,进行曝光,图文部分感光成为不溶性且具有抗酸能力的硬化膜,然后经过水洗显影及版面处理,溶去不感光的空白部分的感光胶,得到图文部分凸起、空白部分凹下的凸印版。照相凸版较好地解决了图形、图像的制版印刷问题,可制成线条凸版、网点凸版和三色版等,制版的版基材料以铜、锌、镁等金属为主。

3. 感光树脂版

由于铅等合金材料易污染环境，故在20世纪70年代之后使用了人工合成的高分子聚合物感光树脂来制作凸版，称为感光树脂版。感光树脂版是以感光性树脂为版材，通过紫外光曝光（正面曝光和背面曝光）、冲洗、后处理等环节而制成光聚合型凸版印版。它可与照相排版、计算机排版技术相结合，提高了凸版的制版速度，一度使凸版印刷的生产略有回升，但用于书籍和报刊的凸版印刷最终还是被平版胶印所取代。

4. 柔性版

目前印刷中使用的凸版印刷技术是柔性版印刷（也称苯胺印刷），它主要是用于包装印刷的凸版印刷技术。柔性版是使用具有弹性的橡胶或感光树脂做成，非常适合在金属或玻璃等硬性的承印物上印刷。而且，它印刷的墨层厚，色泽鲜艳。柔性版印刷机的油墨流动性好，供墨的墨路短，因而机器结构简单，造价低，印刷效率高，这是平版印刷和凹版印刷无法相比的。在所有20世纪90年代之后的包装装潢印刷中，柔性版印刷有着更快的发展，已经成为除平版印刷之外的第二大印刷方式。[1]

（三）凸版印刷的用途

凸版印刷中的铅活版和照相凸版曾经用来印制书籍、报刊等。目前凸版印刷主要应用在商标、包装装潢、有价证券、防伪印刷等方面。

（四）凸版印刷文件的特征

凸版印刷文件的特征主要包括：凸版印刷文件的墨迹色调实、重；文字、线条在纸面上有轻微的凹入，背面有轻微的凸起；图文易出现中淡边浓、余墨外溢的现象，也称“挤墨现象”。在图文边缘常附有多余的墨迹。

二、平版印刷文件鉴别

（一）平版印刷的概念

平版印刷的印版上，图文部分与空白部分几乎处于同一平面，图文部分亲油，空白部分亲水，利用油水相斥的原理进行印刷。印刷时首先在印版上施水，使空白部分吸附水分；然后向印版上施油墨，这样油墨只附于图文部分；再将承印物与印版相接触，同时加压，使图文部分的油墨转印到承印物上，完成印刷。承印物与印版相接触的方式有两种：一种是直接接触，另一种是间接接触。目前，平版印刷中多使用间接接触印刷，即在印刷时先让印版与橡皮布相接触，加压后印版图文部分的油墨转印到橡皮布上；再让橡皮布与承印物相接触，加压后使橡皮布上的油墨转印到承印物上，完成印刷。因此，平版印刷业被称为“胶印”。

1798年亚罗斯·桑纳费尔德（J. A. Senefelder）利用天然石灰石作为版材，利用水与脂肪互相排斥的原理，在石灰石上用脂肪性的转写墨直接描绘出印刷所需的图文部分，然后用稀硝酸处理石灰石表面，让空白部分亲水性增强，制成了图文部分与空白部

---

〔1〕 刘真主编：《印刷概论》（第2版），印刷工业出版社2008年版，第11页。

分在同一平面上的平印版，从而成为平版印刷的发明人。随着印刷技术的发展，平版印刷在20世纪60年代之后逐步替代了凸版印刷，成为印刷中的主导印刷技术。

（二）平版印刷的种类

1. 石版

石版印刷是在清朝光绪二年（1876年）传入我国的一种平版印刷技术，制作印版时，首先用药墨将原稿图文写在特制的纸上，将药纸覆于经过处理的石面后再揭去，形成石印版上的图文部分。经过处理的石面空白部分亲水疏油，图文部分亲油疏水，印刷时先向石面上输水，再输油墨，通过转印即可完成印刷。19世纪末到20世纪初，是石印在我国最辉煌的时期。因其特别适合在宣纸上印刷，而使一些珍贵的字画碑帖通过石版印刷，得以流传于世，为鉴赏和收藏带来了极大的便利。

2. 珂罗版

珂罗版印刷是以玻璃为印版的版基，在玻璃上涂布明胶，通过照相制版的方法，按原稿层次在玻璃上制成明胶硬化的图文，形成印版。印刷时，由明胶硬化的图文部分吸收油墨，未硬化的空白部分通过润湿排斥油墨，进而完成印刷。珂罗版的印刷特点是逼真传神，而且能够保留原稿的神韵，因此，其主要的印刷范围是复制字画、碑帖、古籍善本等。

3. PS版

平版印刷使用最多的是PS版（预涂感光版），在经过砂目化等处理的铝版基上涂布一层感光胶制成。PS版经过晒版、显影、定影等一系列过程后即可形成图文部分亲油、空白部分亲水的印版。PS版的制版简单，版材轻而价廉，可以制作大幅印版，不仅可以满足文字为主的书籍、报刊印刷，还适用于地图、海报及各种包装材料等的印刷，使用范围广泛，印刷质量较好。

（三）平版印刷的用途

平版印刷是目前最常用的印刷方法，被广泛应用于书刊、报纸、杂志、地图、海报、年画以及层次较为丰富、色调柔和的精美印刷品等。其特点有：其制版工作简便，印版复制容易，成本低廉；套色装版准确，印刷物柔和软调；可以承印大数量印刷。

（四）平版印刷文件的特征

平版印刷的墨层厚度有限，其图文墨迹均匀、墨色平淡，色调再现性不够强，颜色不够深。平版印刷文件上无印版压痕，图文边缘无挤墨现象，但可能出现无规律的露白，空白处常有细小的油墨脏点。

三、凹版印刷文件鉴别

（一）凹版印刷的概念

凹版印刷的印版，其版面的空白部分凸起并在一个平面上；图文部分凹下，凹陷程度随图像的深浅不同而变化。印刷时，凹印版的整个印面先涂满油墨，再用刮墨装置去除空白部分的油墨，然后在压力的作用下将图文部分的油墨转印到承印物上，得到印刷品。

最早的凹版印刷始于1430年，是由版画艺术发展而来的全手工雕刻铜凹版。其后,在1890年德国人柯尔·克里斯(K. W. Klielsch)采用照相的方法制成了照相凹版。近代以来,基本使用机械雕刻的方法制作凹版。随着印刷技术的不断发展,现在采用的多是电子雕刻凹版,印版上的图文部分由深浅和粗细不同的点和线组成。

(二)凹版印刷的种类

1.雕刻凹版

雕刻凹版是以铜、钢等金属为版材,采用手工或雕刻机在版材上刻出凹下的图文,制成印版,主要用于印制货币、票证等。雕刻凹版又可以分为手工雕刻凹版、蚀刻凹版和机刻凹版三种类型。手工雕刻凹版在制作时,首先要将原稿的图文通过描画或转印等方式打样在版材上;然后用刻刀等工具以手工的方式沿打样的轮廓线直接雕刻出图文;再剔除多余的碎屑,经整修形成印版。蚀刻凹版在制作时,首先要在版材上涂布一层抗腐蚀的薄膜;然后用刻刀按原稿图文在薄膜上进行手工刻划,使图文部分露出金属表面;再将版材浸入腐蚀液中后片刻取出,图文部分的金属因受到腐蚀而凹下,制成印版。机刻凹版是采用机械雕刻的方式代替手工雕刻而制作印版。

2.影写版

影写版又称照相凹版,是用照相方法制成的凹版。这种凹版又可分为传统照相凹版和照相加网凹版两种类型。传统照相凹版是在经重铬酸盐敏化过的碳素纸上,先晒制凹印网络,再晒制连续调阳图,然后将碳素纸上的图像转移到印版上,通过显影、填版、腐蚀而制得印版。照相加网凹版制版是采用喷涂等方式将感光胶直接涂布在印版上,再用加过凹网的阳图版直接曝光晒版,然后进行显影、填版、腐蚀制得印版。影写版中图文部分的凹陷程度远不及雕刻凹版,但生产周期比雕刻凹版短。

3.电子雕刻凹版

电子雕刻凹版用电子、激光等先进技术进行雕刻而制成的凹版。电子雕刻是一种集现代的光、电、计算机技术为一体的高科技制版方法,可迅速、准确、高质量地制作出所需要的凹版,是目前运用最多的凹版制版方式。制版时,使用电子雕刻机,按照光电转换的原理,由系统自动控制雕刻刀,在印版上雕刻出深浅不一网穴,形成图文。

(三)凹版印刷的用途

凹版印刷的图文部分凹下,其印刷的墨层比平版印刷厚实,色彩丰富、色调浓厚,印版耐印率大,印刷质量好,具有特殊的复制效果和防伪造能力,适合印刷精美高档画册、商标、有价证券、防伪产品等。

(四)凹版印刷文件的特征

凹版印刷文件的图文线条墨层厚,有光泽和立体感;印迹的边缘不整齐,呈现规则的"胡须"状或毛刺状;粗大的图文线条上有背面凹入的痕迹。

四、孔版印刷文件鉴别

(一)孔版印刷的概念

孔版印刷是在薄型版材上制成由孔洞构成的图文,印刷时,将油墨涂刷在印版上,承印物放在印版下,通过在印版上刮墨,使油墨透过孔洞漏印到承印物表面形成印刷图文。孔版印刷的印版上,图文部分是由大小不同的或者是由大小相同但单位面积内数量不等的孔洞组成的。

(二)孔版印刷的种类

1. 誊写版

誊写版是简便的印刷版,旧时用毛笔蘸药水在特制的纸版上写成,现在一般是把蜡纸铺在誊写钢板上用铁笔刻成。誊写版可分为手工刻写蜡纸版、打字刻写蜡纸版和速印机印刷。誊写版中使用较广的是速印机印刷,其将纱网绷在印刷滚筒上,将刻制好的蜡纸附着在纱网滚筒上,固定好位置后开动速印机,纱网滚筒带动蜡纸旋转,当输入的纸张经过蜡纸滚筒时,油墨透过蜡纸传递到纸张上,纱网蜡纸滚筒每旋转一周,完成一次印刷。

2. 丝网版

丝网版是将丝织物、合成纤维织物或金属丝网绷在网框上,采用描绘、贴膜等方法制成丝网印版。现代丝网印刷的制版技术是利用感光材料通过照相制版的方法制作丝网印版,使丝网印版上有图文部分的孔洞保留,而空白部分的孔洞被堵住。制版的方法有直接制版法、间接制版法和混合制版法。直接制版法是先在丝网上涂覆感光胶,然后对丝网进行晒版。间接制版法是在预制的感光膜上制成有孔洞的版膜,然后转贴到丝网上,再进行晒版。混合制版法是先在丝网上涂少量感光胶,再将预制的感光膜转贴到丝网上,然后进行晒版。

(三)孔版印刷的用途

孔版印刷属于漏过式印刷,是直接印刷,广泛应用于商业广告、包装装潢材料、线路板以及棉、丝织品的印刷等。由于孔版印刷不受承印物形状的限制,可在一些不规则承印物上进行印刷。但孔版印刷的耐印力差,印刷速度慢,复制彩色时的还原性差,因此,一般用于印刷标牌、仪表、T 恤等。

(四)孔版印刷的特征

孔版印刷文件的图文是由细小墨点构成;纸上(承印物上)无压痕;图文边缘不齐,墨层较厚;承印物表面多有油墨污染痕迹等。

第三节 打印文件检验技术

一、字符式打印机

(一)字符式打字机打印原理

用字符模块击打纸张实现印字的打印设备。按击打驱动方式,字符式打字机分为机械打字机和电子打字机。按文字种类,机械打字机中有中文打字机和西文打字机等。按印字同步方式,电子打字机有并行单字符打字机和串行单字符打字机。

中文字打字机为台式,附有可分离和移动的字盘,字盘里有一定的数量的钢字,在打印时,有字锤叼起钢字向滚筒敲击,通过墨球刷上油墨,打印在普通纸上或者直接点在蜡纸或电邮复写纸的纸张上外文机械式打字机是手动的字杆式打字机,每个字头部件依靠一些机械的联动装置连接到打自己的特定键盘上,打字机靠杠杆作用,使字面将色带击打到安装在滚筒前面的纸张上,形成所需文字。

(二)字符式打字机种类认定特征

字符式打字机种类认定所依据的规格型号特征主要包括:钢字的字体和大小;步进距离(字间距和行间距);最大字行;特殊钢字、符号;文字符号位置偏斜。

(三)字符式打字机个体认定特征

字符式打字机个体认定(同一认定)所依据的个体特征主要包括:钢字细节特征;字迹深浅、残缺、模糊;附加印痕;异常走格;字迹重影;排列紊乱;字行倾斜;画线弯曲、倾斜;大小写字母基线各异等。

二、针式打印机

(一)针式打印机打印原理

针式打印机由打印头、字车及其传动机构、输纸机构和色带组成,多数有内存字库。打印头装有直径为0.2mm的钢针(不同型号打印头上装有9针、16针、24针等),呈两列交互排列。它根据主机传来的点阵字符的信号,通过电磁作用,驱动某一根或者若干根针冲击带,将色带上的油墨转印在纸上。打印时字头随字车横向往返移动,从而打印成一行字。字车在步进电机带动下,每步移动1/20英寸或1/180英寸。每打完一行字,输纸机构以摩擦或拖拉方式将纸张提升一个设定的行距,再打印第二行字或回车接打超出打印头高的大字下部分。

(二)针式打印机种类认定特征

针式打印机机种类特征主要有:打印头与基本字符规格特征;用纸特征;高速打印与双向打印特征;字库特征;字行间距特征;色带特征等。

针式打印机使用干粉或普通色带印出字迹。油墨均无光泽,笔画边缘有毛刺,在黑色区域外围形成低密度油墨晕圈。针式打印机是钢针冲击色带和纸张形成字符,在纸张上会留下冲压痕迹,从打印文件背面触摸有立体感,而喷墨、热转打印、激光打印机打印的文件则无这种现象。用化学方法对打印文件字迹笔画油墨进行分析,是判断打印机种类最有效的方法。针打色带是油质的,不溶于水,但溶于乙醇,可用薄层层析、可见吸收光谱法和导数光谱法进行成分分析,从而确定色带牌号和生产批次。

把针式打印机打印出的字迹放到显微镜下观察可见:

1. 笔画印迹由沾染墨油的小圆点组成。

2. 纸张上留有钢针冲击压痕,并在印迹的小圆点上表现出"中浓边淡"的挤墨现象。

3. 印迹漏白较多，色料浅淡、没有光泽。

4. 笔画边缘有“毛刺”。在打印过程中，伴随产生的色带布纹痕迹形成了这种“毛刺”现象。

5. 由于打印字头尺寸的限制，当打印的字超过打印头高度时，可看出文字有上下衔接的现象。

（三）针式打字机个体认定特征

针式打印机个体特征主要有：打印笔画残缺、露白、模糊特征；串行接字错位、脱节、重叠特征；字符墨迹不匀特征；纸张规格及走纸特征；墨粉材料特征等。

1. 印字头缺陷或模糊特征

针式打印机的打印头易在使用过程中发生磨损，导致个别打印钢针的缺损，从而在印件中表现为一行字符上存在横向贯通的空白道。当打高于打印头的大字时，由于计算机需进行两次扫描打印，故在大字上便会形成两条空白痕迹。打印头上脏或色带着墨不匀，会使打印的字符模糊不清或者规律性出现字符颜色深浅不一。

2. 字库缺陷特征

打印机装配的字库是由原字库复制的，在对原字库进行复制的过程中，字库中某个字符增添、丢失个别点迹或原字库制作时便存在固有缺陷形成了字库缺陷特征。在印件上表现为字符的某个笔画多点或少点。严重时，印件上会出现残段字，即部首偏旁丢失的字。

3. 串行接字错位特征

当打印 24×24 点阵以上字符时，需要打印头往返多次才能打印出完整字符，在串行接字处易发生左右对接不正产生错位，这是打印机的特定特征，只要打印机未经过修理和调整，其打印出的文书字迹特征就较稳定，也可作为同机认定的依据。

4. 错别字特征

当电脑内部的字库由于病毒或字库安装时对磁盘写入不正常，就可能破坏字库里的某些字模点阵信息造成字库缺陷，出现错字。这类特征在相同字体、字形、字号的某个字中稳定地重复出现，这些错字特征可作为同机认定的依据。

5. 自造字符和图形特征

打字人根据需要，有时会设计一些字库中没有的字符或图形，存储在存储器的空白区，这些特殊字符或图形，往往反映了职业特点和设计人的书写习惯，对同机认定有一定价值。

三、喷墨打印机

（一）喷墨打印机打印原理

喷墨打印机的结构也类似于针式打印机。不同的是，前者在打印头上安装的是很细的喷嘴。打印时，根据字符点阵信号使某一个或某几个喷嘴喷出的墨水点喷到纸面,构成打印字符。

喷墨打印机是通过热或电的作用将喷头中的墨水以极高的速度喷到介质上,形成字符或者图形。它使用的喷墨技术有很多种,但目前应用比较多的只有两种,即压电喷墨技术和热喷墨技术。

压电喷墨技术是利用压电陶瓷在电压作用下发生形变的原理,使喷嘴中的墨被高速喷出。采用压电喷墨技术的打印机,分辨率高,打印质量较好,但喷头制作成本较高。

热喷墨技术是靠电能产生的热,使喷头中的一部分墨水汽化,形成气泡,通过其气泡将喷嘴处的墨水压出去,所以有时也被称为气泡喷墨技术。

(二)喷墨打印机种类认定特征

喷墨打印机种类特征主要有:打印分辨率及线条质量特征;墨点飞溅特征;纸张印压特征;油墨种类特征等。

1. 机械压痕特征

各类喷墨打印机在硬件上都必须配有记录纸的抓取和传送机构,如辊轮和齿轮等部件。它们在完成输送纸张的功能时,必然与纸张有一定压力的接触,在纸张的正反面留下可重复再现的机械压痕,这种压痕可以利用静电压痕仪或测光光源进行发现和显现。不同品牌和种类的输出设备在硬件设计和部件上均存在一定的差异。形成机械压痕的部位包括打印机的进纸部位(如橡胶搓纸等)、走纸机构(打印过程中)、出纸部位和打印机内部接触到纸张的其他部件。

2. 墨水种类特征

喷墨打印机使用的墨水有液态和固态之分。液态墨水是水溶性的,其打印字迹色泽较暗淡,印点中心部位平实,边缘则不规整,有浸润模糊现象,甚至印点还有喷溅形成的长尾巴。刚打印出的字迹,遇到摩擦笔画上会留下擦迹,遇水会很快洇散。印字头使用过久个别喷嘴阻塞,或墨水快用完时,打印的字迹笔画中间有白点,颜色变浅,笔画边缘的飞点更明显。固态墨喷墨打印机打出的字迹,墨水渗透性强、附着性好、色彩鲜艳,打印效果赶上甚至超过热转印彩色印字机,但不能打印胶片,适用于大公司的设计部门、广告商及彩色打印服务部门使用。液态喷墨打印机使用的水溶性染料做的墨水,遇水很容易溶解,用化学方法进行成分分析,也能确定生产厂家和牌号。

3. 打印机的打印特征

气泡技术喷墨打印件的散落墨点较少,主要分布在笔画边缘,其他部位也有少量分布。文字笔画边缘的飞溅墨点较多,且易出现墨点不均匀的现象。压电式喷墨打印件的文字笔画墨点均匀,且几乎没有飞溅墨点。

(三)喷墨打印机个体认定特征

喷墨打印机个体特征主要有:打印笔画残缺、露白、模糊特征;串行接字错位、脱节、重叠特征;字符间距、行距不规则特征;字符偏斜特征;字符不对称特征;污染特征等。

1. 打印字符笔画残缺或模糊特征

喷墨头是喷墨打印机中使用最频繁的元件，易出现墨水干涸导致喷墨嘴被堵塞、电路故障导致某个或某些喷头无法工作等问题，反映在打印件上就是会出现字符笔画残缺或模糊，主要表现为横向贯通的白色线条。这种白色线条在一段时间内具有一定的稳定性和可靠性。在进行比对检验时要注意线条出现的规律、数量及线条的宽度。

2. 打印字符串行接字错位特征

字车是喷墨打印机中运动频繁的部件，在打印时，当字符大小超出喷墨头高度时，喷墨头打完上半截字符后，字车在脉冲电流的指令下会调转方向，继续打印下半截字符。在长期使用的过程中，字车及相关零件之间发生摩擦，就会出现机械间隙。这种摩擦带来的机械间隙会导致在脉冲电流控制和机械运转之间存在一个时间间隙，表现在打印文书上就是字符上下的错位，机械间隙越大，错位的程度越大。

3. 打印字符左右不对称特征

打印时，在电流控制下，字车匀速前进，同时喷墨头向纸张喷出墨水，形成字符。在经过字符与字符之间的空白部分时，字车是先加速，后减速，然后回归到匀速状态，进行下一个字符的打印。在长时间的使用后，字车传动带及其他零件有可能出现故障，字车在变速运动过程中喷墨头就开始喷墨，造成字符出现左右不对称变形的情况。检验时，要比对两次变形之间的距离及每次变形的长度。

4. 打印字符偏斜特征

字车一般安装在导轨上做往返运动，由于安装或磨损等原因，字车与导轨之间的间隙会增大，在打印过程中被传动带拖拽，喷墨头会略偏，从而造成打印字符的列阵与字行轴线不垂直。

四、激光打印机

（一）激光打印机打印原理

激光打印机是将激光扫描技术和电子显像技术相结合的非击打输出设备，采用的是电子照相技术。激光打印机分黑白和彩色两种，其工作原理基本相同。激光打印机完成数字图文信息的转印经历七个主要过程：

1. 主充电。表面涂有光导材料的感光鼓被充电，使其带有相当数量的负电荷（有些需要带正电荷，依据不同原理打印机而不同）。

2. 曝光。根据计算机描述的页面图文信息，由激光调制成二进制点阵形式，并由激光束扫描感光鼓，在鼓面上形成静电潜像。

3. 显影。相当于印刷中产生印版，感光鼓中带负电荷的墨粉被感光鼓面上曝光部分吸附，变为着墨区域，其他区域不着墨。

4. 转印。吸附在感光鼓面上的墨粉粒子由带正电荷加热装置的定影辊加热，墨粉被纸张吸附，墨粉中的树脂被熔化并牢牢地黏结到纸张上，形成字符和图像。

5. 擦除静电。图文转移完成后，纸张背面尚带有相当数量的正电荷，为此需用擦除装置，以消除纸张的静电，预防黏结。

6. 预充电。感光鼓表面由预充电装置充一定数量的负电荷，为下一工作循环做好准备。

7. 清理。清除感光鼓表面残留的墨粉粒子。

（二）激光打印机种类认定特征

激光打印机种类特征主要有：感光鼓特性及规格特征；显影方式特征；分离方式特征；定影方式特征；纸张规格及走纸特征；墨粉材料特征等。

激光打印机打印的文件字迹，笔画边缘齐整，墨迹平实，分辨率高，清晰度好，色泽鲜艳，撇捺笔画比较平滑，点阵痕迹不明显，用放大镜观察，可见笔画是由细小墨粉颗粒堆积而成，笔画交叉处墨粉堆积更明显，或由不规则的片状、块状墨迹构成，在文件空白处也有细小的墨点存在。

（三）激光打印机个体认定特征

激光打印机个体特征：激光打印机个体特征多因使用过程中的部件受损、污染和老化等原因形成，表现为点、块、线状的黑色或白色痕迹及底灰分布，呈周期性、贯通性、弥散性（底灰）、潜在性（印压、硅油斑）等几种形式。

1. 纵向贯通黑线和白线

垂直贯通细黑线的形成原因可能为粉盒故障、充电辊有灰尘或异物、热熔清洁板故障或转印组件故障。垂直贯通的细白线或条带的形成原因可能是激光束光路中有异物阻挡了激光、反射镜脏、转印组件缺陷、高压电源不当、磁辊涂层有缺陷或出粉刀有缺陷。

2. 感光鼓瑕疵

感光鼓上光导体材料的损伤部位不再保留电荷，会在文件上重复形成黑色瑕疵痕迹，其形状与感光鼓上的缺陷一致，可以作为个体特征。

3. 定影热辊形成的个体特征

定影热辊有其使用寿命，多种原因会造成长期使用的定影热辊表面 Teflon 涂层形成磨损，磨损部位会聚集墨粉，在打印件上形成痕迹。最常见的损伤是由于打印卡纸时用户借助尖利工具伸入打印机内帮助清除被卡纸张而造成聚四氟乙烯表层的局部刮伤，墨粉会聚集在损伤部位而打印件上形成重复出现的局部线状墨迹，间距等于定影膜截面周长。如果个体痕迹信息充分反映定影膜的损伤，则可以借此作出同一认定。

五、打印文件的检验程序

（一）字符式打印文件的检验程序

1. 检材的检验

（1）根据 WSJD06004.4－2013《办公设备机制文件种类鉴定规范》，确定检材是否为字符式打字机打印。

(2)选用适当的特征识别方法,发现检材上的打印特征。

(3)分析检材上的打印特征的形成原因,判断打字机的种类特点。

(4)分析检材上的打印特征的数量和质量,初步判断这些特征在同一认定中的价值。

(5)对检材上的打印特征的反应程度,同一认定的价值等情况进行综合分析,初步判断检材是否具备字符式打印文件同一认定条件。

2. 样本的检验

(1)根据 WSJD06004.4-2013《办公设备机制文件种类鉴定规范》,确定样本是否为字符式打字机打印。

(2)选用适当的特征识别方法,发现样本上的打印特征。

(3)分析样本上的打印特征的形成原因,判断打字机的种类特点。

(4)分析样本上的打印特征的稳定性和变化情况,注意分析打印特征变化与时间的关系及打印特征变化的原因。

(5)分析样本上的打印特征的数量和质量,初步判断这些特征在同一认定中的价值。

(6)对样本上的打印特征的反映程度、同一认定的价值等情况进行综合分析,初步判断样本是否具备字符式打印文件同一认定的比对条件。如样本不足的,应要求委托方补充样本。

3. 检材与样本的比较检验

(1)比较检材与样本的打印种类特征的异同。

(2)比较检材与样本的打印个体特征的符合点和差异点。

(3)打印特征的比对方法有以下几种:

①直观比较:通过观察,必要时借助放大镜和显微镜,对检材与样本的打印特征的形态和分布进行比较。

②测量比较:通过测量,对检材与样本的打印特征的形态和位置关系进行比较。

③重叠比较:通过重叠,对检材与样本的打印特征的形态和位置关系进行比较。

④材料特性比较:通过显微观察、视频光谱、点滴分析和仪器分析等手段,对检材与样本的打印墨迹的理化特性进行比较。

(4)打印特征比对表的制作应注意以下三点:

①对于大范围的打印特征,直接在检材和样本复制件上进行标注。

②对于价值高的或细微的局部打印特征,通过复制剪贴或放大、显微摄影,制作特征比对表。

③特征比对表应标明所选打印特征的出处。

4. 综合判断

(1)对检材与样本的打印特征符合点的数量和质量进行评价。评价特征符合点时，应注意分析打印特征的特殊性，一般有以下几个原则：

①与使用过程相关的由打字机磨损、污染等导致的打印特性的价值较高。

②形态特殊的出现概率低的打印特征的价值相对较高。

(2)对检材与样本的打印特征差异点的数量和质量进行评价。评价特征差异点时，应注意分析差异特征的形成原因及可能导致特征变化的因素，需要把握以下几个方面：

①打印时间变化可能导致的特征变化。

②打印条件变化可能导致的特征变化。

③替换、补充耗材可能导致的特征变化。

④保养、维护、维修可能导致的特征变化。

⑤打印种类特征的差异具有非常高的否定价值。

⑥同期样本的差异特征的价值相对较高。

⑦稳定的差异特征的价值相对较高。

(3)对打印特征进行评价时，应特别注意鉴别其他痕迹和因素对打印特征的影响，特别是检材为复写打印或打印后油印形成的，要注意分析复写和油印可能产生的打印特征的变化。对于难以把握的打印特征，可通过模拟试验分析评价特征价值的高低。

(4)对检材与样本的打印特征符合点和差异点的总体价值进行综合评断，形成相应的鉴定意见。

(二)点阵式打印文件的检验程序

1. 检材的检验

(1)根据 WSJD06004.4-2013《办公设备机制文件种类鉴定规范》，确定检材是否为点阵式打字机打印。

(2)根据 WSJD06004.4-2013《办公设备机制文件种类鉴定规范》，进一步确定检材是采用何种打印方式打印形成，如针式打印、喷墨打印、激光打印等。

(3)选用适当的特征识别方法，发现检材上的打印特性及其他痕迹。特别要注意细微的、与图文重叠的、潜在的、纸张背面的等不明显的打印特征。

(4)分析检材上的打印特征和其他痕迹，排除非打印形成的痕迹对鉴定的影响。

(5)分析检材上的打印特征的形成原因，判断形成检材的打印机的种类特点。

(6)分析检材上的打印特征的数量和质量，初步判断这些特征在同一认定中的价值。

(7)对检材上的打印特征的反映程度、同一认定的价值等情况进行综合分析，初步判断检材是否具备点阵式打印文件同一认定条件。

2. 样本的检验

(1)根据 WSJD06004.4-2013《办公设备机制文件种类鉴定规范》，确定样本是否为点阵式打字机打印。

(2)根据 WSJD06004.4－2013《办公设备机制文件种类鉴定规范》,进一步确定检材是采用何种打印方式打印形成。

(3)选用适当的特征识别方法,发现样本上的打印特征及其他痕迹。特别要注意细微的、与图文重叠的、潜在的、纸张背面的等不明显的打印特征。

(4)分析鉴别样本上的打印特征和其他痕迹,排除非打印形成的痕迹对鉴定的影响。

(5)分析样本上的打印特征的形成原因,判断形成样本的打印机的种类特点。

(6)分析样本上的打印特征的稳定性和变化情况,注意分析打印特征变化与时间的关系及打印特征变化的原因。

(7)分析样本上的打印特征的数量和质量,初步判断这些特征在同一认定中的价值。

(8)对样本上的打印特征的反映程度、同一认定的价值等情况进行综合分析,初步判断样本是否具备字符式打印文件同一认定的比对条件。如样本不足的,应要求委托方补充样本。

3.检材与样本的比较检验

(1)比较检材与样本的打印方式的异同。

(2)比较检材与样本的打印种类特征的异同。

(3)比较检材与样本的打印个体特征的符合点和差异点。

(4)打印特征的比对方法有以下几种:

①直观比较:通过观察,必要时借助放大镜和显微镜,对检材与样本的打印特征的形态和分布进行比较。

②测量比较:通过测量,对检材与样本的打印特征的形态和位置关系进行比较。

③线条结合比较:在复制件或扫描图像上连接分散的特征点,对检材与样本的打印特征的位置关系进行比较。

④重叠比较:通过重叠,对检材与样本的打印特征的形态和位置关系进行比较。

⑤材料特性比较:通过显微观察、视频光谱、点滴分析和仪器分析等手段,对检材与样本的打印墨迹的理化特性进行比较。

(5)打印特征比对表的制作应注意以下三点:

①对于大范围的打印特征,直接在检材和样本复制件上进行标注。

②对于价值高的或细微的局部打印特征,通过复制剪贴或放大、显微摄影,制作特征比对表。

③特征比对表应标明所选打印特征的出处。

4.综合判断

(1)对检材与样本的打印特征符合点的数量和质量进行评价。评价特征符合点时，应注意分析打印特征的特殊性，一般有以下几个原则：

①与使用过程相关的由打印机磨损、污染等导致的打印特征的价值较高。

②形态特殊的打印特征的价值相对较高。

③关联组合的打印特征的价值相对较高。

（2）对检材与样本的打印特征差异点的数量和质量进行评价。评价特征差异点时，应注意分析差异特征的形成原因及可能导致特征变化的因素，需要把握以下几个方面：

①打印时间变化可能导致的特征变化。

②打印条件变化可能导致的特征变化。

③替换、补充耗材可能导致的特征变化。

④保养、维护、维修可能导致的特征变化。

⑤打印方式的差异具有非常高的否定价值。

⑥打印种类特征的差异具有非常高的否定价值。

⑦同期样本的差异特征的价值相对较高。

⑧稳定的差异特征的价值相对较高。

（3）对打印特征进行评价时，应特别注意鉴别其他痕迹和因素对打印特征的影响，特别是检材或样本是打印复印件时，要注意分析复印对打印特征的影响。对于难以把握的打印特征，可通过模拟试验分析评价特征价值的高低。

（4）对检材与样本的打印特征符合点和差异点的总体价值进行综合评断，形成相应的鉴定意见。

第四节　静电复印文件检验技术

随着复印机的普及与应用，近年来涉及复印文件的案件也越来越多。复印文件检验正是根据复印文件上反映的特征，进行种类、型号的鉴别，对可疑复印机是否为作案用复印机进行同一认定的过程，从而为确定侦查方向和作案人提供依据。

一、静电复印机的工作原理

静电复印是指利用光电导体遇光导电的性质，通过光学系统使原稿图文于带电荷的光电导体表面成像，形成静电潜像后，再用带电染色剂把图像显现出来的图文复制技术。

静电复印的理论工作过程有多种。根据复印文件的用纸不同，分为直接法复印和间接法复印。直接法复印已经被办公复印机所淘汰。间接法复印过程是把光电导体附在可以反复使用的导体表面，以普通纸作为载体，复制出的图文是从光电导体表面转印到普通纸上的。

光电导体是一种遇光导电的半导体。这种半导体在有光线照射的情况下导电能力很强,表现出导体性质,表面无法积蓄电荷,在没有光线照射的状态下导电能力极弱,接近绝缘体,表面能积蓄电荷。光电导体材料由硒(Se)、氧化锌(ZnO)、硫化镉(CdS)和有机光导体(O、P、C)。

二、静电复印机的基本结构和工作过程

(一)静电复印机的基本结构

现代复印机的型号、功能和用途都多种多样,但其基本结构是大致相同的,一般都由下列几部分构成:

1. 曝光系统(模拟复印机)

曝光系统主要包括稿台玻璃、光源、镜头、反射镜等部件,使图像系统经光学镜头成像后投影到感光鼓表面完成曝光。扫描系统(数码复印机)包括稿台玻璃、光源、镜头、反射镜、CCD(Charge Coupled Device)、多棱镜、激光镭射器等。

2. 感光鼓及其周围部件

感光鼓及其周围部件是静电复印机的心脏。在复印过程中感光鼓匀速转动,固定排列在周围的各个部件依次作用于鼓面,完成各自工作。围绕感光鼓的基本功能部件有:

(1)充电电极:完成对感光鼓的充电过程,使其敏化。

(2)光缝:完成对感光鼓的原稿曝光,形成静电潜像。

(3)显影器:用带电着色剂显出静电潜像。

(4)转印电极:把着色剂图像从感光鼓表面转移到纸上。

(5)分离装置:使纸张与感光鼓分离。

(6)消电电极:消除感光鼓表面的潜像电荷。

(7)清扫装置:消除感光鼓表面残存的着色剂。

(8)消电灯:对参与电荷再进行一次消除感光鼓表面的残留电荷。

3. 供纸、输纸系统

搓入复印纸,在转印位置与感光鼓接触,在分离位置分离,经定影后出机。

4. 定影装置

定影装置把转印到纸面的图像固定于纸面。

5. 电子器件部分

电子器件部分控制各部分同步运转。

(二)静电复印机的工作过程

复印机工作流程如下:

感光鼓充电⟶曝光⟶显影⟶一次消电⟶图像转印⟶定影⟶清洁⟶二次消电。

复印过程从感光鼓充电开始,被充电敏化的部分到达光缝位置,接受来自原稿的图像,在感光鼓上形成静电浅像;通过染色剂的附着,显现出静电浅像;到达转印位置,与供纸系统相遇,在纸背面转印电极的作用下,纸张与感光鼓分离;经过定影装置,墨粉在压力或热量的作用下,着色剂黏附在纸上,最后复印成品出来。

三、静电复印文件特征

模拟复印机与数码复印机的基本复印原理一样,差别在于静电潜像生成前过程不同,后续显影、转印、定影等工作基本相似。因此,复印文件的基本特征如下:

复印文件纸张图文部分光滑平整,无压痕。图文墨迹一般由细小墨粉颗粒构成,有浮凸感,笔画边缘界限不分明。细笔画有中浓边淡现象。与原件相比,有缺少笔画的现象。多次复印之后出现底灰(遍布整个页面的细小墨粉颗粒)。图文反差大,连续调图像缺乏层次感。

四、静电复印机的种类鉴别

静电复印的种类鉴别是在使用静电复印机进行各种违法犯罪活动的案件中,根据复印文件上遗留的各种痕迹特征,综合分析和判断复印机的类型、具体工作方式而确定复印机的牌号、型号的一种技术方法。

静电复印机的种类鉴别主要从以下几个方面进行:

(一)感光鼓种类

感光鼓是静电复印机的核心部件。不同类型复印机在感光鼓制作材料的选择和设计规格上不完全相同,反映在复印件上的某些特性也不同。

各种光导材料对于不同颜色有不同的灵敏度。光导材料对原稿的某种色彩越敏感,显影时吸附的着色剂也就越少,复印出来的色调就越深。如果用于复印的原稿是彩色的,就可利用这点差别进行判断,如硒鼓对蓝光敏感,所以对纯蓝墨水和蓝色圆珠笔字迹表现的色调浅,而对红色印文和黄色底纹表现出较深色调。

感光鼓使用到一定程度会发生老化和磨损,不同光导材料随着老化使复印文件质量变差的特征也不同。

由于不同复印机内部设计的几何结构不同,感光鼓直径大小也不同,如果感光鼓有擦刮损伤,反映在复印件上,则可据此固定痕迹特征来计算感光鼓直径。

(二)显影方式特征

不同类型复印机所采用的具体显影机构不同,会使复印件上的墨迹表现出不同显影方式的特征。

1. 瀑布式显影

显影机构的主要部件是提升机,显影剂用有涂膜的玻璃珠作为载体,提升机上升后,显影剂自然落至显影部位,复印图文密度大,因墨粉颗粒粗而使图文的分辨率较低,在图上易产生边缘效应,即较宽线条或图案出现边缘浓、中间淡,甚至无墨粉的现象。由于瀑布式显影效果差,已经被淘汰。

2. 磁刷式显影

显影机构的主要部件是旋转磁鼓，通过用铁粉或经过特殊处理的磁性粉末作载体的显影剂过显影部位显影。采用磁刷式显影的复印图文密度大，分辨率高，成像质量好，无边缘效应，图文线条由细小颗粒组成，墨迹有沿走纸方向的刷痕。

3. 单组分跳动显影

单组分跳动显影主要部件是旋转磁鼓，墨粉本身有磁性，被吸附到显影部位。采用单组分跳动显影的复印图文密度大，分辨率高，墨粉颗粒也较细；边缘效应小，墨粉有磁性，可用磁性检验仪直接在复印件上检出。

4. 液干式显影

液干式显影的显影方式的主要部件是显影托盘和挤料辊，被显影区域浸过显影剂，复印件图像最大密度比较低，总观色调浅淡；由于挤料辊的作用和特有的海绵辊擦鼓方式使复印件上较易出现底灰和通篇条痕；连续调原稿图案的层次较好；墨粉颗粒呈片状（或干裂状）。

（三）分离方式特征

1. 分离带分离

在感光鼓与支路之间的边缘外隔一条约1cm 宽的薄塑料带。这种复印件与走纸方向相平行的一端有一条白边，邻近白边的图文易发虚。

2. 金属分离带加压丝分离

使用金属片代替塑料带，但因金属分离带较塑料分离带，在转印位置处，金属分离带的一段工作区域内不能很好地与感光鼓贴紧，所以在纸背上距分离带 1 ~ 3mm 又加了一个由套有塑料管的铜丝制成的压丝。由于压丝有时会被污染，就会在纸背留下擦蹭痕迹。

3. 电晕分离

在纸张背面加了一个交流电晕，通过交流电场的作用把纸张与感光鼓相互吸引的正负电荷中和掉，使纸张自然下落与感光鼓分离。电晕分离法在复印件不会留下痕迹，复印大幅图像或复印件由底灰时，可看到图像或底灰布满整个纸面。

（四）定影方式特征

1. 热辐射定影

热辐射定影复印件的主要墨迹特征是：墨粉印不受外压而呈松散状，墨粉较多的部位犹如雕刻凹版印刷品那样的强立体感；由于在熔融过程中物质固有的表面张力作用，墨粉图文外表光滑，呈丘陵状，测光观察有明显亮光。

2. 热压定影

热压定影复印件图文墨迹平整，墨粉颗粒紧凑，无明显亮光和立体感。有时，因定影辊拒磨损引起压力不均，会使复印件被碾压起皱。

3. 冷压定影

冷压定影复印件的图文不但墨迹平整、墨粉颗粒紧凑，而且墨色很黑，墨迹有亮光，但无热辐射定影那样的立体感；与原稿相比，线条变粗，分辨率降低，由于定影不牢，图像很容易被搓下来。

（五）用纸规格特征

虽然目前通用的复印机通称为普通纸复印机，但这些复印机对纸张仍有一定的要求。为了保证纸张在传输通道中畅通无阻，不同类型的复印机都要求纸张具有合适的定量和纸幅。目前使用的绝大多数复印机要求复印纸的定量范围是 $60 \sim 80g/m^2$。但也有的复印机用纸可以薄到 $40g/m^2$ 或厚到 $120g/m^2$，复印机用纸的规格是按国外的纸幅标准规定的。

除此以外，还可以从输纸机构特征、着色剂种类特征、转印方式特征等方面进行静电复印机的种类鉴别。

五、复印机的同一认定程序

（一）复印机检验样本的收集

平时样本：复印机正常使用过程中，由个人或单位统一存档的复印件，最好收集同期复印样本。实验样本：根据检验要求，在可疑复印机上变换不同条件复印，变换条件主要包括墨粉浓淡、放缩倍率、用纸规格和其他功能等。收集样本的记录：应记录样本收集的时间和复印时间、拥有复印机的单位或个人、维修换件情况、复印机本身的牌号、生产厂家、购进启用时间等。

（二）复印机同一认定程序

1. 充分利用物证、样本，选取特征进行比对

首先分别在检材和样本上选取特征，并详细记录，再将所选特征进行比对检验，检验时应注意：需要比对的是机具特征，而不是作为“印版”的原稿特征；要看相同内容的多张物证上同一特征的位置，也要看不同内容的物证是否都有这一特征；如果物证只有一张，则要与样本比对，确定是否为同一认定的特征。

2. 综合评断

通过比较检验，对特征的符合点和差异点作出分析判断，作出认定同一或否定同一的结论。符合点分析：如果种类特征相同，特殊的同一认定特征也相同，差异点又可以解释，则可作出认定结论。差异点分析：如果种类特征不符，某些特征并非机具本身变化因素造成的差异，应属本质差异；若某些特征是在使用过程中各种变化因素造成的差异，应属非本质差异。

（三）复印机的同一认定

复印机的同一认定是一种根据复印文件所反映出的特征，对可疑复印机是否为复印物证文件的复印机做出鉴定的技术手段。

静电复印机的同一认定特征：

1. 复印机的装配调试误差。

2. 复印机经组装、调试后出厂，不可能每台复印机的光学性能和几何结构完全相同，即各台复印机之间会存在一定的误差，具体表现为比例误差。比例误差是指复印件与纵、横线条长度与原稿上对应的纵、横线条长度的相对误差。

横向误差是由于光学镜头的成像误差引起的（鼓轴向）。纵向（纸张纵向运行方向）误差是由于光学系统扫描速度和感光鼓转动线速度的同步误差引起的。不同复印机的横、纵向比例误差不同，有的可能会超出此范围。这一特征只有在获得原件或能推算出原件规格的情况下才能进行应用。起始线误差，即复印件上起始线至质变的距离与原稿上起始线至纸边的距离之差。部颁标准为 ±2mm，即不同复印机的起始线位差可在 4mm 范围内变动，它反映感光鼓运转过程与进纸时机的误差，如进纸偏早则会使纸头超出复印区域留有一条空白。

3. 分离边宽度。分离边宽度是由纸盒、分离带与感光鼓的轴向相对位置决定的。纸盒、分离带与感光鼓的轴向相对位置这些特征都是复印机一出厂就会有的，具有较好的稳定性。只有在复印机经过大修、统调后，这些特征才会改变。在小范围内，上述特征结合到一起的可能性只会发生在同一台复印机上。

4. 光学系统的污染印迹。复印机在使用一段时间之后，稿台玻璃、光学镜头和各个反光镜等光学部件可能会被污染或损伤，从而影响图像的成像质量。这些污染的痕迹在鉴别时必须要有两张以上的样本或原稿对照，只有一张复印件的情况则不易区别。

5. 感光鼓损伤印迹。感光鼓痕迹是复印机长期使用后形成的，具有一定的稳定性，鼓面损伤印迹的形态依据引起损伤的原因不同而不同：

（1）擦刮痕。感光鼓在转动过程中与周围部件摩擦形成的条痕。具体表现为随机分布的沿走纸方向的长短不等的细线。

（2）磕碰痕。在拿取、安装、维修过程中，由于磕碰引起的不规则形态损伤痕，具体表现为不规则形态的线痕、点痕。

（3）电击穿痕。由电极丝与感光鼓局部短路形成弧光放电造成感光层损坏，形成圆形斑点，具体表现为纸上为带黑色的空白漏印点。

（4）老化痕。因为感光鼓使用时间较长而出现的自然老化损伤。具体表现为感光鼓脱落或烂痕，在纸上为不规则的黑色漏印点或大面积细密短线。

第五节　传真文件检验技术

传真机是在公用电话网或其他网络上传输文件、图表及数据等信息，是集计算机技术、通信技术、精密机械与光学技术于一体的通信设备，具有快速、准确、真实传送各种信息的特点，在办公自动化领域中占有重要的地位。每台传真机都有发信和收信部件，集收发功能于一体。

传真文件是原稿的硬拷贝。发方传真机的发信系统利用光电转换技术将原稿图文转变为电信号，通过电话线路传输给收方，收方传真机的收信系统把接收到的电信号转变为光或热信号，通过相应的技术，将还原的光信号以可视的与原稿一样的图像记录在承印介质上，形成传真文件。传真文件检验就是根据传真文件上反映的由传真机有关部件造成的痕迹特征，来确定发送方和接收方传真机的品牌、型号，并通过传真文件上的个体痕迹特征，对可疑传真机进行同一认定，为侦查破案、认定犯罪提供方向和证据的检验技术。

一、传真机的种类及其工作原理

（一）传真机的种类

传真机可以从传输方式（信号形式）和输出方式两个方面进行分类。

根据国际电报电话咨询委员会（International Telephone and Telegraph Consultative Committee，CCITT）的建议，目前已应用与开发的文件传真机可分为四类：一类机（G1）、二类机（G2）、三类机（G3）和四类机（G4）。G1 和 G2 是将图像数据当做模拟信号处理，在 20 世纪七八十年代使用，已被淘汰。G3 传真机使用公共电话线路，目前使用得较为普遍。G4 传真机是用于公共数字网（PDN）的设备，其传输的速度更快，图像质量更清晰，现实中越来越得到普及。

按照输出方式，目前市场上常见的传真机可以分为四大类：热敏纸传真机、热转印传真机、喷墨传真机、激光传真机。

对于不同类型的传真机而言，主要的区别在于不同的工作原理。

1. 热敏纸传真机

热敏纸传真机又被称为卷筒纸传真机，是通过热敏打印头将介质上的热敏材料烘烤变色，生成所需的文字或图像。

2. 热转印传真机

热转印传真机又被称为色带传真机，是通过加热转印色带，使涂敷于色带上的油墨转印到纸上形成文字或图像。

3. 喷墨传真机

喷墨传真机是由步进马达带动喷墨头左右移动，把从喷墨头中喷出的墨水喷涂在普通纸上，实现文字和图像的打印。

4. 激光传真机

激光传真机采用的是激光打印机的打印技术，凭借控制激光束的开启和关闭，在感光鼓上产生带电荷的图像区，此时传真机内部的墨粉会收到电荷的吸引而附着在纸上，形成文字或图像。

（二）传真机的工作原理

1. 传真原理

目前使用的传真机多采用数字信号处理技术的通信设备，故又称为数字式传真机。传真通信很像由电话线连接起来的两台复印机，它通过电话线将一页文件由一个地点传送到另一个地点。在发送端，传真机的发送部分首先要对发送文件进行扫描，产生表示图像的电信号，经数字化处理和压缩编码，再经调制解调器，将它们转换成普通电话线可以传送的音频信号发送到线路上。在接收端，接收机经过与发送相反的过程，对信号进行解调，并通过打印机将原文件图像复制出来，形成原稿副本。

2. 传真机的结构

传真机的结构主要包括：图像扫描系统；调制解调系统；图像的记录系统；自动进纸，排纸部件和同步电机的机械系统及微机控制系统。

3. 传真机的工作过程

（1）发送扫描。发送扫描，是将原稿二维图像信息分解为微小的单元（形象素），然后按照一定的先后顺序，把这些微小的单元变换成一维的、随时间而变化的光信号。

（2）光电变换。光电变换，是将由发送扫描送来的随时间而变化的信号，经过电路处理后转换成与光信号相对应的电信号。

（3）信号传输。信号传输，是将由光电变换而取得的电信号，经过图像处理，信号传真编码、调制及信号编码后送至传输线路，传输出去。而对于接收端，则是经过解调后的传真信号送至译码处理电路，进行译码，使其恢复为与原图像信息一致的图像信号。

（4）记录变换。记录变换，是将经译码后与原图像信息相同的图像信号，再经过一定的控制电路及装置转换成如电能、热能等能量，去驱动记录头动作，记录出随时间而变化的一维图像信号。

（5）收信扫描。收信扫描，是把随时间而变化的一维图像信号，按先后顺序与位置经过组合后，再转换成与原稿相同的二维图像副本。

二、传真文件的基本特征

（一）传真机在打印传真文件的同时，也把传真机的报头码如日期、时间、单位名称、电话号码等打印在纸张上。

（二）传真文件上文字的字体是被传送文件的字体，传真文件的图文字体受发送原稿的支配，可以是各种图文字体。

（三）传真文件上文字的笔画有锯齿状，传真文件记录的文字笔画均由点阵组成，用标准分辨率（3.85 像素/mm）时，可以看到明显的锯齿状特点，传真文件打印字符的横竖笔画边缘都会出现阶梯形态。

三、传真机的种属鉴别特征

传真机的种类鉴别就是根据传真文件上反映的由传真机有关部件造成的痕迹特

征，判断发方和收方传真机的种类和型号。

（一）发送机型特征

发送机型特征，是指传真文件反映出的发送机的功能、扫描系统及图像处理结构特点、字符发生器工作方式的痕迹特征。

1. 送稿方式特征

送稿方式有手动送稿和自动送稿两种。如果传真文件报头码的页号只显示"1"页，即多页传真件每页的页号都是"1"，报文位置不正或不完整，则是手动送稿方式。如果报头码的页码依照发送的页数，按"1，2……"顺序排序，则为自动送稿方式，而且页号数最高只达到自动送稿的设定页数。

2. 扫描器类型特征

扫描器主要有CCD传感器和CIS（Contact Image Sensor）接触式图像传感器两种。CCD传感器的光路及光学镜头容易受环境污染，使传真文件出现纵向的黑色现状痕迹，而CIS接触式图像传感器的光学部件由于采用密封设计，则不容易污染，传真的图文清晰且无杂乱痕迹。所以根据传真的图文的清晰度及有无杂乱痕迹，可以分辨出扫描器的类型。

3. 分辨率特征

分辨率即扫描密度，可分为垂直分辨率和水平分辨率。按照国际标准规定，水平分辨率为8像素/mm，垂直分辨率主要有3.85像素/mm（标准）、7.7像素/mm（精细）、15.4像素/mm（超精细）三种。一般将水平分辨率省略，只以垂直分辨率来表示。分辨率越高代表扫描的精度就越高，打印的图像越细腻，图像缺口及阶梯形状特征越不明显。图像的分辨率可通过测量、计算获得。

4. 报头码特征

传真文件上都会有报头码，但不同的机型的报头码登录的项目及表达方式不同。具体体现在以下几方面：

（1）日期和时间。不带时钟的传真机，传真机上没有发送日期和时间。带有时钟的传真机，发送的传真件上会记录发送的日期和具体时间。不同机型采用的日期表达形式也不尽相同，有的为"月/日/年"，有的为"日/月/年"。

（2）发送终端识别（Transmission Timing Interval，TTI）和远程终端识别（Basic Rate Interface，BRI）。发送终端识别可以使收方从传真件上看到发送传真的单位及电话号码，有的机型将发方名称和电话号码设置在一个栏目中，有的设置在两个栏目中，不同机型可登录的TTI位数也不同，有10位、17位等，在TTI前方都有"FROM"字样。远程终端识别，是指在传真件的报头码中有收方的电话号码，有的机型具有打印RTI（Real Time Innovations）功能，并且在RTI前方有"TO"字样，一般的机型都不具备打印RTI功能，只显示在发方的显示器中。

（3）报头码形式。主要包括报头码字母的写法、使用的语种、报头码的长度、报头码的字符高度等。

(4)尾码。有些机型在发送结束时,会发送一个尾码作为结束标志,不同品牌的尾码内容和形式不同,如“END”、“TOTAL”等。

(二)接收机型特征

1. 纸张特征

不同类型的传真机对纸张有不同的要求。例如,热敏式传真机使用热敏卷筒纸;热转印传真机使用普通卷筒纸,卷筒纸一般有 B4(50mm)、A4(210mm 和 216mm)、B5 三种尺寸;激光传真机和喷墨传真机则使用普通单页纸,常见尺寸位 B4(257mm × 364mm)、A4(210mm × 297mm)。所以根据传真文件使用纸张的类型,可确定接收机型的大致种类。

2. 最大记录宽度特征

最大记录宽度特征,是指记录机构在传真纸上记录报文的最大宽度,与记录纸一样分为 A4 和 B4 两种,不同机器采用的记录机构尺寸不同,即使用同种纸张的传真机,其记录头的长度也有不同。记录头无法印出超过其宽度的报文内容。通过测量报文内容的宽度可判断传真机的最大记录宽度,从而为确定接收机型提供依据。

3. 记录机构特征

记录机构特征反映扫描记录机构的类型、部件特点、显影方式及显色物质、记录载体等。

(1)热敏记录机构。热敏传真机记录机构为热敏纸,传真件保存时间过长时,热敏纸中的发色物质会发生逆反应,使图文褪色。

(2)热转印记录机构。热转印传真机记录机构是普通卷筒纸和热敏色带,传真件中的文字图像表面光泽明亮,反差强,有立体感。

(3)激光记录机构。激光传真机使用普通纸和墨粉显色,图文线条由点状组成,线条流畅,图文复制性好。

(4)喷墨记录机构。喷墨传真机使用普通纸和墨水显色,传真字迹色泽暗淡,笔画边缘不齐,有洇散现象。

4. 平滑功能

平滑功能是消除字符边缘的锯齿现象,保证文件清晰度的一种清晰度。它能使接收到的传真文件更加清晰美观。可以依据传真文件的特征确定是否具有平滑功能,从而为种类鉴别提供依据。

5. 缩放功能

有些传真机跟复印机一样对原稿具有缩小或放大的功能,但不同传真机其缩放功能可能略有不同,目前的传真一体机其缩放倍率一致,基本上都有几个不同的缩放档位。在种类鉴别时,也可以根据传真文件图文的大小变化测量计算出缩放倍率,从而为种类鉴别提供线索和依据。

四、传真机的同一认定特征

传真机的同一认定就是根据传真文件上反映的由传真机有关部件造成的个体痕迹特征，确定该传真文件是否为可疑传真机传真的过程。传真机机台同一认定对排除可疑传真机，确定涉案机台具有重要的作用。同一认定的前提是要充分收集可疑传真机台的样本。对传真机同一认定的依据是各台传真机所具有的随机性特征，通过物证文件与样本文件的比对检验来进行的。传真机的同一认定特征有以下几个方面。

（一）光敏鼓损伤痕迹

激光静电复印式传真机的光敏鼓在长期使用中不断磨损，相应就会产生一些损伤痕迹并反映到传真文件上。若相互比较的传真件上出现同一形态痕迹，即可作为同一认定的依据。

（二）记录头特征

热转印式或喷墨式普通纸传真机在使用中会发生损坏、松动、上脏以及长期受热变形等。反映在纸上则有笔画缺损、空白、笔画弯曲、变形或出现纵向白道。这些特征的组合，在不同传真机上各自有别。

（三）原稿台透光玻璃污损痕

原稿台透光玻璃污损会在印件上产生纵向黑道。另外，扫描图像的 CCD 损坏，也会产生纵向黑道或白道。

（四）热转印色带留下的图像文字负片

采用热转印色带作为记录媒体的普通纸传真机，使用后的转印色带上会留下传真图像的负片。如果能收集到这种使用过的热转印色带，便可仔细辨认印迹，并与检材作比对，即可作出结论。

（五）时间、日期、发送者的眉头和页眉等信息特征

大部分传真机在接收的一端均留下传送时间、日期、发送者识别码的眉头和页眉等信息。据此可认定嫌疑传真机。

此外，原稿传输和打印纸传输过程中可能留下的印痕也可以作同一认定用。在对传真机进行同一认定时，应对重点可疑机的使用、维修、保养等情况进行全面调查了解，从而排除因机具的维修、换件等情况产生的特征差别对认定的影响。

五、传真文件检验要点

（一）根据检验要求收集样本

在收集样本时应注意，样本的种类有发机样本、收机样本、复印样本和工作报告。机台样本的收集要明确检验要求是认定发机还是认定收机，而收取相应的样本材料。

（二）样本的收集要及时、全面、符合检验要求，并注意保存

传真件样本的保存十分必要，样本不能受损坏，热敏纸样本应力争降低褪色速度，不能用有增塑剂（塑料）物质材料夹放传真件。其纸面不能因擦划产生新的痕迹。

(三)注意对传真机使用情况的调查

在对传真机进行同一认定时,应对重点可疑机的使用、维修、保养等情况进行全面调查了解,从而排除因机具的维修、换件等情况产生的特征差别对鉴定意见的影响。

思考习题

1. 传统制版印刷文件有哪些类型?每种类型的印刷文件有何特征?
2. 点阵式电子打印机有哪些类型?每种类型的打印文件有何特征?
3. 如何对激光打印文件进行同一认定?
4. 激光打印文件与静电复印文件有何区别?
5. 如何对传真文件进行同一认定?

拓展阅读书目

1. 黄建同主编:《文件检验》,中国人民公安大学出版社 2013 年版。
2. 黄建同主编:《文件检验实验指导》,中国人民公安大学出版社 2014 年版。
3. 邹明理、杨旭主编:《文书物证司法鉴定实务》,法律出版社 2012 年版。
4. 杨旭、施少培、徐彻主编:《文书司法鉴定技术规范及操作规程》,科学出版社 2014 年版。
5. 许爱东主编:《物证技术学》,法律出版社 2012 年版。
6. 许爱东主编:《文书司法鉴定理论与实务研究》,法律出版社 2013 年版。
7. 贾治辉主编:《文书检验》,法律出版社 2010 年版。
8. 崔岚主编:《印刷文件检验技术规范》,中国人民公安大学出版社 2012 年版。
9. 刘真编著:《印刷概论》,印刷工业出版社 2008 年版。
10. 中华人民共和国司法部司法鉴定管理局:《印刷文件鉴定规范》(SF/Z JD0201004 - 2010)。

第二十一章　篡改(污损)文件检验技术

本章概要

本章主要介绍了添改文件、擦刮文件、消退文件等变造文件,浸泡文件、破碎文件、烧毁文件等污损文件检验及修复的要点。通过本章的学习,要能够掌握篡改(污损)文件部分检验方法,并了解其原理。

关键词

篡改文件;变造文件;污损文件;添改;消退;模糊内容

第一节　概　　述

篡改(污损)文件检验是文书物证检验的重要内容。篡改文件有广义和狭义之分。广义的篡改文件包括变造文件与污损文件。狭义的篡改文件仅指变造文件。在篡改(污损)文件检验中,应根据变造手段的不同或污染、损毁方式的差异,采取不同的检验方法,制定专门的检验方案。

一、篡改(污损)文件的分类和定义

(一)变造文件

变造文件,特指狭义的篡改文件,即在原真实文件的基础上,采用各种作假的手段对原真实文件的局部内容加以改变而形成的内容虚假的可疑文件。常见的变造手段有添加、涂改、擦刮、消退、掩盖、粘贴、拼凑、挖补、换页、拆封等。

根据变造手段的不同,变造文件可分为添改文件、擦刮文件、拼接文件、消退文件、掩盖文件、挖补文件、换页文件和拆封文件等。

1. 添改文件,指采用添加、改写等手段在原真实文件(或文字)的基础上添加部分内容(或笔画)对原真实文件的局部内容加以改变形成的内容虚假的可疑文件。

2. 擦刮文件,指利用一定的工具如刀片、橡皮等,采用刮、擦等手段对原真实文件的局部内容加以改变形成的内容虚假的可疑文件。

3. 拼接文件，指利用原真实文件（一份或多份）的局部内容，采用剪接、粘贴拼凑、复制等手段直接拼接，或利用图像处理软件进行剪裁拼排，间接拼接形成的内容虚假的可疑文件。

4. 挖补文件，指采用挖补、粘贴等手段去除原真实文件的局部内容后在补贴上所需内容变形成的内容虚假的可疑文件。

5. 消退文件，指采用各种消退手段消除原真实文件的局部内容，必要时添加所需内容形成的内容虚假的可疑文件。

6. 掩盖文件，指采用各种涂抹、裱糊、遮掩等手段对原真实文件的局部内容加以改变形成的内容虚假的可疑文件。

7. 换页文件，指采用抽取、替换等手段对原真实文件的局部内容加以改变形成的内容虚假的可疑文件。

8. 拆封文件，指对已经密封的文件，采用一定手段拆封后替换或抽去有关内容后再密封复原形成的可疑文件。

（二）污损文件

污损文件是指文书物证在制作、保存、传递、使用的过程中受到污染、损坏的各类文件的总称。污损文件与变造文件的区别在于，文件的各种变化并非系故意采用作假的手段形成，通常是环境或意外所致，如污物污染、破碎、烧毁、浸损、粘贴、裱糊、模糊等。主要包括污染文件、破碎文件、烧毁文件、浸损文件等。污损文件检验的主要任务就是清洁和整复被污染、损坏的文件物证，固定整复的污损文件，辨读模糊或不可见内容等。

1. 污染文件，特指被各类污染物质如粪便、污渍、血迹、泥土等污染的污损文件。

2. 破碎文件，又称分离文件，特指被破坏、撕裂、裁剪或其他外力作用下，已分离成若干部分的污损文件。

3. 烧毁文件，特指已被燃烧、烧烤或正在燃烧的污损文件。

4. 浸损文件，特指被水浸湿（泡）而黏连、损坏的污损文件。

二、污损文件的整复和固定方法

整复和固定污损文件是污损文件检验的重要步骤。在整复前，应采用一定方法固定其原貌，一般采用拍照的方法。可依据污损方式的不同，针对不同类型的污损文件采取不同的清洁、整复和固定方法。

（一）污染文件的清洁

污染文件在清洁时应当遵循如下原则：

1. 污染文件清洁时，应当遵循先分析污染物质和被污染文件内容的理化特性，再选择合适的清洁方法的原则。

2. 如需要提取污染物质进行进一步检验时，提取的污染物质应用洁净器皿妥善保存,且提取时应尽量不破坏被污染的文件内容。

3. 根据污染物和被污染文件内容的具体情况,制定清洁方法,必要时应做预实验。

4. 清洁污染文件时,以不扩大污染范围、不破坏文件上被污染的内容为原则。

(二)破碎文件的整复和固定

1. 破碎文件的整复应遵循先分析文件碎片的特性及分布情况再拼接的原则。

2. 对破碎文件的碎片进行分析时,应仔细、全面,特别注意分析文件碎片的几何形状、边缘痕迹、理化特性及其上文字、线条、图案、污染痕迹等内容,并甄别其相互关系。

3. 拼接破碎文件时,可根据碎片上的具体情况,采用先局部拼接再整体拼合的原则,由边缘向中心或由内向外逐步拼接。

4. 在对破碎文件的各分离部分进行局部拼接时,应首先选择面积较大、边缘完整、形状特殊、有明显特征的碎片进行拼接。

5. 拼接的破碎文件可用玻璃或有一定硬度的透明薄膜进行固定,不宜进行裱糊、粘贴,并应采用拍照固定。

(三)烧毁文件的整复和固定

1. 整复被烧毁的文件时,应以保持原状、不再损坏为原则,禁止采用破坏性方法。

2. 烧毁文件的固定应遵循先整复后固定的原则。

3. 烧毁文件可用15%的甘油水溶液,采用喷雾、气熏或直接用水漂等方法进行软化摊平。

4. 烧毁文件如已分离成碎片的,可参照破碎文件的拼复方法进行拼合。

5. 烧毁文件的整复后,可用玻璃或有一定硬度的透明薄膜进行固定,也可采用2%~3%有机玻璃三氯甲烷溶液或发型胶直接喷涂固定,并应采用照相固定。

(四)浸损文件的整复和固定

1. 对黏连的浸损文件在分离展开时,应以保持原状、不再损坏为原则,禁止采用破坏性方法。

2. 对已浸湿黏连的浸损文件如不能直接展开的,可待其干燥后再小心分离。

3. 对已干燥的浸损文件如不能直接展开的,可稍加润湿,待其软化后再小心分离。

4. 浸损文件如已分离成碎片的,可将碎片分离后按照破碎文件的拼复方法进行拼合。

5. 整复后的浸损文件可用玻璃或有一定硬度的透明薄膜进行固定,不宜进行裱糊、粘贴,并应采用拍照固定。

总的来说,要分析污损文件被污染、损坏的原因,确定具体的整复和固定及其他检验方案。如在检验过程中,怀疑污染文件存在变造可能的,可根据污染文件的具体情况进行检验。如污损文件上有印压痕迹的,也可对文件印压字迹进行检验。

三、篡改(污损)文件常见检验方法

在检验变造文件或辨认污损文件模糊内容时,常用检验方法如下:

（一）目测检验

在自然光或照明光源下，通过目视或借助放大镜等其他工具，对检材需检部位的色泽、状态、宏观形态等特征进行分析和比较。

（二）显微检验

借助材料显微镜、激光共聚焦显微镜、电子显微镜、三维成像显微镜等，对检材需检部位的色泽、状态、微观形态等特征进行分析和比较。

（三）分色检验

检测和分析比较被检测部位在可见光范围内特定波长光线的反射或吸收特性。

（四）紫外线检验

检测和分析比较被检测部位对紫外线吸收或反射特性等。

（五）红外线检验

检测和分析比较被检测部位对红外线吸收或反射特性等。

（六）荧光检验

在特定光源的激发下，检测和分析比较被检测部位的荧光响应特性等。

（七）分析仪器检验

利用显微分光光度计、拉曼光谱仪、显微红外光谱仪等现代分析仪器，检测和分析比较被检测部位的光谱特性、成分等。

（八）光谱成像检验

利用不同波长范围的光谱成像仪器，或带光谱成像系统的拉曼光谱仪、显微红外光谱仪等分析仪器，检测和分析比较被检测部位的光谱特性等，并根据被检测内容的光谱特性生成可视光谱图像，达到显示有关内容或痕迹的目的。

（九）化学检验

选用适当的化学试剂，点滴分析检测部位纸张、文字色料等的化学特性，或显现被消退、模糊字迹等。

（十）高温灰化法

根据烧毁文件的灰化程度及文字色料的类型，利用高温电炉等对文件进行加温，使其在高温下进一步灰化，观察文字在灰化过程中的变化，达到显示模糊文字的目的。

（十一）残字推断法

根据需检部位的残留或模糊笔画，按照文字的书写规范，结合书写人的书写习惯，推测被破坏或模糊文字的原有内容。[1]

---

[1] 参见司法部司法鉴定管理局2010年4月7日发布《篡改（污损）文件鉴定规范》。

第二节　变造文件检验技术

一、添改文件检验

添改文件属于变造文件的一种。在文件检验中,添改文件是指篡改者出于某种意图,通过采用添加、改写等手段在原真实文件(或文字)的基础上添加部分内容(或笔画)而对原真实文件的局部内容加以改变形成的内容虚假的可疑文件。

实践中,添改文件的案件数量呈现明显上升趋势。这是因为伴随我国民事、经济等活动的日益频繁,在涉及个人重大利益时,一些人缺乏诚信意识,不畏惧道德与法律,不惜以身试法。由于添、改等方式简单易采用,成了他们篡改文件的首选。同时,由于添改的内容往往量较少、线索较少,且篡改者一般采用与原真实文件相同或相似的笔墨、纸张、打印机等进行变造,甚至刻意模仿笔迹,这些造成了添改文件具有隐蔽性强、鉴定难度大等特点。

检验添改文件时,宏观上,鉴定人要将文件检验等与案情联系起来,注重了解文件与案件事实的关系。中观上,要整体分析文件内容、格式布局、语言特色、纸张材料等特征。微观上,针对特定笔迹、特定痕迹,要认真比对研究特征异同。

(一)详细了解案情

详细了解添改文件的案情特别重要。添改文件隐蔽性强、鉴定难度大,鉴定时认真了解案情,明确双方当事人争议焦点。一般来说,添改的内容是双方重大利益所在。通过查阅案卷、询问当事人、证人等方式,了解清楚添改后对何方有利,经手人、保管人与添改后的利害关系等,可以为鉴定意见提供佐证。

了解文件书写者、篡改者的身份信息,如年龄、学历、职业、健康状态、精神状态等。详细了解添改文件的制作、保存、勘验、提取的详细过程,如纸张、书写工具的来源,具体时间、地点、环境、书写姿势、衬垫物,何处何打印机何人打印,用何处的印泥捺印的印文、指印等。这些都是对鉴定的有益补充。

有些委托人不了解文件专业知识,委托的内容不是争议的关键。此时,通过详细了解案情可以为他们找出问题症结所在,使文件鉴定真正服务于查明案件事实。

总的来说,不注重了解案情,就等于割断了文件与案件事实的联系,孤立地就事论事实施鉴定,往往事倍功半,解决不了问题,甚至导致错误结论的出现。鉴定人只有在详细了解案情的基础上才能着手鉴定。

(二)全面分析文件特征

添改文件是在原真实文件基础上进行的,其必然使原文件的内容、格式、文字布局、纸张、文字色料等要素产生一定的变化,反映出相应的反常信息,为识别添改提供依据。

1. 分析文件内容前后表述有无矛盾

一份真实的文件都是为了表述某一特定的内容，其具有较强的连贯性和逻辑性。添改者对其进行添加和改写，目的是改变或部分改变原来表述的意思、反映的事实，这就破坏了文件的完整性、逻辑性。添改的部分内容可能导致与原来内容逻辑不清、语法不连贯等现象。在添改过程中，受添改者注意力、观察力局限性的影响，可能会出现顾此失彼、添改内容与原有内容矛盾的现象。

2. 分析文件格式有无矛盾或不协调

对原文件进行添改，可能造成添改后的文件内容和形式之间出现矛盾或不协调，甚至造成文件的格式分布与通常的或规范的文件格式明显矛盾。首先要观察文件的内容和采用的文件形式之间关系是否符合规范的、通用的或人们在生活中约定俗成的表达习惯。其次，要研究添改后形成的文件格式是否符合规范。例如，添改形成的文件格式可能出现段首空格不空、少空、多空等不规范现象，或行首、行尾超出正常等不正常现象。但是，在检验中要特别注意一种情况，就是书写人本身具有的特殊书写文件格式，我们要把这种特殊格式和添改后造成的文件格式特殊区别开来。

3. 观察文字布局有无反常现象

对文件进行添改，位置通常在原文件的字间、行间、段首、段尾、内容与落款之间，或文件的其他空白之处，这必然会破坏原文件正常的文字布局。受空间的影响或由于添改人对书写空间估计不准，常造成添改部分出现疏密不均、与原来布局不协调的现象。例如，在一起伪造合同案件中，作案人在正文下面、落款上面又加入一条款，由于书写空间较小，就出现书写文字明显变小，字间距、行间距均变小的特点，与原来文字布局明显不同，明显违背了书写人的正常书写习惯，再结合其他特征，可以十分把握的认定添加事实。

4. 了解与观察纸张方面的特征

重点观察纸张折痕处笔画的差异。有的文件在添改前曾有长期折叠或反复折叠过程，折叠处纸面胶层被破坏或纤维结构断裂，折痕处添改的字迹笔画可能会出现墨水洇散的现象，圆珠笔笔画颜色也浓于其他笔画；有的可能出现部分笔画在折痕处出现缺失、断续、停顿及走向改变现象，而折叠前书写的文字则不会出现这些现象。这都是我们检验时应该重点注意和选择的特征。如添加文字墨迹未干就折叠，在折叠的对应处会出现相应的转印字迹痕迹。多页文件中，要注意研究可疑部位背面的字迹书写凸痕以及上邻页背面相应处是否有转印字迹墨痕，下邻页的相应衬垫处是否有添加字迹笔画书写压痕或墨迹渗透斑痕。

在多页文件中，加入新的整页文件或抽出部分整页文件伪造后重新黏合、装订，会形成与原始黏合、装订痕迹相矛盾的装订痕迹。因此，要注意研究文件纸张的黏合手法、黏合剂种类、成分以及装订孔痕的数量、形态、位置等细节特征。对整页可疑的文件,应注意研究在文件格式、文字布局、字的书写特征质量与相邻页文件间是否有明显突然的变化,下页纸张是否有上页相应字迹的书写压痕,复写文件的第 1 页纸张的背面是否有正面相应字迹的复写痕迹以及颜色是否一致。此外,书写工具、墨迹及纸张颜色、种类是否相同等也要注意研究。

5. 观察文字色料的差别

添改文件的形成,一种是用书写文字的同支笔或同种色料添改;另一种是由于条件所限,用与原文字同色或近色的非同种色料、非同支笔添改。相对来说,第二种添改比较容易检验。不同种类的文字色料在添加的染料、颜料、防腐剂、稳定剂等材料的种类、数量、比例等方面不同,对色料的颜色、光泽必然产生影响,因此添写、改写的文字笔画与原文字笔画就会出现差别。例如,用复写纸书写的合同、协议上的文字,用圆珠笔直接改写,其色料本身颜色有差别,这样添改后的文字与原文字就会出现色差。书写时间的不同,也会造成差别。文字色料书写后,受空气、光照作用,出现氧化、聚合、胶联作用,书写时间越长变化幅度越大。我们可以利用侧光、透射光、反射光等对文字的颜色进行直观观察,发现差异。例如,在一起添加文字伪造协议的案件检验中,原文字与添加文字均为蓝色圆珠笔书写,利用侧光观察,原文字色料颜色偏蓝、光泽度较小,而添加文字的颜色蓝色中反映出紫红色、有较强光泽,从而认定了添改事实。在观察被怀疑文字的同时,我们还要注意观察周围文字笔画的颜色有无变化,有无重描痕迹。

(三)对比分析文件笔迹、痕迹特征

1. 分析笔迹特征

添改文件常常会碰到笔迹识别。无论是原真实文件书写人添写还是他人添写,也不论在文件空白处还是消退处添写,新旧笔迹总有差异之处。

添改字迹虽然有时添改内容较少,特别是添改数字的,很多是在原有数字的基础上改写变造,但仍存在笔顺特征。也可分析连笔特征。因为连笔特征主要是因为书写人的书写活动是一个连贯性的动作,其前后字间存在一定的连笔动作或连笔意向,特别是连写的数字之间。而后添改上的内容与前后文字间没有连笔动作或连笔意向,与前后文字明显不协调。

如果文件添改文字与原文字非同一人书写,我们首先可以利用写法、笔顺等笔迹特征进行检验。在有的案件中,添改笔迹虽然为同一人书写,但添改文字与原文字在书写速度、运笔的流利程度、笔力的分布等特征上存在差异。另外,改写字迹要借助原文字笔画,可能要受到原笔画位置、长短的限制,改写后文字在搭配比例、运笔方面必然与平时书写存在差别,附加的笔画在书写速度上、运笔上也受到限制出现运笔生涩、呆板等现象,添加的笔画与原笔画在连接处也不同于正常书写的连笔动作,可能出现重描、另起笔、断笔等现象,出现运笔不连贯、形连实断的特点,这都是我们可以利用的特征。

2. 研究笔痕特征的差异

书写工具、衬垫物及非同一人书写等因素，都可能造成笔画笔痕特征的差异。不同书写工具造成的笔痕差异相对较明显，同种书写工具也会造成笔痕差异。这是因为制造工艺、磨损程度、出墨量的多少不同，会使笔画的露白、墨点有区别，从而形成不同的笔痕特征。不同人用同一支笔进行添改，也会由于书写环境、书写人心理因素、执笔部位方式等因素的制约，出现笔痕的细微变化。在软硬程度不同的衬垫物上书写的笔画，笔痕特征反映也不同。一般来说，在硬而平的衬垫物上写字，笔画细且墨淡，而在软的衬垫物上书写的字笔画较宽且墨浓。研究笔痕特征，既要观察文件的正面特征，又要注意观察文件背面的反常迹象。

3. 观察采用间接手段变造文件所遗留的痕迹

如果采用擦刮、消褪、裁剪等间接手段对文件进行变造，须对原文字进行处理，故而必然会留下相应的变造痕迹，这些痕迹会对纸张或添改字的笔画造成不同程度的影响。如擦刮会造成纸张纤维的改变，可利用反射光观察纸面是否有纤维翘起，用透射光比较可疑文字处及周围与其他部位纸张透光率有无不同，用侧光或垂直光观察纸张背面有无痕迹，同时要观察重新添改的文字笔画有无洇散现象。对消褪文件，可造成纸张上底纹图案或相邻格线、文字笔画的破坏，造成纸张颜色的变化，在纸张上留下消褪斑渍，并使重新添写的文字有洇散或颜色变浅现象。如对文件进行裁剪变造，必然在纸张边缘留下裁切痕迹。在此举一例进行说明，一起变造支票案件，作案人利用消褪剂处理原文字，同时造成底纹格线的消褪，手工描绘上的格线明显与真实支票颜色有差异，我们在检验时将这一点作为了很有价值的特征，准确揭露了作案人的变造行为。

（四）善于借助科技设备、运用新技术，综合分析

在添改文件检验中，借助仪器设备，可以更科学、准确地认定添改，可以解决肉眼无法认定的添改。如可以借助红外线、紫外线对文字色料的作用不同认定添改，可以借助仪器分析确定消褪事实。不同笔画对红外线作用的结果为完全吸收、半吸收、少量吸收或不吸收，可以利用这一点在红外线下观察文字笔画的差异。例如，用有机黑墨水改写的碳素墨水文字，由于碳素墨水对红外线表现为完全吸收，而有机黑墨水则表现为不吸收，在红外线下观察，原文字笔画呈黑色调，添改的文字笔画密度几乎为零。可利用添改文字部分与原文字或纸张对紫外线的反射能力不同进行鉴别。如消褪变造文件，有的消褪剂涂抹到纸张上后，有无消褪剂处纸张在可见光下无明显区别，但当用波长为 365nm 的紫外线照射时，消褪处与非消褪处纸张的反射能力明显不同。除此之外，还可以利用激发荧光法鉴别，用化学方法鉴别添改后文字与原文字笔画的相对时间，等等。

在一些具体案件中，有的特别狡猾的不法分子在书写文件时故意留下空隙，并且在书写完文件后很短的时间内又用原书写工具进行添加文字，在添加文字时又注意把

握起收笔的动向,这样在鉴定中就会有很大的难度,可能一时不能作出结论。这时,可以借助心理测试技术,根据鉴定情况,结合对双方当事人进行心理测试的结果,从而作出结论。实践证明,心理测试技术是打击违法犯罪分子的重要手段,是使文件鉴定得出科学结论的行之有效的手段。

总的来说,由于文件材料的多样性、相似性及变造手段的越来越趋于智能化,各类案件中的文件物证所需鉴定要求不同,检材和样本的限制以及一起案件仅采用一种或两种检验方法,已不能完全揭露案件的本来面目。所以要树立系统鉴定的观念,对案件进行综合分析,在了解全部案情的基础上对构成文件的各个要素,如笔迹特征、笔痕特征、复印特征、装订痕迹特征、裁切痕迹特征、纸质、压痕、印刷符合等进行多角度、全方位鉴定,从整体上鉴别文件物证的真伪,确定添改事实。

二、擦刮文件检验

擦刮文件是指利用一定的工具如刀片、橡皮等,采用刮、擦等手段对原真实文件的局部内容加以改变而形成的内容虚假的可疑文件。对擦刮文件进行检验时,可用目测、显微镜观察等方法发现特征点,也可用碘熏法进行检验。

(一)特征检验技术

由于外力作用,被擦刮文件必然存在一定特征。用放大镜或显微镜观察、侧光对比观察、透光观察、不同光源照射观察等方法,可以判断判断文件是否被擦刮变造。擦刮文件主要有以下特征:

1. 纸张变薄。因擦刮作用,纸张表面纤维部分被除掉,使纸张变薄。擦刮严重的,纸上还会出现破洞。这与纸张的种类和文字色料的性能有关,如果被擦刮文件纸张表面光滑、质地致密,色料是不易洇渗的,擦刮后所留痕迹就不明显;如果文件纸张较薄,色料为易洇散的墨水字,擦刮后所留痕迹明显。

2. 纸张表面失去光泽,纤维翘起。例如,用橡皮擦的不但有纤维翘起现象,而且有条状擦痕;用刀刮的纤维有较整齐的割断现象,纤维翘起严重;用针挑的纤维翘起比较紊乱。可见纤维翘起是擦刮变造文件的重要特征。如擦刮后用指甲或其他圆滑物压光,则此处比其他部位更光亮。

3. 纸张表面留有擦刮工具的痕迹。如橡皮或砂纸上掉的细小颗粒,留下的刀痕、针孔等。

4. 有保护花纹的纸张,纹线会有中断、消失、变得模糊等现象。有的为了掩盖变造事实而补画线条花纹,一般与原花纹衔接不准,线条的粗细、颜色也不相同。

5. 擦刮部位邻近字迹的笔画有的也被擦刮掉一部分,有的虽经添写重描,但与其他字迹笔画颜色不同。

6. 擦刮过的纸面施胶层被破坏,添写的字迹笔画墨水则有洇散现象。

7. 擦刮不细致,有残留墨迹。

(二)碘熏法

书写压痕字迹和擦刮变造文件均是文件检验中检验的对象,属于不易看见的文字。压痕字迹直接用肉眼不易观察到的,也往往被犯罪嫌疑人所忽视,所以提取和显现压痕字迹对警方侦破案件来说具有十分重要的意义。擦刮字迹是指犯罪嫌疑人为了实现个人的某种目的,用机械的方法将真实文件上部分文字擦刮除掉。警方发现和掌握文件的擦刮变造事实,同样可为证实犯罪提供有利的证据。显出压痕字迹和证实擦刮痕迹时普遍使用碘熏法。下面将对这一问题进行详细阐述。

1. 碘熏法的应用和传统原理的解释

(1)碘熏法的操作

对于无色压痕字迹的显现,碘熏法的操作是将碘片放在能密闭的玻璃器皿底部。例如,层析缸、干燥器,碘片升华为棕红色的碘蒸气,将其中的文件熏染,1 ~ 2 分钟后即可观察到清楚的棕黄色的压痕字迹,无压痕处颜色浅。显出的字迹可用复、照相或扫描进入计算机等方法固定。

对于擦刮变造文件的碘熏法检验,是将检验纸张上可疑部位放在碘蒸气上熏,观察是否有擦刮消退现象,凡擦刮处均有较深的棕黄色。该方法简单方便,深受欢迎。

(2)碘熏法的传统原理解释

由于被显压痕部位与无压痕处的表面性状不同,自然对有色粉末或粉末挥发的有色气体吸附量不同,产生颜色深浅差别而显出被污损部位或不易辨认的文字内容。任何物体都具备吸附气体、液体的特性,但吸附的多少与物体的表面状态有关。用碘熏法显示被擦刮部位时,由于擦刮部位纸张纤维变得松乱,能吸附碘量自然大于无擦刮部位。

2. 运用"比表面"理论对碘熏法原理的新解释

从以上可以看出,碘熏法能够显出压痕字迹和擦刮痕迹,在原理上并没有完全解释清楚。用比表面理论可以从根本上较好地解释碘熏法为什么能够显现压痕字迹和擦刮痕迹的原理。

(1)书写压痕纸张能吸附碘蒸气的原理

碘熏法显现压痕字迹的原理是基于表面化学中固体表面有吸附气体特性而言的。在一定的条件下,一种物质的分子、原子或离子能自动地附在某种固体表面的现象称为吸附。固体之所以能或多或少把周围介质内的分子、原子、离子吸附到自己表面来,是由于处于固体表面上的质点受到相应质点的拉力,处于不平衡的力场条件下,表现出过剩的能量及表面能。在一定的温度和压力下,表面能随不同固体分子间作用力不同而大小各异,一般情况下,固体的大于液体、气体的表面能。因此,固体可将周围介质气体分子吸引到其表面而使其转化为表面分子,以降低体系的表面能,这是个自发的过程。

(2)书写压痕纸张、擦刮处吸附碘量多的比表面原理解释

比表面是指单位质量物质的总表面积。纸张的比表面可解释为 1 或单位质量的

纸张具有的表面积。比表面这一概念是评价多孔性物质(催化剂、吸附剂等)的重要参数之一。如活性炭的比表面为500~800m^2/g。

有压痕纸张对碘蒸气的吸附量为许多因素所决定,除了纸张和碘蒸气本身的品种以外,还取决于碘蒸气气体的压力、温度和纸张固体的比表面。

从微观的角度来看,任何一种物体的表面都是凹凸不平的,所以很难为固体的表面积下一个确切的定义。从宏观的角度观察,原纸张各处的比表面应是一样的,但人们在纸张书写字迹时,同时产生的压痕字迹将原来同等质量的纸张材料的面积压薄增大即比表面增大。在碘熏时有压痕处的比表面比无压痕处比表面大,自然比表面大的地方吸附碘量增多而形成差异,显出压痕字迹。由此可见,用比表面这一理论可很好地解释出碘熏法显出压痕字迹的原因。而对于擦刮变造文件,其擦刮处纸张纤维翘起,也就意味着比表面增大,所以经过碘熏比表面增大的擦刮处能较多地吸附碘,使此处颜色加深,与没有擦刮处产生明显的差别,达到显出擦刮处的目的。比表面是影响吸附量的重要因素,比表面大,则吸附量大。然而要测定固体的比表面必要用到BET多分子层吸附理论。BET理论是Brunauer,Emmell,Teller在1938年将Langmuir单分子层吸附理论加以发展而建立起来的,而且迄今仍是规模最大、影响最深、应用最广(特别是固体比表面的测定上)的一个吸附理论。BET理论认为,固体对气体的物理吸附是Vander Waals(范德华力)造成的结果,因此,吸附量主要取决于表面的大小,而不是表面的特殊性质。[1]

三、消退文件检验

(一)纸张上消退文字的检验

纸张上的字迹主要有三类:手写字,打印字,印刷字及复印字。这三种字迹又可根据其色料的化学溶解性能分为三类:水溶性色料,如钢笔水字迹(不包括碳素墨水字迹)、部分签字笔字迹;油溶性书写色料,如圆珠笔字迹;不溶性色料,如碳素墨水字迹、复印字迹、激光打印字迹、印刷字迹等。实际案件中犯罪嫌疑人多数是对手写字迹进行消退变造。

1. 消退纸张上字迹的方法

(1)氧化性消退剂。如次氯酸盐类、高锰酸钾、双氧水等。主要用于消退各种染料墨水和蓝黑墨水字迹。

(2)还原性消退剂。如草酸、保险粉、柠檬酸等,主要用于消退各色染料墨水字迹。

(3)氧化还原性消退剂。如高锰酸钾—草酸,高锰酸钾—维生素,主要用于消退各种染料墨水字迹和蓝黑墨水字迹。

(4)酸性、碱性消退剂。如盐酸、醋酸、氢氧化钠、碳酸钠、氨水和肥皂等。肥皂主

---

〔1〕 黄建同、李继东:“碘熏法显现压痕字迹和擦刮痕迹的原理探讨”,载《警察技术》2001年第3期。

要用于消退黑白照片上的圆珠笔和钢笔水字迹。

(5)有机溶剂消退剂。如甲醇、乙醇、二甲基甲酰铵等,主要用于消退圆珠笔和复写纸字迹。民间常用的消退剂有牙膏、花露水等。

(6)物理消退法。如用手术刀在显微镜下擦刮除字或用激光除字,主要用于消除不溶性字迹。

2. 纸张上被消退字迹的显出方法

(1)各种光源照射法

利用不同波长的光源增强字迹与背景之间的明暗反差、颜色差别、荧光强弱等,从而显出被消退的字迹。例如,采用波长为365纳米的长波紫外线对可疑部位进行照射。凡是有消退剂的部位对紫外线的吸收能力均大于无消退剂的部位,造成一定的反差,以此为根据可以将消退事实确定下来。有些色料,特别是含碳色料被消退后,如果凭借可见光或紫外线仍不能辨读,则可采用红外线检验。

(2)硫氰酸气熏法

硫氰酸气熏法是采用现制的硫氰酸气体熏,利用硫氰酸气体与被消退的蓝黑墨水字迹在纸张上残留的三价铁离子发生化学反应,生成血红色物质从而显出被消退字迹的方法。

(3)化学试剂涂显法

化学试剂涂显法是指用棉签蘸取与消退字色料成分相匹配的化学显字试剂,轻涂于被消退字迹处,立即显出已被消退字迹的方法。常用的显现被氧化性消退剂消退的蓝黑墨水字迹,即显现三价铁离子的化学试剂有:①5%的五倍子酸,显现字迹为棕黑色;②5%的2、4—二羟基苯甲酸,显现字迹为紫红色;③5%的亚铁氰化钾酸性水溶液加几滴盐酸,显现字迹为蓝色;④0.5%的8—羟基喹啉酒精溶液,显现字迹为墨绿色;⑤5%的硫氰酸钾酸性水溶液加几滴盐酸,显现字迹为血红色;⑥10%的水杨酸乙醇溶液,显现字迹为淡红色;⑦10%的鞣酸乙醇溶液,显现字迹为黑褐色。常用的显现二价铁化学试剂是,铁氰化钾水溶液加几滴盐酸,其显现字迹为蓝色。

(4)热熨法

可使用普通家用电熨斗,将其通电加热后在被消退字迹纸张的背面来回熨烫,从而把被消退的字迹显现出来。热熨法对被消退的纯蓝墨水、蓝黑墨水字迹的显出效果好,进行热熨法显字时,消退后残余的消退剂将与纸张中的木素加速反应是纸张变黄,原字迹染料在加热的条件下发生结构变化变成棕色而显出原字迹。

(5)碘熏法

碘熏法是显出擦刮痕迹的有效方法。有些字迹如碳素墨水字、复印字、激光打印字等的消退均是采用小刀刮,很难再显出原字迹,但可以碘熏出擦刮痕迹。擦刮处比较毛糙,表面积较大,因此,吸附碘多,从而显出擦刮痕迹。

(6)荧光增白剂显现法

先采用1%的荧光增白剂VBL溶液涂在被消退的文字部位,然后在紫外线激发下,观察荧光的明暗反差。主要适用于被消退的纯蓝墨水和蓝黑墨水。

(7)“9412”显字剂显色法

“9412”显字剂是一种专门研制的显色剂,它能将铁离子从草酸的配合中夺取出来,使二价铁、三价铁参加反应,生成更稳定的化合物,显出橘红色字迹。“9412”显字剂不但可以显出被高锰酸钾—草酸、高锰酸钾—维生素消退的蓝黑墨水字迹,而且还可以显出漂白粉、双氧水、酸、碱等一系列消退剂消退的蓝黑墨水字迹。

(二)塑料上消退文字的检验

1. 塑料上字迹的消退

塑料制品种类繁多,如电视机壳、手机、计算器、录像带塑料盒、食品塑料盒、仪表等,这些物品上均铸塑有产品名称、产地、品牌、数字编号等,作案人将其偷盗后往往锉掉有关字迹。市场上塑料制品的主要成分是聚乙烯、聚丙烯、聚氯乙烯、聚苯乙烯等。

2. 塑料上被消退字迹的显出方法

在塑料等聚合物上,被锉除的字迹可以再现,是由于聚合物具有“机械的记忆”能力。聚合物是通过线型分子相互联系的,而在延伸过程中没有丢失这种联络。由于物体表面层分子都有被拉向内部的趋势,如果把内部分子移到表面成为表面层分子,就必须克服向内的拉力而做功,所消耗的功就转变成表面层分子的位能,所以表面层分子一般比内部分子具有过剩的能量,称为表面能。塑料上的字迹被锉掉后,该字迹位置内部的分子变成了表面分子,这部分分子就会有过剩的能量,其受热后就比周围的分子反应快,被锉掉的字迹就能够再现。

(三)金属上消退文字的检验

1. 金属上字迹的消退

作案人常常将盗窃来的车辆、枪支、照相机、手表等金属材料上的冲刻号码、商标及其他标记锉掉,使人无法辨认,或再冲刻上新的号码,以便销赃获利。显现金属上被锉除的字迹,可为侦破案件提供线索和证据。

2. 金属上被消退字迹的显出方法

(1)铝

显现前用细砂纸将其轻轻打磨至平滑后,用棉签蘸10%的氢氧化钠,涂显10分钟,然后再涂三氯化铁的盐酸水溶液(40ml水+10ml盐酸+5g氯化铁),显出后用棉签蘸清水将药液洗净可保存较长时间。

(2)铜

先用细砂纸将其表面打磨平滑,用棉签蘸硝酸+水(1∶1)涂擦数次,约20秒,然后涂三氯化铁的水溶液(22g三氯化铁+27ml水),字迹便可显出。风干后若不易看清,可再涂一层水,则字迹复出。铜不溶于稀盐酸、稀冷硫酸,但可溶于硝酸而生成硝酸铜。

(3)钢

用棉签蘸浓盐酸: 冰乙酸: 无水乙醇 = 1∶1∶2 的溶液,涂显 20 分钟,然后涂三氯化铁的水溶液(22g 三氯化铁 + 27ml 水),涂显 1 分钟,最后用自来水清洗一下,显出的字迹可长久保存。[1]

四、拼补文件检验

拼补文件,[2]指采用切割、刮削或剥离等方法去掉原文件局部,再拼补所需部分,以改变原文件内容的一种变造文件。多见于各种登记表、工作证、护照、车船票、奖债券等。

(一)拼补文件的变造方式与其特征

1. 拼补文件的变造方式。拼补文件的变造方式。主要有挖补、改贴照片和拼凑三种方式。

2. 拼补变造文件特征

(1)拼补处纸张不平整。

(2)有切割挖补痕迹与接缝痕迹。

(3)拼补部位与原文件上的花纹不吻合,色泽也往往不同。

(4)拼补处周围有黏合剂痕迹。

(5)如改贴照片,则盖印在照片上的部分印文与周边纸张上同一枚印文的字迹不协调。

(6)拼凑的纸张有二次装订痕迹,与原文件纸张的色泽、花纹不同。

(二)拼补变造文件的检验方法

1. 拼补变造事实的确定

(1)观察分析法

首先,一般观察。主要是透射光观察,观察其文字、线条有无缺损,与非可疑文字字体有无差别。纸基是否损坏,透光度是否相同。其次,显微检查,通过显微镜观察文件可疑处与参比样本的文字、纸张,尤其对纸张的厚度、白度、光滑度、反光度、纤维分布、网纹等指标仔细比较,以确定是否存在拼补痕迹。

(2)紫外线检验

在长波紫外照射下,粘贴部位胶水能发出比纸张强得多的荧光,目视即可发现;在短波紫外照射下,直接测定文件材料特别是纸张对短波紫外线反射能力,判明文件材料是否相同。

(3)揭贴法

揭贴法为有损检验,最后进行。方法为先将补贴部位略加润湿,然后用热蒸汽熏

---

[1] 庄琳:"消退文件检验常用的方法",载《河南公安高等专科学校学报》2007 年第 2 期。

[2] 涂丽云著:《文件检验学》,群众出版社 2007 年版,第 247 ~ 248 页。

蒸,待纸张软化后,仔细加以剥离,使补贴的纸片与文件分离。

2. 确定被补贴原文字

对挖取后再补贴的文件,无法检验。对剥离后再补贴或改换照片的文件,有可能确定出原文字。

(1)红外线检验

要求所检文字对红外线具有吸收特性,吸收率越高,显示图像越清晰。黑油墨、复印墨粉、打印文字都有此特性。

(2)压痕检验

被剥离纸基背面可能有原文字压痕而被显现。

(3)激发荧光法

圆珠笔、复写纸、印泥等色料书写的文字,经一段时间后,可在上页纸背面或下页纸正面上形成文字潜像,用激发荧光法显示这些潜像文字,也可确定被挖补处的文字内容。

第三节　污损文件检验技术

在污损文件检验中,首要环节是对污损文件进行清洁、整复与固定,然后可依据消退、挖补等文件检验方法对消退、污染、模糊或擦刮内容进行显现与辨认。本节着重介绍几种常见污损文件的清洁与整复等检验技术。

一、浸泡文件的处理与辨认

鉴定人遇到被水浸湿黏连在一起的单据,应根据检材的不同质地分别处理。对纸张较厚黏连较轻的单据可用剥离法,将单据放在桌上,用手术刀片或竹签轻轻揭开单据的边缘,由外向里,均匀用力慢慢拨揭,顺其自然逐步分离。对纸张较厚黏连较重的单据可用潮湿法,将单据放在电冰箱的冷藏室里,旁边放一碗水用于加速单据的软化,6~8 小时后即可剥离。质地较薄黏连较重的单据可用蒸汽法,在一容器里放入 50°左右的温水,架上竹箕,将单据放置其上,让蒸汽将单据逐渐润湿软化,然后慢慢揭开。如果纸张还在滴水或过分潮湿,可适当干燥后再进行分离,如果纸张结构疏松、柔韧程度严重破坏,可将文件放在一张白纸上面,然后将最下面的一页文件慢慢分离在白纸上,其他纸张也如此逐页分离。

水湿受损文件往往揉成一团或者成为碎片,因此,对其检验首先要对其整平复原。对于卷成一团或折叠成角的已干检材,可将其重新放到清水里,泡湿后,先找出纸角或纸边,再用手轻轻摊平,或直接在清水中分离展开,用玻璃板或塑料板缓缓插入文件下方,让文件一端先附于玻璃板上,再将其倾斜慢慢抽出水面。对被血迹、粪便或其他液体污染的文件，应先提取适量污染物置干净器皿内备检，然后在不损坏文件的前提下，用清水、棉签等工具清洗去污。

有条件的地方，可用冰冻干燥机对被浸泡的文件进行分离。首先，将潮湿黏连的文件放在冰冻干燥机的冰冻室内迅速冻结，然后放在真空干燥器内干燥。文件经冰冻后在真空干燥的条件下，文件中的水抽出干燥时产生的张力而使文件分离。

对分离展开的潮湿文件，单页的可用吸水性较强的滤纸将文件上多余的水分吸去，然后置于通风处自然晾干。如有必要，可用电熨斗烫平。要特别注意的是控制好电熨斗的通电时间和温度高低，不要将检材烫焦。烫平后，再把碎片按照纸的颜色、格线、边沿、字迹大小、墨迹等特征进行复原整理。前期整理工作的好坏直接影响着以后文件检验工作的进行。

由于纸张受潮，原有的施胶层被破坏而变得疏松易碎。为了便于长期保存，需要涂胶加固使其具有一定韧性。一般可用聚乙烯醇溶液或动物胶水溶液均匀地涂在已分离展平的文件，在室温下晾干。黏连单据上有许多水印字迹，常常表现为数张单据的字迹相互重叠复印，原来的字迹被掩盖或部分掩盖，用紫外灯或蓝光灯照射即可显现。在体视显微镜下观察墨迹的流向，在一般情况下，原文字迹的墨迹流向比较清楚，字迹的点画笔顺等特征比较明显。而水印文字墨迹的流向比较模糊杂乱，没有点画笔顺等特征。文件经水浸泡或受潮褪色的可用反差强的感光片拍照，也可根据原文笔画的颜色选用适当的滤色镜加强反光。也可以用底片重叠的方法加强反差，并使用反差强的显影液进行显影。

文件被血迹等污染物掩盖而使字迹不易分辨的，可以选用与褪色字迹呈补色的滤色镜进行观察和照相，一般能取得较好的效果。对碳素墨水、墨汁、黑色复写纸等能够吸收红外线的物质印制或书写的受损文件，可用红外检测仪进行检验辨读或红外照相固定。对红、蓝墨水或圆珠笔书写的字迹或盖有红、蓝印文的文件经水浸泡后，其遗留物质成分能被紫外线、蓝光激发而发出与纸张不同的荧光，故可用紫外线灯或蓝光灯进行荧光检验和取相，显现和固定褪色的文字。对含铁盐的蓝黑墨水书写的被水浸泡褪色的字迹，可以用与铁离子起显色反应的化学试剂显色从而恢复原文。例如，可用硫氰酸气熏方法使文件褪色的字迹清晰显出。此方法的优点是不损坏文件，显出的文字笔画无洇散现象，并且可以重复熏蒸，显现结果保留时间较长，便于拍照。在不需要保留显现效果的情况下，用氨水熏蒸也可恢复原状。

二、破碎文件整复

破碎文件往往是受外力作用，被多次撕扯、剪切或受爆炸力冲击而形成的断离或破碎的小纸片。一般情况下只要耐心细致地整复，破碎文件是可以恢复的。

用镊子将现场发现的纸张碎片收集齐全，放在透明塑料、纸盒或玻璃器皿等容器内，注意保护碎纸上的指纹不被破坏。戴上手套，将揉皱比较严重的碎纸展平或夹在厚书里压平，也可以盖上干净的白纸用不太热的电熨斗烫平。有条件显现手印的，应尽量采用不损坏文件的方法进行显现,以免影响文件内容的辨读。

拼接破碎文件,首先把带有直边、直角的碎片按其位置关系摆在四边或四角,然后找出与四角循序相接的页边外围,将各部分断缘的几何形态根据书写内容来进行拼接。不易区分边角的剪、切文件碎片,可选择一块面积较大、文字图案线条较多的纸片为基点,依据其几何边缘找出其他碎片进行拼接。若文件被撕得太碎,可选择几块形态突出、特征明显或相对较大的碎片拼凑成几大部分,再将几部分拼接成完整文件。在确定文件碎片的位置与相连关系后,用一块比文件略大的干净玻璃板,将拼接好的文件碎片逐块移到玻璃板上,按原貌拼接后,再用另一块同一规格的玻璃板覆盖纸片四周,用胶布封好固定。也可以用过塑的方法,取一张略大于文件的过塑专用胶片,将拼接好的文件碎片逐块移到胶片上,再取一张规格相同的胶片覆盖其上,然后用过塑机进行过塑固定便可长期保存。

三、烧毁文件的整复

整复烧毁文件的关键是烧毁文件的正确提取、包装和运送。在现场发现正在燃烧的文件时,可用盆、桶等器皿罩住燃烧的文件,使其缺氧而自然熄灭,不能采取水浇、脚踏、扑打、吹灭火焰等有损纸灰的方法。

文件燃烧后非常脆,稍不注意就会破碎。不能开窗,要注意控制现场空气流动。不能直接用手、镊子等夹取。对单张纸灰可用一块大小相当的玻璃板放在纸灰旁边,用硬纸片轻轻扇动,借助风力使纸灰移到玻璃板上。对重叠在一起的多张烧毁文件,一般保持原状提取,不能硬性剥离,以免造成纸灰进一步损坏。

提取的纸灰一般都是卷曲易碎的,必须作技术处理使之软化展平。一般可用喷雾法、涂刷法、喷发胶软化法等。

喷雾法是用温水或10% ~15%的甘油水溶液放在喷雾器内,向置于玻璃板上的纸灰上方喷雾。不能直接对着纸灰喷,让水雾自然下落,使纸灰逐渐湿润,慢慢变得柔软,再用软毛笔将其慢慢摊平。

涂刷法是用毛笔沾取15%的甘油水溶液,从一端或中段起慢慢涂在被烧毁的文件上,使其柔软并小心展平。纸张若施胶过多,烧毁后对甘油吸收性差,可涂刷20%甘油加80%酒精的混合液。

喷发胶软化法主要针对重叠在一起或结集成块的纸灰,发胶不要选用硬型的,在最上一层纸灰表面喷洒一层发胶,要领同喷雾法,待发胶薄层凝固后,再仔细剥离,放到玻璃板上展平。如此逐页依次处理。展平以后的纸灰,可以用单面成膜固定法进行固定。将文件有字的一面朝下在玻璃板上展平,加垫后用玻璃覆盖,置于烘箱内烘干,再往纸灰上均匀滴水,使文件表面湿润,在纸灰下面形成水膜,然后用三氯甲烷溶液少而均匀地滴在文件上。一般稿纸用2%的浓度,笔记本纸用2.5%的浓度,票据纸用3%的浓度。10分钟后可成膜,连同玻璃板浸入水中,即可将单面成膜的烧毁文件完整地剥离下来。

如果能通过直观方法直接辨读文字内容的，可视具体情况采用日光或灯光作光源，调整光的角度、强度或选用不同色光进行观察检验，并加以拍照固定。如果使用的是碳素墨水、墨汁、绘图墨水、蓝黑墨水、铅笔、印刷黑油墨等，纸张燃烧后，若这些物质仍以文字原形存留于纸灰中，一般可用红外线检验。

第四节　静电压痕检验技术

一、静电压痕检验技术概念

所谓压痕，是指在书写过程中在文件的下页纸张或衬垫物上形成的相应文字或笔画的无色印压痕迹。而静电压痕显现是利用静电压痕仪，基于电容器原理，通过对有印压痕迹的纸张充电，使文件上印压痕迹与纸张平面之间形成电位差，并感应成像薄膜形成稳定的静电图像，再通过黑色显影粉末将成像薄膜上的静电图像显现成可见的压痕图像。静电图像是指在成像薄膜上形成的潜在电位影像。压痕图像是指通过黑色显影粉末将成像薄膜上的静电图像显现出的影像。

二、静电压痕显示仪构造及显现压痕一般性步骤

（一）静电压痕显示仪的构造

静电压痕显示仪主要由金属工作平台（工作台表面有许多微孔）、聚酯薄膜卷、真空泵、高压电晕充电杆四个部分组成。

（二）静电压痕显示仪显现压痕的一般性步骤

1. 将带有压痕的纸张平放在静电压痕显现仪的金属真空工作平台上，然后拉出一层绝缘的聚酯薄膜覆盖在纸张上。工作台表面下面有尼龙管和真空泵连接。

2. 开启真空泵抽气，先低档，后高档，同时用干净的棉花拭平薄膜，直至薄膜连同纸张一起被紧密吸附在金属工作平台上。

3. 手持电晕充电杆，开启开关（杆内装有直径为 0. lmm 钨丝，通电后可达 4500 ~ 5000 伏的高压，产生离子放电），在距聚酯薄膜 2 ~ 3cm 处往返缓慢移动 1 ~ 2 次（约 15 秒）。

4. 关闭电晕开关，用毛刷沾取少量显影粉，沿同一方向轻轻刷拭，这时纸张的压痕即可清晰地显现出来。

三、静电压痕显示仪有关实验结果

实验时，通过选择不同的纸张、采用不同的书写工具、变化不同的书写条件等制造出不同的压痕，用静电压痕显示仪及配套的聚酯薄膜和显影粉，分别在不加湿、加湿两种条件下进行显示压痕实验，得到如下结果。

(一)一般情况下,压痕深的,静电压痕仪显现的效果较明显

书写人的用力习惯是形成压痕深浅的原因之一。书写人用力大,透印纸张数目就越多,遗留压痕文字的凹痕也越深。反之,用力小,透印纸张页数就少,压痕也相对浅些。书写时衬垫物的硬度也影响压痕字迹的显现效果。用同样的工具和压力在松软平滑的衬垫物面上书写,字迹的压痕深,透印纸张多,显现的效果较明显;在坚硬挺实的物面上书写,压痕浅,透印纸张少,显现的效果较差。不同性别、年龄和气质的人书写时,由于运笔压力、气势往往不同,而留下的文字压痕也不同。大部分男性比女性写字留下的压痕深,不常写字的人写字压痕重,温柔、内向的人以及中老年人写字形成的文字压痕较轻。

(二)书写工具的种类也直接影响压痕文字的显现效果

在常用的书写工具中,圆珠笔和硬性铅笔书写形成的字迹压痕显现效果最佳,其次是签字笔字迹压痕,再次是钢笔,中性铅笔次之,软铅笔再次之。

(三)压痕文字的显现效果与湿度有关

一般情况下,温度在20℃时,空气相对湿度在40% ~60%时,显现的效果较好;40%以下的湿度,将被检纸张放在加湿箱内加湿2分钟后立即进行检验,效果要好;湿度若超过70%,则不仅不能加湿,反而需要适当干燥。

(四)检材的纸张类型和特点也影响压痕的显现效果

纤维细、密度大、表面光滑的纸张要比纤维粗、密度疏、表面粗糙的纸张上的压痕静电显现效果好。特别是实验发现,劣质稿纸上的压痕或揉搓过的纸张的压痕,虽然有时肉眼都能看见,但压痕显示仪显现的效果不明显或不显现;而密度大、表面光滑的纸张上的压痕却相反,尽管有时肉眼看不清楚,但静电显现效果却较好。

四、静电压痕显示仪原理探讨

(一)关于静电压痕显示仪显示纸上压痕的原理

长期以来,通常作如下解释:真空泵对带有许多微孔的金属工作平台抽气后,聚酯薄膜连同被检纸张一起被吸附在金属工作平台上,构成一电容器,聚酯薄膜和金属底板分别是该电容器的上、下两个极面,夹于其中的被检纸张充当了电介质。由物理学知识知道,电容器的极板间的间距越小,其电容越大,而压痕部位的纸张厚度因压力而变薄,致使该处比无压痕处的电容大。当带正电的充电杆对其实施非接触式的高压电晕充电时,电晕丝与聚酯薄膜之间的空气被电离,形成电流,大量正电荷沉积在薄膜表面。有压痕处因其电容大,所沉积的电荷要多,因此,薄膜表面上形成了电荷密度不同的静电潜像,经带负电的黑色显影粉刷拭后即显现出文字压痕。这似乎确实能解释静电显现压痕技术的原因,但无法解释压痕仪实验中的某些现象。

(二)对静电显现压痕技术原理的新见解

针对以上困惑,我国法庭科学研究专家经过研究和应用,对静电显现压痕技术的原理提出了新的认识和见解,内容概括为以下三点。

1. 经过实测和理论计算证明,在潮湿环境中放置或经加湿的纸张已不能被认为是介质。从电容充放电的角度来看,此时纸张应该被当作导体来对待。这样,通常所认为的由充电聚酯膜和金属底板构成电容器的两极这一物理模型应修正为由聚酯膜和纸张充当电容器两极的模式,即聚酯膜与纸张的紧贴程度决定了此处电容的电容量。

2. 压痕处由于表面变得光洁,所以其与聚酯膜贴得更紧,故该处电容比纸张无压痕处大。这种看法认为,静电技术之所以能显现压痕,在于压痕处表面光洁度的改变而不是厚度的改变。这样一来,就很自然地解释了为什么纸张要进行增湿处理:因为纸张经加湿处理才能使纸张变为导体,因而变为电容的一个极面,使纸张上压痕部位与薄膜之间的间隙变化得以突出出来,从而使静电图像显示压痕。

3. 人眼见到的压痕清晰,表示压痕处纸张下陷大,但并不表示该处表面光洁度变大,如打字压痕就是如此,所以不能以肉眼可见程度来估计静电显现的效果。

在实践中,利用这一原理对一些原来不易显示的纸上压痕进行适当处理后,确实在一定程度上能提高其静电显示的效果。这一原理迄今已被多次引用,只是它仍没有能解释为什么湿度太大了静电显示效果反而不行。

(三)我们的分析

我们对静电压痕显示仪原理的分析如下。

1. 不少著述在阐述上述流行的两种关于静电压痕显示仪原理的解释时,普遍都还提到以下两种观点:

(1)电容越大的部位充电后电位越小,即充电后,有压痕的部位电位低,无压痕的部位电位高。

(2)有压痕的部位带正电荷,无压痕的部位带负电荷,当带负电荷的黑色显影粉刷在聚酯薄膜上时,被无压痕部位的负电荷排斥而被带正电荷的压痕部位吸附。

从物理学角度分析,我们认为这两种说法是明显错误的。因为有压痕部位与无压痕部位可以看作容量不等的电容器,当被充电杆高压充电时,它们相当于并联着。在相同的电场充电下,并联电容器两极板间的电压(即电位差)相等,所承载的电荷量与电容的容量成正比,即薄膜上电位处处相等,所带的也为同一种电荷,有压痕部位的电荷密度大。

2. 真空泵对带有许多微孔的金属工作平台抽气后,聚酯薄膜连同被检纸张一起被吸附在金属工作平台上,构成了电容器。这个电容器很特殊,没有充电时,它只有金属底板这一个电极,如果纸张已经加湿处理,就应该作为导体来对待,这时可将它与金属底板看作一体,共同作为一电极。

当带正电的充电杆对其实施非接触式的高压电晕充电时,电晕丝与聚酯薄膜间的空气被电离,形成电流,大量自由正电荷沉积在薄膜表面。这些自由的正电荷层可看作电容的另一个电极。

两个电极间的聚酯薄膜及聚酯薄膜与被检纸张间未被真空泵吸尽的空气共同充

当电介质,聚酯膜与纸张的紧贴程度决定了此处电容的电容量。压痕处由于表面变得光洁,所以其与聚酯薄膜贴得更紧,为此,该处电容比纸张无压痕处大。电晕充电时,这个电容器可看作若干个不同电容器并联,因此两电极间电压处处相等,即聚酯薄膜表面是等电位,所附着的也是同种电荷,只是压痕处因其电容大,所吸附的电荷要多,薄膜表面的电荷分布不均,这是用带负电的黑色显影粉刷拭后即可显现出文字压痕的直接原因。

思考习题

1. 概括篡改(污损)文件的分类、定义与特征。
2. 简述变造文件的检验方法。
3. 简述清洁污染文件时应遵循的原则。
4. 如何分析及检验添改文件?
5. 简述显现刮擦文字或消退文字的主要方法。
6. 如何处理浸泡文件并识别其上内容?
7. 简述静电压痕技术的原理。

拓展阅读书目

1. 上海市司法局、上海市司法鉴定工作委员会办公室编著:《察疑·释惑·求真——司法鉴定案例精选》,法律出版社2005年版。
2. 涂丽云主编:《文件检验学》,群众出版社2007年版。
3. 刘光明主编:《刑事科学技术》,群众出版社2007年版。
4. 徐立根主编:《物证技术学》(第4版),中国人民大学出版社2011年版。
5. 许爱东主编:《文书司法鉴定理论与实务研究》,法律出版社2013年版。

第二十二章　特种文件检验技术

本章概要

本章主要介绍了货币、身份证、证照、票据四种特种文件的印制特点，并基于这些特点而发展的特种文件检验技术。

通过本章的学习，了解不同特种文件的印制及防伪技术，熟悉特种文件特征检验方法。

关键词

特种文件；货币；身份证；证照；票据

特种文件是指采用特殊的制作方法，特殊的印刷工艺或一定的防伪技术制作的有特定用途的文件，故又称防伪印刷文件、防伪文件等，如货币、证件、票据、信用卡、商标及其他带安全标记的文件等。特种文件的检验任务主要有以下三项：第一，确定文件真伪还原事实真相。第二，根据伪造方法推断嫌疑人持有的伪造工具和应具备的相应条件，为侦查破案提供方向。第三，鉴别多起案件的伪造手段和伪造特征的异同，为串并案提供依据，以便更有力地打击伪造者。

特种文件真伪的鉴定，通常需提供标准样本进行比对。鉴定时首先应对标准样本的制作工艺、内容信息、印刷特征、防伪特征等进行详细的分析，必要时应要求委托方提供标准样本的有关技术资料。然后根据标准样本及检材的具体情况，选择恰当的检验方法进行检验和分析，综合评断检材的真伪。常用的检验方法主要有：

一、目测检验

通过眼睛或者放大镜，在自然光照射下，也可在透射光源和侧光源的照射下对特种文件的概貌特征，如纸张、底纹、水印、安全线等特征，即用目测的方式进行观察和分析。

二、显微检验

借助显微镜对特种文件的微观形态、结构进行观察和分析，如特种文件的激光雕刻特征、微缩印刷特征等。

三、压痕检验

主要是通过侧光观察或压痕仪显现等方法，对特种文件上的各类印压痕迹进行显现、观察和分析。

四、紫外检验

以紫外线灯为光源，检测特种文件上的不同物质材料吸收或反射紫外线效果的一种手段，并观察和分析比较需检文件与真实样本材料在紫外光的反射、吸收特性上的差异。

五、红外检验

以红外线灯为光源，检测特种文件上的不同物质材料吸收或反射红外线效果的一种手段，并观察和分析比较需检文件与真实样本材料在红外光的反射、吸收特性上的差异。

六、荧光检验

借助各种光源激发文件上的物质，使其产生不同的荧光现象，以显示物质的差别，发现在通常条件下不易觉察的迹象。特种文件鉴定中常用365nm、245nm长波和短波紫外线进行荧光检验，某些防伪油墨要在特定光源下激发荧光（如反斯托克斯油墨，要在950nm光下进行激发）。

七、磁性检验

借助磁性检验设备，可以对特种文件上印刷油墨的磁性特性及记录的磁信息进行检验和分析。

八、专业设备检验

采用专门用于鉴别特种文件的检测仪器，如验钞机、身份证鉴别仪等，对特种文件的某种防伪特征进行检验和分析。

第一节　货币检验技术

伪造货币是一种严重的犯罪行为，自古至今，世界上各个国家历来对伪造货币这种严重的扰乱金融管理秩序的犯罪都是严厉打击的。因此，货币检验就成为物证鉴定部门一项重要的物证检验工作。

货币检验，是通过可疑货币与真货币进行比较检验，从而确定可疑货币的真伪。

一、货币的印制及防伪技术

一张纸币的诞生通常要经过六个过程：图案设计、制备干胶原版、制版、造印钞纸、单张印刷或卷筒纸印刷、检验。

(一)纸张

1. 水印

水印是在抄造纸张过程中利用雕刻有特定图案的水印辊压制,或用雕刻有图案的铜丝网抄纸时形成的。在货币纸张中设置水印已有近 300 年的历史,瑞典是在 1772 年最早使用水印纸的国家。中国是在 1960 年造出了第一张国产五星、古钱水印货币用纸,1963 年造出了“天安门”固定水印纸。水印在纸币上的位置有固定的、不固定和半固定连续水印,透光观察,清晰可见,生动逼真,有立体感。水印已被大多数国家用于印钞纸的重要防伪措施。

2. 安全线

安全线是在造纸过程中加入的。它包括金属线、塑料线、树脂线、缩微文字印刷线,荧光线等。安全线的形状有直线形、波浪形、锯齿形、开窗形等。安全线在纸张中的数量有一条或多条。迎光透视,清晰可见。安全线发明于 1935 年,1940 年首先在英格兰银行发行的一英镑纸币上应用,以后许多国家的纸币都采用,现已被公认为最有效的防伪措施之一。

3. 彩色纤维线

彩色纤维线是在抄纸过程中掺入纸浆的,即将制作好的彩色纤维丝掺入纸浆内搅拌均匀后形成的。彩色纤维丝有的整根在纸张表面,有的一部分在表面,一部分埋在纸张内部或在纸张背面。彩色纤维丝的原料有动物毛和塑料两种。在票面上的位置有固定和不固定的,数量是随机的,形状多种多样。目前已发展到带荧光的纤维丝,在紫外灯照射下有荧光反应。

4. 彩点

彩点是抄造纸过程中加在纸浆内或纸张表面的彩色塑料小片,其直径大约在 1mm 左右。彩点的分布可使是固定位置的,也可以是不固定位置的;形状和布局结构可以多变;还可以制成荧光的,形成荧光彩点。

(二)油墨

1. 磁性油墨

磁性油墨是一种含有氧化铁等磁性物质的防伪油墨,由于氧化铁的特性而配制的油墨多为黑色或深蓝色。磁有强磁和弱磁之分。目前多数国家研制的都是强磁油墨,可用专门的磁性检验器检测出磁性油墨的存在。弱磁油墨因磁性弱,其检测器材既复杂又比较昂贵。目前世界上只有几个国家在印刷货币中应用。

2. 有色荧光油墨

有色荧光油墨中含有一类特殊的有色荧光物质。即这种油墨印刷的图文能在普通光线下看到颜色,但在紫外线下发出荧光,而且荧光颜色和原图文的颜色不一样,如一个红色号码,在紫外线照射下发出黄色荧光或绿色荧光。

3. 无色荧光油墨

无色荧光油墨与有色荧光油墨较为类似，成分中也含有一类特殊荧光物质。这种油墨纯粹是为了防伪而使用的。它在普通光线下看不见，而在紫外线照射下才能看到发荧光的油墨。一般作为暗记使用，也可用于文字或图形。

4. 同色异谱油墨

同色异谱油墨在自然光下看到的是一种颜色，而在紫外线或其他不同波长的光的照射下会变成另一种颜色，也就是说油墨的颜色不是固定的，它会随着灯光、光线的改变而变色。我国在第四套人民币上采用了这种油墨。

5. 冲击发光油墨

冲击发光油墨类似于荧光油墨，但它在紫外线照射下看不见荧光，只有用特殊仪器检测时才能发出特殊荧光。这种油墨技术难度不大，关键是检测方法比较繁杂。目前世界上只有1个国家开始应用在纸币上。

6. 红外光油墨

基于红外油墨吸收红外光线的特性，其在特定红外光源照射下油墨的颜色消失呈现空白状。如果货币的某一部位使用红外油墨印刷，在红外光线下观察，普通油墨无反映，红外光油墨印刷的图像消失，这样货币图案不完整，从而识别真伪。如英镑E系列的20镑票，背面部分图案就是采用红外光油墨印刷。这种油墨可用红外光检测仪进行检测。

7. 防复印油墨

为了防止彩色复印机复印纸币，实践中逐渐出现了一种防复印油墨。该油墨对彩色复印机上荧光灯发出的光线有反映，复印时能改变原印刷上的色调，使之与原来的色调完全不同。如日元纸币上就使用了这种油墨。

8. 光学可变特征

自20世纪80年代以来，为了防止用最新科学技术来伪造货币，国际上出现了一些防伪新技术，其中防止伪造功能较强的就是“光学可变特征”，它是集光学、电子学和新材料等于一体的高科技产物。主要有“光学可变油墨”、“薄膜安全特征”、“多重衍射光栅”、“全息图”、“显像图”等。其特点是将货币变换角度观察时，由于光的衍射作用，出现光可变性，底色和图案出现不同样式和颜色的变化。这是让广大群众掌握的一线防伪特征。

（三）制版印刷

1. 凹版印刷

凹版的图文低于印版的版面，凹下的版纹有深浅之分，以此表现图文的高低、油墨的厚薄。印出的图案墨层较厚，图像精细，线条清晰，层次分明，线条的边缘有毛刺现象，用手触摸图文有凸起感，主要用于印刷货币的人像和主景部分。多色凹印的色彩效果与层次丰富的图像均难以仿制，具有极好的防伪效果，故已被各国印钞厂普遍采用。

2. 凸版印刷

凸版的图文部分凸起,空白部分凹下去,边缘油墨高于纸张,手感不明显,印出的文字、花纹中淡边浓。主要用于印刷钞票上的号码,人民币、港币、日元等货币上只有号码采用的是凸版印刷。

3. 平版印刷

平版印刷又称胶版印刷,平版版面的图文与空白部分几乎在同一平面上,用于印刷大面积的底纹图案,特点是墨层薄,颜色鲜艳,色调柔和,线条平整。具体方法包括彩虹印刷、多色接线印刷、多色叠印、花纹对接印刷、双面对印和缩微印刷六种。

(四)检验技术

1. 检验货币的制版方法

货币制版主要有手工雕刻凹版、机械雕刻凹版、凸版及平版等方法。鉴定人通过显微观察可疑货币与真币相应图文的制版特点,可以发现两者制版方法不同。

2. 检验货币的印刷工艺

货币印刷采用一些特殊的印刷工艺,如接线印刷、双面对印、隔色印刷等。这些印刷工艺对质量的要求非常严格,基本不允许误差的存在,因此,必须由特定的印刷机具来完成。鉴定人通过放大观察可疑货币与真币相应图文的对印拼接特征,发现两者的不一致。

3. 分析水印的异同

伪造货币与真币在纸张中均加入了水印,但相较于真币水印,假币水印的制作明显存在差异。检验中,可通过对可疑货币与真币中的水印进行细致的比较检验,从中发现两者在图文质量、位置上的异同点。

4. 无色荧光油墨检验

真币在某些部位中加有无色荧光油墨,这种油墨在普通光照条件下不可见,但在紫外线照射下能发出荧光。鉴定人使用紫外线照射可疑货币与真币,观察在可疑货币相应位置是否出现荧光反应。

值得注意的是,货币在制作过程中不免会出现不合格产品,如错版、纸张质量不合格等。因此,在检验实践中千万不能只凭借一两个特征的异同就作出结论,必须要对可疑货币进行全面的检验,以确定其是伪造货币还是真币的不合格产品。

二、第五套人民币的印制与防伪

当前大众辨别假币的方法大多还停留在看、听、触等一般方法,即通过背光透视看水印,抖动纸张听清脆声,触摸图文有凹凸感等方法。然而由于不法分子的假币仿制能力不断提高,很多假币仅凭人的感觉已很难分辨。因此,对于高仿假币,需要具备专门知识的专业人员,凭借专业仪器设备和技术方法,从制作工艺、防伪设计、原材料采用等方面对可疑货币进行全面技术检验。第五套人民币从设计、印刷、防伪技术等方面都具有国际先进水平。

首先,便于大众防伪。人民群众通过肉眼或手感触摸,就能轻易找到人民币的十大防伪特征,从而鉴别真伪。这十大特征,在发行时已经公布,而且采用的都是国际上认可的高防伪技术,如光变油墨、磁性安全线、高难度制版技术、凹版印刷技术,特别是"中国人民银行"几个字的凹版特点,很难仿造。

其次,具有机读性和自动化处理性。新版人民币在纸张质地、印刷油墨等方面都采用了便于机读和自动化处理的相关技术。这就使银行和零售商部门在使用相应的金融机具时,能在理化上对钞票作出高效、快捷和准确地处理,安全可靠地识别钞票的真伪。

再次,便于流通。无论是100元面额的新版人民币还是其他面额的人民币,都具有人像大、水印大、面额数字大、纸张质量好的特点。在流通过程中群众只要根据"三大一好"的特点,就能很快识别每种面额的钞票。

最后,便于打假防伪。这套人民币相对于过去的几套人民币来说,不仅采用的防伪技术多,而且这些防伪技术形成环形结构,同时还采用防复印的防伪措施。

具体防伪特征如下:

(1)透光可见毛泽东水印头像;(2)全息磁性半植半露式安全线,在磁性检测仪下便有磁性反应;(3)100元人民币正面矩形荧光区,在紫外线照射下会发出黄色荧光,且有黑体空心面额数字;(4)100元人民币正面左下角有用凹版印刷的面额数字"100",从正面看为绿色,侧面为草绿色、蓝色;(5)纸币在两面相应部位的图案完全吻合,上下不错位、左右不重叠、中间无间隔,透光检验时,可以看到一完整的古钱币图案;(6)100元人民币正面毛泽东头像肩部两侧附近有呈水平方向的隐形文字"RMB100",背面上、下边缘均有呈波浪状排列的隐形文字"RMB100",右上角花团中有呈纵向的黑体的面额数字"100"。

三、第五套人民币检验过程

(一)检材检验

送检的检材系编号为"WB＊＊382＊＊",长14.2cm,宽6.9cm,面值为20元的第五套人民币纸币。检材保存完整,具备检验条件。

图22-1　检材正面

图 22－2 检材反面

（二）样本检验

送检的样本系编号为“AX＊＊654＊＊”，面值为 20 元的第五套人民币纸币。检材保存完整，纸张较新，具备比对条件。

图 22－3 样本正面

图 22－4 样本反面

（三）检验分析

1. 外观检验

检材纸币与样本纸币正反面花纹图案的大小、颜色、相对位置等特征方面存在符合点，但在纸张尺寸方面存在显著差异。检材纸张长 14.2cm，宽 6.9cm，样本纸张长 14.5cm，宽 7.0cm。

2. 紫外光检验

用紫外线灯照射检材和样本，发现样本正面"中国人民银行"字迹下方显现阿拉伯数字"20"荧光字样，而在检材相同位置则无该荧光字样显现。

图 22－5　检材

图 22－6　样本

进一步检验发现，样本中嵌有若干特种纤维丝，在紫外灯照射下有荧光反映，而在检材相同部位未发现该种纤维丝。

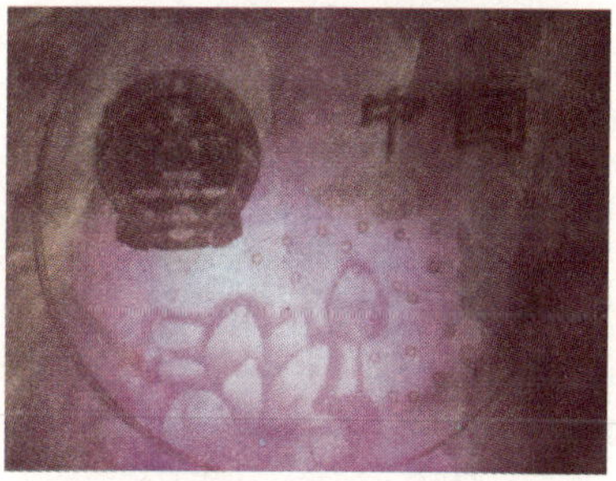

图 22－7　检材

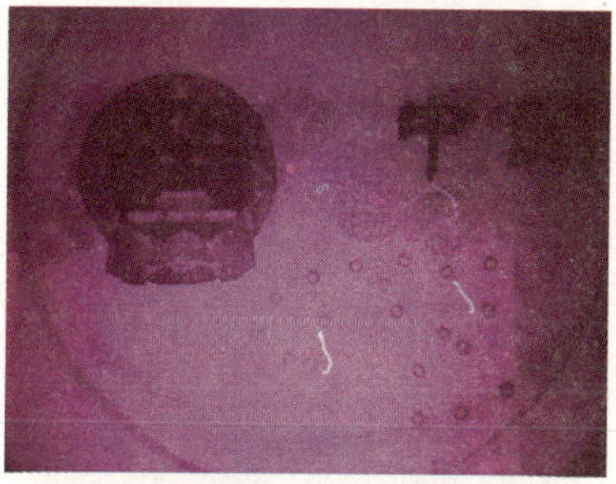

图 22－8　样本

3. 显微检验

经显微镜放大后发现，样本正面的"毛泽东头像"、国徽、盲文等部位的油墨线条凸出纸面，触摸时有明显凹凸感，侧光可见线条饱满有光泽，应属凹版印刷制成。而检材相应部位的线条平滑无凸出，且油墨无光泽，应系平版印刷形成。

图 22－9　检材

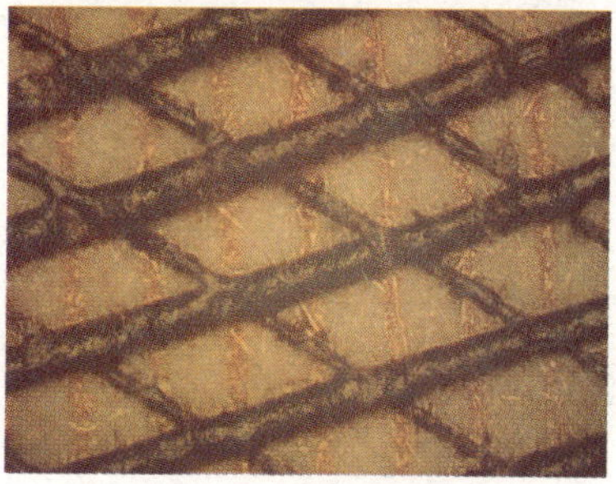

图 22－10　样本

4. 透光检验

经透光检验，发现样本水印呈透明状，且清晰可见，生动逼真，有立体感，而检材水印透光时图案线条模糊，透光度较差。

图 22 – 11　检材

图 22 – 12　样本

进一步检验发现，样本纸币正面左下角古钱币图案采用对应工艺，古钱币图案正背面线条对接完整，浑然一体。而检材纸币对应位置的古钱币图案正背面错位，不能完整对接。

图 22 – 13　检材

图 22 – 14　样本

经综合检验，检材与样本差异特征数量和质量的总和，能充分反映出检材纸币系伪造。

第二节　证照检验技术

一、证照检验

(一) 伪造、变造证照的手段

伪造证照，是指伪造人从证照印刷材料、制版技术、印刷工艺、装订工艺等方面进行伪造的证照。

伪造者由于受资金、印刷材料、印刷设备、技术和对真证照印刷防伪技术情况的认识的局限，伪造的证照与真证照有很多差别，主要表现在以下几个方面：

1. 印刷纸张。伪造证照多用普通印刷纸张，非棉麻专用纸。其纸质韧性差，容易撕破不耐磨，易起毛。纸张中没有真证照印刷工艺的潜影水印工艺，即使有"水印"，也是采用甘油基油墨套印在纸张表面上，显而易见，安全线也是印制而成的；纸张上的安全纤维多数采用胶贴而成，一般没有荧光纤维和荧光点。

2. 印刷油墨。多采用与真证照颜色相似的油墨色，而油墨产地、批号、成分上有很大区别，一般很少使用荧光油墨。

3. 印刷工艺。真证照是凸、凹版、胶版的显微印刷、定位印刷、彩虹印刷交叉运用，而假证照多为胶版印刷。

4. 装订材料及工艺。伪造的证照装订线质地、成分、装订工艺多为手工制作，与真证照有很大区别。

5. 伪造印章、印文。证照在使用过程中涉及很多国家政府部门的审签盖章认可手续，因而作案人要伪造某国政府章、签证章、钢印、纳税章、出入境验讫章等。

6. 模仿政府官员签名。政府主管部门在证照、签证上签署意见及签名是证照、签证有效的重要手续，作案人经常采用冒签、模仿签字等手段进行伪造。

7. 伪造制作证照号码贯穿孔。真证照号码贯穿孔工艺都是采用机器穿孔，而伪造人一般采用手工或设备简陋的机器制作，号码形态、排列、间距不均匀，一本号码多次穿孔等。

伪造证照由于从材料质地、印刷技术、装订工艺、印章、签名等工序均属伪造，因而留下大量可供检验的物证，所以较易检验鉴别。

变造证照，是指伪造者在真证照上针对某些所需重要内容进行局部伪造的证照。变造证照在证照真伪鉴别中占有相当大的比重，是检验的主要内容，变造证照的方法及特点如下：

1. 揭换照片

揭换照片是指将持证照人的照片揭换下来，换上其他人照片，达到以假乱真蒙混过关的目的。非法揭换照片的方法主要有：

(1)直接揭换照片法，是指对未加塑封防护膜的照片用锐器工具沿相片边缘进行剥离揭起，再揭贴上所需照片的方法。其特点是：相片四周边缘不整齐，证照纸张纤维起毛，底花纹被破损，有锐器痕迹，相片不平整有皱纹等现象，真假钢边框，字体有差异；相片和证照的新旧程度有差异等。

(2)热烘塑封膜揭换照片法，是指对有塑封防护膜下的相片的证照采用烘热的方法将塑封膜变软，揭起后揭换相片再重新塑封复位。其特点是：照片上有明显的成片、成堆分布的气泡状或水珠状的现象；荧光粉剂被扩散和移位，塑封不平滑有皱褶，有的出现双层塑膜,有杂质等。

(3)有钉穿孔固定相片揭换法,是指用工具将原证照相片上的铆钉撬起揭换所需相片后把卡钉复位。其特点是:钉位不吻合,铆钉上留有被撬的痕迹,有的出现卡钉破损现象。

2. 涂改、变造证照个人资料栏的项目

伪造者为了把原证照上个人资料栏的姓名、出生年月、出生地、身高、头发、眼睛颜色、签名等内容根据需要进行针对性的添加、涂改变更内容的变造。

改动变造个人资料的方法主要有三种:一是化学消褪涂改;二是机械涂改;三是添加字迹。经涂改的证照有以下特点:

(1)塑封都被揭起或揭换过,经化学试剂涂改过的证照纸质纤维被腐蚀,印刷花纹、图案被破坏,有化学消褪痕迹。

(2)经机械涂改的证照纸张变薄、纤维起毛,背景图案被破坏已不完整,纸张上留有擦刮痕迹。

(3)经添加、涂改的字迹,有的采用书写,有的采用打印,有的添加笔画,笔迹的笔画书写风格映不一致;打印字体号也有差异,墨水、打印色料成分、颜色不一致,塑封有被揭过第二次封压的痕迹。

3. 拆换证照芯页重新拼装变造方法及特点

拆换证照芯页重新拼装,是指将一本真证照上的部分芯页拆下装订到另一本证照的相应页码处,重新拼装成一本证照的伪造方法。其特点如下:

(1)装订线与真证照线质材料荧光反映有差异。

(2)装订针脚与真证照不同,针孔有移位不整齐和变形的现象。

(3)装订线与证照的新旧程度不一致。

(4)证照页的新旧程度不一致。

(5)封面封底纸质变化。

由于在变造过程中证照的封面封底在蒸汽中熏蒸过或在水中浸泡过,致使纸质变得松软,不像原证照挺实,经胶水粘贴时,出现凹凸不平或皱褶现象。

4. 伪造印章

根据具体需要伪造大使馆、使领馆的公章、出入境验讫章、纳税章、照片钢印等,伪造的印章质地、工艺、印油与真印章、印油有差异。

5. 伪造签证方法及特点

签证是证照有无时效的关键所在,有证照无签证,证照就发挥不了作用,因而签证历来是伪造的重点内容。世界各国签证的种类很多,设计各异,防伪手段不同。伪造签证的方法,一是伪造复制;二是拆装真证照上签证;三是高价从国外购买。伪造签证特点如下:

(1)伪造签证印油与真签证印油成分不同。

(2)伪造签证章无论采用手工雕刻、机制、照相制版的伪造等方法,其印文与真签证印文有本质差异。

(3)伪造的签证很难对潜图案、微缩字母、荧光图案等防伪暗记进行伪造。

(4)伪造者一般采用制作“免费”、“费用已收”等假印章盖在签证上取而代之签证收费凭据。

6. 持照人、政府官员签名

证照上有持照人、使领馆官员的亲笔签名,伪造人往往采用摹仿签名的手段进行伪造。

7. 出境登记卡制版伪造印刷出境登记卡。

(二)可疑证照系统检验技术

证照制作是用多种印刷材料、多种印刷技术、多种防伪措施,并兼容笔迹、人相、指纹等技术手段,印刷、制作的系统工程产品,因而在进行证照检验过程中也必须采用系统检验方法而不是单一的检验。可疑证照的系统检验具体程序和方法如下:

1. 对证照进行拍照固定

对证照物证进行检验前,为固定证照的原貌,保护其证据作用,对证照全貌及需要检验的局部采取相应照相固定,然后再检验。

2. 无损检验法

(1)直接检验法。主要是应用可见光直接观察检验证照印刷、工艺、印刷纸张的厚薄、光泽、水印、装订工艺、贯穿孔方法、印章印文形态、印油颜色、人相照片、个人资料填写、指纹等内容是否是齐全,有无异常现象的观察检验。

(2)显微镜比对检验法。运用显微镜对凸、凹、胶版印刷工艺、微缩印刷文字、印刷图案、塑封膜、钢印、色印、印刷打印号码、签名字迹、装订线、水印、安全线纸张纤维、贯穿孔、照片揭换痕迹等特征进行放大,从微观上研究检验。

(3)紫外线检验法。主要应用紫外光源检验证照封皮印刷材料、证照印刷纸张、塑封膜材料及印刷图案、印章印文的荧光油墨、防伪的荧光纤维、荧光点、水印等内容。

(4)红外线及红外文检仪检验法。主要应用红外线检验证照上被涂抹、添加、掩盖的个人文字资料,区别纸张、墨水等文件材料,辨读某些褪色的、擦消的或与背景图案颜色混淆的文字等内容。

3. 有损检验法

以理化方法对证照封皮材料、证照纸张、印刷油墨、印油、印泥等文件材料进行定性定量的检验,鉴别其种类、成分与样品是否相同的检验。

二、证照检验过程

(一)检材检验

1. 检材外貌观察

送检的检材一系“注册日期”和“发证日期”均为“2011-10-14”、“号牌号码”为“沪 CWR9××”、“所有人”为“张某”的《中华人民共和国机动车行驶证》一份(原件）。检材二系“有效起始日期”为“2010－07－08”、“证号”为“31010219820××××273”、“姓名”为“张某”的《中华人民共和国机动车驾驶证》一份（原件）。

送检的检材一《中华人民共和国机动车行驶证》和检材二《中华人民共和国机动车驾驶证》两份文件均系格式纸张印刷形成，并留有黑色料字迹和红色料印章印文。经过初步检验，两份检材文件的纸张表面均未发现明显的擦刮和消退痕迹。

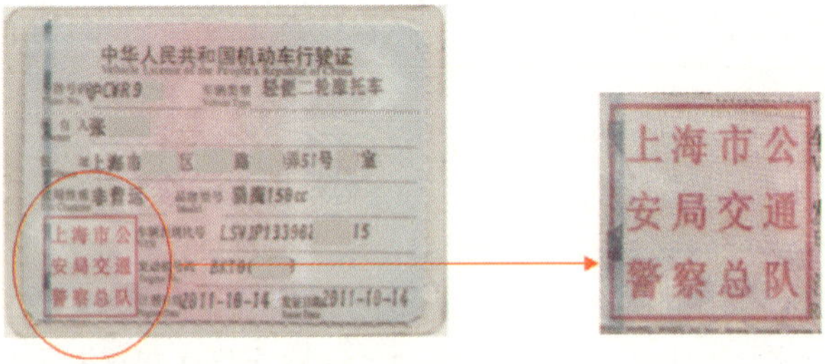

图 22－15

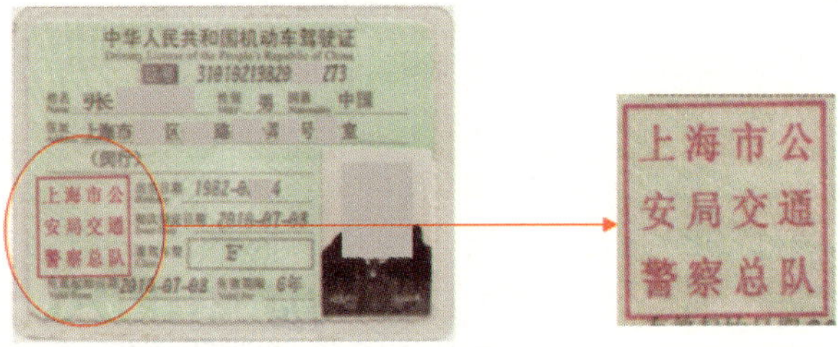

图 22－16

2. 检材特征分析

检材一《中华人民共和国机动车行驶证》上需检的“上海市公安局交通警察总队”印章印文（以下简称检材印文一）为红色料印章印文，印文内容整体较为清晰。运用体视显微镜，对检材印文一进行观察，发现其印迹较为平实，笔画边缘有喷溅状墨点分布，而且印文内容周围有不规则的黄、蓝混合颜色墨点分布，符合非直接盖印形成的特点。检材印文一的印文细节特征获得较好程度的反映，具备鉴定条件。

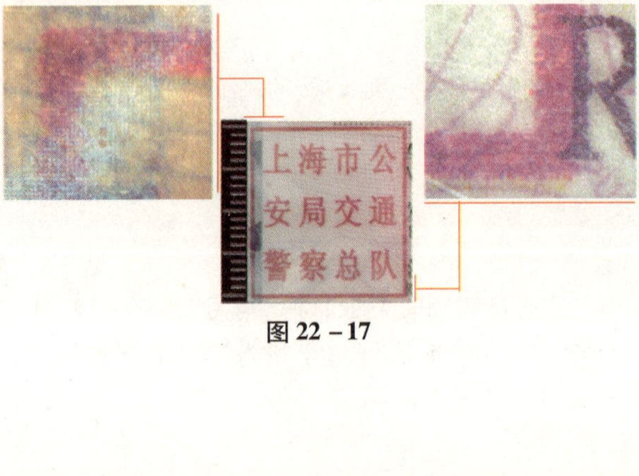

图 22－17

检材二《中华人民共和国机动车驾驶证》上需检的“上海市公安局交通警察总队”印章印文(以下简称检材印文二)为红色料的印章印文,印文图文内容清晰可辨。经过初步检验,发现检材印文二的印迹整体较为平实并有洇散现象,印文笔画的边缘检见明显的喷溅状墨点分布,而且印文内容周围有不规则的黄、蓝混合颜色墨点分布,整体能够反映出非直接盖印形成的特点。检材印文二的印文细节特征反映良好,具备鉴定条件。

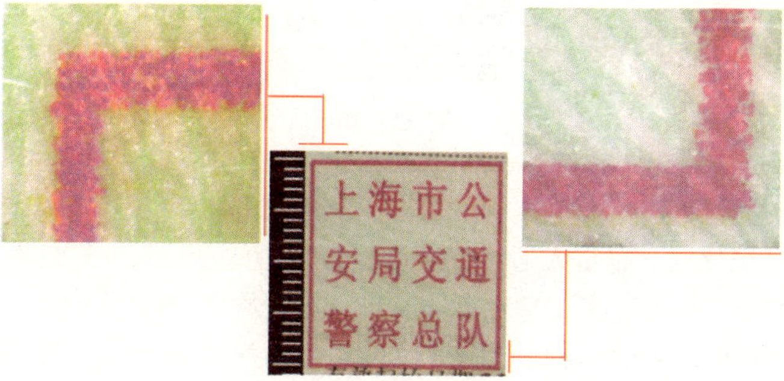

图 22－18

(二)样本检验

委托方提供的比对样本系“注册日期”和“发证日期”均为“2010－11－19”、“号牌号码”为“沪 H01××警”、“所有人”为“上海市公安局某分局”的《中华人民共和国机动车行驶证》一份(原件)。

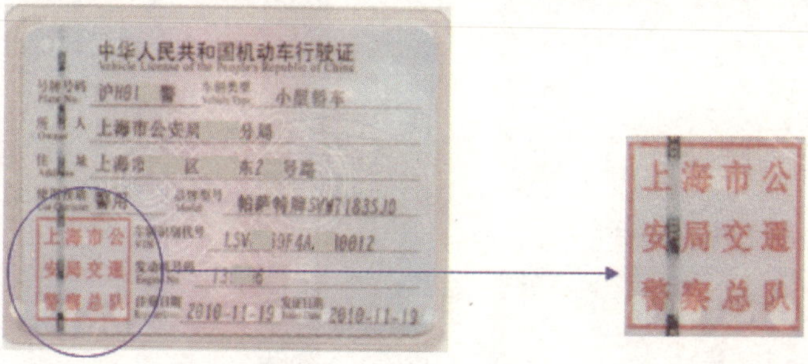

图 22－19

样本材料上的“上海市公安局交通警察总队”印章印文(以下简称样本印文)的图文内容清晰可辨,为同名印章印文,印文细节特征反映稳定,具备检验条件。

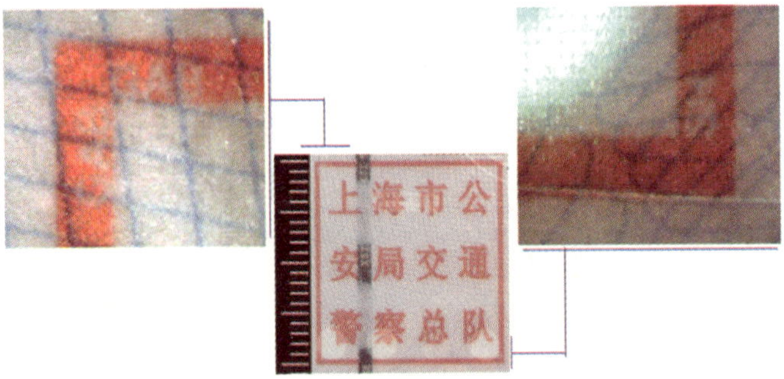

图 22－20

（三）检验分析

1. 特征比较检验

（1）细节特征比对。鉴定人通过技术检验，运用直观比对、显微比对等技术手段，分别将检材印文一、检材印文二与样本印文进行比较发现，两者在印文结构、印文布局等印文规格性特征方面相同，但检材一、检材二与样本在印文文字特征、印文线条特征、印面暗记特征以及印文材料特性等印文细节特征方面存在差异。

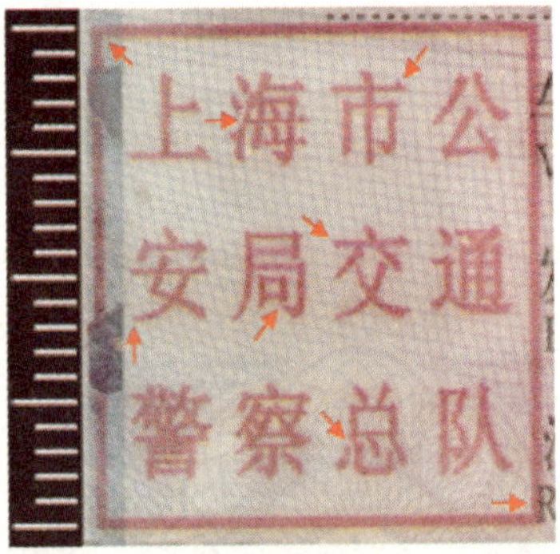

图 22－21　检材一

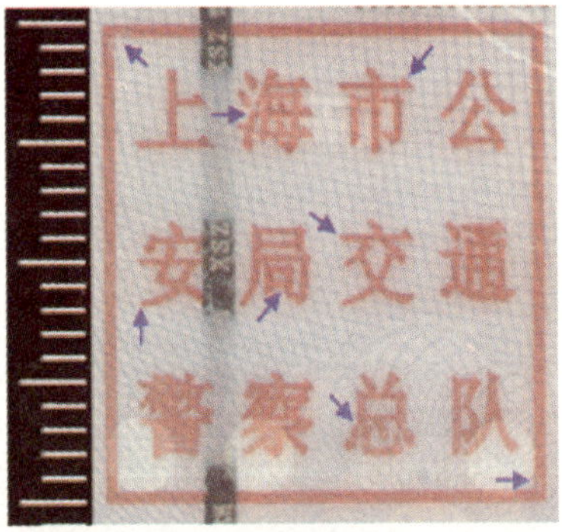

图 22－22　样本

图 22－23　检材二

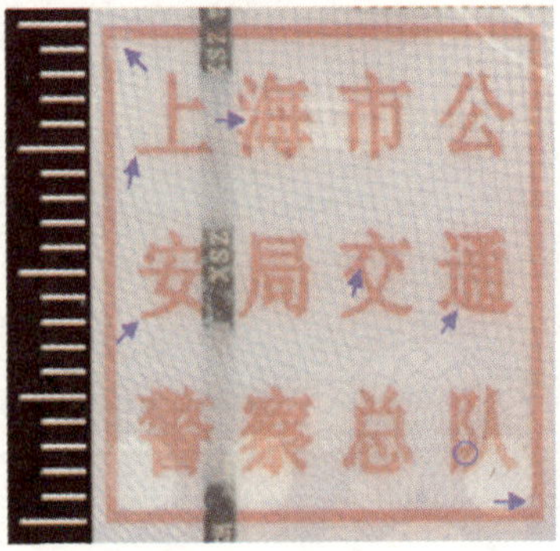

图 22－24　样本

(2)多波段光源检验。鉴定人通过进一步技术检验,运用文件检验仪在多波段光源环境下对检材印文二与样本印文进行检验,发现两者之间在相同波段光源照射下,印文的荧光特点反映方面有明显差异。

图 22-25 检材一
激发波长:415nm
接收波长:565nm

图 22-26 检材二
激发波长:415nm
接收波长:565nm

图 22-27 样本
激发波长:415nm
接收波长:565nm

图 22-28 检材一
激发波长:450nm
接收波长:565nm

图 22-29 检材二
激发波长:450nm
接收波长:565nm

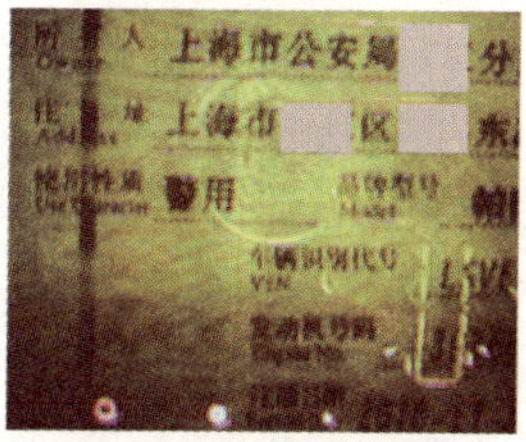

图 22-30 样本
激发波长:450nm
接收波长:565nm

2. 综合评断与鉴定意见

(1)综合评断

将检材印文一、检材印文二分别与样本印文进行比较检验,鉴定人发现检材一与样本、检材二与样本在规格性特征方面存在一定的符合点。但经过鉴定人的综合评断后,认为检材印文一与样本印文两者之间印文差异特征的数量多、质量高,并构成本质性差异,其数量和质量总和的价值充分反映出非同一枚印章印文的特点;而检材印文二和样本印文两者之间的印文差异特征质高量多,并构成本质性差异,经过综合评断,其数量和质量总和的价值,能够充分反映出非同一枚印章印文的特点。

(2)鉴定意见

检材印文一与样本印文系非出自同一枚印章。

检材印文二与样本印文系非出自同一枚印章。

三、二代身份证检验技术

近年来,全国各地利用伪造身份证进行犯罪的事件屡屡发生,使国家一些重要部门遭受到了严重的损失,并严重扰乱了社会秩序,给海关、边检、公安等机关部门带来很大压力。我国第二代居民身份证的生产制作应用了多种防伪技术,其中包括应用了数字防伪技术、射频识别技术和印刷防伪技术等。由于二代身份证具有智能芯片,具备视读和机读两种功能。但是在大数情况下,我们只能采用视读的方式来识别身份证的真伪,如何通过人眼快速、准确的识别身份证的真伪,是我们当前普遍面临的问题。

（一）厚度

第二代居民身份证采用的是具有绿色环保性能的由多层聚酯(Poly Ethylene Terephthalate Glycol,PETG)材料复合而成的单页卡式证件。它是由正面保护膜、正面印刷层、中间镶嵌层、背面印刷层和背面保护膜五部分组成,中间层为白色,厚度为0.900mm。伪造的第二代居民身份证虽然也是由五层材料构成,厚度比真身份证略厚。中间层也为白色,但伪造身份证的中间层比真身份证的中间层薄,而正面保护膜与印刷层两者的厚度比真身份证厚,背面的保护膜与印刷层两者的厚度也比真身份证厚。

（二）边缘的平滑程度

真身份证的边缘平滑,分层处接触严密。而大部分伪造身份证的中间层与其他层的大小不一致,导致伪造身份证的边缘粗糙,分层清晰,分层处接触不严密。

（三）分辨率

真身份证采用专用打印机打印,打印出的文字清晰,分辨率高。伪造身份证由于是采用先扫描然后通过图像处理,最后用普通的彩色激光打印机进行打印,无论是照片、文字、背景、图案等,与真身份证相比较,普遍分辨率较低,完全可以用肉眼观察到明显差异。如果采用放大镜或立体显微镜观察,差异会更加突出。

1. 照片

真的第二代居民身份证照片的规格为358像素(宽)×441像素(高),分辨率为350dpi;颜色模式采用24位RGB真彩色。而伪造的第二代居民身份证往往是采用普通的数码相机进行采集,在规格、分辨率、颜色模式等方面不如真的高,主要表现是照片的边缘不清晰,有模糊边界区域,色彩不正,有偏色现象。

2. 国徽图案

肉眼观察,伪造身份证的国徽图案整体没有真身份证上的图案清晰,轮廓不清晰,线与线之间的界线模糊。在立体显微镜下观察,伪造身份证图案上的线条不连续,花纹呈龟裂状。

3. 背景

肉眼观察,伪造身份证背景底纹线条较模糊,显微镜下观察背景线条呈间断状。

4. 文字

在肉眼下观察,伪造身份证上的普通文字与真身份证相近。在显微镜下观察(放大倍数在10~20倍之间),真身份证上的普通文字与缩微文字均清晰可见,文字边缘平滑,无马赛克现象。在同一放大倍数下,伪造身份证上普通文字周围马赛克较多,边缘不平,且缩微文字很不清晰或者根本无法辨读。

(四)字体字号

由于伪造的身份证是通过扫描而成,所以在字体上几乎与真的无多大差别,但是通过大量的伪造件与真的相比较发现,伪造身份证的字号大多数比真的大,这是由于扫描而形成。肉眼观察最明显的特征是伪造身份证的“有效期限”中的“—”字分割线比真身份证的少半个字符的长度。在显微镜下观察此分割线更加明显。

(五)过渡色

观察身份证正反面的红绿花纹,真身份证红色与绿色网状花纹相交,色彩柔和,颜色衔接处相互融合,自然过渡,颜色变化部分没有接口。伪造身份证几乎没有过渡色,一般都是由红色突然转变成绿色,颜色变化部分存在较明显的接口。

(六)印刷防伪特征

1. 荧光图案

真的第二代居民身份证在背面印刷的背景图案中使用了有色荧光油墨,用紫外线(Ultra - Violet Ray,UV)灯照射,真身份的背面的长城和远山的背景图案发出黄绿色荧光。而伪造第二代居民身份证在紫外线的照射下不发出荧光。

2. 光变图案

真身份证在自然光条件下,垂直观察看不到图案。和法线(垂直于图案平面的直线)成较大夹角时:在正常位置观察,图案反射光颜色为橘红色;当图案绕法线方向顺时针或逆时针旋转30°~50°时,图案反射光颜色为绿色;当旋转70°~90°时,图案反射光颜色为黄色。伪造身份证用珠光油墨来代替光变油墨印刷长城图案,从不同角度观察,无颜色变化现象,不具有动态变色效果,而部分伪造身份证的油墨是印在正面保护膜上,用手可直接擦除。

3. 激光防伪图案

真身份证正面右侧照片下有光变存储“中国 CHINA”字符的激光三维防伪图案。该图案的内容会随观察者视角的改变而发生相应的改变。伪造身份证上该图案不会随观察者视角的改变而发生改变,且部分身份证上的“中国 CHINA”字符可直接用手擦除。

(七)内部结构

二代居民身份证最大的特点是在身份证内嵌入微晶芯片,其位于正面的左下角大小约为8mm×5mm。此芯片内存有个人信息,可用专用读卡器读取。在反射光下观察不到中间层的芯片,而在较大强度的透射光下,可见一小黑色方块。由于技术条件所限,伪造身份证内一般没有此芯片,在透射光下观察,即无此黑色小方块。

第三节 票据检验技术

对送检的各类票据的票面进行整体识别是第一步，这主要是从票据的印刷材料，印刷版型、版纹以及其他细节特征等方面进行鉴别。

一、印刷材料进行检验

票据都是在特定的纸张上通过印刷制作出来的，因此，对票面的整体识别可以从纸张检验开始，即检查纸张的种类、质量、色泽、厚度、光滑度、荧光现象等。一般来说，金融票据都是用专用纸张印刷的，如果送检的票据与真票据相比过厚或过薄、手感更光滑或更粗糙，都极有可能是伪造的票据。目前使用的新版票据中，汇票[1]和本票[2]的纸张均为专用的，含有无色荧光纤维、有色纤维及满版“HP”和梅花图案黑白水印的防涂改纸；而支票[3]的纸张为专用满版“ZP”及人民币符号“￥”的无荧光水印纸。这是检验的一个要点，不具备上述特征者即为伪造的票据。为进一步确认，还可利用化学试剂进行检验。即从检材和样本的不同部位上，各取下一小块，放于载玻片上，加2～3滴蒸馏水润湿，将纤维剥开，再滴上氯—锌—碘试剂[4]，用过滤纸吸干，放在显微镜下观察。不同种类的纤维可染成不同颜色：破布浆纤维（棉花、麻等），成酒红色；磨木浆纤维成黄色；化学纤维成蓝紫色。如二者呈现不同颜色，送检票据应为伪造票据。

二、印刷版型进行检验

印刷版型通常分为凸版、凹版和平版三种，金融票据一般多采用平版印刷，平版印刷主要有石印和胶印两种。胶印是通过胶皮转印，纸张和印版没有直接接触，其特征是：图案、文字、线条无凸起和凹入的现象，图案、文字、线条边缘平整，油墨色淡，薄而均匀，无光泽，细致复杂的线条较清晰、整齐。因此，如果送检票据有和以上特征不符合者，如票面油墨色浓、淡分布不均或底纹线条暗淡不清等，则其真实性很值得怀疑。目前使用的新版票据中，汇票和本票的底纹采用彩虹印刷、微缩文字、变形曲线等多种防伪印刷技术。而支票的底纹则按行别不同分别着色。另外，无论汇票、本票还是支票，票面上大写金额栏采用水溶性红色荧光油墨印制，加红水纹，在紫外灯光下发出微

---

〔1〕 此处的汇票包括银行汇票、银行承兑汇票和商业承兑汇票，下同。

〔2〕 此处的本票是指银行本票，下同。

〔3〕 此处的支票包括现金支票、转账支票和普通支票，下同。

〔4〕 其配制方法是：将20g无水氯化锌溶于10ml的蒸馏水中，另外再将2.1g碘化钾和0.1g碘共溶于5ml蒸馏水中，然后将第二种溶液逐滴加入第一种溶液内，待澄清后，取上面透明溶液，倒入棕色瓶中，存于暗处半月有效。

弱的红色荧光,涂改后的红水线表面会发生变化;而票据号码采用棕黑色渗透性油墨印刷,号码的正面为棕黑色,背面有红色渗透效果。从司法实践来看,犯罪嫌疑人在伪造金融票据时,其通常采用的手法是手工描绘、手工雕刻、制版印刷以及复印4种。手工描绘和手工雕刻制版印刷由于其技术手段落后,票面上的文字、线条等笔画边缘圆钝不齐,容易出现断裂、缺损,票面色泽也不会正常,因而检验起来相对容易。现在由于高科学技术一日千里,发展迅速,作案人员采用彩色静电复印机伪造票据的情况日益突出。彩色复印出来的伪造票据在图案、线条、文字的结构、形态等方面及其绝大部分细节特征都与真品相同,但静电复印伪造将会有粉末沉积。因此,可将送检票据放在显微镜下观察,如果图案、线条、文字笔画有细沙悬浮式的粉状体,则很可能是通过复印伪造的。此外,由于正面、背面两次复印时对得不准导致正面和背面图文的相对位置可能产生较大偏差。

三、面的其他细节特征检验

对票面还应注意一些细节特征的检验。例如,汇票的规格为10cm×17.5cm,本票和支票的规格为8cm×17cm,规格不符者显属伪造票据。再如,银行汇票、银行承兑汇票均在票据左上角印明各行行徽,银行本票使用统一的徽记,城市商业银行和城乡信用社使用的银行承兑汇票则分别采用“CH”和“XH”徽记,这些行徽和统一的徽记均采用红色荧光油墨印刷,在紫外灯下发出橘红色荧光。支票上的“省别简称”、“现金支票”字样以及行徽也采用红色荧光油墨印刷,在紫外灯下也会发出橘红色荧光。另外,票据上一般都有暗记,这是发行部门和印刷工厂为了防止伪造而做的隐蔽记号。在检验时,应检验送检票据是否有暗记,并就样本票据和送检票据的暗记位置、暗记形状等特征进行比对,以确定其真伪。

四、特征文件检验注意事项

特种文件鉴定作为文书司法鉴定的一项重要组成部分,往往需要根据特种文件的制作方式、制作材料、制作工具以及所采用的防伪技术等特性,运用特征比对、专门仪器检测或者理化检验的手段来对特种文件的真伪进行鉴别与判断。常见的特种文件主要包括身份证、护照、货币、有价票据以及信用卡等客体。不同特种文件所采用的防伪技术以及印刷工艺可能存在较大差异,这就需要鉴定人在了解案情、严格按照鉴定程序以及技术规范的基础上,掌握需检特种文件的印制与防伪特性,必要时亦应尽量收集充足的样本材料以供比较鉴别。

(一)了解案情及涉案特种文件的情形

鉴定人在实施检验之前,应当向委托方全面了解案件发生经过、争议焦点等相关情况。尤其是涉案特种文件的发现、提取地点,委托方怀疑该特种文件为伪造或变造的理由等。通过了解基本案情,有利于鉴定人获悉与鉴定有关的重要信息。而特种文件的印刷一般都采用比较先进的设备大规模印刷,其图案、花纹设计比较精细,有些证件、证书不仅所用的油墨、纸张具有特殊的配方,而且在造纸过程中就特制了各种水印。伪造者不可能全部具备复制证件、证书的各种条件,因为假证件、证书必然与真证件、证书在多方面存在差异。[1] 因此,掌握涉案特种文件的相应情形,可以帮助鉴定人有针对性地制定具体检验方案与技术方法。

(二)严格遵从鉴定程序以及技术规范

特种文件鉴定实施过程中,鉴定人应当严格遵从《司法鉴定程序》规定的程序方法以及司法鉴定技术规范进行有序操作。目前,特种文件鉴定所应遵循的司法鉴定技术规范主要包括 SF/Z JD0201001 - 2010 文书鉴定通用规范、SF/Z JD0201004 - 2010 印刷文件鉴定规范、SF/Z JD0201005 - 2010 篡改(污损)文件鉴定规范、SF/Z JD0201006 - 2010 特种文件鉴定规范以及 SF/Z JD0201010 - 2010 文件材料鉴定规范等。这就要求鉴定人在鉴定特种文件时,不得肆意违背程序步骤与技术规范进行检验。这一要求的落实,不仅有助于从程序角度保障了司法鉴定质量,更有利于进一步强化鉴定意见的证明效力以及社会公信力。

(三)熟悉特种文件的印刷及防伪特性

特种文件包含的种类繁多,而各类证件、证书、票据等采用的印刷工艺及防伪特性亦存在一定差异。这就需要鉴定人在对某一特种文件进行检验时,务必掌握、熟悉特种文件的印刷及防伪特性,以便于能够准确选取相应技术方法进行鉴别、判断。以本案涉及的机动车驾驶证为例,此类证件的制作管理已由《中华人民共和国机动车驾驶证件》(GA 482 - 2008)所规范。鉴定人应根据该行业标准中的具体规定,系统掌握、熟悉该特种文件的相关特性。新的驾驶证除采用了平版印刷及打印方式外,还融入了缩微印刷与激光全息印刷等防伪方式。鉴定人可根据这一特性,运用显微形态检验的方法来比较检材与样本的特征异同。此外,驾驶证用纸采用特殊的原料制作,造纸过程中未添加增白剂,因此,在紫外光照射下,纸面是暗的,不发荧光。驾驶证的证芯质证内散落分布有大量荧光纤维丝,这些安全丝在纸张中的位置和数量都是随机分布的,形态也多种多样。在普通光线观察,其外观与其他纸张纤维没有任何差别。在紫外光照射下,驾驶证证芯用纸的纸面不乏荧光,荧光安全丝在纸张暗背景衬托下发出的红、色荧光更显明亮。[2] 利用这一防伪特性,鉴定人可以采用多波段光源检验的专门技术,通过纸张以及安全丝的荧光特性,对特种文件的真伪进行鉴定。

(四)必要时提取数量充足的比对样本

特种文件种类及功能等方面的差异,决定了其制作工艺以及防伪技术的不同。即使是同一种特种文件,不同批次印刷得到的印品在边距、颜色等特征上可能会存在一

---

〔1〕 贾玉文、邹明理主编:《中国刑事科学技术大全——文件检验》,中国人民公安大学出版社 2002 年版,第 985 页。

〔2〕 崔岚编著:《印刷文件检验技术规范》,中国人民公安大学出版社 2012 年版,第 269 页。

些差异，同批的印品在细节特征上也可能会有差异。[1] 一旦鉴定人在具体检验过程中，综合评断时需要特征符合点与差异点共存且难以权衡时，即应考虑到特种文件可能受印刷批次、时间等因素的影响，而产生一定差异。因此，鉴定人应在根据实际情况的需要，在必要时可提取数量充足的比对样本，明确印刷批次、时间等因素对于某些细节特征的影响，从而有效保障鉴定意见出具的客观性和准确性。

第四节　2015年版第五套人民币百元纸币识别与检验

根据中国人民银行的安排，2015年版第五套人民币100元纸币于11月12日正式发行面世。新版百元钞票的主色调、主图案、尺寸规格与上一版保持不变，但防伪性明显提升。

2005年版第五套人民币100元纸币发行以来，迄今已有10年。这10年期间，现金流通和银行业金融机构对钞票处理的手段发生了巨大变化，自动售货设备和现金自动处理设备蓬勃发展，对人民币的机读性能提出了更高要求。一些不法分子也不断利用新技术来伪造人民币，给公众识别带来了很大的困难。为更好地保护人民币持有人的利益，需要根据科学技术的发展，不断提高钞票的防伪技术和印制质量，保持人民币防伪技术的领先地位。为此，中国人民银行决定发行2015年版第五套人民币100元纸币，在保持规格、主图案、主色调等与2005年版第五套人民币100元纸币不变的前提下，对票面图案、防伪特征及其布局进行了调整，提高机读性能，采用了先进的公众防伪技术，使公众更易于识别真伪。2015年版第五套人民币100元纸币发行后，与同面额流通人民币等值流通。

一、新版人民币的防伪特征

（一）正面图案

票面中部增加光彩光变数字“100”，其下方团花中央花卉图案调整为紫色。取消左下角光变油墨面额数字，调整为胶印对印图案，其上方为双色横号码；正面主景图案右侧增加光变镂空开窗安全线和竖号码；右上角面额数字由横排改为竖排，并对数字样式进行了调整。

---

〔1〕 邹明理、杨旭主编：《文书物证司法鉴定实务》，法律出版社2012年版，第335页。

图 22－31　正面防伪标识标记处

(二)背面图案

票面年号改为“2015 年”,取消了右侧全息磁性开窗安全线和右下角防复印图案;调整了面额数字样式、票面局部装饰图案色彩和胶印对印图案及其位置。

图 22－32

二、新版人民币与旧版人民币比对

与 2005 年版第五套人民币 100 元纸币相比,2015 年版第五套人民币 100 元纸币在保持规格、主图案、主色调等不变的情况下,对图案及防伪性能等进行了以下改进:

(一)正面图案主要调整

1. 取消了票面右侧的凹印手感线、隐形面额数字和左下角的光变油墨面额数字。2. 票面中部增加了光彩光变数字,票面右侧增加了光变镂空开窗安全线和竖号码。3. 票面右上角面额数字由横排改为竖排,并对数字样式做了调整。中央团花图案中心花卉色彩由橘红色调整为紫色,取消花卉外淡蓝色花环,并对团花图案、接线形式做了调整。胶印对印图案由古钱币图案改为面额数字“100”,并由票面左侧中间位置调整至左下角。

(二)背面图案主要调整

1. 取消了全息磁性开窗安全线和右下角的防复印标记。2. 减少了票面左右两侧边部胶印图纹，适当留白；胶印对印图案由古钱币图案改为面额数字“100”，并由票面右侧中间位置调整至右下角；面额数字“100”上半部颜色由深紫色调整为浅紫色，下半部由大红色调整为橘红色，并对线纹结构进行了调整；票面局部装饰图案色彩由蓝、红相间调整为紫、红相间；左上角、右上角面额数字样式均做了调整。3. 年号调整为“2015 年”。

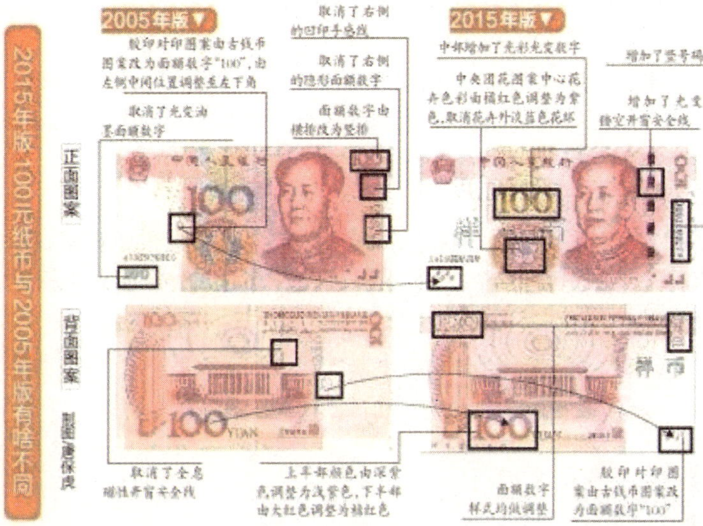

图 22－33

（三）防伪性能提升

2015 年版第五套人民币 100 元纸币在 2005 年版第五套人民币 100 元纸币的基础上，增加了防伪性能较高的光彩光变数字、光变镂空开窗安全线、磁性全埋安全线等防伪特征，提升了人像水印等防伪性能，改变了原有的冠字号码字形并增加了竖号码。根据防伪技术的新发展，取消了 2005 年版第五套人民币 100 元的光变油墨面额数字、隐形面额数字、凹印手感线三项防伪特征。总体来看，2015 年版第五套人民币 100 元纸币集成应用的防伪技术更为先进，布局更为合理，防伪技术水平较 2005 年版 100 元纸币有明显提升。

1. 光彩光变数字

光彩光变技术是国际钞票防伪领域公认的前沿公众防伪技术之一，公众更容易识别。目前全世界已有包括中国、俄罗斯、欧元区在内的多个国家和地区的钞票采用了该技术。2015 年版第五套人民币 100 元纸币在票面正面中部印有光彩光变数字。垂直观察票面，则数字“100”以金色为主；平视观察，则数字“100”以绿色为主。随着观察角度的改变，数字“100”颜色在金色和绿色之间交替变化，并可见到一条亮光带在数字上下滚动。

2. 光变镂空开窗安全线

位于票面正面右侧。当观察角度由直视变为斜视时，安全线颜色由品红色变为绿色；透光观察时，可见安全线中正反交替排列的镂空文字“100”。光变镂空开窗安全线对光源要求不高，颜色变化明显，同时集成镂空文字特征，有利于公众识别。

3. 2015 年版第五套人民币 100 元纸币还对原有的一些防伪技术和印制质量进行了提升

例如，人像水印清晰度明显提升，层次更加丰富。采用了横竖双号码，并改变了原有的冠字号码字形，更符合公众识别习惯和机器读取要求，有利于冠字号码的识别与记录，也有利于防范变造货币。

三、新版人民币防伪特征识别

（一）光变镂空开窗安全线。位于票面正面右侧。垂直票面观察，安全线呈品红色；与票面成一定角度观察，安全线呈绿色；透光观察，可见安全线中正反交替排列的镂空文字“￥100”。

图 22－34

图 22－35

图 22－36

（二）光彩光变数字。位于票面正面中部。垂直票面观察，数字以金色为主；平视观察，数字以绿色为主。随着观察角度的改变，数字颜色在金色和绿色之间交替变化，并可见到一条亮光带上下滚动。

图 22－37

图 22－38

（三）人像水印。位于票面正面左侧空白处。透光观察，可见毛泽东头像。

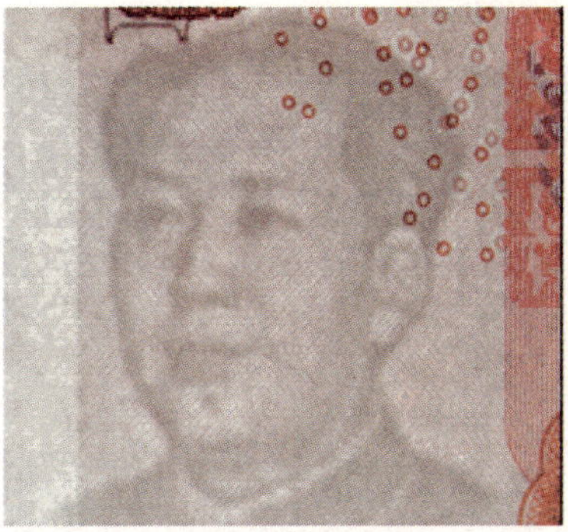

图 22－39

（四）胶印对印图案。

图 22－40

图 22－41

（五）横竖双号码。票面正面左下方采用横号码，其冠字和前两位数字为暗红色，后六位数字为黑色。票面正面右侧采用竖号码，其冠字和数字均为蓝色。

图 22－42

图 22－43

（六）白水印。位于票面正面横号码下方。透光观察，可以看到透光性很强的水印面额数字“100”。

图 22－44

（七）雕刻凹印。票面正面毛泽东头像采用雕刻凹印印刷，用手指触摸有明显的凹凸感。票面正面“中国人民银行”行名采用雕刻凹印印刷，用手指触摸有明显的凹凸感。票面正面国徽采用雕刻凹印印刷，用手指触摸有明显的凹凸感。票面正面右上角面额数字采用雕刻凹印印刷，用手指触摸有明显的凹凸感。票面正面盲文采用雕刻凹印印刷，用手指触摸有明显的凹凸感。票面背面人民大会堂采用雕刻凹印印刷，用手指触摸有明显的凹凸感。

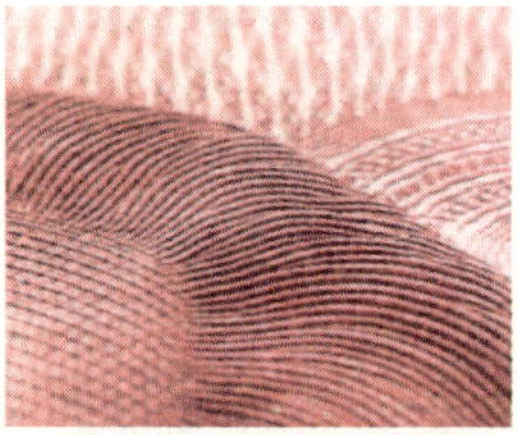

图 22－45

图 22－46

图 22－47

图 22－48

图 22－49

图 22－50

思考习题

1. 货币的印制有哪些特征?
2. 怎样识别变造证照?
3. 简述票据检验要点。

拓展阅读书目

1. 许爱东主编:《文书司法鉴定理论与实务研究》,法律出版社 2013 年版。

2. 杨旭主编:《文书司法鉴定技术规范及操作规程》,科学出版社 2014 年版。

3. 王世全主编:《印刷文件检验》,中国人民公安大学出版社 2001 年版。

4. 上海市司法局、上海市司法鉴定工作委员会办公室编著:《察疑・释惑・求真——司法鉴定案例精选》,法律出版社 2005 年版。

第二十三章　朱墨时序检验技术

本章概要

本章主要介绍了朱墨时序检验的概念、朱墨时序检验时的观察特征，以及朱墨时序的检验技术。

通过本章的学习，应当掌握朱墨时序检验时的表观特征和朱墨时序的一般检验技术，了解无交叉朱墨时序的检验方法。

关键词

朱墨时序；任务；难点；表观特征；检验技术；无交叉朱墨时序

第一节　朱墨时序检验概述

一、朱墨时序检验的概念

"朱"，代表印章印文，即由印章沾取红色印文材料直接盖印形成的印文。"墨"，代表文件上的书写字迹或机制文字。

朱墨时序，即"朱"与"墨"在时间上形成的先后顺序。在文件检验工作中，朱墨时序检验，是指对待检文件上的书写字迹或机制文字与印章印文形成的先后顺序进行鉴定。

正常情况下，一份文件的签署生效应当建立在先形成文件内容，再有印章盖印形成印文的基础之上。因此，朱墨时序的检验情况一般有两种：正序和反序。正序，即正常时序，指待检文件上的朱墨形成顺序是先"墨"后"朱"。在这种情况下，"朱"的形成表示对"墨"的认可，即这份文件是有效的。反序，即反常时序，指待检文件上的朱墨形成顺序是先"朱"后"墨"。这种情况则说明文件的形成是有可疑的，甚至是伪造的。

朱墨时序的检验不同于一般的文检鉴定，对于先朱后墨还是先墨后朱的问题，应当侧重于在显微镜下或通过技术手段对朱墨的形成顺序进行辨别。与此同时，应当运用先进的科学仪器和逻辑推理，分析探讨出更多朱墨时序的检验方法和手段。

二、朱墨时序的检验对象

朱墨时序检验，是指针对待检文件上的书写字迹或机制文字与印章印文间形成的先后顺序进行鉴定。朱墨时序的检验对象包括书写字迹、机制文字和印章印文。

书写字迹，是指书写人通过书写工具在待检文件上书写形成的字迹。在此，书写工具包括圆珠笔、钢笔、水笔等。但是，鉴于书写人的书写压力，通过书写工具所形成的字迹，总会不可避免地受到诸多因素的干扰。

机制文字，是指通过打印、复印等手段，在待检文件上形成的文字，其中包括喷墨打印、激光打印等形成方法。机制文字的形成不同于书写字迹的形成过程，它是纸张经过打印、复印之后形成的覆盖或渗透的墨迹。在机制文字的形成过程中，由于受到整个打印机或复印机内部的高温碾压处理，使整张纸都受到均匀的压力影响，并非书写字迹形成时书写人在待检文件上造成的局部压力影响。

印章印文，狭义上是指印章直接盖印形成的印文，其中包括红色印文材料直接盖印形成的印文，如激光雕刻印章印文、光敏印章印文、原子印章印文等）和钢印印文。而从广义上说，印章印文还包括打印、复印形成的印文。这类印文的形成过程并不是通过印章盖印形成，因此它的效力也不被人们所认同。

三、朱墨时序检验的任务和作用

朱墨时序检验的根本任务就是通过对待检文件的技术鉴定，分析得出一份文件的形成是否正常的结论。朱墨时序检验在实践工作中的运用有以下几点作用：

第一，在侦查工作中，朱墨时序的检验能够帮助侦查人员确定案件的侦查方向，为破案提供线索和依据；

第二，在诉讼过程中，一份有明确结论的鉴定意见能够给法官在定案过程中提供一份有力的证据；

第三，在司法鉴定领域中，对朱墨时序检验技术的探索研究能够有效提高科学技术实验水平，为之后的朱墨时序鉴定提供更多的检验技术和方法。

四、朱墨时序检验的困境

（一）检验方法的创新

朱墨时序的检验方法可分为无损检验和有损检验，且通常情况下偏向无损检验的较多。但是在实践过程中，朱墨时序的无损检验需要形成一个完整的论证推断才能够确定结论，而这一推论很难达到全面的标准。虽然朱墨时序的特征识别和论证方法越来越多，但其仍在不断扩充之中。

（二）仪器使用的不足

朱墨时序检验在文件检验工作中属于技术性检验，因此，朱墨时序检验技术也需要具备一定的技术要求。不仅仅是理论知识层面，朱墨时序检验对仪器设备的要求也是不容小觑的。虽然随着科学技术的逐步发展，科学检验仪器设备也在不断推陈出新，但其在实际应用上仍达不到全面的要求。

(三)检验技术的欠缺

相对于文件检验工作中的其他鉴定事项，朱墨时序的检验技术还有所欠缺。这除了其本身的复杂性之外，还包括检验条件的各种限制。

总之，朱墨时序检验是文件检验工作中的一项重要难题之一。在前人给予我们理论基础的指导下，应该对朱墨时序检验技术未来的发展进行拓宽，甚至再创新，让朱墨时序检验慢慢得到越来越多人的重视。

第二节 书写文字与印文之间的特征观察

依据前文对朱墨时序检验对象的概述，不同的书写工具与不同的印文材料形成交叉部位的表观特征既有相同点也有差异点。其中共同点表现在以下几方面：

一、交叉部位书写字迹笔画的完整性

在正常情况下，先形成的书写字迹，笔画应当自然流畅具有完整性，边缘清晰，笔墨分布均匀，后形成的印文并不会对已形成的书写字迹笔画产生影响。因此，当文件上的朱墨时序是正序时，交叉部位的书写字迹笔画完整，不中断。

在先朱后墨的情形下，书写文字与印文的交叉部位可能会发生油墨排除的现象。这是由于当印文盖印时，印文材料含油过多或色料过重，导致字迹书写时笔墨有收缩、中断、变浅、渗散，以及笔画边缘发虚等现象，这些现象都大大地破坏了书写字迹笔画的完整性(见图 23－1)。

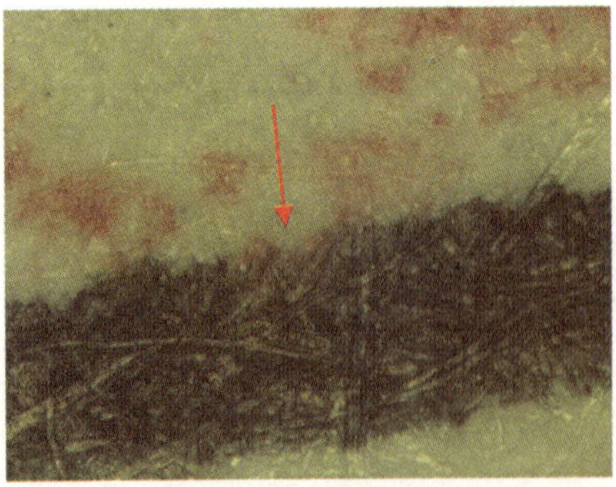

图 23－1

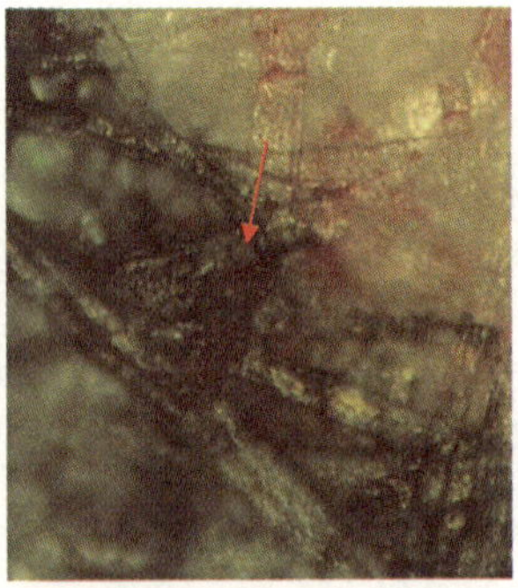

图 23－2

二、红色印文材料的堆积现象

在正常情况下，后盖印的红色印文材料会覆盖于先形成的文字笔墨之上。在显微镜的观察下，部分文字笔墨上可能出现红色印文材料堆积的现象（见图23－2）。而这种现象在先形成印文，后形成字迹的情况下，是不可能发生的。

这是一种朱墨时序层次关系的体现，这种现象的反映也是朱墨时序形成过程中一个直观的特征反映。在先后印字时，印文材料被文字笔墨覆盖，因此不会出现红色印文材料堆积在文字笔墨上的现象。

三、印文色料被拖带的痕迹

在正常时序时，书写字迹书形成于印章盖印之前，因此，书写字迹的文字笔墨色料中只有书写工具本身的色料成分。

而在反常时序的情况下，由于书写字迹形成于印章盖印之后，书写字迹形成时，先形成的印文材料会受到书写工具笔尖的碾压、擦划等压力的作用，使书写字迹的文字笔墨中亦会带有少量的红色印文材料，这也就是印文色料被书写工具拖带的痕迹。这些印文材料与笔画色料的融合，使文字笔画在与印文的不交叉部位仍然有少量红色印文材料的显现（见图23－3）。

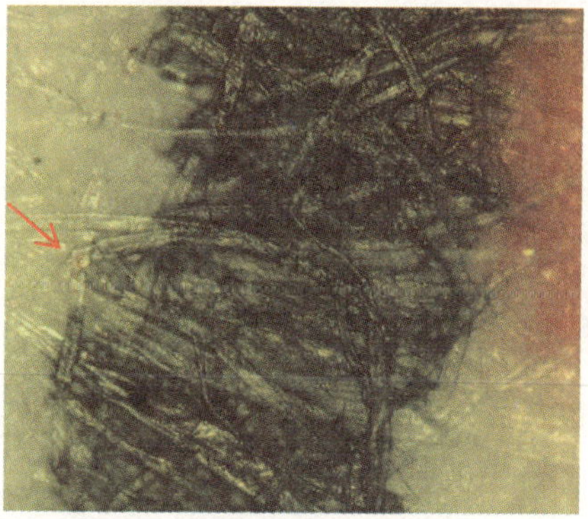

图23－3

图23－4

四、交叉部位的颜色反映

在正常情况下，文字笔墨被印文色料覆盖，此时若在一定角度的光照下观察，就能够发现明显的印油光泽（见图23－4）。并且在正序时，后形成的印文色料没有受到书写工具笔尖的碾压、擦划，色料的分布状态也没有明显变化。

该现象虽然能够普遍得出先墨后朱的结论，但是由于在反常时序时，印文色料与文字笔墨的交叉部位容易混合，因此也可能在一定角度的光照条件下有印油光泽的颜色特征反映。所以在朱墨时序的检验中，对书写文字与印文色料交叉部位颜色特征的观察并不具有确定性，它会受到一些偶然因素的混淆。

第三节 机制文字与印文之间的特征观察

按照机制文字的成分划分，可以分为墨粉和墨水，这是由机制文字的形成方式决定的。虽然同属机制文字，墨粉与墨水的理化特征却相距甚远。

一、墨粉形成的机制文字

激光打印中墨粉形成的机制文字，笔画有一定的厚度和立体感，渗透性较弱，且表面呈现凝聚状颗粒分布（见图23－5）。这类机制文字与印文交叉部位的表观特征表现在以下几个方面：

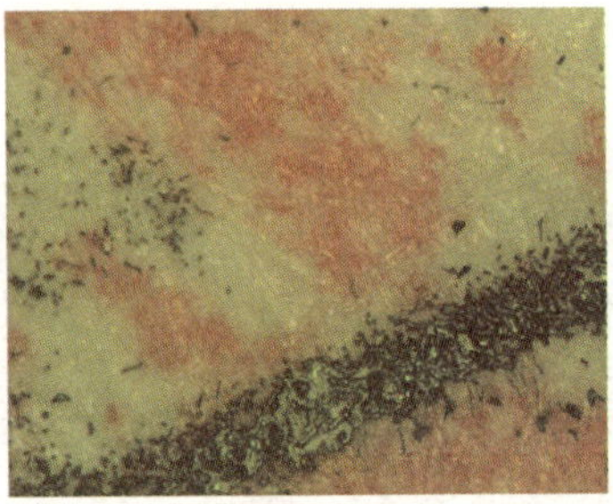

图23－5

（一）交叉部位的颜色反映

基于机制文字的形成方式可以观察发现，墨粉形成的机制文字与印文之间交叉部位的颜色特征反映相对明显。

在正常情况下，文字墨粉被红色印文材料覆盖，交叉部位的机制文字笔画上会留有一层印泥或印油，在一定角度的光照下，笔画表面红色印文材料的光泽变化会比较明显（见图23－6）。

反之，在反常时序的情况下，后形成的机制文字会厚厚地覆盖在先形成的印文之上。此时，笔画表面无印文色料或印油分布，在不同角度的光照下，笔画表面均无明显色泽和色泽变化。

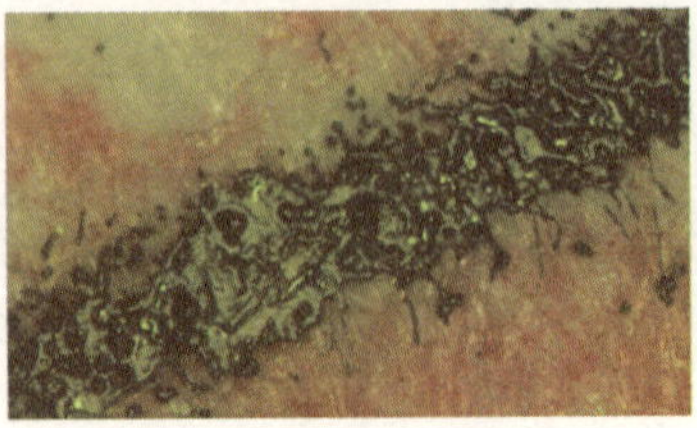

图23－6

（二）红色印文材料的堆积现象

正序时，由于这类机制文字是墨粉覆盖在白纸上形成的，其渗透性较弱，因此文件上的机制文字具备一定的厚度。再加之印文的再覆盖、再叠加，导致机制文字与印文之间的交叉部位能够明显反映出朱墨时序的层次关系。而且墨粉形成的机制文字本身呈现凝聚状颗粒分布，因此，覆盖在机制文字上面的印文很容易形成印文堆积的现象。

同理可知，反序时，朱墨时序的层次关系发生变化，因此无法观察到红色印文材料堆积的特征。

（三）吸附油墨的现象

正常情况下，在机制文件的形成过程中，墨粉在纸张上的分布是均匀的。但是若待检文件是先盖印后打印形成的，由于先形成的印文色料相对纸张具有特殊性，使纸张在打印过程中，印文图文会吸附更多的墨粉，因此后形成的文字墨粉分布不均匀。

二、墨水形成的机制文字

在机制文字的形成过程中，只有喷墨打印出来的机制文字是由墨水打印形成的。此类机制文字呈水性，因此，在对其与印文交叉部位的表观特征进行观察时可以发现，其表观特征和水笔书写字迹与印文交叉部位的表观特征相近，只是水笔书写字迹形成过程中有书写人对纸张的压力作用影响，而喷墨形成的机制文字没有。因此，喷墨形成的机制文字与印文交叉部位的表观特征有以下几点：

（一）交叉部位墨水洇散现象

在正常情况下，喷墨形成的机制文字笔画完整，边缘轮廓有喷墨形成的墨水点，色料分布均匀，而后形成的印文并不会对已形成的墨水文字产生影响。因此，当文件上的朱墨时序是正序时，交叉部位的机制文字笔画没有异常（见图 23－7）。

而在反常情况下，印章印文与喷墨形成的机制文字交叉部位会出现墨水洇散、排斥等现象。由于印章印文是油性的，而喷墨形成的机制文字是水性的，依据水油不相溶的原理，后形成的机制文字很难覆盖在红色印文材料之上。这也就造成了反序形成时，朱墨交叉部位的喷墨形成的机制文字笔画在印文图文上的附着力降低，形成色料附着减少、颜色变浅或不能附着等现象，机制文字笔画亦可能呈现洇散等特征（见图 23－8）。

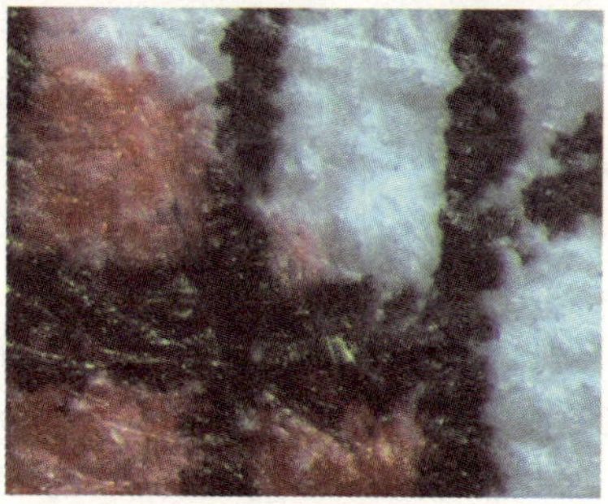

图 23－7

图 23－8

(二)交叉部位的颜色反映

在正常情况下,喷墨形成的机制文字被印泥或印油覆盖,虽然由于喷墨材料的水性与印文色料的油性不相溶,甚至相互排斥,但也会出现印文色料附着在喷墨材料之上的可能。此时,在一定角度的光照条件下观察,机制文字笔画表面会有色泽的变化。

在反常情况下,先盖印的印文图文色料分布均匀,其表面被喷墨材料覆盖,在一定条件下观察,机制文字笔画表面会出现印文色料色泽变暗等现象。

第四节 传统朱墨时序的检验技术

朱墨时序,是检验文件上"朱"和"墨"形成时间的先后。随着社会经济的发展,印章印文也渐渐呈现出纷繁复杂的不同形式。如雕刻印章,由于沾取的红色印文材料不同,而盖印形成的印泥印文和印油印文,以及原子印章印文和光敏印章印文等。这些印章的不同材质,决定了文件上直接盖印形成的红色印文的材料和形态,以及与"墨"交叉时的特征变化。朱墨时序检验对象的范围逐步扩大,也逐渐给朱墨时序检验技术造成了一定的难度。

根据现在的检验技术和条件,传统朱墨时序有下列几种基本检验方法。

一、无损检验方法

(一)体视显微镜观察法

体视显微镜观察法,是朱墨时序鉴定中最普遍运用的一种检验技术。体视显微镜有两个图像输出端口:一是两个目镜,能够使人的双眼从不同的角度去观察待检文件;二是电脑输出端,能够更加清楚方便地观察待检文件。在运用体视显微镜观察的过程中,还能够调节光源的强弱和角度,不同的光源能够产生不同的观察效果,使看到的印字交叉部位的表观特征反映得更加明显。

(二)荧光检验法

1.视频荧光光谱检验法

视频荧光光谱检验法,是指借助视频光谱仪(又称文检仪)观察印字交叉部位的纸张、印文色料和文字形成材料荧光特征的变化规律,进而对两者在时间上形成的先后顺序进行判断的检验方法。

2.显微荧光检验法

显微荧光检验法,是指利用显微镜的荧光检验功能对印字交叉部位的印文色料与文字形成材料荧光特征的变化规律进行鉴别的检验方法。荧光显微镜较之普通光学显微镜增加了两套系统:一是滤光系统,二是荧光光源。这也是决定显微荧光检验效果的核心要素。

上述两种荧光检验法虽然在检验原理上不尽相同，但两者均是在荧光效果下，观察印字交叉部位色料荧光反应的完整性，从而判断出待检文件朱墨形成的先后顺序。

（三）拉曼光谱分析法

拉曼光谱仪分析法是运用拉曼光谱仪检验印字的交叉部位，如果交叉点的光谱图与文字笔画的光谱图相近，则证明是先朱后墨。若交叉点的光谱图与印文材料的光谱图接近，则证明是先墨后朱。

拉曼光谱分析法可适用于各种书写工具书写形成的字迹与印文材料间的朱墨时序检验，尤其能够弥补并检验一般显微镜观察法无法发现的朱墨时序表观特征。

二、有损检验方法

（一）剥离法

剥离法是有损检验中最常用的一种检验方法，是指运用较尖锐的工具在显微镜下将印字交叉部位的色料进行剥离以判断印字形成时序的方法。一般是在无损检验之后，用于进一步确认检验结果的技术方法。

（二）脱色法

脱色法是利用化学试剂对待检文件上的印字交叉部位的色料进行脱色，根据色料的脱色程度和脱色后表现出的特征判断印字形成时序的方法。

（三）交叉点切面检验法

交叉点切面检验法是运用刀片将印字交叉部位切下一窄条，在显微镜下观察纸条的横切面以鉴别印字形成时序的方法。

第五节　无交叉朱墨时序的检验技术

一、无交叉朱墨时序的概述

不同于传统朱墨时序的检验技术，对无交叉状态下的朱墨时序鉴定领域目前仍存在较多空白。对于无交叉状态下的朱墨时序，还可分为微观无交叉状态下的朱墨时序和宏观无交叉状态下的朱墨时序。

微观无交叉状态下的朱墨时序，是指在微观的视野下，无笔画交叉状态的“朱”与“墨”的形成时序，它属于无交叉状态下的朱墨时序。而宏观无交叉状态下的朱墨时序是指从肉眼观察的相对宏观的视野中无朱墨交叉的部位，但并不排除微观上存在交叉的可能性。实际上，宏观无交叉状态下的朱墨时序属于交叉状态下朱墨时序的范畴。

二、无交叉朱墨时序的检验对象

宏观无交叉状态下朱墨时序的检验对象不同于传统交叉状态下朱墨时序的检验

对象。传统交叉状态下朱墨时序的检验，侧重于对书写字迹或机制文字与印文色料间交叉部位的特征观察与鉴定。而宏观无交叉状态下朱墨时序的检验，则着重于对一种微观上的交叉现象的观察。因此，宏观无交叉状态下朱墨时序的检验对象受到一定的条件限制。

因为宏观无交叉状态下的朱墨时序属于交叉状态下的朱墨时序范畴，其微观上的交叉现象决定了宏观无交叉状态下的朱墨时序检验对象需要在待检文件的印文图文上留有“墨”的痕迹。这种“墨”痕迹不是书写文字或机制文字的某一笔画或某一部分，而是待检文件在形成过程中，基于物质转移原理留下的“墨”的痕迹。能够做到这一点的，也只有在机制文件形成过程中，打印、复印机在纸张上留下的痕迹。

因此，宏观状态下朱墨时序的检验对象仅限于印文材料与机制形成的痕迹，其中，机制形成的痕迹包括墨粉与墨水两种可能的成分。在宏观无交叉状态下朱墨时序的检验过程中，激光打印等方式形成的墨粉痕迹，即墨粉点与印文色料的表观特征较为明显（见图 23 –9）。

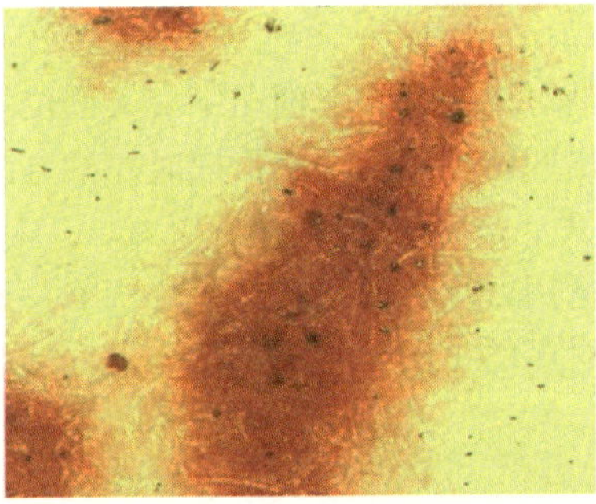

图 23 –9

三、无交叉朱墨时序的表观特征

就盖印形成的印文色料与机制形成的墨粉点在宏观无交叉状态下的朱墨时序检验，其微观上的观察特征类似于传统朱墨时序中，墨粉形成的机制文字与印文之间交叉部位的表观特征。主要表现在以下几方面。

（一）颜色特征的反映

正常情况下，墨粉点被红色印文材料覆盖，在一定条件下观察，交叉部位的墨粉点上会留有一层印文色料，且表面的红色印文材料会有光泽变化。

在反常时序的情况下，后形成的机制文字会厚厚地覆盖在先形成的印文之上。此时，由于墨粉的渗透性弱，遮盖性强，导致在印文色料与墨粉点的交叠部位均无明显色泽和色泽变化。

（二）墨粉点与印文色料间层次关系的特征

正序时，由于墨粉点的渗透性较弱，且具备一定的厚度，当印文色料对墨粉点进行覆盖、叠加时，会导致墨粉点与印文色料之间的交叠部位表现出较明显的层次关系。反之，朱墨时序的层次关系亦会发生变化。

而墨粉点与印文色料间层次关系的反映，是在两者不易融合的前提下，一方形成并完全干燥后再形成另一方，此时表现出的层次关系较明显。若两者的理化特性十分接近且保存时间较久，则在其交叠部位会出现互融现象，进而导致层次关系不明显。

（三）墨粉点的分布特征

在正常情况下，待检文件上的墨粉点呈规律性分布，尤其是印文图文上的墨粉点与其他处的应当一致。若待检文件是先盖印后打印形成的，此时，由于印文色料中印泥的黏着性较强，因此在之后墨粉点的形成过程中，墨粉会大量附着在印泥印文色料上，使印文色料上的墨粉点多于其他处。

四、无交叉朱墨时序的检验技术

（一）定影转印法

定影转印法是一种对定影转印形成的转印痕迹进行观察的一种检验方法，它是指印文色料在一定时间内经过激光打印机打印，从而出现的一种转印现象。基于这个原理，定影转印法仅仅适用于先盖印后打印的反序情况。

当印文先于机制文字形成时，由于之后机制文件形成过程中，打印机内定影辊温度和压力的作用，使先形成的印文图文色料黏附在定影辊表面，并在接下来的打印活动中，将黏附其表面的印文色料转印到纸张上。因此，当在对该类文件进行朱墨时序检验时，在印文图文的上方或下方可以发现印文转印的痕迹，从而得出先盖印后打印的检验结论（图 23－10）。

图 23－10

定影转印法不受印文色料与机制文字是否交叉的限制，并且能够有效地检验出机制文字与印文色料形成的先后顺序，为宏观无交叉状态下朱墨时序的检验提供了新方法。但是在实务中出现转印痕迹并以此作为检验判断依据的案例并不多见。同时，还应当排除印章盖印时偶然造成的多余的印文印迹，以免除对检验鉴定形成干扰。

(二)超景深三维立体显微系统检验法

超景深三维立体显微系统检验法,顾名思义,即用超景深三维立体显微镜进行观察分析,从而判断待检文件的朱墨时序。以超景深三维立体显微系统 VHX－600E 为例,该系统拥有 5400 万像素,放大倍率最高可达到 1000 倍,采用手动和自动相结合的调焦功能,能够直观地反映出墨粉点与印文色料交叉部位的表观特征。通过进一步的探究,超景深三维立体显微系统还能够运用 3D 技术显现显微镜中采集图像的 3D 效果。

在印字的形成过程中,盖印形成的印章印文除了有印文色料的着墨,还有盖印人在盖印时施加的压力作用,此时形成的印文会将盖印压力转化为印文痕迹特征。同时,经过打印、复印形成机制文字的时候,纸张会在机器中受到碾压,而这一碾压可能会碾平纸张上印痕,造成在此之前形成的印文盖印时的痕迹特征消失。另外,由于印文色料可能具备一定的厚度,从正面观察 3D 效果容易受到印文色料本身的影响,因此从纸张背面观察超景深三维立体显微系统的 3D 图像效果会比较明显。

运用超景深三维立体显微系统能够从 3D 的视角去观察待检部位的特征反映,如果印文色料部位与纸张其他部位的深度一致,说明该印文被碾压过,即待检文件是先形成印文后形成文字的。若通过 3D 图像处理观察到印文部位与纸张其他部位存在明显的深度差,则说明印章印文是机制文字形成之后盖印形成的。

当然这一方法仍然存在局限,印文的痕迹特征还会受到印文盖印时衬垫物的影响。因此,在对宏观无交叉状态下的朱墨时序检验应当综合可能的检验方法,对待检文件进行系统的检验,从而能够得出更有价值的论断。

思考习题

1. 如何理解朱墨时序检验的概念、任务和难点?
2. 朱墨时序检验的表观特征有哪些?
3. 归纳朱墨时序的一般检验方法有哪些?
4. 如何理解无交叉朱墨时序的检验方法?

拓展阅读书目

1. 杜志淳主编:《司法鉴定实验教程》,北京大学出版社 2009 年版。
2. 霍宪丹主编:《司法鉴定通论》,中国法制出版社 2009 年版。
3. 许爱东主编:《物证技术学》,法律出版社 2012 年版。
4. 何家弘主编:《司法鉴定导论》,法律出版社 2000 年版。

第二十四章　文件材料检验技术

本章概要

本章主要介绍了文件材料的概念、特点、作用以及分类等基础性内容，阐述了纸张、不同文字色料、黏合剂等不同文件材料的检验技术。

通过本章的学习，应当掌握这些文件材料的分类、成分与性质、具体检验内容以及检验的主要技术。

关键词

文书材料；检验技术；理化检验；仪器分析

第一节　文件材料检验技术概述

一、基本概念

文件材料是指制作文件时所使用的各种物质材料，包括纸张、墨水、圆珠笔油、墨汁、复写纸、油墨、铅笔芯、印泥、印油、复印墨粉、打印色带和黏合剂等。在侦查与文书相关的各类案件中经常涉及文书材料检验。

文件材料检验技术是运用各种理化手段，通过对文件材料的理化特性，结构形态的定性与定量分析，鉴别其种类、成分，确定与已知样本是否相同的一项专门技术是进行文件材料鉴定的基础。

文件材料检验技术研究的核心问题是制作文件的有关材料的种类特征及变化规律。它的主要任务是确定文件材料的种类，鉴别嫌疑文书材料与样本文书材料是否相同。对文书所用的纸张、墨水、印泥印油等物质材料的鉴定一般只能解决种属认定的问题。通过文件材料检验所得的鉴定意见可以为发现书写人提供线索，为审查嫌疑人提供依据，也可以为鉴别文书真伪提供证据。

根据司法部2010年发布的SF/Z JD0201008－2010《文件材料鉴定规范》的规定，

可以将文件材料鉴定分为纸张鉴定、墨水鉴定、油墨鉴定、墨粉鉴定和黏合剂鉴定。

二、文件材料的检验任务

在案件调查中，对文书物质材料的鉴定，对确定侦查方向，缩小侦查范围，查缉犯罪嫌疑人具有重要意义。

通常而言，在文件材料检验过程中，需要确定以下相关问题：

（一）确定文件材料的产地和销售范围。根据具体要求，分析鉴定文件材料的种类和成分，确实其主要成分，推断其生产或销售范围。

（二）确定现场中发现、提取的文件材料与从特定人员处提取的文件材料是否种属相同，或者在不同检材上发现的文件材料是否为同类、同种成分。

（三）观察、确定文件材料上是否存在变形、损伤或者人为处理的情形以及发现、提取到的纸张载体是否存有其他微量附着物，附着在载体上的可疑物证是否为文字色料或者黏合剂，等等。

三、文件材料的提取、包装要点

在文件材料鉴定中，黏合剂或者文字色料大多附着在纸张、墙壁、油漆、织物、工具等载体上，具有数量少、易污染、杂质多、溶剂成分易挥发、成分易受载体、放置环境等因素的影响等特点，在一般情况下，需要连同载体进行提取。因此，作为载体的纸张的提取保存方法尤为重要，主要需要注意以下几点：

（一）纸张在流通和使用中，其外观特征易受环境和人为因素的影响，对于纸张中已形成的痕迹特征，要注意观察与保护，以获得更多的鉴定信息。戴干净的手套拿取或用干净的镊子轻轻夹取纸张，切勿在检材表面留下手印、折压痕迹以及其他污染物等。

（二）对破碎、有褶皱或沾水的纸张检材，切勿裱糊、润湿和烘烤，需保持其原始状态。不要抖动纸张检材，防止遗失附着物。

（三）对于小块或撕碎的纸张，应将其碎片、纸屑全部收集起来，放入洁净的物证袋中，以便拼合重整；对于幅面较大的纸张，应将其轻轻展开，夹在两块干净的胶片、硬塑料膜或玻璃板中间，也可放入比该检材大的物证袋中。

（四）对于火灾现场中被烧的引火纸张物质或烧毁的文件纸张，尽量保持其原始状态，如仍有一定韧性，可将其一端轻轻挑起，用一张厚实干净的白纸插入纸灰下面或小心拨动或轻轻扇动，将纸灰移到纸上托起。为了增加纸灰的韧性，防止进一步破碎，可在提取前先用10%的甘油水溶液或温水稍微湿润一下烧毁的文件，防止破裂。如是尚可分离的一叠纸灰，可逐层分离托起，并记录每张纸灰的顺序；如纸灰已无法分离，可将整叠纸灰保持原状一起提取；如已彻底灰化、无法完整提取时，应现场进行检验，拍照固定，适当提取。提取纸灰时，要注意将其放入软纸或棉花垫衬的纸盒或木盒中，上面盖一张软纸或棉花，防止挤压或颠动。

四、文件材料的检验方法

在文件材料检验中，主要通过外观检验、显微检验、化学检验等方式检验文件材料的理化性能，初步分析现场文件材料的种类，再通过薄层色谱法、高效液相色谱法、等离子发射光谱法、X射线衍射分析法等仪器分析方法，进一步分析文件材料的成分。先简单介绍以下这些检验方法：

（一）外观检验法，即在自然光或照明光源下，通过目视、玻璃透光台或借助放大镜等工具，对需检文件材料的颜色、光泽、状态、宏观形态等特征进行分析和比较。

（二）显微检验，即在照明光源下，借助体视显微镜、生物显微镜等显微设备，对需检文件材料的颜色、光泽、微观形态等特征进行分析和比较。

（三）视频光谱检验，即在特定光源激发或照射下，观察和分析比较需检文件材料的荧光特性、紫外反射和红外反射特性。

（四）仪器分析检验，即通过薄层色谱扫描仪、显微拉曼光谱仪、显微分光光度计、X射线荧光光谱仪器、扫描电镜等大型设备，对需检文件材料的组成成分进行分析和比较。

五、文件材料检验的鉴定结论

一般而言，通过文件材料检验所得出的鉴定结论有以下三种：

（一）检材文件材料与样本文件材料的特性存在本质性差异，结论为检材文件材料与样本文件材料不同。

（二）根据已使用的检验方法，未发现检材文件材料与样本文件材料的特性存在本质性差异，结论为未发现检材文件材料与样本文件材料的特性不同。针对需检的黏合剂检材，若检材黏合剂与样本黏合剂的特性完全一致，结论可以为检材黏合剂与样本黏合剂为同种类。

（三）若检材文件材料不具备鉴定条件或根据现有检验技术，无法得出明确鉴定结论，结论则为无法判断检材检材文件材料与样本文件材料是否相同。

第二节　纸张检验技术

一、纸张的种类

纸张通常按用途分为印刷用纸及纸板类，书写、制图及复制用纸及纸板类，包装用纸及纸板类，生活、卫生及装饰用纸及纸板类，技术用纸及纸板类，加工纸原纸类六大类。在文件材料检验中，常常会涉及印刷纸、书写用纸、包装纸以及技术用纸。

印刷用纸及纸板主要分为涂布印刷纸及纸板和非涂布印刷纸及纸板，在文件材料检验中，所涉及的纸张检验主要是指非涂布印刷纸以及纸板，包括新闻纸、胶印书刊纸、凸版印刷纸、胶版印刷纸、凹版印刷纸、单面书皮纸等。

书写、制图及复制用纸及纸板类是纸张检验中最常见的一类，主要是书写用纸和复制用纸两种。书写纸类包括制图纸、书写纸、单面书写纸（有光纸）等，要求两面平滑，结构紧密，经得起笔尖的接触。复制用纸包括描图纸、铁笔蜡纸原纸、复写原纸等。

包装用纸和纸板是装饰商品外观，保护商品质量不可或缺的材料，一般分为通用包装纸、特殊包装纸、食品包装纸和包装纸板。通用包装纸有牛皮纸、鸡蛋纸、铝箔衬纸等；特殊包装纸有工业羊皮纸、中性石蜡纸、条纹柏油原纸等；食品包装纸有食品羊皮纸、液体食品包装用复合材料、仿羊皮纸等；包装纸板有单面白纸板、厚纸板、中性纸板、箱纸板等。

技术用纸和纸板包括测试及信息记录用纸和纸板、过滤用纸和纸板、电气绝缘用纸和纸板、工农业生产配套用纸和纸板和其他技术用纸。其中，测试及信息记录用纸和纸板主要是各类技术指标记录的材料，主要有工业自动化仪表用记录纸、心电图纸、热感传真纸等，过滤用纸和纸板指的是各类定性、定量滤纸，电气绝缘用纸和纸板、工农业生产配套用纸和纸板和其他技术用纸是应用于不同领域的特殊技术用纸，在纸张检验中少有涉及。

二、造纸工艺和纸张的化学组成

纸张的化学组成与纸张的生产过程密切相关，故要了解纸张的化学组成，必须了解纸张的生产过程即造纸工艺。

（一）造纸工艺

生产纸张主要可分为两大工序，即制浆和造纸。

1. 制浆

当有适当的木材和植物纤维后，便要将其制成纤维状纸浆，根据纸浆的制造方法可分为机械性、化学性和半化学性。

机械纸浆是指利用机械方法来磨碎植物纤维原料，制成断碎的细纤维而得到的纸浆。该纸浆又可为机械木浆和机械草浆，机械纸浆的成浆率高达 90% ~95%。因没有添加任何化学物质，由机械纸浆制成的纸张含有丰富的木质素，但原料中所含的有色物质或深色杂质将影响该类纸张的颜色。用其所抄造的纸张紧度低，平滑度高，富有弹性，吸墨能力强，可加速油墨干燥等，具有良好的印刷适应性。

因机械纸浆留有较多的木质等非纤维素成分，使抄造的纸张容易受空气、光线影响而变黄变脆，不能长久保存。为了改善该缺点，化学性纸浆应运而生。化学纸浆是指在高温高压条件下，用化学品来分离木材原料中的纤维，排除木质素等成分并留下纤维素来制作的纸浆。根据其所加入化学品的不同，可分为亚硫酸纸浆、碱法纸浆及硫酸盐纸浆。亚硫酸纸浆的色泽较浅，可不经漂白步骤而作抄纸使用，用其所制造的纸张白度较高，物理性质较弱。碱法纸浆则较柔软且不透明度较高，用此纸浆制造的纸张因其纤维较短小，所以物理性质较强。硫酸盐纸浆在目前化学纸浆中比较普遍，用此纸浆制成的纸张强度较佳，柔软性良好，且极具耐久性，经漂白后该类纸张的白度更能大大提高。通常化学制浆法的成浆率为50%左右，但其质量较好且适用性极为广泛，目前全球生产的纸浆60%以上是化学浆。

半化学性纸浆的制作方法介于机械纸浆与化学纸浆之间，也将是制浆工艺未来发展方向。该类纸浆主要通过先溶解原料里非纤维成分与纤维之间的结合力，再用机械方法使纤维离解而制成纸浆。半化学性方法先用 Na_2SO_3 及 $Ca(HSO_3)_2$ 等化学品，并加 Na_2CO_3 及 $NaHCO_3$ 充当缓冲剂。可将半化学性浆再细分为半化学浆和化学—机械浆。化学—机械浆的化学处理比半化学浆的更温和，机械处理强度更大，半化学浆的成浆率可达65%～85%，化学—机械浆的成浆率更高达85%～95%，用此纸浆可制造出不同用途的纸张，其制作的成品性质较硬，使用弹性较大。

制浆的过程决定了纸张中木质素、纤维素的含量以及残留化学品的不同，可以以此为依据鉴定纸张的种类。

2. 造纸

制成纸浆后，要经多种后续制造程序，才能造出成为印刷时用的纸张。而造纸过程主要包括净化筛选、打浆、调和各类添加剂和抄纸。

净化筛选是对纸浆进行的一系列加工处理程序，主要包括洗涤程序、筛选与净制程序和漂白程序。其主要目的是将蒸煮后所得粗浆中的废液、杂质和有色组分分离出来。这一过程将直接影响纸张的纸病情况、纸张质量和纸张的白度。

打浆的过程主要针对纤维，是指在水和机械力的作用下，除去纤维素外部的薄膜，增加纤维的柔软度和含水量的过程。在此过程中，纤维会被拉长、拉直、卷曲及压撕，部分纤维因而会成为糊状。其主要目的是增加纤维的表面积，使它更短小，更细软，增强纤维之间的结合力。打浆程序将影响纸张的强度、光滑度和表面纤维的紧致度。

调和各类添加剂主要是为了改善纸张性能，向纸浆中加入填料、胶料和色料和其他添加剂的过程，可分为填料程序、上胶程序和调色染色程序。经过打浆并调和各类添加剂的浆料称为纸料，可直接进行抄纸。该程序将决定纸张中除植物纤维外其他物质的组成，为纸张种类和组分鉴定提供依据。

抄纸程序是将已净化、筛选过的纸浆经流浆箱均匀地输送到金属网上，使纸浆中的纤维交织成形并引到造纸毛毯上，经脱水压榨后改善其表面性能，进一步加热干燥以及整理后成为可用的纸张。通常抄造出来的纸张都有正反表面，性质也有差异。造纸过程中，纸浆会与金属网和毛毯接触。与金属网接触面称为网面，而毛毯接触的称为毯面。毯面的颜色一般较白，对印刷油墨的光泽表现也较佳。纸张检验时必须注明网面和毯面。

(二)纸张的化学组成

纸张一般由纸浆、胶料、填料和色料四部分组成。

纸浆是以植物纤维为原料加工而成的，它是造纸的基本原料。通常以制浆原料的植物不同,可分为茎干纤维类、韧皮纤维类、种毛纤维类和木材纤维类四大类。其中尤以木材纤维类为主,木材纤维原料主要为针叶林和阔叶林植物。植物纤维的主要化学成分是纤维素、半纤维素、木质素、丹宁、鞣酸等化合物。纤维素含量高的植物纤维制成的纸张耐久性好。

胶料是抗水的胶体物质,主要起到减少纸张中的毛细管作用,提高纸张的抗水性,改善纸张的光泽、强度和防止纸面起毛等作用。常用的胶料有松香、硫酸铝、明矾、淀粉、水玻璃、干酪酸等。根据各种纸张的使用要求不同,有各种施胶方法,如纸内施胶、表面施胶、重施胶和轻施胶等。施胶量相差很大,从占浆料重量的0.25%～9%不等,施胶过量会影响纸张的吸墨性能。

填料是不溶于水的矿物质,白度一般大于80%,颗粒较小,主要起到防止纸张的透印现象,提高纸张的平滑度、进度、白度、不透明度和印刷适应性,降低纸张制作成本等作用。常用的填料有高岭土、滑石粉、石膏粉、碳酸和硫酸钡等,一般印刷用纸选用滑石粉,高级印刷用纸采用高岭土和硫酸钡。制作纸张过程中,要加入一种或数种填料充填纤维之间的空隙,大多数纸张中填料量一般为20%左右,特殊纸张和纸板中可达30%以上,但填料过多会影响纸张质量,降低抗张力和韧性,阻碍油墨的吸收,故用量要适当。

色料可分为染料和颜料,加入色料主要起到调色、染色与增白处理。调色过程主要是指经漂白后的纸浆仍略带一些浅黄或灰白色,加入色料进一步增加其白度的过程,常用的色料为品蓝、群青等。染色则是在纸浆中加入必需的色料生产有色纸的过程,大多是加入一些无机颜料或有机染料。而增白处理则是针对白度要求较高的纸张,加入荧光增白剂以提高其视觉白度,一般有氨基磺酸、香豆素、联苯胺、三氮唑等基团的衍生物等。我国常用二氨基磺酸作为荧光增白剂。

三、纸张的基本特性

纸张特性是指纸张本身的外观及物理、化学特性等,是纸张鉴定的具体内容和纸张种类认定的客观依据。商业上及生产上常根据不同使用要求制定各种纸张的质量检验指标,具体可以通过以下指标对纸张的基本特性进行描述。

(一)物理性能指标

1. 定量是指纸张单位面积的重量,一般以 g/m^2 表示。这个指标是厂家的产品指标之一,如印刷用纸定量一般为 $32 \sim 80g/m^2$,纸板的定量一般为 $200 \sim 400g/m^2$。

2. 厚度主要指在规定的面积和压力条件下,纸张两个表面的垂直距离,以 mm 表示。

3. 紧度表示纸张结构松紧的程度,指的是纸张单位体积的重量,以 g/cm^3 表示,同一定量的纸,厚度大的纸质就疏松。

4. 透气度是以一定面积的纸张在一定真空度下,每分钟透过的空气量或透过一定空气量的时间,分别以 ml/min 或 s/100ml 表示。一般纸张中含有70%的孔隙。

5. 伸缩率是指纸张浸水后或在不同温度下增湿或减湿后，纸张尺寸发生的相对变化，以尺寸的增或减对原试样尺寸的百分率表示。胶印纸对伸缩率要求较高。

6. 强度是指纸张受外力作用，达到破坏点所反映出的一些具体数值。主要有抗张强度及其断裂时的伸长率、耐破度、耐折度、撕裂度、刚度等。纸张的抗张度是指纤维经结合交织后，又经不同的加工程序而成为纸张后，纤维间能承受的拉力，以测验交织是否良好。纸张的撕裂度是指在规定条件下，将预先切口的纸或纸板，撕至一定长度所需力的平均值。纸张的纵向纤维与横向纤维的撕裂力并不相等，因此，在纸张检验时要检测纸张的纵向纤维和横向纤维的撕裂力，才能全面分析纸张的撕裂特性。

（二）表面性能

纸张表面特性的测试主要有施胶度、平滑度和表面强度。

1. 施胶度（耐水度）是指纸张表面防止书写时墨水渗透扩散的性能。以不扩散和不渗透的线条的最大宽度（mm）表示。

2. 平滑度表现的是纸张表面平整、光滑的程度，以在一定真空度下，一定容积的空气通过在一定压力下的试样表面与玻璃面之间的间隙所需的时间表示，单位是秒。测试原理是在大约1平方米面积的纸张表面，使用定量的气压施放在纸张表面，从而计算空气沿表面流过的时间。时间越长表示其平滑度越高。

3. 表面强度的测试为检验纸张所含纤维与添加物，在印刷时表面脱落剥离的程度。表面强度是指纸张表面能承受，在油墨墨膜与印版之间分开时，对纸张表面所施加之垂直拔力，而纸张不致被剥皮或损坏表面的能力。以蜡棒加压纸张至拉附纤维为止的蜡棒级数，也可用印刷适用仪测量其拉毛速度表示。绘图纸、描图纸则测其耐擦力，均系对纸张表面组织结合强度的检测。

（三）光学性能指标

1. 纸张的颜色是指纸张被看见的颜色，是吸收某一波长的光线而反射剩余波长的光线所产生的结果。因此，对油墨在纸张表面上的表现有直接影响。测试颜色常以CIE的X，Y，Z值的标示法或用Hunter L，A，B Scales的方法标示。

2. 白度是指白色或接近白色的纸表面对蓝光的反射率，以相对于标准氧化镁板反射率的百分率表示。

3. 不透明度是指单张试样在“全吸收”的黑色衬垫上的反射能力，以完全不透明的若干张试样的反射能力的百分比率表示。良好的纸张其不透光度高，让制成的书籍使读者阅读时能集中本身页内的内容，不致被印纹两面隐约可见影响而使眼睛疲倦。影响不透光度的因素有纸张本身的厚薄、是否上胶、纸张表面的平滑度与粗糙度、所含的植物纤维成分等。

4. 透明度是指光线透过纸的程度，以试样能看清楚墨汁线条的最多的层数表示。

（四）化学性质指标

1. 水分是指纸中含有在100℃～105℃下可蒸发的水分重量，以对纸重的百分率表示。

2. 灰分是指纸张中除了植物纤维外的杂质,以纸经灼烧后的残渣重量对纸样绝干试样重量的百分率表示。

3. pH 值是指纸张的酸碱性,纸样在 95℃ ~ 100℃的蒸馏水中浸泡 1 小时后,其水抽提液得的 pH 值。一般酸碱度在 6.7 以下为酸性纸,7.2 ± 0.5 为中性纸。

除以上诸性能外,其余技术用纸中还有许多特殊性能的检测要求。如电气工业用纸的介电常数、介电强度、介质损耗,卷烟纸的燃烧速度,隔热纸的导热系数,过滤纸对流体的阻力系数及对过滤物的截留系数,生活卫生用纸的柔软度、吸收性等均为质量的重要性能指标,需按规定标准进行检测以评价其使用性能。

(五)纸张纤维的特性

前文提到了纸张的主要成分是纸浆,纸浆又主要由植物纤维制成,对于纸浆中的纤维成分进行检验鉴别也能对判断纸张的种类和成分起到关键作用,纸浆纤维主要可以从其纤维形态和纤维的纯净程度进行检验。在纤维形态方面,主要包括纤维的平均长度,纤维胞壁厚度对胞腔直径的比值以及纸浆中非纤维状杂细胞和纤维束的含有量。一般纤维平均长度大,胞壁厚度对胞腔直径比值小,没有或很少非纤维状杂细胞及纤维束的纸浆具有良好的结合强度、脱水与抄造性能,能生产出较强韧的纸张。在纤维的纯净程度方面,一般以纤维素含量高而其他组分含量低的纸浆品质为好。这类纸浆具有较高的耐久性、较强的结合力、较高的白度和较好的电气绝缘等优良性能。

四、纸张的检验技术

(一)纸张的初步检验

纸张的初步检验是指对纸张的色泽、外貌形态、表现形式等进行初步观察,主要包括对附着物、纸病、色泽和透明度、网痕和毯痕、规格、特殊印痕、尺寸偏斜度和印刷格子线等检验项目。通过初检可以初步判断纸张的类别,分析需检纸张的可比性。

纸张上除常见的文字色痕外,还会附着手印、泥土、油污、毛发、血迹等,找到这些附着物后需要先进行提取,再对纸张进行检验。而对提取的附着物也要进行专业的分析。

通过目测、玻璃透光台或借助放大镜、显微镜观察纸张颜色、均匀度,判明哪些是纸张的纸病或固有特征,哪些是污损痕迹。常见的纸病有透光不均、尘埃、有透光点和透帘、孔洞和破洞、皱纹、硬质块等。纸病的发现为纸张检验提供典型的特征信息。

通过读数显微镜观察纸张网痕和毯痕,网部的金属网在纸张背面留下的痕迹称为网痕,压榨部毛毯在纸张正面留下的痕迹称为毯痕。不同厂家或同一纸厂不同机器生产同一种纸时网纹形态和网号不一定相同,留下的网痕不同。不同厂家、生产不同的纸张或使用不同的毛毯,留下毯痕的深浅和清晰度也不同。这些都为需检纸张的可比性分析提供了依据。

通过目测辨别纸张形状,若形状规则,用测量工具测量纸张的尺寸,确定大小规格。也可通过重叠比较，确定检材和样本纸张外形、尺寸是否一致。

（二）纸张物理性能的检验

纸张的物理性能检测主要包括纸张厚度、粗糙度、白度色度、透气度、光泽度和视频光谱检验等，除视频光谱检验外的物理性能检验需要选取纸张多处空白部位，利用厚度仪、粗糙度仪、透气度仪、白度色度仪、光泽度仪等观察需检纸张的相应特性并求得其平均值后进行比较。视频光谱检验需要在相同条件下，观察需检纸张空白处在特定光源照射下的紫外反射、红外反射特性和荧光响应，对其相应的紫外反射、红外反射以及荧光特性是否有响应及响应的程度进行分析比较。

（三）纸张纤维的性能检测

纸张纤维是纸张的主要成分，对其进行检验也是纸张检验的主要内容之一，包括纸浆种类、纤维种类、纤维配比、纤维长度和纤维交织方向的检验。

纸浆种类的检验通常使用特定的染色剂对不同纸张进行染色，从而鉴别分析出不同的纸浆种类。

纸张纤维种类的检验要利用生物显微镜来观察纤维的细节特征，需要根据纤维长度、宽度的检测和对纤维形态特征的观察来进行认定纤维的种类。

纤维配比对纸张检验也有一定的意义，相同的纸张不仅所用纤维的种类相同，其纤维的配比也应该相同，可以通过视野度量法、直接度量法、计数法等对纸张中各种纤维所占的重量百分比进行估算，得出纤维配比。

检查纤维交织的情况通常是将纸张样本对着光线，由光线透过纸张，从而判断纸张的纤维均匀性。更可利用扫描式电子显微镜、能量分散光谱仪和波长分散光谱仪，试验和分析纸张表面结构及观察纤维交织情况。

（四）纸张化学组分分析

纸张的化学组分分析主要针对除植物纤维以外的所有成分，包括纸张中的填料、胶料和色料。分析方法有化学反应法，也有同样适用于植物纤维检验的仪器分析法。

1. 化学反应法

化学反应法主要针对松香和淀粉等常用胶料以及填料中的无机离子，其显色反应较为直观，但反应灵敏度比较低且是有损检验。主要方法有对松香采取的蔗糖—浓硫酸法和石油醚法、对淀粉采取的碘液染色法、Al^{3+}的显色检验法，等等。

2. 仪器分析法

在对需检纸张进行仪器分析时，需要根据鉴定要求，综合检材、仪器情况而定具体选用的仪器。比如，可以选择拉曼红外光谱仪、显微分光光度计、X 射线荧光光谱仪对纸张进行无损检验，分析比较需检纸张的拉曼光谱、反射光谱和主要元素成分，也可以选择薄层色谱扫描仪、裂解气相色谱仪和扫描电镜等对需检纸张进行有损检验，比对分析从纸张上提取出的不同成分。仪器分析法在大多数情况下的鉴别目的是寻找和增加比对检材纸张和样本纸张是否相同的依据，而不是具体确定需检纸张中的某种成分和种类。

总的来说，纸张检验是一个综合性的工作，需要综合分析需检纸张的原纸特性的具体情况，对差异特性和符合特性的性质作出客观评断。综合评判的具体依据包括：纸张类别、颜色、外形、尺寸等是否一致；纸张外观纸病有无差别；纸张纹痕是否相符；纸张厚度、粗糙度等物理特性是否相同；纸张荧光、紫外反射、红外反射特性是否一致；纸张拉曼位移峰峰位、峰数量和光谱背底形状等是否一致；纸张反射光谱曲线形状（峰、峰谷、肩等位置、数量）是否相同；纸张中主要元素成分是否相同，各对应元素相对百分含量是否一致；等等。通过综合评判，从而对需检纸张作出正确的判别。

第三节 墨水的检验技术

一、墨水的分类

墨水是指文件上的各类墨迹的总称，是一种含有色素或染料的液体。人们想到墨水时，一般首先会想到被用于书写或绘画的钢笔或毛笔的墨水，但随着印染及喷墨输出技术的广泛应用，实际上用得最多的是喷墨打印和印刷用的墨水。

按溶剂来分类，墨水可分为水性墨（以水和水溶性的溶剂作为溶解色基的主要成分）和油性墨（以非水溶性的溶剂作为溶解色基的主要成分）两种。按色基来分类，则可分为染料型墨（以染料为色基的墨水）和颜料型墨（以颜料为色基的墨水）。按用途可分为一般书写用墨水和特种用途墨水，包括书写墨水、喷墨墨水、书画墨汁和中国墨、防伪墨水及等。其中，书写墨水按其原料又可分为蓝黑墨水、染料墨水和碳素墨水，特种用途墨水可分为绘图墨水、打印墨水、复印墨水、仪表记录墨水等。

二、墨水的化学组成

墨水主要由色素成分、变黑持久不褪成分（蓝黑墨水中含有）、稳定剂、黏稠剂、润湿剂、防腐剂和香料等组成，主要有以下几种常用类型：

（一）蓝黑墨水

蓝黑又称鞣酸铁墨水，是由变黑持久不褪成分、色素成分、稳定剂、抗蚀剂、润湿剂和防腐剂等组成的。

1. 变黑持久不褪成分

主要是鞣酸（$C_4H_{10}O_9$）、没食子酸（$C_7H_6O_5H_2O$）和硫酸亚铁（$FeSO_4$）等成分彼此产生化学反应，生成鞣酸亚铁和没食子酸亚铁，氧化后都变成不溶性的高价铁，即鞣酸铁和没食子酸铁。前者增强耐水性，后者增强变黑性，从而使墨水耐水、变黑，色持久不褪。

2. 色素成分

现今常用的是酸性墨水蓝和直接湖蓝染料，黑水蓝是墨水的主色，水溶液遇酸不变质，但遇碱则变为棕色。直接湖蓝在墨水中起助色作用，由于其中含杂质较多，不宜多用，在潮湿环境易长霉。

3. 稳定剂

在墨水中加稳定剂的目的主要是消除墨水的沉淀，以免书写时发生断水现象。常用的稳定剂有硫酸（H_2SO_4）、草酸（$H_2C_2O_4$）、甲醛（HCHO）溶液。这些稳定剂都具有一定酸性，给纸张酸化埋下了潜在的危害，不宜多用。

4. 抗蚀剂

因墨水中加入的稳定剂具有较强酸性，为防止腐蚀，常加抗蚀剂，使它和铁质结成薄膜，降低硫酸的腐蚀作用90%。使墨水中的含铁量不会因腐蚀笔尖而增加，从而增加了墨水的稳定性。

5. 润湿剂

为防止墨水中的水分蒸发，造成书写不便，在墨水中加入不易挥发且有吸水性的丙三醇〔$C_3H_5(OH)_3$〕，使笔尖保持湿润，以利书写。

6. 防腐剂

为了避免霉菌滋生、防霉的物质，常用苯酚、甲醛、苯甲酸和水杨酸等作为防腐剂。

（二）染料墨水

染料墨水是由染料、润湿剂和防腐剂等组成，常用的有纯蓝墨水、红墨水、紫墨水、绿墨水等，其优点是色彩鲜艳，书写流利。缺点是字迹的坚牢度不如蓝黑墨水，容易褪色且对日光机酸碱的抵抗力弱。主要成分有：染料，如起主色作用的酸性墨水蓝、起调色作用的酸性大红；稳定剂，如硫酸；防腐剂，如苯酚、亚砷酸酐等；润湿剂，如甘油、乙二醇等；溶剂，主要为经过处理的水。

（三）碳素墨水、黑色签字笔墨水、墨汁和磨墨

这些墨水中的主要显色成分是炭黑，炭黑在常温常压下化学性质很稳定，不容易与其他物质反应。碳素墨水使用细微的碳粒悬浮在溶剂中配成，字迹不褪色，适合于书写永久保存的文件以及档案材料。黑色签字笔墨水中，有的色料成分是炭黑，也有的是由水溶性色料配制而成。墨汁中的色料也是炭黑，但其中还要加入骨胶、植物油等增稠剂，以及苯酚、樟脑等防腐剂。而磨墨是由炭黑、骨胶或皮胶、香料（冰片或香精）及中草药等组成。

（四）喷墨墨水

喷墨墨水主要由染料、溶剂（主要是水）和各种添加剂（如吸湿剂、表面活性剂、分散剂、抗氧化剂、防腐蚀剂、酸碱稳定剂、光稳定剂等）制成。

水溶性染料墨水对染料的要求是水溶性好、着色力强、色泽鲜明纯净、水溶液稳定不变质、色泽坚牢耐候。用于制造水溶性喷墨的染料主要为酸性染料及直接染料。用

水溶性染料制造的墨水坚牢度差。主要是日晒牢度及抗氧化还原牢度，由于水溶性染料的再溶解性优异，所以此类墨水不抗水。

酸性染料的特点是颜色鲜艳，缺点是光牢度差，颜色的迁移性（migration）高，容易出现渗边，印件放置2～3周后，颜色与颜色接触边缘晕化，造成第三色而使印件质量下降。以酸性染料制造的喷墨成本较低。低价喷墨多以酸性染料为着色剂。

直接染料因为分子量相对较大，迁移性较低，印刷光牢度较高，没有晕化渗边现象，印刷件的清晰度较高，保存时间较酸性染料印刷件高出10倍以上。以直接染料为着色剂的喷墨成本比酸性染料高出许多。市面上高级喷墨全以直接染料为着色剂。

三、墨水的特性

墨水特性主要指墨迹的各类理化特性，如墨水的颜色、光泽、形态、成分及其紫外、可见光、红外、荧光等的光谱特性等。墨水特性是墨水鉴定的具体内容和墨水种类认定的客观依据。从书写墨水和喷墨墨水的不同技术指标进行详细说明。

（一）书写墨水的特性

书写墨水的性能要求较多，在国家行业标准中主要有色度、不溶物、扩散度、耐水性、耐晒性、间歇书写时间、pH值、外观等。其中常规的特性主要有：

1. 色度

色度主要指书写墨水所呈现的色泽深度，可通过与生产厂商或商家提供的有效色标进行目测比对而得。

2. 不溶物

书写墨水要达到一定的颗粒细度，并有较强的分散能力，以防堵塞，一般根据不同的书写工具，其不溶物的标准也不同。

3. 扩散度

扩散度主要包括黏度和表面张力这两项物理性能。黏度会影响墨水的书写性能，黏度低则墨水书写流畅，但会带来渗透、渗漏等问题；黏度高则容易产生划线断开和笔头堵塞。表面张力则主要影响墨水在纸张或其他介质上的渗透性、保湿性和稳定性。表面张力小，则墨水易渗入纸张、容易干透。

4. 间歇书写时间

又称脱帽保湿时间，即书写工具脱帽后能正常连续书写的时间。这与书写墨水中保湿剂成分加入的多少有直接联系。保湿剂的作用是维持墨水体系内有一定的湿度，并在笔尖等暴露在空气中部分的表面，形成一层保护薄膜，使之常润。即使不戴笔帽，将笔暴露在空气中，也不会干枯；当书写时，轻轻挤破薄膜，仍可正常书写。

（二）喷墨墨水的特性

决定打印的品质主要取决于喷墨墨水的以下五个特性：

1. 色相

色相主要指颜色的相貌。不同的打印机有不同的墨水色彩。原厂通过增加色彩的数量、增加打印机的色域和打印的细腻度来弥补打印机精度的不够。兼容墨水厂商一般很难获得原厂同样的色料，为了获得和原厂同样的颜色，往往是用两种或两种以上的色料来调整，所以一般调整出来的颜色饱和度偏低。即使在单色方面一致，也会由于存在同色异谱（相同的颜色但是反射谱线不同，如单色的绿色和黄蓝调配出来的绿色）现象而打印出来的图像有所偏差。

2. 稳定性

稳定性体现在很多不同的方面。如对喷头的腐蚀程度、墨水长期保存的防析出沉淀（主要是染料墨水）和防凝絮（主要体现在颜料墨水上）。各理化指标长期保存后的稳定。

决定墨水稳定性的有溶剂和原料两个方面的原因。好的墨水要有好的原料，原料的生产中含有不同的盐类。现在的盐类一般有锂盐、钠盐、氨盐三种，优缺点如下：

表 24－1

名称	溶解性	流动性	腐蚀性
钠盐	好	非常好	低
氨盐	不好	好	无
锂盐	非常好	非常好	无

溶剂的选择一般采用温和的以及沸点、保湿性都适中的。溶剂和不同添加剂对控制着墨水的张力、黏度等各理化指标的要求。

3. 耐候性

耐候性指墨水的抗臭氧、抗高温、抗光照、防磨擦。这和原料和添加剂的选择有关。由于染料本身的化学不稳定性和耐候性都不是很高，如果要提高一个数量级的耐候性，成本会高几倍，所以一般兼容墨水染料的耐光性都在 3 左右。防磨擦性一般体现在颜料墨水方面，原厂会通过树脂来增加附着力来防磨擦，但也增加了凝絮和沉淀的危险。

4. 饱和度

饱合度指颜色的浓度，作为色料，它的饱和度越大那么它可调配的墨水也就越多，可以调配出更多不同颜色的墨水来，但是作为兼容墨水却不是色域越大越好，当打印机喷墨过程无法调解的情况下色彩的饱和度过高，就会导致色彩暗部的层次不够，打印比较深色色调的图像时会出现暗部跳阶。反之亦然。解决这方面的问题现多用 ICC（International Color Consortium）曲线技术了，以曲线数值来调整不同色彩喷墨量的多少，与不同的喷头和不同的纸张相配合以达到接近原厂的效果。

5. 不可堵头

防阻塞是对所有兼容墨水提出的一个最起码的要求。随着喷头的尺寸越来越小，现一般在 20 ~ 50u 之间(Epson 喷头更加精细),墨水的颗粒越小,堵头的概率就越小。过滤手段显得尤为重要,滤膜不应比 1u 大,这样可保证盐的浓度低于 100ppm,再经过逆渗透后,可以使盐的浓度低于 50ppm。

四、墨水的检验技术

(一)外观和显微检验

在日光下观察需检墨迹是否有污损、褪色等情况,色泽情况、渗透扩散程度,在显微镜下观察需检墨迹的表面形态和显微分布状态,进行分析比较,可以初步判断需检墨迹材料的墨水种类,分析需检墨迹表观特性是否有差异。

(二)视频光谱检验

1. 紫外光检验

墨水中含有双键、共轭双键等生色团的染料分子,可用紫外光进行检验。在相同条件下,观察需检墨水在紫外光照射下的反射、吸收特性,分析比较需检墨迹之间是否有差异。

2. 红外光检验

墨水是多组分的化合物,可观察相同条件下的需检墨水在红外光照射下的红外吸收响应,并对需检墨水的红外吸收特性,即有无吸收、吸收程度进行分析比较,鉴别是否有差异。

3. 荧光检验

因墨水的染料分子结构中含有共轭双键和刚性平面结构,其在紫外光照射下会产生荧光,可以通过观察相同条件下的需检墨水在紫外光、可见光、近红外光的激发下的荧光响应,并对需检墨水的荧光特性,即有无荧光、荧光强弱进行分析比较,比对得出其是否有差异。

(三)仪器检验

对墨水的化学成分的比对常常使用薄层色谱法、显微分光光度计法、拉曼光谱法等进行检验。

1. 薄层色谱法

墨水可以用薄层色谱法进行检验,一般常用硅胶 G 做固定相,选用溶解能力较强的溶剂作为提取剂,如鞣酸贴墨水常用 0.1% 的草酸氢钾,染料墨水常用水或者 50% 乙醇等。展开剂则可根据组分的不同进行配置,常用异戊醇:吡啶:浓氨水(1:1:1)、正丁醇:丁酮:浓氨水:水(5:3:1:1)作为展开剂。需在相同条件下分析比较需检墨水间的色谱特征,观察是否有差异。

2. 显微分光光度法

使用显微分光光度计测定需检墨水在特定光源照射下对光源辐射能力产生的反射光谱的量与照明光源的波长之间的关系,进而确定在特定波长范围内需检墨水自身的反射光谱特性,得出需检墨水的反射光谱,并进行分析比较,观察光谱是否有差异。

3. 拉曼光谱法

拉曼光谱法是一种无损检验，通过拉曼光谱仪检测得出需检墨水的拉曼光谱是墨水中各种物质拉曼光谱的叠加，但不影响对需检墨水进行分析比较。可通过比较需检墨水间拉曼光谱的特征而进行墨水种类和成分的鉴别。

总的来说，墨水检验需要综合分析检材墨水与样本墨水特性的具体情况，对差异特性和符合特性的性质作出客观评断，需检墨水特性的评断包括：外观特性是否相同；显微形态是否相同；荧光特性是否相同；紫外光特性是否相同；红外光特性是否相同；反射光谱曲线形状（峰、峰谷、肩等位置、数量）是否相同；拉曼光谱峰峰位、峰数量和光谱背底形状等是否一致。综合以上因素，从而对需检墨水作出正确的判别。

第四节　油墨的检验技术

一、油墨的种类

本章节中的油墨特指文件上的各类油性墨迹的总称。油墨的种类很多，物理性质各不相同，不同油墨的干燥方式不同，不同印刷过程所使用的油墨不同，不同承印物使用的油墨也不同。

文件材料鉴定中常见的油墨种类有：盖印油墨（印泥、印油）、传统制版印刷油墨、办公印刷设备油墨（不包括激光打印粉墨、静电复印粉墨）、特种油墨、防伪油墨等。

盖印油墨按印油采用的色料分为染料型印油及颜料型印油。按印油所用溶剂体系分为油型印油、醇型印油、水型印油。按所盖印基材分类，有纺织物专用印油、食物专用印油、玻璃印油、金属印油、塑料印油、橡胶印油、玩具专用印油等。按印油功能分类，有普通印油、防伪印油，隐形印油。按印章的制作方式分类，有渗透原子印油、光敏印油、印台印油等。

印刷油墨按不同的干燥方式，可分为氧化结膜干燥型油墨、渗透干燥型油墨、挥发干燥型油墨、辐射干燥型油墨、湿凝固干燥型油墨、冷凝干燥型油墨、沉淀干燥型油墨、双组分反应干燥型油墨、胶化干燥型油墨、过滤干燥型油墨、多种方法结合的干燥类型油墨。按印刷过程，可以分为平版印刷油墨、凸版印刷油墨、柔性版印刷油墨、凹版印刷油墨等类型。

二、油墨的组成

（一）盖印油墨

红色的印泥印文成分是颜料、硫化汞等，黏着剂蓖麻油，支撑物艾绒；其印文色料是油溶性物质，颜色稳定，不易褪色，极难溶于水。黑印油由炭黑、矿物油、石油树脂组成。

原子印油属于油墨，具体说来，是属于原子印章用的渗透型原子印油。它由合成树脂、颜料、表面活性剂、植物油、矿物油、高沸点溶剂按比例配合加工而成，具有不洇纸、耐水、耐晒、贮存稳定、色泽鲜艳、有多种颜色可供选择的特点，适用于任何类型的纸张，性能大大优于一般的印章印油。日本的 BH－41L 型渗透型原子印油，是万次原子印章用的最理想的原子。

（二）印刷油墨

印刷油墨是由色料、连接料、填料等材料均匀分散混合而成的浆状胶体。色料赋予印品丰富多彩的色调；连接料作为色料的载体，也作为黏合剂使色料固着在承印物表面上；填料赋予油墨适当的性质，使油墨满足各种印刷过程的印刷适性。

油墨应该具有一定的流动性，并且满足各种印刷过程所要求的性质，能够在印品上迅速干燥，干燥后的墨膜应该具有相应的各种耐水、耐酸、耐碱、耐光、耐擦、耐磨等耐抗性。

1. 连接料

连接料是一种胶黏状的流体，它的作用首先是作为颜料的载体，将粉末状的颜料等固体颗粒混合连接起来；其次是作为一个黏合剂使颜料最终能够固着在承印物表面上，以达到显示文字、图像、标记、装饰等目的。连接料在很大程度上决定了油墨的黏度、黏性、干燥性及流动性。要想得到高品质的油墨，就必须采用高品质的连接料。连接料的主要成分是油（植物油、矿物油）、树脂、溶剂和辅助材料组成。

连接料也是油墨的主要成分之一，起分散色料和辅助料的媒介作用，是由少量天然树脂、合成树脂、纤维素、橡胶衍生物等溶于干性油或溶剂中制得的。有一定的流动性，使油墨在印刷后形成均匀的薄层，干燥后形成有一定强度的膜层，并对颜料起保护作用，使其难以脱落。连结料对油墨的传递性、亮度、固着速度等印刷适性和印刷效果有很大影响，因此，选择合适的连接料是保证印刷良好的关键之一，要能根据包装材料、印刷要求等的不同，随时改变高亮油墨调整连结料的组成与配比。

2. 助剂

由于印刷条件的变化多样性，也为了使印刷工作者能主动适应多变的印刷条件，使用好油墨，提高印刷质量，在油墨中添加几种具有特定性能的油墨助剂是必然的。油墨助剂可以改善油墨的某些性能，主要有以下几种。

（1）填充剂是一种调节油墨浓度的助剂，还能增加油墨膜层的厚度，改善其耐磨性，它不具着色力和遮盖力。主要有硫酸钡、碳酸钙、氢氧化铝等，使用时将其研碎成白色粉末。

（2）稀释剂的作用是降低油墨黏度，防止发生剥膜现象，使油墨具有作业适性。常用的稀释剂有低聚合亚麻油、矿物油等。前者易与油墨混合，作用柔和；后者稀释效果明显，但切忌过量，否则印刷效果不好。

（3）防结皮剂的作用是抑制油墨的干燥速度，防止油墨在机械上干燥结膜。它的主要成分是有机还原剂和抗氧剂。它可以添加于油墨中，也可以撒布于接触油墨的机械上。

(4)防反印剂的作用是防止印刷油墨层反印到纸张背面，以保证印刷质量。最常用的防反印剂是玉米淀粉。

(5)增滑剂的作用是改善油墨的耐摩擦性和流动性，降低黏度，提高膜层的光洁度，减少纸张拉毛现象。油墨中常用的增滑剂有高熔点的微晶蜡、合成蜡等。

(6)其他助剂还有很多。比如，增塑剂可以增加高分子物质的塑性，使墨膜具有较好的柔软性；催干剂(干燥剂)可以加速油墨的干燥速度；冲淡剂可以冲淡油墨的颜色，也叫撤淡剂；反胶化剂是为了防止油墨的胶化、变稠和结块；防干剂(抗氧化剂)可以延缓干性油的氧化聚合过程；防脏剂(防蹭脏剂)可以防止印品上的油墨蹭脏到另一张印品背面；表面活性剂可以提高固体成分的分散性，防止其凝集和沉淀；防腐剂可以延长水基油墨的储存时间；消泡剂可以消除油墨使用过程中产生的气泡；紫外线吸收剂可以提高印刷品的耐晒性能。

3. 色料

色料包括颜料和染料，颜料分有机颜料和无机颜料。前者色调鲜艳，着色力强，在油墨中应用较广，如偶氮系、酞青系颜料；后者耐光性、耐热性、耐溶剂性、隐蔽力均较好，如钛白、镉红、铬绿、群青等。颜料以微粒态着色，并不溶解，是油墨中最常用的色料。而染料在使用时配制成溶液，呈分子态着色，效果不如颜料。色料能给油墨以不同的颜色和色浓度，并使油墨具有一定的黏稠度和干燥性。

印刷油墨中使用的有色材料通常都是颜料，也有用一些染料的。颜料和染料都是颗粒极细的有色物质。颜料一般不溶于水，也不溶于连接料，在溶液中大部分称为悬浮状态；而染料一般在连接料中是可溶的。颜料必须有很高的着色力、遮盖力、化学稳定性、耐光性等性能，同时在连接料中的分散能力也要高。印刷油墨中常用的为无机颜料、填充剂、有机染料和染料。

(三)圆珠笔油墨

圆珠笔油墨配方中的主要成分包括染料、成膜剂、溶剂、分散剂及其他助剂。圆珠笔油墨中产生凝聚堵塞物和晶冠的另一原因在于黄铜和界面发生氧化作用，并在溶液中产生铜、锌化合物。在抗氧剂中含有能吸附和吸收周围氧的物质，因此能有效地防止氧化，抗氧剂和缓蚀剂并用能更加有效地防止或抑制铜合金的腐蚀，实验表明，我们所用的抗氧剂效果良好。实验中我们还采用了反干燥剂，主要作用是阻止油墨表面或墨迹的氧化干燥，使油墨和墨迹有较好的视觉效果，同时延长其使用期和保持期，在应用时还可以提高圆珠笔的性能，反干燥剂同时也是抗氧剂。

1. 染料

染料的作用是赋予油墨足够的颜色深度，圆珠笔油墨中所用染料可分为油溶性染料和醇溶性染料。本试验所用染料为酞菁系染料，该染料不溶于溶剂，在油墨中有好的分散性,对成膜剂有强的附着力,从而不渗透于纸张内部,且颜色要色泽鲜艳,耐候性好。

2. 成膜剂

成膜剂是可擦性圆珠笔用油墨的重要组成部分,其作用主要是能在纸张表面均匀成膜并作为染料的载体。要求它对纸张表现有一定的黏附力,不易剥落,但可用橡皮擦轻轻擦去,和着色剂有强的附着力,在溶剂中溶解性好,且与其他成分相互稳定,能长期保存。本实验中采用橡胶类成膜剂。

3. 溶剂

在可擦性圆珠笔用油墨中,溶剂的作用在于溶解染料、成膜剂并与各类助剂相溶,提供一定的流动性,还要有恰到好处的挥发性,在书写过程中能有效控制干燥速度。试验表明,采用共溶剂要比单溶剂效果好,本实验采用了溶剂 A:溶剂 B = 1:1.5 ~ 2.5 的共溶剂体系,其效果最佳。

4. 分散剂

适量的分散剂可降低油墨和纸张表面的黏附性,使油墨书写到纸张表面时在一定时间内具有可擦性,分散剂还可以保持油墨的书写流利性和长期稳定性。本实验所用物质是邻苯二甲酸酯类和乙二醇酯类按一定比例配制的混合物。

5. 其他助剂

在油墨成分中通常以脂肪酸作润滑剂,润滑剂同时是助溶剂。润滑剂作用,包括:使球珠润滑,提供流利的书写;防止油墨干燥,使圆珠笔具有稳定、良好的初笔性能;增加染料溶解深度,提高染料色泽。脂肪酸的引入对某些笔尖金属(如铜合金)有腐蚀性,使油墨中产生一种非均质结晶物质而堵塞通道,因而缩短圆珠笔的使用寿命。采用脂肪酸并辅以缓蚀剂的方法可以解决腐蚀问题,同时满足润滑要求。实验中采用的缓蚀剂呈饱和状态溶解在脂肪酸中,可达到防腐目的。此外,还有抗氧剂、反干燥剂等其他助剂。

三、油墨的特性

油墨特性是指文件材料上油墨的各类理化特性,如油墨的颜色、光泽、形态、成分及其紫外、可见光、红外、荧光等的光谱特性等。油墨特性是油墨鉴定的具体内容和油墨种类认定的客观依据。

(一)光学性能

1. 颜色

颜色即油墨的色相,是油墨的主要技术指标。要求抽墨的颜色准确,前后产品一致。

2. 着色力

着色力表示油墨色质的饱和度和浓度。着色力与油墨中颜料的含量多少有直接关系,着色力对印品质量和产品成本也有很大关系。

3. 透明度

透明度即油墨遮盖力。三色版油墨,两色透明度必须非常好,不然就反映不出下层的色来。普通黄墨由于透明性差所以先印,而使用透明黄墨则后印也无妨。

(二)力学性能

1. 屈服值

屈服值是指使液体开始流动所需的最小剪切应力。屈服值过大的油墨,流动性能差,不容易打开,而屈服值过小的油墨,印刷的网点容易起晕,不清晰。屈服值与油墨的结构有关,其大小对油墨的流动度有直接的影响。它对胶印和凹版印刷油墨的质量而言,是一项重要的检测指标。

2. 流动性

流动性是油墨在受外力的作用下向四周流开的性质,它和油墨的稠、稀有一定的关系。适当的流动性,可以适应印刷的正常传递,流动性不足会造成前深后浅,印版受墨不足而"花版";流动性过大,会造成印迹扩大,渗透严重,墨色淡薄无神。流动性还要和印刷速度吻合,印刷速度高也要求墨的流动性大。

3. 黏度

黏度是阻碍内部分子运动的能力,也称内摩擦黏度,其和流动性成反比。黏度和生产顺利进行有直接关系,黏度过小会造成浮脏、堆版、油墨浮化,黏度过大则会造成传墨不匀、拔纸毛等。同时,一定的黏度决定着印迹在纸面的吸附牢度、油墨的渗透量和印迹的光泽。黏度和温度有一定关系,温度升高则黏度下降,温度下降则黏度升高。黏度和搅拌也有关,经常搅拌能使墨斗内的墨黏度一致,长时间静置会造成凝聚,使黏度增大。

4. 触变性

触变性是指油墨受外力的搅拌后,它将随搅拌的作用由稠变稀,静止以后,油墨又恢复到原来的稠度的现象。由于油墨有触变性,故而当油墨在墨辊上受到机械的转动作用后,它的流动性就增大,其延展性增加,使油墨容易转移。当油墨经印刷转移到纸张后,失去外力的作用,油墨由稀变稠而不向周围流溢,形成良好的印迹。但若油墨的触变性过大,则使墨斗中的油墨不易转动,影响墨辊的传墨。

5. 墨丝长度

墨丝长度是指油墨被拉伸成丝状而又不断裂的程度。墨丝短的油墨,在胶印和凸版印网中是印刷性能好的油墨,因为它下会造成飞墨现象。同时,印品上墨层均匀厚实,人们常用墨丝长短来衡量油墨性能的好坏。墨丝长度与油墨的触变性、屈服值及塑性黏度有关。

(三)物理性能

1. 细度

细度为油墨颗粒的粗细程度。油墨太粗,造成糊版、堆胶皮、细小网点反映不全等。

2. 干燥性

干燥性是指油墨转印在纸上或其他被印刷物上，及时固着并干燥，才能减少渗透，而牢固地与被印刷物相连，而且不沾污印刷物背面，便于印刷后面各色不被沾掉。但是油墨干燥过快，也会造成结皮、糊版、拉毛、印迹不平及玻璃化下色套印不上等。油墨干燥有三种形式：通常凸版印刷油墨以渗透干燥为主，平版胶印油墨以氧化结膜干燥为主，而凹版印刷油墨用发挥性强的溶剂为连接料，所以是挥发干燥为主。

3. 耐光性

耐光性是指油墨在见光后保持色泽稳定的一种性能。耐光性差的油墨在经过一时间的光照后，会发生褪色现象。有些印刷品在印刷厂印刷时颜色符合要求，而经过在顾客处使用一段时间后会产生色偏现象认证，其原因大多在此。

四、油墨的检验技术

（一）初步检验

初步检验主要通过外观检验、显微检验和转印能力检验初步判断需检油墨材料的油墨种类，分析比较需检油墨的表观特性是否有差异。

1. 外观检验

在日光下观察需检油墨是否有污损、褪色等情况，进一步观察油墨的色泽情况、渗透扩散程度，等等。

2. 显微检验

在体视显微镜、偏振光显微镜等显微工具下，观察需检油墨表面形态和显微分布状态，并进行分析比较。

3. 转印能力检验

油墨在不同溶剂中的溶解能力有所差异，可以通过该检验对油墨的种类进行初步的判别。主要针对印油印泥字迹的区分，常用的溶剂是氯仿、甲醇、N,N－二甲基甲酰胺、水等，溶于水或甲醇的一般是印油，溶于氯仿和甲醇的一般是印泥，只溶于N,N－二甲基甲酰胺的一般是原子印油。

（二）视频光谱检验

视频光谱检验方法与墨水的视频光谱检验法类似，主要是观察在相同条件下，需检油墨在紫外光照射下的反射吸收特性，红外光照射下的红外吸收响应和在紫外光、可见光、近红外光的激发下的荧光响应等进行分析比较，判断需检油墨之间是否存在差异。

（三）仪器检验

油墨成分的仪器检验法与墨水的仪器检验法类似，但选用的一些试剂有所不溶，需要根据鉴定要求，综合检材特性、仪器情况而定。

1. 薄层色谱法

油墨的薄层色谱法根据不同的油墨特性，其选取的溶剂也不同，印油主要选用水或者50%乙醇,印泥主要选用石油醚,圆珠笔油墨主要选用95%乙醇或者丙酮,复写纸油墨用无水乙醇,印刷油墨和复印油墨则用丙酮、氯仿或两者的混合溶液。而展开剂的选择也与墨水有所不同,印油印泥常用石油醚:乙酸乙酯(7:3);圆珠笔油墨常用正丁醇:乙醇:水(9:1:2)、苯:丙酮(9:1)和正丙醇:浓氨水:水(4:1:1);复印油墨可用异戊醇:吡啶:浓氨水(1:1:1)或乙酸乙酯:甲醇:水(16:7:6)进行展开。需在相同条件下分析比较需检油墨间的特征,观察其是否存在差异。

2. 显微分光光度法

使用显微分光光度计测定需检油墨在特定光源照射下的反射光谱,并进行分析比较,观察其光谱是否存在差异。

3. 拉曼光谱法

利用拉曼光谱仪检测得出需检油墨的拉曼光谱,对其拉曼光谱进行分析比较,观察需检油墨的拉曼光谱上的异同点,判断其是否存在差异。

总的来说,油墨检验需要综合分析检材油墨与样本油墨特性的具体情况,对差异特性和符合特性的性质作出客观评断。需检油墨特性的评断包括:外观特性是否相同;显微形态是否相同;荧光特性是否相同;紫外光特性是否相同;红外光特性是否相同;反射光谱曲线形状(峰、峰谷、肩等位置、数量)是否相同;拉曼光谱峰峰位、峰数量和光谱背底形状等是否一致。经过综合检验对比,从而对需检油墨作出正确的判别。

第五节　墨粉的检验技术

一、墨粉的种类

墨粉是指文件上的各种激光打印粉墨、静电复印粉墨的总称。

常见的墨粉按照打印机成像方式的不同可以分为四类:负电磁性墨粉、负电非磁性墨粉、正电磁性墨粉和正电非磁性墨粉。负电磁性墨粉本身含有磁性材料(多为四氧化三铁),经出刮片摩擦后带负电。由于这种墨粉本身没有磁性,只有在颗粒形状较好,粒度分布合格的情况下在磁场中(如硒鼓里的磁辊)被吸引。负电非磁性墨粉不含磁性材料,经摩擦后起负电,只能用在配用负电粉机的无磁辊上。正电磁性墨粉本身含有磁性材料,摩擦后起正电,可以用在配用正电粉的模拟复印机上,也可以用在配用正电非磁性粉机上。正电非磁性墨粉不含磁性材料,摩擦后起正电,只能用于配用正电粉的机上,不能用于所有配用磁性粉或负电粉的机上。

二、墨粉的组成

墨粉(又称碳粉)的主要成分不是碳,而大多数是由树脂和炭黑、电荷剂、磁粉等组成。墨粉经高温融化到纸纤维中,树脂被氧化成带有刺激气味的臭氧。其中,树脂是主要成像物质,它与炭黑构成了碳粉的主体成分;磁粉是指 F – Fe3O4 晶体粉粒,在磁辊的磁力作用下,可携带碳粉吸附在磁辊上;电荷控制微粒可以控制碳粉摩擦后的带电量使碳粉带电均匀;润滑剂(硅粒)起润滑作用,同时控制摩擦电荷;热融塑料(增塑剂)可以控制碳粉熔点,携带碳粉在熔融状态下渗入纸张纤维,形成最终牢固的图像,如聚乙烯、聚丙烯石蜡等。

三、墨粉的基本特性

墨粉特性是指文件墨粉的各类理化特性,如墨粉的颜色、光泽、形态、成分及其光谱特性等。它是墨粉鉴定的具体内容和墨粉种类认定的客观依据。

(一)墨粉的性能要求

墨粉需要满足的性能要求主要有以下几方面:

1. 有一定形状和粒度分布,流动性好;
2. 有合适的带电量(正或负),电量窄,起电速度快;
3. 耐候性强,有一定电荷保持能力;
4. 在定影温度范围内定影牢固,不黏辊;
5. 不污染介质,光导鼓及定影系统,墨粉自身无毒性,无浓烈气味。

(二)墨粉品质的特性

1. 带电量(墨粉荷质比)

带电量是指墨粉与载体饱和磨擦所带的电量。以墨粉的荷质比表示,单位为 μc/g。其值一般由墨粉生产企业规定,极限偏差为 ±30%。与载体匹配成显影剂后带电量应符合显影剂的要求。对其值的确定只能总结出一个大致的参考范围。

2. 软化点

软化点是指在规定条件下,等速升温加热定量的墨粉,使之熔融化从喷嘴流出,当墨粉流出量为 1/2 时的温度为软化点,单位为℃。一般由墨粉生产企业规定公称值,其极限偏差为 ±6℃。主要影响软化点的因素是墨粉中的树脂原料,而其对产品的使用则主要影响定影性能。

3. 熔融指数

熔融指数是指在规定的条件下,每秒流出喷嘴的碳粉量。与软化点所表征的是同一种墨粉性能,单位为 ML/S。

4. 粒度体积分布

粒度体积分布是指墨粉各级粒度范围的体积百分数分布。粒度中径是指墨粉粒度体积百分数累计分布中其累计值一半所对应的粒径。单位为 μM。粒度体积分布的要求为:5μM 以下 R5.0%,20μM 以上 R7.5%。而中径值通常由墨粉生产企业确定,其极限偏差为 ±1.0μM。这是因为粒径太小的墨粉带电量高,吸附在载体上的力偏大,基本不参与显影,而粒径偏大的墨粉又会产生影印缺陷,如黑板中出现较明显的白点。这两方面都应控制在合适的范围。

5. 复印品质

复印品质主要包括黑度、底灰、分辨率、层次及定影牢固度等。所使用的标准版包括综合板、全黑板、全白板、感色板、倍率板、网线及密度不均匀性板、漏印板、感光体表面缺陷板，而前四种较为常用。黑度是墨粉中最为重要的指标，主要通过黑度值测试器，先发射一定数量的强光束射到待测墨粉上，再反射回到黑度值测试器，计算其被吸收的光束，再通过特定的计算程式得出的值。底灰是用黑度测试器测试打印样张中没有字样的空白处的黑度值。影响底灰值的因素主要是墨粉的导电特性和墨粉的颗粒大小。导电性越强，颗粒越细，越容易产生底灰。此外，因感光鼓表面的感光层破损而引起漏电，也会产生底灰。分辨率是指每英寸所能打印的点（Dots Per Inch，DPI），分辨率的高低主要和墨粉颗粒的粗细有关。层次是反映复印机整机水平和粉机配合的重要标志，影响层次的因素主要有充电电压、曝光强度及显影过程中的墨粉带电量。定影牢固度是指附着在纸张表面的墨粉熔化后渗透到纤维的能力，影响定影牢固度的主要因素是墨粉的熔点。一般国内的图像密度≥1.4，而底灰≤0.02，分辨率≥3.6 L/mm，层次≥4 级，定影牢固度（经摩擦后复印品图像密度下降率）在温度≥15℃时≤10%，在温度≤15℃时≤20%。在物理指标不完善的情况下，对墨粉通过采用复印品质作为判定依据的方法最可信，也最常用。

6. 松装密度

在松装状态下，以单位体积墨粉的质量表示墨粉的松装密度。一般由生产企业规定公称值，其极限偏差为±10%。该指标的偏差大小可从另一个角度考核色粉的粒径分布。

7. 流动性

流动性是指在规定条件下墨粉颗粒间可分散程度。以通过振动筛的墨粉重量百分比（%）表示。一般由生产企业规定公称值，其极限偏差为±20%。

8. 结块温度

在控制温度下，经过规定时间后，对墨粉是否产生结块进行评价。国标规定必须在45℃，保湿24小时不结块。

四、墨粉的检验技术

（一）外观和显微检验

在日光下观察需检墨粉是否有污损、褪色等情况和墨粉的色泽情况，在显微镜下观察需检墨粉的表面形态和显微分布状态，并进行分析比较，初步判断需检墨粉是否有差异，分析比较需检墨粉的表观特性是否有差异。

（二）仪器检验

1. 拉曼光谱检验

使用拉曼光谱仪分别检测需检墨粉的拉曼光谱特性，根据需检墨粉的拉曼图谱进行分析比较得出结论。

2. X 射线荧光光谱检验

通过使用 X 射线荧光光谱仪进行无损检验和有损检验。无损检验是分别检测需检墨迹的主要元素成分并进行分析比较。有损检验则需先在显微镜下用手术刀刮取或用电熨斗提取等方法提取墨迹上的适量墨粉，放置样品杯固定后，再使用 X 射线荧光光谱仪分别检测需检墨迹的主要元素成分并进行分析比较。

3. 扫描电镜/能谱法检验法

在显微镜下用手术刀刮取或用电熨斗提取等方法提取墨迹上的适量墨粉，放置到电镜样品台上，在电镜下分别观察需检墨粉的微观形态等，并选择多个微区，用能谱仪检测这些微区所含的主要元素成分并进行分析比较。

总的来说，墨粉检验需要综合分析检材墨粉与样本墨粉特性的具体情况，对差异特性和符合特性的性质作出客观评断。需检墨粉特性的评断包括：外观特性是否相同；显微形态、结构是否相同；拉曼光谱峰峰位、峰数量和光谱背底形状等是否一致；主要元素成分是否相同，各对应元素相对百分含量是否一致。通过综合评断得出需检墨粉是否异同的检验结论。

第六节　黏合剂的检验技术

一、黏合剂的种类

黏合剂是标签材料和黏结基材之间的媒介，在文件材料鉴定中是浆糊和胶水等黏合材料的总称。在物证分析中主要是按用途对黏合剂进行分类。

- 黏合剂
  - 糨糊
    - 淀粉糨糊
    - 化学糨糊
    - 糊精糨糊
  - 胶水
    - 动物胶水
    - 植物胶水
    - 化学胶水
      - 有机化学胶水
      - 无机化学胶水

糨糊按照主要成分可以分为淀粉糨糊、化学糨糊和糊精糨糊。淀粉浆糊是以淀粉为主要原料制得的，淀粉本身不溶于冷水，但在热水中能膨化成均匀糊状，即浆糊。一般淀粉与水之比为 1∶14，先将淀粉用冷水搅匀，再加热搅拌使之膨化。浆糊呈白色或微带黄色，形态呈流体、黏稠或冻胶状。若固形物少，则凝固慢，干燥后耐潮性好。化学糨糊主要有以羧甲基纤维素和聚乙烯醇为主体，4% ~5% 的冷水溶液即可作为糨糊使用，颜色透明。糊精浆糊是以糊精为主要原料，糊精是淀粉的不完全水解产物，为白色或黄色无定形粉末。糊精在冷水中有很高的溶解性,溶于水即成黏合剂,可根据需要制成黏度不同的黏合剂。

胶水按原料来源分为分为动物胶、植物胶和化学胶水。动物胶是从动物的皮、骨等中提取的胶质。植物胶水是从植物上分泌的黏性物质。化学胶水又可分为无机胶水和有机胶水。无机胶水常见的有硅酸盐、硫酸盐、氧化镁等,最常使用的是硅酸盐胶水。有机胶水主要有聚乙烯醇、环氧树脂、醛酚树脂、聚酯酸乙烯酯等,最常使用的是聚乙烯醇类(Polyvinyl Alcohol,PVA)。

二、黏合剂的化学组成

黏合剂主要由主剂和助剂组成。主剂又称为主料、基料或黏料,助剂则是指为了满足黏合剂特定的物理化学特性加入的各种辅助组分。

(一)主剂

主剂是黏合剂的主要成分,主导黏合剂的黏接性能,也是区别黏合剂类别的重要标志。主剂一般由一种或两种,甚至三种高聚物构成,要求具有良好的黏附性和润湿性等。可作为黏料的物质有:

1. 天然高分子,如淀粉、纤维素、单宁、阿拉伯树胶及海藻酸钠等植物类黏料以及骨胶、鱼胶、血蛋白胶、酪蛋白和紫胶等动物类黏料。

2. 合成树脂,分为热固性树脂和热塑性树脂两大类。热固性树脂,如环氧、酚醛、不饱和聚酯、聚氨酯、有机硅、聚酰亚胺、双马来酰亚胺、烯丙基树脂、呋喃树脂、氨基树脂、醇酸树脂等。热塑性树脂,如聚乙烯、聚丙烯、聚氯乙烯、聚苯乙烯、丙烯酸树脂、尼龙、聚碳酸酯、聚甲醛、热塑性聚酯、聚苯醚、氟树脂、聚苯硫醚、聚砜、聚酮类、聚苯酯、液晶聚合物等,以及其改性树脂或聚合物合金等。该类是用量最大的一类黏料。

3. 橡胶与弹性体。橡胶主要有氯丁橡胶、丁基腈乙丙橡胶、氟橡胶、聚异丁烯、聚硫橡胶、天然橡胶、氯磺化聚乙烯橡胶等。弹性体则主要是热塑件弹性体和聚氨酯弹性体等。

4. 无机黏料,如硅酸盐、磷酸盐和磷酸—氧化铜等。

(二)助剂

助剂主要包括固化剂、溶剂、增塑剂、填充剂、增韧剂、偶联剂以及其他助剂(引发剂、促进剂、增黏剂、阻聚剂、稳定剂、防老剂、络合剂、乳化剂等)。

1. 固化剂

固化剂是使黏料发生交联并增加胶层内聚强度,使黏合剂从液态或热塑性状态变成固态或热固性状态的物质,如乙二胺、联苯胺、萘胺和对苯二胺等。

2. 增塑剂

增塑剂主要是用来提高黏合剂的柔顺性或增加液态黏合剂的流动性及湿润扩散能力,如邻苯二甲酸二丁酯、邻苯二甲酸二辛酯等。

3. 填充剂

填充剂的作用在于提高黏合剂的强度并降低黏合剂的成本，有些填料还起颜料的作用。常用的填料有石英粉、滑石粉、石棉粉、氧化铝粉和氧化锌粉等。

4. 溶剂

溶剂主要是用来使黏料由固态变为液态或调节液态黏合剂的黏度，经常使用的溶剂有甲乙酮、四氯化碳、三氯乙烯和水等。

在糨糊、胶水制作中，为了改进成品的质量，有时还加入苯酚、明矾、甲醛等防腐剂，并加入防老剂来提高耐老化性能，加入香精增加其芳香气味，加入增韧剂来降低胶层刚性和增加韧性，加入稀释剂来改善工艺性降低黏度以延长使用寿命等。

三、黏合剂的基本特性

（一）胶水的特性

1. 黏度

流体在流动时相邻流体层间存在相对运动，则该两流体层间会产生摩擦阻力，称为黏滞力。黏度是用来衡量黏滞力大小的一个物理性数据。胶水的黏度是胶水的各项性能参数中最重要的一个性能参数值，胶水的黏度用布氏黏度计测出，单位是“cps”。胶水的黏度的读数一般在 300 ~ 30000cps 之间。在水溶性的黏合剂中，固体含量并不决定胶的黏度，而在于胶水的配方内的增塑剂、增黏剂等，影响胶水的黏度值。一般情况下，黏度随着周围环境温度升高而降低。

2. 流变性

流变性是指利用低及高转动力以测其黏度值然后取其比率。一般胶水的流动性为1.5 ~3 较好。胶水的黏度同它的流变性有很大的关系，尤其是水溶性胶水，越搅越稀。胶水的涂布特性与其流变性有关：流变性小于1 最难涂布；0 ~1.5 属于浊流现象；1.5 ~3 属于良好的涂布性（流变性也最好）；大于 3 则过稀。

3. 最低成膜温度

最低成膜温度是指在某个温度下，黏合剂里的水分全部挥发后，由液态转变为固态的临界状态下它的成膜温度。这时，干涸的胶层很脆且不具有内聚力。

4. 成膜速度

成膜速度是指从涂胶到在两个基材中形成胶膜的有效结合时间。它受黏合剂内的水分散发时间（时间短成膜快）、高基材孔积率（孔积率大有效结合时间快）、黏合剂的涂布量（量大，结合时间慢）等因素影响。此外，黏合剂的配方、固含等都会影响成膜速度。

5. 胶水的养生期

胶水在两个基材中形成膜后，随着时间的延续而形成了结合力。在这段时间内，最低的结合力形成的时间是最重要的。在最低结合力形成后，我们就可以做其他的工作了，它不会影响胶水最终用品的表现。随着时间的增加，在一段时间后胶的结合力的形成是最完全的，结合力是平稳的，这就是最高结合力。由最低结合力到最高结合力的时间就是胶水的养生期。一般胶水的最低结合力是24小时，养生期是1～7天。使用中的环境温度、不同的黏接材料都将影响胶水的养生期。

6. 胶水的耐溶剂性

用“丙酮”（油漆中的主要成分）测试胶水对丙酮的反映。涂油漆后，油漆中溶剂对胶膜的溶胀率。越大胶水的质量就越差。质量差的胶水在有“丙酮”存在的高温环境下，半个小时左右胶水的胶膜就会慢慢变黑，胶膜的内聚力下降。

四、黏合剂的检验技术

（一）外观和显微检验

在日光及紫外灯下观察需检黏合剂是否有污损等情况、色泽情况、在纸上分布状态以及所激发的荧光响应，在显微镜下观察需检黏合剂的微观形态，初步判断黏合剂的种类，分析比较需检黏合剂的表观特性是否有差异。例如，淀粉糨糊涂在纸上，干后在日光下无光泽，纸张呈发皱状，涂抹不匀时有明显不平现象；石蒜淀粉糨糊呈黄绿色荧光，番薯淀粉糨糊呈黄白色荧光，糊精糨糊呈淡黄色荧光；树胶涂在纸上，在日光下呈黄色或微黄色，干后有光泽，表面常有细微裂痕，折断面呈玻璃状；紫外灯下，阿拉伯树胶呈白色荧光；有机胶水涂在纸上，干后有光泽，表面较光滑；水玻璃胶涂在纸上呈青灰色或黄绿色，粘贴纸张很难揭开；紫外灯下，聚乙烯醇胶水呈蓝白色荧光。

（二）化学显色检验

可以通过化学显色反应来确定黏合剂的类型，常用的显色试剂为碘　碘化钾试剂和碘—氯化锌试剂。碘—碘化钾试剂显色检验适用于淀粉浆糊、糊精浆糊和聚乙烯醇胶水的鉴别。将检材上需检黏合剂用少量蒸馏水润湿，提取至载玻片上，取碘—碘化钾试剂点滴在需检的黏合剂上，约2秒左右，观察其反应颜色。颜色呈蓝色或蓝紫色的，需检黏合剂为淀粉浆糊；颜色呈红色或红棕色的，需检黏合剂为糊精浆糊；颜色呈蓝绿，然后约30秒左右变成红棕色的，需检黏合剂为聚乙烯醇胶水；其他类型黏合剂一般无变化。

碘—氯化锌试剂显色检验适用于羧甲基纤维素糨糊和聚乙烯醇胶水的鉴别。方法同碘—碘化钾试剂显色检验，只是改滴碘—氯化锌试剂，观察其反应颜色的状态：颜色呈紫红色絮状物的，需检黏合剂为羧甲基纤维素糨糊；呈蓝紫色或棕红色，需检黏合剂为聚乙烯醇胶水；其他黏合剂则不显色。

（三）仪器检验

可以通过拉曼光谱仪和红外光谱仪对需检黏合剂的光谱特性进行检验，并进行比较分析。也可通过薄层色谱扫描仪对两种黏合剂进行比对分析或对黏合剂中某一组分进行检验。此外，还可以通过裂解气相色谱仪对高分子化合物黏料进行分析检验，通过扫描电镜或能谱仪、原子发射光谱仪等对无机填充剂进行检验。

总的来说，黏合剂检验需要综合分析检材黏合剂与样本黏合剂特性的具体情况，对差异特性和符合特性的性质作出客观评断。需检黏合剂特性的评断包括:黏合剂外观特性的是否相同;黏合剂显微形态、结构是否相同;黏合剂荧光特性是否相同;需检黏合剂拉曼光谱峰峰位、峰数量和光谱背底形状等是否一致;需检黏合剂红外光谱图中吸收峰的波数是否相同,峰形是否一致;需检黏合剂显色反映是否一致。

思考习题

1. 文件材料的种类有哪些,文件材料鉴定包括哪几类?
2. 文件材料有哪些检验方法,通过检验得出的鉴定结论有哪些?
3. 纸张的种类有哪几类,其主要成分有哪些?
4. 纸张的性能指标有哪些?
5. 纸张有哪些检验方法,综合评判的依据有哪些?
6. 墨水的种类有哪几类,其主要成分有哪些?
7. 鞣酸铁墨水为何有变黑不褪色的特点?
8. 墨水有哪些检验方法,综合评判的依据有哪些?
9. 油墨的种类有哪些,其主要成分是什么?
10. 油墨的性能指标主要有哪几类?
11. 油墨有哪些检验方法,综合评判的依据有哪些?
12. 墨粉的种类有哪些,其主要成分有哪些?
13. 墨粉的性能要求有哪些?
14. 墨粉有哪些检验方法,综合评判的依据有哪些?
15. 黏合剂的种类有哪几类,其主要成分有哪些?
16. 胶水的性能指标有哪些?
17. 黏合剂有哪些检验方法,综合评判的依据有哪些?

拓展阅读书目

1. 杜志淳主编:《司法鉴定概论》,法律出版社 2010 年版。
2. 杜志淳主编:《司法鉴定实验教程》,北京大学出版社 2009 年版。
3. 霍宪丹主编:《司法鉴定学》,中国政法大学出版社 2010 年版。
4. 胡世澄主编:《微量物证仪器分析》,法律出版社 2003 年版。
5. 张华、刘志广著:《仪器分析简明教程》,大连理工大学出版社 2007 年版。

第二十五章　文件形成时间检验技术

本章概要

在民事刑事诉讼的审判过程中，常常会出现以案后制作之文书作为证据来证明己方诉求的情况。这种伪造的证据往往为司法人员进行案件真实性判断带来难度，此时通常需要文件形成时间鉴定的辅助介入。本章主要介绍了常见几种文书形成时间检验的类型、原理及方法，主要包括书写时间检验、印章印文盖印时间检验、办公机制文件形成时间检验等文件形成时间检验技术。通过本章的学习，可以了解文件形成时间检验技术的原理，以及各种文件形成时间的检验要点。

关键词

文件形成时间；书写时间；印章印文盖印时间；办公机制文件形成时间

第一节　文件形成时间检验技术概述

一、文件形成时间检验的概念

文件形成时间检验，是指鉴定人员使用技术手段依据所获取的科学事实，对形成时间不明或标称时间有争议的可疑文件进行检验，从而对该文件的实际形成时间进行鉴别和判断的过程。近年来，随着文书伪造技术的发展和诉讼审判制度的不断完善，一般的笔迹和印章印文真伪识别已然无法满足诉讼审判对于证据真实性审查的要求，在司法实践中越来越多文书形成时间的鉴定需求被提出。通常而言，文书上标称的时间即文书的实际制作时间，然而在现实生活中却也不乏标称时间与实际制作时间有出入的情况。例如，一些单位整理档案时，发现部分文件中本应签名盖章的地方遗漏了签名盖章程序，为使档案文件信息及程序完整，而在后期补添加签名或盖章，或是某些人为了达到某种目的而在后期伪造标称为过去日期的文书等。这些文件实际形成时间与标称时间不符的情况在现实生活中屡见不鲜，一旦涉及诉讼，关系到案件实际过程的辨别以及证据真实性判断时，则文书实际形成时间的鉴定便可能对案件审判的发展产生至关重要的影响。

相较于传统的笔迹、印章印文同一认定而言，文件形成时间检验长期以来都是文件检验领域里的一项难题。而相较于日益增多的文件形成时间鉴定需求，其检验技术也越来越遭受着现实的冲击与挑战。因此，对文件形成时间检验进行系统而深入的梳理研究，对于文检行业的发展和壮大有十分重大的意义。

文件的形成时间，又称“文件制作时间”或“文件制成时间”，是指一份文件中，其各个形式和内容制作或形成的时间范围。主要包括文件中各笔迹的书写时间、文件内容的印制时间、文件中各物质材料的生产时间、文件内印文盖印时间、文件装订时间、文件发行与使用时间，以及文件制成后受主客观因素影响或需要变更或添加部分内容、痕迹的形成时间等。

在日常生活中，人们常常以文件标称的落款日期作为文件的形成时间。然而在一些情况下，文件标称的落款日期却与文件实际形成时间有所出入。例如，在刑事案件中，一些违法犯罪人会通过伪造或变造某些早期的文件，来非法牟利或掩盖犯罪事实；而在民事纠纷中，亦常常出现当事人通过此方法骗取不当利益的情形。因此，在司法实践中，基于对案件事实的判断与确认，为查明案件真相，鉴定人往往需要就相关书证的形成时间进行检验鉴定，从而鉴别“书证”的真伪。

在文件检验中，文件形成时间包含两种内容：一是文件形成的绝对时间，是指某一文件或文件中的某部分内容形成于何时，即该文件或内容在形成后经历的时间长度，解决的是文件的历时性问题；二是文件形成的相对时间，是指某一文件与其他文件或文件中某一内容与其他内容是否同时形成，相对时间解决的是文件或其部分内容形成的先后顺序的问题。在一般的文检实践中，由于送鉴材料、文件保存运输环境、鉴定仪器以及鉴定方法的限制，我们往往无法准确得出某一文件的具体形成时间。因此，通常文件形成时间的检验，是指对文件的相对时间进行鉴定，见诸于鉴定意见中则表达为“该文件系××时间之前或之后形成”。

二、文件形成时间检验的注意事项与步骤方法

文件形成时间的检验工作，除了仰赖科学鉴定手段以外，文件内相关物质材料信息、案情发展、文件保存运输环境等都是鉴别判断文件形成时间的重要依据。因此，要全面地把握文件物证的相关信息，综合衡量主、客观各因素对于文件历时性变化所产生的特殊影响，运用系统思维方式对文件形成时间做出科学判断。

（一）把握案情细节

相较于其他类型的文件鉴定，文件形成时间检验更加注重对于案情的综合把握。在鉴定过程中，鉴定人不仅需要主动向送检人、当事人了解案情经过与发展，尤其掌握与文件相关的众细节，更要在此基础上结合现实情况和案情细节，形成中立、公正的事实判断，抽丝剥茧。这对文件真伪及形成时间的鉴别都有极其重要的帮助。

（二）获取纸张内含信息

纸张在很多时候除了作为文件内容的载体外，还隐含着许多不为人知的信息，这些信息为鉴定人鉴别文件形成时间提供了重要的依据。除了纸印品编码记载着纸张的出厂信息外，纸张在生产后运输、保存、使用过程中所经历的各变化也会如实反映于纸张之上，我们通常将之归纳为“人为信息”与“物理信息”。若能够在鉴定过程中掌握纸张特殊的人为信息或物理信息，证明该文件的形成时间与文件落款标称的时间存在逻辑冲突，则可证明该文件系伪造而成。

1. 纸张的人为信息

纸张的人为信息，主要指因人为原因引起的纸张的特殊变化，如揉皱、玷污、暴晒、烘烤或浸泡等。现实生活中人们最常见的就是茶水渍溅洒在文件上。

2. 纸张的物理信息

纸张的物理信息，即除人为刻意或无意造成的原因外，纸张因物理因素产生的必然变化或痕迹，如纸张的压痕、指纹等。在一起案件的检验中，鉴定人根据 5 张收条中 4 张收条存在特殊压痕的特征，经过技术方法显现，最终确定该压痕反映的时间在收条标称时间之前，与当事人的说法相悖，从而证明了收条是伪造的。[1]

（三）关注文件历时性变化规律

文件在其形成后往往因时间的变化而受到环境或人为等因素的影响，从而产生一定细微的物理性变化，我们通常将之称作“历时性变化”。这种变化会随着时间的推移而产生，具有一定的规律性。若能通过观察相关样本材料，掌握该变化规律，则可以进一步推出检材的文件形成时间。例如，通过观察墨水、圆珠笔油、印油在纸张上洇散程度变化，可向前推测出检材的形成时间。

（四）字迹书写变化特征

尽管在人的一生当中，书写技能和书写习惯具有一定的稳定性，但是在其书写技能形成并成熟之前亦需要一段练习和形成期，这一时期一般在 20 岁前后。当技能形成后，在之后的几十年中，人的书写习惯会趋于稳定，呈现出较强的可识别性，尽管每隔几年书写形态会产生一些细微变化，但依然能够加以区分。受到身体素质的影响，书写技能在人进入老年后也会开始慢慢退化，这一时期通常发生在人 50 岁前后。此时，由于手部肌肉萎缩、力量减弱、控制力变差和身体疼痛等原因，书写技能也会开始下降，字迹开始出现抖动现象。依据人在不同时期的书写习惯特征，能够在一定程度上判断该文件的形成时期。

---

〔1〕 许爱东主编：《物证技术学》，法律出版社 2012 年版，第 385 页。

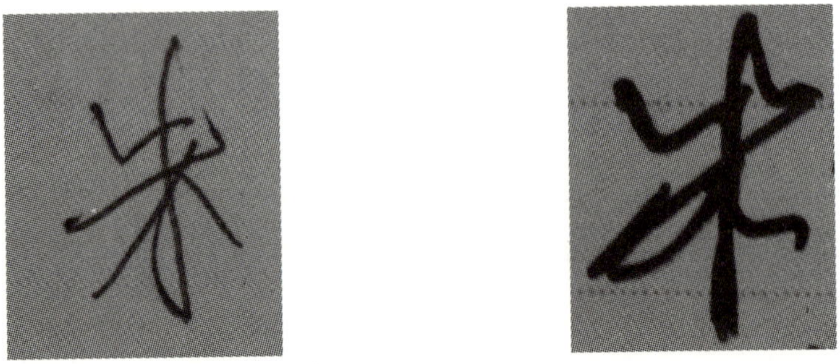

图 25－1　同一人不同时期书写习惯与特征变化（左图为壮年时期，右图为老年病期）

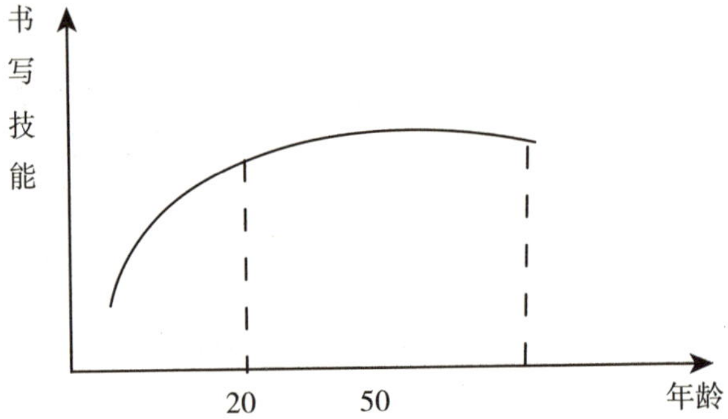

图 25－2　书写技能发展曲线图

第二节　书写时间检验技术

所谓书写时间检验技术，主要是根据对文件中手写字迹的书写特征和墨水特性进行检验，从而推断形成时间的技术。根据鉴定的形成时间是相对时间还是绝对时间，可以将该技术进一步划分为相对书写时间检验技术和绝对书写时间检验技术。

一、相对书写时间检验技术

相对书写时间检验，就是通过技术检验，判断检材与样本是否于同一时期书写形成。在我国，书写时间检验技术是于 19 世纪 50 年代从苏联引进的，当时引进的技术主要是对墨水书写时间的检验，它也开启了我国书写时间检验技术的发展的序幕。而后，随着圆珠笔开始进入人们的办公工具领域，越来越多的圆珠笔书写文件使圆珠笔书写时间检验技术也开始逐渐发展起来。以下，笔者便选取文检实践中关于相对书写时间的几种较为常见的墨水书写时间检验技术和圆珠笔书写时间检验技术而做详细介绍。

（一）墨水书写时间检验技术

1. 离子浓度测定术

离子浓度测定术主要是针对蓝黑色墨水或纯蓝色墨水书写字迹进行形成时间鉴定的。其原理是我国生产的蓝黑墨水或纯蓝墨水中都含有硫酸或硫酸盐。根据数据显示，蓝黑色墨水一般含有0.6% ~0.8%的硫酸亚铁和0.2% ~0.3%的硫酸，而在纯蓝色墨水中亦含有0.25%的硫酸。这些离子随着墨水被书写在纸上后，会随着时间的推移而产生对外泅散现象：若书写时间短，离子聚集尚在笔画中心，泅散范围小；书写时间长，则泅散范围随时间的推移而呈现规律性扩大，笔画中心的离子也便随之变少。通过硝酸铅、高锰酸钾、盐酸肼、硝酸、硫酸钠、硫化钠等水溶液配合使用，可以最大程度显现笔画墨迹中的硫酸盐图像。因此，若我们能够通过观察该类离子的扩散程度图像，掌握其扩散的时间规律，那么就能够较为科学地推测出待检字迹的书写时间。

值得说明的是，这类离子扩散现象不是无止境的，它有一个临界值，当其完全泅散至临界值，则会在一定程度上趋于平衡。因此，该种检验技术的缺点也是显而易见的，它只能在一定时间范围内推测墨水笔迹的书写时间，再加上纸张保存环境的变化可能加速或减弱离子泅散速度，所以运用此技术无法测定出距离鉴定时间太短或太长的书写时间或更为详尽具体的时间。但在有已知样品进行比对的情况下，通过检测离子扩散程度鉴别蓝黑墨水或纯蓝墨水字迹的相对书写时间，还是可以办到的。

2. 草酸溶解检验技术

草酸溶解检验技术主要使用于对蓝黑色墨水的书写时间检验。其原理是：书写时间越长，墨水在纸张上的停留时间也越长，其与纸张的结合程度也越牢固。而草酸溶液作为还原消退剂，能够对纸张上的墨水色料进行还原或消退。因此，若书写时间越长，则墨水色料的溶解速度越慢；反之，书写时间越短，则墨水色料的溶解力越大。这一技术的主要鉴定步骤是：(1)在检材样本上分别选取粗细基本一致的墨水笔画笔道，用测量显微镜测量笔画的宽度；(2)在显微镜下，用毛细管吸取5%草酸溶液和5%柠檬溶液的等量混合液，对准待检笔道，滴入一滴混合液；(3)用秒表观察其开始溶解的时间。一般而言，书写时间在1年以内的，溶解开始时间为3 ~6s，在1 ~3年的则开始溶解时间为5 ~9s。

值得说明的是，该技术优点是简易方便，缺点是受纸张、墨水物质和外部环境的影响较大。因此，样本的各方面条件应尽可能保证与检材一致，否则测出的结果可能不精确甚至存在较大误差。

3. 热分析检验技术

热分析检验技术是近年来出现的又一种针对蓝、黑墨水进行书写时间鉴定的检验新技术。其主要依据热分析中的差示扫描量热法（Differential Scanning Calorimetry DSC）分析墨水的种类、组成物质、热稳定性、氧化反应、聚合作用、热压常数等，测量在程序温度的控制下其物理、化学性质与温度之间的变化关系(可以用热分析曲线表示)。这种变化与时间之间存在定量关系,因此,可以借由这种关系对书写形成时间进行鉴定。该检验技术大致可以概括为以下几个步骤:(1)在相同起始温度、升温速率下,分别选取检材和已知形成时间的样本的部分区域置于不同坩埚内;(2)以同等条件等速升温,观察在特定程序和温度条件下,检材与样本出现的吸热和放热现象;(3)计算机自动记录DSC曲线峰值,并打印曲线图谱;(4)若检材与样本曲线图谱相近,则检材与样本书写可能形成于同一时期;若不相近,则继续选择其他样本进行检测,最终找出与检材最相近的样本,该样本的形成时间大致即为检材的形成时间。

该技术作为新兴的检验手段,在一定程度上为书写时间鉴定开辟了新思路、新途径,但它亦存在一定的局限。首先,实验条件必须严格控制,必须在程序温度绝对控制的实验室中完成,对实验环境与实践仪器的要求高。其次,各样本同样必须保证与检材的各项条件趋于一致,否则也可能产生误差。

4. X光电子能谱检验技术

X光电子能谱检验技术,是用软X射线激发物质表面原子的内层电子,使其逸出物质表面变成光电子,然后检测光电子的动能,计算其结合能,得到光电子能谱的方法[1]。光电子峰结合能的大小及其相对强度,除了与原子本身的种类和数量有关外,还与原子的物理化学状态息息相关。在蓝、黑色墨水中,碳原子和氧原子的化学状态会随着书写时间的变化,受到阳光和空气的影响而发生细微变化,具体表现为O-H键相对含量随时间而减少,C-H键相对含量随时间而增多,在光电子能谱图上这一现象会被如实反映。因此,通过观察光电子能谱图中这两个键的变化峰值和相对强度,与已知时间的样本进行比对,即可测出检材的相对书写时间。

(二)圆珠笔书写时间检验技术

1. 溶剂提取检验技术

溶剂提取检验技术主要是针对圆珠笔油进行实验研究的一种技术,其原理是:书写时间越长,圆珠笔油在纸张上的停留时间越长,则用溶剂提取的难度也越大。常见的溶剂提取检验技术分为两种类型,单溶剂提取检验技术和双溶剂提取检验技术。

(1)单溶剂提取检验技术

顾名思义,单溶剂提取检验技术是采用单一的溶剂对圆珠笔油进行提取,然后定量,把检材和各已知书写时间的样本的提取量进行比较,从而确定检材书写时间的技术。单溶剂提取检验技术选定的溶剂一般要符合两个条件:一是溶解程度,不能使圆珠笔油完全溶解,也不能使圆珠笔油完全不溶解;二是根据待检圆珠笔油的新旧程度,选择溶解力大或小的溶剂,圆珠笔油新,则溶剂溶解力可选择弱一些的,圆珠笔油旧,则要相应选择溶解力强一些的溶剂。通过实验,我们发现甲醇、乙醇、正丁醇、异丙醇

---

〔1〕 李永清、柯昌林主编:《文件检验》,中国政法大学出版社2010年版,第330页。

等溶剂都可以成为最佳溶剂的备选。单一溶剂提取检验技术尽管只需要一种溶剂,但是实验技术要求却相对更高,只有严格控制提取量、提取时间和条件,才可能获得较为准确的实验结果。

(2)双溶剂提取检验技术

相比较于单溶剂提取检验技术的实施难度,双溶剂提取检验技术对于提取量差别的影响较小,也是日常鉴定中更常用到的圆珠笔油鉴定方法之一。该技术同样要求样本与检材的条件一致。在实验步骤上,先选用弱溶剂进行提取(如甲苯提取液),再选用强溶剂提取(如苯甲醇),而后运用薄层色谱扫描仪测试其反射光谱等方法测定提取液浓度,计算两次萃取液的浓度比,即 $R = C弱/(C弱 + C强) \times 100\%$。同样是利用检材与已知书写时间的样本浓度比进行比较,最终推测出检材的书写相对时间。

2. 薄层色谱扫描检验技术

薄层色谱扫描检验技术,利用的原理是:圆珠笔油在纸上书写并随着时间推移后,受空气中氧气、阳光、水的影响,其中的某些物质受到化学反应而产生变化。例如,氧化、交联、固化、渗透等反应,使得书写字迹的吸收光谱发生变异,并使圆珠笔油在有机溶剂中的溶解能力减弱。通过薄层色谱扫描仪对检材和已知时间的样本进行反射吸收光谱扫描,测得各染料斑点的吸收峰值,计算各峰峰值比,并将二者进行比较检验,可进一步推测出检材的书写相对时间。

3. 气相色谱测定技术

圆珠笔油中含有具有挥发性的苯甲醇和三乙醇胺等物质,该成分会随着时间的推移而不断减少,因此利用该物质的挥发性特点,可用气象色谱测定技术对时间较近的圆珠笔书写相对时间进行测定。选择这一检验技术,要求圆珠笔油中至少含有两种以上的挥发物质,以便在实验中能够有所选择,而不致因物质单一而产生不必要的误差。在绘制图谱时,一般选择将挥发物质的含量作为纵坐标,书写时间为横坐标,用已知书写时间的样本作为测绘曲线参照。此技术通常对2~3个月内圆珠笔相对书写时间的鉴定有较好的效果,但是其建立在微量物证学上的实验方法对于仪器和操作也具有相当的要求。

4. 转印检验技术(压印检验技术)

转印检验技术与上述溶剂提取检验技术的原理类似,主要是以圆珠笔油随时间的推移与纸张结合的牢固程度作为依据的检验技术。鉴定时,将浸有溶剂的纸张覆盖在文字材料上,并施以一定的压力。此时,书写时间越长的,圆珠笔油内物质与纸张结合程度越好,其转印效果便越差;书写时间越短的,圆珠笔油内物质与纸张尚未很好地结合,则其转印效果越好,转印颜色越浓,图像越清晰。对检材和不同的已知书写时间的样本进行转印实验,将其转印效果进行比较,可以大致推算出检材的相对形成时间。此方法为无损检验,借助薄层色谱扫描仪直接扫描其反射光谱,则效果更佳。

5. 显微分光光度检验技术

显微分光光度检验技术最早运用于文检领域是在1982年的瑞士，随后向美国、俄罗斯以及我国发展。其原理是圆珠笔油中的物质随着时间的推移，会在笔道表面层产生氧化或其他反应变化。经国内众专家的多次实验，一般认为这种变化是发生在很薄的表面层，因此，运用显微分光光度检验技术有可能测出表面层变化与时间的关系。

6. 傅立叶变换红外光谱法检验技术与傅立叶变换显微拉曼光谱检验技术

傅立叶变换红外光谱检验技术的原理是，随着书写时间的延长，留在纸张上的圆珠笔油中的 - OH 基团的相对含量减少，而 C - O 基团的相对含量增加。傅立叶变换红外光谱检验技术是通过测定检材和样本的 - OH 吸收带与 C - O 吸收带的强度比，将二者进行比较，从而确定检材的相对书写时间。这种做法的好处是，它能够对20年内的时间间隔在2年左右的圆珠笔书写相对时间进行鉴定。而其缺陷则是受外界干扰性大，易产生误差，目前技术尚不成熟。

傅立叶变换显微拉曼光谱检验技术则需选择检材和样本中粗细、压痕较为相当的笔道置于拉曼显微镜中进行观察，将光圈设置为10mm，功率设置为50mW，扫描2000次，从而研究笔道中 CH_3 振动带与 OH 振动带强度比值和时间的相关性。该技术的缺陷是实验耗时较长，且实验受纸张条件的影响较大，对激光能量和光束聚焦直径等都有一定的要求。

二、绝对书写时间检验技术

绝对书写时间检验，是通过特殊技术手段，对特定检材的具体书写时间进行判断。鉴于绝对书写时间的判断难度和鉴定条件的受限较大，并非所有的检材都能够对绝对书写时间得出明确结论，它通常需要伴随着某些特定的条件或时代背景。

（一）文件内容语言分析术

此类方法仅适用于形成于特殊历史时期的文件之上，鉴定人能够通过对文件内容中存在的特殊词汇、用语的使用习惯进行分析，从而判断其产生时代。例如，“文革”发生于1966～1976年，香港回归在1997年，北京奥运会在2008年，若文件中出现相关词汇或描述场景，则可能文件形成于该事件前后。再如，一些名词（如地名、职务名、单位名、罪名）、简体字等仅在一段时间内使用，而后随着时间的推移而渐渐消逝或被新的事物、叫法所替换，故而出现旧时用法的文件则可以被迅速锁定形成年代。

（二）材料物质分析术

有时候运用文件内材料物质隐含的信息，亦可以对书写时间检验产生重要帮助。

1. 文件的载体——纸张

不同时期的纸张会反映出不同的造纸特点和材料选择的偏重，纸张的制造工艺也会随着时间的推移而日益精湛。一些制作方法或使用材料也可能仅在一段时间内使用。这些都为书写时间鉴定提供了重要依据。

2. 书写色料

市面上的书写色料和打印色料种类多样，但是它们的出现也呈现出一定的时间发展态势。例如，在新中国成立初期，我们仅有墨汁，绘图墨水，油溶性红色圆珠笔油、蓝色圆珠笔油，水溶性染料蓝墨水、红墨水以及水溶性铁基蓝黑墨水等。而到了 20 世纪 70 年代后，碳素墨水，黑、绿色圆珠笔油，水溶性染料黑色墨水和彩色墨水才渐渐走入人们的视野。

3. 书写工具

书写工具的使用也是随着时间的变换而不断的进步与多样化。在我国，早期的书写工具只有毛笔、铅笔和钢笔三种。1939 年圆珠笔问世，但直到 1945 年才传入我国，而在圆珠笔的发展过程中，其使用的笔油料也在不同的时期产生了不同的变化。而后的 1970 年滚珠笔出现在国内市场，紧随其后的软尖自来水笔、可擦除圆珠笔等相继问世。当前人们最常使用的签字笔直到 1980 年后才出现，因此若有用此笔进行书写却将日期标记为 1980 年前的，则可断定该文件为事后补写或伪造，其实际的形成时间应为 1980 年后。

（三）特殊痕迹辨别术

在鉴定的过程中，我们有时会发现一些检材上存在某些特殊痕迹，这些痕迹有时对于确定该文件的书写时间起着很大的提示作用。例如，伪造、变造文件或换页鉴定中，被伪造、变造或换页的文件中可能留有转印痕迹，此时选择荧光检验的方法，就可以轻而易举地发现“端倪”，从而判断该文件各部分是否为同一时间一次性形成。

（四）墨水标记辨别术

墨水标记辨别术主要是受墨水库法的启发而出现的。墨水库法是对市面上所有品牌、型号的墨水、圆珠笔油等建库，将其不同生产时间、批次的样品均收入库中，一旦有需要鉴定书写时间的检材出现，则可以选择库中相应的样本进行比对，从而根据样本的生产日期推出检材具体的形成时间。但这种做法因库内墨水样品多有不尽且检材条件易受外界干扰出现误差，而逐渐被减少使用。进而替代它的，便是墨水标记辨别术。该方法在 20 世纪 70 年代后半段由美国人发明。它要求美国的每个墨水生产商都要在墨水或圆珠笔油中加入特殊化学物质作为标记，且每年一换，这种技术能够在需要进行形成时间鉴定时，通过检测出的化学物质，迅速锁定该墨水或圆珠笔油的生产信息，从而得出客观准确的鉴定结论。这一做法的好处是大大提高了鉴定效率和准确度，而缺点是一旦有外国墨水流入市场，则未经标记的墨水同样无法适用该方法。

第三节 印章印文盖印时间检验技术

一、印章印文盖印时间检验技术概述

随着民事纠纷案件、经济犯罪案件的增多，印章印文检验在文检鉴定中的地位日益凸显，其中对于印章印文盖印时间的检验需求也越来越多，它在许多时候是能够有效帮助办案人员及法官理清思路，并提供重要线索，从而还原事件本来面貌的不可替代的武器。

印章印文盖印时间检验，是指运用印文可变性特征、理化反应等一系列印文历时性特征规律来检测辨别印章印文盖印形成的相对时间长度，从而判断印文的具体或大致盖印时间的鉴定。

二、印章印文盖印时间的一般检验技术

唯物辩证法告诉我们，事物总是处在不断的运动之中，运动是绝对的，静止是相对的。同样，印章在其使用过程中，也会因时间的变化而改变外在形态，从而影响印文在纸张上呈现的图文形态，这通常被称为"印章印文的历时性变化"，即印章印文因时间的推移而产生的外部形态的改变。这种改变既有外部因素的影响，如所处环境的温度、湿度的影响，使形成的印文呈现不同表象；也可能是印章的内在因素造成的，如印泥、印章材质的不同所造成的印章自身形态的改变，从而导致的印文形态的变化等。

（一）印文历时性变化规律特征鉴别术

印文历时性变化规律特征鉴别术，就是鉴定人依据印章在使用过程中出现的因印章磨损变形、老化、异物附着、印染物分布等历时性因素而形成的规律性印迹变化特征，对印章盖印时间进行鉴别的技术。

1. 印文历时性变化规律特征

（1）印面整体变化规律

印面整体变化，指的是印文尺寸大小、整体形状上的变化，是一种相对微观的物理性变化。在不同材质制成的印章中，木质和牛角类的有机质印章最易受外界环境的影响变化，往往会随着所处环境的温度、湿度的不同而逐渐产生膨胀或收缩变化，从而改变印文的实际尺寸大小。

（2）印面磨损变化规律

随着印章使用时间的不断延长，由于长期与纸张、桌面等其他各类衬垫物接触，印章表面可能发生碰撞磨损。实验表明，受到印章材质的影响，部分材料较软、较脆的印章更容易在使用过程中发生磨损现象，导致部分图文缺失、文字线条变粗或变钝等。

尤其当遇到外力撞击磕碰时，印章表面更易出现局部性的明显凹陷或缺损。这与印泥分布不均、盖印不实或衬垫物不平整导致的虚质变化不同，它具有缺损部位表现集中、印文永久性缺损等特点，是一种不可逆的变化（如图 25 - 3 所示）。

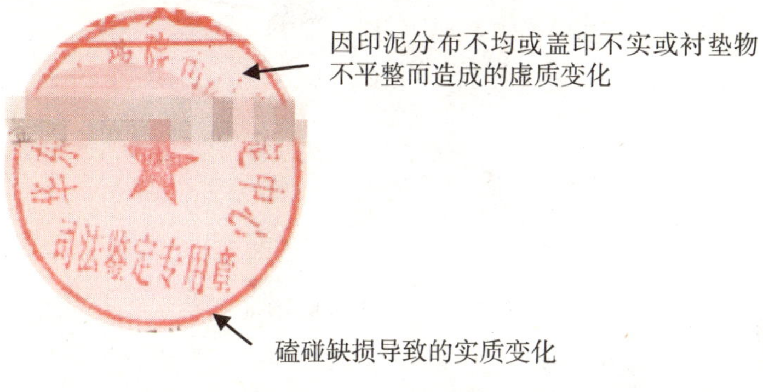

图 25 - 3　印面图文缺失

（3）局部老化变形规律

除了印章整体的老化变形外，橡胶、塑料、木质、牛角等材质的印章和原子印章在使用过程中，也常常出现因老化而产生的局部细节性变化现象，如印面刻痕的显露或“愈合”、雕刻“起皮”的翘起或脱落、原子印章“空泡”现象和颗粒性物质的脱落等，这些特征都表现出一定的时间变化规律。

（4）印面附着异物现象

印面附着异物现象，主要指印章印面上常黏附灰尘、纤维、碎纸屑等微小异物，并由于这些异物的存在而在印文中形成多余印迹的现象。这种印面附着异物的现象在印章实际使用过程中出现频率相对较高，且常常出现于笔画较多、图文结构相对复杂的线条交汇缝隙中或边棱凹角处。在印文历史性变化过程中，往往呈现从无到有、从少聚多、由小积大，或从有到无、从多减少、由大变小，或形态上的微观变化。

（5）印泥（油）淤积物

在盖印过程中，由于印泥（油）黏稠或蘸取过多，剩余的印泥（油）可能被挤压至印面文字线条边缘或缝隙之中而形成淤积现象（如图 25 - 4 所示）。这种淤积起来的多余印泥（油）与文字线条凸起处于同一平面，因而在盖印时受到外力挤压，其印迹也会呈现在印文之中。若印泥（油）淤积物的印迹特征在一定时期内出现，能够对判断印章盖印时间提供较好的依据。

（6）印泥分布印染状态变化规律

印泥（油）分布状态与印章种类的不同相关。对于原子印章而言，由于其需事先灌油，随着使用次数和时间的积累，印油逐渐消耗，印文日益浅淡，直至重新灌油。而普通印章的印文浓淡与盖印时印泥（油）的多少、盖印压力的大小相关。盖印时蘸取的印泥（油）多、盖印压力大，则印文相对较浓重，印文边缘堆积印泥（油）较多；盖印时

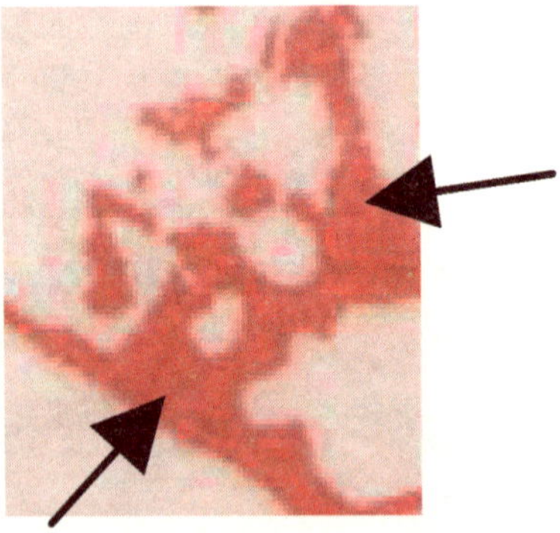

图 25-4 印泥(油)淤积

蘸取的印泥(油)少、盖印压力小,则印文相对较浅淡,印文边缘堆积印泥(油)较少。在上述因素不变的情况下,这一现象可能持续出现在相当长的一段时间内,这一特点的掌握对于判断印文在某一特定时间的形成具有一定参考价值。

(7)印泥(油)种类差异变化规律

一般而言,一枚印章的印泥(油)在一定时间内具有稳定性。普通印章在一盒印泥用完前,其印文展现出的颜色、色调或在不同光源下的反映都将呈现种类的同一性,直至重新更换不同种类的印泥为止。而原子印章注油一次,可以使用很长一段时间,部分高级的原子印章通常可以一直使用1万~3万次,直至印油用完报废。大多数单位或部门都有常用的印泥(油)的品牌和型号,并在一段时间内不会更换,而一经更换,则印泥(油)种类的变化,亦会如实地体现记录在印文中。这种变化既有印文颜色的深浅和色调上的显性差异,也有需要通过仪器分析鉴别成分结构的隐性差异,抑或是通过在激发光的影响下产生的荧光现象和在红外线或某一波段光辐射吸收、反射程度的不同来予以区别。若待检印章在一段期间内曾更换印泥(油),则这一特征将成为判断盖印时间的重要依据。

(8)印文形成后印泥(油)的历时性变化规律

印文在其形成之后,往往会随着时间的推移产生如下变化:

①印泥(油)压取能力逐渐下降;②印泥油脂逐渐洇散;③印泥(油)中不稳定成分变化,印文中的油脂向外洇散、渗透,印泥(油)中的挥发性成分逐渐挥发消失,物质被氧化,从而导致印泥(油)的成分结构产生变化。

(9)印文与文字间相互作用的变化规律

印文通常会与文件中的字迹材料产生一定的交叉重合,这种因相互接触渗透而产生的物质间相互转移运动的变化作用,在一定程度上也能够为盖印时间的判断提供辨别依据。

2. 利用印文历时性变化规律特征术鉴别盖印时间

利用印文历时性变化规律特征来鉴别盖印时间，主要是依据收集印章的印面结构变化规律、印文附着物变化规律以及印泥（油）种类变化规律等信息来判断的，是将检材印文与该印章印文的历时样本进行比较检验，以判断印文的历时性变化特征之异同，从而推断检材印文的盖印时间的一种技术。其步骤和方法具体如下。

（1）选择检材印文的历时性变化特征

首先，将检材印文原件进行放大性复印；其次，需要细致地观察检材印文原件，对于检材印文的清晰性、完整性，印泥（油）的用量、盖印力度的大小和均衡性形成明确的认识；最后，选一点为起点，沿固定方向，规律地逐点、逐部分地观察分析印文细节特征，尤其注意印文中可能为可疑异物的印迹，文字线条断截、露白，边缘界限缺角，过分浓重的印泥（油）点块印迹等，原子印章还要额外注意观察其之外围边框、支撑爪的印迹，并将发现的特征点一一标注于检材印文的放大版复印件上。若有多份检材印文原件，则应相互比较，从而对这些特征产生综合性认识。

（2）研究分析样本印文的历时性变化规律

要掌握印文的历时性变化规律，首先必须收集需检印章在不同时期依次盖取的印文样本。这些样本作为记录印章印文历时性变化的最佳载体，是推断检材印文盖印时间的重要依据。一般情况下，收集样本材料最好是能够收集从印章启用时起至鉴定时，逐年逐月留取在相关文件上的自然样本印文，若对于争议印文的盖印时间有比较明确的怀疑时间段，则可以将收集的样本缩小至相应的争议时间范围内。此外，收集的样本印文必须与检材印文的盖印条件相近，数量上则是要在能够充分反映印文历时性变化的基础上，突出时间跨度小、频率大，但切不可每年、每月只提取一份样本，要确保样本特征的准确性。

（3）检材印文与历时性样本印文的比较检验

将检材印文与历时性样本印文一一进行比较检验，观察检材印文的印迹特征与哪一时间的样本印文印迹特征相符，则能够判断检材印文的盖印时间。在比较过程中，我们既要关注第一步、第二步中标注的各项印迹特征，也要进一步对检材、样本原件展开细致观察、对比，以确定其异同。

（二）印油洇散程度测定术

印油洇散程度测定术，是根据印文边缘油痕向外洇散的距离来测定印章印文的盖印时间的技术。鉴于市面上常见的印油中仅有印泥印油能够在纸张上产生印油洇散渗透现象，故此处的印油仅指印泥印油。

该技术是通过测量油痕的向外洇散程度为参照，逆向倒推测定印文盖印时间。但鉴于印油从开始洇散渗透至达到最大值，一般需要两个月左右，而在这期间，洇散的印油并非以匀速外散，而是要经过一个由快渐慢的过程，故不能单纯通过测量油痕扩散的绝对值和绝对速度来测定盖印时间。这种方式简易方便，无须借助任何电子仪器，检验过程无损清洁，检验准确度相对较高，为由印泥形成的印文盖印时间鉴定提供了又一种较为理想的检测方法。

当前，通过检测印油洇散程度来鉴定印章印文形成时间主要有两种方法：

1. 检材的自身比对

在收取检材的当天，对油痕洇散距离进行第一次观察测定，在油痕边缘明显且均匀处以细针戳点的方式进行标记，同时拍照或扫描固定，该标记最好选取3处以上，以确保数据的科学准确，并将该数据加以记录，称为S1。在自然条件下，放置一段时间，让其继续洇散，而后再次以相同方法复测印油洇散距离S2。对比S2与S1数值，若数值差异较大，则说明该印文为近期盖印形成，盖印时间必然在近两个月以内，无须再进行下一步测定；若S2与S1数值差距较小或相同，则说明该印文盖印时间势必在半个月以上，需继续测试，以确定盖印时间。但此方法亦存在局限，即无法准确测出盖印时间超过两个月的印文的具体盖印时间。

2. 检材与样本间的比对

准备一份样本印文，每隔一段时间用显微镜记录并标示下油痕扩散的距离S（以印文中点为中心，向外洇散的距离即为其之直径），由于油痕扩散并非匀速运动，而是呈先快后慢的速度进行，因此选取的时间间隔也不能等时，而应以几何倍数的方式划分。最佳分段方式为：将时间划分为6个时间段，分别为1天（T1）、2天（T2）、4天（T3）、8天（T3）、16天（T4）、32天（T5）、64天（T6）。按照以上时间分段，在每隔相应时间点运用显微镜观察并标注印油洇散距离，并分别记录为S1至S6，通过公式进行计算，即油痕差值百分比＝（时间段油痕距离－上一时间段油痕距离）×100%。例如，2天内的盖印差值百分比为6%～9%，16天左右的差值百分比为1.5%～3%左右。当检材印文送来当天，立即对印文进行显微镜下的观察和标注，通过在油痕边缘选定测量点（可用细针戳一小点标记），测量出油痕洇散距离，并将印文洇散情况通过拍照或扫描方式予以记录固定。而后根据印文可能形成的时间，将文件放置相应时间，以相同方式测量记录油痕洇散距离，计算出印油洇散差值百分比，并将之与已知样本印文的洇散差值百分比进行比较，从而确定该印文的盖印时间。

（三）印文转印压取鉴别术

该技术的主要原理在于：印文形成后，随着时间的推移，会在印文表面形成一层保护膜，而印文中的物质也将或挥发或干涸或逐渐渗透进纸张，印文与纸张的亲和力越强，则其压取转印的能力就越弱，通过对于印文压取转印能力的检测，能够推测出大致的印文盖印时间。

在通过此技术鉴定盖印时间前，应详细了解待检印文的情况，如印章种类材质、印泥品种、盖印压力大小、印泥（油）更换时间及频率等。此外，还要事先收集好足够的样本印文。开始实验时，需将选用好的转印用纸准备就绪，而后分别将其覆盖上检材印文与已知各时间段的样本印文上，上下各垫数张干滤纸，并将之放置于小型压力机上，开始加压。通过比较加压后检材印文与已知各时间段的样本印文各自的转印效果，与检材印文转印的深浅浓淡效果一致的样本印文的盖印时间，则为检材印文的盖印时间。

三、常见几种文检仪器在印章印文盖印时间检验中的应用

近年来，随着科学技术的不断发展，各式文检仪器在印章印文盖印时间检验中的应用也日益广泛。多种仪器的发明与运用不仅在方法上为印章印文盖印时间检验提供了更为广阔的思路和途径，更在检测精度上使印章印文盖印时间检验迈上了一个新的台阶。这种充分运用理化反应原理，同时借助高科技仪器进行实验鉴定的方式，大大提高了印章印文盖印时间检验的客观性和科学性。以下，笔者将选取两种在文检检验中较为常见的仪器在盖印时间检验中的应用作简要介绍。

（一）薄层色谱扫描仪在印章印文盖印时间检验中的应用

薄层色谱，又叫作薄板层析，是色谱法中的一种，是快速分离和定性分析少量物质的一种实验技术，属固—液吸附色谱。它兼具柱色谱和纸色谱的双重优点，既可适用于极少量（几微克甚至零点零几微克）样品的分离，又可通过加厚加大吸附层来精制样品，因而特别适用于那些挥发性较小或在较高温条件下易发生变化而无法使用气相色谱进行分析的物质。除此之外，薄层色谱法往往还能够作为跟踪有机反应或柱色谱的一种“预试”。

薄层色谱扫描仪的组成，主要包括薄层层板点样器、手动涂布台、干燥储备箱、洗板架、紫外光探测器等，具有波长范围宽、扫描速度快、自动化程度高、操作便捷、设备投资小、检测运行成本低等特点。

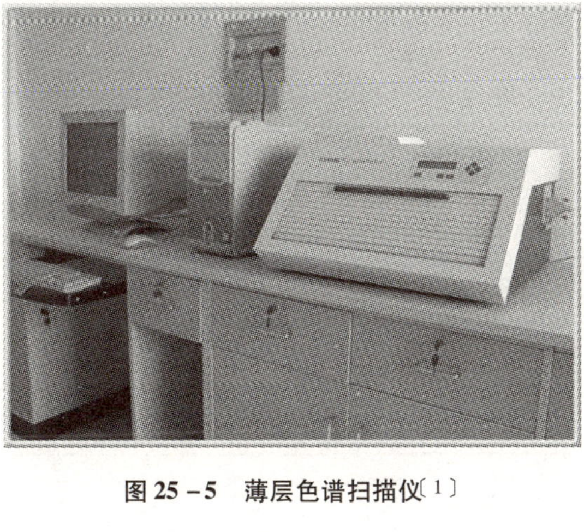

图 25－5 薄层色谱扫描仪〔1〕

〔1〕 资料来源 http://qupu. 122311. com/show/ZTZlYmNiODLota3nn7PoloTlsYLoibLosLHlm74BMgE1MDABMzc1AWkzLmFudHBlZGlhLmNvbS9pbWFnZXMvY2FjaGUvOS85YmE5OWNiNWMwNWIxNTQ4NzQ1NGFmMTgzOWRmNDAxYS5qcGcB6JaE5bGC6Imy6LCx5omr5o＋P5Luq/。

薄层色谱扫描仪是一种专门对薄层色谱进行定量检测分析的仪器,目前市场上有两类薄层色谱扫描仪:一类是传统薄层色谱扫描仪,是一种全波长扫描仪,其扫描方式有三种:单光束扫描、双光束扫描和双波长扫描(定量分析时多用),提供波长200~800nm范围的可选波长,通过检测样品对光的吸收强弱程度来确定物质的含量。另一类是薄层数码成像分析仪,是利用数码成像技术获取薄层板上各点的光强度信息,从而对获得的图像进行分析的薄层分析技术,它主要利用的是照相机和扫描仪两种数码成像设备。

1. 应用原理

运用薄层色谱扫描仪判定印章印文盖印时间的原理是基于印章盖印于纸张上后,印泥与空气充分接触,使其中的部分化学成分发生氧化、分解、交联、挥发等各种理化反应,从而导致印泥成分在某些有机溶剂内的溶解能力发生变化。此方法是通过定量检测盖印后印泥成分分别在强溶解剂和弱溶解剂中的提取速率,来判定印文盖印时间的。通常情况下,盖印时间越短,则印文中印泥成分与空气的接触反应程度越低,印泥成分在相同有机溶剂内的溶解速率越快、溶解度越高;反之,盖印时间越长,则溶解速率越慢、溶解度越低。

2. 实验材料

设备器材类:薄层色谱扫描仪、注液振动器、微量进样器、取样器、硅胶板、定量毛细管、计时器等。

化学试剂类(可根据印泥成分配比使用):N、N-二甲基甲酰胺、吡啶、二氧六环、乙醚、石油醚、盐酸、异丙醇、四氢呋喃、甲醇、甲酸、乙酸乙酯、丙酮、丁酮、甲苯、氯代苯、无水乙醇、氯仿、环己烷、正戊醇等。

表25-1 常见有机溶剂溶解力分类[1]

溶解力	有机溶剂
溶剂力较强	N、N-二甲基甲酰胺、吡啶、四氢呋喃、氯仿
溶解力一般	乙醚、盐酸、乙酸乙酯、丙酮、丁酮、甲苯、氯代苯
溶解力较弱	甲醇、甲酸、正戊醇、异丙醇、环己烷
几乎不溶	水、石油醚、无水乙醇

其他:纸张、印章、印泥等。

---

〔1〕 李彪、谢朋、孙添铖:"薄层色谱扫描法判定印章印文形成时间实验条件的确定",载《中国人民公安大学学报》(自然科学版)2008年第2期。

3. 实验步骤

（1）制作或收集实验样本，制作或收集与检材样本的纸张、印泥、盖印条件相同或相似的实验样本若干（盖印时间已知），避光室温保存。

（2）选取适当的提取剂，根据溶解力大小为标准，选择合适的强、弱提取剂。

（3）确定扫描仪扫描条件，根据色光互补原则和点样大小来确定和调整薄层色谱扫描仪的扫描波长和光板大小。

（4）用溶解剂溶解提取并点样，通过预实验配比选定合适的有机溶剂，并用其溶解提取印泥物质，并将之点样于硅胶板上，自然阴干。

（5）扫描并计算提取率，将制作好的样本放入薄层色谱扫描仪，设置好扫描条件并扫描，再根据扫描仪自带软件进行各样品点吸收峰峰面积的计算，其公式可记为：印泥物质提取率 = [弱溶解剂溶解点吸收峰峰面积/（弱溶解剂溶解点吸收峰峰面积 + 强溶解剂溶解点吸收峰峰值）] ×100%。

（6）通过对已知不同时间段的实验样本的点样扫描实验，计算出相应峰值曲线，再以相同方法扫描计算检材印文的峰值曲线，并进行对比，从而推定该检材印文的盖印时间。

（二）拉曼光谱仪在印章印文盖印时间检验中的应用

拉曼光谱仪主要适用于研究物质成分的判定与确认，通常运用于生物、物理、化学、珠宝及公安侦查鉴定领域等。该仪器结构简单，操作简便，测量快速高效准确，尤以低波数测量能力而备受推崇。它通过共焦光路设计获取更高分辨率，可对样品表面进行 um 级的微区检测，还能够进行显微影像的测量，具有样品需求量少、清洁简便、高分辨率、工作波数范围大等特点。它主要是根据不同物质对光线散射的效果不同来对物质进行区分的。其工作原理是：当一束频率为 v0 的单色光照射到样品上后，样品内的分子会对入射的光线进行散射，其中多数光仅仅只是改变了原本的传播方向，但光的频率仍与激发光的频率相同，这种散射现象被叫作瑞利散射；而少部分光的散射不仅改变了光的方向，连频率也随之改变，这称作拉曼散射。在拉曼散射中，频率减少的散射叫作斯托克斯散射，频率增加的散射则叫作反斯托克斯散射。其中，斯托克斯散射通常要比反斯托克斯散射强得多，因此拉曼光谱仪测定的多为斯托克斯散射，故也统称为拉曼散射。拉曼散射是由于分子极化率的改变而产生的。

拉曼位移，即散射光与入射光之间的频率差 v，它与入射光频率无关，而仅与散射分子本身的结构相关，取决于分子振动能及的变化。不同化学键或基团有不同的分子振动，ΔE 反映了指定能级的变化，故与之对应的拉曼位移也是不同的。以上即为拉曼光谱可以作为判断分子结构与物属性的原因。

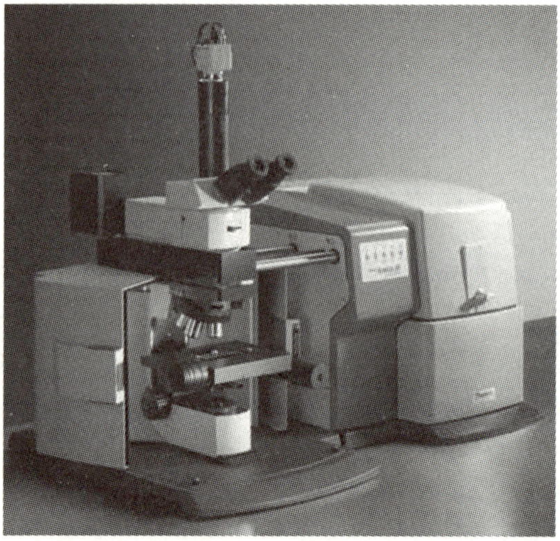

图 25－6　拉曼光谱仪〔1〕

1. 应用原理

拉曼光谱技术是一种新型可靠的无损检测技术，可以较为准确地进行区分物质分子结构的研究。运用拉曼光谱技术来测定印章印文的盖印时间，其可行条件在于当前市面上售卖的印泥的成分配方均各有不同，因此其在拉曼光谱中的谱线也不尽相同，这为印章印文的同一认定提供了方便。而印章印文的盖印时间检验亦是在此原理的基础上进一步分析所得的。由于盖印后印泥与空气接触，部分成分随时间而发生挥发、氧化、交联、分裂反应，使相同成分的印文印泥在盖印后的不同时间段内，其内含成分会有所变化，从而在拉曼光谱中产生差异。

2. 实验步骤

(1) 在充分了解案情的基础上，确定待检印文被怀疑的盖印时间范围；

(2) 以年为单位，收集该印章可疑盖印时间范围期间内的印文材料作为样本，其中每一年至少收集一份以上样本，样本的盖印、保存、运输等条件尽可能与检材一致；

(3) 将检材和各时期样本分别置于拉曼光谱仪中进行检测，并绘制出盖印章的印迹谱线图；

(4) 通过观察印迹谱线图，可以发现检材和样本的印迹谱线峰位走向几乎完全一致，则证明检材和样本印文出自同一枚印章盖印形成；

(5) 进一步对比检材和不同年份的样本印迹谱线图的各峰位和起止位置高度，发现与检材印迹谱线几乎趋于一致的样本谱线，则该样本所标示的盖印时间，即为检材

〔1〕 资料来源 http://www.bio－equip.com.cn/show1equip.asp? division＝901&equipid＝313779。

的盖印时间。

第四节　办公机制文件形成时间检验技术

随着科技的发展,打印机、复印机开始逐步走入寻常百姓家,不仅社会上的机关、企事业单位办公离不开各类机制文件,连一般的家庭购买打印机作为日常办公用品的情况也越来越多。当前人们的日常办公模式正逐步从原始的手写办公模式朝着现代化的机制办公模式转变。因此,本节专门就常见的几种办公机制文件的形成时间检验技术做了介绍。

一、复印文件形成时间检验技术

复印机工作的完整流程,包括充电、曝光、显影、转印、分离、定影、消电和清洁8大步骤。其中,充电,就是高压电极感应光导层敏化;曝光,是将输入到复印机中的需要复印的内容的原件反射光经过成像光学系统扫描光导体,从而形成静电潜影;显影,顾名思义就是通过吸附显影剂,使之前形成的静电潜影显现在光导体表面,并形成与原件相对应的反像;转印,是指通过纸张下方的转印电极,吸附感光鼓上的墨粉,使之转印至纸张上,并形成与原件相同的图像;分离,就是把纸张与感光鼓相分离;定影,则是通过加热、加压等方式,使墨粉固定在纸张上;消电,即消除转印电极和感光鼓上残留的静电;清洁,是把感光鼓上残留的墨粉用清洁刮板刮除干净。

(一)复印文件形成时间检验原理

与其他手写文件不同,复印文件从宏观上来说,辨识特征不够明显,因此对于此类文件的鉴定检验工作也较一般检验有着更大的难度。然而,正如世界上没有两片完全相同的叶子,即便是复印文件,只要仔细观察,同样可以发现许多常人难以察觉的区别。复印文件形成时间检验,首先要确定该复印文件的来源复印机,并对该来源机进行进一步的观察研究,确定其是否存在各部件的老化、磨损、污染、机械偏离、零部件更换等情况,若这些情况存在,则它们可能在复印时留下相应的特殊痕迹在复印件上,这为复印文件形成时间的检验提供了重要的鉴别依据。值得说明的是,这些痕迹的存在时间有些是暂时的、突发的,有些却是永久的、稳定的,这些痕迹的形态和位置变化可能存在一定的规律性,收集同一复印机上产生的不同时期的样本材料,并掌握这些痕迹的变化规律,并与检材进行对比,一定程度上可以解决复印文件形成时间的检验难题。

(二)特殊痕迹鉴别技术

1. 稿台特殊痕迹检验

由于复印机的稿台长期暴露在外,与其他部分相比,更容易受到外界物质的刮擦或污染等因素影响，这些痕迹往往能够成为复印文件形成时间检验中的重要辨别依据。由于稿台的工作特点，大片污染痕迹可能影响正常复印效果，故容易被人及时发现并修复，因此，能够形成识别痕迹的污染或刮擦往往是较为细微的、呈斑点状或细条状的痕迹。这些痕迹在复印时，与文件原件内容一同经过成像光路反射和扫描成像在光导体上，并最终呈现于纸张上。稿台上的特殊痕迹若为污染性的斑点，则往往存在时间较短，清洁后便消失，但由于长期暴露在外，不久又会出现新的污点痕迹，且同一污点在不断的复印工作中可能出现一定的位移或形态上的渐变，这些特性对于准确判断复印文件形成时间有极大的帮助。而稿台上的玻璃制台面以及塑料制盖板由于材质的原因，在使用过程中会不可避免地逐渐出现刮擦痕迹，这些痕迹表现在复印文件中是具有一定稳定性的。

2. 光导体特殊痕迹检验

光导体的特殊痕迹主要可以分成摩擦、损伤、污染、老化等痕迹。

光导体摩擦痕迹是由于复印过程中，光导体和复印机中的其他零部件长期接触摩擦，从而在其表面形成了圆周方向的摩擦痕迹。该痕迹会在复印时在纸张上形成与复印机出纸方向相同且平行的黑色或白色线条，并随着时间的推移和磨损程度的加重而不断加深。

光导体损伤痕迹是由于光导体表面膜被击穿或挤压磕碰而造成的痕迹。其中，光导体表面膜被击穿一般是由于充电过强造成的，此时光导体无法吸附墨粉，会在复印件中形成一圈留白现象。而挤压磕碰痕迹则视情况而定，可能呈现点、线、块状。这些痕迹带有一定的规律性：一般在距离上呈周期性出现，同一痕迹间再次出现距离为光导体周长的长度；而在时间上，这些痕迹呈现渐进性、缓慢性、不断增多的趋势，除非更换或修复感光鼓，否则将一直存在。

光导体污染痕迹的出现一般是由于清洁不当或与其他污染部件接触所造成的。它的表现形式与变化规律通常是光导体上附着有多余墨粉，并逐渐形成墨粉斑块。这些痕迹可能因为不断复印而出现位移或颜色加深扩大。

光导体老化痕迹是由于光导体长期使用，出现老化现象，使光电性能变差，从而导致复印效果变模糊、底灰加重、复印色泽变淡等。这种现象直到重新更换光导体才会消失。

3. 转印、定影、分离、清洁过程中出现的特殊痕迹检验

这些痕迹的产生一般都是来源于接触污染。随着多次复印，痕迹的变化也会不同，有些会产生位移，有些会不断加深，而有些却会在使用中自然消失，要掌握这些规律必须针对个体复印机进行全面的实验观察。

4. 充电、消电特殊痕迹检验

由于充电电极受到污染或与光导体位置不对称等原因，复印过程中，会在复印机的出纸方向上产生平行于出纸方向的纹路，这些就是充电特殊痕迹。而消电痕迹是由

于消电电极污染或位置不对称而造成的底灰或重影现象。若为电极污染,则其多呈现渐变性特点;若为与光导体位置不对称,则痕迹通常是突发的、稳定的。

5. 出纸系统、成像光路不良痕迹检验

这种原因导致的痕迹往往表现为复印内容偏斜、不全或变形,多为外力造成。只有通过人力修复才能恢复。

6. 纸张或墨粉原因产生的特殊痕迹检验

刚更换过墨盒的复印机,一般墨粉充足,成像清晰,色料浓厚,而越用到后期,则墨粉越浅薄寡淡,直至重新更换墨盒或晃动墨盒,使其均匀出墨时该特征方可消失。而纸张痕迹通常带有随机性,一般同一批用纸的纸张痕迹较为相似,掌握不同时期的用纸特点,可以对复印文件形成时间鉴定提供一定的参考。

(三)复印文件形成时间检验步骤

1. 来源复印机的认定和具体情况了解

首先,在做复印文件形成时间检验之前,必须通过案情了解或双方介绍,确定可疑复印文件的来源复印机,并通过复印机同机认定技术,事先确定是否为该可疑复印文件的来源机器。其次,要充分了解该复印机的使用情况,如品牌机型、使用年限、保存环境、复印效果、维修记录等,以便进一步进行实验。

2. 收集复印样本

首先,尽可能准确地收集该复印机不同时期产生的复印文件,作为对照样本,在收集过程中要警惕非该机型的复印文件混入其中,因此,要做好事先的排除实验工作。其次,分期分批记录各样本的情况,了解样本的产生条件,在保证准确性的同时,尽可能多地寻找与检材产生条件相似的不同时期的样本。最后,通过不同时期的样本观察,确定该复印机复印效果的历时性变化特征;同时,重点收集和观察标称日期前后和可疑日期前后的样本,寻找其中的逻辑关系,为缩小排查范围提供方便。

3. 对检材样本分别观察检验

对检材和样本上的特征分别进行检验观察,注意分析检材上特征的出现原因,并在按时间排序的不同时期样本的特征上对照其逻辑关系,分析样本特征出现、存在、变化、消失的规律和原因,从而不断确定和缩小排查范围。

4. 比较检验

在全面观察检材和历时性样本特征的基础上,采用特征比较法对检材和样本进行比较。先从与检材特征相似的样本上入手,分析该样本这一特征的存在原因与检材是否一致,该特征存在了多长时间,从何时开始出现,又从何时可能因何原因而消失,以此框定检材的形成时间范围。再以类似方法观察其他特征,从而进一步缩小排查范围。

5. 综合评断

一般而言,经过上述步骤,我们可以得出两种结论:一种是认定该检材形成于哪一时间范围,另一种则是排除其形成于哪一时间范围的可能。若在一段时期的样本上均充分而稳定地出现了一种特征,而这一特征在检材上未有相似反映,则我们可以排除该检材形成于这一阶段的可能。若检材中的所有特征在一段时间范围内的样本的历时性变化中能够得到规律性的演变反映,则可以认定该检材形成于此时间范围。

二、打印文件形成时间检验技术

打印文件形成时间检验技术,就是通过技术手段,对由打印机打印出来的文件的形成时间进行检验、鉴别。当前市面上较为常见的打印机主要有喷墨打印机和激光打印机两种。随着打印机制造技术的不断发展,激光打印机以其打印速度快、成像效果佳,且价格成本不断下降等特点,逐步成为消费者日益青睐的打印设备。本部分中,笔者便选择激光打印文件形成时间检验技术而做出详细介绍。

(一)激光打印文件形成时间检验技术

激光打印机与复印机相似,是基于电子照相的原理产生的,由激光器、声光调制器、高频驱动、扫描器、同步器及光偏转器等部件组成,需经过充电、曝光、显影、转印、消电、清洁、定影7大步骤。打印时,将要打印的文本或图像输入计算机,经计算机软件预处理后,由打印机驱动软件转换成可被打印机识别的打印机语言(即电脑对打印机下达的命令),该命令被激光打印机中的高频电路所接收,并由此控制激光发射器的开和关,形成点阵激光束。激光发射器开启部分,发射出的激光束扫描光鼓,促使光鼓吸附墨粉;激光发射器关闭部分,则激光束关,光鼓不吸附墨粉,由此在感光鼓上形成初步的文件或图像墨影。而后光鼓再把吸附的墨粉转印到纸上,最终形成打印结果。与复印机不同的是,在构造上激光打印机的光导体和墨粉容器是一体式的,统称为墨粉盒,当其中的墨粉用完或光导体发生损坏而无法使用时,需要更换墨粉盒,方可重新使用。

该类打印机的打印文件形成时间检验原理与复印机类似,也是由于各零部件发生污染、磨损、老化等原因,而在打印出的文件上形成不同的痕迹。这些痕迹的产生、存在、消失的过程,能够为该文件的形成时间检验提供辨别依据。

(二)特殊痕迹鉴别技术

鉴于相似的工作原理与内部结构,激光打印机的特殊痕迹特点和变化规律也与复印机类似,但它也具有自己的特征。

1. 打印方向的周期性痕迹检验

当光导体、显影辊、转印辊等部件受到污染、磨损等影响时,会在打印时在纸张正反面出现平行于出纸方向的周期性痕迹。一般污染痕迹呈现斑点状,周期距离与辊柱周长一致,且形态位置可能出现渐变性变化。磨损痕迹多因光导体受损产生,可呈点、线、块状,出现位置和时间均可体现周期性。

2. 意外受损痕迹检验

通常有些意外受损的痕迹会形成条纹状分布。例如,光导体摩擦受损时,其独特的圆周性刮擦痕,会形成与出纸方向平行的黑、白条纹痕迹;定影辊摩擦受损,会呈现出弥散黑色条纹痕迹;成像光路受到污染,往往会在纸张上出现白色条纹痕迹。

3. 墨粉特殊痕迹检验

激光打印机墨粉盒系墨粉容器与光导体一体化的产物,通常有一定的使用期限。当墨粉减少用完或光导体老化损坏后,则需要对其进行更换。因此,在使用的过程中,随着使用时间的加长,墨粉会逐渐减少,光导体不断老化,从原先的色泽浓厚到之后的墨迹变淡,灰雾增大,从而导致成像色彩分布不均或留白等现象。

4. 出纸系统不良痕迹检验

与复印机一样,打印机在其打印过程中,也可能出现因纸张放置不当、出纸系统误差而导致的打印图文偏移、内容不全或变形的现象。掌握其出现的时间段,可以成为判断文件形成时间的一项重要依据。

5. 字体字库和排版格式痕迹检验

不同字体字库和排版方式的出现时间,也能为打印机打印文件的形成时间提供依据。

(三)激光打印文件形成时间检验的注意事项

激光打印文件形成时间检验的步骤与复印文件形成时间检验的步骤是相似的,但在进行检验之前,必须先弄清该办公机制文件系打印件还是复印件。区别打印件和复印件的方式很简单:首先看"痕迹"。与复印件不同,打印件不存在稿台污染刮擦痕迹,其文件边缘也不会存在纸张复印时出现的线条状边缘痕迹,同时其纸张表面更为干净,分布于纸张表面的墨点或底灰现象较少或不存在。其次看"效果",打印文件的图文效果更清晰,画面分辨率更高,色彩更鲜艳明亮。再次看"周期",激光打印机打印文件的特殊痕迹距离的周期性通常较复印文件更短。最后看"偏差",打印文件图文与页边距的偏差不会太大。

除此之外,由于激光打印机墨粉盒为一次性用品,其使用周期较短,大多数打印痕迹都是在墨粉盒使用的中后期才逐渐产生。更换墨粉盒后,各种痕迹消失,然后开始新的周期。尽管不同周期的出现痕迹常常类似,但表现形态,如痕迹大小、出现的位置等多有不同,在实验中要充分注意区分不同周期的痕迹差异。确定周期的阶段性变化,有助于我们缩小排查范围。

(四)新型彩色激光打印文件形成时间检验技术——数字水印技术

数字水印技术是根据彩色激光打印机的工作原理而设计产生的信息隐藏技术,产生于20世纪80年代的美国。它选取与白色十分相近的黄颜色作为隐形识别标记,将人类肉眼难以分辨的黄色微点,巧妙地融合在原有文件、图像中,并形成一定的黄色点阵图形,以此作为特殊图像,隐藏特定信息。这种信息通常具有一定规律性,不同厂家生产的不同机型、不同批次,甚至不同个体的打印机都带有不同的"水印代码",以此作为其"出身"或"身份"的证明。通过对数字水印点阵规律的解码,能够轻而易举地得到该打印文件的来源打印机的品牌、机型、同机认定,乃至形成时间等信息。

当前,越来越多的文检专家和鉴定人开始发现并重视该技术在文检检验中的应用。经实验证明,绝大多数的彩色激光打印机都带有这一暗记特征,但并非所有情况下,这种特征都能够被如实记入该彩色激光打印机打印出的文件上,它可能受到使用文档的格式、打印形式、图文配比等多方面的影响。而也并不是所有的彩色激光打印机中的数字水印都能够呈现形成时间特征,一些彩色激光打印机中的数字水印仅仅只能提示其品牌特征或机型特征,而但也有一些品牌机型的彩色激光打印机数字水印技术更进一步,不仅能够记录品牌和机型信息,还能够通过秘密点阵记录打印时间等信息。在现有的研究中,已有学者破译了一款富士施乐的彩色激光打印机的形成时间解密代码,从而能够通过对该款机型打印出的打印文件内的数字水印点阵进行观察破译,得知其形成时间。这为打印文件形成时间检验技术提供了一项重要的检验新方法。

但鉴于该技术尚属于初步发展阶段,一些疑问和规律尚有待破解开发,其发展成熟尚有一段漫长的研究道路,留待吾辈一同探索前行。

思考习题

1. 什么是文件形成时间检验?
2. 相对书写时间鉴定有哪些检验技术?
3. 如何利用薄层色谱扫描仪进行印文盖印时间检验?
4. 复印文件形成时间检验的步骤有哪些?

拓展阅读书目

1. 王世全主编:《印刷文件检验》,中国人民公安大学出版社 2001 年版。
2. 贾玉文、邹明理主编:《中国刑事科学技术大全　文件检验》(上、中、下册),中国人民公安大学出版社 2002 年版。
3. 公安部人事训练局编:《文件检验教程》,群众出版社 2007 年版。
4. 李永清、柯昌林主编:《文件检验》,中国政法大学出版社 2010 年版。
5. 许爱东主编:《物证技术学》,法律出版社 2012 年版。
6. 许爱东主编:《文书司法鉴定理论与实务研究》,法律出版社 2013 年版。

第二十六章　微量物证检验概述

本章概要

本章主要介绍了微量物证的概念、特点、作用以及分类等基础性内容，阐述了微量物证提取的相关要点。

通过本章的学习，应当掌握微量物证在案件中所起的具体作用，明晰其在发现、提取、包装以及保存等环节中应当注意的若干事项。

关键词

微量物证；作用；分类；发现与提取

第一节　微量物证的概念及特点

一、微量物证的概念

微量物证作为一种专有名词，源于英文中的 Trace Evidence，包括检材量少和某种具有证据价值的成分含量极低两层意思。在我国司法鉴定实践中，微量物证系指案件中提取的体小量微，能以其自身的结构、属性证明其与受审查的人、事、物、时、空等存在客观联系，从而证明案件真实情况的一切物质性客体。从勘查和检验角度对微量物证进行分析，应当将微量物证检材分为两类：一是绝对量较少的检材，通常将固体检材量界定为 0.1 ~ 1mg、液体检材量界定为 0.1 ~ 1ml；二是检材绝对量虽然较大，但鉴定对象的相对含量极少，如炸药爆炸案件中的爆炸尘土检材。微量物证的“体小量微”决定了其仅凭肉眼无法发现，必须运用专门的技术和方法才能发现和提取，检验中必须运用微量或者超微量的方法才能实现鉴定任务。

二、微量物证的特点

与常量物证相比，微量物证一般具有如下特点。

（一）作为潜在物证，不易发现和提取

微量物证常附着于其他物体上或者混杂于其他物体中，“体小量微”的特征使其往往用肉眼很难发现，如果没有微量物证的意识，在现场勘查时就不易直接发现和提取。因此，必须利用特种手段如放大镜、显微镜、特种光源等去发现微量物证，并用专门工具予以提取。

（二）出现频率较高，难以破坏和消除

根据洛卡德物质转移理论，任何案件现场都存在物质的相关转移，因此微量物证的出现频率较高。无论何时，只要两个客体相互接触，在接触面就会产生物质的交换（或称转移）现象，因而在客体的接触面就可能发现微量附着物。[1] 案件实施者只要进入现场并实施相应行为，就会从现场带离或者留下某种物质。例如，盗窃案件现场中，犯罪行为人利用撬棒撬开保险柜的过程中，保险柜上的油漆或者金属物质就会附着在撬棒上，撬棒上的成分也可能附着到保险柜上。此外，由于“体小量微”的特性，犯罪行为人一般不会意识到微量物证的存在。即使犯罪行为人意识到其作用，作案后也难以完全销毁和破坏。

（三）微量物证易受污染或丢失

微量物证在很多情况下都是以附着物的形式出现。因其附着于其他物体之上且体积较小，容易被周围环境或其他物质所污染。此外，微量物证在提取、包装或者送检的过程中稍有疏忽即会造成检材的丢失或污染。因此，在提取、包装和送检的过程中应当严格按照规范的程序操作，防止微量物证受到污染或丢失。

（四）微量物证具有分离性和不完整性

微量物证的检材多为金属微粒、玻璃碎屑、单根纤维等，大多从整体物质中剥落而形成，并以分离的形式存在，不具备完整物的形态，难以反映出完整物体的组成结构。因此，在选定比对样本以及检验等工作中，应当结合现场勘查、具体案件以及其他证据，经过综合分析后，得出符合客观真实的鉴定意见。

（五）分析难度大，需大型分析仪器进行检验

微量物证的检材量较少，有时检材量可以小到毫克甚至微克级，而且往往运用单一的技术方法难以完成鉴定任务，分析难度较大。因此，为了符合检验的要求，能够准确检测出微量物证的组织结构以及成分含量，就必须运用多种现代化大型科学分析仪器进行综合检验，以便获得准确、全面、科学的信息。

---

[1] 徐立根主编：《物证技术学》（第2版），中国人民大学出版社1999年版，第491页。

第二节　微量物证的作用及分类

一、微量物证在案件中的作用

从司法实践的角度而言,微量物证往往多运用于刑事案件,此类证据在办案中具有重要的作用。以刑事诉讼案件为例,微量物证的作用主要体现在以下几点。

(一)为确定案件的性质提供科学依据

案件发生以后,有关专业人员在对现场进行勘查和分析后,再结合微量物证司法鉴定意见,对于案件性质的确定将会更为科学、可靠。例如,在中毒死亡者家中的米缸内检测出有机磷成分,即可确定发生了投毒案件;在爆炸案件中,从现场提取到的检材中是否有炸药残留物,即可为判断是否为意外事件或者人为实施爆炸提供科学依据。对于某些疑难案件,除了依靠现场勘查和分析判断外,还必须依靠微量物证鉴定所提供的科学依据,才能准确认定案件的性质。

(二)有助于确定侦查方向,缩小侦查范围

当该微量物质特异性较强时,发现、提取并检验犯罪行为人作案时遗留在现场的微量物证,可以为侦查工作的开展、犯罪嫌疑人的查找提供方向和线索。如从犯罪行为人遗留在现场的足迹中提取到的微量附着物,通过对这些微量物质的鉴定,可以分析、判断犯罪行为人所处的生活环境或者其职业特征,为侦查提供一定的方向。微量物证在案件中还能起到缩小侦查范围的作用。如在交通肇事逃逸案件中,通过对肇事车辆遗留在现场的涂料、玻璃碎片、油类物质、刹车痕迹中附着的微量橡胶、泥土等微量物质的外观、颜色、结构、成分等物理、化学特性进行鉴定,可以确定肇事车辆的类型、型号、颜色等信息。在此基础上,不仅可以确定侦查工作的方向,还可以通过微量物证的鉴定,排除非肇事车辆,进一步缩小侦查范围。

(三)能够作为犯罪嫌疑人是否实施具体犯罪行为的证据

微量物证检验涉及的物质种类很多,但往往都不具有指纹那样的唯一性,不同物质的证明效力可能差别很大。[1] 有时,微量物证可以作为证实犯罪嫌疑人实施犯罪的重要证据之一。例如,在强奸案件中,被害人向公安机关陈述案情时提到其被强奸时曾将犯罪行为人多处抓伤。一天后,公安机关即发现一名身上被多处抓伤的嫌疑人,并从伤口处提取到微量指甲油。经鉴定,与受害人当日所涂指甲油物质成分一致,从而微量指甲油成为证明嫌疑人实施犯罪行为的重要证据之一。此外,如在犯罪嫌疑人的鞋底花纹中发现与犯罪现场相一致的特殊泥土,能与其他证据一起共同证实犯罪

---

〔1〕 崔天绥主编:《公安科技导论》,中国人民公安大学出版社 2002 年版,第 108 页。

嫌疑人实施了具体的犯罪行为。

（四）微量物证能够印证案件中的其他证据

除了犯罪嫌疑人以外，案件中的被害人、证人等有时也会因为种种原因未如实陈述，但微量物证的鉴定结果不会受到各种主观因素的影响而产生偏差。通过微量物证可以对案件中其他证据进行印证，证明其他证据是否具有充分性、可靠性。

除了刑事案件，微量物证在审理民事、行政案件方面也能为法院妥善解决矛盾纠纷、促进社会和谐发展提供有力的证据。例如，在一起民事案件中，某公司外墙上的广告牌深夜被大风吹落，砸到路边停放的一辆轿车。车主因车顶被砸坏起诉至法院要求公司赔偿，该公司对广告牌砸到车辆的事实存有异议，后经鉴定，证实广告牌边缘提取到的部分微量涂料与轿车车顶的涂料一致，从而为认定案件事实提供了重要的依据。

二、微量物证的分类

微量物证检验涉及的物质种类很多，来源极其广泛。根据我国学者对于微量物证分类的主流观点，通常依据其来源、检验对象的不同等标准对微量物证进行分类。

（一）依据微量物证的来源进行分类

1. 工业制品。包括油漆、涂料、矿物油、炸药、金属、玻璃、纸张、色料、水泥、黏合剂、塑料、橡胶、纤维、纺织品以及日用化妆品等。

2. 农副产品。包括动植物油脂、奶制品、水果、粮食、蔬菜以及食品等。

3. 自然物质。包括粉尘、岩石、泥土、木屑、种子、花粉、树叶、花瓣、动物鳞片、动物羽毛以及浮游生物等。

（二）依据微量物证检验对象进行分类

1. 射击残留物与爆炸残留物。包括从枪口以及抛壳孔排出的发射药以及底火残留物等在内的各种射击残留物，炸药、雷管以及各种爆炸装置的残留物等。

2. 高分子聚合物。包括塑料、橡胶、纤维以及涂料等。

3. 油脂。包括各类矿物油、动植物油脂等。

4. 无机化工产品。包括玻璃、陶瓷、无机化学品等。

5. 日用化妆品。包括各类清洁、美容用品、化学合成洗涤剂以及香精香料等。

6. 文书材料。包括纸张、文字色料、黏合剂等。

7. 动植物成分。包括动物羽毛、皮毛、植物种子、花粉等。

8. 其他物质。包括泥土、矿物以及各类金属等。

第三节 微量物证的发现、提取、包装与保存

微量物证的发现、提取、包装与送检的全过程，是对微量物证进行鉴定的前提条

件。只有通过准确、科学的方式予以搜索、发现和充分提取,正确包装并妥善保存,才能为后续的微量物证司法鉴定实施工作创造有利条件。

一、微量物证的发现

根据洛卡德物质转移理论,凡是涉及有物质转移和交换的场所均可能出现微量物证。微量物证具有物质种类多、来源广泛、出现频率高以及不易被销毁或破坏的特点,为发现提取微量物证提供了可能。

(一)微量物证发现的方式

发现微量物证的方式一般有搜查和现场勘验两种方式。

1.搜查方式发现微量物证

我国《刑事诉讼法》第134条规定:"为了收集犯罪证据、查获犯罪人,侦查人员可以对犯罪嫌疑人以及可能隐藏罪犯或者犯罪证据的人的身体、物品、住处和其他有关的地方进行搜查。"搜查涉及公民权利,因此必须严格遵守法定程序实施。进行搜查,必须向被搜查人出示搜查证。应当在对案件情况分析的基础上,有针对性地搜查重点目标,如从被搜查人的衣服、手套、鞋袜等物品以及头发双手、指甲缝等部分进行重点搜查和发现微量物证。

2.现场勘验方式发现微量物证

现场勘验是获取案件相关证据的重要方式。案件现场是遗留各类证据较为集中的地点,通过对于案件现场的勘验,可以发现和提取与案件有关联的微量物证。在现场勘验过程中,应当综合分析案件发生的全过程,重点观察可能附有微量物质的载体以及遗留微量物质的重点部位,从而准确发现与案件活动有关的微量物证。

(二)微量物证存在的重点部位

1.进出现场的路径和出入口

刑事案件中,犯罪行为人一般需要通过非正常途径达到进出现场实施犯罪的目的,在这一过程中由于实施撬压、翻越、剪切等非法手段以及身体与现场物体的非正常接触,往往容易在进出现场的出入口等部位遗留微量物证。如犯罪行为人在切割门锁进入室内实施盗窃的过程中,容易在被破坏门锁的表面或者附近遗留微量的金属微粒或者涂料碎片等物证。

2.中心现场及周边范围

犯罪案件中,中心现场是犯罪行为人为达到作案目的而进行非法活动的主要场所,也是微量物证存在的重点部位。如盗窃案件现场的财物所在地、凶案现场的谋杀行为实施地等。对于微量物证的勘验范围不仅只限于中心现场,还应当进一步扩大搜索范围至关联现场,以中心现场为原点,向周边范围进行辐射搜索。

3.被侵犯客体以及现场物体变动处

案件现场中被侵犯客体既包括人身也包括物体。如在绑架、强奸、杀人等案件中,由于犯罪人与被害人有较长时间接触,极有可能留下微量物证。例如,强奸案件中,被害人身上往往遗留有犯罪行为人衣服的微量纤维；枪击案件中，被害人尸体上的创口及其附近可能会存在射击残留物等微量物质。犯罪行为人在针对某一特定物体实施犯罪行为时，也容易遗留微量物证。例如，在盗窃车辆内财物的案件中，犯罪行为人在砸碎车窗玻璃取出车辆内财物的过程中，就有可能在被侵犯的车辆上遗留有微量物证。案件中受到人为作用而发生变化的物体，也是留有微量物证的重要部位。

4. 犯罪工具及其现场遗留物

犯罪行为人在作案后，可能将犯罪工具丢弃或遗留在犯罪现场。例如，纵火用的火柴、打火机；杀人用的锤子、尖刀；盗窃用的扳手、撬棍等。此类犯罪工具一方面是物证；另一方面，犯罪工具中往往附着有大量与案件关联更为紧密、证据价值更高的微量物证。此外，现场中遗留的手套、衣服等物品，也存在大量的微量物证，需要予以重点搜寻和发现。

5. 犯罪行为人及其藏身、隐匿处

犯罪行为人的身上或穿戴物品上可能黏附有与案件有关的微量物证。例如，犯罪行为人在野外实施强奸行为时，衣物上可能黏有现场的杂草或花粉。犯罪分子在作案前的踩点处，作案时或作案后藏身、隐匿处，也易遗留微量物证。

二、微量物证的提取

微量物证发现后，应当及时予以提取并转移至包装物中。由于微量物证“体小量微”，又极易受到污染或丢失，因此在微量物证的提取过程中，应当严格依据规范程序和技术标准进行操作，防止污染或丢失。

（一）微量物证的提取方式

1. 拍照法

对于发现的任何微量物证，都必须首先用拍照的方式将微量物证的原始位置、状态固定和记录下来。拍照法主要用于微量物证的固定和记录，适用于所有类型的微量物证。

2. 工具直接提取法

微量物证所在的载体体积较大、分量较重，不易连同载体一同提取，可以根据微量物证的具体特性，采用镊子、毛刷等直接夹取或刷取。当微量物证直接镶嵌在载体上无法用镊子、毛刷夹取或刷取时，可以利用竹片、细针和刀片等工具采用挑、拨或刮取等方法予以提取。在提取载体上的微量物证时，还应当提取载体上无微量物证的部分作为空白样本，以消除检验时载体对微量物证的干扰。

3. 连同载体提取法

该方法主要可用于提取体积较小的物件上附着的不可见微量物证以及已牢固结合在载体上的微量物证。连同载体一起提取后，可以在实验室条件下借助显微镜以及专门仪器设备、技术手段，仔细检查载体上黏附的微量物质或者对载体上的微量物证进行分离。

4. 黏取或吸附法

对于客体表面难以用肉眼观察或者无法夹取的固体微量物质，可以用透明胶纸、醋酸纤维素膜（AC纸）或者火棉胶进行黏取。例如，对于客体上附着的纤维、金属屑、粉尘等微量物质的提取，常用的方式即透明胶纸黏取法。附着在光滑固定表面如玻璃、金属、塑料、水泥地面上的各种油脂、涂料、色料、液体的残迹以及浸渍在客体上的液体物证、射击者手上和可疑枪支上的射击残留物等检材的提取，可用镊子夹脱脂棉球擦取。[1] 对于粉尘、木屑、泥土中混杂的含有铁元素的金属微粒进行提取时，可以采用磁铁吸取进行分离和提取。

5. 抖动或拍打法

对于附着在织物上的粉尘、碎屑等微量物质，可在洁净的大张白纸或者大块塑料板上抖动和拍打，待附着物脱落后再予以收集。

6. 吸收法

气体微量物证的提取可采用活性炭等多孔状物质对气体进行吸收。

（二）微量物证的提取原则

1. 公正合法性原则

公正合法性原则系指微量物证的提取，必须符合相应法律法规的规定。在微量物证的提取过程中，应当严格依据规范程序和技术标准进行操作，不得污染或损失检材。应当根据检材性质、特性以及检验方式的不同，选择合理的方法予以提取。

2. 客观真实性原则

微量物证应当客观真实地存在于案件之中，不能凭空捏造。案件中的微量物质必须是通过搜查、现场勘验等方式提取到的物证，而非一般的普通物质。在微量物证的提取过程中，如一时难以判断其是否为物证，应当先将其作为物证对待并予以及时提取。

3. 充分可靠性原则

该原则要求在对微量物证时应当尽可能予以充分、全面地提取，不能随意遗漏或者有所取舍。提取微量物证时应当尽量保持其原有状态，减少提取方法对微量物证的检验产生偏差，确保微量物证的可靠性。

三、微量物证的包装与保存

微量物证提取后，由于受条件的限制，无法在现场进行检验而必须送往专门的实验室进行鉴定工作。为防止送检中微量物证的污染或丢失，提取后的物证必须予以妥善包装与保存。由于微量物证种类广泛，性质各不相同，在包装和保存上应当根据各类微量物证的性质选择恰当的方法和措施。

（一）微量物证的包装

1. 对于干燥稳定的微量物证，如金属微粒、涂料碎片、碎玻璃、纤维等不易变质、挥

---

[1] 钟岩主编：《理化检验鉴定》，群众出版社2005年版，第202页。

发的固体物,采用一般物证包装袋即可。

2. 易挥发、流动性的微量物证,必须采用密封性良好的包装物,如将微量物证装入干燥洁净的磨口玻璃瓶中,盖紧瓶口并密封处理。

3. 潮湿容易变质、腐烂的微量物证,如潮湿的泥土等,应当采用透气性能良好的包装物,必要时可以先烘干再进行包装,防止微量物证霉变或腐败变质。

4. 包装物通常可以采用塑料袋、纸袋、玻璃瓶、塑料瓶等容器或者器皿。在选择包装物时应当注意:

(1)包装物应当洁净,最好为一次性使用;

(2)包装物的大小尺寸应当于物证相适应;

(3)包装物与微量物证之间不能质地相同,以免影响检验结果,如不能将塑料碎片这种微量物证装于塑料瓶中;

(4)包装物与微量物证之间不能发生任何化学反应。

(二)微量物证的保存

1. 对于易腐烂的微量物证不能使用防腐剂进行处理,一般只能用冷却冰冻的方法防腐保存。

2. 对于不同部位提取到的不同检材,应当分别进行包装并保存,严禁混装造成微量物证之间的相互污染。

3. 微量物证的包装以及保存应当远离各类试剂,以免对物证造成污染。

4. 包装好的各类微量物证都必须及时登记、编号,分别贴上标签注明名称、提取部位、提取人员等信息,防止混淆或污染。

5. 一般较为稳定的微量物证在常温下保存即可,容易挥发、腐败变质的微量物证应当在低温下进行保存。

思考习题

1. 微量物证的特点与常量物证相比,存在哪些异同点?
2. 如何才能通过准确、科学的方式搜索、发现和充分提取,正确包装并妥善保存微量物证?

拓展阅读书目

1. 杜志淳主编:《司法鉴定概论》,法律出版社 2010 年版。
2. 杜志淳主编:《司法鉴定实验教程》,北京大学出版社 2009 年版。
3. 闵银龙主编:《司法鉴定》,中国法制出版社 2004 年版。
4. 霍宪丹主编:《司法鉴定学》,中国政法大学出版社 2010 年版。
5. 胡世澄主编:《微量物证仪器分析》,法律出版社 2003 年版。
6. 张华、刘志广著:《仪器分析简明教程》,大连理工大学出版 2007 年版。

第二十七章　常见微量物证的检验技术

本章概要

本章主要介绍了纤维、油脂、油漆、玻璃、橡胶、塑料、泥土、金属等几种常见微量物证的检验技术。

通过本章的学习,应当掌握几种常见微量物证的检验技术。熟悉这些微量物证的分类、成分与性质、具体检验内容以及检验的主要技术。

关键词

微量物证;检验

第一节　纤维检验

在盗窃、强奸、纵火、强奸等刑事案件以及交通肇事案件现场中,常能发现并提取到各类颜色的纤维物证。纤维是现场上极为常见的物证之一,我国在20世纪50年代时,就已经在侦查办案工作中运用纤维物证。及时、准确地判明纤维的种类、组织结构,往往有助于明晰案件性质,并提供相应的证据材料。

一、纤维物证的分类

纤维系指天然或经人工合成的细丝状物体。其直径一般在几微米至几十微米之间,但长的却能达到几毫米至几十毫米以上。纤维具有一定的柔韧性,经过纺织加工后可以制成日常生活中穿用的各类织物。一般而言,纤维可以按其来源及化学组成等标准进行分类。

(一)按具体来源进行分类

按具体来源分类可将纤维分为天然纤维与化学纤维两大类。天然纤维是在自然界中生长或天然存在的,如蚕丝、兽毛、石棉、棉、麻等纤维。其又可进一步细分为植物纤维、动物纤维以及矿物纤维。而化学纤维则是通过化学方法进行加工生产,其又可进一步分为合成纤维以及人造纤维。合成纤维即是将低分子化合物合成为高分子化合物后，再经过纺丝加工而制成，如涤纶、氯纶、腈纶等。人造纤维则是将天然高分子化合物通过物理或化学加工等方式制得。

(二)按化学组成进行分类

按化学组成分类可将纤维分为以下四大类：

1. 蛋白质纤维

蛋白质纤维多为动物纤维，如各类毛纤维(兔毛、羊毛等)、蚕丝等。此类纤维由许多氨基酸通过肽键形成含氮高分子化合物。

2. 纤维素纤维

植物纤维中的麻纤维、棉纤维以及人造纤维中的黏胶纤维等均属于纤维素纤维。

3. 主链为碳—碳键的纤维

主链为碳—碳键的纤维主要系合成纤维，其主链为碳—碳键，而侧链则含有各类官能团。

4. 主链含有杂原子的纤维

主链含有杂原子的纤维亦主要系合成纤维，主链除含碳原子外，还含有氮、氧等杂原子。

二、纤维物证的性质

由于纤维性质的多特性，故本章中阐述的仅为与纤维物证检验相关的具体性质。

(一)纤维物证的光学性质

纤维的光学性质即其在光照射下表现出来的具体性质，主要包括光泽、光致发光以及双折射性等。

纤维的光泽强弱与其表面光滑度、层状结构以及截面形状相关。利用光激发纤维而引起发光的现象即为光致发光。不同种类的纤维在紫外光的照射下，会产生不同颜色的光泽，利用这一特性可区分纤维种类。由于纤维为半透明体，其在受到光照射的条件下，在纤维及空气介面上会产生反射与折射。不同种类的化学纤维在加工工艺、结构、各方向排列紧密程度等方面均存在差异，其产生的双折射率亦不相同，而利用偏光显微镜则可观察到不同颜色或明暗相间的干涉条纹。

(二)纤维物证的热学性质

纤维在室温下均能保持一定的刚挺性与稳定性，但其在高温条件下则会产生熔融、分解、碳化等现象。不同种类纤维的热学性质也具有一定的差异。合成纤维在受热时会发生熔融，而蛋白质纤维、人造纤维素纤维、天然纤维素纤维等则会发生分解或碳化。

(三)纤维物证的溶解度

纤维与适当溶剂相接触后，可经过溶胀过程而缓慢溶解。溶胀即指纤维吸收溶剂后发生的体积膨胀现象。溶胀使纤维链段间作用力减弱，最终完全溶解在溶剂中成为溶液。在室温条件下,无定型的线型纺织纤维易溶胀溶解,而结晶性的线型纺织纤维只有在高温甚至超过纺织纤维熔点下转变为无定型纺织纤维以后,才能溶解。[1]

(四)纤维物证的燃烧性质

大部分的纤维遇火均能燃烧,其燃烧性质与纤维的化学组成密切相关。腈纶纤维、黏胶纤维以及纤维素纤维等都属于易燃纤维,且燃烧极为迅速;涤纶、锦纶、羊毛、蚕丝等纤维亦可燃烧,但相对燃烧速度则较慢;一般而言,氯纶较难燃烧,其在与火焰接触的条件下能够燃烧,但一离开火焰则自行熄灭;部分纤维如石棉、玻璃纤维则不会燃烧。

(五)纤维物证的外观形态

各类纤维由于其来源以及加工工艺的差异,导致其在外观形态以及横切面形状等方面均有不同。

1. 麻纤维

在显微镜条件下,麻纤维具有不同程度的横向节痕与纵向裂纹。根据麻的种类不同,其横节的数量与形状亦有差异。同时,麻纤维的横切面形状也因其种类的不同而具有一定差异性。

2. 棉纤维

在显微镜条件下,棉纤维呈扁平带状,具有自然扭曲状,这也是棉纤维区别于其他种类纤维的形态特征之一。相较于成熟的棉纤维,半成熟的棉纤维呈现薄壁管状物,相对扭曲较少。

3. 毛纤维

在显微镜条件下,基本可以观察到毛纤维的鳞片状表面结构形态。一般而言,兔毛纤维具有小窗格形的髓质。而羊毛纤维的髓心层则多为蜂窝状结构,其横切面往往呈现出椭圆形。

4. 蚕丝

在显微镜条件下,蚕丝表面光滑,呈扁平状,具有明显的光泽与透明质感。蚕丝粗细不甚均匀,其横切面多呈三角形或楔形状。

5. 涤纶纤维

显微镜条件下,涤纶纤维表面呈现出光滑、均匀、平直等特点。而采用偏光显微镜条件,能观察到纤维轴向具有鲜艳的彩色干涉条纹。

6. 腈纶纤维

显微镜条件下,腈纶纤维显现出较为均匀的特性。而该纤维在偏光显微镜下则呈白色,如增加一级红补偿片后,则有干涉色。

[1] 王彦吉主编:《微量物证与毒物毒品分析》,中国人民公安大学出版社2001年版,第93页。

7. 氯纶纤维

显微镜条件下，氯纶纤维亦呈现出较为均匀的特性。该纤维在偏光显微镜下的双折射极弱，需增加一级红补偿片。

8. 锦纶纤维

在显微镜条件下，锦纶纤维的特性与涤纶较为相似，均表现出表面光滑、均匀、平直的特性。但在偏光显微镜条件下，其彩色偏光干涉图像则与涤纶差异较大。

三、纤维物证的采集与保存

（一）纤维物证的特点

现场中提取到的微量纤维，往往由于各类外力的作用而从纺织品上分离下来。因此，发现、提取到的纤维物证也必然具有一些共性的特点：

1. 量少且纤细

现场上提取到的纤维物证，往往多为犯罪嫌疑人或者被害人衣物上掉落、刮擦下的单根纤维，往往表现出量少而纤细的特性。

2. 较易变形、损伤

纤维物证从物质性客体上脱落时容易受到较强的外力作用，故提取到的纤维可能较易变形或受损。

3. 稳定性能较好

即使是单根纤维，往往都具有原有纤维或者原有织物的一些基本性能。

4. 附着能力较强

现场上遗留的纤维，往往附着在门窗、家具、车辆、犯罪工具等各类客体之上，较难发现。此类客体表面除黏附有纤维外，还有可能附着有油漆、泥土、灰尘、血迹等物质。

（二）纤维物证的采集

纤维是现场中较为常见的物证之一，但因其外形纤细，往往不易被发现。故须用强光照射的方法，并借助放大镜进行寻找。通常而言，容易遗留纤维物证的重点部位往往是：现场破坏极为严重的中心处；犯罪人进出现场的出入口；被害人所在的地面、床面或地毯上；被害人与犯罪人搏斗之处；犯罪嫌疑人处提取到的犯罪工具表面；被害人所穿的衣物以及犯罪人遗留在现场的衣物。

（三）纤维物证的包装与保存

塑料盒或塑料袋在包装过程中易产生静电，故在纤维物证的包装、保存过程中，不宜使用此类包装物。通常应将提取到的纤维放置在带盒盖的硬纸盒或金属盒中，也可以保存于玻璃试管内。对于提取到的单根纤维或者几根纤维，可用玻璃片夹住后，再用胶纸进行固定。对怀疑可能附着有纤维的衣物，而需要对该衣物进行提取时，应将其装入大纸袋内密封保存。为了查明提取到的纤维与特定的人或场所是否存在联系，应当在提取该纤维物证的基础上再提取比对检验使用的纤维样本。如从不同处收集到的纤维，必须分别标明提取部位，并分别进行包装，且做好相应标识。尤其是作为物证的纤维以及作为比对样本的纤维,必须严格分开包装与保存。

四、纤维物证的检验

当前,科学技术水平的提高,高精尖仪器的不断引入与各类新型技术方法的涌现,为纤维物证的检验工作提供了有利条件。通常而言,在纤维物证检验过程中,需要确定以下相关问题:

1. 确定纤维的具体种类。根据具体要求,确定其是否为毛或是纤维,如确定是毛,则需进一步确定是人体毛还是动物毛,或者确定该纤维是人造纤维还是天然纤维,或者是哪一种纤维。

2. 确定现场中发现、提取的纤维与从特定人员处提取的纤维是否种属相同,或者在几处地点发现的纤维是否为同类、同种纤维。

3. 观察、确定纤维是否存在变形或者损伤的情形,发现、提取到的纤维上是否存有任何附着物。纤维的变形、损伤或者黏附有附着物的情形是如何形成的,而该纤维又具体来自哪种物质性客体。

(一)显微镜检验法

利用天然纤维所固有的透光形态、外观形态以及化学纤维的外观形态、彩色偏光干涉形态等特性的不同,可以运用专用的偏光显微镜或带有偏光装置的显微镜对经过清洗、脱色、脱脂等环节的纤维进行无损检验。如采用上述检验方法仍不能确定是何种纤维的情况下,可利用哈氏切片机进行切片后,对其横截面进行检验、分析。

(二)理化检验法

纤维的物理化学性质,决定了其可以利用理化手段进行多种检验。如燃烧试验、测定比重、特定试剂的溶解性、染色性检验等。利用理化法进行检验前,须先对纤维进行预处理。已染色或表面具有污垢的纤维,应先经过清洗、脱色、脱脂等环节处理。对于不同类别的纤维,可以使用不同理化方法进行检验。例如,利用铜铵试剂可以鉴别麻、棉、丝、羊毛、合成纤维等;利用燃烧法可以鉴别植物纤维、动物纤维以及合成纤维;利用碘硝酸钙法则可以鉴别大麻、亚麻以及黄麻等纤维。

(三)小角度散射检验法

激光在当前社会中应用领域的扩大,使其逐步被引入纤维物证检验领域中来。利用激光对单根纤维进行照射,并观察记录散射的图像并以此鉴别纤维种类。不同种类纤维的双折射率存在差异,其形态、直径等亦有区别,因而产生的散射图像不仅不同而且具有一定规律,故利用激光小角度散射法能够有效鉴别纤维种类。

(四)仪器分析法

随着科学技术的突飞猛进,越来越多的分析仪器被引入运用于纤维的检验。当前,纤维检验中运用较多的当属红外吸收光谱分析、扫描电镜检验以及差热分析法。利用红外光谱法不仅可以对不同种类的纤维进行鉴别,还可用以鉴别某类纤维中的不同品种。扫描电镜检验法则可以鉴别纤维的表面形态以及损伤特征。差热分析法除可以对不同种类的纤维进行鉴别外，还可以对不同厂家、不同时期生产的同类纤维进行鉴别。

第二节 油脂检验

一、油脂的分类

油脂一般可分为矿物油，动、植物油及香精油三类。

（一）矿物油

矿物油是从天然原油中提炼而成，其主要成分为碳氢化合物，主要含烷烃。从简单的烷烃到高分子烷烃分别组成汽油、煤油、柴油、机油及重油，它们是由原油在不同温度下分馏而得。现场最常见的矿物油物证有汽油、煤油和柴油等。

（二）动、植物油

动、植物油的主要成分是饱和及不饱和脂肪酸组成的甘油酯混合物，还含有少量的磷脂、色素和维生素 E 等。动物油主要含硬脂酸、软脂酸及少量不饱和脂肪酸，其通常的存在形式是固体。植物油除含硬脂酸、软脂酸外，还含有大量不饱和脂肪酸，如油酸、亚麻仁油酸，其通常的存在形式是液态。

（三）香精油

香精油的主要成分是萜烯类、芳香烃类等，具有挥发性和芳香气味，主要用于配制香料，也可用作食品添加剂，但是在物证检验中并不常见。

二、油脂物证的基本性质

本章节将主要阐述与油脂物证检验相关的理化特性。

纯净的油脂在熔融状态下是无色、无味的液体，凝固时为白色蜡状固体。天然油脂大部分呈浅黄色至棕黄色并有一定的气味。天然油脂的颜色是其所含类胡萝卜素物质所致。油脂的特性如色泽、气味、熔点和凝固点、酸值、皂化值、碘值、酯值等，与脂肪酸的组成和性质有密切的关系。

（一）油脂的感观特性

所有的油脂大都含有天然色素，如胡萝卜素、叶黄素、叶绿素等，所以油脂常带有特定色泽。天然油脂都有一定的特有气味，长期存储的油脂因酸败而带有一定的气味。这种气味一方面可以帮助人们鉴别油脂，另一方面使由此制得的脂肪酸产品也带有一股气味。油脂具有较高的黏度，黏度是分子间内摩擦力的一个量度。油脂的黏度随温度增高而很快降低。不同的油脂所含脂肪酸不同，其折射率也不相同，折射率也是油脂及脂肪酸的一个重要外观性质，测定折射率可迅速了解油脂组成的大概情况，用来鉴别各种油脂的类型及质量。油脂的折射率随分子量增大而增大，随双键的增加而升高。共扼双键存在，比同类非共扼化合物有更高的折射率。

（二）油脂的热学性质

天然油脂是甘油三酯等的混合物，不是纯物质，由于各种甘油三酯的熔点高低不同，熔点及凝固点是一个温度范围。一般熔点和凝固点最高在40℃～55℃，没有确定的熔点和凝固点。熔点和凝固点与组成油脂的脂肪酸有关，含饱和脂肪酸较多的油脂其熔点范围较高，含不饱和脂肪酸较多的油脂则其熔点范围较低。只有在很低的温度下，油脂才能完全变成固体，常温下呈固体的油脂多数是半固体的塑性脂肪，不是完全的固体脂。

把油脂分解生成的脂肪酸从液体逐渐冷却到固态时，会放出一定的结晶热，当液体降温生成的凝固物不再降温，相反却瞬时升温而达到的最高温度称为脂肪酸的凝固点。脂肪酸凝固点是鉴别各种油脂的重要常数之一。脂肪酸的凝固点与脂肪酸碳链长短、不饱和度、异构化程度等有关。碳链越长，双键越少，异构化越少，则凝固点越高；反之，则凝固点越低。对同分异构体而言，反式比顺式凝固点高。

沸点和蒸气压是油脂最重要的热学性质之一。脂肪酸及其酯类的沸点是按下列顺序排列的：甘油三酯 > 甘油二酯 > 甘油一酯 > 脂肪酸 > 脂肪酸的低级一元醇酯。甘油酯的蒸气压总是大大低于脂肪酸的蒸气压。油脂的沸点在300℃以上，而油脂在温度达到沸点前就会分解。

（三）油脂的化学性质

1. 油脂的过氧化值

油脂的氧化反应十分复杂，可分为化学氧化与空气氧化两大类。化学氧化用于制备其他的油脂化工产品，而空气氧化造成油脂酸败，直接影响着油脂的品质及应用。

油脂被空气氧化首先产生氢过氧化物。产生氢过氧化物的途径有多种，如通过自动氧化、光氧化、酶促氧化等。自动氧化是活化的含烯底物（不饱和油脂）与基态氧发生的游离基反应。光氧化是不饱和双键与单线态氧发生直接反应。酶促氧化则是由酯氧酶参加的氧化反应。氧化方法不同则氧化机理不同。油脂氢过氧化物可以继续氧化（其他双键）生成二级氧化产物，也可以直接聚合、分解或脱水等。

空气氧化使油脂酸值升高，折射率增大，质量改变，黏度、色泽、气味、滋味变化。油脂空气氧化的分解产物对油脂的营养和应用十分不利，分解产生的低分子醛、酮、酸、烃等物质绝大多数具有特殊的刺激性气味，影响油脂的风味。这些分解产物在人体中很难代谢，对肝脏造成损坏。油脂氧化产生的聚合物为致癌物质，对人体健康更为不利。新鲜油脂中不含氢过氧化物，油脂被空气氧化后氢过氧化物含量逐渐增加，含量越高则表示油脂受氧化的程度越深。氢过氧基中的过氧原子十分活泼，很容易与碘的负离子定量地游离出碘（I_2）。100g油脂在一定条件下所能游离出KI中的碘的质量（g），称为该油脂的过氧化值（peroxide value，POV）。

过氧化值反映油脂中氢过氧化物的量，也表示油脂受空气氧化的程度。油脂通过氧化或水解产生小分子醛、酮、酸等物质，使油脂具有刺激性气味的现象叫油脂酸败。油脂酸败是一种综合现象。防止油脂酸败的措施主要是防止油脂氧化或水解，一般要将油脂避光、避热，降低水分含量，减少金属离子含量，除去叶绿素等光敏物质、油中亲水杂质和可能存在的游离脂肪酸及有关微生物，加入抗氧化剂和增效剂以提高油脂的稳定性等。

油脂所含脂肪酸组成及天然抗氧化剂含量不同，其抗氧化能力不同。由于合成抗氧化剂具有毒性，因此其用量是有限的，一般都不超过0.02%。在经世界卫生组织（World Health Onganizatinn，WHO）批准的各种合成抗氧化剂中，应用效果最好的是TBHQ（特丁基对苯二酚）；另外，还有BHA（丁基经基茵香醚）、BHT（丁基化经基甲苯）、THBQ（2，4，5－三羟基苯基丁酮）以及生育酚等。

2. 油脂的皂化值、酸值与酯值

油脂的碱性水解称作皂化。皂化反应是不可逆反应。皂化反应时，碱作催化剂，常使用过量的碱，则脂肪酸与碱生成金属盐，水解平衡被彻底破坏，油脂完全水解。油脂可以完全水解并转化成脂肪酸盐和甘油。皂化反应以水作介质时，反应速率较慢，常需要几十个小时才能皂化完全。若用95%乙醇作反应介质，则需要30分钟即可皂化完全。如用一缩二乙二醇或二甘醇一甲醚则只需要数分钟即可皂化完全。完全皂化1g油脂所用氢氧化钾的质量（mg）称为该油脂的皂化值。普通油脂的皂化值为180～200。皂化值可以说明脂肪中脂肪酸碳链的长短。脂肪酸碳链越短，皂化值越高。油脂中不皂化物含量越高，皂化值越低。

中和1g油脂中游离脂肪酸所需氢氧化钾的质量（mg）称为酸值。酸值的高低，表示油脂中游离脂肪酸含量的多少。它是鉴别油脂质量好坏的重要指标。油脂酸败越甚，其酸值越高。皂化1g油脂中所含酯类物质所需要的氢氧化钾的质量（mg）称为酯值。

中性油脂的皂化值等于酯值，油脂中含有游离脂肪酸时，酯值等于皂化值减去酸值。

3. 碘值

在油脂分析中，每100g油脂吸收碘的质量（g）称为碘值，碘值是重要的油脂化学常数。碘值的高低反映了油脂的不饱和程度，油脂的碘值越高，其不饱和程度越大。通过碘值的测定，可以计算出油脂中混合脂肪酸的平均双键数，在油脂氢化时，可以计算出理论耗氢量。习惯上，把碘值在100以下的油脂称为干性油，碘值在100～130之间的油称为半干性油，大于130的油称为不干性油。干性油和半干性油因高度不饱和易发生酸败变质，为此，制皂时对干性油和半干性油通常经过加氢或部分加氢后使用。

三、油脂物证的获取及包装

在勘查、提取犯罪或事故现场上可疑油脂时，要仔细观察、认真收集、妥善包装并注意收集供比对的样品，将其与可疑油脂一并送实验室检验。在勘查火灾案件现场时，要仔细观察、搜索遗留在现场附近的引火物，如渗透在地面泥土中的油渍，带油渍的货币、棉花、纤维及衣物上的油脂斑痕等。

盛装油脂物证、比对样品，应当使用干净的玻璃瓶或者塑料袋。在木板、墙壁上的油渍，可以割取其含油部位（并取其不含油部位作对照），分别用玻璃瓶或塑料袋包装。每种试样均不得混放，以免互相干扰。

四、油脂物证的检验方法

（一）从物证材料上提取油脂

当需要检验的油脂附着在棉花、纸张、衣物及泥土等客体上时，首先应当用适当的方法把油脂提取分离出来。根据油脂理化性质的不同，可分别采用萃取法、吸附分离法提取油脂。萃取法是用二硫化碳、乙醚、氯仿等溶剂将可疑油迹浸泡，经过滤、去色、脱水，在减压低温下挥去溶剂，便可获得供检验的油脂。吸附分离法是利用一种吸附油脂的专门装置，吸附后与裂解气相色谱仪联用，能快速分离、分析微量轻质矿物油。

（二）矿物油与动、植物油的区别检验

1. 观察荧光

在紫外灯照射下，不同类型的油脂呈现不同强度的荧光，矿物油呈现强荧光，大部分动、植物油则无荧光，或仅个别有较弱荧光。

2. 丙烯醛试验

动、植物油是甘油酯，当与硫酸氢钾共热时，其中的甘油失去两分子的水而形成丙烯醛，具有难闻的刺激臭味。

3. 皂化试验

动、植物油在碱性溶液中加热，生成甘油和脂肪酸盐（皂），振摇可产生泡沫。

（三）矿物油的检验

可利用气相色谱法对其进行检验。

对于轻质矿物油如汽油、煤油、柴油的油渍、斑痕提取液可运用气相色谱法进行检验。根据各种油所含烷烃碳数范围不同，可以进行品种鉴别。用此方法分析矿物油，通常可以采用填充柱或毛细柱，毛细柱分辨能力强，检验效果也较好。

（四）动、植物油的检验

动、植物油的检验方法有化学检验法、折光指数法、碘价法及薄层色谱分析法。可根据需检油痕的数量多少决定采用一种或多种分析方法，并综合判断分析结果。

1. 化学检验法

主要利用三氯醋酸反应，取一滴油脂提取液置白瓷反应板上，加 2 ~ 3 滴三氯醋酸饱和水溶液，几种动、植物油在 2 ~ 5 分钟内分别出现不同颜色。所检油痕中的杂质对颜色反应有干扰，应进行对照反应。

2. 折光指数法

油脂的折光指数为油脂的物理化学性质之一，可用专门的折光计进行测定。油脂的折光指数与脂肪酸的碳键的长短以及碳键中的双键数成正比。因此不同的油脂具有不同的折光指数。通常测定折光指数在20℃时进行,温度升高则折光指数降低,温度降低则折光指数升高。如果不是在20℃时测定折光指数,所测得的折光指数应校正。

3. 碘价法

在一定条件下,100g油脂与碘起加成作用所需碘的克数,称为碘价。碘价值是由不饱和脂肪酸的多少决定的,油脂的不饱和程度大,不饱和键多,碘价就高,反之则低。

4. 薄层色谱分析法

用此法可区别某些动、植物油,将检油提取液与对照样本同时点于薄层板上。用正己烷: 乙醚(4:1)或苯: 乙酸乙酯(9:1)作展开剂,展开后取出晾干,以3%对二甲氨基苯甲醛溶液喷板,并于100T加热5~10分钟。动、植物油一般出现2个以上紫红色或紫蓝色斑点。

第三节 油漆检验

一、油漆物证的组成及分类

油漆又称涂料,是涂敷在物体表面上的高分子材料,起到装饰和保护物体的作用。油漆含有挥发性组分及不挥发性组分。挥发性组分为调制油漆的溶剂(也称稀释剂),在成膜过程中逐渐挥发;不挥发性组分又分基料、颜料和助剂。

基料是油漆的主要成膜物质,是构成油漆最基本的不可缺少的成分,也称黏接剂。它可以单独成膜,如桐油、清漆,也可黏着颜料等物质共同成膜。油漆的分类根据基料的用料成分不同分为17大类。

颜料是色漆中的另一主要组成成分,为有机或无机的含有各种色泽的细小粉末状物质,部分为天然产物,大部分为人工合成有机物。色漆中有的仅加入一种颜料,多数为复合颜料。

助剂是油漆的辅助成膜物质,可分为增塑剂、催干剂、固化剂、稳定剂、防污剂、乳化剂等。不同种类、不同用途的油漆添加不同助剂。

油漆按油漆的形态,可分为水性油漆、溶剂性油漆、粉末油漆、高固体分油漆等。按施工方法,可分为刷涂油漆、喷涂油漆、辊涂油漆、浸涂油漆、电泳油漆等。按漆膜性能,可分为防腐漆、绝缘漆、导电漆、耐热漆等。按主要成膜物质,可分为油脂漆、天然树脂漆、环氧漆、酚醛树脂漆、丙烯酸漆、聚氨酯漆、乙烯漆等17大类。

二、油漆物证的性质

由于油漆本身是半成品,不能独立存在,必须黏附在其他被涂物件上才能成为装饰保护材料，其所形成的漆膜是高聚物材料，故理清油漆物证的性能须从其本身的性能和其形成的漆膜的性能入手。

油漆本身的性能主要分为其原始状态的性能和施工性能。原始状态的性能主要有外观及透明度、颜色、在容器中的状态、密度、黏度、不挥发物含量、吸毒、贮存稳定性等。施工性能主要有流挂性、遮盖力、干燥时间、漆膜厚度、打磨性等。

油漆检验的重点是对漆膜性能的检测，其主要包括对漆膜外观及光学性能的检测、对漆膜机械性能的检测以及对漆膜耐液体介质、耐腐蚀性能的检测。

漆膜的外观及光学性能指标主要包括漆膜外观及颜色、光泽、雾影、鲜映性等；漆膜的机械性能主要有附着力、柔韧性、耐冲击性、杯突、硬度、耐磨性、耐洗刷性等；漆膜耐液体介质、耐腐蚀性能主要有耐水性、耐化学介质性、耐污染性、耐热性、耐温变性、耐盐雾性、耐湿热性、耐候性等。

三、油漆物证的提取与包装

油漆物证具有成分复杂、特征性强、易污染、量少且易丢失等特点。

在交通事故现场上，汽车碰撞行人或物体掉下的油漆碎片往往散落在现场或被撞人的衣物上，需要注意细心观察，及时收集，连同衣物一并送检；在撬门、破锁进行盗窃或抢劫、凶杀案件中，应当注意发现和提取金属作案工具上的油漆碎片。

收集到的各种物证及比对样品都要分别放在干净的玻璃瓶或塑料袋中，并加贴标签，注明案件及物证名称、收集地点及日期、送检要求等。如有必要，还应当标明对送检物体的检验部位。

四、油漆物证的检验方法

（一）外观检验

对检材与比对样品进行外观比对。

1. 肉眼观察。比较检材与比对样品的色调、光泽，注意观察面漆、底漆的颜色和光泽等。

2. 显微镜观察。使用立体显微镜观察漆皮层次、厚度、各层颜色、光泽、颜料颗粒的分布状态等，也可以分辨面漆、底漆或腻子。

3. 紫外光下观察油漆碎片色泽及荧光，与比对样品对比，看其是否相同。

4. 扫描电镜检验。扫描电镜的图像放大能力较强，通过荧光屏上微米标尺可以直接测量油漆碎片大小、厚度及层数，利用其附件能谱仪能够对各种无机元素进行无损检验。其分析范围可从 11 号钠元素至 92 号铀元素，同时还能进行定量分析。

（二）有机成分的分析

油漆中有机成分主要来自各种基料，即天然或人工合成的有机高分子材料；其次是来自颜料的有机成分及助剂中的有机成分。对有机成分进行分析时，主要利用基料进行类别鉴定，并进一步与比对样品进行比对检验，以确定其异同。

1. 红外光谱分析法

油漆的基料使用不同种类的有机化合物，其化学性质不同，而不同的有机化合物的红外分子振动形式不同，所以每一类油漆都有其特定的红外吸收光谱，其吸收峰的位置、数目、形状和强度也因此各不相同。根据油漆碎片的红外光谱图的特征可以确定油漆的类别。

2. 裂解气相色谱分析法

高分子化合物在裂解器中经高温（一般是400℃～800℃）可瞬间裂解成低分子碎片。这些碎片具有挥发性，经气相色谱柱分离并经检测器检测，能够得到高分子化合物的结构信息，即获得具有多个碎片的色谱峰，这些色谱峰具有指纹图性质。所以，可以利用其图谱对油漆基料及有机颜料进行类别检验和比对检验。

（三）无机成分分析方法

对于油漆中无机成分，如氧化铁红、红丹、铬黄、镉橙、氧化铁黑、锌钡白、二氧化钛、铁蓝、铝粉及体质颜料（即填料）中碳酸钙、硫酸钡等的铁、铬、镉、锌、钡、钛、铝、钙等成分，可以对其进行发射光谱、原子吸收光谱的定性、定量分析。若检材不容许被破坏，则可使用扫描电镜对其无机成分进行分析，以确定异同。

1. 发射光谱分析法

发射光谱分析法是金属元素的理想定性分析法。在分析中，试样用热或电能激发，然后测量被激发试样所发射光辐射。根据发射谱线的波长可对金属元素进行定性分析，根据特征谱线的强度即能进行定量分析。

2. 原子吸收光谱分析法

该原子吸收光谱分析法是测定金属和类金属元素含量的一种可靠方法。它利用了基态原子的蒸气吸收同种原子发射的特征光谱线的原理，测定各种试样溶液中的元素及其含量。可以用于油漆中无机颜料及填料的金属元素的精确定量分析。

第四节　玻璃检验

玻璃物证通常是指无机玻璃，即由无机氧化物经高温熔化后，在一定条件下快速冷却制成的非晶态固体物质。它是盗窃案件以及交通事故现场常见的重要物证之一。

一、玻璃物证的品种与分类

（一）简单分类

玻璃物证可以分为普通平板玻璃和特种玻璃两类，平板玻璃主要可分为引上法平板玻璃（分有槽和无槽两种）、平拉法平板玻璃和浮法玻璃。浮法玻璃由于厚度均匀、上下表面平整平行，再加上劳动生产率高及利于管理等方面的因素影响，正成为玻璃制造方式的主流。特种玻璃又称为新型玻璃,在成分、原料、制备、加工、功能和用途上与传统玻璃有明显的区别。新型玻璃的品种众多,常见的有:

1. 钢化玻璃。即普通平板玻璃经过再加工处理而成一种预应力玻璃。

2. 磨砂玻璃。即在普通平板玻璃上面再磨砂加工而成,一般厚度多在9cm下,以5cm、6cm厚度居多。

3. 喷砂玻璃。即在普通平板玻璃上面再喷砂加工而成,性能上基本上与磨砂玻璃相似,由于两者视觉上类同,很多人甚至专业人员都把它们混为一谈。

4. 压花玻璃。即采用压延方法制造的一种平板玻璃。其最大的特点是透光不透明,多使用于洗手间等隐秘区域。

5. 夹丝玻璃。即采用压延方法,将金属丝或金属网嵌于玻璃板内制成的一种抗冲击平板玻璃,受撞击时只会形成辐射状裂纹而不至于坠下。

6. 中空玻璃。多采用胶接法将两块玻璃保持一定间隔,间隔中是干燥的空气,周边再用密封材料密封而成,主要用于有隔音要求的空间。

7. 夹层玻璃。夹层玻璃一般由两片普通平板玻璃(也可以是钢化玻璃或其他特殊玻璃)和玻璃之间的有机胶合层构成。当其受到破坏时,碎片仍黏附在胶层上,避免了碎片飞溅对人体的伤害。多见于汽车玻璃中。

8. 防弹玻璃。实际上就是夹层玻璃的一种,只是构成的玻璃多采用强度较高的钢化玻璃,而且夹层的数量也相对较多。

9. 热弯玻璃。由平板玻璃加热软化在模具中成型,再经退火制成的曲面玻璃。

10. 玻璃砖。其制作工艺基本和平板玻璃一样,不同的是成型方法。其中间为干燥的空气。

11. 玻璃纸。也称玻璃膜,具有多种颜色和花色。根据纸膜的性能不同,具有不同的性能。绝大部分起隔热、防红外线、防紫外线、防爆等作用。

(二)成分分类

玻璃通常按主要成分,可分为氧化物玻璃和非氧化物玻璃。非氧化物玻璃品种和数量很少,主要有硫系玻璃和卤化物玻璃。硫系玻璃的阴离子多为硫、硒、碲等,可截止短波长光线而通过黄、红光,以及近、远红外光,其电阻低,具有开关与记忆特性。卤化物玻璃的折射率低,色散低,多用作光学玻璃。氧化物玻璃又分为硅酸盐玻璃、硼酸盐玻璃、磷酸盐玻璃等。硅酸盐玻璃指基本成分为 SiO_2 的玻璃,其品种多,用途广。

(三)性能分类

玻璃按性能特点又可分为钢化玻璃、多孔玻璃(即泡沫玻璃,孔径约40cm,用于海水淡化、病毒过滤等方面)、导电玻璃(用作电极和飞机风挡玻璃)、微晶玻璃、乳浊玻璃(用于照明器件和装饰物品等)和中空玻璃(用作门窗玻璃)等。

二、玻璃物证的性质

(一)表观密度

玻璃的表观密度与其化学成分有关,故变化很大。而且随温度升高而减小。普通硅酸盐玻璃的表观密度在常温下大约是2500kg/m^3。

(二)力学性质

玻璃的力学性质取决于化学组成、制品形状、表面性质和加工方法。凡含有未熔杂物、结石、节瘤或具有微细裂纹的制品,都会造成应力集中,从而急剧降低其机械强度。

在建筑中玻璃经常承受弯曲、拉伸、冲击和震动,很少受压,所以玻璃的力学性质的主要指标是抗拉强度和脆性指标。玻璃的实际抗拉强度为30~60MPa。普通玻璃的脆性指标(弹性模量与抗拉强度之比E/R拉)为1300~1500(橡胶为0.4~0.6)。脆性指标越大,说明脆性越大。

(三)物理性质

玻璃是不溶于水的,其比重也大于水(多为2.1g/cm^3以上)。在现场勘查中可以根据该特性,采用简单的方法识别出玻璃物证,具体阐述详见本节中玻璃物证的采集、提取。

玻璃的导热性很差,常温时其导热系数仅为铜的1/400,但随着温度的升高将增大。另外,它还受玻璃的颜色和化学组成的影响。

玻璃的热膨胀性取决于化学组成及其纯度,纯度越高热膨胀系数越小。

玻璃的热稳定性取决于玻璃在温度剧变时抵抗破裂的能力。玻璃的热膨胀系数越小,其热稳定性越高。玻璃制品越厚、体积越大,热稳定性越差。因此须用热处理方法提高制品的热稳定性。

(四)化学稳定性

玻璃具有较高的化学稳定性,但长期遭受侵蚀性介质的腐蚀,也能导致变质和破坏。

(五)光学性能

玻璃既能透过光线,又能反射光线和吸收光线,所以厚玻璃和多层重叠玻璃,往往是不易透光的:玻璃反射光能与投射光能之比称为反射系数。反射系数的大小取决于反射面的光滑程度、折射率、投射光线入射角的大小、玻璃表面是否镀膜及膜层的种类等因素。

玻璃吸收光能与投射光能之比称为吸收系数。透射光能与投射光能之比称为透射系数。反射系数、透射系数和吸收系数之和为100%。普通3mm厚的窗玻璃在太阳光垂直投射的情况下,反射系数为7%,吸收系数为8%,透射系数为85%。

将透过3mm厚标准透明玻璃的太阳辐射能量作为1.0,其他玻璃在同样条件下透过太阳辐射能的相对值称为遮蔽系数。遮蔽系数越小,说明通过玻璃进入室内的太阳辐射能越少,冷房效果越好,光线越柔和。

三、玻璃物证的采集、提取

(一)玻璃物证的确定

1. 识别玻璃物证

若勘查现场的玻璃物证很微小时,玻璃会与某些透明的塑料、树脂、矿物、盐类等固体物质相混淆,可通过以下方法进行识别:将上述碎片或微粒物质倒进洁净、透明的容器中,加入干净的自来水,盐类微粒通常会溶解于水中,而许多塑料和树脂(包括有机玻璃)会漂浮在水上,小心地用倾泻法倒出上层水和漂浮物质,余下下层水和比重大的物质,在倾去下层水后,将水底的碎片和微粒物质取出,用金属针头或大头针测试碎片和微粒物质的硬度,便可将塑料、树脂与无机玻璃区分开来。至于水底的不溶于水的盐类和矿物质,可以用普通的偏光显微镜加以区分,方法是:先调整偏光显微镜的起偏器和检偏器成正交位置,然后将碎片和微粒物质放在显微镜的载物台上,任意旋转载物台,若视场一直保持暗的状态,则碎片或微粒是玻璃或者是各向同性的矿物;若任意旋转载物台后,视场发生了变化,便利用单色光照明,其强度发生变化,再用白光照明时,视场出现不同的色彩,则可断定此碎片或微粒物质不是玻璃。

2. 判断是否为此次事故所留的玻璃及其玻璃品种

在勘查现场时,要注意完整收集所有的地面玻璃残片或微粒,若数量较多,有可能是此次犯罪或事故现场所遗留。若数量较少,更要仔细观察其形态和颜色,确定是否为现场遗留的玻璃,并通过观察初步判断其玻璃的品种。如在交通事故现场遗留下的玻璃碎片,应全部完整收集,等找到肇事嫌疑车以后,应仔细观察该嫌疑汽车可能形成事故现场玻璃碎片的部位,若该部位的玻璃已碰碎,立即提取残存玻璃碎片与现场玻璃进行比对检验,并注意观察现场玻璃碎片的新旧程度和污染状态,则不难区分出是否为此次交通事故所留的玻璃物证。

(二)玻璃物证的提取方法及其注意事项

1. 玻璃物证的提取方法

大多数情况下使用镊子提取玻璃物证,将其放入物证袋中封口保存,并及时加贴标签。为防止金属对元素分析的影响,最好不使用金属镊子提取玻璃物证,而应使用木制、竹制或塑料制品的镊子进行提取。若现场范围较大,玻璃微粒又比较分散时,可用软毛刷将玻璃物证聚拢后采集或者使用静电取样器吸取。

2. 提取玻璃物证的注意事项

当交通事故现场的玻璃碎片较多时,应将所有的玻璃全部收集起来,尤其要注意玻璃碎片会散落在较长一段路面上,更应仔细收集全,用塑料袋包装好,便于进行玻璃碎片重新拼对,如果玻璃断面能机械吻合,其作用是很大的。

由于玻璃物证的种类很多,如大、小车灯玻璃、挡风玻璃、前后视镜以及色彩各异的玻璃制零部件,因此要分别提取,分别盛放在不同的塑料袋中保存。

当玻璃碎片或微粒附着在被害人的衣服上、人体表面时，更应注意仔细勘查，将所有附着在被害人处的玻璃物证全部提取下来，及时注明提取部位的名称，这是一类非常重要的物证。

当玻璃碎片上有指纹、血迹、油斑、油漆、纤维等附着时，要妥善保管好该玻璃碎片，不能破坏该附着物的原始状态。待有关技术人员进行处理（拍照、检验、附着物提取）后，再进行玻璃成分的检验。

四、玻璃物证的检验

（一）外观检验

1. 玻璃物证的形态观察

首先，要对现场提取的玻璃物证进行形态观察，必要时使用体视显微镜和测厚度设备。观察玻璃的颜色、厚度、裂纹、划痕、水纹、人造痕迹等表观形态。同时，对嫌疑肇事汽车上提取的比对用玻璃检材进行同样的观察和测厚比较，确定外观检验是否一致。

2. 玻璃断面的机械吻合

由于玻璃是非晶体物质，多数为质硬而脆，打碎后的玻璃其断面不易变形，若将现场的玻璃碎片全部收集齐，是能将其断面一一拼合。若嫌疑肇事汽车上破损玻璃尚未更换新的，应全部取下，与现场提取的玻璃碎片一起进行断面的机械吻合。若能吻合或有相当的部分断面能吻合，就能成为直接认定的鉴定依据。

（二）物理检验方法

1. 折射率的测定

玻璃具有独特的光学性质，光线通过两种介质时方向会改变，折射率就是表示光线改变方向的能力。它是描述玻璃光学性质的重要参数。玻璃的折射率值一般在1.2～1.6。

我们可以将玻璃检材分别浸没在一系列折射率值不同的标准硅油中，置于显微镜中。在可以加热的载物台上，通过改变其温度，使硅油的折射率随温度的增加而减小，直至硅油和玻璃检材的折射率相同时，它们的光学介面消失，从而能测出该玻璃的折射率范围。

把玻璃检材浸入液体中，当两者折射率不同时，在显微镜下观察，玻璃上方会出现与颗粒轮廓相似的光环（称为贝克线），移动样品台使显微镜物镜和检材之间的距离增加，如果玻璃的折射率大于浸液的折射率，贝克线会向玻璃的中心方向移动，光环收缩；如果液体的折射率大，贝克线会向液体中部移动，光环扩大。当两者的折射率相同时，用单色光照明，贝克线将消失，用白光照明，上下移动样品台，将出现彩色的贝克线。

2. 玻璃物证的比重测定

玻璃物证量较大时，用金属细丝或细线将比较的玻璃碎片捆绑好并称重后，再将它们悬垂在水中测定其重量，按如下公式计算玻璃碎片的比重值：

比重 d = G1/(G1 - G2)

其中,G1 表示玻璃碎片重量。

G2 表示玻璃碎片在水中测定的重量。

玻璃物证量较小时,把标准比重的小玻璃片同玻璃物证放入碘化亚汞/碘化钾溶液中浮游,可以计算出标准小玻璃片和玻璃物证的比重值。

3. 热分析检验

玻璃的退火、钢化等处理过程都影响玻璃的热学性质,即使化学成分完全相同的玻璃,若生产工艺和热处理方法不同,其热学性质也会有所不同,以此为依据可对检材和比对样本加以区分。可以利用差热分析法对玻璃物证进行分析鉴定。将检材或比对样本同时加热,比较两者吸热或放热的情况。

由于折射率、密度等不是玻璃整体固有的性质,而会受到玻璃所经历的受热过程影响,在纵火、爆炸等案件现场提取的玻璃物证,其差热分析得出的参数只能用作参考,重点应放在通过仪器检验其化学组成上。

(三)仪器分析法

用于分析玻璃物证化学组成的仪器分析方法很多,运用较多的有原子光谱分析法和 X 射线能谱分析法等。其中,以电弧为光源的原子发射光谱法能定性分析组成玻璃的各种元素,可同时测出十几种元素;采用电感耦合等离子体光源的原子发射光谱法还能对测出的主要元素进行定量测定;而用原子吸收光谱仪测定各组成元素的含量,灵敏度和准确度均很高,但定性较差,分析速度慢;配有能谱仪的扫描电镜也是玻璃物证分析的常用仪器,既能定性地观察玻璃物证的形貌特征,又能分析玻璃物证的化学组成,但其测定的灵敏度较低,只能分析其主要元素。

由于玻璃是混合物,其检验结果的可靠性还取决于需检玻璃物证各自的均匀性。往往对其理化参数的测定并不能得出检材和比对样本来自同一玻璃的肯定结论,即使参数非常一致,只能说明它们可能有同一来源。

第五节　橡胶与塑料检验

橡胶、塑料、纤维被称为三大合成材料。它们是具有高度伸缩性和弹性的高分子聚合物。橡胶制品,如胶鞋、胶带、胶皮等,是生产生活中不可缺少的东西,也是在刑事案件现场上经常出现的重要物证。

一、橡胶检验

(一)橡胶物证的分类

橡胶制品可以分为轮胎类和橡胶制品(黏结剂)。其中,轮胎类按其用途又可进一步分为飞机轮胎、汽车轮胎、力车轮胎、自行车轮胎等，橡胶制品（黏结剂）按其用途不同，亦可细分为生产资料胶布（胶布及制品）以及生活用品、文化体育用品（见图27－1）。

- 橡胶制品（黏结剂）
  - 生产资料胶布：胶布及制品
    - 带管：胶带、胶管
    - 工业用品：胶辊、胶件、胶板、海绵、硬质胶、胶液
  - 生活用品文化体育用品
    - 胶鞋
    - 医疗卫生用品
    - 日常生活用品

图27－1　橡胶制品按其用途分类

（二）橡胶物证的组成和性质

1. 生胶及再生胶

橡胶按生胶的来源分为天然橡胶和合成橡胶两大类。橡胶制品有的还掺加一部分再生胶：

（1）天然橡胶

天然橡胶是以异戊二烯为主要成分的高分子聚合物。天然橡胶具有很好的弹性、机械强度、气透性和电性能，有较好的耐碱能力，但耐油性差，不耐浓强酸。天然橡胶是综合性能最好的通用橡胶，广泛用于轮胎、胶管等生产制造中。

（2）合成橡胶

合成橡胶是用人工合成的方法制得的高分子化合物。按其性能和用途，可分为通用合成橡胶和特种合成橡胶。

常见的通用合成橡胶有：丁苯橡胶（普遍用于汽车轮胎中，亦用来制造胶带、胶管、模型、胶鞋等，是合成橡胶中用量最大的）、聚丁二烯橡胶、聚异戊二烯橡胶。此外，还有乙丙胶、氯丁胶、丁基胶等。

特种合成橡胶，常见的有丁腈橡胶、硅橡胶、氟橡胶。

（3）再生胶

再生胶是以废旧的橡胶制品和橡胶工业生产的边角废品为原料，经过加工而获得的有一定生胶性能的弹性材料。

2. 硫化剂

硫化剂是能将生胶的线型分子结构变成网状立体结构的物质，分为硫磺硫化剂和非硫磺硫化剂两种。硫化后的生胶具有弹性而降低了塑性，硫化后的橡胶才具有实用性。

3. 促进剂

凡是能加快硫化速度、缩短硫化时间的物质均称为促进剂。这些促进剂均能产生硫自由基物质，促进橡胶交联。

4. 助促进剂

助促进剂能够减少促进剂的用量和缩短硫化时间。

5. 防老剂

通常加入物理防老剂和化学防老剂。它们分子量大,不易挥发,不参加橡胶分子交联。在橡胶的比对检验中很有价值。

(三)橡胶物证的采集提取

1. 对于电线、胶布、胶鞋等较大的检材,用镊子或夹子放入相应的塑料袋或纸袋中。在提取前应注意表面遗留的各种痕迹或附着物,进行拍照或蘸取。

2. 对于汽车急刹车时留下的轮胎擦痕、胶鞋蹬痕、胶鞋胶渣,先进行拍照,再用镊子、AC 纸或水溶性胶纸沾取,并固定在载玻片上,先放入盒中备检。

3. 对于橡胶可疑灰渣分布面积较大时,可用毛刷刷取或用匙子采取,放入塑料袋中并封口。

4. 作案工具上或被害客体上有橡胶擦痕或残渣,连同客体一并提取送实验室。

5. 若检材较微小,可用水润湿过的脱脂棉球擦取橡胶附着物,把棉球放入玻璃小瓶中,注明提取的时间和部位,送检。

(四)橡胶制品的检验

1. 燃烧试验

当检材量较大时,可做燃烧试验。通过观察橡胶的燃烧性、自熄性、火焰的特征以及残渣的形态和气味等,可供初步判断一些胶型。例如,天然胶易燃烧,无自熄性,橙黄色火焰,喷射火花或火星,冒浓黑烟,燃烧时软化滴滴,起泡,残渣无黏性。

2. 热分解试验

热分解试验是根据橡胶热分解产物的 pH 值(如聚氨基甲酸酯胶的热分解产物均呈酸性)、比重及对二甲氨基苯甲醛颜色反应的结果(如氯丁胶呈黄绿色)对橡胶进行检验的方法。

3. 薄层试验

将检材热解,对热解产物进行检测。对热解产物中的易挥发物,通常用 4% 的醋酸汞甲醇液吸收,然后做薄层试验;对热解产生气体所凝结的油珠,以少许的三氯甲烷溶解,然后做薄层试验。

4. 裂解气相色谱法

在气相色谱分析前,装置热裂解装置,使橡胶这种高聚物大分子断键成小分子,再通过气相色谱分析进行分离测定。

5. 傅立叶变换红外光谱法

利用红外光谱显微法可检测 10ug 大小的橡胶斑痕。对作案工具或交通肇事案中的肉眼看不清的检材有很好的效果。红外光谱图图谱复杂,若在相同条件下两种橡胶红外光谱图一致(特征吸收峰的位置、强度、形态),那么检材与标准样品就是同一种橡胶。

6. 橡胶中的无机成分检验

橡胶中的无机成分检验主要用原子发射光谱法、电子探针和原子吸收光谱法。利用扫描电镜，根据炭黑的粒径，聚集状态对炭黑进行种类认定；利用热分析法对炭黑进行定量分析。

二、塑料检验

塑料是广泛存在于生产和生活中的高分子聚合物。在案件现场中常遇到用塑料瓶盛毒液，用塑料膜包裹尸体，现场遗留的纽扣、发夹、捆绑炸药的塑料绳等。

塑料是以合成树脂或天然树脂为基础原料，在一定湿度、压力下加工塑制成型或交联固化成型而得到的固体材料或制品。

（一）塑料物证的分类

1. 按塑料的热性能分类

按组成树脂的热性能，可分为热塑性塑料和热固性塑料两大类。热塑性塑料是指产品定型后仍能保持再加工性能的塑料。常见的有聚乙烯、聚氯乙烯、聚丙烯等。热固性塑料是指在加工塑料制品时，发生不可逆化学反应而形成不溶材料的一类塑料。常见的有酚醛塑料、脲醛塑料、环氧树脂等。

2. 按塑料的用途分类

按塑料的用途分类，可分为通用塑料、工程塑料和特殊塑料三大类。通用塑料的产量大、价格低、应用范围广，主要有聚氯乙烯、聚乙烯、聚丙烯等。工程塑料的机械强度好，是能代替金属作工程材料的塑料。主要有聚甲醛、聚碳酸酯、聚酰胺等。特殊塑料是指有特殊性能和特殊用途的塑料。主要有氟塑料、硅树脂、不饱和聚酯等。

3. 按塑料制品分类

按塑料制品分类，可分为塑料薄膜、人造革、塑料板材、塑料管材、泡沫塑料等。

4. 按树脂的品种分类

树脂品种中产量最大、用途最广的有六大品种，即聚乙烯、聚氯乙烯、聚苯乙烯、聚丙烯、氨基树脂和酚醛树脂，约占树脂总产量的80%，统称通用树脂。

（二）塑料的组成和性质

塑料的主要成分为合成树脂。此外，还有填充剂、增塑剂、着色剂等塑料助剂，又称添加剂或配合剂。

1. 合成树脂。它是塑料的主要成分，占40%～100%，决定了塑料的类型和基本性能。在一定温度下有较好的黏结能力，能把其他所有组分均匀地黏合成一个整体。

2. 填充剂。提高塑料的物理机械性能，增加制品体积，降低成本，在塑料中含量在20%～50%之间。

3. 增塑剂。增加塑料可塑性、赋予及保持塑料柔韧性的物质。

4. 着色剂。即为改变塑料的颜色而加入的颜料。主要有钛白粉、铬黄、铁兰等无机颜料。近年来,新型的有机颜料应用越来越广泛,如偶氮颜料、酞菁颜料等。

5. 稳定剂。凡是能够防止或延缓塑料老化变质的物质都可称为稳定剂。可分为抗氧剂、光稳定剂、热稳定剂三种。

6. 阻燃剂。它是抑制塑料燃烧的一种助剂。可分为添加型和反应型两种。

7. 润滑剂。润滑剂的目的是减轻塑料与加工机械表面的摩擦和塑料分子间的相互摩擦,起到润滑作用。

8. 发泡剂。使塑料具有多孔结构。可分为物理发泡剂和化学发泡剂。

(三)塑料物证的采集提取

塑料检材在现场上可能单独存在,亦可能黏附、嵌入某客体上,也可能烧焦、变形变色、炭化、撕裂或溶融,其上还可能有血指纹、泥土、纤维屑等。

1. 现场上遗留的塑料布、鞋、发卡等用镊子夹取,分别提取、包装,注明时间、地点、采样部位等有关资料。

2. 对于附着在作案工具上的塑料残片,可用小镊子夹取,或用刀、针等工具挑、剥、刮的方法进行采取。也可连同客体一并送检,在放大镜或显微镜下采取。

3. 在爆炸或纵火现场,可能发现边缘发生熔融、卷曲甚至炭化的塑料检材。这时,要尽可能把塑料检材取全,包括未燃烧的部分、烧焦的部分和炭化的部分。

(四)塑料的检验方法

根据案件的需要、检材的情况,可选择以下方法进行检验。

1. 物理检验

(1)外观检验

根据对塑料检材的颜色、透明度、韧度、硬度、图案及形态等的观察,可初步判定塑料的类型。

(2)荧光检验

将塑料检材用紫外光照射,因为塑料的组成不同,可产生不同强度不同颜色的荧光。

(3)比重测定

塑料的比重与树脂的成分和填充剂的成分有直接的关系。填充剂的种类和用量也直接影响塑料的比重。

(4)溶解试验

不同塑料的溶解性能不同。检验时需注意,高聚物的溶解是一个缓慢的过程。有的立即溶解,有的需要几小时,甚至十几小时,操作时要注意溶解情况、速度、颜色、状态变化,与标准样品进行比对。

2. 化学分析

(1)燃烧试验

塑料中合成树脂的主要成分是碳、氢、氮、氧等,有不同程度的可燃性。可根据燃烧情况、火焰、烟、气味、灰烬等特征来确定检材的种类。

(2)热裂解试验

热裂解试验是将少许塑料放入裂解管中加热,样品与火焰不直接接触,检验分解产物的方法。通过观察裂解产生气体的颜色及性质、液体的颜色、固体形态及可燃性等对塑料进行初步判断。

3. 仪器分析

(1)裂解气相色谱法

塑料在裂解器中被裂解成低分子碎片,再随载气进入气相色谱仪进行分离和鉴定。裂解产物具有特征性,其谱图(常叫作指纹图)反映了该塑料的特征。

(2)红外光谱分析

此法主要是对塑料中树脂进行检测。不同树脂所含的有机官能团不同,在红外区有特殊的吸收峰,以此来认定树脂的种类(表 27-1)。

表 27-1　主要树脂的红外光谱特征

塑料树脂	红外吸收峰(cm^{-1})
聚乙烯(Polyethylene,PE)	1470~1468、720
聚丙烯(Polyepropylene,PP)	1459~1378、1162、971、841
聚苯乙烯(Polystyrene,PS)	760~756、700、3060~3000、1598~1452、1030
聚乙烯醇(Polyvinyl alcohol,PVAL)	1095、3331、1433、1332
聚乙烯醇缩甲醛(Polyvinyl formal,PVFL)	1012、1243、1180、1060、1130
聚碳酸酯(Polycarbonate,PC)	1235、1775、1596、1505、1192、1078、831
聚丙烯酸甲酯(Polymethacry lates,PMA)	1733、1260、1200、1167、1441、829
聚甲醛(Polyformaldehyde,POM)	1106、911、1234、1471、1385
聚苯醚(Polyphenylene Oxide,PPO)	1191、1605、1476、1307、1024、857
环氧树脂(Epoxy resin,EP)	双酚 A 型环氧树脂 1242、3041、1604、1509、1460、1181、1039、832
苯酚甲醛树脂(Pona Tertiary Butylphencl Formaldehyde Resin,PF)	1238、3024、1603、1510、3372、1103、1050、824
降酰胺(尼龙)(Polyamide,PA)	1632、3312、3084、1541、1264、1468、1374、726
聚酯型聚氨酯(Polyester pdyurethane,PESTVR)	1733、1533、333

续表

脲酰树脂(urea-formaldchydc resins,UF)	1642、3368、1555、1387、1261、1025
塑料树脂	红外吸收峰(cm^{-1})
聚酰亚胺(Polyimide,PI)	1717、1589、1527、1319、1150、1160
聚丙烯腈(Polyacrylonitrile,PAN)	1453、2246、1360、970
聚氯乙烯(Polyvinyl chloride,PVC)	1252~1250、1429~1420、1329、691~618
聚四氟乙烯(Polytetrafluoroe-thylene,PYEE或F4)	1212、1158、1444、635、509
聚砜(Polysulfone,PSF)	1244、1322、1156、1105、830
醋酸纤维素(cellulose acetate,CA)	1233、1749、1373、1049
甲基纤维素(Methyl cellulose,MC)	1115、3442、1375
羧甲基纤维素钠(Carboxyme-thyl cellulose sodium,CMC Na)	1602、1418、1327、1063

(3)热分析法

不同高分子化合物,其转变过程中的热效应也不相同,测定塑料制品的热分析曲线可鉴别不同化学组成的塑料。

(4)塑料中无机元素的仪器分析

测定塑料中的无机元素可以通过电镜——X能谱仪或发射光谱分析,也可以用红外光谱法测定无机填料的最强谱带和特征谱带,与标准样品图谱比对而认定。

第六节 泥土检验

一、泥土物证的组成

泥土是地面岩石长期风化形成的产物,是一种丰富且复杂的由不同微粒组成的混合物,包括矿物质和有机物,具有一定的形态特征和理化生物性质。

泥土中的矿物质占固体重量的95%~99%,是土壤的“骨架”。矿物质是泥土的最根本的物质,是泥土的起源物质,所以称为土壤母质。泥土中除了母质外,还有有机质,即动植物的残体及分解物。此外,泥土中还夹杂着各种物质残渣、碎片、断头等有机和无机夹杂物。这些物质在犯罪活动中经常附着在受害人或犯罪分子身上,成为证明犯罪活动的有力物证。

二、泥土物证的特性

不同地域的泥土都有不同的特点。泥土的特点可以从多方面考察。对犯罪案件侦查特别有意义的是泥土的质地、颜色以及化学成分和离子的交换作用。

（1）质地，是泥土最稳定最重要的性质。质地是指泥土颗粒的大小和各自的相对比例。不管泥土中的矿物颗粒的化学组成、颜色、比重等性质如何，都可以按颗粒的大小将它们分组，即将矿物颗粒按其直径大小分若干组。

（2）颜色。泥土表现出各种颜色，如红色土、黄色土、黑色土等。土的颜色取决于所含矿物的种类、数量以及有机质的含量，特别是有色矿物的比例起着决定性作用。例如，含有丰富氧化铁矿的泥土呈红色；有机质占一定数量的泥土呈灰色、深灰色等。利用土的颜色可以判别所比较的泥土是否属于同一个地区。

（3）离子交换作用。泥土中的黏粒和腐殖质都是胶体状态的，表面面积较大能吸附水分和离子。在土壤风化过程中释放出来的物质多吸附在腐殖质和黏粒表面上，这种吸附实质是离子的交换。离子交换分阳离子交换和阴离子交换。

三、泥土物证的采集提取

在室外提取泥土物证时要尽量避免风的干扰，防止泥土物证的流失，用取样工具快速地将附着在衣服、指甲、鞋等上的泥土物证装入能封闭的塑料袋或硫酸纸制口袋中，及时贴上标签。

在室内提取泥土物证时最好关闭门窗，现场人员带好口罩，将需要进行成分分析的附着泥土全刮落在干净的纸面上，再小心装入物证袋中，及时贴上标签。

在提取比对检验用泥土检材时要尽量准确，保证其与现场以来的泥土物证同期提取，并要使用同样的包装材料，以避免和减少环境条件对泥土的影响。

对于一些连同载体提取的泥土物证，其包装运输要非常小心，如一些带有泥土物证的鞋等，在运送途中，要防止泥土物证从鞋上脱落或被碾成粉末，阻碍鉴定的效果。

四、泥土物证的检验方法

（一）物理检验方法

1. 外观检验

首先用肉眼直接观察泥土的干湿情况、颜色和大的夹杂物，然后再放在低倍显微镜或体视显微镜下观察颗粒状态、细小夹杂物。同一来源的土，其外观状态是一样的，所以通过外观检验可以初步比较泥土的异同。

2. 颗粒组成检验

把泥土自然晾干，挑出夹杂物，称取等量泥土分别用橡皮棒把土压碎，然后选相应规格的细孔筛筛选，以重量百分比和粒径尺寸为坐标画出折线，并进行比较。同种土的折线是基本一致的。

3. 重液分离检验

根据泥土组分比重不同，采用重液悬浮层次比对异同。此法在泥土识别方法中是最有效的也是比较简单的方法。

装置：根据比对样本的多少、量的多少，选用数根内外径大小一致的均匀的玻璃管，一端封闭，并列排在一起，背面放一有尺寸标记的背景板即可。

重液的配制：把碘化汞溶解在碘化钾饱和水溶液中，制成比重为3.0～3.1的比重液，然后加水稀释成比重为3.0、2.8、2.6、2.4、2.2、2.0、1.5系列的重液以备用。

土样制取：把现场提取的泥土与提取的已知泥土样本风干，分别用橡皮棒压碎，用100目的筛子筛取，将筛下的泥土作为土样。

称取同量的土分别放入玻璃管内，然后按等高度从重的重液开始依次沿管壁加入比重不同的系列重液，静置，观察层次分布。同种土层次相同。

（二）化学检验方法

1. 泥土的pH值检验

把用100目筛子筛过的泥土取一份，加上5份蒸馏水搅拌5分钟，取出上清液，测定pH值。最简单的方法就是用pH试纸测试。

2. 阴离子定性检验

称取100目筛子筛过的泥土0.1克，加入1.5毫升蒸馏水搅拌，放在水浴上加热5分钟，把浸出液过滤备检。

铵离子实验：在白色显色板上滴滤液1滴，加1滴奈斯勒试液，观察赤褐色程度。

磷酸离子实验：在白色显色板上滴滤液1滴，加上1滴钼酸铵液，观察沉淀情况，再加上醋酸钠饱和溶液1滴，醋酸联苯胺液1滴，10%氨水1滴，放置5分钟观察青色状态。

硝酸离子实验：在白色显色板上滴1滴滤液，加1滴二苯胺液，观察青色状态。

硫酸离子实验：取滤液一部分放在小试管里，加入5%的氯化钡溶液1滴，观察白色沉淀状态。

将上述各项实验分别对照比较确定异同。

3. 仪器分析

将泥土用双氧水处理，使有机物完全分解后，在水中用0.063mm目的筛子进行筛选，进行离心分离，将沉淀物干燥，再进行脱铁处理，离心分离、水洗、干燥得到土样，进行红外、X射线和差热等仪器分析。

红外吸收光谱分析：将土样用乳钵研磨成粉末，用溴化钾压片进行红外吸收光谱测定，比对其红外图谱确定异同。

第七节 金属检验

一、金属的概念和分类

现代科学研究表明,目前已发现的元素有118种,其中95种(已命名元素87种)具有光泽和良好的导电、导热及延展性能,被称为金属,18种是非金属。另有5种(硼、硅、砷、硒、碲)的性质介于金属与非金属之间,称为准金属(此外,通常将金属元素锗、锑、钋也归为此类)。

在熔化状态下,金属之间、金属与某些非金属之间可以相互溶解或混合,形成具有金属性质的物质,称为合金。合金通常被视为金属。

金属可分为黑色金属与有色金属两大类。

黑色金属是指铁、铬、锰以及以它们为基体形成的合金,是工业生产和人们日常生活中应用最广泛的金属材料。黑色金属以外的所有金属(含合金)统称为有色金属。

常见金属材料包括:铁、钢、铜、铝及其合金等。

二、金属物证的性质

金属与非金属相比,性质上有很大差别。物理性质的差别主要表现在:形态、密度、光泽、延展性、硬度、导电和导热以及熔点等方面。

金属最主要的化学性质是易被氧气、水蒸汽、酸和碱氧化而表现出还原性,但差别很大。

三、金属物证的采集提取

常用的对微量金属的发现和收取,主要用来测定犯罪嫌疑人手上及相关部位是否存在射击残留物。

金属残留物、射击残留物的发现方法是:用1% ~2%的8—羟基喹啉溶液配制于异丙醇中,检查时,将其喷涂于受检者手上,再置于紫外线下观察,如显现出黑色,则表明金属存在。条件好的情况下,还可以测出食指上扳机和手掌上枪柄金属框架的痕迹。

这种方法检出的结果,运用时要首先排除检测前受检者已触摸过其他金属的情况。

四、金属的检验

(一)宏观形态检验

对于现场提取的金属状颗粒或碎屑,应首先用肉眼和放大镜在不同角度光照下观察其光泽、颜色和外观形貌,还可借助实体显微镜观察断口颜色和形态,以确定是金属还是焊渣,以及是何种方式形成的。

（二）微观结构检验

1. 金相结构检验

金相结构又称为显微组织结构，是指在金相显微镜或电子显微镜下观察到的金属表面相的分布状况，一般需把金属表面放大几十倍乃至上千倍才能观察到。金相结构检验虽然一般在金相显微镜下进行，但这种方法需要的检材量通常较大，难以适用于微量金属。电子显微镜具有比金相显微镜高得多的放大倍数，从而为金相结构检验提供了更有力的手段。金相显微镜的放大倍数最大可达到2500倍，而电子显微镜则可达到几十万乃至上百万倍。在金相显微镜下无法观察的某些显微组织，在电子显微镜下可得到清晰的显示。因此，利用电子显微镜可对引起金属断口的应力、金属的热处理方法等进行推断。电子显微镜的又一个优点是需要的金属检材量小，并且金属检材可不经特殊处理直接置于电子显微镜下观察。

2. 晶体结构检验

金属的晶体结构是指金属中原子或离子的结合方式和排列形式，这无论是用光学显微镜还是电子显微镜都无法观察到，只能通过X射线衍射方法间接地测定。金属和合金都是晶体。因此，可以利用该方法对那些化学组成相同而结晶状态不同的金属和合金加以鉴别。

（三）化学成分检验

金属的化学成分检验可利用原子发射光谱法和原子吸收光谱法以及X射线能谱法。

1. 原子发射光谱法

原子发射光谱法一般用于定性分析，确定金属和焊渣中含有哪些化学元素，主要是金属元素。分析时，如果检材为较大的块（条）状，可直接作为电极；如果是小颗粒或粉末，可在石英研钵中磨细后装入碳电极孔中，然后进行测定。利用原子发射光谱法也可以进行定量分析，但需有标准品比对，且误差较大，很少应用。

2. 原子吸收光谱法

原子吸收光谱法一般用于定量分析，确定金属和焊渣中某一种金属元素的含量。本法灵敏度高，不但能进行常量分析，甚至对金属的包装物、捆绑物以及金属的擦划痕迹上极微量的金属成分也能进行检测。例如，用该法可以检测出电击皮肤上的微量铜、铝等元素，以及金银制品包装物上附着的痕量金属元素。

3. X射线能谱法

X射线能谱法是一种能同时测定检材中元素种类和相对含量的较好的分析方法。现代高性能的电子显微镜都同时配有X射线能谱仪，因此，可以在对金属和焊渣进行电子显微镜观察的同时，进行X射线能谱分析。该方法的优点是对检材无损，既能定性，又能定量，对于微量金属和焊渣的比对分析有着广阔的发展前途。但需指出的是，该方法测定的只是样品表面层中各元素的相对含量，而不是元素的绝对含量，其对元素的检测灵敏度也不是很高。此外，原子序数在10以下的元素，目前用该法尚不能测定。

思考习题

1. 与纤维物证检验相关的性质有哪些方面?
2. 纤维物证检验的具体任务包括哪些?
3. 纤维物证在采集、包装、保存过程中,应当注意哪些事项?
4. 在对纤维进行理化检验时,应当先期进行哪些预处理工作?
5. 油脂物证主要分为哪几类? 其主要成分各是什么?
6. 在提取油脂物证时应注意哪些事项?
7. 油脂检验的方法有哪些?
8. 油漆物证主要由哪些物质组成?
9. 油漆物证的检验应注意哪些方面?
10. 在提取油漆物证时应注意哪些事项?
11. 与玻璃物证检验相关的性质有哪些方面?
12. 玻璃物证在采集、包装、保存过程中,应当注意哪些事项?
13. 对玻璃物证可以进行哪些检验?
14. 塑料、橡胶物证在采集、提取中各有哪些注意事项? 请简述之。
15. 塑料、橡胶物证有哪些检验分析方法?
16. 泥土物证的特性有哪些?
17. 对泥土物证的检验有哪些方法?
18. 金属物证主要有哪些种类?
19. 对金属物证的检验有哪些方法?

拓展阅读书目

1. 杜志淳主编:《司法鉴定概论》,法律出版社 2010 年版。
2. 闵银龙主编:《司法鉴定》,中国法制出版社 2004 年版。
3. 李琼瑶著:《司法物证鉴定技术》,中国民主法制出版社 2005 年版。
4. 钟岩主编:《理化检验鉴定》,群众出版社 2005 年版。
5. 王彦吉主编:《微量物证与毒物毒品分析》,中国人民公安大学出版社 2001 年版。
6. 徐立根著,《物证技术学》(第 3 版),中国人民大学出版社 2008 年版。
7. 董超宇著:《理化检验》,中国医药科技出版社 2005 年版。
8. 杜志淳主编:《司法鉴定实验教程》,北京大学出版社 2009 年版。
9. 霍宪丹主编:《司法鉴定学》,中国政法大学出版社 2010 年版。
10. 刘景宁等著:《毒物及微量物证分析学》,南京大学出版社 2005 年版。
11. 胡世澄主编:《微量物证仪器分析》,法律出版社 2003 年版。
12. 张华、刘志广著:《仪器分析简明教程》,大连理工大学出版 2007 年版。
13. 杨瑞琴著:《微量物证分析学》,中国人民公安大学出版社 2006 年版。

第二十八章　生物物证检验概述

本章概要

本章主要概述了不同的生物物证检材的发现、提取、包装的过程和要求，同时详述了常见生物物证送检程序。

通过本章的学习，应掌握常见的生物物证在发现、提取、包装步骤，熟悉生物送检过程中应注意的细节问题，保全物证，更好地为司法鉴定服务。

关键词

生物物证;发现;提取;包装

生物物证只是众多物证中的一种。生物物证包括人体组织器官、人体分泌物、人体排泄物、人体遗留的痕迹、人体附着物、现场物体及作案工具上的附着物、动植物体的物质成分及微生物等。在实践中，对来自人体的各种生物物证的收集、检验与鉴定工作，属于法医工作范畴，是法医学研究对象之一。

第一节　生物物证的发现

凡是杀人、碎尸、强奸等案件都可能留有生物物证检材。生物物证检材大部分是在现场勘查时发现的，有的在搜查犯罪嫌疑人或检查被害人时发现，也有的由当事人及其亲属提供。大多数物证都分散、隐蔽于各处，没有固定的地方，对不明显的生物物证，我们要利用各种技术手段，细致认真地寻找发现。

一、血液(痕)的发现

血液多附着在物体表面，如现场的地面、墙壁、衣帽、被褥、凶器或人的头发间、指甲缝里，以及作案人来去的通道门窗上或室外的砖石、草丛，树木上。有的犯罪嫌疑人为了掩盖罪行或转移视线，故意破坏现场，伪造或销毁物证，勘查人员必须全面、细致地反复检验,必要时可将地板、凶器或衣物等物品拆开检查,不要遗漏任何微小痕迹。

二、精液(斑)的发现

精液(斑)多在被害人的阴道内发现。除此之外,有的附着在衣裤、被褥、纸张和草丛等处,也有的附着在被害人腹壁、大腿内侧和阴毛上。因载体不同,精液(斑)形态各不相似,一般呈灰白色不规则斑痕或结痂状,触之有硬感。必要时,可用紫外线或多波段光源寻找。

三、毛发的发现

毛发生长于身体表面,易受外力拔脱或自然脱落。在凶杀、抢劫、强奸等案件中,常有毛发遗留在现场。例如:可能在地面、草丛、家具、被褥上;也见于死者的手中,衣裤上或身体表面;有时也沾附于凶器上。寻找毛发时,应在强光线斜照下进行,需认真观察才能发现。

四、唾液(斑)的发现

唾液(斑)主要附着在现场的香烟头、烟斗、纸巾、果核、瓜子皮、口香糖、牙签、咬痕或饮料容器等物品上。唾液斑无色,用肉眼观察很难发现,因此,在现场上只能寻找可能附有唾液的载体。

五、汗液(斑)的发现

汗液主要附着在人的衣领、帽子的前额和枕部、袖口和腋下部、内裤裆部、手帕、鞋、袜等物品及身体出汗较多的部位。

六、鼻涕(斑)的发现

鼻涕多见于现场的衣物、手帕、手纸或身体上。

七、皮肤、骨碎片或其他脏器组织的发现

凶杀案件或打架斗殴现场,皮肤、骨碎片或其他脏器可见于被害人或犯罪嫌疑人的指甲内、凶器上、现场物品或地面上。交通事故中可与血液共同附着于车轮、遮泥板、车厢棱角以及底盘等处。

八、动物物证的发现

动物的血液(痕)、皮、毛、骨及脏器组织碎块、昆虫等动物,主要见于某些作案工具(如屠刀、砍刀等)、尸体及尸体的周围、尸体的包裹物等处。

九、植物物证的发现

植物叶片、根、茎、果实、种子、孢子、花粉和水生藻类等主要见于泥土、尸体附着物、包裹物及尸体组织器官等处。

第二节　生物物证检材的提取

一、对于现场的法医学物证,要根据种类的不同及附着物的不同而采用不同的方法提取。在检查物件或提取检材前,应先用拍照、绘图、测量等方法记录法医学物证原始的状态、位置、形态、大小及与周围物品的毗邻关系。

二、对附有斑痕的小件物品可整件提取,对笨重或不能移动的物体,根据附着物的性质,采取刮、擦、挖、锯、凿等方法提取,并尽可能不破坏或少破坏载体,同时注意提取部分载体做空白对照检材。

三、对各种液体性生物检材,宜用干净纱布提取,在室温中自然晾干;现场上的新鲜血液应用滴管吸取,盛于试管内,尽快送检,提取尸体血液,以采集右心血为宜;怀疑被强奸或强奸被杀的女性尸体,应至少提取2个阴道拭子。

四、提取过程中,忌用手直接触摸检材,只能用镊子或戴手套提取;收集动、植物类物证,要设计采集的方式和重点,收集标本种类要齐全、完整,并注意防止污染。

五、提取的生物物证要详细记录检材提取的时间、地点、部位、数量、物主,现场提取物品时应征得事主同意或现场见证人目睹,并开具提取物品清单,用后及时归还。

第三节 生物物证检材的包装、保存与送检

一、生物物证检材的包装

生物检材的包装直接关系到检验结果的准确性。生物检材易受各种理化因素及微生物的破坏,直接影响鉴定结果,正确的包装能保证检材完好无损,有利于检验。不正确的包装有时会使很有价值的物证检材丧失检验条件,造成不可挽回的损失,甚至影响整个案件的侦破。因此,必须引起足够重视。检材包装应注意以下几点:包装物必须清洁,无其他物质污染;分别包装,不能互相混淆;及时记录,贴好标签,注明标识;防止腐、变质,可冰箱保存,不得加防腐剂;潮湿的检材,如不能及时检验,应晾干后包装。

二、生物物证的保存

生物物证的保存与包装、检材的性状、提取的时间和方法等因素有关。常见的保存方法有:

(一)不能立即进行检验且无冷藏条件而还要远道送检的检材,要干燥保存,以避免检材上微生物繁殖而污染。

(二)比较潮湿的检材最好的保存方法是-20℃低温冷藏。

(三)离体内脏可用冰冻或置于75%乙醇中。

(四)检材应有专人负责保存,所有物证检材都要装入袋子中,加密封口,并分别写好标注、编号、保存方法等。保存检材的地方一定要安全。

(五)检材应在原办案单位保存到案件审理终结后1~2年。

三、法医物证检材的送检

现场勘查或搜查中提取的生物检材离体时间越长，蛋白质变性越明显，因此检材要及时送检。因故不能及时送检的，要低温保存。送检时应注意：

（一）取得检材后要尽快送检，对有斑痕的物体完整送检时，最好将斑痕部位加以标记编码。

（二）包装物外面要写明物品的名称、来源、数量和采集日期等，必须有相应的对照检材同时送检。

（三）任何检材均应迅速送检，防止检材腐败变质。应冷冻保存的，置于冰瓶内送检；如不能低温保存的，要晾干后包装送检。

（四）案件送检人送检时应详细了解案情，尤其是与提取检材有关的案情。

（五）送检物证时，应填写委托鉴定登记表，写明委托单位、委托人、案情、每一检材的详细情况；送检目的及鉴定书寄发单位与地址等。

第四节　生物物证检验的程序和要求

生物物证提取后，应根据侦审工作的需要，及时进行检验。检验的一般程序和要求如下：

一、若系专人送检，应先详细了解案情经过和勘查情况，与送检人共同核实每份检材及包装情况，了解送检目的和要求。

二、若检材系外地邮件送检，则在收到邮件时，应先详细阅读来函，然后检查物证的包装情况有无异常和破损，是否与来函清单相符。若相符，则按照送检要求及时检验；若发现异常情况或检材条件不足，应迅速与来函送检单位协商解决有关事宜。

三、在查看检材或检验时，要防止污染，所有器材应彻底洗净，干燥。为了防止交叉污染，有条件的情况下，最好一个检材用一个专用工具检验。

四、检验人员应根据检材情况，结合鉴定目的和内容，确定检验方案。选择的检验方法应当准确、高效、灵敏。检测方法的安排一定要遵循非检材消耗性实验在前，检材消耗性实验在后；先进行简单预备试验，后进行复杂费时的实验。检验时严格遵守标准检验程序、方法和步骤。在检验中尽量节约检材，每个检材都应尽量留下足够多的备份并妥善保存，以备复检或在鉴定时使用。

五、承担检验鉴定的实验室应有完善的鉴定质量控制保障体系，包括人员、条件、设备、试剂的质量保障，以及严格的操作规范与标准化的实验室流程等，以保证检验鉴定结果准确客观。

六、实验室检验完成后，应及时向委托单位提交鉴定报告书。每份鉴定报告书须有两名或两名以上鉴定人及其亲笔签名。检材也应及时退还送检单位。

思考习题

1. 生物物证与法医物证的区别?
2. 不同生物物证在发现、提取、包装、送检过程中应注意的问题?
3. 生物物证检验的程序和要求是什么?

拓展阅读书目

1. 叶元熙主编:《生物物证技术》,法律出版社 2002 年版。
2. 侯一平主编:《法医物证学》(第 2 版),人民卫生出版社 2005 年版。
3. 欧阳常青、赵幼鸣主编:《物证技术教程》,中国人民公安出版社 2008 年版。

第二十九章　血液及其他生物斑痕的检验

本章概要

本章主要介绍了血液的组成、血痕、精斑、混合斑、唾液斑及毛发骨骼及软组织的检验步骤和方法。

通过本章的内容重点掌握血痕检验中的预实验、确证实验、种属鉴定的步骤和方法。熟悉精斑、唾液斑及混合斑检验的过程，了解毛发、骨骼及软组织的检验。

关键词

血痕检验；精斑检验；混合斑检验；唾液斑检验

第一节　血液及其他生物斑痕检验概述

一、血液的组成与血型

(一)血液的组成

血液是存在于心脏、血管腔内的一种液体组织，成人体重的7% ~8% 小儿可达11%。血液是由液体的血浆和血(红细胞、白细胞、血小板)组成，占全血容积的40% ~45%。

(二)血型

1. 血型的概念

血型是表现为血液成分的遗传学多态统称，即血液的遗传学差异可以表现在不同的血液成分中。血型是人类由遗传控制的个体特征之一。狭义的血型是指红细胞抗原的类型，即红细胞血型，包括 ABO 系统、MN 系统、Rh 系统等多个血型系统，统称红细胞型。广义的血型则包括血清蛋白型，如 HP 型、GC 型、Tf 型、Gm 型等。除此之外，还有白细胞型、血小板型、血清型、酶型等，统称为血型。

2. 几种常见的血型

（1）ABO 血型。通常所说的血型是指红细胞膜上 ABO 类凝集原的抗原类型。人就是 ABO 血型系统。根据其结构的不同和抗原抗体免疫反应的不同，可以把人群划分为 A 型血、B 型血、AB 型血和 O 型血。ABO 血型的分类是根据人的红细胞膜有无凝集原 A 或 B，血清中有无天然抗体凝集素抗 A 或抗 B 来区分的。ABO 血型是由 A、B、O3 个复等位基因控制遗传的，其中 A 和 B 为显性基因，O 为隐性基因。

（2）MN 血型。MN 血型的遗传基因位于第 4 常染色体上，有 M、N2 个等位基因，均属显性基因，每一个体所带的 2 个基因分别来自父母。有 3 种表现型、3 种基因型。

（3）Rh 血型。RH 血型的遗传基因位于第 1 常染色体上，是一个比较复杂的血型系统。目前认为有 5 种表现型、13 种基因型。

（4）血清型 HP 型（结合珠蛋白型）。HP 血型的遗传基因位于第 16 常染色体上，存在 HP1、HP2 2 个等位基因基，它们均属显性基因，每一个体所带的 2 个基因分别来自父母。有 3 种表现型、3 种基因型。

3. 鉴定血型的基本方法

（1）血清学方法。血清学方法是最古老、最常用的血型检验方法。其原理是利用经典的抗原抗体的相互作用。直接凝集试验、凝集抑制试验、解离试验、免疫电泳等均属血清学方法。

（2）生物化学方法。生物化学方法主要用于血清型和红细胞酶性检验。其原理是利用各种蛋白质或酶的分子大小及所带电荷的差异，通过电泳分离出所需成分，然后经特异性染色或利用酶的特异性反应显示不同的谱带的位置，区分不同的血型。

（3）细胞培养方法。常用于白细胞性检验，本方法在现阶段法医检验中尚未广泛开展。

（4）PCR 方法。可根据某种血型基因的 DNA 链上碱基的排列顺序，合成特异的探针，用其分析该血型的基因型和表现型。

二、血痕检验的步骤

血液是最重要的法医学物证。在鉴定中新鲜的血液很少，而更多的是血痕。例如，在凶杀、斗殴、抢劫、灾害事故等现场，致伤物、受害人、犯罪嫌疑人的衣物上常能发现血痕。因此，血痕检验具有重要的意义，可为案件侦查提供线索，为审判提供依据。血痕检验要解决的主要问题有：送检检材是否为血；是人血还是动物血，如是动物血，是何种动物血；血痕的个人识别；其他检验，如出血部位、出血时间及出血量的推断等。血痕检验一般包括肉眼检查、预试验、确证试验、种属鉴定血型检测、遗传标记测定、性别鉴定及其他检验（如出血部位、出血时间、出血量等的推断）等步骤。

三、血痕检验的方法

（一）肉眼检查

肉眼检查是血痕检验的第一步，观察的内容为血痕存在的部位、颜色、数量、形态及范围等，借以推测案件的性质、发案时间、案件发生的过程、被害人与加害人双方搏斗情况、加害方式以及加害人的现场活动情况等，帮助侦查人员重构案件的发生过程。无论是现场上发现血痕还是送检都要作详细的记录、绘图、照相等，以便备案。常见的血痕形态可分为滴落状、喷溅状、擦蹭状、流注状、血泊等。

（二）血痕预试验

血痕预试验又称筛选试验，目的是对现场收集来的可疑血痕进行筛选，对留下可能是血痕的检材做进一步检验。血痕预试验的方法有联苯胺试验、四甲基联苯胺试验、酚酞试验、氨基比林试验、孔雀绿试验、血卟啉试验、鲁米诺试验等。联苯胺试验是迄今最常用的血痕预试验，因此重点介绍。

（1）原理。利用血痕中的血红蛋白或正铁血红素具有的过氧化物酶活性，使过氧化氢释放出新生态氧，并将无色联苯胺氧化为联苯胺蓝。

（2）方法。剪取或刮取微量检材置于白瓷反应板上，或用滤纸轻擦斑痕。依次滴加冰醋酸、联苯胺无水乙醇饱和液各1滴。1～2分钟后无蓝色反应，再加3%过氧化氢1滴，立即出现蓝色为阳性反应；若不出现蓝色，则为阴性反应。

联苯胺试验最大的特点是灵敏度高，血液经过稀释50万倍，试验仍可能呈阳性结果。所以联苯胺试验阴性结果可以否定是血痕检材。但氧化剂和生物源性物质也能使联苯胺试验呈阳性，因此，阳性结果只能说明检材可能是血痕，不能肯定为血痕。所以联苯胺试验的意义在于阴性结果，阴性可以否定血痕，除非血痕中的血红蛋白或其衍生物已经彻底被破坏。联苯胺能够破坏血痕，不能再进行后面的检测，因此试验时不要将试剂直接滴在衣服或其他检材的斑痕上。

（三）血痕确证试验

确证试验是对预试验阳性的检材进一步确证是否为血痕，一般通过检验血痕中的血红蛋白及其衍生物来确定。阳性反应可以认定是血痕。但由于试验的灵敏度较低，微量血痕不易检出。血痕条件较差，受污染、日晒、雨淋、腐败等影响也难以检出。因此，阴性反应并不能排除血痕。确证试验的方法主要包括血色原结晶试验、氯化血红素结晶试验、光谱检查等。

1. 血色原结晶试验

（1）原理。血色原结晶试验又称高山结晶试验。血红蛋白在碱性溶液中分解为正铁血红素和变性珠蛋白。在还原剂作用下，正铁血红素还原为血红素，同变性珠蛋白和其他含氮化合物（如吡啶、氨基酸等），结合形成血色原结晶。

（2）试剂。由10%氢氧化钠3ml，30%葡萄糖3g，吡啶3ml，蒸馏水13ml混合组成。

（3）方法。剪取或刮取少量检材，置载玻片上，用针分离成细纤维，盖上盖玻片。加1～2滴高山试剂，室温下静置10分钟后镜检。出现樱桃红色星状、菊花状或针状结晶，即为阳性。不出现结晶，为阴性反应。

血色原结晶试验的特异性好，目前未发现任何其他物质，经过同样处理，能形成该樱桃红色结晶。因此，凡试验阳性可以肯定是血痕。试验的缺陷是灵敏度低，血液经过稀释200倍就难以得到典型的血色原结晶。

2. 氯化血红素结晶试验

（1）原理。血红蛋白受酸性作用，分解产生正铁血红素，其与氯离子反应生成氯化血红素结晶。

（2）方法。取检材少许置玻片上，分离成纤维状。加氯化钠少许，用玻棒压碎并与检材混合，盖上盖玻片，滴加冰醋酸1～2滴，在酒精灯上微加热，至出现一两个小气泡时即移开，待冷却后镜检。有褐色菱形或针状结晶为阳性反应。阳性可确证为血痕。此试验的特异性好，但灵敏度低。

3. 吸收光谱检查

有色物质能吸收一定波长的光线，日光经过被检测物质，其中某些特定波长的光线被吸收，光谱上便出现黑色吸收线条。血液中主要成分血红蛋白及其衍生物均为有色物质，对光线具有很强的选择性吸收能力。根据这种特性在分光镜下检查有无特定的吸收线，可确证检材是否是血痕。该实验具有操作简便、可靠等优点。

（四）种属鉴定

当可疑斑痕确定为血痕后，应确定其种属来源，明确血痕是人血还是动物血，必要时还需确定是哪种动物血。血痕的种属试验是血痕鉴定的一个关键，因为动物血中含有某些与人血液遗传标记类似的物质，如A及B抗原，若不进行种属鉴定，直接测定血痕的ABO血型，可能误将动物血判断为人血。即使采用DNA分析作个人识别，仍必须确定血痕是人血后才能做DNA分型检测。

血痕种属鉴定有许多方法，包括血清学方法、细胞学方法、分子生物学方法及生物化学方法。以血清学的沉淀反应最为简便实用。沉淀反应是一种经典的免疫反应，可溶性抗原与相应抗体发生特异性结合，当抗原抗体比例适合时可形成肉眼可见的抗原抗体复合物沉淀。

（五）血痕ABO血型检验

确证人血痕后，便可进行血型测定，以作个人识别。每一种血型根据其基因分布频率的不同而具有不同的识别能力，并且对一份样品检验的血型系统越多，累积识别能力越高。在实际应用中要首选血型物质在较复杂的外部环境中能较稳定存在，检验方法标准化并具有很好的识别能力的系统。

较新鲜的血痕，可立即用生理盐水浸出，按新鲜血液的血型测定法检验。大部分干燥、陈旧或受到一定程序污染的血痕，许多血型物质已破坏，难以检出。血痕越陈旧，能检出的血型物质越少。检出血型物质的多少，也与血痕量有关。目前新技术的不断建立和应用，使血痕的血型鉴定项目不断增加，个人识别的能力也有了大幅度提高。

红细胞膜上有凝集原(即A、B、H抗原),血清中有凝集素(即抗A及抗B抗体),故测定ABO血型,有两种途径:测定凝集素与测定凝集原。两种测定结果互相参照,可使结论更为可靠。血痕与新鲜血液不同,因为干燥使红细胞变形或破坏,以致没有游离的红细胞,不能用直接加抗血清的方法观察凝集反应;由于干燥,血清中液体成分消失,无法分离血清作测定用,所以测定技术也有所不同。

1. 血痕凝集素的测定

(1)原理。凝集素是一种免疫球蛋白,对外界因素(温度、湿度、阳光暴晒、腐败等)的抵抗力弱,容易被破坏。如将血清置于65℃～70℃数分钟即可破坏凝集素,暴露在室外的滤纸上的血痕,经日光暴晒或露水淋湿,一天后便不能测出凝集素。陈旧血痕的凝集素大多已消失。室内装于信封内保存的滤纸血痕凝集素能测出的时间,最长可达31个月,最短为1周。但对一个检材血痕,并不能预言能否检出凝集素。故一般检材,均应作凝集素测定,并应尽快进行。

测定时可用生理盐水浸渍检材,干燥了的凝集素逐渐被溶出,与已知的相应红细胞相遇时便出现凝集反应。根据凝集情况便可判断血痕中存在的凝集素。检测的方法有玻片法、试管法及浓缩法,其中玻片法较常用。

(2)操作方法

①玻片法。剪取2mm×2mm的人血痕3块(若系血痂,则用小刀刮下大小1mm×1mm的完整薄痂3块),分置于载玻片上,标记A、B、O;按标记各加0.1%A型、B型、O型红细胞1滴浸湿检材,盖上盖玻片,继续加红细胞悬液至布满盖玻片,然后将玻片置保湿盒内;每隔5～10分钟取出镜检一次,直至发生凝集或红细胞变形为止(一般在4小时内未见凝集,便不能再发生凝集)。由于血痕蛋白质逐渐溶解于盐水,使检材周缘的蛋白胶体浓度逐渐增高,驱赶红细胞向外围移动,故在检材周围形成一圈空白带。观察时要沿着空白带外围察看有无红细胞凝集。如不能确定是真凝集还是假凝集(红细胞过多堆积所致),则可用针或玻棒轻压盖玻片,边压边观察:若系真凝集,则红细胞团块成堆地移动;若系假凝集,则红细胞分散移动。还可以用显微镜下观察凝聚。

②试管法。先取适量检材剪细后置试管内,加少量生理盐水浸泡,置冰箱过夜。再取上清液分置3只试管内,按标记各加0.1%A型、B型、O型红细胞悬液1滴,离心1分钟,观察凝集情况。

由于凝集素容易破坏,只有阳性结果才有意义,说明检见某种凝集素。若未检见凝集素,并不能否定凝集素的存在。如未检见抗A及抗B两种凝集素时,只能推理认为检材系"AB型",还需进行凝集原测定,检出A和B两种凝集原时,才能确定为AB型。同样,仅检出抗A或抗B一种凝集素时,也必须与凝集原测定结果吻合。因为O型血痕的抗A或B凝集素之一可能先遭受破坏。

在凝集素测定时,检材与O型红细胞不应发生凝集,否则不能判断。如果检材与

O 型(或 A、B、O 三型)红细胞发生凝集,表明检材或试剂被细菌污染或检材混有动物血。遇此情况,应查明原因,避免误判。

总之,由于凝集素的脆弱性,凝集素测定只作凝集原测定的辅助检查,单从凝集素的检见与否,不能作血型的判定。

2. 血痕凝集原的测定

A、B、H 血型物质是一种多糖体,对干燥和高热(甚至 150℃ ~170℃)有较强的抵抗力,并有高度耐久性(可达 50 年以上),当红细胞变形或细胞膜碎裂,其上血型物质仍能保持与相应凝集素特异结合的能力。因此,A、B、H 血型物质的检测就成为血痕 ABO 血型鉴定的重点。常见的有吸收试验、解离试验、混合凝聚试验与标记抗体法等。

(1)吸收试验

吸收试验又称吸收抑制试验或凝集抑制试验。这是经典的血痕 ABO 血型检测法,容易掌握且结果较准确,缺点是所需检材量较大、试验时间较长。

①原理。血痕中的血型物质可以从抗血清中吸收相应的凝集素,如 A 型物质可吸收抗 A 凝集素,B 型物质可吸收抗 B 凝集素。将被检血痕分别加已知效价的抗 A、抗 B 血清进行吸收,血痕中的血型物质便与相应的凝集素特异性结合,使抗血清中该凝集素效价减低甚至消失。吸收后再用相应红细胞测定其效价,便可判断血痕的血型。吸收试验用的抗 A、抗 B 凝集素,其效价要与血痕中血型物质的效价相适应。实践证明,血痕中凝集原的效价一般是 16 ~32,故所用的抗血清效价也应调整为 16 ~32。还应注意,衣物上的汗渍、细菌及其他物质(包括衣物本身)也可吸收抗血清中的凝集素,故须取血痕周边的检材作对照。

②结果判断。经血痕吸收后,抗 A 或抗 B 血清效价降低越显著;血痕中有相应凝集原存在的证据越充分。判断的标准是:当对照正确,血痕与无血检材的凝集管数相差 3 管(即效价相差三级)或以上时,才说明被检血痕含有相应凝集原。抗 A、抗 B 两种凝集素均未被吸收,即未检见 A 和 B 两种凝集原,推断应系 O 型。但有时不能排除因血痕过于陈旧或其他原因致使含有的凝集原遭受破坏,故应慎重考虑。

如确系 O 型,可检见抗 A 和抗 B 凝集素(见"凝集素的测定");也可用抗 H 试剂进行测定,O 型红细胞含 H 抗原最多,可吸收抗 H 抗体。经充分吸收后,再用 1% O 型红细胞测定抗 H 效价降低程度,如果与无血检材对比降低三级以上,即证明被检血痕确系 O 型。

(2)解离试验

解离试验是在 20 世纪 60 年代后应用于法医学血型鉴定的,现已普遍采用。解离试验还可作毛发、指甲、骨骼和体液、分泌液的 A、B、O 血型测定,以及 MN、Rh 等血型系统的测定。该试验的优点是:灵敏度高,节省检材,可检出 1.5ug 血痕(约 4mm 长的含血纤维);节省时间,半天内可重复数次而得出可靠的结论;一次试验可同时检测数份检材；所需设备简单。

原理：在适宜温度下（ABO 血型系统最适温度为 4℃）血痕中凝集原可与相应的凝集素特异结合，这种结合在一定条件下（如加热至 56℃温箱内 5～10 分钟）又可分离而释放凝集素。然后用相应的新鲜红细胞测定解离液中凝集素，从而判断血痕的血型。由于凝集素先被凝集原吸附，而经加热后又解离。故此试验又称吸附解离实验。

解离试验只有在对照实验完全正确时，结果才有意义。但即使如此，有时对照准确，但因对照与检材血痕所附基质不同（质地、粗细不一），仍有错判的可能，应特别小心。表中“O”的意义同吸收试验，仅表示来检见 A 及 B 血型物质。是否真正 O 型，还要辅以凝集素测定，检见抗 A 及抗 B 凝集素，或再用抗 H 试剂作解离实验进一步确定。解离试验的操作还有蛋清黏附法、凹玻板法以及酶致敏红细胞作指示细胞等方法。

（3）混合凝集试验

混合凝集试验又称血型的双重结合反应。本法灵敏度极高，可检出一根含血微纤维或单一细胞的血型。试验要求较高效价（256 倍以上）的抗体。

①原理。本法原理与解离试验相似，抗原（血痕或上皮细胞、精子的凝集原）与相应抗体（凝集素）发生特异结合（一次结合）后，不用解离，直接加指示红细胞，即可与抗原上已吸附的相应抗体结合（二次结合），结果是抗原—抗体—红细胞三者的结合，据以判定血型。如系血痕，显微镜下可见红细胞如同串珠样附着于血痕纤维上。

②结果判定。同解离试验。

（4）标记抗体法

标抗体法是查明抗原存在的极其有利的方法。已引入法医物证检验的有荧光抗体法、铁蛋白抗体法、同位素标记抗体法和酶标抗体法等。其基本原理是标记物质（如异硫氰荧光素、铁蛋白、碘、辣根过氧化物酶等）能结合到抗体蛋白上（直接法用凝集素球蛋白，间接法用羊抗人 IgG 或羊抗兔 IgG 等），而不影响抗体与抗原的特异性结合，然后用特殊方法显现标记物质，借助标记物质显现与否，判断是否含有相应的抗原，从而判定检材的血型。目前最常用的是斑点 ELISA（Enzyme Linked Immunosorbent Assay）法。

（六）血痕的酶型检验

酶是一种具有催化化学反应功能的蛋白质，它广泛存在于人体组织、器官的细胞和体液中。同工酶即同一种酶在不同的个体之间表现出一定的分子结构和理化性质的差异，这种由遗传基因所决定的具有遗传多态性的同工酶，是法医学进行酶型检验的基础。采用酶型检验可进行亲子鉴定和个体识别，酶型检验与红细胞血型及其他血型检验配合，可提高个人识别率和非父排除率。能用于法医学鉴定的酶型有 20 余种，而检案中常用的有 8～9 种。

（七）血痕的 DNA 分析

血痕 DNA 分析可作血痕的种属鉴别、性别鉴定以及亲子鉴定。

检测血痕的 DNA 多态性，可作个人识别及亲子鉴定。在做血痕 DNA 分析时应严格遵守操作方法，提取 DNA 时需除去检材杂质和过量的血红蛋白及亚铁血红素等，以免其抑制 DNA 限制性内切酶消化及 PCR 反应。可用 Chelex－100 处理血痕检材或在 PCR 反应液中加入人小牛血清蛋白等方法，消除血红蛋白衍生物、染色染料等影响，实验过程中要避免交叉污染，确保 DNA 检测结果的稳定性和可靠性。

（八）血痕的其他检验

1. 出血部位的判断

案件中，常常需要判断血痕为人体哪一部位出血。根据血痕中含有的人体组织细胞判断出血部位。例如：血痕中混有食物残渣、胃黏膜上皮细胞，可能是胃出血；鼻出血可带有鼻黏膜上皮细胞，也可附有鼻毛；肺内出血而咳出的血，新鲜时可见血颜色鲜红，伴有大量泡沫，血痕中可查见呼吸道黏膜的纤毛柱状上皮细胞或结核杆菌；月经血常混有大量脱落的子宫内膜组织和阴道上皮细胞；内脏创伤出血，有时混有该脏器组织细胞。偶有需鉴别蚊、虱等昆虫吸人血后被打死留下的血痕，可见昆虫鳞片或虫体碎片。

2. 出血时间的判断

由于血迹会受到现场环境条件的影响，因此判断现场血迹的出血时间存在一定困难，我们只能根据各个案件的不同情况进行分析，作出大概时间的判断。

出血后，一般经过 5～6 分钟血液便发生凝血。血量多，凝得快，少则慢。经 24 小时凝血块完全收缩，析出血清，如果干燥，可见血清痕迹，而血块将明显地缩小。血痕中蛋白的溶解度随血痕陈旧度而降低，如果 3 个星期左右的血痕，浸入水中还可以马上开始溶解。

判断出血时间主要从颜色、干燥程度来进行。新鲜血液一般呈暗红色，浸出液在显微镜下可见红细胞，红细胞经过一定时间逐渐被破坏，血迹随着时间的延长逐渐改变其颜色，颜色由暗红→红褐→褐绿→褐黄→灰色。这种颜色的变化是由于血红蛋白在光作用下形成正铁血红蛋白、再形成正铁血红素的缘故。

一般在非直接阳光照射下，放置数周至数月的血痕能保持红色至红褐色，数年变褐色以及灰褐色；在弱阳光下，数周后呈灰色；在阳光直射下，数小时即呈灰色。可根据血痕浸出液吸收光谱的变化，判断血红蛋白演变情况，估计血痕的陈旧度。在分析时还必须结合现场上其他痕迹、物品、尸体现象等情况综合判断。

3. 估计出血量

如果血痕载体为不吸水的物体，如玻璃、金属板等，可根据干血量直接推算血液量。鲜血与干血的比率为 1000:211。如果载体为吸水物，如泥土、布等，则用间接法计算。取血痕和等大的纯载体各 1 块，称量后计算差值，再按血痕总面积及上述比率估计出血量。还可测定血痕浸出液的氮量、血红蛋白及衍生物的量等估计出血量。估计出血量对判断死因、尸体现场是否为原始杀人现场及受伤后活动能力均有一定的帮助。

4. 血痕性别的判定

判定血痕性别的方法主要有以下几种：一是测定其中有核细胞的 Y 染色质；二是检测细胞核上的染色质；三是利用放射免疫分析法（radio immuno assay，RIA）；四是 DNA 分析测定血痕中性激素含量。近年来，有人应用 Y 染色体特异性 DNA 探针分子杂交技术及性染色体特异 DNA 体外扩增技术等来检测性别。

第二节　精斑、混合斑、唾液斑的检验

一、精液（斑）的检验

（一）精液的组成及理化性质

精液主要是由睾丸产生的精子及由前列腺、附睾、精囊尿道球腺和尿道旁腺的分泌物混合的精浆组成的。精浆的量占精液总量的 99%，其中以前列腺分泌物为最多。精浆中混悬的精子，占总量的 0.1%。此外还有睾丸细胞、淋巴细胞、前列腺卵磷脂小体、玻璃小体、脂肪球、蛋白颗粒、色素颗粒及各种形态的精素结晶等。精液的水分占 90% 以上，固体物质占 10%，固体物质中有机成分占 6%，无机成分占 4%，精液中有机成分包括多种蛋白质、氨基酸、胺类、脂类、多种酶类等，其中含量较高的氨基酸有丝氨酸、苏氨酸、脯氨酸，3 种氨基酸占总量的 50%。新鲜精液为乳白色的黏稠液体，有特殊气味。成熟精子形态似蝌蚪状，分头、颈、尾三部，全长 50 ~ 70um，头部正面观呈卵圆形，侧面观呈扁平型。头部主要由致密的精子细胞核和顶体组成，中间部由颈部和结合部组成，尾部细而长。

（二）精斑的肉眼检验

肉眼检验的目的是发现可疑精斑，确定其所在部位及分布情况，以便准确取材，提高检出阳性率。精斑多附着于衣、裤、被褥、毛巾、纸张、草席、床板以及女性外阴部或大腿内侧等。精斑外观常因附着物不同而有差异。深色布类上的浓厚精斑，呈灰白色糨糊状斑迹，偶可见结痂，较稀薄的精斑则不易察见。浅色布类上，精斑多呈黄白色地图状，边缘色深，以手触之有硬感。

用放大镜检查，可在布纤维表面或中间见黄白色小鳞片。体表精斑常呈鳞片状。新鲜精斑有特殊臭味。检查精斑时，需记录斑痕的数目、位置、形状、大小、颜色等，并依次编号。

(三)精斑的实验室检验

包括精斑的预试验、确证试验、血型检验、酶型检验、血清型检验、DNA 分析、混合斑的检验等。用于筛选可疑精斑的方法很多,如结晶试验、酸性磷酸酶试验、锌离子检出法等。精斑的确证试验有形态学检验、免疫学检验及生化检验。

1. 新鲜精液的检验

新鲜精液检验除精液量、颜色、酸碱度,液化度等一般理化性质外,更重要的是精子的数量、活动度、形态等。在评定精液检验结果时,至少要检查 3 次,采集精液前 1 周内避免性交。

2. 精斑的预试验

预试验的目的是筛选可疑精斑。预试验的方法比较简单,灵敏度高,但它检出的成分都不是精斑中特有的,预试验阳性结果仅提示斑痕可能是精斑。现介绍几种常用的预试验方法。

(1)紫外线检查

精斑中的黄素在紫外线(波长 400 ~ 500nm)下发银白色荧光,斑痕边缘呈紫蓝色。用水洗过的精斑,在紫外线下仍发浅淡的点片状荧光。阴道分泌物、尿液、鼻涕、唾液、乳汁、脓液、肥皂斑、植物汁液、含荧光素的各种载体等在紫外线下也能发与精斑类似的荧光,故紫外线检查阳性结果表示斑痕可能是精斑。精斑过于淡薄或陈旧或受其他物质污染,均可无荧光发生,故阴性结果不能轻易否定精斑。此法简便,不损害检材,可在肉眼不能辨识时作定位用。

(2)酸性磷酸酶检验

精液的主要成分前列腺分泌液中含有大量酸性磷酸酶,每毫升 540 ~ 4 000 单位,较其他体液、分泌液及脏器的含量高 100 倍以上(每毫升阴道液含酸性磷酸酶 2 单位,尿液 1.2 单位,血液 2.9 单位,唾液 0.05 单位)。除人的精液外,其他动物精液及一些蔬菜、水果也含酸性磷酸酶,但含量较低。除灵长类外,其他动物精液酸性磷酸酶含量均小于每毫升 12 单位。此外,某些避孕药酸性磷酸酶检测也呈弱阳性反应。精斑中酸性磷酸酶相当稳定,对腐败及高热有较强的抵抗力,夏日室温放置 8 周的腐败精液及 125℃加热 30 分钟的精液仍能检出其酶活性,但 200℃加热 5 分钟则酶活性丧失。检验酸性磷酸酶的方法很多,常用磷酸苯二钠试验。

①原理。精液中的酸性磷酸酶可分解磷酸苯二钠,产生萘酚,后者经铁氰化钾作用与 4 - 氨基安替比林结合,产生红色醌类化合物。

②试剂。柠檬酸缓冲液:柠檬酸 1.4g,1N 氢氧化钠 12.5ml,磷酸苯二钠 0.2g,4 - 氨基安替比林 0.6g,蒸馏水加至 100ml。显色液:1mol/L 氢氧化钠 16.7ml,碳酸氢钠 1.41g,铁氰化钾 3.6g,蒸馏水加至 100ml。以上两种液体冰冻保存,可用数月。

③方法。取可疑斑痕少许(0.1cm × 0.1cm,最好取斑痕周围部分)置试管内,加缓冲液 3 ~ 4 滴,置 37℃温箱内 5 ~ 10 分钟,加等量显色液,立即出现红色为阳性。颜色

深浅反映检材中含精液的浓度，浓度愈高，颜色愈深红，浓度过高可出现红色沉淀。呈橙黄色为阴性；同时剪取无斑痕处检材及已知精斑作阴性与阳性对照。

酸性磷酸酶试验灵敏度很高。稀释20 000倍的精液或含有少量酸性磷酸酶的物质均可呈阳性反应，被水洗过的淡薄精斑，只要适当延长缓冲液温浸时间（约15分钟），仍可呈阳性反应。10余年的陈旧精斑也可被检出。

（3）碘化碘钾结晶试验

①原理。精斑中卵磷脂析出胆碱，遇碘可形成过碘胆碱结晶。

②试剂。碘2.54g，碘化钾1.65g，蒸馏水30ml。

③方法。取少许检材置玻片上，分离纤维，加1～2滴弗劳兰斯氏试剂，覆以盖片。检出现褐色或褐红色针状、菱形、长矛状结晶为阳性反应。该结晶不稳定，于生成后1～2小时可自然消失，再加试剂又复产生。

此试验灵敏度不高，精液稀释400倍以上呈阴性。精液混有大小便，血液或其他化学药品时，将妨碍结晶的生成。精斑太新鲜（卵磷脂未分解成胆碱）或稍陈旧（2个月以上）、经水洗、细菌污染均可呈阴性结果。本试验阳性也不是精斑的特有反应，凡含有胆碱的物质，如阴道液、鼻涕、唾液、脓液及肝、肾、肾上腺浸液，甚至某些昆虫或植物等均可形成类似的结晶。故只能作为精斑的预试验。

3. 精斑的确证试验

精斑确证试验是检验精液中的特有成分，其阳性结果可以确证精斑。近几年精斑的确证试验进展较快，方法很多，主要有以下三类方法：精子检出、免疫学检验及生物化学检验。

（1）精子检出法

检出精子是认定精斑最简便、最可靠的方法。不需特殊试剂和仪器，基层实验室广泛采用。精斑中的精子是相当稳定的，陈旧精斑也能检出精子。最长可达10多年。镜下观察是无色的，一般情况下，精子头部有折光，尾部很细且易断离。在精子数量少时，有时也难以根据少数精斑确定。因此，在实际工作中，应选择合适浓度的浸液及适当的染液，以提高检出率。

①检材处理。取可疑精斑检材1.5cm×1.5cm，剪碎，置试管内，加生理盐水约0.5ml，置室温下2小时，用玻棒翻动挤压检材，然后置4℃过夜，吸出全部浸液，置另一试管内，2 500r/min离心5分钟，上清液留作抗人精液沉淀反应和中和试验；沉渣涂片，干燥后甲醇固定，染色，检验精子。过于陈旧的精斑，盐水浸渍不易分离精子，可用5%～10%氨液，或用0.8%盐酸、醋酸、胰蛋白酶等浸渍12～24小时，亦可用超声波处理法使精子由检材纤维上脱落。精斑浸液沉淀物涂片用一般固定法，在染色过程中，精子易脱落，可在涂片干燥后，浸入0.5%火棉胶溶液数分钟，自然干燥后染色。

②染色方法。精子染色方法很多，单一染料有藻红、亚甲蓝、苏木素等。这些染色方法虽简单，但将精子和基质都染成同一颜色，较难观察，所以法医物证实验室都采用

复染法，如 HE 染法、酸性品红亚甲蓝染色法、Loftier 染色法及酸性品红靛蓝、胭脂红或伊靛蓝等染色法。其中以 HE 染色法最常用。

人的精子与动物的精子形态不同，且精子形态稳定，不易受其他因素影响而改变，所以得到一个完整的典型精子，即能确证为精斑。但陈旧精斑被浸渍处理过分粗暴，常只检见精子头部，此时必须与阴道滴虫、酵母菌等鉴别。典型的精子头部呈椭圆形，在 HE 染液中有其着色特点；而其他植物细胞、细菌、阴道滴虫等则多呈圆形，染色均匀一致。若有典型的精子头部也可确证为精斑，如精液混有阴道液则可见大量阴道上皮细胞。

新鲜精斑还可采用直接染色法检出精子，剪取斑迹处纤维少许，放载玻片上，加生理盐水 1 滴，将纤维浸软，分离，加藻红等染色液 1 滴，盖上盖玻片置显微镜下检查，在纤维上或其周围发现已经着色的精子。

有报道，性交后阴道内 3 ~ 8 小时，宫颈 2 ~ 5 天，子宫、输卵管 1 ~ 10 天的内容物片可检见活精子；阴道内 3 ~ 9 天，宫颈 17 天的内容物涂片可检见死精子。若被害人被奸后即行走，检出期限短；若被害致死，检出期限长。在活体阴道内，精子检出期限一般为 1.5 ~ 2 天(有报道可长达 10 天)。尸体阴道内的精子不仅数目多而且保存时间长，形状多半完整，最长的检出时间可达 3 周左右。

(2)免疫学试验

制备各种抗人精液特殊成分的抗血清，检测可疑精斑中的抗原成分，以确证人精斑。该试验灵敏度高，特别适用确证输精管结扎术者和精子缺乏症患者的精液。常用的方法是抗人精液血清沉淀反应。

①原理。用特异性抗人精液血清与可疑精斑检材浸液进行沉淀反应，出现白色沉淀线则为阳性反应，证明检材含有人精液。抗人精液沉淀素血清，是用人的精液作免疫原制备而成。人类精液成分复杂，所含抗原多达几十种甚至上百种，绝大多数精浆抗原不是精浆特异的，与人类其他体液、泌液有共同的抗原决定簇。因此，用人精液免疫动物获得的粗制抗人精液血清特异性较差，必须用人初乳、唾液、血清、阴道液等混合物吸收除去交叉反应抗体，方能获得有良好特异性的抗人精液血清。用该抗血清与可疑斑痕浸液做沉淀试验，可以肯定人精斑。

②方法。抗人精液血清与检材生理盐水浸出液作环状沉淀反应、琼脂双向扩散试验及对靠免疫电泳，均可用于鉴定待测精斑是否人精斑，阳性反应说明待测检材是人精斑，阴性反应则证明不是人精斑。做试验时，应用已知人精斑作阳性对照，检材无斑迹部位作阴性对照。具体操作同血痕种属鉴定。

本法灵敏度较高，并具种属特异性，检出率远比精子检出法为高。如系较新鲜的精斑，沉淀反应强阳性；而无精子检见，则可认定该精斑系无精子或输精管已结扎者的。

(3)生物化学检验

主要检测一些在精液中含量高、活性强、有特征性的酶。如电泳法检测乳酸脱氢酶X区带，该区带存在人精子，精子越多，X区带越明显。也可检测亮氨酸氨基肽酶（LAP）、甘氨酰脯氨酸二肽氨基肽酶（GDPA）等确证精斑。

（4）精斑的血型测定

ABH血型物质是糖蛋白，也以水溶性形式存在于人的体液、分泌液中。分泌型精液中的ABH血型物质的含量远比红细胞中多，且耐热，常用中和试验、解离试验、混合集试验等方法检测；非分泌型精液由于ABH血型物质含量少，需用灵敏的ELISA（Enzyme Linked immunosorbent assay）法检测。

二、混合斑检验

混合斑是指两名或两名以上个体的体液、分泌液混合形成的斑痕。混合斑可以分成两大类：一类是由不同个体的同一种体液、分泌液混合而成，最常见为混合血痕；另一类是由不同个体的不同液体，分泌液混合而成，最常见为精液与阴道分泌液组成的混合斑，其次为精液、阴道分泌液与血液、血液与汗、血液与唾液、血液与尿液、唾液与汗等的混合。混合斑痕在刑事案件并不鲜见，对这类法医物证检材的检测，由于受到混合成分的种类、混合的个体数以及不同个体来源的成分所占比例等因素的影响，检测结果的分析较单一斑痕要复杂。

（一）混合斑检材常见情形

（1）性犯罪案件检材，包括阴道拭子、内裤、卫生纸、床单、犯罪嫌疑人外生殖器拭子等相关检材，这类检材一般都包含有精子及阴道上皮细胞，属男、女个体成分的混合物。

（2）多人受伤的现场血迹，凶器、当事人身上或衣物上的血痕，多为两个或两个以上个体的混合血痕。

（3）咬痕拭子含有咬者的口腔上皮细胞和被咬者的皮肤细胞。

（4）指甲垢，可能含有本人和被抓者的细胞。

（5）血衣有另一个人的汗液、唾液或尿液等，案件中常见的是混合精斑和混合血痕。

（二）检验混合斑方法

目前检验混合斑的方法有两类：一类方法是将混合斑痕中成分分离。例如，采用差异裂解细胞的办法分离混合精斑中的精子和阴道上皮细胞，然后再分别分型鉴定。另一类方法是将混合斑痕中所有的遗传标记都检测出来，然后与案件相关的个体进行对比对分析。多年的实践说明，差异裂解细胞方法是一个比较实用和可靠的技术，能够基本解决精液阴道液混合斑痕的鉴定问题。

实际案件调查中比较难办的是轮奸案件中的混合精斑、凶杀案件中的混合血痕的个体识别问题。

目前的混合斑痕的检验主要采用DNA分型技术，首先是因为检测灵敏度高，其次是DNA遗传标记的多态性程度高，是解决混合斑痕个体识别的主要有效手段。

混合斑检验首先要确证检材是否为混合斑,然后通过对混合斑中各组分的遗传标记分型检测,最终达到个人识别的目的。混合斑中的遗传标记来源于多名个体,是各名个体的遗传标记的总和。在案件调查中应尽可能地了解案情,提取与案件相关人员的血液或唾液材料,作为参比样本,尤其是混合精斑和混合血痕的鉴定分析,必须与参比样本比对,才有可能推断出混合斑涉及的各个体遗传标记的型别。还应注意的是,现场检材和参比样本应尽可能地在同一条件下做DNA分型检测,包括提取DNA方法、检测用试剂盒、仪器设备条件等须保持一致,可以减少检测过程中的系统误差。

三、唾液(斑)的检验

(一)唾液的组成及理化性质

唾液是由唾液腺的分泌液组成。其中水分约占99.4%,其余为固体物。有机成分主要是黏蛋白,还有酶类(包括大量的唾液淀粉酶、麦芽糖酶等)以及糖蛋白血型物质等。唾液中除含有上述固有成分外,还混有口腔黏膜上皮细胞、食物残渣等。正常纯净的唾液无色、无味,接近中性(pH 6.6~7.1),低渗。正常成年人每天分泌唾液1000~1500ml,其分泌量及性质受精神因素及某些刺激的影响,与食物种类有关系。例如:吸烟者唾液中硫氰酸化合物明显增多;患龋齿时,唾液中乳酸含量增加。

唾液斑的检验首先解决是否含有唾液,再检测唾液斑的血型、性别等问题。唾液又是判定分泌型和非分泌型的检材,在进行混合斑、精斑检验时,应收集被害人及犯罪嫌疑人的唾液作对照检材。

(二)唾液(斑)的肉眼检查

唾液及唾液斑的检验在法医学检验中比较常见,在现场勘查时,唾液斑多遗留在烟头、果核、瓜子壳、杯口、手帕、口罩、咬痕、邮票和信封的贴胶处等处。唾液斑在白色背景上常显淡黄色,在紫外线下呈淡青色荧光。

(三)唾液(斑)实验室检验

唾液(斑)实验室检验包括唾液淀粉酶的检出、口腔黏膜上皮细胞的检查、免疫学试验等确证检验,以及ABO血型检验、酶和蛋白型检验、DNA分析、性别检验等个人识别的分型检验。检验时应作已知和空白对照。

四、其他人体分泌物、排泄物(斑)的检验

(一)汗液(斑)检验

在现场勘查中有时所提取的衣、帽、手帕、手表等物品,如果上面没有血迹,可考虑对浸渍在上面的汗斑进行血型鉴定。一般在帽子的前额和枕部、衣领、袖口和腋下部、内裤裆部、鞋、袜等都是汗斑较多的部位。

汗斑的确证试验是检出汗液中含量较高的丝氨酸。丝氨酸的检出与汗斑形成的时间和汗液量有关,因此每次检验汗液斑或汗液脂肪分泌物时,应当做几个不同量的斑迹,检查丝氨酸反应,以便得到准确的结果。

混有血液的汗斑或经洗衣粉或弱碱溶液浸泡过的有汗斑的衣物上,用丝氨酸反应

可以检出汗液,但用肥皂洗衣服能把斑迹中汗液完全洗净而不能检出。在进行汗斑检验时应该用已知汗斑做阳性对照。

汗液斑血型检验,在分泌型的汗液斑中能检出 A、B、H 血型物质,检验方法是解离法或混合凝集试验。这些试验还可以检验指纹的 ABO 血型。经过粉末处理的指纹多数不影响血型的测定。ABH 抗原在汗液分泌物中保存良好,1 年以上的陈旧指纹也可以测定血型。在有嫌疑对象时应取其指纹,以便了解汗液中 A、B、H 抗原分泌程度。对有上皮细胞的汗斑、汗液指纹,用 DNA 分析技术也能进行基因型鉴别和性别鉴定。

(二)尿液(斑)检验

尿液干燥后形成尿斑,其颜色一般成淡黄色,在深色物体上有时不太清楚。

确定可疑斑迹是否为尿斑,主要以检验氨、尿素及磷酸盐等尿中所含的化学成分为依据。用显微镜检查时,可以发现尿道上皮细胞、蛋白管型等,这对确定尿斑也有一定的意义。尿液中也含少量的 ABH 血型物质,可以对尿斑进行血型检验,其方法与汗斑血型检验相同。由于尿斑中含有上皮细胞,可以从中提取 DNA 进行 PCR 检验,测定某些基因座的基因型。此外,还可以进行性别鉴定。

(三)粪便(斑)检验

检验人的粪便(斑)可推测食物、消化情况和血型等。在发生案件现场有时提取到较为新鲜的粪便,可能是被害人或犯罪嫌疑人所遗留。在死者衣裤或褥上遗留粪便可以推断原始现场及死者在濒死期有大便失禁。

从现场上或被害人衣裤内提取的新鲜粪便,通过外观形态、颜色、臭味以及显微镜检验食物残渣、细胞、虫卵等可以认定。在室外日久风干的粪便,外观形态难以确认时,可以检验残渣中的各种成分,如淀粉颗粒、果皮、植物纤维、脂肪、未消化的肌纤维,寄生虫卵或虫体等即可确定为粪便。如残渣中混有大骨片和毛发时,应属于食肉动物粪便;粪便中发现初乳小体或乳汁液球,可以确定为婴儿的粪便。

由于粪便中含有体内的消化腺分泌的消化液,因此,可以从分泌型人粪便中检出 A、B、H 血型物质。但由于粪便中存在大量的细菌及其代谢产物,可以干扰血型检验的结果,所以利用粪便检验确定血型应特别慎重,以免造成结论错误。

(四)阴道液(斑)检验

在强奸案、奸杀案或可疑为强奸等案件中,提取受害人阴道内容物检验精斑,或从犯罪嫌疑人、被告阴茎擦拭的检材,检验阴道上皮细胞等对确定案件的性质和发现犯罪嫌疑对象都是具有重要意义的。

1. 细胞学检验

取可疑斑迹,经生理盐水浸泡,离心后取其沉淀物涂片,染色,镜检。阴道分泌物显微镜检查时可见有大量的或少量的有核未完全角化的上皮细胞,细胞大而扁平,形态不规则,多伴有锐角或呈卷叶状,而细胞核位于中央。阴茎的脱落上皮细胞也是扁平上皮细胞,但其核均固缩而消失,是无核的角化上皮细胞,而且边缘不整齐,多呈碎片，细胞大小不一。可以从细胞形态上区分女性阴道上皮细胞和男性阴茎上皮细胞。阴道分泌斑有时还可以发现阴道滴虫和阴道杆菌等细菌。还可用嗜碘试验来鉴别富含糖原的阴道上皮细胞。

2. 血清学和酶学检验

对于内裤上斑迹以及阴道内擦拭物。经酸性磷酸酶试验、抗人精血清试验或抗-P30血清检验均为阴性时，经细胞检查有阴道上皮细胞者可判定为阴道分泌物斑。如有特异的抗阴道分泌物血清作沉淀反应，可以准确判断混合斑迹中的阴道分泌物存在与否。

3. 血型检验

分泌型人阴道分泌物也含有 A、B、H 血型物质，以及有 PGM1、ESD、GLOI 等酶型物质。如果与精斑混合时会干扰精斑血型检验，在精斑血型检验之前，应通过唾液斑和血迹检验确定被收集阴道分泌物者本人的血型及分泌状态。

4. DNA 分析

通过对含有阴道分泌物检材中的上皮细胞的常染色质和性染色质 DNA 分析，能准确识别阴道分泌物的 DNA 基因型，对确定被害人和判断混合斑中精子的 DNA 型别有重要作用。

5. 性别检验

有时在男性衣裤上发现可疑的阴道分泌物斑迹，除进行细胞、血型检验外，还应进行 Y 染色质、X 染色质及 DNA 检验，以准确判定性别。

（五）乳汁（斑）检验

涉及妊娠、分娩、杀婴等案件的可疑斑迹，有时需要进行乳汁斑的鉴定。附在白色载体上的乳汁斑呈灰白色，初乳斑呈微黄色，触摸时有一定的硬感，有必要与精斑鉴别。判断是否乳汁斑，以浸出液中是否存在乳汁球或有核颗粒性桑葚状初乳小体，以及乳腺上皮细胞或少量白细胞等为据。如需要证明是否为人乳，可以将检材浸出液体与抗人血清沉淀素做沉淀反应，这是证明人乳最准确的方法。乳汁中含有与人血清一致的抗 A 或抗 B 凝集素，可以直接观察凝集反应，判定 ABO 血型。

（六）胎粪（斑）检验

胎粪是胎儿消化道中的羊水、表皮细胞、消化液、胆汁等组成的黏稠状粪便，呈绿色或暗绿色，于胎儿出生后 3～4 日排完。

胎粪无臭味。未干燥胎粪可直接涂片镜检，胎粪（斑）用生理盐水或甘油浸软后涂片镜检，可见扁平上皮细胞、脂肪颗粒，有时有很细小无髓质的胎毛、呈板状的胆固醇结晶以及胎粪小体。胎粪小体为圆形或椭圆形，无明显结构，被胆汁染成黄绿色或深褐色的小体，2～40um，有时呈颗粒状，可被伊红美蓝染色。加浓硝酸则由黄绿色变为绿色，继而显紫色或红色。

胎粪与羊水一样，含有丰富的 A、B、H 血型物质，可用吸收法、中和法进行检测。

（七）羊水（斑）检验

证明可疑斑痕为羊水斑，主要是根据扁平上皮细胞、胎毛以及胆固醇结晶等。其检测方法为：将羊水斑制成生理盐水浸出液，离心沉淀后，取残渣涂片镜检。也可用抗人沉淀素血清做沉淀反应，确定种属来源。羊水中含有丰富的A、B、H血型物质，来自胎儿，可直接采用吸收试验、中和试验、解离试验或混合凝集试验检测ABO血型。根据羊水中胎儿脱落的上皮细胞的X和Y染色质检验，可鉴别胎儿的性别。羊水中胎儿脱落细胞含脂类，用硫酸尼罗蓝染色，然后镜检胎儿脱落细胞与母体细胞的比例，判断胎龄，可用于30周内的胎儿。

（八）恶露斑检验

恶露为产后子宫、阴道的分泌物或渗出物。产后1～2天为血性，呈暗红色；3天后变为浆液血性，呈淡红色；8～10天为白色，一般10～20天消失。恶露中的特征性成分为绒毛细胞及蜕膜细胞，还有阴道上皮细胞、红细胞、白细胞等。证明恶露斑的主要方法是将其用适量生理盐水浸泡，将浸泡液离心沉淀后取残渣涂片镜检，寻找上述特征性细胞。必要时可用抗人蛋白沉淀素血清做沉淀试验，以确定是否为人的蛋白质，也可进行ABO血型检验。

（九）痰迹、鼻涕斑检验

痰为呼吸道黏膜上皮的分泌物，其中含有黏液、淋巴细胞或少量黏膜上皮细胞等。其性状、颜色、浓淡等受人体健康状况的影响。鼻涕为鼻腔黏膜分泌物，含大量黏液、少量淋巴细胞及鼻黏膜上皮细胞，也可混有鼻毛以及灰尘。痰及鼻涕中均含有A、B、H血型物质，可作血型测定。其检测方法与唾液斑相同。

第三节 毛发、骨骼与软组织碎片的检验

一、毛发检验

毛发又称体毛，是哺乳动物的特征之一。人体表面除手掌、足跖、指（趾）末节背面、嘴唇、乳头、阴蒂、小阴唇及阴茎体、包皮内面无体毛外，其他部位皆生有体毛。毛发检验在法庭科学实践中具有重要意义。

人类毛发是一种富有弹性的角质体，由表皮演化而来，具有在人体上分布广、特征多、抗腐败的特点。毛发在凶杀、强奸、抢劫等案件中易脱落遗留在现场，所以是重要的法医学检材。不同种属的动物毛各异，人体不同部位的毛发各有特征。根据毛发可以判定性别、测定血型，毛发中的元素组成及含量具有个体差异，是个人识别的重要依据。

（一）毛发的一般检验

毛发的一般检验是指对毛发外观形态的观察，包括毛发检材的根数、毛发的长度、

色泽、形状，以及有无毛尖、毛根等。

1. 毛发的结构及理化性质

(1)毛发的结构

毛发分为毛干、毛根、毛球、毛乳头和毛囊。毛发露在皮肤外面的部分称为毛干，毛干从轴心向外由毛髓质、毛皮质和毛小皮三层组成。

毛髓质在毛干的中央，占毛干直径的1/4左右，由退化的形状不同的上皮细胞组成，排列松弛，有含空气的气室。毛皮质位于毛干的中层，包绕毛髓质周围，由多层长梭形角化细胞组成，细胞沿毛发纵轴排，细胞内有角化的纤维和色素颗粒。毛小皮位于毛发的最外层，由薄而透明无核的高度角化的细胞组成，呈叠瓦状排列，细胞的游离缘指向毛尖，形成独特的锯齿状纹理。毛根是在皮肤内的部分，位于毛囊中，终止于毛球。毛球呈球状，其底部凹陷，形成毛乳头，该部位细胞具有正常的细胞核与细胞质，富于生长力，为毛囊和毛干的生长点。毛囊包围毛根，由表皮和真皮的结缔组织演化而成。

(2)毛发的理化性质

毛发富含角蛋白，其性质稳定，耐酸，但抗碱性能弱，抗腐败，可长时间保存。毛发的角蛋白含有18种氨基酸，其中含量较多的有胱氨酸、谷氨酸和亮氨酸、精氨酸、丝氨酸等，毛发中含有多种微量元素。微量元素的多少因个人的生活习惯、环境、性别、年龄、身体状况和疾病等因素而有差异。

2. 毛发的鉴定

(1)毛发与其他纤维的鉴别

大部分纤维与毛发从外观上存在明显的差异，较易区分。差异不明显的纤维需通过显微镜下观察等方法进行鉴别。

(2)人的毛发与动物毛发的鉴别

①毛发形态、结构的鉴别。人与动物的毛发在形态、结构上有明显的差异，显微镜下可明显地观察到。

②其他鉴别法。人与动物的毛发角蛋白电泳分型谱带有差异，采用IEF电泳法可以区分人与动物的毛发。此外，人与动物毛发的角蛋白结构不同，以人毛发角蛋白提取物为抗原免疫动物，制备出抗人毛角蛋白血清，用此种血清做沉淀试验也可以鉴别人毛与动物毛。

(3)人体各部位毛发的鉴别

根据毛发的长短、粗细、色泽、末端特征、横断面的形状、髓质的位置、表面附着物等特点加以判断。

头发：一般较长，中国人以直发、黑色或黑褐色居多，但可由于年龄变化、染发、烫发等因素而变化。头发直径25～125um。断面为圆形或类圆形，髓质居中。

胡须：是人体最粗的毛发，直径125～159um，断面呈三角形，颜色变化因年龄而异。

阴毛：呈弯曲状，多为S形或螺旋形，长度3～7cm，中国人以黑色或黑褐色居多，男性阴毛直径约 99 ~ 125um，女性为 105 ~ 150um，断面呈椭圆形，髓质偏心、连续。

腋毛：直状或弯曲状，长度 1 ~ 5cm，男性腋毛直径 79 ~ 102um，女性稍细。断面椭圆形，髓质宽。

眉毛、睫毛：短而粗，长度 lcm 左右，直径 42 ~ 120um，毛尖细，弯曲。

（二）毛发的血型检验

毛发中含有血型物质，也含有部分具有多态性的同工酶，毛发角蛋白也具有多态性，这些遗传性标记都可进行分型检验。

1. 毛发 ABO 血型检验

毛发 ABO 血型检验采用解离试验，试验原理与血痕检验法相同，但毛发在检验前须经清洗，用乙醚，或乙醇脱脂、脱水，并将毛发压扁，使髓质充分暴露后检验，并取已知血型的毛发做对照。

2. 毛发的酶型检验

带毛根、毛球的毛发可以做一些酶型检验，常做的有 PGM1、ESD、GLOI 等。处于生长期的毛发，毛囊部组织细胞的酶活性较强，休止期的毛发，其酶型活力钵弱。检验方法与血痕酶型检验法相同。

3. 毛发角蛋白分型检验

角蛋白是毛干的主要结构蛋白，采用电泳分析法得到的谱带可以分型。

（三）毛发的 DNA 多态性分析

提取其毛根和毛囊组织进行 DNA 分析，可认定是否某人的毛发。另外，可用毛干做线粒体 DNA（mtDNA）分析进行个人识别。

（四）毛发的其他检验

根据毛发的生长及随之而发生的毛发外形和组织结构的差异，可对毛发的年龄加以推断。检验毛发细胞的 X、Y 染色质，可以判断被检毛发的性别。对毛发中的各种微量元素及附着物的检验也可帮助推断个体职业和生活环境等。根据毛根和毛囊的情况、毛发断裂和变性的情况，可进行毛发损伤的鉴定。

二、骨骼碎片的检验

骨骼是体内最坚硬的器官，可分为颅骨、躯干骨、四肢骨等。牙齿在组织发生学中与骨骼同源，均来自广义的结缔组织。人骨骼的检验主要指骨骼的形态检验。

（一）骨骼检验

1. 骨骼检验的目的、意义

骨骼检验的目的，是对犯罪现场或生活环境中所发现的可疑骨骼或骨骼残片，进行法医人类学检验。检验的内容为是否为人类骨骼。若是人骨，还需要鉴别骨骼的性别、年龄、身高，以及颅骨复原容貌和颅像重合识别身源等。骨骼检验的意义是为无名尸骨案、碎尸案的侦查破案提供线索，为此类案件的司法审判提供科学依据。

2. 骨骼检验的方法

骨骼检验的方法是以人体解剖学为基础,应用人类学理论及人体测量学的方法对骨骼进行检验鉴定。如果骨骼是破碎的,还需使用考古学的方法对骨骼残片进行修复。对骨骼或骨骼残片进行检验鉴定的工作方法有两种:一是对无名尸骨案、碎尸案的骨骼或骨骼残片进行形态学观察做法医学鉴定。二是使用人体测量学方法对骨骼或骨骼残片进行测量,通过相应的回归方程对无名尸骨案、碎尸案的骨骼或骨骼残片做法医学鉴定。

(1)骨骼的形态学观察

骨骼的形态学观察包括骨骼大体形态及显微镜下显微特征的观察。确定骨骼性别的特征主要依据是骨骼表面的肌肉及韧带的附着点以及具有特别功能的解剖学特征。确定骨骼的年龄,主要依据是骨连接及骨骼关节的生理、病理学的形态改变。如果现场发现的骨骼残片很小,骨骼表面无法观察到有法医鉴定意义的解剖学特征,则需要通过制作骨组织磨片,观察显微镜下的骨组织学特征,确定骨骼残片是否为人骨,可以确定人类骨骼的年龄。

(2)骨骼的测量

骨骼的测量是依据人体测量学的方法进行的。人体测量学是人类学对骨骼研究的基本方法。在司法实践中,法医人类学对骨骼进行测量的主要目的是进行骨骼的种族、性别及身高的推断。法医人类学鉴定所需测量仪器种类相对较少,常用的有直脚规、弯脚规、骨骼量角器、测骨盆及软皮尺等。

(二)骨骼的收集与处理

1. 骨骼的收集

如果在现场发现人骨或可疑人骨要按下述程序进行骨骼检材的收集:

(1)确定骨骼遗骸的埋藏情况。详细记录发现骨骼地点的方位,自然环境以及尸骸的姿势、包裹物等。

(2)固定发现骨骼的现场。对发现骨骼的地点进行拍照、录像。

(3)骨骼的提取。提取骨骼时,应先提取四肢长骨末端的不规则小骨,再按头颅、躯干、四肢长骨的顺序捡拾骨骼。如果尸骨上附着有软组织,要一并提取。

如果有多具尸骸存在,每具尸骸及与尸骸有关的物品,要分别提取,记录并统一编号,便于通过遗物辨认尸骨的身源。

2. 骨骼的处理

在对骨骼进行检验前,要对提取的骨骼进行以下处理:除去残余的软组织,最常用的方法是用水煮骨骼以脱脂与漂白,进行骨骼的修复和骨骼残渣的处理。

(三)骨骼的实验室检验

1. 骨骼白骨化时间的鉴定

骨骼白骨化的时间是确定死者失踪时间的主要依据。确定骨骼白骨化的时间的主要方法有:根据骨骼软组织的存留及骨骼的侵蚀情况确定;根据骨组织学的特征确定;根据骨骼伴随的植物、昆虫的生长、发育的情况确定。骨骼白骨化的时间鉴定是法医的难点,涉及考古埋藏学、法医昆虫学、法医骨组织学等多个学科,在此不作详述。

2. 骨骼的种属和个体识别

骨骼的个体识别是骨骼鉴定的重点,主要内容如下:

(1)骨骼的种属鉴定

确定发现的骨骼是人类骨骼或动物骨骼。在生物进化过程中,脊椎动物的骨骼有相同的起源,但由于人类的骨骼与动物的骨骼完成的功能不同,所以结构也不同。

例如,人类是直立行走的,肢体的关节十分灵活,而动物是四足行走的,肢体的关节十分牢固。如果发现的骨骼体积较大,要区分动物骨骼与人骨骼并不难。但发现的骨骼体积很小时,要区分其是否属于人类是有困难的。人骨与动物骨除大体形态上不同外,在组织微细结构上也有差别。另外,骨质中含有蛋白成分,蛋白质具有种属间差异,因此可用抗人蛋白免疫血清做沉淀试验区别人骨与动物骨。

(2)骨骼的种族鉴定

确定发现的骨骼属于白种人、黄种人或黑种人。

(3)骨骼的性别鉴定

形态学方面,骨骼的性别鉴定以骨盆(耻骨)效果最好,其次为颅骨,最后为肩胛骨等其他骨骼。DNA 方面,根据骨髓细胞性染色质判断骨的性别。骨细胞、骨髓细胞及骨表面附着的软组织细胞,其细胞核内均可检出性染色质。检出 Y 染色质为男性,X 染色质为女性。具体方法参见血痕鉴别试验。

(4)骨骼的年龄鉴定

骨骼的年龄鉴定常用的方法有观察耻骨联合面、肋骨、胸骨、锁骨的关节面或软骨结合面的生理改变以及牙齿的磨耗等。

(5)骨骼的身高推断

骨骼身高推断以四肢长骨效果最好,其次为躯干骨和肢带骨,即上肢肩。

3. 死亡原因的骨骼鉴定

(1)确定骨骼是否存在损伤

鉴别骨骼的损伤是否为风化、温差、雨水冲刷引起或动物咬噬所致,或是否人为因素造成的骨骼损伤。

(2)确定损伤的原因,推断死因

确定损伤的原因是要在骨骼上找出造成损伤的因素。自然力在骨骼上造成的损伤比较表浅,骨裂呈不规则形。动物在骨骼上留下的损伤有对称性齿痕。人为造成的骨骼损伤,可以发现外力的作用点及相应骨折线。根据骨骼损伤的部位及程度,可以推断个体受伤的部位及程度,然后对死亡原因进行推断。

4. 人骨的血型分析

(1)人骨的血型测定

骨组织与人体其他组织一样含有ABH血型物质,且比较稳定。将骨锯成骨粉,用乙醚脱脂干燥后,用蛋清黏片法做解离试验,或做吸收试验均可检验其ABO血型。较新鲜的人骨髓可测定PGM1、ESD、GM型等,进行个人识别。

(2)人骨的DNA分析

从骨细胞核中提取DNA,进行DNA指纹分析或PCR方法检测,进行骨的个人识别。也可以从骨骼中提取线粒体DNA进行身源鉴定。

5. 一人骨与多人骨的检验

在墓葬群开掘或数人被杀后掩埋的现场,多会遇到数具骨骼混杂的情况,需要进行一人骨或多人骨的鉴定以确定死亡人数,以便做进一步检验。有时在野外发现多块骨骼,也需要考虑是否为一人骨。一人或多人骨骼的识别鉴定从以下几个方面进行:

(1)骨骼的形态学检查

人体形态学检查依据每块骨骼的解剖学特征,按人体骨骼结构排列顺序进行。检查骨骼数量是否齐全,观察有无重复、左右是否对称。成人骨骼总数206块,婴幼儿因软骨未骨化及骨性连接尚未形成故可有207块之多。在总数上确定后,再观察骨骼的大小、形态、颜色以及骨骼之间相互连接的吻合状态。数量完整的人体骨骼通过形态学复原及检验不难识别,但须注意检查并考虑到多趾(指)、重手等畸形的情况。

(2)人类学指标检查

如果人体形态学检查尚难以将多人骨区分开时,可借用人类学指标的检查进行识别,如首先对重要的有价直的骨骼如骨盆、颅骨、四肢长骨等进行性别、年龄、身高的检验鉴定,再将相应的骨骼归类排列,人类学指标的检查也适用于有时仅留有少量骨骼时的鉴别。自然,这些骨骼也须具备足够的识别条件,对有些人类学特征不尚明显的骨骼,如指骨、趾骨、肋骨等,则可能要通过别的方法才能加以区别。

(3)X线检查

人类学上,X线检查骨骼干骺端钙化愈合的状况推断年龄,依据这一原理,同样可用于多人骨的区别,特别是当只有极少量骨骼,并且人体形态学特征不明显或仅凭肉眼无法鉴别时,在许多情况下使用X线检查,如骨骼的年龄差异、骨骼发育的差异等,可能会达到满意的区别效果。如果死者生前有较完整的骨骼X摄片档案,常可作出同一认定的推断。

(4)血清学检验

当遗留骨骼量少,尤其是受各种因素影响使骨骼遭到破坏,无法从形态学、人类学和X线检查来区别是一人骨还是多人骨时,血清学血型的检查是比较经典的鉴别方法。

三、人体软组织碎片的检验

在凶杀、碎尸案、意外事故、交通事故等案件中的各种机械性暴力均可使组织脏器破碎,组织块可遗留在现场或附于致伤物上。交通意外中的组织块检验较多,而且往往检材的量少、难发现。在亲子鉴定中,也经常需要取死胎、死婴或可疑父、母尸体的组织块做检验。组织块比斑痕类检材更为容易腐败,因此,更强调及早发现、及时送检。组织碎片的个人识别主要解决下列问题:

(一)是否人体组织碎片

1. 将人体组织碎块研磨后用适量的生理盐水浸泡,离心沉淀后,上清液做抗人血清沉淀反应,阳性者可证明为人体组织。

2. 也可以取被检人体组织一小块(芝麻大小),埋入抗人血清琼脂糖凝胶中做扩散试验(具体参见血痕的种属试验)。

3. 用免疫酶技术,有利于提高检验的灵敏度,但也容易出现非特异的反应。还可以提取 DNA,用有种属特异性的引物或探针进行 PCR 扩增或杂交检测。

(二)人体的何种组织碎片

主要依靠肉眼进行鉴识,必要时可作组织切片检查。

(三)人体组织碎片的 ABO 血型检验

检验人体组织的 ABO 血型,组织块可剪碎作吸收试验,或研磨成匀浆状后黏附于纱布纤维,用原纤维解离试验或凹板解离试验等方法检验血型(详见血痕的血型检验,必要时先用丙酮浸泡除去脂肪,否则油脂可能会使红细胞发生溶血;固定的组织可先用多量生理盐水浸泡以除去福尔马林等固定液)。

采用酶、生物素等标记护体也可以检验组织的 ABO 血型,但必须注意抑制组织本身的内源性酶,否则会发生非特异性的假阳性。

不同器官组织间的血型物质的量是有差异的,颌下腺、胃、肾、肺、肌肉、皮肤组织容易检出,而脑、睾丸、子宫等组织则难以测出。胚胎或新生儿组织可能因为血型物质尚未成熟,有时也较难检出。

受污染或腐败的组织检材,可因细菌或其他物质的类血型抗原的存在而干扰血型的正确检出,导致误判。

(四)HLA 的检测

新鲜的脾、肝、肾等组织可以检出 HLA-A、HLA-B 的抗原。

(五)组织酶型的多态性分析

PCMl、AK、ADA、ESD 等多态性酶也可用于案件的鉴定,但对于条件不佳的人体组织检材,这些酶会失活,无检验的意义。

思考习题

1. 血液、血痕鉴定的程序和主要方法?

2. 精斑、混合斑、唾液斑鉴定的主要方法?
3. 毛发、骨骼与软组织检验的主要方法?

拓展阅读书目

1. 吴梅筠主编:《法医物证学》,人民卫生出版社1999年版。
2. 侯一平主编:《法医物证学》(第2版),人民卫生出版社2005年版。
3. 欧阳常青、赵幼鸣主编:《物证技术教程》,中国人民公安出版社2008年版。

第三十章　DNA 分析技术概述

本章概要

本章主要概述了 DNA 分析技术的历史、基本理论、特性等，重点介绍了当前 DNA 技术的基本方法和 DNA 技术的应用领域和将来的发展趋势。

通过本章的学习，了解 DNA 分析技术常用的几种方法以及亲子鉴定和个体识别结论的证据价值。

关键词

DNA 分析技术；技术基本方法；技术应用及发展趋势

第一节　DNA 分析技术概述

一、概述

（一）DNA 分析技术的发展

脱氧核糖核酸分析应用于物证鉴定是近 20 年的事，已经有了飞速的发展。发现 DNA 的多态位点越来越多，分析技术越来越精巧、简便、快速、经济，越来越实用。现在有非常多的国家和地区应用 DNA 分析技术办案，解决刑事（如杀人、强奸）、民事（亲子鉴定）纠纷问题，以及追查尸体身源，包括战争及大型灾难中遇难者的个人识别等。

DNA 分析的法科学应用，使以往只能够检测基因编码的酶和蛋白质水平飞跃到直接检查基因的分子水平。这是法医物证检验史上的一场重大的革新，它使法医物证的个人识别及亲子鉴定，由原来的只能否定或不能排除进入肯定的坦途。

1985 年英国科学家 Jeffreys 研究发现人类肌红蛋白基因的一个非编码区中有 4 段具有 33 对碱基对串联重复序列，他们克隆了这段序列，检出了人类基因组几个多态性位点，其高度个体特异性克服了法医遗传标记鉴别能力低的缺陷，使法医个人识别和亲子鉴定实现了从仅能排除到高概率认定的飞跃，被誉为法医物证分析的里程碑。1993 年国际法医遗传学会推广了以 STR（short tandem repeat）为核心的第二代 DNA 指纹或 DNA 指印技术，不仅实现了法医物证检验高概率的认定，也为法医 DNA 分型技术的标准化铺平了道路。

（二）DNA 的基本结构

DNA 是由 4 种核苷酸组成的多聚体。4 种核苷酸的不同之处在于脱氧核糖共价结合的含氮碱基类型。碱基分两大类：嘌呤类和嘧啶类碱基。嘌呤类碱基有腺嘌呤（A）和鸟嘌呤（G）；嘧啶类碱基有胞嘧啶（C）和胸腺嘧啶（T）。DNA 分子结构中的核苷酸通过磷酸二酯键将一个核苷酸脱氧核糖的 5’位碳与前一个核苷酸糖的 3’位碳共价结合。4 个不同的碱基则沿磷酸脱氧核糖结合形成的骨架以任意次序与脱氧核糖结合，几十万个脱氧核酸聚合成 1 条 DNA 长链，链上有无数不同核苷酸序列的排列方式。

细胞核的 DNA 由 2 段多聚核苷酸链组成，它们形成一种很特殊的双股螺旋状分子。两股链之间由各股链特有的碱基以碱基配对原则形成氢键而连接：A 只能与 T 形成氢键，G 只能与 C 形成氢键，A－T、G－C 结合后形成碱基对。互补碱基配对原则是所有 DNA 分子方法的最基本原理。

将 DNA 加热至 80℃以上或在碱性环境下，DNA 分子中的氢键断开，产生 2 条多核苷酸单链的过程称为变性，当缓慢冷却至室温，或将碱性溶液中和，2 条单链重新按碱基互补原则配对结合，形成原双链的过程称为退火或复性。在原则上，互补碱基配对原则保证了 DNA 分子的准确复制，将遗传信息传给子代。在体内，双螺旋 DNA 分子在酶的作用下，变成单链 DNA 分子，每条链作为合成新链的模板，在 DNA 聚合酶的作用下，将新的碱基按互补原则连接到单链分子上。一个接一个的碱基从链的 5→3 延长，合成与旧链互补的新链，结果产生与原来相同的分子传递给子代，这一过程就是 DNA 的半保留复制。

（三）DNA 的遗传标记和规律

在随机交配血缘关系的群体中，个体的一种遗传性状存在两种以上具有相对差异类型的现象称为遗传多态性。多态性可以是短暂的、一时的过渡状态，也可能以不同的类型按一定比例在几代中仍维持不变，后者称为平衡多态性。具有平衡多态性的遗传性状，作为标志用以识别携带它的个体、细胞、染色体或用以研究家系和群体的遗传方式时，称为遗传标记。

遗传标记分析涉及表型、基因和基因型。基因的概念是指位于染色体上的一段 DNA 序列，能够表达出特定的功能，决定特定的遗传性状。细胞中所有的 DNA 总称为基因组。基因在染色体上的位置称为基因座。一个基因座上的基因存在 DNA 一级结构差异并导致产生具有相对差异的遗传性状时，这种有差异的基因互称为等位基因。每个个体的染色体组由来自父方和母方的同源染色体构成，所以每个基因座上的等位基因是成对存在的。对一个基因座而言,基因型是指该基因座上成对等位基因的组合。一个基因座上成对的等位基因相同时,称该基因座为纯合子;不同时,则称为杂合子。表型是指通过一定手段观察到个体性状。例如,ABO 血型有 A、B、O3 个等位基因,可组成 6 种基因型 AA、AO、BB、BO、AB、OO。表型有 A、B、O、AB 型 4 种。决定群体和个体遗传结构的是基因及基因型,而表型是遗传标记观察的结果。

DNA 的遗传规律主要就是指孟德尔定律。孟德尔定律包含孟德尔分离率和孟德尔自由组合率。分离率,是指体细胞核中的基因以成对的形式出现并决定着生物体的遗传性状,在生殖细胞通过减数分裂形成配子时,成对的等位基因彼此分离,分别进入不同配子。每个配子中就只含有亲代一对碱基中的一个,完成不同遗传性状的独立传递。

自由组合率,是指基因的传递过程中,不同基因座上的非等位基因在形成配子的过程中,自由组合,随机配对,机会均等,形成子代的基因型。该定律揭示了 2 个及 2 个以上基因座上的基因遗传规律。

孟德尔定律可以概括如下:

(1)性状的遗传和变异是由基因的遗传因子控制的,它成对存在。

(2)有差异的性状是由每个基因的不同形式(不同等位基因)所控制。

(3)当两个不同的等位基因存在于同一个个体(即一个杂合子),一个性状对另一个性状显示了显性:其表型和一个表达的等位基因(显性等位基因)相一致,而另一个等位基因作了牺牲(隐性等位基因)。

(4)基因不混合,当它们传递时,保持着独立性。在减数分裂时,成对的等位基因均等分离。因此,其形成的配子携带的每种等位基因数目相等。

(5)每对等位基因的分离不受其他任何等位基因的影响。

在一个具体家庭中,决定某一性状的基因在亲代和子代之间传递的规律是:

(1)孩子的一对等位基因必定是一个来自父亲一个来自母亲。

(2)孩子不可能带有双亲均没有的等位基因。

(3)除非父母双方均有同一基因,否则子女不会是纯合子。

(4)父母之一若是纯合子,则子女必得其一。

二、DNA 检材的种类和特性

(一)DNA 检材的种类和提取

应用 DNA 分析技术可以进行亲权鉴定、个人识别、性别鉴定、血型鉴定、种属鉴定等,只要物质检材中含有生物细胞就能进行检验。对于实际案件的检验中,各种各样的现场物证,如血液(斑)、精液(斑)、唾液(斑)、毛发、骨骼、指甲、牙齿、组织和器官、烟头等,均能作为检材进行 DNA 分析。对于所留下的时间较久远且微小的物证,或是检材已经腐烂,可以应用线粒体测序技术进行检验,同样能得到清晰的 DNA 图谱,从而确定种属、性别及个体分型。

DNA 物证检材的提取和采集应由专门现场勘查人员操作,勘查人员必须具有专门的相关知识,不能造成现场物证证据的遗漏与破坏。现场所有的物证只要留有人体细胞或其他相关物质的,都具有 DNA 检验的可能性。

现场勘查人员在采集物证时必须戴手套,切忌用手直接触摸检材,提取后应尽快送检。DNA 检材的提取一定要保证检材的单一性,每一份检材要单独提取与封存,标明检材的名称、提取地点、提取日期、提取人员等。各种检材提取有不同的要求,要根据具体的情况,确定合适的提取方法。在检材提取过程中最需要注意的是保持原始检材的完整性,在人为处理时尽量避免新的污染,并注意减少对检材的损耗。

采集新鲜血液时,应加抗凝剂 EDTA 溶液或柠檬酸钠溶液,不宜使用肝素抗凝。血液采集混匀后应置 4℃冰箱保存,24 小时内采用保温装置保存送检。目前,大部分试验室采用 STR 技术进行检验鉴定,需要检材量较少,采用血纱布或滤纸的方式送检即可。血液样本采集时使用干净的纱布或滤纸,将需采样人员采取扎手指或耳垂的方法,直接将血液滴在纱布或滤纸上,在室温条件下晾干后,装存于信封或检材袋中送检。

各种组织和骨骼提取后应冷冻保存,尽快送检。腐败尸体在提取 DNA 检验样本时需取深层肌肉,冷冻保存后送检。流产或引产胎儿提取胎儿深层肌肉组织或脑组织,用小试管或离心管存放,冷冻保存后送检。骨骼尽量提取长骨,因为长骨中骨髓质含量相对较大,在 DNA 提取时有利于得到较高质量的核 DNA。牙齿送检避免送门牙,因为门牙中牙髓含量小,不利于 DNA 提取和扩增检验。

所有提取的斑迹(包括血液斑、精斑和阴道分泌物混合斑、唾液斑等)必须在阴凉、通风、干燥的环境中晾干,用纸袋分别包装,标明检材的名称、来源、提取部位和时间等基本情况后送检。不能及时送检的检材要保存于冰箱中或放置于通风阴凉处,防止霉变或腐败。对可疑处混合斑应进行基本的检验,如血液、精斑的预试验和种属确证试验,同时还要确定混合斑中是否具有男性物质等。对于血痕检验要进行人血种属试验,确定是人血后再送检进行 DNA 检验。

如果血迹或其他体液斑迹残留在棍棒、木头、硬纸片等上面,将残留部位用刀片完整地削取下来,保存送检。如果血迹或其他体液斑迹留在石头、水泥地面、地板砖面墙面、砖面、轮胎等载体上,可用纱线蘸去离子水转移。无法转移的,则直接将带有血痕或其他体液斑迹的载体部分切割下来。残留在树叶、稻草(或其他庄稼秸秆)、纸张、塑料片、布片或其他较薄的载体上的血迹或其他体液斑迹,可直接剪取或收集下来,保存送检。如果血迹或其他体液斑迹残留在刀具、铁棍或其他金属制品的表面,则可用纱线蘸去离子水转移至离心管或其他包装袋中,保存送检。注意金属制品容易生锈,生锈后导致无法辨认残留斑迹的部位,鉴于这种情况应该及时转移保存,即使暂时不需要做 DNA 检验或无法进行 DNA 检验的,也应在最短的时间内将检材转移并保存下来,切忌因为时间过长,造成载体锈蚀而影响 DNA 检验。

(二)DNA 的特性

1. DNA 检材容易受到污染

生物物证在采集、送入实验室检验前,一直处于外界环境中,会受到光、潮湿、高温及洗涤剂、细菌、灰尘、昆虫等的影响,较易污染,可能会对检验有一定的影响。DNA 检材受污染的影响,可能使 DNA 提取过程受到干扰,从而降低 DNA 提取量。污染物中存在的抑制剂也可能被一起提取出来,抑制酶的反应。常见的污染物大致分为三类:

(1)非生物物质

非生物物质为最常见的污染。主要有燃料、洗涤剂、灰尘和各种生活、生产中包括的一些化学制剂等。例如,深色布料上的染料能抑制 DNA 内切酶和聚合酶的活性,导致没有分型结果。

(2)非人的生物物证

非人的生物物证污染包括了各种动植物和微生物等。虽然法医学选择应用的 DNA 遗传标记一般是人特异的,但一些动物 DNA 偶尔在人的 DNA 分析中也出现交叉反应。微生物的影响较大,需要特别注意。犯罪现场标本,如血、精液是细菌和真菌生长的营养丰富的环境,这些微生物分泌的物质如核酸酶能降解 DNA,使分型难以获得结果。

(3)他人的 DNA

这种交叉污染可能发生在物证样品收集的过程中或之后使物证以外的其他人的 DNA 落到物证上。采取和检验人员要注意:防止自身 DNA 污染检材;提取存放样品的器具保持清清;提取的物证检材不要混放,应各自独立包装。样品一旦污染,在一个样品中检出 2 个或 2 个以上个体 DNA,检验结果会变得复杂,难以判别。

2. DNA 检材容易降解

DNA 是存在于生物体内的大分子,在体内受到严格的控制,DNA 分子在离体的那一刻起就处于外界环境中,变化已经开始产生。DNA 分子在离开保护它的环境就很容易被损坏、发生断裂,变成小分子。细菌和检材自身细胞内的核酸酶会导致 DNA 分子断裂,机械性外力、紫外线照射、化学试剂等因素也可使 DNA 分子发生降解。实际案例中,生物物证的 DNA 的降解常常是多种因素的综合影响所致的。

第二节 DNA 分析技术的基本方法

一、PCR 技术

PCR(Polymerase Chain Reaction)即聚合酶链式反应,是依赖于靶 DNA 序列侧翼上所结合的两个寡核苷酸引物经体外酶促合成特异 DNA 片段的技术方法。利用该技术可以简便快速地获取目的DNA片段。PCR的反应过程与生物体的DNA复制过程类似：第一个步骤是模板DNA变性，双链DNA通过高温解链变为单链DNA；第二个步骤是模板DNA与引物的退火，通过降温单链DNA与模板DNA结合；第三个步骤是引物的延伸，DNA模板－引物结合物在酶的作用下进行半保留复制，合成DNA片段。这三个步骤构成PCR的一个循环，一般经过30个循环，靶DNA片段数量便可满足分析检测的需求。最后，要对扩增合成后的DNA片段进行检测分析，检测分析的技来多种多样，应根据不同的要求和目的、不同的研究对象、不同的修饰特征，分别选取不同的技术方法。法医学中常用的是VNTR－PCR技术和STR－PCR技术。特别是STR－PCR技术，是占主导地位的技术，各国科学家研究了20多个STR基因座应用于DNA检验，扩增产物的检测速度很快，精度较高。在现有的普遍的检验技术中，依据检测方法的不同，STR－PCR技术又分为两类，即硝酸银染色的方法和激光诱导荧光检测法。

二、斑点杂交技术

斑点杂交技术是将DNA或RNA变性后直接点样吸附于固相支持滤膜上，然后用标记探针与之杂交，并洗涤去除多余的反应探针，采用放射自显影或显色反应检测显示杂交信号，分析结果。

目前在法医学中常用的技术为斑点杂交，也称为斑点印迹杂交。斑点印迹杂交是检测序列多态性的一种常用方法。利用等位基因特异性寡核苷酸探针（Allele Specific Oligonucleotide，ASO）与PCR扩增产物作斑点杂交，控制高强度杂交条件，探针仅与相应的等位基因产物实现杂交。杂交时，扩增产物先经变性，通过斑点印迹将解链的扩展产物固定在一尼龙膜上，由标记ASO探针进行杂交。阳性结果证实扩展产物为特异性ASO相对应的等位基因。这种杂交方式的特异性高，相差一个碱基的等位基因也能被鉴别。斑点杂交技术分为反向斑点印迹杂交和正向斑点印迹杂交两种，主要用于基因组中基因的定性、定量研究，法医学中用于性别和种属鉴定。

三、DNA序列分析

DNA序列测定是检测分析序列多态的一种基本方法。多态性基因片段先经过PCR扩增，然后测定基因片段的序列，观察不同基因片段的碱基序列差异，进行分析判定。双脱氧链末端终止法和化学降解法是应用较多的两种主要测序技术。这两种方法根据A、G、C、T形成四组放射性寡聚核苷酸，每组寡聚核苷酸都从DNA分子的某一固定点开始，随机在某一碱基处终止，产生一系列不同长度的DNA片段，根据这些DNA片段长度可以检测待定碱基在原来的DNA链中的位置，从而获得DNA序列。两种方法中较常用的是双脱氧链末端终止法。

四、DNA芯片技术

DNA芯片又称为基因芯片，是生物芯片中最早研究发展的技术种类，所以目前应用的大部分生物芯片都是DNA芯片。DNA芯片是将大量的寡聚核苷酸或其他需要的核苷酸序列排列在一个狭小的空间内，形成一种高密度的生物集成模片，待检测的样本经过一系列单生化反应后，与模片上的序列杂交结合，形成检测仪检测到的反应信号，经数据处理得出检测结果。DNA 芯片主要有：原位合成寡核苷酸点阵芯片；用微量点阵技术制作 eDNA 点阵芯片；在芯片上使用 PCR 和毛细管电泳结合起来的毛细管阵列电泳型芯片。DNA 芯片的检测主要应用探针标记技术或目的 DNA 标记技术，使待测靶序列表现出信号强度，得到检测信息，从而检测出目的 DNA 序列。

DNA 芯片的检测过程为：在经过杂交生化反应以及洗涤处理后，运用芯片扫描仪对芯片进行扫描，得到检测影像信号。目前已使用的扫描装置有共聚焦扫描仪和 CCD 镜头。影像信号经过传输，在计算机里进行处理和计算，得到所需要的检测序列或结果。

第三节　DNA 分析技术的应用及发展趋势

一、亲子鉴定

DNA 是遗传物质，稳定地从亲代传给子代，通过 DNA 检验确定假设的父母与子女之间是否存在血缘关系或假设个体与待检验的个体物证之间是否存在亲缘关系，可以进行亲子鉴定和亲权关系。随着经济的发展，越来越多的案件涉及亲子鉴定，包括：第一，丈夫怀疑孩子非亲生。第二，非婚生子，男方怀疑孩子非亲生或女方想搞清楚孩子的生父究竟是谁。第三，强奸致孕，女方指控某男为生父等。第四，认亲、移民、继承财产、上户口。第五，怀疑产房或育婴室调错婴儿。第六，计划生育确认孩子是否为该对夫妇所超生或领养。第七，被拐骗儿童或失散家庭成员的确认。第八，尸体（碎尸块、尸骨等）身份（尸源）确定。第九，需确定现场物证或犯罪嫌疑人衣服或家里斑迹是否为受害人所留，但受害人 DNA 已经被销毁，无法得到；或如进行强奸案件中精斑同一认定，但犯罪嫌疑人在逃，通过亲子鉴定确认精斑是否为犯罪嫌疑人所留。

亲子鉴定的基本原理是孟德尔遗传的分离和自由组合定律。亲子鉴定的结果包含多个基因座甚至遗传标记，所以必须进行统计学上概率的计算，才能得出科学的结论。其主要的参数包括：

（一）非父排除概率

各种遗传标记的多态性程度不同，鉴别能力有所差异，可以用非父排除率或排除概率表示在亲子鉴定中的鉴定能力。非父排除率又称父权排除率，是指通过检测某一个遗传标记系统，能将不是生父的假设父亲予以排除的机会。它是衡量一个遗传标记排除非父能力的一个客观标准，表示在所有非父被控为生父的男子中，用该标记否定父权有多大的可能性。非父排除率大小与该标记的遗传方法、等位基因数及其在人群中的等位基因频率有关。不同遗传方式,非父排除概率的计算不同。

（二）累积非父排除概率

计算累积非父排除概率的前提条件是一个遗传标记系统独立于另一个系统。亲子鉴定一般使用多个遗传标记系统,因此求得每个系统的排除概率后尚需要求得累积非父排除概率。非父排除概率反映了某个 DNA 标记系统在亲子鉴定中的排除父权能力的大小,是选择亲子鉴定遗传标记的依据和衡量从事亲子鉴定实验室的质量控制标准之一。检测遗传标记越多,累积排除概率越高,排除非父的机会就越高。若假设父亲不被排除,肯定其为生父的机会就越高。为了最大限度排除非父,提高排除假设父亲的概率,选择排除概率高的遗传标记系统和选用更多的遗传标记是十分必要的。

（三）父权指数

遗传标记不能排除鉴定样品之间的亲缘关系时,需要评价假设父亲与孩子有亲生关系的可能性的大小(即亲权机会),以判定是否为亲生关系。常用评价亲权机会的指标有父权指数、父权相对机会、似然比率等。

父权指数又称亲子关系指数,是指假设父亲提供生父基因的可能性与随机男子提供生父基因的可能性的比值。表示假设父为孩子生父比随机男子为孩子生父的可能性大多少倍。父权指数是实数,由这个数字不易看出父权的机会,通常将父权指数值换算成父权相对机会。父权指数是两个条件概率的比值,它可以换算成一个条件概率,从而引出另一个参数,即父权相对机会或父权概率。父权相对机会既是亲子机会概率,也代表了判断假设可疑父亲的孩子生父的把握度的大小。似然比率是另一用于评价亲子关系的名称,以分型结果不违反遗传规律为条件,假设父亲是孩子生父的事件概率与一个随机男人是孩子生父的事件概率之比为似然比。父权指数与似然比是同一个概念,只是表达方式上有所区别,它们包含了确定亲子关系的所有信息,是一项重要的亲子关系参数。

理论上亲子关系概率越高,肯定父子关系的把握就越大,但亲子关系概率永远不会达到 100% 。为了确保法医亲子鉴定的可靠性,使之规范化、科学化和标准化,国内目前已有法医亲子鉴定标准。

二、个体识别

法医 DNA 分析的最大的一个领域是对生物物证进行个体识别,进行同一认定。DNA 分型的整个目的是弄清物证来源与某一个体或相关样品是否有联系,是为了去证实生物物证来源于所调查的某一特定个体的假设,从而为案件侦查提供线索,为审判提供科学证据。

个体识别的原理是在保证受检验的样品组织无突变、结果正确的前提下,如果比对图谱的分型结果不同,可以排除两个 DNA 来自于同一个体;如果分型相同,不能排除它们来自同一个体,这有两种情况,一是样品确实来自于同一个体,二是样品来自不同个体,只是所检验的标记分型一致,随着分析遗传标记的增加,它们的图谱会不同。

此时需要增加DNA标记，计算联合偶合率，以认定它们是否来自同一个体，可见排除是绝对的，认定是相对的。

个体识别检验结论的科学解释主要有统计数据包括偶合率、似然比、个体识别能力。

（一）偶合率

一旦物证样品和比对样品之间确定有一种相似性（匹配DNA图谱），相似性的大小取决于拥有相同遗传图谱每一种可能情况的各自力度。通常用偶合率来表示相似性大小。偶合概率或匹配概率是指人群中随机抽取两个无关个体在特定基因座二者的基因型纯粹由于机会一致的概率。当两份检材的遗传标记表型匹配时，如果现场检材不是犯罪嫌疑人留下的，而是一个群体中随机抽出的个体留下的，遇到这种个体的可能性有多大。显然，这个概率越小，遇到这种个体的可能性就越小。

（二）似然比

似然比是指假设比对样品个体就是物证DNA的供体的概率与假设人群中随机个体就是物证DNA的供体的概率比。在个人识别的同一性鉴定中，法医统计学更趋向于用似然率来评估遗传分析提供的证据强度。似然率基于两个表型组合来自同一个体的假设衡量证据的强度。

（三）个人识别能力

遗传标记的多态性程度越高，应用该遗传标记进行法医学个人识别的效能就越高。个人识别能力，是指从同一群体中随机抽取两名个体的遗传标记基因型不相同的概率，即遗传标记识别无关个体的能力，也是遗传标记对于个人识别的效能的定量评估。对遗传标记而言，从同一群体中随机抽取两名个体表型不同的概率越高，其识别无关个体的能力就越强。可以通过增加检测的遗传标记数目来提高个人识别能力。

三、性别鉴定

性别鉴定就是利用人体细胞中存在着X与Y染色体的区别从而进行检验鉴定来区分个体。随着DNA检验技术的不断发展，性别鉴定的水平也得到了很大的提高。现在进行性别鉴定是运用PCR技术扩增，用特异的性别引物进行扩增，经电泳检测，男性出现2条谱带，女性出现1条谱带，实验步骤比较简单，且可以准确判断性别。

四、种属鉴定

种属鉴定主要是确定生物检材的来源，在实际检验中，除了要确定检材来源于何种生物体外，更重要的是确定其是否来源于人体。随着DNA技术的发展，可以利用不同生物种类间DNA序列的差异来鉴定种属，检验结论比血清学方法更准确、更可靠。目前可用DNA探针进行斑点杂交鉴定种属，也可以用PCR方法鉴定种属，还可以应用DNA测序技术进行种属鉴定。

随着科学的进步，DNA分析技术也在逐渐发展，从最初的DNA指纹技术到目前的较新的DNA分析技术（STR复合扩增技术、线粒体测序技术、MVR数字编码技术），我国学者经过了三十多年的努力研究，终于使 DNA 分析技术在法医学领域跨上了一个新的台阶，也大大缩短了与国际水平的差距。基因芯片技术是一种高效敏感的检测基因表达的新方法，这一方法的问世，是生命科学研究方法上的革命，它能较系统地分析真核细胞的基因表达。随着新基因的不断克隆和人类基因组计划的完成，基因芯片技术也将会像计算机芯片那样不断扩大容量，升级换代，并在医药和生命科学研究中得到广泛的应用。基因芯片的快速、灵敏、高效等特点，非常适合在法庭科学中广泛应用。基因芯片可应用到法庭 DNA 鉴定和犯罪现场的工作中，能及时准确地为证实犯罪提供证据，大大提高刑事案件的侦破率。

思考习题

1. DNA 检材的提取应注意哪些问题?
2. DNA 分析技术的基本方法?
3. 亲子鉴定和个体识别重要的参数有哪些?

拓展阅读书目

1. 伍新尧主编:《法医物证学实验指导》，人民卫生出版社 2008 年版。
2. 郑秀芬主编:《法医 DNA 分析》，中国人民公安大学出版社 2002 年版。
3. 李生斌主编:《人类 DNA 遗传标记》，人民卫生出版社 2000 年版。

第三十一章　其他生物体检验技术

本章概要

本章主要介绍了硅藻的结构、分类、检验程序，孢粉检验的意义及方法，昆虫的检验的意义及检材收集的方法。

通过本章的学习，重点掌握硅藻的种类和检验程序，了解孢粉检验的意义和方法及昆虫的提出方法。

关键词

硅藻检验；孢粉检验；昆虫检验；生物检验

人类活动与自然界密不可分。在刑事或民事案件的物证技术鉴定实践中，可能被要求对各种各样的动、植物物质进行鉴定，小至单细胞生物硅藻，大至高等动、或者植物，或者从活体物质到古生物化石的鉴定。有些物质的鉴定，可能是没有先例的或没经验的。这就要求物证技术工作者充分认识每一件物证的价值，正确运用现代科学技术成果，必要时请各类专家帮助鉴定，以求物证技术鉴定更好地为法律服务。

本章将在介绍传统上常用的鉴定方法的基础上，简要介绍一下可能会遇到的动、植物物质鉴定。

第一节　硅 藻 检 验

硅藻是一类单细胞浮游生物，具有抗腐败和腐蚀的硅质细胞壁。硝酸、硫酸和过氧化氢等强氧化剂能破坏人体内脏检材的有机质，但多数硅藻可保存下来，是目前国内外法医学界判断高度腐败的水中尸体是否为生前入水溺死及推断入水地点的主要依据之一。

一、硅藻的结构和分类

硅藻具有一般植物细胞的基本结构，由细胞壁、细胞质和细胞核组成，其细胞壁的化学组成、形态结构与其他生物细胞有显著差异。细胞壁含果胶质和硅质而不含纤维素，成为坚硬外壳包裹细胞。整个细胞壁由上、下两半套合而成，外观呈套盒状，盒的上、下两面称壳面，壳面有对称分布的花纹。有些硅藻壳面中部，有一条壳缝或假壳缝。上、下两半套合而成的细胞壁和壳面有对称分布的花纹，是生物显微镜下识别硅藻的基本要点。根据细胞壳面形态结构，硅藻分为中心纲和羽纹纲两大类。

（一）中心纲硅藻

中心纲类硅藻壳面花纹呈同心圆放射状排列，不具壳缝或有假壳缝。绝大部分是海产浮游种类，淡水中很少。共分三目：

1. 圆筛藻目。细胞呈圆盘形、鼓形，无角状凸起。
2. 根管藻目。细胞呈圆柱形，常具长角或棘刺。
3. 盒形藻目。细胞呈小盒形，具两个以上明显的圆形隆起或角状凸起，具长棘刺。

（二）羽纹纲硅藻

羽纹纲硅藻壳面花纹左右对称，呈羽纹状排列，具有壳缝或假壳缝。绝大部分淡水硅藻属于此纲，根据其壳面、壳缝的有无和形态特征分为五目：

1. 无壳缝藻目。细胞左右对称，壳面花纹羽状排列，形成假壳缝里无真壳缝。
2. 短壳缝藻目。细胞壳面呈直线形或呈弓形，两端具有很短的壳缝。
3. 单壳缝藻目。细胞有上、下两个壳面，一个壳面具有壳缝，另一个壳面具有假壳缝。
4. 双壳缝藻目。细胞上、下两壳面都具有真壳缝。
5. 管壳缝藻目。细胞壳面具有管状壳缝。

二、硅藻检验程序

硅藻检验的至关重要的问题是防止污染。只有如此，检验结果才有判明溺死及入水地点的价值。

（一）检材的提取

解剖浮尸常提取的硅藻检材是肝、肾、肺等内脏。有时为了对照需要，可以提取胃肠道内容物。若尸体内脏高度腐败失去检验价值，则可提取骨骼、牙齿等检材。为了防止污染，内脏、骨骼均应整个提取，并保持脏器被膜、骨膜的完整性，使水不浸入而发生污染。

（二）硅藻的富集（破机或去机）

随血液循环分散于内脏或骨髓、牙髓的硅藻，必须经过破坏去掉器官有机质的过程，方能将其分离、富集起来进行检验。基本方法是：首先，将检材 15 克剪碎，放入小烧杯中，加入 20 毫升浓硝酸，置于电炉中加热至组织完全液化呈淡黄色透明液体为止；然后倒入离心管中，离心，去除上清液，反复加重蒸水离心去酸至中性，将沉淀液制片。

(三)对照水样的处理

基本照上法处理制片。

(四)镜检

用普通生物显微镜观察硅藻,观察结果应进行分类计数,并求出种间比,对照水样与浮尸内脏样品是否相符。有时,观察结果不仅能判明是否生前入水溺死,还能通过入水地点水样硅藻检验结果比较,判明准确入水地点和罪犯口供的真伪。

某些种类的硅藻只生活在特定水体中,是确定入水地点及水体来源状况的指示性藻类。

第二节 孢粉检验

孢子和花粉是植物的生殖细胞,具有很强的抗酸碱、耐高温能力,能够完整地保存在土壤中、沉积在水底、黏附在人体上或随溺液进入人体内,是移尸、碎尸案件确定所黏附泥土的来源,鉴别水中尸体是否溺死的又一重要依据。

孢子和花粉的结构与普通植物细胞相似,由细胞壁、细胞质和细胞核组成。细胞壁结构复杂,一般分为内壁和外壁两层,内壁含纤维素,外壁含孢粉素。细胞壁上具有萌发器和各种纹饰,是区别于其他植物细胞的基本形态特征,也是在显微镜下辨认孢粉的主要依据。

孢粉的形态类型非常之多,不同植物的孢粉各有不同。按植物种类,可将孢粉分为蕨类植物孢子、裸子植物孢粉、被子植物孢粉三大类型。

一、泥土中孢粉检验

(一)基本方法

(1)取泥土样本0.1克,放入聚乙烯微量离心管中,加入10% HF(氢氟酸)以除去游离碳酸钙,离心去酸;(2)加入10% KOH溶液,水浴加热5~10分钟以去除腐殖质;(3)HF处理以去除硅质砂粒;重蒸水洗涤3~5次,离心去上清液,备查。

(二)意义

泥土中孢粉检验的目的是判断泥土来源,确定作案地点。基本可确定泥土是否来源于山林地区、农作物栽培地或观赏植物栽培地。如果找到特定地区才有的孢粉,则可能对侦破案件具有决定性意义。

二、人体内孢粉的检验

(一)水中尸体孢粉的检验

孢子和花粉与硅藻一样,是确定高度腐败的水中尸体是否为生前入水溺死的重要依据之一。孢子和花粉能随溺液进入肺脏，其微小者还能通过破裂肺泡壁毛细血管，经血循环分布于人体脏器组织中。利用孢子、花粉的抗腐蚀性，在严格防止孢粉污染的条件下，用醋酸酐或碱液破坏内脏有机质，然后制片在显微镜下观察，如果检测出一定量的孢粉，说明系生前入水。同时，提取现场泥土（陆地或水底）做孢粉种类对照检查，进一步判断入水地点。

（二）中毒尸体孢粉的检验

因直接或间接误食有毒植物的花果中毒死亡，从消化道特别是胃中检出有毒植物的孢粉是判断中毒的直接有力的证据。

国内还有学者利用具有生物活性的花粉显现瓜果蔬菜上的潜在指印，获得了成功。

第三节　昆虫检验

生物物证中昆虫学检验是利用尸体昆虫的生活规律来推断人的死亡时间，其内容十分丰富，昆虫的品种以及研究方法多种多样。除此之外，还可利用法医昆虫学理论和方法辅助判断死因、有无移尸、寻找停尸地点等。

一、死亡经过时间的推断

（一）利用某一种昆虫的生活史来推断死亡发生的时间

这是一种目前实际工作中普遍运用的简便方法。即收集蛆龄最大的（最老的）幼虫，估计最短的死亡时间。方法是测量尸体上苍蝇幼虫（蛆）的长短并结合不同温度、湿度，粗略估算在该生态条件下幼虫生长年龄，借以推断死后经过时间。这一方法的推断结果误差极大，因为不同蛆虫的大小不同，即使同一蝇种，在尸体上获得营养不同，其大小也会有差异，何况不同蝇种在相同的生态环境中生活周期的长短并不一样，所以仅根据蛆的大小、数量、长短或老幼来断定虫龄，显然会发生错误。

（二）模拟培养

把现场的活蛆、活蝇带回实验室，模拟现场气温、湿度、光照进行培养，得到蝇产卵卵到成虫所需出生活周期，比对现场蝇蛆的大小与实验室蝇生长情况，可较为准确地推断出死亡经过时间。在实验中，利用蛆的后气门就可以区别不同蝇种和判断蛆龄。该方法简便，无需等待幼虫发育到成蝇才作鉴别，缩短了观察时间，有利于实际检案。

（三）利用尸体上昆虫区系演替推断死亡经过时间

尸体上昆虫不仅仅只有蝇类，也不仅只有某种蝇类，可能还有许多其他昆虫，但它们到来的先后具有规律性。利用尸体上昆虫类型，研究其品种交替及其规律，推断出死亡经过时间。这比利用单一品种推断死亡经过时间要准确、可靠得多，而且适用于对死亡时间较长尸体的推断。

除了蝇类外，利用其他昆虫如虱、蚤等在推断死亡时间上也有价值。

虱类：寄生于人体上的虱类，当人死后因体温下降而离去。但尸体周围没有适当宿主的虱仍会留在尸体上，直至死亡。虱可在尸体上存活3～6天，如果所有虱子均已死亡，估计约6天前人已死亡。人体虱在水中存活12小时左右。

蚤类：把跳蚤没于水中，24小时左右死亡；若浸泡12小时，约需1小时复苏；浸泡18小时，复苏则需4～5小时。人蚤寄生于人体，人入水时蚤也随之入水。此时，观察蚤类在短期浸水后的复苏率也是判定死亡时间的指标之一。

二、死因的认定

（一）中毒死

如果死者在生前吸毒或中毒，蝇蛆以尸体为食，便也引起中毒。最为典型的例子是有机磷农药中毒死亡的尸体，其口、鼻旁可见到死的苍蝇。有些药物、毒品、毒物不一定会致死昆虫，但一定会残留于以尸体为食的昆虫体内。法医在检验已高度腐败的尸体时，利用寄居于尸体上的昆虫，可通过分析昆虫析出物来检测死者生前是否中毒，是何种药物、毒品或毒物以及浓度。

尸体上昆虫对汞、砷、铅等有较强的富集力，用作毒物检材效果较好。可富集的其他的药物有安定类、三氮哩、去甲基甲烷、巴比妥类、吩噻嗪类和抗抑郁药及吗啡。

法医昆虫中毒学研究表明，即使在无血液、尿液或其他体液的情况下，只要有蛆存在，毒物分析还能进行，这就为毒物分析提供了广阔的前景。这种检测方法适用于多种情况，特别是高度腐败的检材。目前存在的问题是，虽然蛆虫材料检测的毒物是客观可行的，但蛆虫中毒浓度与尸体上浓度存在何种关系，即蛆虫浓度如何反映尸体上浓度，仍然是目前未完全解决的问题，有待进一步研究。

（二）昆虫致人伤亡

昆虫中的蜘蛛科、蝎科、蜂科、蜈蚣科等均可造成人体的伤亡。由于昆虫用螯或螫刺伤人时，受伤部位小，伤后出现中毒或过敏反应，对于荒郊野外、林区等遇到无名尸体，易漏诊或误诊，是法医学研究的对象。

三、移尸的认定

人死后各类昆虫接踵而至，先是蝇类，随之是甲虫、蝎、蜘蛛等肉食昆虫。每一种昆虫都有一定的地理分布、生态环境，各自习性和栖息习性，构成了每个地区的一定的昆虫区相。

这些昆虫学的特征，可用作法医学推断死后移尸。有下述五种情况将有助于推断：

（一）尸体上出现当地没有的昆虫，表明昆虫来自外埠。

（二）尸体上有当地多见的昆虫，又发现有当地没有或少见的昆虫。而且这种当地没有或少见的昆虫的幼虫比当地多见昆虫的虫龄要“老”。

（三）在被从水中打捞上来的腐败尸体上存在活的蝇蛆，说明入水前已招弓苍蝇产卵，并已浮化出蛆。

（四）陆上尸体上有水生昆虫，表明尸体是从水中捞出。

（五）向上或裸露的部位蝇蛆甚多，密集成团、尸体毁坏严重，触地、接物、受压的部位毁损相对轻或无毁损。若昆虫侵袭部位与现场尸体体位不相吻合，则说明可能移尸。

四、昆虫检材的收集

（一）按照不同案情和现场情况，设计采集方式和采集的重点

收集尸体昆虫对判断死后时间有重要意义，尸体上只有未熟阶段的昆虫幼虫时，应注意勿将其死灭，因为蛆或双翅类幼虫的前、后呼吸门及口部特征未充分发育，很难做出种属的识别。考虑到需要饲养，应收集活的昆虫幼虫。对死亡时间较长的尸体，需要运用种系演替判断死亡时间，则应收集尸体上各种类的昆虫和可能出现的节肢动物。有时候，螨或虱蚤可能成为收集的重点。对尸体的着衣和其下方的土壤，要注意查找有无幼虫和蛹壳，这对于判断是否存在一个世代以上的昆虫是很重要的依据。

（二）收集完整的生活史

尸体上如果存在昆虫生活史中各期，如卵、幼虫和成虫，则都要采集到，不应遗漏。如发现死蝇、幼虫和成虫，也要收集，以便判断是否中毒。

（三）种类齐全

观察尸体上是否存在几种蝇，调查当地是否存在这些种类的蝇等，各种蝇要收集完备。

（四）标本要完整

采集标本的工具和方法要适宜。以蝇类为例：如用作培养的，则应收集到活的幼虫和成蝇；如果是作鉴别的标本，则应无损蝇的每一构造，因为蝇的足、翅、体毛等都与分类有关。

（五）收集比对样本

大多数情况下，都要收集尸体附近同一生态气候条件的昆虫作为比对，以确定尸体上昆虫是否为外源性的。

（六）调查和测定尸体所在场所当时和过去一段时间以来的气象资料，测定尸体放置场所的生态气候，如晴、雨、风速、温度、湿度等。

（七）正确记录，做好标记

主要项目有采集日期、采集地点、尸体分解情况、昆虫在尸体上分布情况和采集部位。收集到的标本应编号并与记录上的描述和编号一一对应。

五、采集工具和方法

（一）对于成虫可用捕虫网捕捉，然后装入广口瓶中，带回做昆虫种类鉴定。如不需活昆虫，可在瓶内放置氯仿，毒死成虫。

（二）将卵、幼虫、蛹用80%乙醇固定标本或以最快速度放置人沸腾的水中数分钟，再移到80%乙醇溶液保存。

要求采集活的幼虫时，可将适量的幼虫放入有塞的玻璃管中，其中置一小片生肉或尸体组织。回实验室后可在一个大容器的底部加一层锯屑，上面铺上纱布，可饲育较多的蛆虫，既能防止水分过多，又利于蛆虫在锯屑中成蛹。

六、保存

幼虫可用乙醇固定保存，成蝇可用氯仿毒死。幼虫可继续置于保存液中保存。成虫则可用干燥保存。

（一）针插法

用昆虫针或三角尖针固定昆虫，然后插于木盒或玻璃管内。

（二）玻片法

将昆虫标本固定于玻片上，适用于昆虫的卵、幼虫、蛹及成虫的部分器官。其优点是可用作镜检观察细微结构，也可送检，以便进一步鉴定，还可进一步研究。

其步骤首先是将昆虫标本从保存液中移出，依次进入70%乙醇（半小时），移入5%～10%氢氧化钾液（数小时），放入水中数小时。然后移入50%乙醇与盐酸乙醇分别数分钟，再依次移入70%、75%、80%、85%、90%、95%、100%乙醇各10分钟，以充分脱水。再移入二甲苯中10分钟至透明。最后，移置玻片加一滴加拿大树香，摆好体姿势，覆盖玻片。

七、孵育与饲养

为准确鉴定昆虫种类，孵育和饲养是必要的。以蝇为例，从尸体取到的卵或幼虫可以用猪肉、猪肝或牛肉等饲养。首先，使用大口玻璃器皿，底盛一层沙，厚5cm，沙上放肉片一片，将蛆移入；然后，用带网的盖或用纱布将瓶口封住，以免外来蝇产卵、影响饲养。整个过程应加以详细记录。若有条件，孵育和饲养在实验箱中进行，可模拟现场光照、温度、湿度，从而使效果更好。

思考习题

1. 硅藻的结构和分类有哪些?
2. 硅藻检验的基本过程包括哪些?
3. 孢粉检验的法医学意义是什么?
4. 如何利用昆虫进行死亡时间的推算、死因的认定?

拓展阅读书目

1. 叶元熙主编:《生物物证技术》，法律出版社2002年版。
2. 孙言文主编:《生物物证学》，中国人民大学出版社1995年版。

第三十二章　毒品毒物检验概述

本章概要

本章重点阐述毒品毒物概念与分类、毒品毒物检验任务与作用、毒品毒物检验工作程序等。通过本章的学习,应掌握毒品毒物概念、主要毒品毒物的种类、毒品毒物检验任务与作用及相关工作程序等。

关键词

毒品毒物;分类;任务与作用;工作程序

第一节　毒品毒物及毒品毒物检验的概念

一、中毒与毒物

(一)中毒

某种化学物质通过某种方式进入并作用于生物机体,引起其功能性退化或器质性病变,导致出现"疾病"状态或出现危及生命的现象,称为中毒。此处不包括因食源性细菌或生物性病毒所引起的中毒。

中毒的发生,可以是在生产、保管、运输、使用过程中与毒物密切接触发生职业性中毒,也可以是在误食、意外接触或使用过量有毒物质情况下,发生意外生活性中毒;还可以是因为在使用毒物自杀或投毒谋杀等情况下,过量毒物进入人体引起中毒。

(二)毒物概念

1. 毒物的含义

在涉毒物证的司法检验实践中,毒物通常指在一定条件下,经生物体吸收后,能引起生物机体的组织和器官出现功能性障碍和组织器官的损伤,导致生物机体的正常生理功能被破坏,产生疾病和出现危及生物机体生命的现象,甚至使生物机体死亡的化学物质。

2. 毒物的相对性

毒物的含义是相对的,很多临床药物在使用量恰当的时候可以用来治病,但是当其被误服或超剂量服用时,就会扰乱或破坏生物机体,导致其功能损害而演变成为毒物。

(三)毒物与中毒的关系

1. 毒物剂量

(1)治疗量:在药物规定的最大正常使用剂量下使用的剂量。

(2)中毒量:凡能使生物机体产生中毒现象时的最小剂量称为中毒量。

(3)致死量:凡能使生物机体产生中毒死亡时的最小剂量称为致死量。

2. 毒物与中毒关系

不同种类毒物进入生物机体后会出现不同中毒症状,可以根据不同中毒症状来推断可能的毒物种类,但是出现相同中毒症状时也可能是不同毒物所引起的。因此,必须了解中毒现场情况和中毒者症状表现,才能有助于判断可能的毒物种类,为毒物检验缩小范围,加快毒物定性时间,为中毒者抢救赢得宝贵时间。

3. 毒物毒性等级

毒物毒性程度一般分为五级,表 32-1 列出了毒物毒性的参考数据。

表 32-1 毒物的毒性程度指标

分级	大白鼠一次口服(LD_{50} mg/kg)	相当于60kg 体重人的可能致死量(g)
剧毒	<1	0.1
高毒	1~50	3
中等毒	51~500	30
低毒	501~5 000	250
微毒	>5 000	>1 000

(四)常见毒物分类

根据毒物理化性质、分离与检测方法,毒物分为六大类。

1. 挥发性毒物,如氢氰酸、氰化物、甲醇、乙醇、苯酚、乙醚和氯仿等。

2. 气体毒物,如一氧化碳、硫化氢等。

3. 水溶性毒物,如硫酸、盐酸、硝酸、氢氟酸等强酸和氢氧化钠、氢氧化钾等强碱以及亚硝酸盐等。

4. 金属毒物,如砷、汞、钡、铬、硒、铅、锑、镉等化合物。

5. 非挥发性(不挥发性)有机毒物,如催眠镇静药物、抗精神失常药物、止痛或麻醉药物、抗抑郁药物,以及海洛因、可卡因、苯丙胺类等毒品,乌头、钩吻、巴豆、曼陀罗和斑蝥、蟾蜍、河豚及毒蛇等有毒动植物。

6. 农药与鼠药，如杀虫剂、杀菌剂、杀螨剂、除草剂以及灭鼠药等。

二、毒品概念

（一）毒品范畴

《刑法》第 357 条规定："本法所称的毒品，是指鸦片、海洛因、甲基苯丙胺（冰毒）、吗啡、大麻、可卡因以及国家规定管制的其他能够使人形成瘾癖的麻醉药品和精神药品。"

国家食品药品管理局公布《麻醉药品品种》和《精神药品品种》目录（2007 年版），目前列入国家管制的麻醉药品有 123 种，精神药品有 132 种（一类 54 种、二类 78 种），共计 255 种。

（二）毒品分类

依据法律法规分类，毒品分为麻醉类药品和精神类药品，包含其药用原植物及其制剂。

（1）麻醉类药品，如鸦片、海洛因、可卡因等。

（2）精神类药品。第一类如甲基苯丙胺（冰毒）、MDMA（亚甲二氧基甲基苯丙胺，又称"摇头丸"）等。第二类如安眠酮、苯巴比妥、三唑仑、唑吡坦等安眠镇静药物。

三、毒品毒物检验的概念

毒品毒物检验是在侦查活动、行政执法、案件审理起诉和法庭审判及意外事故处理等工作过程中，对查获的、需要证实的一些生物性和非生物性的涉毒物证进行有关毒品、毒物及其代谢物成分的定性、定量检验鉴定工作的全过程。

毒品毒物检验，既包括对各类案件查获的体外涉毒物证中毒品毒物检验鉴定，也涉及中毒或死亡体内涉毒物证中毒品毒物及其代谢物检验鉴定。毒品毒物检验所涉及的目标物种类很多，检验手段各异，已经成为司法鉴定领域中最常见的证据检验之一。

第二节　毒品毒物检验任务与作用

毒品毒物检验的任务是通过合适的检验方法对各类涉毒物证进行毒品毒物成分的定性与定量检验，以获取有价值的检验结果信息。

毒品毒物检验的作用：

一、为确定案件性质提供依据

案（事）件就其性质而论，有属于刑事犯罪的，有属于一般违法的，也有仅出于对某些现象怀疑而实无其事的，也有的是突发的意外事件等。但是在事发之初，通常未能判明事件真相和性质，有待于通过毒品毒物的检验鉴定结果来进一步判定。比如，现场提取的可疑涉毒物证有无毒品或毒物成分，系何种毒品或毒物成分，其相关物证中毒品或毒物的含量是多少，投毒案件的毒源在哪里，用何种作案工具作案，地下加工或制造了何种毒品等诸多问题。通过毒物分析结果来推断送检涉毒物证是否与案件发生的事实有关，为确定案件性质提供依据。

二、为判断中毒或死亡提供依据

涉及毒物中毒或致人死亡案件，对中毒者或尸体体内检材进行毒物检测，这类案件除了毒物定性检测外，还要进行定量检测，作出是否达到中毒量或致死量的分析结果。对于尸体，能为法医判断死亡原因提供依据；对于活体，则能够为医生抢救病人提供依据。

三、为依法处置和法庭审判提供证据

我国法律规定，在打击毒物、毒品犯罪案件中，必须要有可靠的证据来证明犯罪事实。因此，毒品毒物检验鉴定工作在案件的侦破、审理和惩治罪犯中发挥了极其重要的作用，出具的检验鉴定报告具有法律效力。它不仅为侦破案件、确定犯罪嫌疑人提供了线索或侦查方向，而且也为查明案件的事实真相，为法庭的定罪、量刑提供了科学的依据。例如，在毒品案件的法庭审理中，适用死刑判决的毒品案件需要对涉案的毒品进行含量分析。

第三节　毒品毒物检验的特点

一、检验方法科学性和检验过程严谨性

毒品毒物检验结果是证明案件性质和反映案件真实情况的法律证据之一，检验鉴定人需要对涉毒物证检验结果承担法律责任。因此，毒品毒物检验需要检验方法的科学性和检验过程的严谨性，检验鉴定人对待毒品毒物检验工作必须要有高度的工作责任心、严谨的科学态度和实事求是的工作作风，掌握涉毒物证检验鉴定的技术规范与质量控制方法，出具的毒品毒物检验报告必须要有足够的分析数据作为支撑，且要以原始图谱及数据结果为依据，不能主观臆断和未经检验过程就妄下结论。

二、毒品毒物品种多、范围广

日常生活和周围环境中存在各种毒物，如各类药物、农药及鼠药、工业有毒化工产品、有毒动植物以及国家管制的毒品及易制毒化学品。这些涉毒的物质存在品种多、范围广、性质各异，且毒品毒物品种随着社会科技进步和技术发展将会不断变化。

三、涉毒检材多样性

涉及毒品毒物的可疑物证检材多种多样、形式各异且外观状态不同，既有固体形态又有液体形态，既可以是非生物性的体外检材，又可以是生物性的体内检材。如现场查获的涉毒物证检材,可以是动物尸体或脏器、饲料,可以是人体的血液、尿液、脏器、呕吐物、洗胃液等,可以是食物,可以是鱼虾蟹塘水、井水、河水等液体,可以是植物,也可以是如包装物、作案工具、制毒原料与器具、衣服、生活用品等。

四、检材的不可多得和检材使用后的不可恢复

检材数量因受具体案件的情况限制而不可多得,有些只够一次性使用。一般情况下,毒品或毒物检验鉴定通常是消耗性的检验过程,物证检材被使用后不可能再恢复到原始状态。

五、检验目标物及检验方法的不确定性

由于毒品毒物的品种多,检材种类多,且要求检验的项目范围广,不同的检验要求和不同的物证检材,需要不同的检材处理方法和检验方法。如血液中检测乙醇毒物和检测安眠药物或检测吗啡类毒品组分,则需要采用不同的检材处理方法和运用不同的分析仪器技术。

六、检材基体复杂与含量差异大

由于毒品毒物案件性质各异,获取的检材各式各样,因此其基体复杂且变化大。生物性涉毒物证检材组分复杂,尤其是毒品毒物在生物机体中的分布不一,基体杂质干扰大,分离净化获取比较纯的待测组分比较困难。

相对而言,体外毒品毒物检材含量一般较高,体内毒品毒物含量一般较低,而且还存在一种或多种代谢物,大部分体内毒品毒物或其代谢物组分需要经过提取分离、净化浓缩,甚至需要衍生化处理,必须选用灵敏的检测技术和可靠的分析方法。

七、集多学科知识的综合应用

毒品毒物检验过程中运用分析化学原理和方法,结合现代仪器分析技术、计算机信息技术,并通过化学、物理、分子生物学、分子免疫学、毒理学、药理学以及法医学、卫生学、犯罪学、社会学、法律等多学科相关知识来对毒品毒物检验结果进行评价与应用。比如,腐败尸体中乙醇含量的判断、尿样中代谢物的判断、检验结果的阳性或阴性判定等,需要结合多学科、多技术综合知识。

第四节　毒品毒物检验技术发展简况

一、毒品毒物品种不断增加

(一)毒品方面

1. 毒品品种不断增加

随着制药工业的发展,国内外的药物研发部门开发出了不少新药物,特别是具有麻醉、镇痛、安眠镇静和减肥作用的新药物出现,如氯胺酮、佐匹克隆、普拉西泮、唑吡坦等,它们用于临床过程中时存在长期使用产生依赖性的问题。因此,我国政府主管部门自2000年以来将氯胺酮、佐匹克隆、普拉西泮、唑吡坦等药物列入国家精神药品品种目录加以严格管制。

随着毒品地下制毒实验室的合成,新毒品品种不断出现。近期,我国法庭科学毒品毒物检验实验室在对查获的各类涉毒物证检验过程中,不断发现新品种毒品出现,如2,5-二甲氧基-4-溴苯乙胺(2C-B)、甲卡西酮、4-甲基甲卡西酮等,已经被我国政府列入精麻药品管制目录。

2. 具有毒品作用的新成分不断出现

随着毒品地下制毒实验室的合成,具有毒品类似作用的新组分不断出现,近期在国内实验室内对涉及毒品案件查获的外观类似"大麻"的涉毒物证检验中,发现含有具有与"四氢大麻酚"结构相类似的新组分"K2(JWH-018)、JWH-081"等合成大麻素出现。据报道,美国、欧洲等国际社会已经将之列入管控范围,今后我国势必也会将其列入管制精麻药品目录之中。

(二)毒物方面

1. 新品种农药不断研发和使用

20世纪60年代以来,工业与农业生产发展迅速,为了追求农业作物的高产量,国内外的农药研发不断取得研究成果,新型农药不断出现,随着有机氯农药的逐步淘汰,新型有机磷和氨基甲酸酯类农药研制出来,一些高效低毒的拟除虫菊酯类农药和其他类型的低毒高效新农药不断推出并得到广泛的使用,涉及的农药类别不断扩展,如杀虫剂、杀菌剂、杀螨剂、杀鼠剂、除草剂等。特别是近年来,已经出现用百草枯除草剂农药作案致人中毒死亡案件。

2. 新类型治疗药物的不断研究并临床使用

随着国内外制药工业及药物研究的进展,药物研发部门根据临床用途开发出不少新药物,特别是安眠镇静和抗抑郁类药物,如氟西泮、奥氮平、四环类药物等在临床上的使用。

3. 一些麻醉类药物的非法使用

目前,已经发现使用"布比卡因"静脉投毒杀人、"氯化琥珀胆碱"肌肉松弛剂实施杀人、利用"塞拉嗪"兽用麻醉剂注射投毒杀人等。

二、可用检材种类不断扩展

毒品毒物分析的可用检材,已经从常用的胃及内容物、血液、尿液和脏器等扩展到唾液、脊柱液、玻璃体液、毛发、指甲和骨骼等。特别是毛发,研究发现毒品毒物在毛发中有比较长时间的积蓄作用,可以分析出如苯丙胺类、吗啡类、大麻、精神药物等。腐败尸体会产生乙醇,由于玻璃体液不容易腐败,是检测腐败尸体乙醇含量的最好检材。在毒品滥用者的检测中,一般以尿样为常用检材,目前对于唾液中毒品的检测技术研究比较关注。

三、样品前处理技术不断改进

样品前处理是生物性样品分析中非常重要的步骤，操作比较费时且工作量较大。液液萃取和固相萃取是目前常用的前处理技术。如何减少样品取样量、缩短操作时间、降低成本、减少有机溶剂使用量是大家普遍关注的问题。

在样品自动化前处理上，自动固相萃取技术、样品在线前处理技术是研究热点，特别适合于血液、尿液样品分析，不仅增加了样品处理的安全性，也减少了人为因素影响，提高了检测准确度和精密度。如自动柱切换联接液相色谱仪或液—质联用仪，在线凝胶色谱与气—质联用仪联接，自动固相萃取仪与液相色谱仪联接等。

固相微萃取技术无需溶剂和复杂装置，直接通过不同性质的萃取头从液体或气体样品中采集挥发和非挥发性的化合物，已成功应用于生物检材中的毒(药)物分析。顶空—固相微萃取法已经用于生物样品中苯类、氰化物等挥发性物质检测。采用表面增强液相微萃取可同时检测头发中的亲水性滥用药物。

四、快速筛查检测技术不断提高

毒品毒物实验室的筛查检验技术从早期的经典化学反应检验，逐步发展到薄层色谱技术。从20世纪70年代末开始到80年代末，引进了紫外光谱仪、红外光谱仪、气相色谱仪和液相色谱仪等，为毒品毒物的筛查检测带来新技术。新方法研究和仪器条件的优化，解决了大量的物证检验难题。

从20世纪90年代开始，随着质谱技术的发展，四极杆或离子阱气—质联用仪引入法庭科学实验室，使毒品毒物筛查检测技术走上一个新台阶，使用了毒品毒物快速筛查检测新方法，使未知涉毒物质成分的检出率大大提高，同时缩短了检测时间，以适应刑事侦查工作的需要。

随着仪器分析技术的发展，当今各类高端大型商品化分析仪器不断推出，未知物的快速筛查技术不断研发并被逐步引进法庭科学实验室，使毒品毒物筛查越来越快、准，如顶空气相色谱仪、气相色谱—傅里叶红外光谱联用仪、毛细管电泳仪、串联四极杆气—质联用仪、高分辨飞行时间质谱仪、在线分离气—质联用仪、超高压液相色谱—二维线性离子阱结合傅立叶变换静电场轨道阱组合式高分辨质谱联用技术、串联高分辨飞行时间质谱仪以及毛细管电泳—飞行时间质谱仪、电感耦合等离子体—质谱联用仪等。这些分析技术的进展，使涉毒组分的检测限从原先的常量到少量，改变为微量到痕量，使涉毒物证检材的使用量从大量到少量，如一般需要1～2g(ml)即可进行一次筛选涉毒组分的检测工作，解决了不少原先不能解决的涉毒物证检验难题。

第五节　毒品毒物检验工作程序

我国《刑法》和《刑事诉讼法》对涉及毒品毒物检验鉴定工作提出了高、新、严的要求。检验鉴定工作必须符合法律的规定与具体要求，严格按照检验鉴定工作的规范开展。从案件发生后的报案、现场保护、现场勘查取证、送到实验室分析检验鉴定、物证的保管到检验报告的发放等，即整个案件的受理与检验应当按照规定的程序进行。所以无论是案件承办单位还是检验鉴定的专业机构，都应该按照规范的程序运行操作，才能得出正确的检验鉴定结论，并且符合法律证据的要求。

一、案件接报与现场处置工作

（一）案件报案

报案人应该详细叙说案件发生的时间、地点、案件发生的经过，受到的伤害和损失，有什么物证等。同时，做好现场保护，抢救中毒者，将损失减少到最小。办案或事件处置部门需要进行现场勘查与涉毒物证取证工作。

（二）现场勘查与物证提取

案件受理机关应当进行登记并进行现场勘查，了解案情，提取与案件有关的涉毒物证，不同类型的案件所需要提取的涉毒物证要求是不同的，提取的物证种类也是不相同的，要保证提取的物证是原始状态的，有足够的检材量、独立的包装、明显的物证标识等。

（三）涉毒物证送检

办案单位或事件处置部门，按照法律的规定办理必要的手续，由承办单位持原始物证和证明材料送交法律授予的具有检验鉴定职能的机构进行物证的科学检验鉴定，获取检验报告法律文书。

二、案件受理工作程序

（一）委托登记

检验机构受理部门审核办案单位介绍信或盖有单位公章的委托书，与送检涉毒物证进行核对并拍照留存，符合检验条件的办理案件检验鉴定委托登记。

（二）物证交接

由送检单位送检人和检验单位检验人共同对委托检验的物证检材进行核对，现场提取物证的种类、名称和数量等，如确认外观形态、数量、重量、包装、名称等。送检与检验双方办理委托检验鉴定的交接手续，涉毒物证由检验人员收取并暂时保存。

（三）确定检验项目

办案单位送检人需要向检验鉴定部门检验人介绍案件发生的情况、提取物证检材的情况，并根据案件的需要提出检验鉴定项目，确认检材是否符合检验鉴定要求。

（四）实验室检验

实验室检验人员将根据检测项目和具体目标物的要求，依据实验室采用的检验技术规范进行物证检材的提取净化处理，分离出被测组分，采用不同的分析方法进行检验，定性分析确定成分，必要时定量分析确定含量。

（五）确认检验结果

检验人员通过对获取的各种分析检验数据信息，综合判断后确认检验结果，保证检验结果的准确性。

（六）出具检验报告

检验人员按照检验结果出具相应的检验报告，制作案件检验档案并经过复核、授权签字人的签发确认，向办案单位出具检验报告，办案单位持送检单回执到案件检验部门领取检验报告和取回剩余的物证检材。

（七）原始档案归档

检验人员制作检验档案，包括整个案件受理与检验过程中涉及的委托书、确认表、检验记录与图表、检验报告副本、回执单、签发页等，制作目录后装订归档。

思考习题

1. 毒品毒物定义是什么？
2. 毒品毒物有哪些分类方法，代表性的种类有哪些？
3. 毒品毒物检验的作用是什么？
4. 毒品毒物检验工作程序有哪些？

拓展阅读书目

1. 张新威主编：《中国刑事科学技术大全——毒品和毒物检验》，中国人民公安大学出版社 2003 年版。

2. 沈敏主编：《法医毒物司法鉴定实务》，法律出版社 2011 年版。

3. 姜左宁主编：《药物成瘾》（第 2 版），人民卫生出版社 2003 年版。

4. 徐立根主编：《物证技术学》（第 3 版），中国人民大学出版社 2008 年版。

5. 上海市司法鉴定工作委员会编：《司法鉴定实用指南》，中国法制出版社 2003 年版。

第三十三章　常见毒品毒物检验技术

本章概要

本章重点介绍毒品毒物案件的检材采取、检材前处理技术、常用的检测技术和常见毒品毒物的检验鉴定方法。通过本章学习，应掌握各类毒品毒物检材采集、常用样品前处理技术和分析技术、常见毒品毒物检验鉴定的方法，正确评价和运用毒品毒物检验鉴定结果。

关键词

常见毒品毒物；检材采集；样品前处理技术；分析技术

第一节　检材及检材采集

一、毒品案件

(一)体外检材

1. 可疑毒品：主要有粉末、块状物、片剂、针剂、口服液、晶体、蛋形物等。

2. 可疑包装物：主要有可疑纸张、塑料纸或袋、塑料或玻璃瓶等包装物。

3. 可疑工具：主要有制毒储存容器、毒品加工工具、吸毒用注射器和溜冰壶等工具。

(二)体内检材

1. 活体检材：主要有呕吐物或洗胃液、静脉血液、尿液、唾液、毛发等。

2. 尸体检材：主要有死者的胃及内容物、心血、尿液、毛发、肝胆等脏器及皮肤肌肉等。

二、毒物案件

(一)体外检材

1. 食物类：主要有生熟食物、调味品等、呕吐物、吃剩的食物等。

2. 液体类：主要有食用水、井水、河水、不明液体以及注射液、农药制剂等。

3. 动植物类：主要有动物尸体、动物饲料、有毒植物以及中草药或药渣等。

4. 包装物：主要有毒物包装物、现场遗留物、药瓶、注射器、破碎器皿等。

5. 药物类：主要有各类药片、药粉、药剂等临床药物和动物用药、农药等。

6. 特殊检材：主要是指甲、衣服等个人用品，受呕吐物或排泄物等浸染的土壤、衣着床褥等浸染部分（需要同时采取未被浸染部分作对比）以及日常用品等。

（二）体内检材

1. 活体检材：主要有呕吐物或洗胃液、静脉血液、尿液等。

2. 尸体检材：主要有死者的胃及内容物、心血、尿液、肝胆等脏器及皮肤肌肉等。

三、各类案件检材提取要点

（一）常见毒品案件

1. 吸毒案件

（1）活体检材：采取吸毒者尿液或毛发。

（2）尸体检材：提取死者心血、尿液、肝胆、胃及胃内容、注射部位肌肉。

（3）吸毒工具：包装物品或吸毒工具、注射器、药瓶等。

2. 贩卖、运输、持有毒品等案件

（1）毒品物证：可疑粉末、块状物、片剂、针剂、口服液等。

（2）毒品包装：可疑纸张、伪装物品、塑料纸或袋、塑料或玻璃瓶盒等。

3. 制毒或加工毒品案件

（1）制毒工具：制毒储存容器、毒品加工工具等。

（2）原料或成品：提取与案件有关的生产原料、产品等。

（二）常见毒物案件

1. 投毒（含中毒）案件

（1）投毒（含中毒）案件体外检材：如食用水、井水、河水、生熟食物、调味品等；吃剩的食物、呕吐物、现场药物、中药药渣等；毒物包装物、现场遗留物、药瓶、注射器、破碎器皿等；动物尸体或动物饲料；指甲、衣服及等个人用品等；受呕吐物或排泄物等浸染的土壤、食物、衣着床褥等浸染部分，并采取未被浸染部分作对比。

（2）投毒（含中毒）案件体内检材：如中毒者的洗胃液、血、尿；死者胆汁、脏器、血、尿、胃及内容物、注射部位肌肉等；开棺检验采集已腐脏器或所在部位腐泥，并采集可能污染尸体装殓物品、周围不受腐尸浸染棺木泥土等。

2. 采用麻醉手段的案件

发生麻醉抢劫、强奸等案件后，及时留取被害人尿样，以第一次尿样为最佳检材。同时，提取案发现场遗留的如饮料、茶杯、包装袋、注射器等可疑物品。

3. 酒后滋事或交通肇事案件

（1）活体检材：提取当事人静脉血样 2ml 二管（A/B）管，必须用已经加入抗凝剂的试管来盛血，抽取后盖紧及时均匀防止凝结）。

（2）尸体检材：提取当事人心血5ml（用带盖试管密封包装）。

四、检材提取注意事项

（一）毒品类案件

1. 取材量

（1）对于查获的体外毒品物证必须全部提取。

（2）对于查获的涉嫌制毒或加工毒品的原料、生产工具等，提取适量样品。

（3）对于吸食毒品者提取尿样10ml以上或沿头皮剪取毛发300根以上。对于中毒者提取尿样10ml、血样10ml、洗胃液20ml。对于死亡者提取心血10ml、尿样全部、肝胆约50g、胃及胃内容物100g。

2. 物证包装、贮存及送检

（1）物证提取时应照相或录像固定查获可疑物证检材原始状态。

（2）清点所有查获的物证检材，由持有人签字确认，做好采集记录。

（3）用无污染的包装物品封存查获的全部毒品检材，做好标记。

（4）物证包装标明物证检材归属，查获的数量等信息。

3. 注意事项

对于查获的体外毒品，要标明毒品持有人、缴获数量、颜色与形状等。送检委托书应该与物品扣押清单上的记录一致。

（二）毒物类案件

1. 检材提取与取材量

（1）取材器具保持干净。取材用器具（刀、剪、镊子等）必须洁净，保证不沾染消毒剂和各种化学试剂，防止污染发生。

（2）不加防腐剂。提取生物性检材时，不得用甲醛、乙醇等任何防腐剂固定。

（3）取材量必须满足检验要求。各种检材取样量必须满足选择检验项目的最低要求。

2. 检材包装、贮存及送检

（1）检材包装。可以用干净的塑料袋、塑料或玻璃瓶、试管、纸袋等包装，易挥发、易变质检材包装时应注意密闭。每份物证必须单独包装，特别是阳性检材，并贴上标明物证名称、来源、数量、采取时间与地点、采取人等信息的物证专用标签。

（2）检材贮存。生物性或易变质检材必须要在-10℃以下的低温冰箱储存。

（3）检材送检。检材原则上需要及时送检，要确保检材不腐败变质。

3. 注意事项

（1）检材必须照相固定原始形态。检验过程中将会破坏原样，而且不能恢复。

（2）及时采集检材。对于麻醉抢劫案件、吸食毒品案件，应当及时收集尿样，因为麻醉药物或毒品在体内会不断代谢和排泄，浓度逐渐降低，浓度太低则检验不出。对于涉嫌饮酒案件,由于乙醇在体内代谢快速,一般在6个小时后将检测不出,应及时采集静脉血样,采集时不能用酒精消毒皮肤。

(3)要求进行毒品毒物定量分析时,必须采集血液检材。

第二节　检材前处理技术

一、检材前处理的必要性

毒品毒物检验中,样品前处理是关键步骤之一。大部分毒品毒物检材样品属于复杂体系,性质千差万别,干扰物质多,样品中各组分浓度高低差异很大。通常需要进行预处理、提取、净化、浓缩、衍生化等步骤使样品纯化后,才可以进行各种仪器分析。否则,非但得不到可靠的数据,还会污染测试系统,影响仪器的性能。

二、常用的检材前处理技术

依据检测目标物不同,采用不同检材前处理技术。常用的前处理技术有:

(一)顶空萃取

顶空萃取(head space extraction,HSE)技术也称为液上气体分析技术,可以直接分离检材中待测组分。被测组分在一定的加热温度下,处于密闭系统内的被测组分,利用气体与液体或固体之间两相达到平衡时,挥发性组分在气相中的浓度与在液相中的浓度或固相中的浓度有一定的比值关系,液相或固相中的浓度越高则气相中的浓度也越高。液相或固相在密闭系统内保持恒定的温度,经过足够的时间,挥发性组分在气液或气固两相达到平衡点,抽取气相中的气体进行色谱或色质分析。

本方法已经用于血液中乙醇的检测、海洛因中挥发性有机溶剂的检测等。

(二)直接萃取

直接萃取(direct extraction)是最简单的样品前处理方法,主要适用于固体毒品或毒物原体,米、面、固体调料以及药片、粉末等不需要进行复杂萃取的样品,采用直接用含内标物的甲醇或乙醇等有机溶剂溶解,高速离心后取上清液直接进样检测。

本方法适用于体外毒品、药片、农药原体或粉末等固体类检材的检测。

(三)液液萃取

液液萃取技术(liquid and liquid extraction,LLE)是基于物质组分不同分配系数,通过有机溶剂进行萃取的技术。在需要分离待测组分的液体混合物中加入一种或几种与其不溶或部分互溶的有机溶剂,经过充分的振摇混合,利用混合液中各组分在添加的有机溶剂中溶解度的差异而实现分离的一种萃取操作,是实验室最普遍使用的方法。萃取溶剂可以是苯、乙酸乙酯、乙醚、氯仿、二氯甲烷或混合配比的有机溶剂。

本方法用于萃取分离血液、尿液、水样等液态检材中的待测组分。

（四）固相萃取

固相萃取（solid phase extraction，SPE）技术是通过颗粒细小的多孔固相吸附剂选择性地吸附溶液中的被测组分，被测组分被定量吸附后，用体积较小的另一种溶剂洗脱或用热解析的方法解析被测组分，在此过程中达到分离富集被测物质的目的。

SPE 既可用于复杂样品中微量或痕量化合物的提取，又可用于净化、浓缩或富集，是目前毒品毒物检验中样品前处理的主流技术之一。

本方法可以萃取分离生物性检材血、尿中吗啡类毒品和安眠药物、农药等。

（五）固相微萃取

固相微萃取（solid phase micro-extraction，SPME）技术是基于无溶剂萃取的样品吸附技术，其操作步骤是取不同极性固相微萃取针置于样品中，萃取出待测组分后直接进入气—质联用仪（GC/MS）进样口，萃取的组分热解析后分离与检测。

有报道，本方法已经用于萃取分离生物性检材血、尿中甲基苯丙胺毒品等。

（六）超声波萃取

超声波萃取（Ultrasonic solvent extraction）技术是利用超声波作用于提取有机溶剂和被提取物，实现被提取物中待测组分向提取溶剂中快速转移的一种萃取方法。超声波提取法提取样品时，由于通过超声波的作用，使被提取物更好的分散细化，加大与提取有机溶剂的接触面，使提取效率增大，缩短了提取时间，减少了提取溶剂的使用量。

本方法已经应用于提取食物、呕吐物、胃及内容物、中草药等检材中的毒物。

（七）微波萃取

微波萃取技术（Microwave Assisted Extraction，MAE）是利用微波能量和少量溶剂来萃取固体物中有机组分的一种样品前处理方法。通过对检材进行微波加热，利用极性分子可迅速吸收微波能量的特性来加热一些具有极性的溶剂，达到萃取检材中目标化合物、分离杂质的目的。

微波萃取是一种非常具有发展潜力的新的萃取技术，通过微波强化，其萃取速度、萃取效率及萃取质量均比较好。

食品中有毒物质的检测中就有应用微波萃取的报道。

（八）化学衍生化

化学衍生化技术是指借助化学反应将待测组分接上某种衍生化试剂的特定基团，从而改善其化合物检测灵敏度和色谱分离效果的方法。

本技术在苯丙胺类及衍生物的检测、血尿样中吗啡类毒品的检测、尿样中苯二氮杂卓类药物的氨基、羟基代谢物的检测、苯乙酸及邻氨基苯甲酸和含有羟基的毒品等检测中广泛使用。

（九）水解处理

水解处理技术是指采用酸、碱或酶来处理样品，使被测组分与内源性物质结合物被破坏，游离出被测组分供提取检测的一种检材前处理方法。水解方法有酸水解、碱水解和酶水解三种。

本技术已广泛应用毒品毒物体内代谢物的分析。

第三节　常用的分析技术

依据毒品毒物性质不同、杂质干扰不同和所含待测组分的含量不同，需要采用多种分析技术来完成整个毒品毒物物证的检验过程，进行未知物组分的定性、定量分析。使毒品毒物的检验实现微量、灵敏、快速、高效的目的。实验室常用的分析技术主要有以下几种。

一、化学反应预实验

利用毒品毒物结构中的某些特征基团对于特定化学试剂的反应呈现出不同的颜色的原理，对物证检材进行筛选。如碘化铋钾对于海洛因类、苯丙胺类以及生物碱类碱性基团的橙色沉淀反应。马改式(甲醛—浓硫酸)试剂对于海洛因类呈现紫红色反应，苯丙胺类呈现橙黄色、黄绿色等不同颜色反应。

二、动物试验

对于某些案件，在提取的检材毒性程度不明确的情况下，可以采用动物实验进行毒性确定。通常采用小白鼠实验，取对照组和实验组，每组3～5只，灌喂后观察小白鼠的活动状态，记录相应的反应过程和时间。也可以用豚鼠、兔子或狗进行毒性实验。

三、单克隆抗体免疫法

胶体金标记单克隆抗体检测试剂盒已经广泛应用于毒品毒物物证快速筛查检测。此法具有比较高的灵敏度和特异性，操作简便、快速。

四、仪器分析技术

(一)光谱技术

1. 分子光谱

分子光谱技术是由分子中电子跃迁、分子振动和转动等运动，引起能级变化而产生的，它表现为带光谱。

分析仪器有：紫外—可见光谱仪，主要用于一氧化碳中毒者的血液碳氧血红蛋白饱和度测定；红外光谱仪，主要用于毒品毒物纯品的检测，如冰毒、氯胺酮和农药原药等。

2. 原子光谱

原子光谱技术是由原子的外层电子或内层电子的跃迁引起能级的变化而产生的，它表现为线光谱。

分析仪器有原子吸收光谱仪和原子发射光谱仪。主要用于无机元素和金属毒物的检测等。

(二)色谱技术

色谱技术中有两个相:一个相是流动相,另一个相是固定相。如果用液体作流动相,就叫液相色谱;用气体作流动相,就叫气相色谱。如果固定相是利用硅胶板的,则是薄层色谱。

1. 薄层色谱

薄层色谱:固定相常用硅胶板,流动相为有机溶剂组成的展开剂,多用显色剂显现各组分的斑点,用 Rf 值定性。

2. 气相色谱

分析仪器为气相色谱仪,可以用于苯丙胺类、氯胺酮、可卡因、海洛因等毒品的定性定量检测,也可以对挥发性溶剂、血液中乙醇、安眠药物、农药进行定性定量分析。气相色谱法定性需要用已知对照品平行操作,采用两种不同性质色谱柱或两种不同的检测器进行检测,用保留时间定性。不宜用于甚至不能分析高沸点化合物、极性大的水溶性物质、一定温度下难以汽化的物质。

3. 高效液相色谱

分析仪器为高效液相色谱仪。高效液相色谱法可用于:海洛因毒品的定性定量分析;血液、尿样中的安眠药物分析等;分离检测混合物及性质相近的物质。而且特别适用于分子量比较大的化合物、易热分解的化合物和极性大的化合物。在对组分直接进行定性分析时,需要用已知对照品平行操作,用保留时间结合两个紫外波长检测的峰高比或紫外光谱进行定性。

(三)高效毛细管电泳技术

高效毛细管电泳,是基于各组分在缓冲液下通过高压电场的作用而发生迁移,达到分离不同组分的目的。可用于分离检测血、尿或毛发等生物样品中的毒物和毒品。

(四)质谱技术

质谱是一种物质组分定性确认的优选方法之一,可以通过物质所表现出的质谱行为来判断未知物。质谱技术能在一次样品的检测分析中获得丰富的信息,包括分子结构信息、分子量信息、结构断裂和特征碎片信息等。作为一种有效的化合物鉴定技术已经在各个行业中广泛应用,成为未知物质定性的常规分析技术手段。质谱技术学已经被公认为一种同时具备高特异性和高灵敏度且得到广泛应用的普适性方法。利用质谱技术研发的质谱仪种类比较多,其工作原理和应用范围也各不相同。从应用角度讲,分为有机质谱和无机质谱。

(五)仪器联用技术

1. 气相色谱—质谱联用

当质谱仪的样品导入系统采用气相色谱仪为接口时,即为气相色谱—质谱联用仪。通常气质联用仪适合于检测分子量低于600的有机化合物,而且有机化合物的汽化温度需要低于300℃。脂溶性的化合物检测方便,水溶性的化合物不能检测。

2. 液相色谱—质谱联用

当质谱仪的样品导入系统采用液相色谱仪为接口时,即为液相色谱—质谱联用仪。通常液—质联用仪可以检测分子量比较大的有机化合物,如脂溶性和水溶性的化合物都能检测。

3. 毛细管电泳—质谱联用

当质谱仪的样品导入系统采用毛细管电泳仪为接口时,即为毛细管电泳—质谱联用仪。通常毛细管电泳—质谱联用仪可以检测分子量比较大的有机化合物,脂溶性和水溶性的化合物都能检测。

4. 电感耦合等离子体—质谱联用

当质谱仪的样品导入系统采用电感耦合等离子体为接口时,即为电感耦合等离子体—质谱联用仪,属于无机质谱。通常可以检测金属元素等无机化合物离子。

5. 气相色谱—傅里叶变换红外光谱联用

当傅里叶变换红外光谱仪的样品导入系统采用气相色谱仪为接口时,即为气相色谱—傅里叶变换红外光谱联用仪。气相色谱—傅里叶变换红外光谱联用仪适合检测分子量较低的有机化合物,而且有机化合物的汽化温度需要低于250℃,满足红外连接光管温度限制的要求。检测的灵敏度比较低。

第四节 各类常见毒品毒物检验

一、鸦片类毒品

(一)一般介绍

鸦片(opium)类毒品包含鸦片、吗啡、可待因、海洛因等,是国家规定管制的麻醉药品。

鸦片是罂粟科植物未成熟果实经割破果皮流出的白色汁液的干燥品,呈棕褐色。含有20多种生物碱成分,其中属于毒品管控的组分有吗啡、可待因、蒂巴因。吗啡从鸦片中提纯,其纯品为无色六面短棱柱状结晶。海洛因又称二乙酰吗啡,是由吗啡与醋酸酐经过化学反应乙酰化而成。

海洛因进入生物机体后,在体内先代谢成 O^6 - 单乙酰吗啡,然后完全代谢为吗啡。

鸦片类毒品对生物机体的中枢神经系统有抑制作用和麻醉作用,一次性大剂量服用可引起昏迷、血压下降、瞳孔针尖状缩小、呼吸中枢麻痹而最终死亡。

（二）检材处理与检测方法

最合适检材：体外检材以查获的可疑毒品实物、吸毒工具、包装物等为佳。体内检材中，因为吸食鸦片类毒品死亡尸体内吗啡的分布以胆汁最高，其次为尿，所以尿液和胆汁是毒物检验的最佳检材，要判断吸毒史必须采集毛发检材，并定量必须采集血液检材。

检材处理：体外检材可以采用直接萃取、液液萃取、超声波萃取等方法处理。体内检材可以采用液液萃取、固相萃取、水解处理、化学衍生化等方法处理。

检测方法：可采用化学反应预实验法、单克隆抗体免疫法、气相色谱法、高效液相色谱法、气相色谱—质谱联用法、液相色谱—质谱联用法等。采用气相色谱或气质联用仪分析时，常用的衍生化试剂有醋酸酐、丙酸酐和 BSTFA（硅烷化试剂）等。采用 HPLC 或 HPLC－MS 检测时，则不需要衍生化处理。

（三）案例评析

【案例1】某地公安派出所接报，其辖区内一公共厕所里发现一具无名男尸，死者体表无明显暴力性损伤，左手静脉处有新鲜的针眼，身边有一支已经使用过的 5ml 塑料一次性注射器，可见有红色液体残留，上衣口袋内有一包可疑白色粉末，地上有一张黄色塑料纸包装物。

经过化学反应预实验法、单克隆抗体免疫法、气相色谱—质谱联用法检验，确认现场提取的注射器、白色粉末、黄色塑料纸包装物均含有海洛因成分；死者的尿液中检出单乙酰吗啡和吗啡、可待因成分；血液中吗啡含量为 0.68μg/ml。判断死者系注射海洛因毒品致死。

二、苯丙胺类毒品

（一）一般介绍

苯丙胺（安非他明）类（amphetamine－type stimulants，ATS）是苯丙胺及其衍生物的统称，是人工合成的毒品。表 33－1 列出了常见的苯丙胺类化合物。

表 33－1 常见苯丙胺类化合物

英文名	中文名	分子式	分子量
Amphetamine（AMP）	苯丙胺	$C_9H_{13}N$	135.2
Methamphetamine（MAMP）	甲基苯丙胺	$C_{10}H_{15}N$	149.2
Fenfluramine	氟苯丙胺	$C_{12}H_{16}F_3N$	231.3
Phentermine	苯丁胺	$C_{10}H_{15}N$	149.2
Methylphenidate	哌醋甲酯（利他林）	$C_{14}H_{19}NO_2$	233.3
MDA	3，4－亚甲基二氧基苯丙胺	$C_{10}H_{13}NO_2$	179.2
MDMA	3，4－亚甲基二氧基甲基苯丙胺	$C_{11}H_{15}NO_2$	193.3

续表

英文名	中文名	分子式	分子量
DOB	4－溴－2,5－二甲氧基苯丙胺	$C_{11}H_{16}BrNO_2$	274.2
DOMA	2,5－二甲氧基甲基苯丙胺	$C_{12}H_{19}NO_2$	209.3
N－ethylamphetamine	乙基苯丙胺	$C_{11}H_{17}N$	163
N,N－DMA	二甲基苯丙胺	$C_{11}H_{18}N$	164
2C－B	4－溴－2.5二甲氧基苯乙基苯丙胺	$C_{10}H_{14}BrNO_2$	259
Fenfluramine	氛氟拉明	$C_{12}H_{16}F_3N$	231
Phentermine	芬特明	$C_{10}H_{15}N$	149

苯丙胺类毒品及其衍生物具有类似的母体化学结构，苯环上取代基团的不同可产生出诸多的毒品衍生物，这类化合物皆属于国家管控的《精神药品品种目录》中第一类精神药品。苯丙胺类及其衍生物毒品的盐类纯品为晶体粉末，案件缴获的苯丙胺类毒品多见为各种形状、图案、颜色的药片制剂，也有晶体及水剂等。

苯丙胺类毒品进入生物机体后吸收迅速，通过血液循环系统分布于全身组织。甲基苯丙胺在体内的代谢和排泄较快，生物半衰期约为9小时。

苯丙胺类及衍生物毒品属于中枢神经系统兴奋剂。急性中毒者出现中枢神经系统兴奋症状，如多言、神经质、易激动、焦躁不安、心跳加快，失眠、严重者精神混乱，乃至出现暴力倾向。兴奋阶段结束后，表现为心率不齐、心绞痛、腹部绞痛、恶心等，救治不及可危及生命。

（二）检材处理与检测方法

最合适检材：体外检材以查获的可疑毒品实物、吸毒工具、包装物、制毒工具及原料等为佳。体内检材中，取尿、胃组织及内容物、肝等检材，要判断吸毒史必须采集毛发检材，要定量必须采集血液检材。

检材处理：体外检材可以采用直接萃取、超声波萃取等方法处理。体内检材可以采用液液萃取、固相萃取、化学衍生化等方法处理。

检测方法：可采用化学反应预实验法、单克隆抗体免疫法、红外光谱法、气相色谱法、气相色谱—质谱联用法、气相色谱—红外光谱联用法、高效毛细管电泳法、毛细管电泳—质谱联用法等。

（三）案例评析

【案例2】某公安局工作中发现某舞厅十几名舞客摇头不止，兴奋异常，并发现其携带可疑药片，故委托查明是否使用“摇头丸”类（MDMA为主要成分）毒品，并判明是偶尔使用还是经常滥用。经对采集的嫌疑舞客尿样检测，其中7份尿样中含有MDMA成分，其他尿样中则含有麻黄碱和可待因成分，与其自述服用“联邦止咳露”情况相符(大量饮用“联邦止咳露”也有兴奋作用)。后对7名尿液阳性者采集贴头皮部的毛发,按样品处理方法操作,GC - SIM(气相色谱—选择性离子检测联用)法测定,结果在6名尿液阳性者毛发中检出了MDMA和代谢物MDA成分,证明其长期吸毒。

三、大麻毒品

(一)一般介绍

大麻是一年生草本长纤维植物,全株有毒。其成分比较复杂,主要是四氢大麻酚、大麻二酚、大麻酚等。精神作用最强的是四氢大麻酚,列入国家精神药品管制。大麻类毒品常见有大麻叶植物、大麻树脂、大麻油,常制作成香烟状吸食。

大麻类毒品从呼吸道吸入后,通过呼吸道的肺泡黏膜吸收后进入生物机体血液循环,到达大脑后当即产生毒理效应,通常在一分钟左右时间达到高峰,约1小时后作用消失。

吸食大麻可直接作用于神经系统,产生陶醉感和幻觉,先兴奋后麻痹。吸食大麻会产生如下后果:眼结膜发红、心率加快、行动不稳,可导致中毒性精神病,严重的焦虑感甚至达到惊恐程度,有灾难感或濒死感,可产生杀人意念;有急性抑郁反应,悲观失望,有自杀念头;后期运动失调、语言不清、知觉异常、嗜睡。

(二)检材处理与检测方法

最合适检材:体外检材以查获的可疑毒品实物、吸毒工具等为佳。体内检材中,可取尿、胃组织及内容物、肝等检材,要判断吸毒史必须采集毛发检材,要定量必须采集血液检材。

检材处理:体外检材可以采用直接萃取、液液萃取、超声波萃取等方法处理。体内检材可以采用液液萃取、固相萃取、化学衍生化等方法处理。

检测方法:可采用化学反应预实验法、单克隆抗体免疫法、气相色谱法、气相色谱—质谱联用法、液相色谱—质谱联用法等。

(三)案例评析

【案例3】某海关缉私局侦查部门查获一批可疑包装物品,经开箱检查,发现内有大量的绿色植物,闻之有特殊气味,重量达20多公斤。经采用直接萃取处理样品,用气相色谱—质谱联用法检验,检出含有四氢大麻酚成分,因此确认此批绿色可疑植物为毒品大麻植物。

四、氯胺酮毒品

(一)一般介绍

氯胺酮(Ketamine),俗称“K粉”,其盐酸盐为白色结晶性颗粒或粉末,无嗅,是第一类精神药品。

氯胺酮主要在肝内进行生物转化成去甲氯胺酮,再逐步代谢成无活性的化合物经肾脏排出体外。

小剂量氯胺酮产生镇静和镇痛作用,大剂量氯胺酮可导致梦幻、躁动、惊厥、恶心、呕吐、血压上升、心率增快、呼吸抑制，严重者可以引起死亡。

（二）检材处理与检测方法

最合适检材：体外检材以查获的可疑毒品实物、吸毒工具、制毒工具等为佳。体内检材，可取尿、胃组织及内容物、肝等检材，要判断吸毒史必须采集毛发检材，要定量必须采集血液检材。

检材处理：体外检材可以采用直接萃取、液液萃取等方法处理。体内检材可以采用液液萃取、固相萃取、水解处理等方法处理。

检测方法：可采用单克隆抗体免疫法、红外光谱法、气相色谱法、气相色谱—质谱联用法、高效液相色谱法、液相色谱—质谱联用法等。

（三）案例评析

【案例4】某缉毒部门侦破一起涉嫌地下加工氯胺酮案件，查获一批可疑针剂、可疑白色晶体粉末以及工具等。经过红外光谱法、气相色谱—质谱联用法检验，在可疑针剂、可疑白色晶体粉末以及工具中均检出氯胺酮成分。采用气相色谱法检测，其白色晶体粉末中氯胺酮含量为82.3%，从而确认为涉嫌地下加工氯胺酮案件。

五、氰化物

（一）一般介绍

氰化物（Cyanide）属于挥发性毒物。常见的剧毒或高毒的氰化物主要有氢氰酸、氰化钠、氰化钾、亚铁氰化钾等无机化合物，以及丙烯腈、双异氰酸盐和丙酮氰醇、甲醛氰醇等有机化合物（其在工业上应用广泛），还有以氰甙结构存在于杏、白果等植物果仁中的苦杏仁甙、木薯中的木薯毒甙等。这些化合物都可以在一定的条件下被酸或共存的酶水解，释放出氢氰酸，引起中毒。

氢氰酸和氰化物以及丙烯腈等有机化合物可以通过呼吸道、消化道及皮肤进入生物机体内，很快被吸收，以氢氰酸和氰离子的形式存在于组织与体液中，尤其是以呼吸道吸收快速。正常人血液中含有微量的氰离子，一般在不吸烟者的血液中含量约为0.016μg/mL，吸烟者的血液中含量约为0.041μg/mL。而在火灾现场或空难现场中的尸体血液中氰离子的含量要高于正常值。

氰化物中毒速度快，大剂量服用或高浓度吸入可立即引起急性中毒致死。一般轻度中毒为出现头痛、头晕、胸闷、呼吸困难、心悸、呕吐等。重度中毒出现剧烈头痛、呕吐、心悸等，流涎、昏迷、呼吸困难、血压下降、痉挛甚至呼吸麻痹而死。死者皮肤尸斑及黏膜呈鲜红色，肌肉及血液呈鲜红色，肺水肿，窒息现象明显。

（二）检材处理与检测方法

最合适检材：体外检材以查获的白色块状物或粉末、可疑食物、可疑液体、蜡丸等为佳。体内检材，可取血、胃组织及内容物、肝等检材。

检材处理：体外检材可以直接用去离子水溶解、透析、顶空萃取等方法处理。体内检材可以采用透析、顶空萃取、化学衍生化等方法处理。

检测方法：可采用普鲁士蓝化学反应法、吡啶—巴比妥酸化学反应法、三氯化铁法或硫化钠法、顶空气相色谱法、顶空气相色谱—质谱联用法等。

(三)案例评析

【案例5】某地区派出所接到死者弟弟报案称，其哥哥当日早晨从国外乘飞机回家后，当晚突然死在家中，怀疑被他人加害致死。法医在尸体解剖时发现尸表无明显暴力性损伤，尸斑比较红，心脏大小要比正常的大一半，眼睑有出血点，血液颜色鲜红，法医提取死者的胃及内容物和心血送检。采用顶空气相色谱法检验发现有丙酮色谱峰，采用顶空气相色谱—质谱联用法确认含有丙酮和氰化物成分。经用"丙酮氰醇"进行比对实验，确定死者系"丙酮氰醇"中毒死亡。毒物检验结果为案件的侦破提供了可靠的证据，是案件破获的关键证据。

六、甲醇与乙醇

(一)一般介绍

甲醇(Methanol，Methyl Alcohol)与乙醇(Alcohol，Ethyl Alcohol)均为无色透明的可燃性液体，易挥发。二者都是化工、医药等工业用原料和溶剂，用途很广。乙醇也是酒类饮料的主要成分，一般乙醇中毒为过量饮酒所致，甲醇中毒以误服或自杀所致。

甲醇、乙醇蒸气可以经过呼吸道吸收。甲醇、乙醇液体通过消化道吸收比较快，皮肤接触也可吸收甲醇和乙醇，甲醇与乙醇直接进入血液吸收最快。甲醇、乙醇在氧化酶的作用下先氧化成醛，继而氧化成酸。乙醇通常服用6小时后血液中查不出原体，可以通过乙醇的特异性代谢物乙基葡萄糖醛酸苷的检测来判断。

甲醇轻度中毒有头痛、头晕、兴奋、步态不稳、共济失调等症状。中度中毒呈恶心、呕吐、出现幻觉、视物模糊、四肢厥冷等症状。重度中毒呈面色苍白、呼吸抑制、意识模糊、昏迷，甚至最后因呼吸和循环衰竭而死亡。

乙醇中毒兴奋期可见眼充血，表情无忧无眠，欣快感，言多粗鲁，眩晕等。共济失调期神志错乱、语无伦次、行走不稳、动作笨拙、吐字不清等。昏睡期可见多汗、昏迷、血压下降、心跳加快、呕吐、大小便失禁、呼吸鼾声甚至最后因呼吸中枢麻痹而死亡。

(二)检材处理及检测方法

最合适检材：体外检材以查获的可疑液体为佳。体内检材则取血、尿、胃组织及内容物、脑、玻璃体液等检材。

检材处理：体外检材可以直接用顶空萃取方法处理。体内检材也可以采用顶空萃取方法处理。

检测方法：主要采用顶空气相色谱法和顶空气相色谱—质谱联用法。也可以在提取处理后采用液—质联用法检测，也可以将检材沉淀蛋白后检测甲醛或乙醛代谢物，也可以在检材中加入浓硫酸并甲酯化衍生后检测甲酸或乙酸代谢物。

检测乙醇，也可以在血液、尿液检材中添加内标(如D5－EtG)后加入甲醇、高氯酸、乙腈等有机溶剂沉淀蛋白，用液相—质谱联用法检测乙醇的特异性代谢物葡糖糖醛酸苷。

（三）案例评析

【案例6】某化工厂化验室发现一人死亡，法医对尸体进行检验，衣着正常，尸表没有暴力性损伤。解剖发现胃黏膜和各脏器有出血点，血液颜色鲜红，提取死者血液、胃组织及内容物化验。经顶空气相色谱法检验发现一可疑色谱峰，经顶空气相色谱—质谱联用法确认为甲醇成分。经现场重新勘查，找到半瓶标有甲醇的试剂瓶。

【案例7】某地区发现一具已经腐败的男性尸体，现场勘查及法医解剖分析，涉嫌一起凶杀命案。法医提取死者的胃组织及内容物和心血，要求检验是否含有安眠药物及乙醇成分。经采用顶空气相色谱法检验，在死者的心血中检出乙醇含量为1.98mg/mL，同时检出正丙醇含量为0.04mg/mL；而采用气相色谱—质谱联用法检测，其胃组织及内容物和心血中均未检出常见安眠药物成分。案件侦破后，犯罪嫌疑人交代，给死者服用大量白酒后实施加害行为。检验结果证实了犯罪嫌疑人的口供。

腐败尸体血液中可以产生乙醇，离体血液腐败也会产生乙醇。腐败尸体在产生乙醇的过程中会平行的产生其他醇类物质，最重要的是判断指标是正丙醇，如果在腐败血样中同时监测到正丙醇，应当考虑是否腐败形成的乙醇。据文献资料报道，血液腐败形成的乙醇含量与正丙醇的含量之比在20倍以内的可以推断为乙醇系死后形成，超过20倍的则可以推断为生前饮酒，将测定的乙醇含量减去20倍的正丙醇含量，剩余值即是乙醇浓度。

七、一氧化碳

（一）一般介绍

一氧化碳属于气体类毒物。一氧化碳是无色、无臭、无味的可燃性气体，日常煤气中添加硫化物使之出现警示的臭味。当空气中的一氧化碳浓度达到12.5%时，有爆炸的危险。在室内因煤气燃烧不完全时，空气中的一氧化碳可达到有害浓度，完全燃烧后生成二氧化碳和水。通常一氧化碳存在于煤气、火灾现场，含碳有机物燃烧不完全时产生的废气或因燃气淋浴器燃烧废气等。

一氧化碳主要经生物机体呼吸道吸入，由肺组织肺泡吸收进入血液循环系统，进入体内的一氧化碳与血液中的血红蛋白结合，形成碳氧血红蛋白（HbCO）。

一氧化碳轻度中毒呈现出头晕、头痛、恶心、呕吐、四肢乏力等症状。中度中毒呈现出昏睡，进而昏迷。重度中毒呈现出深度昏迷，引起中枢神经系统呼吸衰竭死亡。碳氧血红蛋白呈色鲜红，中毒死亡者其皮肤、黏膜、尸斑、血液和内脏均呈樱桃红色，碳氧血红蛋白在尸体内可保存相当长的时间。

（二）检材处理及检测方法

最合适检材：一氧化碳检测的血样必须要有足够的红血球存在，因此中毒最佳检材是全血。血样必须在密闭容器内（如试管）保存，尽量放满，不能用塑料袋包装，可以冷冻保存。

检材处理：直接用于检测。

检测方法：主要是检测血液中碳氧血红蛋白饱和度。可以将中毒血液置于玻璃试管内，在沸水浴中加热使其凝结，观察其内部可见砖红色的特征（碳氧血红蛋白饱和度大于30%可以明显观察到），正常血液呈褐色。也可以采用氢氧化钠化学反应法或多硫化铵化学反应法。常用的仪器分析法是可见光谱法与气相色谱法。

（三）案例评析

【案例8】某地区派出所接到私人企业老板报案称，在其租借的员工宿舍内，有2人死亡，多人不同程度的中毒。现场勘查提取吃剩的食物送检。毒物检验后未发现有剧毒物及毒鼠强和其他常见的毒物组分。检验人员根据了解到的现场情况认为，存在一氧化碳中毒的可能，便要求法医提取死者心血送检。法医在提取血液的过程中，发现尸体尸斑比较红，提取的心血也比较红。采用紫外—可见光谱法检验后，确认死者心血中碳氧血红蛋白饱和度分别达到45.8%和52.1%，检验结果表明死者确实系一氧化碳中毒。经调查证实，其居住的员工当晚夜宵后，接连洗澡，燃气淋浴器不停地燃烧，房间没有开窗通风，最后一名员工洗完回到房间后发觉自己头痛，因为废气而导致中毒。

【案例9】某分局接报，在其辖区内某老式居民住宅楼的三楼卧室内发现有一男一女2人已经死亡，经调查死者为夫妻二人。现场勘查后未发现可疑，法医解剖认为血液颜色红，推断疑似氰化物中毒。提取现场吃剩的食物、死者心血、胃及内容物等检材送检，要求检验氰化物。经采用直接萃取、普鲁士蓝化学反应，发现吃剩的食物以及2具尸体的胃及内容物中均未出现氰化物阳性的普鲁士蓝反应颜色。后根据现场情况及尸体解剖的现象，进行血液中一氧化碳的检验，紫外—可见光谱法检验后确认男性尸体的心血中碳氧血红蛋白饱和度达到了40%以上，而女性尸体未检出碳氧血红蛋白，检验结果表明死者并非氰化物中毒致死，而是系一氧化碳中毒死亡。重新勘查现场后发现，三楼房间内的门窗等缝隙均用纸张封闭，在二楼到三楼的夹道内找到一根塑料管，闻之有煤气味，其长度正好从二楼的房间煤气灶接到三楼的卧室内，侦查结果证实了检验结果的准确性。死者丈夫因其经济欠款无力偿还，先将其妻子害死，然后通过塑料管将煤气充满自己的卧室，自己反锁在卧室内吸入煤气中毒死亡。

一氧化碳中毒是比较常见的毒物类案件，常年可发生。通常心血中碳氧血红蛋白饱和度达到20%以上时可以引起轻度中毒，在接触新鲜空气下可以缓解。碳氧血红蛋白饱和度达到30%以上时可以引起中度中毒，需要送医院高压氧舱救治。当碳氧血红蛋白饱和度达到40%以上时可以引起重度中毒，抢救不及时可以危及生命。正常人的血液中碳氧血红蛋白饱和度一般在15%以下。一氧化碳中毒有耐受力，儿童、老年人和孕妇比较容易中毒。

八、重金属类毒物

（一）一般介绍

重金属类毒物种类很多，主要是指自身系重金属和其盐类化合物的物质，有砷、汞、钡、铬、硒、铅、锑、镉、铊等化合物，最常见的重金属类毒物中毒案件主要是毒性较大的是砷、汞、钡、铊等无机类化合物。在这些化合物中，无机化合物要比有机化合物的毒性大，水溶性的或可溶于酸或碱的化合物毒性比较大。砷及化合物包括砒霜、砷酸铅、雄黄、福美甲胂农药等；汞及化合物包括水银、氯化汞、硝酸汞以及氯化乙基汞等；铅及化合物包括二氧化铅、硝酸铅、氯化铅及四乙基铅等；钡及化合物包括氯化钡、碳酸钡等可溶性钡盐。

砷、汞、钡和铊等金属类化合物毒物可以由多种途径进入生物机体，比较常见的是口服后消化道吸收。

（二）检材处理及检测方法

最合适检材：体外检材以查获的剩余食物、不明液体或粉末、呕吐物等为佳。体内检材则取中毒者洗胃液、血、尿或死者胃及内容物、血液、尿液、脏器、毛发等检材。

检材处理：可根据检材特点和分析方法的要求有针对性地处理。

检测方法：常用的经典检测方法有雷因希氏反应、古蔡氏化学反应、升华法等。目前，常用仪器分析方法主要有能谱法、X—射线荧光光谱法、原子吸收光谱法、原子发射光谱法和电感耦合等离子体—质谱联用法等。

（三）案例评析

【案例 10】某医院建筑工地食堂民工早餐后 20 多人出现剧烈呕吐和腹痛、腹泻等症状，送医院急救。2 人危重，其中 1 人死亡。经调查可能系一起群体性中毒案件，存在投毒作案的嫌疑。办案人员将现场采集的粥、米及中毒者呕吐物等检材送检测部门，要求检测是否含有毒物，是何毒物组分？

到底是何种毒物引起中毒？检验人员深入案发现场了解案情和听取医务人员的抢救情况并采集有关检材，最终在“粥、黄绿色呕吐物”内检出砷元素，现场提取到了可疑的白色粉末，经检测为“砒霜”，检测结果为案件性质的确定提供依据。检验人员及时将结果通报医院，医院针对“砒霜”中毒救治。一位重度中毒者经对症抢救后，中毒症状明显减轻并挽救了生命。

九、亚硝酸盐

（一）一般介绍

亚硝酸盐属于水溶性类毒物。亚硝酸盐中最常见的有亚硝酸钠和亚硝酸钾，这两种亚硝酸盐为白色或浅黄色的结晶或粉末，因而常被误认为食盐或面碱使用而中毒。

亚硝酸根离子能迅速使血液中血红蛋白氧化成高铁血红蛋白而失去携氧功能，从而引起机体组织严重缺氧，特别是能引起脑、心脏缺氧和呼吸中枢麻痹而导致死亡。

亚硝酸盐中毒者出现呕吐、腹痛、口唇发紫、指甲盖发紫等症状。中毒死亡的尸体，尸斑呈蓝褐色，血液呈酱油色，不凝固。

（二）检材处理与检测方法

最合适检材：体外检材以查获的剩余食物、不明液体或粉末、呕吐物等为佳。体内检材则取中毒者洗胃液、血、尿或死者胃及内容物、血液、尿液、脏器等检材。

检材处理：可采用直接去离子水溶解或透析等处理。

检测方法：可采用格利斯化学反应法、安替比林化学反应法。仪器检测方法可采用可见光比色法、荧光光谱法及离子色谱法等。

（三）案例评析

【案例11】某地区养猪场到公安机关报案称，其养猪场在4个栏内饲养的猪，都在短时间内出现倒地、抽动，已经死了20余头猪，怀疑被他人投毒。经过现场勘查，分别提取了猪饲料、死猪胃内容物和现场塑料桶内刮取的可疑白色粉末状物，要求检验是否存在亚硝酸盐成分。经过检测，确认了可疑白色粉末状物为亚硝酸钠，其他送检检材中也检出亚硝酸盐成分。检测结果为大量猪死亡的死因提供了判断依据。

十、巴比妥类药物

（一）一般介绍

巴比妥类药物属于安眠镇静类药物，为酸性不挥发性有机毒物。在临床上应用已经逐渐被苯二氮卓类药物代替，但仍然作为抗惊厥和抗癫痫用药物。巴比妥类药物属于我国《精神药品品种目录》中的精神药品。巴比妥类药物品种多，目前最常用的是巴比妥、苯巴比妥、异戊巴比妥、司可巴比妥和硫喷妥等。由于这些药物一般容易获得，因而用于杀人、自杀和服用过量造成的药物中毒等案事件较为多见。

巴比妥类药物都为无臭、味苦的白色结晶或结晶性粉末（含硫者如硫喷妥呈浅黄色，且略有蒜味）。常用巴比妥类药物名称、分子式和分子量见表33－2。

表33－2　常用巴比妥类药物名称、分子式和分子量

英文名	中文名	分子式	分子量
barbital	巴比妥（佛罗那）	$C_8H_{12}N_2O_3$	184
Phenobarbital	苯巴比妥（鲁米那）	$C_{12}H_{12}N_2O_3$	232
Pentobarbital	戊巴比妥	$C_{11}H_{18}N_2O_3$	226
Amobarbital	异戊巴比妥（阿米妥）	$C_{11}H_{18}N_2O_3$	226
Secobarbital	司可巴比妥（速可眠）	$C_{11}H_{18}N_2O_3$	238
Pentothiobarbital	戊硫巴比妥（硫喷妥）	$C_{11}H_{18}N_2O_2S$	242

当用作镇静催眠药时，巴比妥类通过口服给药。它们快速而完全吸收，生物利用度接近100%，而起效时间为10～60分钟。一些巴比妥类药物也可以直肠给药，一些用于麻醉（硫喷妥）或者用于治疗癫痫（苯巴比妥）的巴比妥类药物通过静脉注射给药。巴比妥类药物一般通过在肝中氧化和轭合反应代谢，接着在肾中排泄。

巴比妥类药物轻度中毒者有嗜睡、头晕、恶心呕吐、语言迟钝、皮疹等症状。重度者则有呼吸变慢、不规则，瞳孔缩小，血压下降，昏迷，尿少，黄疸，出血等症状，最后因呼吸麻痹、心力衰竭而死亡。

（二）检材处理与检测方法

最合适检材：体外检材以现场剩余食物、饮料、呕吐物、药品、药瓶及包装物等为佳。体内检材则可以采集活体的血、尿、洗胃液等，尸体可以提取血、尿、胃及内容物以及肝、脑等脏器。特殊需要也可采集毛发（头发、体毛）检材。

检材处理：体外检材可以采用直接萃取、液液萃取等方法处理。体内检材可以采用液液萃取、固相萃取、水解处理、化学衍生化等方法处理。

检测方法：可采用单克隆抗体免疫法、气相色谱法、高效液相色谱法、气相色谱—质谱联用法、液相色谱—质谱联用法等。

（三）案例评析

【案例12】某公安机关接到医院报案称，120救护车送一人急救，发现此人已经处于深度昏迷状态，怀疑系服用大量安眠药物中毒的可能。派出所将洗胃液及静脉血样送检，要求检验是否含有安眠镇静类药物成分。经采用液液萃取后用气相色谱—质谱联用法分析，在中毒者的洗胃液中检出苯巴比妥药物成分，其血液中也检测出苯巴比妥药物成分，检验结果为医院的抢救提供了方向，为案件的定性和处置提供了依据。

十一、苯骈二氮杂卓类药物

（一）一般介绍

苯骈二氮杂卓类药物（Benzodiazepines）属于安眠镇静类药物，为碱性不挥发性有机毒物。作为安眠镇静药、抗焦虑药物，用于治疗焦虑或者恐慌症、辅助睡眠、抗惊厥、或者肌肉松弛。苯骈二氮杂卓类药物被列入我国《精神药品品种目录》。表33－3列出了常见的苯骈二氮杂卓类药物。

表33－3 常见苯二氮卓类化合物

英文名	中文名	分子式	分子量
Diazepam	地西泮	$C_{16}H_{13}ClN_2O$	284
Triazolam	三唑仑	$C_{17}H_{12}Cl_2N_4$	343
Estazolam	艾司唑仑	$C_{16}H_{11}ClN_4$	294
Alprazolam	阿普唑仑	$C_{17}H_{13}ClN_4$	308
Midazolam	咪达唑仑	$C_{18}H_{13}ClFN_3$	325
Oxazepam	奥沙西泮	$C_{15}H_{11}ClN_2O_2$	286
temazepam	替马西泮	$C_{16}H_{13}ClN_2O_2$	300

续表

英文名	中文名	分子式	分子量
Flurazepam	氟西泮	$C_{21}H_{23}ClFN_3O$	387
Nitrazepam	硝西泮	$C_{15}H_{11}N_3O_3$	281
Flunitrazepam	氟硝西泮	$C_{16}H_{12}FN_3O_3$	313
Clonazepam	氯硝西泮	$C_{15}H_{10}ClN_3O_3$	315
Chloradiazepoxide	氯氮卓	$C_{16}H_{14}ClN_3O$	299

苯骈二氮杂卓类药物纯品一般为白色到黄色的结晶性粉末，无臭、无味或微苦，具有一定熔点。

苯骈二氮杂卓类药物口服给药时吸收速率快慢不一。苯骈二氮杂卓类药物代谢成多种代谢物，这些药物大部分具有共同的代谢途径，该代谢过程包括了羟基化、去甲基化和葡萄糖醛酸结合反应。

苯骈二氮杂卓类药物主要影响生物机体的中枢神经系统，服用者轻度有嗜睡、头晕、恶心呕吐、语言迟钝、皮疹等症状。大剂量服用中毒者可出现昏睡不醒，肌肉痉挛，血压下降，呼吸变浅变慢，心跳缓慢，脉搏细弱，甚至出现深昏迷和反射消失，呼吸麻痹抑制导致死亡。

(二)检材处理及检测方法

最合适检材：体外检材以现场剩余食物、饮料、呕吐物、药品、药瓶及包装物等为佳。体内检材可以采集活体的血、尿、洗胃液等，尸体可以提取血、尿、胃及内容物以及肝、脑等脏器。特殊需要也可采集毛发(头发、体毛)检材。

检材处理：体外检材可以采用直接萃取、液液萃取等方法处理。体内检材可以采用液液萃取、固相萃取、水解处理、化学衍生化等方法处理。

检测方法：可采用化学反应预实验法、单克隆抗体免疫法、紫外光谱法、气相色谱法、高效液相色谱法、毛细管电泳法、气相色谱—质谱联用法、液相色谱—质谱联用法等。采用气相色谱或气质联用仪分析，常用的衍生化试剂有醋酸酐、丙酸酐和 BSTFA 等。

(三)案例评析

【案例 13】某机场公安机关接到一旅客报案称，自己的行李箱被他人掉包，大量现金被盗窃。据介绍，被掉包的被害人在机场内吃了他人给的食物、饮料后不久，在登机口处的座椅昏睡过去，醒后来发现自己的行李箱被调换了，其行李箱内的财物被盗窃，涉案金额高达人民币 91 万元。机场公安部门接到报案后，立即提取了被害人的静脉血液 10ml、及时留取的被害人尿样 30ml，随即送实验室。要求检验是否含有麻醉类药物成分。经采用液液萃取、化学衍生化后用气相色谱—质谱联用法分析，在被害人的尿液中检出α-羟基三唑仑成分，可以推断被害人曾服用过三唑仑成分，这为案件的定性和侦破提供了依据。

十二、吩噻嗪类药物

（一）一般介绍

吩噻嗪类药物是属于抗精神失常类药物，为碱性不挥发性有机毒物。临床上主要用于治疗精神病患者，异丙嗪主要用于抗过敏。常见吩噻嗪类药物见表33-4。

表33-4　噻嗪类药物名称、分子式和分子量

英文名称	中文名称	分子式	分子量
Chlorpromazine Hydrochloride	盐酸氯丙嗪	$C_{17}H_{19}ClN_2S \cdot HCl$	355.4
Promethazine Hydrochloride	盐酸异丙嗪	$C_{17}H_{20}N_2S \cdot HCl$	320.9
Perphenazine	奋乃静	$C_{21}H_{26}ClN_3OS$	403.9
Fluphenazine Hydrochloride	盐酸氟奋乃静	$C_{22}H_{26}F_3N_3OS \cdot 2HCl$	510.44
Trifluoperazine	盐酸三氟拉嗪	$C_{21}H_{24}F_3N_3S \cdot 2HCl$	480.5
Hydrochloride Tardan	泰尔登	$C_{18}H_{18}ClNS$	315.9

吩噻嗪类药物呈游离碱状态时多为具胺臭味的油状液体或熔点较低的固体，对光敏感，故多做成盐类使用，如盐酸盐或马来酸盐。

吩噻嗪类药物进入生物机体后快速而完全吸收，半衰期长短不等。口服后分布至全身，均在肝脏内代谢。吩噻嗪类药物服用过量引起中毒，主要表现为嗜睡、恶心、呕吐、呼吸困难、流涎、血压降低、惊厥、反射消失、昏迷、呼吸抑制等症状。

（二）检材处理及检测方法

最合适检材：体外检材以现场剩余食物、饮料、呕吐物、药品、药瓶及包装物等为佳。体内检材可以采集活体的血、尿、洗胃液等，尸体可以提取血、尿、胃及内容物以及肝、脑等脏器。特殊需要也可采集毛发（头发、体毛）检材。

检材处理：体外检材可以采用直接萃取、液液萃取等方法处理。体内检材可以采用液液萃取、固相萃取、水解处理、化学衍生化等方法处理。

检测方法：可采用化学反应预实验法、单克隆抗体免疫法、紫外光谱法、气相色谱法、高效液相色谱法、毛细管电泳法、气相色谱—质谱联用法、液相色谱—质谱联用法等。

（三）案例评析

【案例14】死者女，被人发现倒在桌子下面，已经死亡。死者包内有3只标有“氯丙嗪”字样的空药瓶，身边还有一瓶酒，内有约50ml的液体。抽取死者心血并采集现场标有“氯丙嗪”字样的空瓶和酒瓶送检。经过气相色谱—质谱联用法检测，在标有“氯丙嗪”字样的空瓶中检测出氯丙嗪成分，而现场的酒瓶中未检测出氯丙嗪成分。

用顶空气相色谱法分析，现场的酒瓶中检出乙醇成分，而死者心血中未检出乙醇成分。死者心血经气相色谱—质谱检测，检出氯丙嗪成分，其含量为38.99μg/mL。血中氯丙嗪含量达到致死浓度，尸体解剖检验未发现其他致死原因，所以可认为死者系氯丙嗪中毒死亡。

十三、三环类抗抑郁药物

（一）一般介绍

三环类抗抑郁药物(tricyclic antidepressants,TCA)是属于碱性不挥发性有机毒物。临床上用于治疗抑郁症。常见的三环类抗抑郁药物见表33－5。

表33－5 常见的三环类化合物

英文名	中文名	分子式	分子量
Amitriptyline	阿米替林	$C_{20}H_{23}N$	277.4
Trimipramine	三甲阿米替林	$C_{20}H_{26}N_2$	294.4
Imipramine	丙咪嗪（米帕明）	$C_{19}H_{24}N_2$	280.4
Doxepin	多虑平（多塞平）	$C_{19}H_{21}NO$	279.4
Clomipramine	氯丙咪嗪	$C_{19}H_{23}ClN$	314.9
Desipramine	去甲丙咪嗪	$C_{18}H_{22}N_2$	266.4
Nortriptyline	去甲阿米替林	$C_{19}H_{21}N$	263.4
Noxiptyline	肟替林	$C_{19}H_{22}N_2O$	294.4
Protriptyline	普罗替林	$C_{19}H_{21}N$	263.4
Butriptyline	丁替林	$C_{21}H_{27}N$	293.4
Maprotiline	麦普替林	$C_{19}H_{23}N$	265.4

三环类抗抑郁药具有碱性，药用大多为盐酸盐。盐酸盐一般为白色结晶性粉末，几乎无臭。

三环类抗抑郁药物经过口服后吸收都比较快，都通过肝脏代谢，其代谢产物种类颇多，其中去甲基化代谢产物仍具治疗作用，最终经肾脏由尿液排出体外。如阿米替林部分经肝脏代谢为去甲替林，该产物仍有抗抑郁作用。本类药物易在肝、肾、脑、肺等组织积蓄，血液中药物浓度较低。

三环类抗抑郁药物表现出的中毒症状有口干、头昏、视力模糊、窦性心动过速、便秘、尿潴留、青光眼加剧、记忆功能障碍、血压下降以及镇静、嗜睡等中枢神经系统抑制作用，大剂量服用者可以引起中毒死亡。

（二）检材处理及检测方法

最合适检材：体外检材以现场剩余食物、饮料、呕吐物、药品、药瓶及包装物等为佳。体内检材可以采集活体的血、尿、洗胃液等，尸体可以提取血、尿、胃及内容物以及肝、脑等脏器。特殊需要也可采集毛发（头发、体毛）检材。

检材处理：体外检材可以采用直接萃取、液液萃取等方法处理。体内检材可以采用液液萃取、固相萃取、水解处理、化学衍生化等方法处理。

检测方法：可采用气相色谱法、高效液相色谱法、气相色谱—质谱联用法、液相色谱—质谱联用法等。

（三）案例评析

【案例15】某中毒患者于上午9时左右送入医院，血压下降伴昏迷，当时行洗胃处理，后因出现心跳及呼吸停止，予以临时心脏起搏及气管插管呼吸机辅助通气。采用固相萃取，高效液相色谱法分析，从血液和尿样中均检出多虑平成分。血中多虑平浓度为2μg/mL，尿液中多虑平浓度达26μg/mL。经过血液灌流及洗胃治疗，结果血中多虑平浓度为下降到0.63μg/mL，洗胃液中多虑平浓度为3μg/mL。经过多次的治疗，当天晚上8时左右病人清醒，恢复自主呼吸。由于多虑平在体内的分布容积大，药物在组织中积蓄，本案依据血、尿的定性结果，明确昏迷原因系多虑平药物中毒引起，针对性按照药物中毒救治，最后病人成活。

十四、杀虫剂

（一）一般介绍

杀虫剂属于农药的一类，品种很多，分有机类杀虫剂和无机类杀虫剂。常见有机类杀虫剂包含：有机磷类杀虫剂、有机氯类杀虫剂、氨基甲酸酯类杀虫剂、拟除虫菊酯类杀虫剂和其他杀虫剂等。

有机磷类农药绝大部分毒性较大，常见有敌敌畏、敌百虫、“1605”（甲基或乙基）、倍硫磷、乐果、氧化乐果、“3911”、甲胺磷、乙酰甲胺磷、“1059”、苏化“203”、马拉松（马拉硫磷）、亚胺硫磷、杀螟松、磷胺、久效磷、二嗪农等，一些高毒或剧毒有机磷类农药已经限制使用或停止使用。

有机氯类农药大部分为中等毒性，常见有“666”（六六六）、滴滴涕（DDT）、三氯杀螨砜、三氯杀螨醇、毒杀芬等。由于有机氯类农药的使用存在对环境残留且污染严重的问题，可以引起人类癌症发生危险等，目前已经不推荐使用毒性高的有机氯类农药，如“666”（六六六）、滴滴涕（DDT）等。

氨基甲酸酯类农药为中高等毒性，常见有呋喃丹、灭多威、涕灭威等。

拟除虫菊酯类农药大部分为高效低毒，常见有溴氰菊酯、甲氰菊酯、杀灭菊酯、氯氰菊酯、氯氟氰菊酯、胺菊酯、二氯苯醚菊酯、氯菊酯等，目前经常使用于灭蚊、灭蝇、灭蟑螂等喷剂、片剂、蚊香和电蚊香的生产，对素菜和食用食物的灭虫等，也常见于制作混配农药。虽然此类农药对人、动物的毒性比较低，但是对于鱼虾蟹等水产品的毒性相当大，可以引起鱼虾蟹等水产品的大量死亡。

有机氮类杀虫剂属于中等毒性，主要有杀虫脒等。

沙蚕毒素类杀虫剂是利用沙蚕动物的毒素结构进行合成的一种新型仿生有机类杀虫剂，也称有机硫类杀虫剂，属于中等毒性，主要有巴丹（杀螟丹）、杀虫双、杀虫环、杀虫单、多噻烷及苯硫丹杀虫剂等。

无机类杀虫剂大都属于有毒害的农药，常见如含砷、汞、氟的化合物，目前在农业上已经较少使用，逐步被各种有机类杀虫剂所取代。

有机磷类农药可以通过消化道、呼吸道、皮肤与黏膜等渠道进入生物体，有机磷农药在生物体内以氧化、还原或水解形式代谢，经肾脏由尿中排泄，少量经肠道由粪便排出，极少数可经呼吸道由呼气排出。有机氯类农药可以通过消化道、呼吸道、皮肤黏膜进入生物体，主要经肾脏随尿液排出体外，也可以在粪便及乳液中排出少量。氨基甲酸酯类农药可经消化道、呼吸道和皮肤黏膜等侵入生物体，氨基甲酸酯类农药在体内代谢迅速，其代谢产物由肾脏经尿液排出体外。拟除虫菊酯类农药可经呼吸道、消化道和皮肤进入人体内，拟除虫菊酯类农药在肝脏酯酶和混合功能氧化酶作用下，氧化、水解与葡萄糖醛酸等结合由尿排出。

有机磷类杀虫剂的主要中毒症状以毒蕈碱样、烟碱样和中枢神经系统症状为主，如头晕、头痛、乏力、视物模糊、恶心、呕吐、流涎、多汗、腹痛、瞳孔缩小等，严重者可以出现惊厥和死亡。氨基甲酸酯类农药的中毒症状与有机磷类似。有机氯类农药轻度中毒主要表现为头痛、头晕、眼红充血、流泪怕光、咳嗽、咽痛、乏力、出汗、恶心、食欲不振、失眠、视物模糊、偶有肌肉不自主抽动等；中度中毒者还有呕吐、腹痛、四肢酸痛、抽搐、紫绀、呼吸困难、心动过速等；重度中毒者尚有血压下降、高热、流涎、震颤、多汗、肌肉收缩、腱反射亢进、心动过速、阵挛性、强直性抽搐、昏迷和呼吸衰竭甚至死亡。拟除虫菊酯类农药中毒症状为初期头疼、头晕、恶心、乏力、耳鸣、面部胀麻，后期有剧烈头痛、视物模糊、入睡困难、噩梦等症状以及中枢神经系统症状，自觉四肢乏力、肌束震颤，严重者每日发作抽搐多达 10～30 次，伴意识不清，发作间歇期神志朦胧、精神委靡、不思饮食。轻者呕吐、视物模糊、肌束颤动，瞳孔缩小、发热；重者因呼吸循环衰竭而死亡。沙蚕毒素类杀虫剂与有机磷、氨基甲酸酯、拟除虫菊酯等杀虫剂虽同属神经毒剂，但作用机制不同。沙蚕毒素类杀虫剂轻度中毒者有头晕、头痛、乏力、多汗、胸闷、恶心、呕吐、腹痛、腹泻等；轻中度中毒者神志改变和肌肉震颤；重度中毒者常有昏迷、烦躁不安、面色苍白、全身湿冷、口唇青紫、瞳孔缩小、光反应迟钝，也有全身抽搐或肌肉麻痹甚至发生惊厥。

（二）检材处理及检测方法

最合适检材：体外检材以现场剩余食物、呕吐物、饮料、水样、可疑农药、可疑农药瓶、可疑包装物等为佳。体内检材可以采集洗胃液、血液、胃及内容物以及肝、脑等脏器。

检材处理：体外检材可以采用直接萃取、液液萃取等方法处理。体内检材可以采用液液萃取、固相萃取等方法处理。

检测方法：可采用气相色谱法、高效液相色谱法、气相色谱—质谱联用法、液相色谱—质谱联用法等。

（三）案例评析

【案例16】某地区公安机关接到报案称，在辖区某地的树林中发现一具男尸，经现场勘验，发现死者约40岁左右，衣着完好，死者口鼻腔处有呕吐物，身边不远处有一只标有“敌敌畏”字样的农药瓶，留有残液。尸体瞳孔缩小，尸表无明显的暴力性损伤。法医解剖后提取死者心血与胃及内容物以及现场一只标有“敌敌畏”字样的农药瓶送检，要求检验是否含有“敌敌畏”成分。经采用直接萃取、液液萃取处理检材，通过气相色谱—质谱联用仪的检验，结果在无名男尸的胃及内容物、心血和现场一只标有“敌敌畏”字样的农药瓶中均检出“敌敌畏”成分，为查明案件的性质提供依据。

十五、鼠药

（一）一般介绍

剧毒鼠药是指对啮齿类动物中枢神经系统有剧毒的灭鼠药物。常见的有毒鼠强（tetramine，别名没鼠命、四二四、TEM）；氟乙酰胺（敌蚜胺、氟素儿、AFL－1081）和氟乙酸钠（氟醋酸钠，1080）、磷化锌、磷化铝和甘氟等。毒鼠强纯品为白色粉末，氟乙酰胺、氟乙酸钠纯品均为白色晶体状粉末，通常制作成红色或浅棕色的液体，与不同饵料一起制作成各种饵料配方的鼠药，这些鼠药容易引起二次中毒。甘氟为二氟丙醇与氟氯丙醇的液体混合物。磷化锌是黑色粉末，有类似大蒜的气味，磷化铝为灰色粉末。

剧毒鼠药进入生物体后，随着血液循环分布到全身脏器组织，最终影响大脑中枢神经系统，引起神经系统损坏。毒鼠强或氟乙酰胺（酸钠）在中毒者体内保持较长时间的残留，在死者脏器、血液、尿液中均可检出，尿液中1个月后还能检出。鼠药中毒表现出不同的症状。如毒鼠强进入生物体后多数在几分钟到半小时之内即可出现中毒症状，常见有头晕、头痛、呕吐、抽搐、口吐白沫、四肢强直性抽动（类似于突发癫痫性大发作）、心动过缓、瞳孔散大、肌肉痉挛、口唇与指甲发紫、眼睑球结膜点状出血等。氟乙酰胺、氟乙酸钠进入生物体后多数在几分钟到半小时之内即可出现中毒症状，常见有头痛、头晕、恶心、呕吐、窦性心动过速、四肢无力且上腹部痛、有明显烧灼感等，重症者可出现烦躁不安、阵发性抽搐、呼吸抑制、紫绀、血压下降、大小便失禁、心律不齐、呼吸抑制及心力衰竭而死亡。磷化锌（铝）中毒者有头痛、头晕、恶心、呕吐、腹痛、腹泻、口渴、气短、呼气或呕吐物有大蒜味、全身麻木感等症状。严重中毒者可出现吐血、抽搐、呼吸困难、狂躁、昏迷、惊厥以及肺水肿和明显的心肌、肝脏损伤症状，导致肝、肾功能衰竭死亡。

另一类鼠药是抗凝血类杀鼠药。这类鼠药有茚二酮类和香豆素类。第一代抗凝血类杀鼠药主要有灭鼠灵（warfarin，华法林）、克灭鼠（coumafuryl，克杀鼠或杀鼠灵）、敌鼠钠盐（dipheirmne－Na，敌鼠）、杀鼠酮（pinodone）、氯敌鼠（cheorophacinone，氯鼠酮）。第二代抗凝血类杀鼠药主要有溴鼠隆（brodifacoum，大隆、溴敌拿鼠、溴联苯杀鼠迷)、溴敌隆(bromadidone,别名灭鼠目同、万乐通)。敌鼠为黄色针状晶体,其钠盐为黄色粉末。大隆、溴敌隆等抗凝血类杀鼠药均制作成有颜色和警示标志的杀鼠药饵料。

敌鼠、杀鼠酮、氯敌鼠等茚二酮类抗凝血杀鼠药主要干扰肝脏中凝血酶原的合成,使凝血酶失去活性,因而产生抗凝血作用,直接破坏其血液系统功能,使得人体的血液凝血功能性能大大减低,引起出血后不能凝血,导致凝血时间显著延长,损伤毛细血管,增加毛细血管壁的血液通透性,引起内脏和皮下出血,最后大出血不止而死亡。杀鼠灵、杀鼠醚及大隆、溴敌隆等香豆素类抗凝血杀鼠药在胃肠道中吸收并首先作用于肝脏,对抗维生素 K_1,阻碍凝血酶原的生成,逐步破坏正常的凝血功能,降低血液的凝固能力,使凝血酶失去活性,引起出血后不能凝血,增加毛细血管壁的血液通透性,引起内脏和皮下出血,最后大出血不止而死亡。敌鼠、杀鼠酮、氯敌鼠等茚二酮类抗凝血杀鼠药主要表现为持续性腹痛、呕吐、头晕、胸闷、心悸、乏力,出现口鼻腔出血、便血、齿龈出血、皮肤紫癜、咯血、尿血等,凝血时间延长,严重者出现昏迷、血压下降,可发生休克死亡。大隆、溴敌隆等香豆素类抗凝血杀鼠药出现恶心、呕吐、腹痛、口鼻腔出血、齿根出血、皮肤下毛细血管出血,肛门、尿道等出现便血、尿血以及内脏慢性大出血,全身性出血不止而死亡。

杀鼠药还有增加毛细血管通透性药物安妥(ANTIJ,2－萘硫脲),抑制烟酰胺代谢药物灭鼠优(pyrinuron,抗鼠服、抗鼠灵),有机磷类药物毒鼠磷(phosazetin,别名DRC－714)、溴代毒鼠磷,维生素B6拮抗剂类药物鼠立死(crimidine,杀鼠嘧啶、W－491)等。

(二)检材处理及检测方法

最合适检材:体外检材以查获的剩余食物、可疑鼠药、包装物、呕吐物等为佳。体内检材取血、尿、洗胃液、胃及内容物、肝等检材。

检材处理:体外检材可以采用直接萃取、液液萃取等方法处理。体内检材可以采用液液萃取、固相萃取等方法处理。

检测方法:可采用紫外—可见光谱法、气相色谱法、高效液相色谱法、气相色谱—质谱联用法、液相色谱—质谱联用法等。

(三)案例评析

【案例17】丁某(6岁),食用被人投了毒鼠强的菜包后约20分钟尖叫一声,倒地,抽搐,神志不清。家人速将其送至医院,医生未采取洗胃等措施,后病情加重,又转院抢救。患者高烧不止,临床表现为硬瘫。经过几天治疗后,体温恢复正常,但临床症状转为软瘫,几天后呼吸衰竭死亡。毒鼠强中毒没有特效解救药物,中毒后及时采取催吐导泄等急救措施是非常重要的。由于毒鼠强主要作用于神经系统,中毒后出现肌肉紧张、抽搐等症状,临床上容易被误认为是癫痫发作,应引起医务工作者特别是急救室医生的高度重视。

【案例 18】某男童因误服毒鼠强中毒,中毒症状表现为呼之不应,口吐白沫,牙关紧闭,四肢强直抽动持续不止。经医院抢救症状缓解,于 1 个月后出院,出院时尚有间隙性抽搐、两眼上翻等症状,辅以苯巴比妥对症治疗。第 20 天和第 40 天的血液浓度分别为 0.13μg/ ml 和 0.12μg/ ml ,一直到第 6 个月尿中才无法检出毒鼠强。

【案例 19】某承包养鸡场的饲养人员发现,自家饲养的鸡在早晨喂食后不久陆续出现批量死亡,不知原因,经兽医判断,怀疑系毒物中毒死亡,即向当地公安机关报案。办案单位勘查现场后提取吃剩的鸡饲料、死鸡胃内容物、对照鸡饲料等,要求进行毒物的检验。检材经直接萃取处理后采用紫外—可见光谱法、气相色谱法、气相色谱—质谱联用法等检验,在送检吃剩的鸡饲料、死鸡胃内容物中均检出"敌鼠"成分,为办案单位侦办此案提供了证据。

思考习题

1. 毒物毒品检验适用的检材有哪些?
2. 毒物毒品案件提取的物证检材包装、贮存及送检有哪些要求?
3. 常用的检材前处理方法有哪些? 各自适用于哪些样品处理?
4. 毒物毒品检验常用的分析技术有哪些方法?

拓展阅读书目

1. 张新威主编:《中国刑事科学技术大全——毒品和毒物检验》,中国人民公安大学出版社 2003 年版。
2. 沈敏主编:《法医毒物司法鉴定实务》,法律出版社 2011 年版。
3. 罗国安主编:《药物与毒物分析技术》,化学工业出版社 2007 年版。
4. 孟品佳主编:《毒品化学》,中国人民公安大学出版社 2007 年版。
5. 孟品佳主编:《毛发毒品分析》,中国人民公安大学出版社 2001 年版。
6. 沈敏主编:《体内滥用药物分析》,法律出版社 2003 年版。
7. 向平主编:《液相色谱—质谱联用技术在药物和毒物分析中的应用》,上海科学技术出版社 2009 年版。
8. [美]史密斯 (Smith F.)著:《法庭毒品分析手册》,中国人民公安大学出版社 2011 年版。
9. 廖林川主编:《法医毒物分析》,人民卫生出版社 2009 年版。
10. 杜一平主编:《现代仪器分析方法》,华东理工大学出版社 2008 年版。
11. 陈康颐主编:《现代法医学》,复旦大学出版社 2004 年版。

第三十四章　其他毒品毒物检验技术领域

本章概要

本章重点介绍其他毒品毒物案件的检材采取、检材前处理技术和常用的检验鉴定方法。通过本章学习，应掌握一些其他毒品毒物的特点、最合适检材的采集与检材处理、分析方法，正确评价和运用毒品毒物检验鉴定结果。

关键词

其他毒品毒物；检材采集；样品前处理技术；分析方法

第一节　可卡因检验

一、一般介绍

可卡因(cocaine，COC)，别名古柯碱，主要从南美洲的古柯植物叶中提取得到。纯品可卡因为白色结晶性粉末，属于中枢神经兴奋剂毒品，列入我国《麻醉药品目录》管制。

近年来，涉及可卡因毒品的犯罪案件呈上升趋势，已经破获的案件有运输、贩卖毒品、吸食毒品和体内携带毒品(常为白色蛋形物)，也有利用可卡因毒品实施投毒作案。

可卡因毒品可以通过血液直接吸收且速度快，也可以通过黏膜或胃肠道吸收进入血液循环系统，直接影响中枢神经系统产生表面麻醉作用。在肝脏和血浆中经酯酶水解并代谢，体内代谢物有不同类型，主要代谢物是苯甲酰爱康宁，经肾脏随尿液排出体外。

小剂量服用可卡因能引起大脑皮层兴奋，产生欣快感。大剂量服用时，能导致呼吸、血管运动和呕吐中枢高度兴奋，严重者可发生惊厥，引起大脑皮层下行异化作用抑制，出现中枢性呼吸抑制，并引起心力衰竭甚至死亡。

二、检材处理与检测方法

最合适检材:体外检材以查获的可疑毒品实物、吸毒工具、包装物及可疑食物、呕吐物等为佳。体内检材可取尿、胃组织及内容物、肝等检材,要判断吸毒史必须采集毛发检材,要定量采集血液检材。

检材处理:体外检材可以采用直接萃取、液液萃取等方法处理。体内检材可以采用液液萃取、固相萃取、水解处理等方法处理。

检测方法:可采用单克隆抗体免疫法、红外光谱法、气相色谱法、气相色谱—质谱联用法、高效液相色谱法、液相色谱—质谱联用法等。

三、案例评析

【案例 20】石某到公安部门报案称,在其住处喝了由陈某(女)带来的饮料后不久,出现呕吐、心跳加快等症状。怀疑陈某在给其喝的饮料内投毒,逐与陈某一起并携带现场喝剩的饮料到公安部门,要求进行毒物检验。送检的检材为由报案人提供的红色液体、水壶中的液体、黄色液体以及报案人当场留取的尿样。经过采用单克隆抗体免疫法、气相色谱—质谱联用法的分析检验,在送检的检材中均检出可卡因成分,其结果见表 34 – 1。

表 34 – 1　检材检测结果

检材名称	红色液体	黄色液体	水壶中的液体	被害人尿样
免疫筛选	可卡因阳性	可卡因阳性	可卜因阳性	可卡因阳性
GC/MS 定性	可卡因	可卡因	可卡因	可卡因
定量	148.63μg/mL	11.62μg/mL	20.86μg/mL	/

检材的检测结果证实了案件的性质是利用毒品进行投毒。通过对陈某的审讯,嫌疑人陈某交代了因石某与他人存在经济纠纷得不到解决,受他人指使利用毒品在饮料中进行投毒实施报复行为。

第二节　致幻剂类毒品检验

一、一般介绍

致幻剂属于能使人中枢神经系统产生感觉和情绪变化,引起视听器官幻觉和对时间与空间错觉的物质,可以是天然的或人工合成的,主要品种有麦角酰二乙胺(Lysergic acid diethylamide,LSD)、苯环已哌啶(Phencyclidine,PCP)、麦司卡林(仙人掌碱)和致幻蘑菇(塞洛新、塞洛西宾)等。致幻剂类毒品属于国家管制的第一类精神药品。

麦角酸二乙酰胺是致幻剂类毒品的代表品种，是麦角酸的一种衍生物，为天然麦角生物碱的一种化学成分。麦角酸二乙酰胺本身呈白色粉末，无味，其有效剂量为微克水平。因此，常见用其他物质作为载体制作成片剂、颗粒或将其水溶液滴于一片吸水纸上。一般以口服方式摄入，在进入生物机体后30～40分钟后即可出现症状，2～3小时达到高峰，12小时后趋于缓和。一般在服用10ug后就可产生明显的欣快效应，当达到50～200ug水平时，便可出现中枢神经的作用，产生幻觉。

吸食致幻剂类毒品后通常出现反射亢进、震颤、共济失调、痉挛性瘫痪等现象，直接影响植物神经系统活动，产生知觉紊乱、错觉与幻觉等症状。例如，可以出现听力迟钝、脸部潮红、结膜充血、脉搏加快、血压上升、体温升高、运动失调、心动过速等症状，在大剂量服用时可使血压下降、呼吸抑制、瞳孔扩大、昏迷或死亡。

二、检材处理及检测方法

最合适检材：体外检材以查获的可疑毒品实物、包装物等为佳。体内检材取尿、胃组织及内容物、肝等检材，要判断吸毒史必须采集毛发检材，要定量必须采集血液检材。

检材处理：体外检材可以采用直接萃取、液液萃取等方法处理。体内检材可以采用液液萃取、固相萃取、化学衍生化及水解处理等方法处理。

检测方法：可采用气相色谱法、气相色谱—质谱联用法、高效液相色谱法、液相色谱—质谱联用法等。

三、案例评析

【案例21】某公安缉毒部门在破案工作中查获了一些可疑的黑色小颗粒物质和印有各种图案标识的小格状纸片，要求进行是否含有毒品成分的检验。送检的检材经过直接萃取处理后，采用高效液相色谱法、液相色谱—质谱联用法分析检验，检材中均检出麦角酸二乙酰胺致幻剂成分。

【案例22】某公安缉毒部门在侦查工作中觅取了一些可疑植物碎片，外观看似“葵花籽壳”，为了确认是否毒品、是何种毒品而送检。送检检材经采用直接萃取、液液萃取和化学衍生化处理后，经过采用气相色谱—质谱联用法检测，确认送检检材中检出“赛洛新”毒品成分，系一种“致幻蘑菇”植物的主要成分，属于致幻剂。

第三节　新精神活性物质检验

一、一般介绍

新精神活性物质也称为新型“策划药物”（Designer Drug）、毒品类似物（Drug

Analogue)，属于具有兴奋剂作用的一类合成化学物质。从其化学结构来看，许多化合物是已被列管控制毒品的化学结构进行细微修饰变化而来的衍生产物，有部分是全新设计和筛选出来的新化学物质。这些合成的新化学物质从其化学结构上看与已经列入管控的毒品母体分子结构非常相似，但又不完全相同，存在分子结构上的细小差异，也就是在某些结构位置上进行了替代或变换，可以使其产生类似甚至作用更强的兴奋或致幻作用。其在国际上处于流行态势，已经成为非管控的毒品替代品。

目前，国际上绝大部分国家的政府对于毒品品种的管制，采用的是名称列举的方式，不采用确定分子母体骨架结构的方式，这就为这些新精神活性物质的泛滥造成法律监管的空白。国际上各个国家的政府已经认识到新精神活性物质的非法研究和生产所带来的严重问题，国际禁毒共约和各国禁毒法律都对此进行了严格的监管措施。典型的新合成大麻素见表 34－2。

表 34－2　新合成大麻素

代号	中文名	英文名	分子式	精确分子量
JWH－018	1－戊基－3－(1－萘甲酰基)吲哚	1－pentyl－3－(1－naphthoyl) indole	$C_{24}H_{23}NO$	341.1774
JWH－073	1－丁基－3－(1－萘甲酰基)吲哚	1－butyl－3－(1－naphthoyl) indole	$C_{23}H_{21}NO$	327.1618
JWH－019	1－己基－3－(1－萘甲酰基)吲哚	1－hexyl－3－(1－naphthoyl) indole	$C_{25}H_{25}NO$	355.1931
JWH－122	1－戊基－3－(4－甲基－1－萘甲酰基)吲哚	1－pentyl－3－(4－methyl－1－naphthoyl) indole	$C_{25}H_{25}NO$	355.1931
JWH－081	1－戊基－3－[1－(4－甲氧基萘甲酰基)]吲哚	1－pentyl－3－[1－(4－methoxynaphthoyl)]indole	$C_{25}H_{25}NO_2$	371.1880
JWH－250	1－戊基－3－(2－甲氧基苯乙酰基)吲哚	1－pentyl－3－(2－methoxyphenylacetyl) indole	$C_{22}H_{25}NO_2$	335.1880
Nabilone	(6aR,10aR)－3－(1,1－二甲基庚基)－1－羟基－6,6－二甲基－7,8,10,10a－四氢－6a*H*－苯并[c][1]苯并吡喃－9－酮	(6a*R*, 10a*R*)－3－(1,1－Dimethylheptyl)－1－hydroxy－6,6－dimethyl－7,8,10,10a－tetrahydro－6a*H*－benzo[*c*][1] benzopyran－9－one	$C_{24}H_{36}O_3$	372.2658
HU－210	(6aS,10aR)－3－(1,1－二甲基庚基)－9－羟甲基－6,6－二甲基－6a,7,10,10a－四氢苯并[c][1]苯并吡喃－1－醇	(6aS, 10aR)－3－(1,1－Dimethylheptyl)－9－(hydroxymethyl)－6,6－dimethyl－6a,7,10,10a－tetrahydrobenzo[c][1]benzopyran－1－ol	$C_{25}H_{38}O_3$	386.2815

续表

代号	中文名	英文名	分子式	精确分子量
HU－211	(6aR,10aS)－3－(1,1－二甲基庚基)－9－羟甲基－6,6－二甲基－6a,7,10,10a－四氢苯并[c][1]苯并吡喃－1－醇	(6a*R*, 10a*S*) － 3 － (1, 1 － Dimethylheptyl) － 9 － (hydroxymethyl)－6,6－dimethyl－6a,7,10,10a－tetrahydrobenzo[*c*][1]benzopyran－1－ol	$C_{25}H_{38}O_3$	386.2815
AM－2201	1－(5－氟戊基)－3－(1－萘甲酰基)吲哚	1－(5－fluoropentyl)－3－(1－naphthoyl)indole	$C_{24}H_{22}FNO$	359.4350

随着国际禁毒形势的打击力度加大,地下非法制毒呈上升趋势,近期不断出现新精神活性物质,以合成大麻素、合成卡西酮类衍生物等为代表性化合物。2015年10月由公安部、国家食药监总局、国家卫计委、国家禁毒办联合制定印发了《非药用类麻醉药品和精神药品列管办法》,列出了116种非药用类麻醉药品和精神药品管制品种增补目录,主要为苯环上非法取代的苯丙胺了衍生物、甲酰胺类、喹啉酯类、吲哚类、合成大麻素类、卡西酮类(含恰特草植物)、苯乙胺类、哌嗪类和色胺以及丁酮类等。

绝大部分的新精神活性物质具有管控毒品的相同药理作用,滥用会造成高度的兴奋、强烈的幻觉,精神长期滥用同样会出现急慢性精神障碍疾病,出现偏执、焦虑、恐慌、躁动、妄想和行为失控等现象,甚至出现暴力倾向,引发违法犯罪,严重危害社会安定和公共安全,过量吸食还会导致中毒死亡等。

二、检材处理及检测方法

最合适检材:体外检材以查获的可疑物质实物为佳。体内检材取尿、胃组织及内容物、肝等检材,要判断吸毒史必须采集毛发检材,要定量必须采集血液检材。

检材处理:体外检材可以采用直接萃取、液液萃取等方法处理。体内检材可以采用液液萃取、固相萃取、化学衍生化及水解处理等方法处理。

检测方法:可采用傅里叶变换红外光谱法、气相色谱—质谱联用法、液相色谱—质谱联用法和气相色谱(液相色谱)—高分辨质谱法等。

三、案例评析

【案例23】某公安缉毒部门在破案工作中查获了一批可疑的黄色烟草类物质,要求进行是否含有毒品成分的检验。送检的检材经过直接萃取处理后,采用气相色谱—质谱联用法检测,检材中分别检出JWH－018和JWH－081合成大麻素成分。

【案例24】某公安缉毒部门在侦查工作中收缴了可疑白色晶体和白色粉末,为了确认是否为毒品、是何种毒品而送检。送检检材经采用傅里叶变换红外光谱法、气相色谱—质谱联用法和超高效液相色谱—高分辨质谱串联法(UHPLC－LTQ－Orbitrap)检测,确认送检检材中检出3,4—亚甲二氧基甲卡西酮成分,系一种新精神活性物质毒品。

第四节　除草剂检验

一、一般介绍

除草剂是农药中的一大类，主要用于灭杀有害杂草。根据其化学结构不同，除草剂有许多品种。除草剂一般为高效低毒，但也有部分除草剂为中高毒性，如亚砷酸钠、五氯酚钠、百草枯、草甘膦等，一旦进入生物机体后极易吸收而引起中毒，当服用大剂量时可以引起中毒死亡。

除草剂的灭杀作用有选择性类和灭生性类两种，也可以称为内吸性除草剂和触杀性除草剂两类。按其化学结构不同，可分为羧酸类（有苯氧羧酸类、喹啉羧酸类和苯甲酸类）、酚类、酰胺类、苯胺类、二苯醚类、脲类、氨基甲酸酯类以及磺酰脲类、咪唑啉酮类、磺酰胺类、嘧啶水杨酸类、有机磷类和有机杂环类除草剂等。

除草剂主要以口服经消化道吸收引起中毒。进入人体后随血液循环达到机体各部位，经肝脏代谢后由肾脏通过尿液排泄体外。也可经消化道和呼吸道吸收，未破损的皮肤不吸收，但是已经受损的皮肤会吸收。由于除草剂毒性一般较低，因此大量口服时才可以引起严重中毒或死亡。接触除草剂一般皮肤和眼睛有刺激作用，使皮肤发痒、眼睛疼痒。误服或过量吸入后出现咽喉发炎、呼吸困难、支气管炎、恶心、胸闷、腹痛、腹泻、呕吐等症状。

百草枯是毒性最大的除草剂之一，经皮肤、呼吸道、消化道较快吸收，通过血液循环分布所有组织器官，破坏细胞防御机制，导致肺损伤和肾小管坏死。肺中浓度较高，对肺部损害最为常见。百草枯与血浆蛋白结合很少，以原形经肾脏排出体外，代谢产物联吡啶排泄缓慢。中毒症状主要有头晕、头痛、发烧、肌痛、腹泻、腹疼、血尿、蛋白尿、脓尿、氮血尿以及肾小管细胞急性坏死出现少尿、缺尿。严重者出现呼吸困难、呼吸急促、昏迷等症状，然后死亡。

二、检材处理及检测方法

最合适检材：体外检材以查获的剩余食物、可疑农作物、可疑农药、药瓶、呕吐物等为佳。体内检材取血、尿、洗胃液、胃及内容物、肝等检材。

检材处理：体外检材可以采用直接萃取、液液萃取等方法处理。体内检材可以采用液液萃取、固相萃取等方法处理。

检测方法：可采用高效液相色谱法、液相色谱—质谱联用法等。

三、案例评析

【案例25】某地一大田承包户报案称，其自家大田内种植的农作物大面积枯萎死亡，经济损失较大，怀疑被他人施放农药除草剂致死。为证实大田内种植的农作物是否为除草剂所致，办案单位提取现场枯萎的农作物及现场发现遗留的一只标有“百草枯”字样的农药瓶送检，要求进行确认。送检农药瓶内残存有蓝色液体，经直接萃取后采用高效液相色谱法和液相色谱—质谱联用法检测，确认在枯萎的农作物及一只标有“百草枯”字样农药瓶中残存的蓝色液体中均检出农药“百草枯”成分，为办案单位依法处置提供了证据。

第五节 杀菌剂检验

一、一般介绍

杀菌剂是农药中的一类，主要用于杀死农作物感染的真菌。杀菌剂有内吸性和非内吸性两类。早期的杀菌剂都是无机化合物，如用硫磺粉和铜制剂（波尔多液）等。目前的杀菌剂主要为有机汞、二甲基二硫代氨基甲酸盐、有机硫、有机磷、三氯甲硫基二甲羧酰亚胺和有机砷类杀菌剂。常见的有稻瘟净、福美双、代森锌、萎锈灵、苯菌灵、硫菌灵、唑菌酮、甲霜灵、三乙磷酸铝、稻瘟灵、三环唑、三唑醇、三唑酮、甲基托布津等。

杀菌剂类农药进入人体后大部分可从肾脏排出，少部分可从肠道、皮肤、汗腺、唾液腺、乳腺、肺排出，可影响中枢神经系统。目前使用的大多数杀菌剂对哺乳类动物的毒性比较低，可以通过呼吸道、消化道和皮肤吸收引起中毒发生。中毒症状主要表现为恶心、呕吐、腹疼、腹泻、头痛、头晕、乏力、肌肉抽搐等症状。大剂量服用时会出现心率加快、呼吸加快、血压下降、抽搐、循环衰竭，抢救不及时会导致呼吸中枢麻痹而死亡。

二、检材处理及检测方法

最合适检材：体外检材以查获的剩余食物、可疑农药、药瓶、包装袋、呕吐物等为佳。体内检材取血、尿、洗胃液、胃及内容物、肝等检材。

检材处理：体外检材可以采用直接萃取、液液萃取等方法处理。体内检材可以采用液液萃取、固相萃取等方法处理。

检测方法：可采用气相色谱法、高效液相色谱法、气相色谱—质谱联用法、液相色谱—质谱联用法等。

三、案例评析

【案例26】某男到某地公安机关报案称，晚上在自家吃饭时因有饮酒的习惯，喝了白酒，但发觉其味道不对，随后在酒瓶底部发现有许多白色沉淀物，怀疑其妻子在白酒中投毒，要杀死他。办案单位将现场提取的白酒瓶送检，要求进行毒物的检验。取酒瓶底部的白色沉淀物检材直接萃取处理后采用气相色谱—质谱联用法检验，检出“甲基托布津”成分，为办案单位侦办此案提供了证据。

【案例27】某企业接到一个匿名敲诈电话，说在某超市内其生产的方便面内投毒，当地公安机关接到报案后，勘查现场提取可疑的方便面，要求进行毒物的检验。检材经直接萃取处理后采用气相色谱—质谱联用法检验，在送检的方便面内检出“甲霜灵”成分，为办案单位侦办此案提供了证据。

思考习题

1. 中高毒性的除草剂有哪些？
2. 检验可卡因最合适检材有哪些？
3. 服用可卡因可引起哪些症状？
4. 简要分析杀菌剂作用于人体的主要原理。
5. 什么是新精神活性物质？

拓展阅读书目

1. 张新威主编：《中国刑事科学技术大全——毒品和毒物检验》，中国人民公安大学出版社2003年版。
2. 沈敏主编：《法医毒物司法鉴定实务》，法律出版社2011年版。
3. 廖林川主编：《法医毒物分析》，人民卫生出版社2009年版。
4. 陈康颐主编：《现代法医学》，复旦大学出版社2004年版。
5. 花镇东主编：《新精神活性物质分析手册》，中国人民公安大学出版社2013年版。

第三十五章　声像资料检验技术

本章概要

本章主要介绍了声像资料基本概念、声像资料检验的主要内容，语音检验技术、监控录像检验技术等内容。

关键词

声像资料；语音；数码照片；监控录像

第一节　声像资料检验技术概述

一、声像资料检验技术

声像资料检验，是指在诉讼活动中运用物理学和计算机学的原理和技术，对录音带、录像带、磁盘、光盘、图片、手机等载体上记录的声音、图像等进行检验分析，并出具意见的活动。其中，记载声音、图像信息的物质和材料称为声像资料。

根据声像资料信息存储的形式，可以将其分为模拟信号和数字信号两种不同形式。早期声像资料信息存储多为模拟信号形式，随着材料科学和数字技术的发展，声像资料信息多以数字信号方式记录和存储。其记录和存储的载体也呈现多样化趋势，如照相机、录音笔、摄像机、手机、MP3、MP4、PSP、PDA、PC 等。根据声像资料所包含信息的形式来看，可以将其分为语音信息、静态和动态图像（视频）信息、音视频信息等。

二、声像资料检验技术的主要内容

从声像资料检验对象来看，可分为语音检验、静态图像检验、动态图像检验（含音、视频）三类不同的检验技术。以下分别讨论语音检验、数码照片检验（静态图像）、录像检验（动态图像）三种常见的检验技术。

（一）语音检验技术

语音检验技术，通常是指针对语音资料中语音信息或者背景音信息等进行检验分析的技术。在司法实践中，通过录音等手段获取的语音信息，由于音质较差、易被剪辑、方言难以理解等问题的存在，常常需要对其语音是否为某一人所说、语音的具体内容是什么、语音材料是否通过伪造手段形成等进行检验分析。在司法实践中，常见的检验项目至少包括以下几种。

1. 语音的同一性检验

语音同一性检验在不同场合的称谓不尽相同，如声纹分析、声纹鉴定、话语者同一性鉴定等。语音同一性检验的过程是通过对检材和样本中语音进行听辨、语音图谱分析和语音声学特征检测等方法，综合分析并判断检材和样本中被检验说话者是否为同一人的过程。检材是指在案件中需要被检测的未知说话人的语音资料。样本则指对犯罪嫌疑人、案件当事人等按照一定标准进行录音的已知语音材料。

在语音同一性检验中，样本中说话者可以是一人，也可以是多人。语音同一性检验可以是一对一的语音比对，也可以是一对多的语音比对。"一对多"的语音同一性检验，常用于案件侦查中犯罪嫌疑人的排除。

2. 语音资料的完整性检验

语音资料的完整性检验，是指通过技术手段发现语音材料中语音信息是否存在添加、删除、编辑等剪辑和处理的痕迹。与语音资料的完整性检验相类似的术语还有语音资料真实性检验（或鉴定）、语音资料原始性检验（或鉴定）等。从纯技术角度来看，这些检验在具体内容和判别标准上存在一定差异。但如果针对具体案件来说，它们的目标基本一致，都是为了判断被检验材料是否真实，其包含的信息能否用来证明案件事实，以及可否将其作为诉讼证据予以采纳的问题。

3. 语音内容辨识

语音内容辨识是指对语音资料中说话者言语所表达的具体内容进行听辨和分析，并形成书面文字的过程。在不同案件中，语音内容辨识检验项目的具体形式可能不同。在有些案件中，已经提供了文字整理稿，需要对文字整理稿中某些内容进行辨听和确认；有些案件需要对某些模糊不清内容进行辨听，确认其言语表达的具体思想内容；有些案件则需要对言语表达的上下文进行分析，从语义上分析特定语音的思想内容。

4. 语音的人身分析

语音的人身分析，则是根据语音中的说话内容分析被检验说话对象的年龄、性别、方言、职业、文化水平、身高、体态等特点的过程。语音的人身分析主要为侦查破案工作提供范围和方向等线索。

5. 语音降噪处理和背景音分析

语音降噪处理是指对微弱的语音信号、受噪声污染的语音信号、言语内容听辨不清的语音信号，采用一定的技术手段对其进行处理，提高语音的信噪比，从而达到能够确认言语内容的过程。语音降噪处理实际上就是增强语音信息、降低噪音信息的过程。在有些案件中,有时候需要增强噪音信息、降低语音信息以达到确认噪声源的类型等信息,这种检验为背景音分析。常见的背景音分析为环境噪声分析,通过对语音资料中的门窗开关声、物品移动声、空调风扇声、键盘敲击声、风雨雷电声、鸡鸣犬吠声、街道嘈杂声等的发现,以确定案发现场的地点和环境特征。背景音分析在侦查中常用来提供案件现场的线索。

(二)数码照片检验技术

数码照片是静态图像检验的常见对象之一。在司法实践中,数码照片检验主要集中在两个方面:真实性检验和图像处理。

1. 数码照片的真实性检验

数码照片真实性检验指对数码照片进行检测,判断其包含的原始信息内容是否经过人为的修改或编辑。当数码照片作为证据使用时,通常要求提供数码照片的原件(指原始的图像文件)。此时,数码照片的真实性检验,则主要是指检验数码照片是否由特定设备形成,且未经过任何添加、删除、编辑等人工操作处理。

2. 数码照片的图像处理

对数码照片图像的处理,主要包括图像变换处理、复原处理、人像组合处理、增强处理等技术。

数码照片图像的变换,包括几何变换和正交变换。几何变换处理是指通过图像的旋转、缩放、水平、垂直镜像等变换,使图像按照特定的位置和角度呈现在观察者面前。图像的正交变换包括 Fourier 变换、DCT 变换等。图像的正交变换主要是为了快速、有效地对图像进行处理。

数码照片图像增强是指有选择地衰减图像中某些信息,或加强图像中某些信息(如边缘、对比度、轮廓等),将原来不清晰的图像变得清晰,从而改善图像的视觉效果或者便于进一步分析处理。增强方式包括对比度增强、图像平滑去噪、伪彩色增强等。其中,伪彩色增强是通过对灰度图进行人工着色,将其转换为彩色图。由于人眼对彩色图有更强的辨识能力,通过伪彩色增强可以改善图像的视觉效果。数码照片图像增强一般在刑事侦查活动中使用。

数码照片的人像组合,是指通过观察反映同一事实的若干模糊数码照片的信息,结合案件情况,通过人像组合系统绘出数码照片中人物的清晰图像的过程。数码照片的人像组合一般应用于刑事侦查活动中。

数码照片的图像复原,是指在保真度原则下利用退化现象的某种先验知识,尽量恢复退化图像的本来面貌。复原技术实际上是将退化过程模型化,并且采用相反的过程进行处理,以便复原出原图像。图像复原包括逆滤波复原、维纳滤波复原等方法。

(三)录像检验技术

监控录像系统中图像检验属于动态图像检验的范畴,包括人像同一(性)鉴定(或检验)、物像同一(性)鉴定(或检验)、监控录像图像原始性检验、监控录像图像真实性检验等内容。

监控录像系统中人像同一检验(或鉴定),是指监控录像系统中被检验的人像为检材,其他图像中人像或某待检验人为样本,通过检材与样本的比对判别检材中人像与样本图像中人像是否为同一人影像,或判别检材中人像是否与待检验人为同一人的活动。监控录像中物像同一检验指的是图像中被检验的物品与某一物品是否同一,或者与某类物品是否是同一类物品的检验。

监控录像图像的原始性检验,是指检验图像与其形成时的原始信息是否一致。如果是传统的图像,则主要检验图像所依附的载体是否经过转录、复制等处理;如果是数码图像,则主要检验图像是否经过了技术处理等。监控图像的真实性检验指的是检验图像是否经过了加工变造处理,改变了原始图像的信息内容。例如:分析是否对图像中人像头部进行嫁接;分析是否添加一些人物;分析是否删除一些物品或人物等。由于在诉讼中一般要求提供原始的视听资料证据材料,所以有时候也将图像原始性检验纳入图像真实性检验范畴。即如果没有特殊的说明和要求,经过处理但未改变图像内容所能证明的案件事实的监控录像也被认为是伪造的证据材料。

由于静态图像与动态图像在检验项目和方法上存在较多相似性,在本章第二节、第三节仅讨论语音检验技术和监控录像检验技术。

第二节　语音检验技术

一、语音同一性检验方法和思路

语音同一性检验主要包括图谱分析法和语音自动识别法。

(一)图谱分析法的一般思路

通过图谱分析方法对语音同一性进行检验,通常需要经过辨听、图谱分析、综合判断几个过程。

1. 辨听过程

辨听过程是图谱分析方法不可缺少的环节。通过对所有语音检材和样本的听辨,包括音高、节奏、语速率、语音清晰度、流畅度、响亮度、方言口音以及音调、气嗓音特征、鼻音特征、口头语、赘语、虚词、言语缺陷特征,首先对检材和样本是否有伪装做出初步判断,然后分析所听辨语音在语义、语汇、语法及其表达方式的异同,最后做出相似或差异程度的评价。

2. 图谱分析过程

图谱分析是指通过声纹的观察和分析,判断所比较语音的相似性。声纹是指通过声谱仪(或语图仪)显示的、携带言语信息的语音声波图谱的通称,也称语图。常见的语图或声纹包括波形图、振幅曲线、基频曲线、宽带三维声谱、窄带三维声谱、过零率曲线、功率谱等。

选取检材与样本中相同的音素、音节、字词、语句及上下文等语音要素，观察和分析其语音声学特征和声学模式，作出相似或差异程度的评价。声像特征模式包括辅音、嗓音起始时间、过零率曲线和辅音浊化现象，音渡特征（升降、斜率、趋向），共振峰阶数、频率、强度、趋向，协同发音现象，音强曲线，基频曲线（调值、调域、趋向），音节间过渡特征等。语图分析过程中，要与听辨结合进行，对听辨作出的初步判断进行验证、确认或否定。

3. 综合判断过程

综合判断过程包括定量检测比对、统计分析、综合分析、形成意见等过程。定量检测检材和样本中相同的音素、音节、词语、短语声学特征参量的数值，包括对共振峰参量、振幅曲线参量、基频曲线参量、音节时长、长时平均功率谱参量、长时平均声调参量等，进行多参量的统计比对，得出是否同一的定量评价。

根据统计比对结果，最终作出是否同一的肯定性、否定性或倾向性意见。

（二）语音自动识别法

语音自动识别是指机器对说话人语音进行自动辨认或确认的过程。根据采用的语音模型不同，可以划分为文本相关（Test-Dependent）和文本无关（Test-Independent）两种。前者限定了说话者的语音内容，而后者不限定说话者的语音内容。语音自动识别技术通常包括特征提取、语音建模、语音相似度计算等过程。

二、语音资料完整性（真实性）检验方法和思路

语音资料完整性主要从以下几个方面着手分析。

（一）语音材料的物理检验

语音材料的物理检验指的是通过肉眼或显微镜等工具观察原始检材的外观，发现其是否存在物理破坏或人工剪辑的痕迹。物理检验常用来对录音磁带进行检验。例如：对磁带带盒进行检查，观察磁带上的螺钉是否有拆卸痕迹、磁带两面接合情况是否良好；对磁带进行检查，观察磁带的规格是否正常、磁带是否存在分离或拼合痕迹、磁粉是否存在刮擦痕迹、磁迹是否正常等。

（二）语音文件的格式和属性分析

数字录音总是以文件形式存储在电子设备中。特定设备所存储的录音文件总是以一定的文件类型、格式和属性存储的。通过对语音文件格式和属性的分析，可以发现被检验语音文件是否符合某特定录音设备的文件生成规律，进而可对其是否为该设备形成的原始文件及是否经过处理进行判断。例如，有些录音设备生成文件名称和类型是特定的，有的录音设备是通用文件类型中的一种或几种（如 WAV、MP3、AMR、WMA 等），有的则是厂商自己提供的特殊格式。如果语音资料文件类型与其不符，则语音文件不是该设备生成的原始文件，或者经过了技术处理。

除了文件类型外，文件的时间属性检查也是重要的，如创建时间、最近修改时间等信息。设备中原始文件如果没有经过处理，其创建时间、修改时间都符合特定的规律。但一些正常操作很容易改变这些信息内容，在具体案件中需要根据具体情况进行分析。

通过语音的采样率、量化级数、比特率、声道数、编码方式反映出录音的设置信息，对数字录音进行处理有可能改变这方面的信息。如果检材录音的设置属性是检材录音设备不可能生成的参数，则可以判定该检材录音或经过处理，或不是提供的检材录音设备所录制。

有些格式的数字录音经过软件编辑处理后，其格式信息中会附加处理软件的信息。例如，使用 Adobe Audition 软件处理的语音文件的文件头会添加 XMP 元数据信息。

（三）语音的听辨和图谱分析

语音的听辨和图谱分析是检验语音资料完整性检验的必经程序。通过听辨，不仅可以掌握语音资料形成过程和言语内容的总体情况，还可以通过背景音连续性、语音连续性和语义完整性、语音处理的特殊信号的发现或分析，判断语音资料的真实性和完整性。

一份正常的语音资料通常都清晰表达出特定的思想内容，在自然对话过程中，发音音节通常完整，音节过渡自然，语速、声调、音高、音强的变化与说话人和说话场景密切相关。经过剪辑的语音，听辨起来往往感觉不自然、剪辑处出现发音不清晰、有信号跳变的信息。从语义上看，真实的语音资料其语义内容往往比较完整，较少出现对话不合理、说话不自然的现象。

语音的图谱分析，是指借助语音图谱，分析被检验语音的连续性、环境噪声的连续性、本底噪声的稳定性、空白或异常信号形成合理性、相似语音图谱的一致性等，进而判断语音是否存在剪辑或处理的情况。语音图谱分析常使用功率图谱和三维语图。三维语图又包括窄带语图和宽带语图。窄带语图时间分辨率低，但频率分辨率高，能够准确显示能量随频率的分布关系。宽带语图频率分辨率低，但时间分辨率高，能够较好显示频谱分布随时间的动态变化。

一些添加、删除或者剪辑处理过的语音资料，通过窄带语图分析，能够清楚地发现剪辑点的语音突变、发音不完整等现象。

语音是在特定环境中形成的，有时环境噪声信息在语音资料中形成。通过对环境噪音连续的分析，可以发现存在多个录音环境，或者录音环境与实际环境不符等异常现象。不同原因引起的环境噪声都有其特定规律，通常环境中的特定噪声呈现连续的变化规律。如果是拼接处理的录音，将会破坏这种渐变的规律。

当语音是通过不同设备录制的语音混合而成时，对其本底噪声进行检验通常能够发现异常现象。本底噪声是录音设备固有的一类噪声，与外界信号变化无关，主要由录音设备的电子器件和机械运动所致。同一录音设备的本底噪声相对稳定,不同录音设备的本底噪声会存在变化。连续语音的录音设备唯一,其本底噪声应保持稳定;而不同设备录制的语音拼接而成的语音,将破坏连续录音本底噪声的稳定性。通过实验比对,可以比对本底噪声情况,但分析时应区分环境噪声所致的信号。

通过图谱分析,还能够发现一些异常的空白带和信号跳变现象。例如,当使用录音机对磁带中录音进行剪辑时,要使用录音键或暂停键操作才能完成编辑过程。在进行这些操作的瞬间,通、断电过程均会造成电声学突然变化,在波形图、三维图谱上都会出现能量突变或空白带现象,而这种突变在连续录音过程中是不会产生的。

如果同一语音文件中存在完全相同的语音片段信息,通过图谱分析后,两者的语图完全一致,那么其中至少有一语音片段信息是经过复制而成。因为受录音环境、语境、上下文的影响,在同一连续语音文件中不会出现相同语音片段信息,即使是同一音节也会受前后音节和环境噪音等影响而产生差异。

(四)语音文件的签名信息检验

有一些专业录音设备不仅语音文件的格式特殊,而且会根据录音时间、录音文件的内容、录音文件的序号等信息生成一个唯一的签名信息并记录在文件中。还有一些语音文件通过信息隐藏技术将设备的厂商和设备唯一标识信息嵌入语音文件中。如果对文件进行了编辑处理,文件内容的完整性校验值就会发生变化,签名信息也可能被破坏,恢复出的标识信息与原始信息便不完全一致,因而也可以用来判断文件的原始性或真实性。

第三节　监控录像检验技术

近年来,在银行、商场、马路、学校、生活小区等场所发生的诈骗、盗窃、抢劫等刑事案件数量有增加趋势。由于犯罪发生在公共场所,人员流动性强,犯罪现场难以取得有重要价值的物证材料,而且犯罪人常具备一定的反侦查能力,周围群众往往又不熟悉犯罪人情况,使这类犯罪案件侦查工作非常困难。值得庆幸的是,随着信息科学技术的发展,很多大中城市的重要单位、公共场所和城市基础设施等场地中均安装有数码监控录像设备,这些监控系统通常都是全天候工作的。但是,监控录像由于图像清晰度不高、易于伪造等特点,在司法实践中,常需要对其内容的真实性、人像的同一性等进行检验或鉴定。

一、监控录像系统概述

(一)监控录像系统组成

监控录像系统,通常称为闭路电视监控系统(Closed Circuit Television,CCTV)。

监控录像主要原理是将事先在防范场所安装的摄像机镜头所获取的光学视频图像，通过摄像机内部的传感器和电路将视频信号转化为点对点的电信号，并经过有线电缆或无线电波进行传输后，通过显示设备将电信号还原为视频图像。

监控录像系统能提供远近距离的监视和控制，可以对被监视场所的情况进行同步录像，还可以与防盗报警系统等其他安全技术防范体系联动运行。根据国家有关技术规范，监控录像系统应设置摄像机（或摄像头），电视监视器、磁带录像机（或硬盘录像机等）和画面处理器等，使用户能随时调看任意一个画面，遥控操作任一台摄像机等。

所有监控录像系统均由摄像前端部分、传输部分、控制和显示记录部分组成。

1. 摄像前端部分

摄像前端部分负责直接完成现场图像捕捉功能，包括直接获取图像设备及其辅助设备，主要有一体化智能快球、固定球、一体化摄像机、防护罩、云台、各种安装支架、协议转换器和各种人工光源等。

常见摄像机为固定式摄像机。此类摄像机不能通过摄像机系统进行左右、上下、前后的位移控制。

如果需要摄像机观察距离更远、更清楚，可以在摄像机上加装可变焦距镜头并通过系统对其手工控制。如果希望摄像机进行水平和垂直方向的转动，扩大摄像机的摄像面积和角度，可以把摄像机安装在电动云台上，通过控制台的控制，就可以使云台带动摄像机运动。这种摄像机为非固定式摄像机。摄像机的核心部件为 CCD 图像传感器。

摄像机防护罩主要用来保护摄像机和镜头不被破坏，在室外使用还可以保护设备免受灰尘、有害化学物质和天气变化的影响。防护罩使用环境、安装要求不同，使用的材质、防护罩的形状也不同。

云台可以用来扩展摄像机的观察范围。通过云台系统，操作员可以控制摄像机和镜头的水平及垂直转动。这样，摄像系统就不再受它固有的视场范围的限制，从而可以用来观察更广阔的范围。安装在云台上的摄像机一般都装有变焦镜头，在改变摄像机的瞄准方向的同时，还可以进一步调整被摄场景的放大率。

支架的作用是将摄像机、护罩、云台组成的摄像系统安装并固定到需要监控的场所。

协议转换器可以对两种或多种协议进行翻译，使得采用不同的协议的设备之间能够实现控制和通信的功能。在监控录像系统中，不同生产厂商生产的设备的控制协议可能不尽相同，协议不同会影响设备兼容性；或者同一公司由于产品的改进和升级，也会导致不兼容性。但通过协议转换器可以实现不同协议的转换。

为保证 24 小时不间断地监控，室外安装的摄像系统在自然光线不足的情况下，需要使用辅助的照明设备，红外照明灯是其中的一种。

2. 传输部分

传输部分用来传输图像信号和控制信号。一般来说，传输部分只用来传输图像信号。但有些系统中除图像外，还要传输声音信号。系统控制台需要对摄像机、镜头、云台、防护罩等进行控制，则传输系统还需要传输控制信号。传输系统设备包括中继盒、解码器、视频放大器、信号传输线路等。

在传输方式上，目前电视监控系统多半采用视频基带传输方式。在摄像机距离控制中心较远的情况下，也有采用射频传输方式或光纤传输方式。以上这些不同的传输方式，其使用的传输部件及传输线路都有较大的不同。

信号传输线路有同轴电缆、光纤或无线等方式。同轴电缆是最常用的视频信号传输线，而且也是成本最低、最可靠、最方便及最容易维护的监控录像系统视频图像的传输方式。但同轴电缆的传输距离有限，当需要进行远距离传输时，就要用到光纤。在光纤、同轴电缆无法铺设线路的场所，可以采用无线传输方式。

中继盒连接在云台和控制器或控制键盘之间，可以有效增加云台和控制器之间的距离。

解码器是现代数字监控录像系统中的一个很重要的设备。解码器可使操作人员远程通过键盘或其他控制设备来控制云台的上下左右转动和镜头的动作。解码器一般带有独立的CPU（中央处理器）和内存，接收控制器的命令，并对其进行处理后发送到云台镜头以实现预定的动作。

3. 控制和显示记录部分

控制与显示部分，包括监视器、控制器或控制键盘、视频切换器、矩阵切换器、画面分割器、画面压缩器、视频移动探测器、字符发生器、时间发生器、视频录像机和视频打印机等。

在监视器上，视频信号又通过电子电路转换成可视图像。控制器和控制键盘用来实现对云台运动和摄像机调节的控制。带摇杆的控制键盘因其方便和实用性成为主要的控制工具。

电子或光学画面分割器可以将多个摄像机的画面组合成一个画面，再输出到同一台监视器上，供观察者同时察看。单纯的画面分割器并不对图像进行压缩。在光学画面分割器中，图像的组合是由光学系统组成的，整个过程都不涉及电子电路。而电子式画面分割器就需要连接到摄像机输出和监视器输入之间。

近年来，画面压缩器开始大行其道，原因之一是数字式固态存储器件变得越来越普及、越来越便宜。画面压缩器在使用时需要连接在摄像机和监视器之间，它同时接收多个摄像机的输入，将每个摄像机的画面都储存起来，经压缩和重新组合后再显示到一台监视器上。借助这种设备，便可以在一台监视器上同时显示2个、4个、8个、16个乃至32个不同的视频画面。

视频移动探测器可以根据视频图像场景的变化发出报警信号。视频移动探测器接收摄像机输出的视频信号，以模拟或数字形式将图像存储在机器内，再依次比较前后相连的图像，以确定被摄场景是否已发生变化。视频移动探测器通过其内部逻辑来判断被摄场景是否发生危险性的变化、是否需要发出报警信号等。

字符发生器可以用来在视频画面上标注对安全人员有用的信息。这些信息可以是英文的,也可以是中文或其他语言的。时间发生器用来显示在视频图像上面叠加画面产生时的时间和日期。如果要将视频图像用作法庭的呈堂证供,就必须使用这种带有时间日期信息的图像。

视频录像机可以将摄像机获取的视频图像录制储存。它可以是模拟式录像机,表现为以磁带形式进行存储;也可以是数字式录像机,表现为以文件的形式存于硬盘。连接在系统中的视频打印机可以直接将视频图像打印成纸张的形式。

(二)监控录像系统分类

监控录像系统根据采用技术不同可分为第一代监控录像系统、第二代监控录像系统、第三代监控录像系统。第一代监控录像系统指的是模拟式闭路监控系统;第二代监控录像系统指的是半数字式闭路监控系统,信号传输仍采用模拟信号,录像的存储采用数字信号;第三代监控录像系统指的是全数字化录像监控系统,信号的传输与存储均是数字化的。

目前广泛使用的是第二代和第三代监控录像系统。这两种监控录像系统一般采用硬盘或者光盘等数字化记录装置记录监控录像。它将数字化视频图像记录与多画面图像显示功能结合在一起,取代传统模拟式多画面分割器和长时间录像机,具有灵活、方便等特点。大多数硬盘录像监控系统采集的监控录像以数字化文件形式存储在硬盘中。通常为每一个监控点设置一个文件夹,每个文件夹下每隔 10 分钟或者半个小时生成一个监控录像文件。

二、监控录像图像常见伪造手法与主要特征

(一)伪造监控录像图像的主要手段

监控录像图像一般以数字化形式存储在计算机中,这些数字文件很容易通过各种视频加工软件进行编辑和处理。很多编辑工具可以在互联网上很轻松获得,且使用方法简单易学。例如,Ulead Video Studio、Adobe Premiere Pro、Blaze Media Pro、Video Edit Magic 等视频编辑软件及其破解版本均可在互联网中获取。

视频编辑主要通过对多种视频图像、图片、文字、语音信息进行融合,对原始视频图像进行删除、添加、编辑等手段改变原始的图像内容。监控录像图像伪造实际上采用的也是视频编辑的一般方法和技巧。

1. 不同摄像头摄制的图像之间的复制、剪辑和混合

对几个不同摄像头摄制的图像进行加工,将其拼凑在一起形成新的视频图像文件,是视频编辑中常见的方法。在监控录像图像中,通常在关键的位置添加一部分其他监控录像图像或者其他种类的录像内容,或者先删除一部分监控图像内容以后,再添加其他一部分与原监控录像图像无关的内容。

2. 同一摄像头摄制的图像的删除、复制和剪辑

如果将同一摄像头不同时间摄制的录像内容进行剪辑处理，并将其混合成一新的视频图像，图像摄制的固定场景将是一致的。由于录像是由同一摄像头摄制而成，所以图像质量一般比较接近。但是混合同一摄像头在不同时间摄制的图像仍然有很多明显不一致的特征。

3. 监控录像系统中人与物的添加、删除、替换和编辑

第三种伪造手法，不添加其他监控录像完整图像帧到原始监控录像系统中，而是对原系统中某些录像片段中的人或物进行了伪造和再加工。伪造和再加工的手法主要包括：添加一个人或物到视频图像中；删除视频图像中某一个人的视频图像；将视频图像中人的面貌替换成另外一个人的面貌；添加一个新的物品到视频图像中；删除视频中某一物品；将视频中物品进行修改和编辑，改变其形状、颜色或其他特征等。

4. 监控录像系统中语音信息的伪造和变造

大多数监控录像一般只有视频图像而无语音信息，少数监控录像系统同时也会记录监控场所中的语音或其他声音信息。伪造和变造语音信息是改变监控录像真实性的手法。

语音信息伪造和变造主要出现在需要同时运用语音信息和图像信息证明案件事实的场合。如果语音信息对证明案件事实无关紧要，伪造语音便没有实际意义。

根据伪造和变造方法不同，可能存在两种情形：第一种情形是在无语音信息视频图像中加入了语音信息；第二种情形是视频监控录像本身存在语音信息，通过对原语音信息中片段进行删除、复制、编辑或者添加语音信息改变真实的内容。

5. 综合利用上述手段进行伪造

在伪造监控录像的过程中，通常会综合利用上述手段或者其中的几种手段进行伪造。由于监控录像是集图像、声音、视频为一体的三维视频，因此在伪造过程中，也会针对为了达到所预期的效果而选择上述伪造手段中相应的手法。

随着录像设备新产品的不断推出和伪造手段的不断升级，要识别出伪造的监控录像就要仔细分析、不断研究，总结出伪造监控录像图像的一些技巧和方法，以识别出每一种伪造的手法。

（二）伪造监控录像图像的主要特征

1. 利用不同摄像头摄制图像进行伪造的特征

与原始的监控录像相比，不同摄像头摄制的图像通常存在以下特点。

（1）监控录像系统中图像固定场景发生变化

不同摄像头摄制的录像经过加工融合在一起时，被伪造部分的录像部分拍摄的固定场景很难与原始录像部分完全相同。通过肉眼仔细观察便能分辨出场景的变化。

如果原始录像采用了固定摄像头摄制监控录像，录像中所摄制的画面场景通常也是固定的，一般不会发生变化。如果需要改变摄像头的固定场景，必须移动监控摄像

头。在移动监控摄像头的过程中,如果摄像系统工作正常,监控录像系统中的图像摄像场景的变化也是缓慢的,且不会存在较大的变化,录像中的人和物的变化也是很小的。在移动监控摄像头过程中如果系统刚好工作不正常,摄制的独立录像文件中的图像是不会存在突变的。虽然在系统不正常工作期间监控系统不能将摄制图像文件加入图像中,但是当系统重新正常工作时,系统也不会将新的录像内容加入老的录像文件中,而是自动以新的文件存储为独立的监控录像文件。因此,无论出现哪一种情形,监控录像画面场景要么是固定的,要么是连续变化的。独立的监控录像文件中一般不存在突变的场景切换。

如果监控摄像头不是固定的,监控活动范围也是有规律的。监控摄像头的运动通常主要是通过固定在监控摄像头上的云台进行运动的。云台可以由人进行操控移动,也可以由计算机程序进行自动的控制。云台的运动存在前后运动、上下运动、左右运动等几种方式。无论云台怎样运动,摄像头总是以云台为中心摄制场景。所以活动摄像头摄制的范围也是有限的。而一般视频图像由于可以由人自由控制,画面摄制场景可以任意变化,视频图像覆盖的范围可以非常大。不过与固定摄像头移动道理相同,活动摄像头在移动过程中,画面场景的变化也是连续的。

当采用不同摄像头摄制的录像混合在一起时,由于录像画面摄制的位置和场景无法做到与原始录像画面完全一致,因此,加工后的或伪造的监控录像图像中的场景存在不连续变化的情形。

(2)监控录像系统中图像质量有所不同

不同摄像头摄制的图像,由于摄像头视角、焦距、图像像素、光线的不同,监控录像系统生成的视频文件的图像质量也是不一样的。将不同图像质量的视频图像混合在一起时,往往会留下不同视频图像的痕迹。

最常见的差异表现在摄像头视角或焦距上。不同焦距的图像,人体或物体在视频图像中成像的比例大小是不同的。人像在画面所占的像素,同人与摄像头之间的距离、摄像头焦距、图像像素密切相关。人像离镜头距离越远,在镜头中成像越小。图像分辨率越高,每单位所占像素就越多。不同焦距摄像头摄制的图像加工处理后混合在一起时,人体和物体在图像中的成像比例将不一致。在不一致的情况下,可以通过肉眼观察或者通过计算进行确定。摄像头视角也是影响图像质量的一个重要因素。两个摄像头视角不一致时,焦距通常也是不同的,图像成像比例也就不同了。即使是视角比较接近的镜头,图像质量也会存在明显的差异。例如,同样是广角摄像头摄制的图像,图像中物体和人物的扭曲变化也可能是不同的。不同广角摄像头在相同位置摄制的直线物体弯曲位置不同,弯曲度也不太一样。因此,不同摄像头摄制的图像质量存在可以辨认的差异。

光线也是影响图像质量的一个重要因素,图像会受光线的大小、强弱等影响。光线的大小和强度不同,图像的清晰度、对比度均是不一样的。在夜晚监控视频图像摄制的背景总体偏红,中午光线较强时背景总体偏绿。如果图像在形成过程中光线无太大变化,则图像背景、清晰度均不会发生较大的变化。

总之,不同视频图像通过剪辑等手段混合在一起时,图像质量总是存在差异的。

2. 利用同一摄像头摄制的图像进行伪造的特征

(1)画面异常

画面异常包括画面过渡不自然和画面重复现象。

画面出现过渡不自然现象,一般的原因是将其他监控录像文件插入某一监控录像文件中时,由于监控录像所涉及的实际场所中物体的摆放、地面的清洁情况、人物的活动情况、光线情况总是存在差异,因此当加入新的视频片段时,图像的过渡很可能出现不自然的现象。如出现多余的物体,发现有些物体消失,人物运动无法衔接,光线变化突然等情形。

正常的监控录像图像通常设置的图像画面是连续的,图像帧与帧之间过渡比较自然。一般不会出现画面过渡不自然的现象。

画面出现重复现象的原因是,在对同一摄像头摄制的监控录像进行剪辑时,有时需要使用某一特定的镜头。很多伪造案例中经常出现2处以上图像完全相似的片段。

图像相似存在两种情形:一种是包含人和物的运动图像相似;另一种是静止的图像相似。伪造视频图像时,通常需要伪造包含人和物的运动图像。从理论上说,在不同时间,摄像画面不可能摄制出完全一致的两份图像。因为无论是从摄像时间、摄像光线、图像压缩情况,还是人物活动情况来看,实际景物总是存在一定差异的。在同一视频图像中(较短时间内)不同时间出现完全一致的图像是反常的。

(2)色温变化异常

色温表示光源光色的尺度。在摄像中,指人眼对发光体或白色反光体的一种感觉。它是物理学、生理学和心理学等综合复杂因素影响下的一种感觉。一般来说,低色温光源红辐射相对说要多些,通常称为“暖光”;当色温提高后,蓝辐射比例增加,通常称为“冷光”。色温与光线密切相关,中午太阳光线强时,图像呈现冷色,晚上图像常呈现暖色。但监控系统也可以通过软件处理提高和减小色温使图像成像色温比较适中,如在镜头上加上红色滤光镜滤过一点红光线使照片看起来色温低一些。由于监控摄像系统在录像过程中光线的变化一般是连续的,即光线能量变化是连续性的,因此色温的变化也是连续性的。如果在摄像过程中没有异常的光线变化,图像中色温将不会发生跳跃性变化。而通过伪造的监控录像,由于其取得时的光线条件与原录像中的光线条件存在差异,因此差异较大时,其在监控录像系统中表现为色温变化异常。

(3)时间记录被篡改痕迹

在监控录像系统中,通常在形成的视频图像中加入了监控录像系统的通道名称、录像生成时间、录像单位等信息。将不同时期摄制的视频图像混合在一起时,需要将图像中的时间记录进行更改或者删除。

如果没有将剪辑中时间信息进行更改或删除，通过观察监控录像系统中时间变化信息便可以判断录像是否存在剪辑。如果将剪辑中时间信息进行更改或删除，需要对录像中的关键帧数据进行处理，处理前后时间记录信息处的图像像素便会发生变化。在处理过程中，很难将每一帧的图像均处理得自然。因为时间记录部分的背景像素一般是均匀变化的，不会出现完全一致或者突变的情况。通过仔细辨认，可以观察到修改和删除后时间记录处存在被篡改的痕迹。

3. 监控录像中人物伪造的图像特征分析

在原监控录像视频图像内，对图像中某一片段细节进行添加、删除、替换，可能会存在以下几种异常情形。在具体鉴别时，可以根据这些因素进行分析和判断。

(1)违反成像的景深原理和透视规律

伪造的视频图像中添加的细节特征毕竟是通过人为的方式加工而成的，并不是实际存在的东西。在伪造视频图像时，难以考虑到图像成像规律的方方面面，总有顾此失彼的情况。具体反映在图像中，添加的细节与图像中其他物体和人物之间容易违反景深原理和透视规律。

所谓“景深”，也就是能在胶片上形成清晰影像的景物深度的简称。也可表述为：被摄景物的聚焦点前后能被记录的较为清晰的范围。如果将摄像头看成一个凸透镜，当与光轴平行的光线射入摄像头，在理想的情况下所有的光线聚集在一点后，再以锥状扩散开来，这个光线聚集点为焦点。在焦点前后，光线开始聚集和扩散，点的影像变得模糊，形成一个扩大的圆。在实际摄像中，在焦点前后一定的范围内图像均是清晰的，远离焦点时图像便逐渐变得模糊。景深的范围与摄像头的焦距、光圈大小等密切相关，长镜头可以产生比较短的景深效果，短镜头可以产生比较长的景深效果。光圈越大，景深越短，而光圈越小，则景深越长。添加一新的人像或物品到监控摄像画面中时，有可能出现添加的物体或人像过于清晰或模糊的情形。如果添加后的物体或人像处在镜头的景深范围内却模糊时，或者在景深之外却非常清晰时，均表明该部分图像是处理后形成的。

所谓“透视”，最初研究透视是采取通过一块透明的平面去看景物的方法，将所见景物准确描画在这块平面上，即成该景物的透视图。后遂在平面画幅上根据一定原理，用线条来显示物体的空间位置、轮廓和投影并总结出一定的规律称为透视规律。以人为例，人体的身高、手臂上下、脸部上下左右等部位都应符合透视规律。如人体身高，如果通过作图，找出画面中几个不同方向的消点，便可以判断可疑人体图像的身高范围。通过判断身高是否超出该个体的正常值便可以确定是否添加所致。与之类似，可以对脸部、手臂、五官进行同样的分析。因为添加人像是在不同摄像头不同位置所摄，因此，脸部、手臂、五官呈现的透视规律，与监控录像系统中的透视规律是矛盾的。

通过透视规律很容易判断出添加的人和物。但如果在图像中删除了某一人或物，透视规律变化便不明显。

(2)图像边缘存在加工痕迹

当在图像中删除一个人像或物体,或者在图像中添加一个与图像背景反差较大的人像或物体时,如果处理方法不当,在被处理的图像边缘部分很容易出现尖锐的抠痕、划痕、毛刺等异常像素信息。这些加工痕迹通常是通过图像处理软件加工后遗留下来的。在原始的图像中,不同色彩之间会存在过渡色,肉眼看上去比较自然。而加工编辑的图像,如果在两种色彩之间模糊化处理失当,图像边缘加工痕迹便可以通过肉眼发现。

(3)图像的饱和度、对比度分布异常

在真实的图像中,图像各区域的饱和度、对比度与景物的实际颜色、光线的强度和照射方向存在一定的关系,当对原始图像进行加工以后,图像的各区域饱和度和对比度关系便会受到破坏。加工后的图像饱和度、对比度很可能出现异常的分布情况。

(4)监控录像格式改变

不同的监控录像系统中,视频图像格式是不同的。在对视频图像中某一片段具体细节进行编辑和再加工时,常需要将视频图像的每一帧分离出来,并对主要帧的内容逐个进行编辑,再将编辑后的视频图像组织成一个新的视频图像。很多视频图像在进行压缩处理时,区分为不同的帧结构。不同类型帧处理的信息内容是存在差异的。如果将伪造的图像依然恢复到原来的压缩格式,可能存在较大的难度。因此,伪造人极容易选择将处理后的视频图像组合成新的文件格式。相对来说,新格式视频图像更容易做到图像过渡自然,不易通过肉眼观察到反常现象。但由于视频图像格式发生变化,也可以通过调查发现其中存在的问题。

4. 监控录像系统中语音信息的伪造特征

前文所述的两种伪造方法可能存在以下几种异常情况:

(1)口形的异常

伪造语音信息的另一个常见特点是,视频图像中语音信息与说话者口形不一致。不一致可能存在时间不一致、内容不一致等情形。时间不一致指的是话语内容相同,但语音信息与视频信息不同步。内容不一致指的是语音信息与口形对应话语不具有对应关系。通常而言,内容不一致情形一定是伪造的语音信息。而语音信息适当提前或者延后,则需要考查录像监控系统的具体情况。

(2)语图的异常

有些情况下,无法将视频图像中对象的口形与语音信息建立对应关系。在监控录像系统中也无法清楚看到说话对象的口形。但如果语音信息的完整性存在问题,即语音信息存在剪辑现象时,也可以通过观察语图来判断语音信息是否经过伪造、编辑等剪辑处理。如果语音信息存在剪辑现象,表明监控录像原始语音信息经过了部分添加、删除或者替换等后期处理。

(3)文件格式异常

如果监控系统所产生的视频文件本身不包含任何语音信息,而监控录像文件存在语音信息时，可以通过对视频文件的来源进行调查发现伪造的事实。

对视频信息真实性进行审查或检验时，可以要求视频制作者提供视频文件取得的场所、制作方式、制作时间等信息，必要时进行实地考查，一方面可以确认视频文件是否来自于该监控录像系统；另一方面也便于发现通过添加语音信息伪造的视频文件。如果视频文件格式与原系统不同，可以向提供人询问视频信号是否经过格式转换，以及如何转换等细节情况，再根据这些询问情况确定格式异常的原因。

三、监控录像图像真伪检验基本思路和方法

（一）对监控录像图像文件信息进行检验

在伪造监控录像图像中，伪造手法之一是对监控录像视频文件直接进行编辑和伪造。这种伪造手法通常是改变视频文件名称、格式、压缩方式等信息，因而可能与原始设备中直接生成的监控录像视频文件有关信息存在较大区别。在对监控录像的真实性进行检验时，应该首先关注监控录像的文件信息与原始设备形成的一致性。由于检验时涉及原始设备的分析，因此，在对监控录像的文件信息进行检验时要求监控录像图像提供人提供监控录像录制设备信息、监控录像录制场所信息、监控录像系统设置和功能信息或者提供能够对上述信息进行检验分析的条件。在检验时，至少应包含以下几种检验程序。

1. 检验监控录像的来源

检验监控录像来源主要是判断监控录像是否来自特定的监控录像系统。通常需要根据检材提供人提供对制作情况、提取情况、固定情况的说明，并对监控录像系统及其摄像头、摄像场所的分析，判断监控录像形成环境与所分析的监控录像系统是否一致。如果不一致，即使所检验的监控录像本身并不一定经过编辑和处理，但可以判断所提供监控录像所摄制的系统和场所与当事人提供的描述是冲突的，那么使用该监控录像来证明当事人所要证明的案件事实时便存在问题。

2. 检验监控录像文件的名称、格式和压缩方式

确定了监控录像与当事人所描述的监控录像系统不存在矛盾后，还需要进一步对监控录像文件的名称、格式和压缩方式等各种信息进行检验，调查文件的这些信息是否与该监控录像系统的功能相一致。

监控录像系统中文件名的形成是由系统自动产生的。不同的监控录像系统与不同的软件设置，其形成的规律不完全相同。根据监控录像系统中的若干文件可以分析出文件名生成的规律，如文件名与建立文件名时系统的时间、通道名或者系统中的特别设置等存在联系。

监控录像视频文件的格式或编码方式在不同监控录像系统中也存在一定的区别，通过监控录像系统中的设置和研究该系统中其他视频文件的格式，或根据相关说明书来分析监控录像与监控录像系统生成的视频格式是否一致。

3. 检查监控录像中通道名称、场所、时间等附属信息

在监控录像图像中,通常还会添加录制时间、录制场所、通道名称等信息。这些信息一般是通过监控录像系统管理软件进行设置的,其命名规律、格式、信息在图像中所处的位置都存在一定的规律。通过这些附属信息的检验,可以发现被检验信息与原始信息是否一致、是否可能存在伪造的地方,或者是否由被检监控录像系统所生成。

(二)对监控录像图像内容信息进行分析

在诉讼中,使用监控录像作为证据时,一般使用其视频图像所反映的事实来证明案件事实。要对图像所反映的事实问题进行伪造或变造,需要对监控录像中的图像进行处理和编辑。在编辑过程中,一般需要借助一定的计算机软件工具。当使用图像处理软件进行处理以后,处理后的图像会在图像色彩、光线分布、图像帧的连续性、图像内容上产生变化,利用这些异常的色彩分布、光线分布、帧连续性、构图规律与客观事实或常理的符合性,可以鉴别图像是否经过处理。由于监控录像证据中图像内容信息在证明案件事实中的关键作用,故而对图像内容信息进行分析是真伪性检验的关键性内容。

1. 监控录像图像帧间连续性检验

根据监控录像系统所使用的摄像头的固定性,可以分为固定式摄像头和非固定式摄像头摄制的监控录像。如果摄像头为固定式摄像头,在摄制录像过程中,摄像头所摄制场景是不变的。非固定式摄像头一般由云台控制摄像头的移动,由于摄像头的移动是一种渐进的变化,因此非固定式摄像头所摄制的场景是渐变的。如果监控录像场景出现抖动、场景突然切换、场景之间采用了过渡效果处理技术,一般都可认为图像连续性存在异常现象。如无特殊环境或条件产生这种情况,这种异常现象可认为监控图像为非原始或非真实的图像。

除了监控录像系统中同一摄像头所摄制图像的场景变化和切换的连续性外,监控录像所反映的运动图像也具有连续性。由于摄像头在采集图像时采样率基本固定,因此每秒的图像帧数也基本固定,图像之间的跳变情况具有稳定性。如果在监控录像中添加帧,并要保持帧间过渡的连续性,每秒的图像帧数必然发生较大改变。如果通过减少监控录像中的图像帧数,将反映案件事实的关键图像帧过滤掉,那么每秒的图像帧减少,图像可能出现跳变情况,与监控录像系统实际的采样率不一致。

2. 监控录像中人和物的透视规律分析

监控录像图像实际是将现实中的三维图像转化为数字化的二维图像。三维图像转化为二维图像时其透视规律与摄像镜头有直接的关系。如果监控摄像头为标准镜头,其成像基本符合透视规律。研究监控录像中景物的透视规律,主要从图像中人与人、人与物或者物与物之间在不同方向上分别就其大小、位置等问题进行分析,如果不符合透视规律,则图像可能存在添加、伪造、删除或者编辑现象。

3. 监控录像中图像的景深分析

如果图像中存在明显破坏景深规律的人物图像或物品图像,那么该图像很可能是

经过加工或者伪造的。在分析监控录像系统中人像是否存在景深异常时，要反复观察人物出现到消失、清晰到模糊的整个过程。如果只有一帧图像出现景深规律破坏情况，抽出这一帧，图像仍然连续、完整，不存在不符合景深规律或者其他异常情况时，应考虑是由于系统在处理该帧图像时出现了异常，不能将其认定为伪造痕迹。如果其他帧也出现异常，或者人物从出现到消失过程中，与图像中其他人物或移动物体的规律存在明显差异时，应认为存在伪造痕迹。

4. 图像色彩检验和分析

除了分析透视规律和景深规律外，还需要对图像的饱和度、对比度、色温等图像色彩进行分析，查看图像中是否存在异常情况。监控系统获取的自然图像帧与伪造的图像帧的色彩分布规律是不同的。特别是对于清晰的监控图像，这种差异更加明显。

5. 录像内容检验和分析

录像内容检验，是指通过对监控录像内容进行检验分析，发现图像异常的活动。检验不同或者同一录像资料中是否存在完全一致的录像片段是检验录像内容的主要工作之一。对于同一图像帧，有时还可进一步分析图像中是否存在完全相似的人像以及其他运动物体的图像。

如果监控录像系统中的部分内容完全一致，需要仔细分析相同或者相似片段中的人、物、环境、形成时间，并判断形成一致内容是否存在技术处理的可能性。通常一致的内容是通过简单的复制、粘贴操作实现的，绝大多数一致性录像片段属于人为伪造所致。

对于某一图像帧而言，其图像中也可能存在部分相同或相似的图像信息。但单独地对监控录像的某一图像帧的内容进行伪造的实际意义不大。只有对一段时间内的图像帧同时进行伪造时，才能够改变监控录像所反映的事实。因此，对监控录像图像内容检验时，相对比较容易发现和识别伪造痕迹。

（三）对可疑图像信息进行专项检测

利用图像处理软件对图像进行伪造，常具有一定的固定模式和习惯。例如，采用复制的手段将图像中一部分内容复制到另一个地方、变换图像的方向、将不同光源方向的图像融合到同一图像中等。这些特殊的伪造行为，有时通过肉眼难以直接察觉，但可以利用计算机自动检测技术发现图像中是否存在这种可能性。常见的专项检测手段有以下几种：

1. 对“复制—粘贴”操作行为进行检测

对监控录像图像内容进行伪造时，需要对其中某些帧信息进行编辑处理。对某一帧的编辑处理与对静态图像类似，可以采用伪造静态图像类似的方法进行。有些伪造案件中，常常将同一图像的某些信息进行复制后直接粘贴在图像中其他地方（如“广场鸽注射禽流感疫苗”新闻图片事件[1]）。对原始图像像素进行复制和粘贴操作，破坏了原有图像的连续性变化规律。由于图像受光线、拍摄角度、拍摄距离等因素的影响，在图像中一般不会出现两个完全相同图像信息的区域，即使两个完全一致的物体，在图像中也不可能是完全相同的。基于这一基本推断，可以对图像中可疑的“复制—粘贴”行为进行检测，即如果图像中两可疑区域的图像像素分布信息完全一致，则可以确定图像使用了“复制—粘贴”操作进行处理。

在实践中，对图像的“复制—粘贴”操作后，可能还会进行其他处理操作，如高斯模糊处理操作，此时如果要通过计算机进行自动检测，必须增强检测方法的鲁棒性。例如，有的学者曾提出图像区域复制篡改快速鲁棒取证方法，也可以对两区域图像不完全一致的“复制—粘贴”操作行为进行检测。[2]

2. 光照条件的一致性特征检测

某一图像中部分信息来源于其他图像时，其往往在光照效果上存在较明显差异。这种对图像中被检测对象的光照条件的分析也可以通过计算机软件进行专项检测。当图像中被检测区域的光照方向与图像的光照条件不一致时，可以确定被检测区域图像系添加和篡改操作而成。

3. 插值规律检测

大多数摄像机和数码照相机均使用 CCD 作图像传感器，且一般使用单个 CCD。由于 CCD 不能感应图像的色彩信息，只能感应图像的亮度信息。为了获取图像的彩色信息，在光线进入感光单元前进行了过滤，在某一个像素点对应处只有单一的红色，或者蓝色，或者绿色通过。该像素点的其他图像颜色分量是通过周围像素点颜色插值计算而来。由于不同数码相机和摄像机使用的滤镜矩阵和插值算法不尽相同，因此，可以通过检查图像像素之间的关系是否符合插值算法的关系，以判断图像来源的真实性。

对可疑图像的专项检测通常采用计算机软件进行自动检测，虽然专项检测尚不能替代图像真实性司法检验的全部工作，但可以作为司法检验的辅助判断工具。当其用来检测肉眼难以辨认的可疑图像时，可以大大减少司法检验的工作量。

（四）对监控录像图像中可疑语音信息进行检验

某些监控录像同时采集环境的语音信息，通过语音信息的连续性检测也可判断监控录像的完整性。如果语音信息本身对证明案件事实有作用时，此项检测是必不可少的步骤之一。监控录像语音采集点一般是固定的，且录制环境中的所有声音信息，除了人物语音外，还包括环境的噪声，这些噪声的变化一般是连续的，且环境中不同对象的声音远近、运动时声音频率的变化均存在一定的规律。剪辑过后这些规律便会被破

---

〔1〕 资料来源 http://news.sina.com.cn/o/2008-04-04/024813682914s.shtml。

〔2〕 王俊文、刘光杰等：“图像区域复制篡改快速鲁棒取证”，载《自动化学报》2009 年第 12 期。

坏,通过技术检验可发现疑点。有时候人物语音信息清晰时,还可以通过人物口型对比、语音图谱分析等来判断其完整性或是否存在添加、剪辑、编辑等处理。

(五)对监控录像图像所反映的事实信息进行分析

在诉讼中,一般使用监控录像图像所反映的事实问题来证明案件事实。有时,直接从证据所能体现的案件事实本身也能够进行分析和鉴别。例如,图像中如果存在一些违反基本生活常识的内容,则有可能是伪造的录像。对监控录像所反映的事实信息进行分析时,要求对日常生活中一些生活细节观察比较仔细,以及要求对监控录像所涉及的案件事实了解比较全面。例如:当摄像头场景为水面时,如果有人或动物经过,则有可能会在水面形成倒影;如果应存在倒影之处未发现倒影,则可以判断监控录像存在伪造痕迹。

四、监控录像系统中人像鉴定的难点与思路

在司法鉴定实务中,对人像鉴定的要求比较高。从目前的技术水平来看,人像的准确测量和确定一般限于静态图片中的人像,且一般要求被检验人像无水平偏转、无上下俯仰、无左右倾斜的,或者偏转、俯仰和倾斜的角度极小的正面人像作为鉴定检验材料。对监控录像系统中人像进行鉴定,确定录像中的人像与犯罪嫌疑人是否为同一人,鉴定难度很大。而且目前商场、医院、小区等场所中取得的录像资料大多清晰度不高,摄像光线变化大,景物变形大,且录像中人像一般为运动图像,难以找到无水平偏转、无上下俯仰、无左右倾斜的正面人像作为鉴定检验材料。

要充分利用城市中的监控摄像设备打击犯罪,发挥录像监控设施的安防保卫作用,必须探索监控录像系统中人像同一鉴定的基本方法。对监控录像系统中的人像同一性进行鉴定,不仅要吸收传统人像鉴定的方法和途径,还需要根据监控录像系统中视频文件的特殊性,研究适合监控录像系统中人像鉴定的特殊方法。

(一)监控系统中人像鉴定的主要难点分析

监控系统中人像同一性鉴定的主要方法是要找出检材与样本是否相似,以及相似或者不相似是否可以达到认定同一或者不同一。即同一鉴定的关键问题是要找出人与人之间能够互相区别的一项或者一组特征。目前与监控系统中人像鉴定相关的研究包括司法鉴定领域传统人像鉴定研究和计算机领域人像识别研究。监控系统中人像鉴定可以借鉴这两个领域研究的已有成果。但是,司法鉴定中传统的人像鉴定主要侧重于对相貌特征的研究,计算机领域侧重于安防领域的应用,尚不能直接使用这些方法。而且监控系统中录像条件很难达到这两个领域现有设备和软件的应用条件。根据司法鉴定实践中受理案件中的监控系统录像和视频,以及现有道路交通系统、银行、小区等视频监控录像的情况发现,监控系统中图像普遍存在模糊、变形和失真现象。

1. 录像中图像模糊问题

监控系统存在最大的问题之一,就是录像整体感觉非常模糊。根据形成模糊的不同原因,笔者认为可以分为以下几种情况。

(1)运动模糊

监控系统是对摄像头所处现场的各种活动进行摄制的系统。在这些场所所摄制的犯罪嫌疑人的活动大多是动态的。如果人物在录像系统视野内进行剧烈运动,图像在录像系统中,便会形成一种运动模糊效果。运动模糊实质是采用固定的曝光时间对人物处在运动过程中进行摄制的录像片段。这种在运动过程中所摄制的人物图像的边缘粗糙,仔细分析图像中的人物,往往能分辨出图像中包含有若干人物运动的残影。特别在人物运动的方向上,模糊较大。当播放视频文件时,人们在视觉上并不会强烈感觉到图像是模糊不清的,只会感觉到运动效果。但是如果将监控视频文件分解成一帧一帧的静态图像时,便会发现这种运动模糊现象。要对图像中人像轮廓特征和细节特征进行比对,就必须事先将存在运动模糊现象的人物图像残影进行正确分隔或分离。为了避免分离出的人物轮廓等信息便会发生偏差,还需要对运动模糊的图像进行必要的修正。

(2)离焦模糊

摄像机的成像原理与凸透镜成像的原理类似。当使用摄像机对被摄物体进行摄制时,如果被摄制的物体处在摄像机的景深范围之外,则影像会变得模糊。主要原因是被摄的物体不是处在摄像机的焦平面前后的某个距离之内。由于对摄像机的对焦不准确形成的视频图像模糊现象,称为离焦模糊或焦点模糊。当监控系统采用固定式摄像机时,被摄制的物体在空间上有一定的清晰范围。摄像机焦距越长,拍摄的范围越大,拍摄物的深度越深;反之,拍摄的范围越小,拍摄物的深度越浅。如果人物的运动范围在拍摄物的深度范围之外或者边缘处,则会产生模糊效果。离焦模糊使录像中的人物整体变得模糊,给人物图像的分离和辨别带来很大的困难。

(3)光线模糊

在拍摄照片时,照片质量的好坏与曝光量有关。即需要控制通过数码摄像机中CCD的光线程度。只有适量的光线才能使CCD得到清晰的图像。曝光量与通光时间、通光面积有关,通光时间由快门速度决定,通光面积由光圈大小决定。在使用数码相机进行摄像时,需要使用正确的快门与光圈的组合,才能得到正确的曝光量。监控系统的成像原理与数码照相机成像原理类似,其核心元器件一般都是CCD。如果曝光不足,那么摄像画面会变暗,甚至一片黑暗。由于监控系统是全天候工作的,在白天和夜晚光线模式是不一样的。摄像头朝向不同,其光线也是不一样的。监控系统录制的图像有时候很暗,甚至一片黑暗。这种因为光线引起的图像的模糊称为光线模糊。当监控系统存在光线模糊时,需要对其进行必要的前期处理,使图像中的人物清晰化以后,才能进行后续的进一步处理工作。

(4)噪点模糊

数码摄像机拍摄物体时,如果超过了正常的曝光值,则图像中阴影部分的细节将会被侵蚀。这些被侵蚀像素将替换图像中的原本像素，以噪点的形式存在。噪点在图像中表现为白色或暗淡的斑点的形式。在数码摄像机中常见的噪点有“暗电流噪点”和“信号噪点”。

“暗电流噪点主要由影像传感器与其相匹配的电圈所产生的。因为这些电机会散发出热量，会使徘徊在暗电流周边的电子脱离出来直接进入光敏器件，在那里它们和从镜头进入的光子一同被测算。根据相机中应用的影像传感器的类型，其温度每增加6～10度，噪点的数量就会增加一倍。”

“信号噪点是存于成像和电磁传送中的噪点，它们是一种信号。光子降落到光敏器件上形成一个被称为泊松统计的统计学图形。它们统计出光子到达光敏器件的比率，以及延长像素记录时间使更多的像素降落到光敏器件上，从而不可避免地产生噪点。简单地说，噪点就像每天发生在你身边的各种杂音，你无法躲避它们。因为世界上没有像纯信号一样安静的东西存在。电信号就如同现实生活中汽车声、鸟鸣声、和孩子玩耍时发出的声音。”[1]

由于噪点的存在，图像可能会失去或模糊化一些细节特征，如人物的五官特征。这种因为噪点引起的图像模糊称为噪点模糊。

2. 录像中人物变形问题

(1)透视引起的变形

在监控系统中，录像实际上可看成是把三位空间的人和物转化到二维空间内。当三维空间中的人转换成在二维空间中人像时，形态便会发生透视变化。例如，在监控录像中，平行的地铁轨道在画面中不平行，而是相交于一点。实际轨道中的枕木长度基本相等，但在录像中近处的轨道枕木长而大，远处的轨道枕木短而小。

监控系统中人物与景物的各种形态的变化符合透视学的规律。透视学是投影几何学的一个分支，投影几何学有完整的理论和作图的方法，因此研究监控系统的透视规律可以借助投影几何学的理论。当然，由于监控摄像机的镜头类型、摄像机的移轴功能、摄像机的附件等不同，在具体应用时，应该考虑投影透视的适用范围。

(2)镜头引起的变形

在监控制录像系统中采用镜头不同，景物成像规律也不尽相同。有些镜头成像的景象可能会产生扩展、压缩、扭曲变形。

扩展变形指的是扩大或展长摄像对象的形态或形态某一局部。例如，超广角镜头拍摄的景物，靠近摄像前面的物体会产生扩展变形。压缩变形与扩展变形相反，如在超广角镜头与广角镜头俯视拍摄景物时，景物形态压缩变短，使用长焦镜头摄像时，景物会产生纵向压缩变形。

---

〔1〕［美］Ron White 著：《探索数码摄影的奥秘》（第2版），张匡匡译，人民邮电出版社2008年版，第79页。

扭曲变形指的是扭曲摄像对象的形态或局部形态。有些监控摄像头因相关的计算机处理程序的设计问题，可能会出现扭曲变形。

3. 监控系统压缩处理失真问题

监控图像信息量比较大，在存储、传输和处理时工作量将很大，如果不加处理直接传输和存储，将大大增加设备的工作量，影响设备的效率。由于图像拍摄中存在各种冗余现象，理论上是可以通过消除这些冗余现象减少传输和存储的数据量。

监控系统摄像采集到的图像存在多种冗余现象。例如：图像中相邻像素与像素之间存在一定的相关性而引起的空间冗余现象；视频图像序列中不同帧之间存在一定的相关性而引起的时间冗余现象；不同彩色平面或频谱带的相关性引起的频谱冗余现象。图像中这些冗余数据完全可以压缩技巧减少数据量。

监控系统图像一般均采用压缩的方式进行处理。而且绝大多数监控系统采用了有损压缩的方法。所谓数据压缩，是指为了减少表示数字图像时需要的数据量比特数，采用较少的数据量表示图像原来较大的数据量的技术，也称图像编码。常用的方法有有损压缩和无损压缩两种方法。

所谓有损压缩，是指压缩后图像的某些信息会丢失，但压缩率比无损压缩高。有损压缩方法又称信息量压缩方法。常见的压缩编码方法有预测编码、变换编码以及统计编码。预测编码是“根据离散信号之间存在着一定关联性的特点，利用前面一个或多个信号预测下一个信号进行，然后对实际值和预测值的差（预测误差）进行编码。”变换编码是“将图像光强度矩阵（时域信号）变换到系数空间（频域信号）上进行处理的方法”。在空间上具有强相关性的信号，反映在频域上是某些特定的区域内能量常常被集中在一起，或者是系数矩阵的分布具有某些规律。

（二）监控系统中人像同一鉴定的基本思路

鉴于监控系统中检材的特殊性，对监控系统中人像同一性鉴定，应扩展思路，充分利用不同学科的理论知识，进行多途径、多角度研究，以弥补监控系统中检材的不足。

1. 多角度多途径综合研究

监控系统中的人像鉴定，将不局限于传统的相貌特征的研究比对上。因为在监控系统中，人物的相貌特征不一定能全部被反映出来。所以只要监控系统中存在可比对条件的特征，并且该特征能够有利于评判人像是否同一，均纳入研究的范畴。本书认为，人物的体态特征、相貌特征、行为特征、特殊性标记、声纹特征、非本质性特征均可以作为评判人像是否同一的特征点。综合各种特征的条件和比对结果，才能形成鉴定意见。从研究学科来看，计算机科学、法庭科学、物证学、心理学、几何学、透视学理论均有助于对监控系统中人物及其行为的研究。

2. 抽象评判与精确测量相结合

在对监控系统中各特征点进行比对时，应充分利用图像中反映出的信息。图像中可能会存在有些特征点无法精确测量比对。如果无法精确比对，仍可以进行抽象的评判时，仍然有一定的价值。因为即使全部抽象评判，可比对的特征点数量和形态仍然非常多，同时存在两个人特征点相同或相似的概率仍然是极低的。因此，在鉴定时，应本着抽象评判与精确测量相结合的原则，能够精确测量的参数或特征采用精确测量的方法；精确测量技术还不成熟的，则采用抽象评判的方法。

3. 质量控制与技术评判并重

由于监控系统中人像鉴定具有较强的复杂性，在特征点的比较和评判中带有较强的主观性，因此有必要对鉴定的程序进行一定的质量和技术控制，以确保鉴定的质量。因此，监控系统同一鉴定的技术与质量保障，不仅仅依赖于鉴定人的技术水平，鉴定机构或管理单位也可从外围进行必要的控制和管理。因此，鉴定技术和技术评判标准的研究，应当与鉴定程序的质量控制并重。

思考习题

1. 简述声像资料检验的主要内容。
2. 简述语音同一性检验的主要方法。
3. 简述监控录像图像模糊的主要原因。
4. 简述声像资料司法鉴定的鉴定项目。

拓展阅读书目

1. 廖根为著：《监控录像系统中人像鉴定问题研究》，上海人民出版社 2010 年版。
2. 杨俊杰编著：《司法话者识别》，中国人民公安大学出版社 2009 年版。
3. 岳俊发、王英利编著：《声纹鉴定》，警官教育出版社 1996 年版。
4. 朱宝礼、周云彪主编：《中国刑事科学技术大全刑事图像技术》，中国人民公安大学出版社 2002 年版。

第三十六章　电子数据检验技术

本章概要

本章主要介绍电子数据检验的常见技术。电子数据常见的检验技术主要有数据搜索技术、数据收集与固定技术、数据恢复技术和数据鉴定与分析技术等内容。

关键词

电子数据;搜索技术;收集与固定技术;恢复技术;鉴定与分析技术

第一节　电子数据检验技术概述

发生网络犯罪或涉及网络的其他犯罪时,需要从虚拟的犯罪现场收集与案件事实相关的证据。由于这些证据(数字证据)是以数字化形式存在的,具有无形性、技术性、隐蔽性、复杂性等特点,其收集与固定方法与传统证据有较明显的区别。首先,数字证据难于发现,必须采用专门的搜索技术发现和定位;其次,数字证据存在较多类别,不同类别数字证据性质也不尽相同,收集和固定的方法也存在差异;再次,数字证据在被删除、被破坏后还有可能恢复其原始内容,此时需要使用数据恢复技术;最后,当需要对数据内容进行分析或对数字证据的真实可靠性进行判别时,还需要使用数据鉴定和分析技术。因此,电子数据检验技术常包含数据搜索技术、数据收集与固定技术、数据恢复技术、数据鉴定与分析技术等内容。

一、数据搜索技术

由于在虚拟空间中存储着大量的杂乱无章的数据,而在这些数据中,只有很少的一部分数据是与案件相关的。在犯罪调查取证中,只需要收集这些与案件相关部分的证据。因此,需要事先通过搜索或检查等方法过滤掉无用的数据,确定与案件相关的数据。搜索可以通过人工手段也可以通过计算机自动处理手段进行。通过人工方法在虚拟现场中寻找案件相关证据是难以想象的。一方面,案件调查需要在有限的时间内完成；另一方面，很多数据必须借助特定的工具才能够被人所理解。因此，通过技术方法自动收集与案件事实相关证据是对网络犯罪或涉及网络的其他犯罪进行调查取证所必不可少的。

在虚拟的犯罪现场搜索数字证据，目的是从大量杂乱无章的数据中快速且准确地找出确实与案件事实相关的数字证据。良好的搜索技术能够快速定位与案件事实相关的证据，又不过多地将一些无关证据搜索出来。在虚拟现场中搜索数字证据的技术有很多，但都需要根据一定的预测信息从现场中获取。根据预测信息的方式不同，大体可将虚拟空间搜索数字证据的方式分为基于字符串的搜索技术、基于特征码的搜索技术、基于数字指纹的搜索技术、基于痕迹信息的搜索技术。

二、数据收集与固定技术

数字证据具有抽象性和无形性、易失性、可恢复性、数据内容的精确性、数据的脆弱性等特点，这些特点表明在收集与固定数字证据时，采用的具体程序和方法与传统证据必然有所区别。在收集与固定数字证据时，对不同类型和性质的数字证据应采用适合其性质的合理收集方法和技术。与物证、书证等传统实物证据收集相比，数字证据收集的程序、方法和技术等方面都存在一些特殊性质。根据数据易失性特点，可以将计算机系统中数字证据收集分为易失性数据收集固定和一般数字证据收集固定两类。而收集一般数字证据时，通常不能立即确定收集到的数据是否与案件有关联，或判断其对证明案件事实是否起作用，所以大多数案件采用全盘固定方法，以便在实验室对其进一步分析。

三、数据恢复技术

当计算机系统由于硬件损坏、格式化操作、删除操作，以及其他操作行为使系统无法正常访问和读取这些数据时，通过技术手段还原或恢复这些数据的技术即数据恢复技术。数据恢复技术能够通过特殊手段和技术来识别、处理系统无法正确识别和处理的数据信息，包括对计算机系统中数据信息被删除处理后的恢复、分区格式化文件系统后的数据恢复、文件数据内容无法正常显示的恢复、磁盘冗余阵列中出现数据异常后的恢复、存储设备硬件故障无法读取数据的恢复等。根据恢复的方法，数据恢复技术包括硬件修复技术、基于文件系统的数据恢复技术、基于文件特征的数据恢复技术、基于物理信号的数据恢复技术、基于冗余信息的数据恢复技术等。其中，基于文件系统的数据恢复技术和基于文件特征的数据恢复技术是最常见的两类数据恢复技术。

四、数据鉴定和分析技术

通过搜索、收集和恢复技术获取的数据，与案件存在何种关联、能否证明案件事实、可证明哪些案件事实等问题，有时候需要检验人员对这些数据进行分析或者鉴定后才能判断。分析或者鉴定工作可能由具有相应技术能力的检验人员实施，有时也可以依据法律程序，启动计算机司法鉴定，由具有计算机司法鉴定资质的人员实施。

根据鉴定分析的内容和性质差异来看，常见的鉴定分析事项有：来源鉴定分析、同一鉴定分析、相似性鉴定分析、内容鉴定分析、功能鉴定分析、损失鉴定分析、复合鉴定分析等。

来源鉴定分析，是指根据现有的有关数据资料，确定机器、软件或数据最初来源的鉴定。来源鉴定在网络违法犯罪案件中追踪并确定违法犯罪者机器的位置，确定软件最初制作者等方面有很重要的意义。

同一鉴定分析指的是对两份文件或者数据进行检验分析，确定两者是否为同一来源且内容是否完全一致，即比较两份文件有关内容是否真实一致。在来源鉴定中委托人只需要提供检材，一般不需要与样本进行比对。而在同一鉴定中需要比对。

相似性鉴定分析是指对两份软件的源代码、程序和相关文档进行比对和技术分析，判断两者是否实质相似。相似性侧重于从设计人员思想的表达上进行分析和判断，并非完全等同于代码直接比较。相似性鉴定与同一鉴定不同，相似性鉴定出具肯定结论时不要求两者代码内容完全一致，而主要分析两个软件在思想的表达上是否一致。

内容鉴定分析主要是鉴定文档内容的真实性，以及对其中一些秘密的、隐藏的、残缺的数据进行分析判断。可以分为文档内容真实性鉴定、存储设备被破坏后的鉴定、加密数据的鉴定等。

功能鉴定分析主要是对计算机软件（主要指那些带破坏性的程序）的功能、特征进行分析、鉴定。通常情况下，提供的检材为破坏程序目标文件，需要对目标文件二进制程序进行分析，发现该文件是否具有破坏性功能，对具有哪些破坏功能和特征进行鉴定。

损失鉴定分析是指对计算机直接涉案资产损失进行评估。即评估计算机案件涉及的计算机资产损失，包括无形资产和有形资产。

复合鉴定分析是指一些较复杂的其他鉴定或者分析。如计算机会计鉴定、计算机证据链鉴定等。

第二节 数据搜索技术

在虚拟空间中搜索数字证据时，完全采用人工方法逐一检查所有相关的数据信息是不可行的。由于信息量大且相关数字证据信息量少，所以需要充分利用计算机的自动处理能力。利用计算机技术搜索数字证据时，一般需要使用一定的预测信息。当计算机逐一检查虚拟空间数据信息时，通过一定方法进行计算，当所得结果值符合预测条件时，可以将获取的数字证据作为证明案件事实的初步证据。根据预测信息的不同，可以将其分为四种完全不同的预测信息。

第一种信息是与被搜索或检查数字证据内容或者属性相关的信息,这种预测信息所搜索的结果与需要获取的数字证据存在一定关联关系。通常来说,需获取的数字证据是搜索结果的一个子集。

第二种信息是与被搜索或检查数字证据内容密切相关的信息,且该信息与该数字证据具有较好的对应关系。这种预测信息所搜索的结果与需要获取的数字证据存在较强的对应关系,能比较准确地搜索出需要的数字证据。

第三种信息与被搜索或检查数字证据的所有内容存在密切联系的信息。该信息与该数字证据一般具有较好的一一对应关系。将虚拟犯罪现场相关数据信息转化为需要比对的信息,便能搜索需要获取的数字证据,而且其搜索的准确度较高。

第四种信息与被搜索数字证据的内容或者属性存在间接的联系,通过该信息的获取,可以间接地确定需要搜索的数字证据的具体位置,或者可以确定搜索数字证据所使用的预测信息。

按照四种不同信息所使用的搜索技术依次可以称为基于字符串的搜索技术、基于特征码的搜索技术、基于数字指纹的搜索技术、基于痕迹信息的搜索技术。

一、基于字符串的搜索技术

如果事先能够确定数字证据包含的部分内容,可以将该信息作为检索条件从现场中检索符合条件的所有数字证据。如利用文件名、文件创建时间、文件修改时间、文件内容中所包含的字符串等信息。这些信息一般由字符串组成,将不同字符串根据不同的条件进行组合检索的技术,称为基于字符串的搜索技术。这里的字符串可以是二进制字符、ASCII 字符、Unicode 字符、MIME 字符,等等。

该方法是在虚拟犯罪现场搜索数字证据中最常用的方法之一。根据收集的场所,又可进一步划分为存储介质中搜索、文件系统中搜索、应用系统中搜索等多种方法。在存储介质中搜索数字证据时,一般根据给定的字符串组合条件情况,从存储介质的开始到结尾,依次将字符串组合条件与介质中数据进行匹配,如果符合匹配条件,则将匹配所得的信息进行记录,最后将记录的信息提供给调查人员进一步分析和判断。文件系统中字符串匹配与存储介质中字符串匹配方法类似,唯一不同的是检索时需要在所在操作系统平台支持的一个或几个文件系统下进行。这表明,有些隐藏的数据、文件系统中被删除的数据、被覆盖的残留数据、不能被系统识别的其他数据等均不能通过该方法检索出来。应用系统中字符串匹配指的是通过应用系统提供的检索功能进行字符串匹配或数据检索。通常,应用系统将要使用的所有数据存储在数据库中。需要数据时,再通过数据库提供的标准查询语句进行检索。因此,最常见的应用系统中字符串搜索是数据库中字符串的匹配。在数据库中,通过提供一种结构化的查询语言供数据库使用者搜索数据。这种查询语言可以使用复杂的条件表达式来寻找满足特定条件的数据库记录信息。

准确度是衡量基于字符串搜索技术定位数字证据好坏的关键因素之一。准确度的高低除了与使用的算法有关外,还与字符串条件组合的情况有关。通常情况下,使用基于字符串搜索技术常搜索出大量的与案件无关的数据信息,使进一步定位与案件相关的数字证据变得比较困难。

二、基于特征码的搜索技术

基于特征码的搜索技术也是一种常用的搜索技术。与基于字符串搜索不同的是,该方法中特征码信息来源于文件内容,且匹配条件简单,一般进行相同或相似的匹配,通常速度快、准确性高,常用来搜索破坏性代码证据。例如,在计算机病毒检测中,当出现新病毒时,将从病毒程序中寻找并提取一部分能够代表该病毒的唯一的二进制代码,作为该病毒的特征值,并将该病毒特征值添加到病毒特征码数据库中。如果需要检测病毒,只需要与病毒特征码数据库中特征码逐一比较,用以判断某程序是否属于已知病毒。使用特征码检测破坏性代码(一般只检测计算机病毒、蠕虫和木马),只能检测已知的破坏性代码,不能检测未知的破坏性代码,而且对于某些善于伪装的代码也难以发现或检测。

基于特征码的搜索技术效率高、准确率高,但应用范围受到较大限制,一般只用来检测已知的破坏性程序代码,对于其他数字证据则无法进行识别和定位。

三、基于文件指纹的搜索技术

前述两种搜索技术所使用的预测信息直接与文件(或数据)的属性或内容有关,由于预测信息与文件内容无一一对应的关系,检索出的数据信息中常常包含无用的信息。使用文件指纹则能够较好地改善这种情形。基于文件指纹的检索技术使用能够代表文件内容的指纹并直接通过指纹的比较来判断所获取的文件是否为所需要搜索的内容。表示文件指纹的方法非常多,但大多使用二进制字符串来表示,大体可分为两种不同的形式:一般指纹和模糊指纹。

一般指纹所包含的二进制字符串与文件内容无任何关联,二进制字符串中少量字符的差异并不表明文件内容只存在少量差异。而模糊指纹所包含的二进制字符串内容与文件内容具有一定的相关性,模糊指纹相似的文件,在数据内容上也存在相似的特点。

(一)利用一般指纹搜索

一般指纹通常使用单向加密技术实现。单向加密与双向加密不同,它只对数据进行加密,不能通过一定的算法或工具将其还原成明文。单向加密算法可用于不需要对信息进行解密或者读取的场合。当用来比较数据传输或处理前后的两项消息内容是否完全一致,不需要或不宜知道信息内容时,非常实用。常见的单向加密方法是采用Hash函数加密。单向Hash函数常见有MD2、MD4、MD5、SHA-1、SHA256等。在数字证据搜索中,常采用MD5、SHA-1、SHA256。它们既可用于证据检索,也可以用于保护证据的完整性。基于一般数字指纹搜索技术经常用来检测恶意代码或者已知内容的嫌疑文件。由于数字指纹匹配是基于文件内容的,一些通过更改文件名、修改文件扩展名等反侦查措施行为也无法逃过它的检测。在检测恶意代码时,数字指纹匹配适合检测以文件形式存在的内容完整的破坏性代码,在采用此方法进行检验时,需要先将已知的破坏性文件指纹存入破坏性程序(或文件)数据库中,同时将已知的安全文件的指纹存入到安全程序和文件数据库中。通过比较,可以判定存储介质中的特定文件是否包含破坏性代码。其主要工作原理如图 36－1 所示:

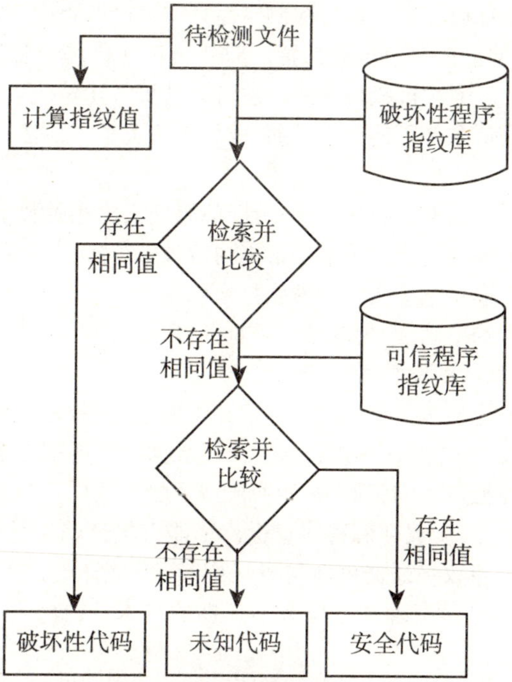

图 36－1　数字指纹匹配方法

有些犯罪案件调查中,数据量极其巨大,当采用基于字符串的搜索技术检索数字证据时,检索出的信息非常多,而与案件相关的证据信息非常少,这样会大大增加人工分析的工作量。而采用基于一般数字指纹搜索数字证据时,数据内容发生非常小的变化,其结果也是不同的,致使很多与案件相关的信息不能检索出来。在案件调查中,常见的相关证据可能因为犯罪嫌疑人的刻意混淆或者破坏、计算机系统的处理异常、数据的覆盖等各种复杂因素影响,只有部分的证据信息被保留。此时,新的证据信息与原始证据信息依然是同源的。因此,需要采用更加智能的方法进行检索。智能检索的方法是计算机取证的前沿课题,存在很多方法和技术。在计算机取证中常采用基于模糊指纹的检测方法。

(二)利用模糊指纹搜索

基于模糊指纹的搜索技术,是通过智能的方法发现和检测破坏性代码或者其他程序或文件。这种方法通常利用智能的方法确定可能存在的破坏性代码或者破坏性代码的可能类型,并对可能的破坏性代码再通过人工分析方法进一步确定是否属于破坏性程序及属于哪一种类型的破坏性代码。前者分析通常可采用一种模糊检测的方法进行发现,如使用"相似度"确定特定软件与已知的破坏性代码相似情况。很多破坏性代码在设计时便加入了一些防止病毒检测、改变自身内容等反侦查技术代码,难以通过数字指纹或者特征码等方法进行检测。而且在案件调查中,获取的破坏性代码有时候并不完整,只有部分证据信息被保留。即使破坏性代码信息不完整,它与原始证据信息依然是同源的。通过模糊检测的方法可以计算待比较信息的相似度,根据相似度大小可以确定证据信息是否同源。因而,智能方法也是一种常见的发现和检测破坏性代码的方式。

基于一般数字指纹的搜索技术准确率高,能否搜索出相关数字证据主要依赖检测所用指纹库信息的全面性。但如果数字证据内容被部分破坏,则无法通过该技术搜索出数字证据。而基于模糊数字指纹的搜索技术则具有较好的适应性,但既要保证搜索的效率又要确保搜索的准确度,则既是一项难题,也是目前研究的新热点问题。

四、基于痕迹信息的搜索技术

如果事先无法确定检索数字证据的任何预测信息,则首先必须使用人工的方法寻找数字证据的相关线索,否则便难以在包含海量数据的现场中准确获取案件事实相关证据。在很多涉及虚拟现场的犯罪中,犯罪所涉及的一系列行为会在现场留下很多相关信息,即数字痕迹。有些数字痕迹信息也许不能直接证明案件事实,但可以用作发现案件事实的线索。即数字证据可能与现场中其他数据(痕迹信息)存在某种联系。根据这些数据(痕迹信息)发现和定位数字证据的技术,被称为基于痕迹信息的搜索技术。

基于痕迹信息的搜索技术与上述几种搜索技术不同,它所使用的预测信息与数字证据内容或属性无关。使用该技术能够直接确定数字证据的位置,或者虽不能确定位置但能够发现与数字证据内容或属性有关的预测信息。

由于犯罪现场中痕迹信息的类型和内容千差万别,设计功能良好的基于痕迹信息搜索的软件十分不易。根据取证人员提供的有限信息,软件应能够自动在计算机或网络中自动寻找痕迹信息,并根据痕迹信息内容,自动搜索或者定位数字证据。例如,在Windows操作系统中,软件应能够对注册表、临时文件、内存信息进行自动分析,并自动将这些异常痕迹信息所指向的内容进行固定。

基于痕迹信息的数字证据搜索技术,定位速度快,准确度相对较高。但是数字证据搜索的全面性则完全依赖于痕迹信息的充分性。

第三节　数据恢复技术

数据恢复技术，是指对由于硬件损坏、格式化操作、删除操作，以及其他操作行为使得通过系统正常访问途径无法或者难以读取的数据进行还原或者恢复的技术。简单地说，数据恢复技术是指将计算机系统无法正确识别和处理的数据信息，通过特殊手段恢复到能被计算机系统识别和处理的技术，包括计算机系统中数据信息被删除后的恢复处理、分区格式化文件系统后的数据恢复处理、文件数据内容无法正常显示的恢复处理、磁盘冗余阵列中出现数据异常后的恢复处理、存储设备硬件故障无法读取数据的恢复等。在网络犯罪侦查取证中，数据恢复一般仅指文件被删除和分区被格式化后的数据恢复技术，即狭义的数据恢复。

狭义的数据恢复技术与计算机操作系统的设计密切相关。计算机操作系统是管理电脑硬件与软件资源的程序，它是计算机系统的基石，负责诸如内存管理与配置、系统资源的合理调度、输入与输出设备的控制和管理、文件系统和网络的管理等基本事务。计算机操作系统在处理数据时，要求有较高的效率。其对文件系统进行读和写时，在保障不出错的前提下，力求用最少的时间完成任务。当对分区进行格式化时，系统没有必要对原文件系统中所有的数据进行清除，而只要在关键位置上建立起新文件系统框架即可，当需要在其他已经存在数据的位置写信息时，只要进行数据覆盖便可，无需进行其他操作，系统也能准确识别和处理。同理，对文件系统中的文件进行删除时，也没有必要删除文件的真正内容，而只要在登记文件的目录表等类似结构中进行标记便可。

因此，虽然文件被删除或分区被格式化，但是原文件系统中的数据并没有真正被删除。当没有新的文件覆盖原数据时，原来存储数据的实际位置还保留有被删除文件或被格式化后的数据内容。

一、数据恢复的主要方法

当文件内容没有被覆盖，或者只是部分被覆盖时，便存在能恢复这些被覆盖数据的可能性。但是采用什么方法进行恢复，对恢复数据的全面性和准确性是有不同影响的。特别是当文件被部分覆盖时，不同的恢复技术所恢复的效果是不同的。从广义数据恢复技术来看，有基于文件系统的数据恢复技术、基于文件特征的数据恢复技术、基于物理信号的数据恢复技术、基于冗余信息的数据恢复技术。其中，基于冗余信息的数据恢复技术主要在磁盘阵列数据出现异常时应用。磁盘阵列又称独立冗余磁盘阵列（Redundant Array of Independent Disks，RAID），其基本原理是通过对磁盘进行组合来提高效率、减少错误，以实现数据存储的高稳定性。根据具体的应用要求，又分为多个级别，每一级别都有相应标准。例如，RAID0 代表 0 级 RAID，RAID7 代表 7 级 RAID。其中 RAID1、RAID5、RAID10 技术常用来实现数据的安全性。RAID1 采用了磁盘镜像技术，其主要工作方式是在工作磁盘之外再附加一个额外的备份磁盘，计算机在写数据时，会同时在两个磁盘上写数据，使两个磁盘中的数据保持一致。当工作盘数据出现异常时，便可以从备份盘中恢复出相应的数据。RAID5 采用分布式奇偶校验的独立磁盘结构。实施 RAID5 至少需要 3 个硬盘，数据按条带进行管理，并与奇偶校验在阵列中的所有硬盘之间进行带状划分，奇偶校验码和相对应的数据交叉存储于不同磁盘上。RAID5 具有容错能力，当任何一个硬盘发生故障时，只要更换该故障硬盘，系统便可以为更换的新硬盘重新建立数据。RAID10 采用镜像阵列条带技术，它将连续数据分散在多个硬盘上存放，这样提高存取的效率，同时为这些硬盘分别附加一个额外的备份磁盘，可以进行容错，当任何一个工作硬盘出现错误时，均可使用备份硬盘进行数据重建。磁盘阵列技术有很多种类，有些磁盘阵列为了保护数据的安全性，常通过冗余技术备份数据，当某一数据出现异常时，可以通过其他冗余技术进行恢复。采用冗余技术进行数据恢复常应用在计算机应用系统中，数据恢复的过程也是通过计算机系统自动完成的，在取证时，一般很少应用到该恢复技术。常用的技术主要是其他三类技术。

（一）基于文件系统的恢复技术

计算机操作系统在管理存储设备中的数据时，是通过文件系统进行管理的。文件系统的格式和管理文件系统的方法决定了计算机如何在存储设备上组织数据。在采用基于文件系统的数据恢复技术时，文件系统的格式尤为重要。当一个磁盘在写数据之前，必须事先建立文件系统。一个硬盘可以建立多个不同的文件系统，为了能管理这些不同的文件系统，计算机系统通过在硬盘中建立分区进行管理。即在对硬盘等存储设备写数据前，需要在硬盘中建立分区、为每一个分区建立文件系统。不同的操作系统采用的分区方法是不同的，支持的文件系统也存在差异。常见的文件系统类型有 FAT12、FAT16、FAT32、NTFS、EXT2、EXT3、ReiserFS、JFS 等。其中，FAT16、FAT32 是广泛采用的文件系统，可以被不同的操作系统识别和读写。NTFS 文件系统主要是 Windows 系列操作系统采用。而 EXT2/3、ReiserFS、JFS 等文件系统主要在 Linux 和 Unix 系统中使用。

虽然存在很多结构不同的文件系统，但文件系统的主要部分比较接近。所有的文件系统均有记录文件目录和文件名称信息的目录结构，记录文件占用空间的结构和实际数据内容信息。

文件系统目录结构在不同类型的文件系统中名称是不一样的。例如，在 FAT12、FAT16、FAT32 文件系统中，采用的是根目录和子目录的结构，根目录定位信息可以根据文件系统的引导分区记录信息中找到相应的信息。在 NTFS 文件系统中，文件的目录信息可以从 NTFS 系统元文件 ROOT 中记录（根目录结构位于 NTFS 主文件控制表第5项,主文件控制表信息在引导记录中记载),可通过遍历根目录的 $ Index_Root 或 $ Index_Allocation 属性的索引,找到子目录。在 EXT 文件系统中,文件目录信息存储在索引节点信息表结构中。

文件占用空间的结构在不同文件系统中的实现也是不同的。在 FAT12、FAT16、FAT32 文件系统中,采用的是文件分配表结构,并采用簇链的方式记录文件的分配情况,文件分配是按照一簇一簇进行分配的;在 NTFS 文件系统中,则是通过位图的方式记录文件占用的簇;在 EXT 文件系统中,则是通过位图的方式记录文件占用的数据块。[1]

实际数据内容信息指的是实际存放文件内容的簇或数据块。在文件系统中,只有此部分结构是真正存放文件内容的数据区。

当删除文件时,计算机操作系统为了提高效率,只是将文件系统的目录结构进行删除标记、清空文件占用空间结构的相应位置信息,实际数据内容并没有删除。因此,在进行数据恢复时,便可根据没有被删除的文件目录结构等数据结构中未删除的信息进行恢复。例如,在 FAT 文件系统中,可以根据目录结构中的文件名(可能只有部分信息)、文件大小、文件占用的起始簇信息对文件进行数据恢复。如果文件数据不是连续存放的,基于文件系统的数据恢复技术可能就不能准确恢复文件的内容。

(二)基于文件特征的恢复技术

基于文件特征的恢复技术不依赖于文件系统的信息。恢复存储设备中的数据信息时,不依赖于原有的文件系统,而是将硬盘看成若干扇区组成的结构。[2] 由于文件在写入硬盘等存储介质时,文件系统是按照簇或者数据块为组织单位的,因此,文件的开始部分总是处在簇或数据块的起始部分。又因为每一个簇或者数据块又由若干个扇区组成(通常为扇区的偶数倍),则文件的开始部分也总是处从某个扇区的起始部分开始。

在计算机系统中很多文件头和文件尾部均有特殊的标记,如微软 Word 文件头和文件尾均有特殊的结构。[3]

因此,可以根据文件的头部信息和尾部信息,确定文件的类型和大小,从而把在物理空间连续存放的文件完全恢复出来。

采用基于文件特征分析方法可以恢复文件的实际数据,但一般而言,在文件系统中存储的文件名、文件的创建时间、修改时间、文件是否为系统文件、只读文件、隐藏文件等属性、文件所在的目录等信息均无法准确恢复出来。

---

〔1〕 文件系统在组织文件时,是以簇或者数据块为最小单位组织数据的。在 Windows 中的 FAT、NTFS 等文件系统中均使用簇的概念,在 Linux 中的 EXT2、EXT3 等文件系统中均使用数据块的概念。

〔2〕 扇区是硬盘等存储设备组织数据的最小单位,为512字节,在硬盘进行低级格式化时便已确定。

〔3〕 Microsoft Office Binary (doc,xls,ppt) File Formats,资料来源 http://www.microsoft.com/interop/docs/OfficeBinaryFormats.mspx。

另外,如果文件不是连续存放的,则恢复出的文件信息是不完整的,或者可能与其他文件内容存在交叉。

(三)基于物理信号的恢复技术

基于物理信号的恢复技术,是指通过物理方法直接读取存储设备硬件介质如硬盘盘片的物理信息,并将物理信号的识别结果表达成逻辑字符1或0的字符串序列。基于物理信号的恢复不直接依赖于文件系统的信息、也不直接依赖于存储设备的分区信息。但是,通过物理方法读出二进制字符串后,还需要进行数据的分析。在分析过程中,必须分析并判断硬盘存储数据时可能使用的分区、文件系统等信息。并结合基于文件系统的分析方法或者基于文件特征的分析方法对二进制字符串表达的意义进行正确理解,并将其恢复成一个个文件的形式。

基于物理信号的恢复技术依赖对物理信号准确识别的技术,以及对二进制字符串数据结构的准确判断。因此,通常只能分析出文件系统或文件的部分信息。

二、数据恢复技术常用工具

对同一存储设备进行数据恢复时,若采用不同的工具和软件进行恢复,则恢复出的结果很有可能是不完全相同的。例如,有些软件能准确识别出数据不连续存储的文件,有些软件只能识别数据连续存储的软件。当恢复出的文件完整,内容能通过计算机软件正确识别时,恢复的数据一般都是正确可靠的。

根据数据恢复工具的作用不同,可以分为两类。第一类是自动恢复软件,即人工进行简单操作,具体的恢复工作由计算机完成的软件。第二类是辅助性工具,即数据恢复是主要由人进行的,辅助性工具只是将存储设备中的物理信号转换成二进制字符串或者十六进制字符串,或者根据人的指示,翻译特定数据结构的数据的辅助工具。

(一)自动恢复软件

能够自动恢复被删除数据的计算机软件有很多。有些软件是商业性质的专用软件,其可靠性较好,恢复数据的效果也好,而且还能提供各种技术验证,并最终生成调查报告。常见的具有数据恢复功能的软件有 EnCase 软件、FTK 软件、EasyRecovery 数据恢复软件等。

1. EnCase 数据恢复软件

EnCase 是美国 Guidance Software 公司研发的一种专业取证分析工具包。在美国法律执行部门和商业化组织的取证复制和分析工作方面有着广泛的应用。EnCase 也是当前最流行的司法鉴定和证据调查分析软件之一。在检查一个硬盘驱动时,EnCase 深入操作系统底层查看所有的数据,包括 file slack,未分配的空间和 Windows 交换分区(存有被删除的文件和其他潜在的证据)的数据。在显示文件方面,EnCase 可以按照多种标准如时间戳或文件扩展名来排序。此外,EnCase 可以比较已知扩展名的文件签名,使调查人员能确定用户是否通过改变文件扩展名来隐藏证据。对调查结果可以采用 html 或文本方式显示,并可打印出来。如图 36-2 所示。

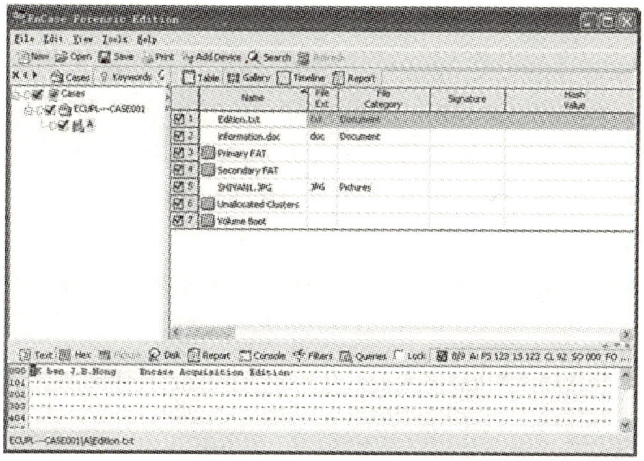

图 36－2　Encase 软件

2. FTK 数据恢复软件

FTK(Forensic Toolkit)软件也是一款专门的司法取证工具。它是由 AccessData 公司开发的。AccessData 公司开发了一套用于不同场合进行司法取证的工具。其中包括 FTK Imager, Forensic Toolkit (FTK), Registry Viewer (RV), Password Recovery Toolkit (PRTK), Distributed Network Attack (DNA), WipeDrive 等几款工具软件。其中,FTK 软件可以提供全面、彻底的计算机数据分析、检查能力,具有强大的文件索引、过滤和查找功能。

在使用 FTK 分析存储设备时,它会自动显示存储设备中的数据,并根据文件系统的结构或者根据文件的特征,自动将被删除文件的信息恢复出来。而且 FTK 还能自动对被恢复出的数据进行归类。例如,可以根据文件的状态和文件的类型进行细分,恢复出的电子邮件将分别归到电子邮件信息类或被删除信息类。图 36－3 为进行存储设备扫描后,被恢复出的数字证据信息情况。图中红色部分表示恢复出的被删除的数字证据信息,被删除文件左侧图标以一个红色的叉号显示。

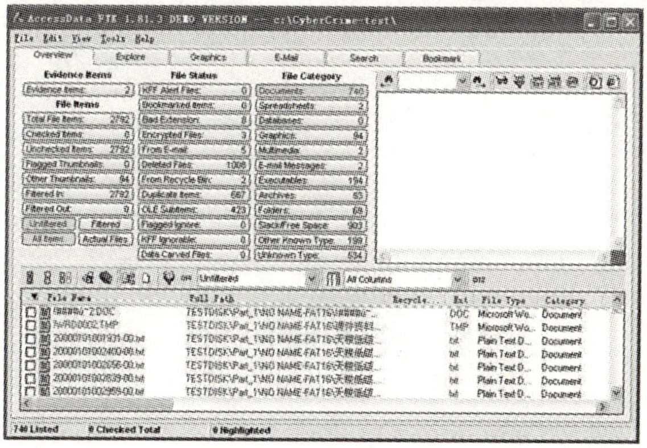

图 36－3　FTK 软件

由于FTK是一个专业的取证工具,因此,软件设计中考虑到了如何确保证据的可靠性问题,并能根据案件的需要,自动生成鉴定报告。图36-4为FTK案例报告的一个样本。图中左侧有案例信息描述、文件概要、证据列表等选项,通过点击这些超链接,便可以将案件情况,以及提取的相关数字证据在右侧显示出来。不仅如此,该软件还会将分析过程中重要的行为通过日志记录下来。FTK将恢复出的删除文件与其他取证行为有机结合在一起,并能统一形成案件报告。

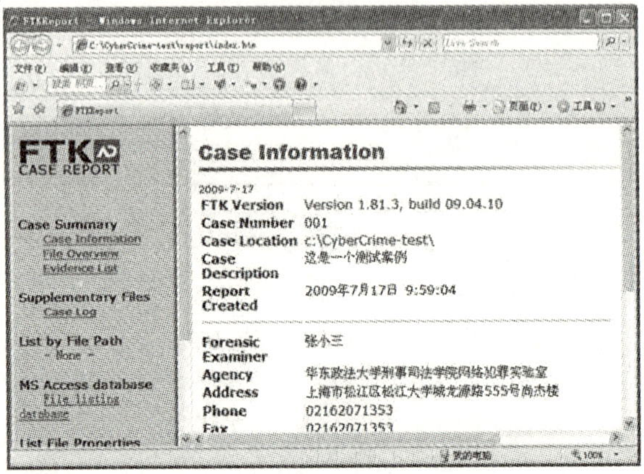

图36-4　FTK案例分析报告

3. EasyRecovery数据恢复软件

EasyRecovery是Ontrack公司开发的一款数据恢复专用软件,但EasyRecovery不是面向计算机取证的专用工具,因此,它不能像Encase、FTK软件一样提供取证报告和其他一系列相关的保护数字证据完整性和可靠性的措施。不过,EasyRecovery恢复工具十分全面,不仅可以提供基于文件系统的数据恢复(如它提供的删除恢复功能、高级恢复功能),还可以提供基于文件特征的数据恢复方法(如它提供的原始恢复功能)。EasyRecovery恢复软件不需要人工对存储设备中的数据进行分析,可以自动恢复数据并以文件的形式存在。下图是EasyRecovery软件的数据恢复界面,图中EasyRecovery提供有高级恢复选项、删除恢复选项、格式化恢复选项、原始恢复选项,如图36-5所示。

由于EasyRecovery软件完全由软件程序进行自动恢复,人工无法对恢复算法施加影响,有些利用数据恢复出的文件可能是错误的,文件内容也不一定是准确的。特别是采用基于文件特征的数据恢复算法进行数据恢复时,常有被恢复出的文件内容无法正常打开等现象。利用高级恢复选项和原始恢复选项进行恢复后得出的结果不同:首先,原始恢复后,恢复出的文件名称与真实的文件名称都是不相同的,其文件名是随机产生的文件名称;其次,恢复出的文件数量和内容也不尽相同;最后,恢复出的文件名称与文件内容可能完全无关。

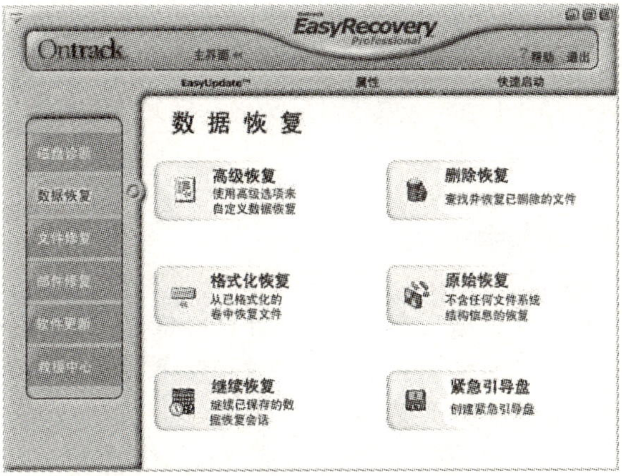

图 36－5　Easyrecovery 软件

(二)辅助性工具

另一种重要的工具是辅助性工具,辅助性工具一般只是将存储设备的原始二进制代码通过电脑屏幕显示出来。对于在存储设备中是否存在被删除的需要恢复的数据,或者其他隐藏的需要恢复的数据,则需要通过人工进行分析。因此,要求分析人员具有一定的计算机水平,能够直接阅读存储设备中的二进制数据。辅助性工具较多,可以自行设计。目前,比较常见的辅助性工具主要有 WinHex 等软件。另外,EnCase 软件、FTK 软件也提供直接查看存储设备二进制代码的功能。图 36－6 为 WinHex 工具的界面,图中上半部分显示的是被删除的文件和文件夹,下半部分是被删除文件在存储设备中真正的内容,其中 offset 表示的是离存储设备起始处的偏移量,其右边是用十六进制表示的存储设备内容,最右边是用 ASCII 码显示的存储设备内容。

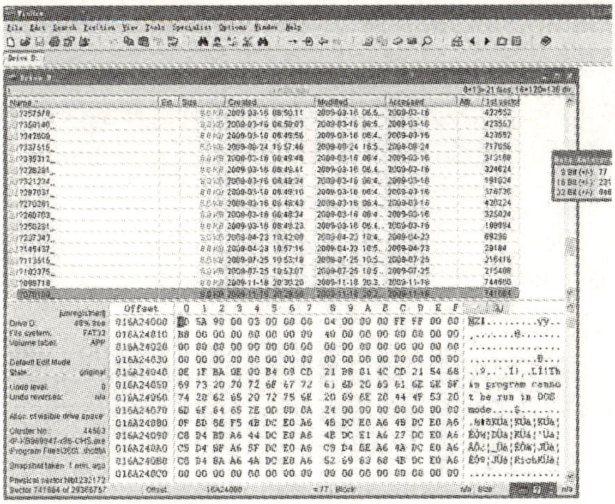

图 36－6　WinHex 软件

第四节 数据收集和固定技术

一、易失性数据收集技术

（一）易失性数据收集

在虚拟犯罪现场，数字证据具有易失性。计算机断电后，这些数据便会丢失。在网络犯罪有些案件中，易失性数据是追踪犯罪嫌疑人和发现犯罪事实的主要证据之一。因此，收集易失性证据十分重要。

在犯罪调查取证中，有时并不对易失性数据进行严格的界定。只要是一些难以发现的、在应急响应中必须掌握的证据，都可纳入易失性数据收集中。在案件调查中，为了避免计算机系统内的数据发生意外的破坏，常常需要立即关机保护现场。但是，关机行为对于易失性数据的破坏是致命的。因此，如果案件中需要取得易失性数据时，必须在第一时间获取这些信息。

由于易失性数据具有容易丢失、容易破坏的特性，因此，怎样收集这些数据、收集哪些数据、如何保障收集的易失性数据真实可靠便非常重要。易失性数据收集的目的是要准确定位那些容易丢失的证据，并且把这些易失性证据可靠地记录下来。

（二）易失性数据的内容

通常易失性数据主要指内存中存储的数据，以及有些数据更新较快的数据。易失性数据包括系统基本信息、用户活动信息、网络状态信息、系统状态信息等。

1. 系统基本信息

系统基本信息包括所调查系统的硬件环境、软件环境、用户账号情况等信息。

2. 用户活动信息

用户活动情况包括：系统的有效账户有哪些，正在访问系统的合法用户有哪些，哪些用户本地访问，哪些用户是远程访问等。

3. 网络状态信息

网络状态是指当前系统提供的网络连接有哪些，有哪些计算机与本计算机系统正在进行网络连接，通过哪种方式进行网络连接等情况。

4. 系统状态信息

系统状态信息是指系统当前活动的程序、活动的进程信息，以及系统各种资源分配情况等除系统基本信息外的系统状态信息。

（三）取证工具箱的创建要求

收集易失性数据时，一般需要登录或者通过远程连接到待取证的计算机上，并使用相关工具软件进行取证。由于记录的信息均需通过工具软件进行，因此，必须确保使用的工具软件真实可靠，即通过软件记录的数据应与计算机内的易失性数据信息保持一致。所以应该提供一种方法可以使事后验证取证工具具有合法性和有效性，一方面，可以消除利害相关人对取证的怀疑；另一方面，在一定程度上可以确保验证取证程序的合理性、合法性。为了达到这些要求，在创建工具箱时，必须符合一定的程序或运用相关手段满足以下几个要求。

1. 工具箱内每一取证工具均是合法的

取证工具合法，是指在取证过程中使用的任何软件工具的设计、编译、功能均是合法有效的。即要求该软件的功能能够准确完成软件其所标称的功能。从合法性检验来看，应从两个方面进行检验判断：首先，必须确认使用的软件是合法的；其次，软件在使用过程中没有被意外或人为地修改或破坏。

通常来说，取证软件可以由取证人自己设计和编译完成。这样事后利害关系人可以通过阅读程序的源代码，检验编译后的结果而判断软件的功能、作用。但是，很多情况下，取证人员无法自行设计、编译完成所有软件工具。此时，需要采用专业取证公司的，或者第三方公司提供的软件和工具。

采用第三方公司提供的软件和工具时，必须使用通用的或者已经证实为真实有效的软件。通常，在软件制作工具箱时，可以使用安全计算机内的通用软件或下载安全网站的通用软件，并进行 MD5 或者 SHA 校验。

2. 提供必要的方法记录取证的过程

除了取证工具本身的安全性和合法性外，在取证过程中，也应有一定的机制保障取证人员取证过程能够充分记录下来。通常有两种方法进行记录。

第一种方法，采用人工记录的方法，即在每次操作过程中，均在记录纸上将相关的操作内容记录下来，或者通过摄像的方法记录取证过程和内容。

第二种方法，通过计算机自动记录方法，将每一步操作记录在相应文件内。

上述第二种方法为自动记录方法。一般可以通过批处理命令实现。此时，批处理文件，以及通过批处理文件记录的文件均可以作为证据提交。在法庭上，法官可以通过这些记录检验批处理命令，通过批处理命令生成的命令清单，通过批处理命令提取的证据之间是否合理、可信，从而进行必要的检验。

3. 提供必要的方法保护取证过程中的取证工具的安全性

由于取证主要针对嫌疑人的计算机进行。如果嫌疑人的计算机被黑客入侵，或者感染了计算机病毒，那么其中的破坏性程序便有可能对取证工具箱内的取证工具造成破坏，因此，还必须对其进行必要的保护。为了保障在使用过程中软件使用的安全，一般需将工具箱软件刻录在不可擦写的光盘上，或者存储在有写锁定开关的 U 盘等存储介质上。

（四）常见的取证响应工具

常见的取证工具类别很多，包括命令行工具、系统基本信息记录工具、用户活动状态信息记录工具、网络与端口状态信息记录工具、系统进程与服务记录工具、内存信息记录工具、系统日志信息工具、远程取证工具等。

例如：Windows 中常见的命令行工具 cmd. exe；记录系统基本信息工具 systeminfo. exe，psinfo. exe，date. exe，time. exe；记录用户活动状态信息工具 doskey. exe、PsLoggedOn. exe、PsGetSID. exe；记录网络与端口状态信息工具 ipconfig. exe、arp. exe、netstat. exe、net. exe、fport. exe、Tracert. exe、Nslookup. exe；记录系统进程与服务工具常见的有 PsList. exe、PsService. exe、At. exe、AutoRunsc. exe；记录内存信息工具 PMDump. exe、Userdump、dd. exe；记录系统日志信息工具 psloglist；远程取证工具 PsExec. exe、NC. exe。

（五）取证工具使用要求

1. 取证工具合法性检查方法

取证工具合法是数字证据是否合法的一个前提。为了避免使用非法取证工具，或者因为使用不科学的取证工具而引起取证不全面、不正确或者不确定的缺陷。在取证过程中需要确保整个操作过程都采用确认安全可靠的工具。例如，执行命令的外壳程序使用自己的 cmd. exe，不使用被调查计算机的外壳程序。

为使使用的工具合法，需要将所有使用的取证工具放置在“工具箱”中，在使用前后提供一定的检查方法确保取证工具的合法性。例如，将所有的取证工具进行 MD5 验证，将它们的数字指纹记录在指纹库中。在取证前，同样进行一次验证，当指纹相同时，表明使用的工具是没有被黑客破坏的。

2. 工具使用过程记录方法

易失性数据收集通常会涉及多个不同的命令或者工具。如果不对工具使用过程进行记录，便无法对取证中使用的命令是否科学、是否会对取证证据产生影响等进行具体分析。因为易失性证据的可重复性取证较差，无法通过二次取证分析证据是否科学、合法，只能借助操作程序进行分析。因此，在取证中需要对工具使用过程进行记录。记录方法一般采用程序自动记录，也可通过录像或者其他记录方式进行记载。

3. 取证数据记录方法

易失性数据收集的目标是收集与案件相关的证据，最终需要将获取的与案件相关的数字证据进行固定。因此，必须规划取证数据记录在何处、如何记录等。例如，可以将数字证据固定在刻录光盘上，也可以将数字证据通过打印的方式进行固定。

二、数据全盘固定技术

（一）数据全盘固定基本知识

对存储设备内的数据进行全盘固定是收集证据的常见方法之一。全盘固定存储设备内数据通常是在关机以后进行（使用系统联机复制时，可以不关闭正在运行的关键系统）。数据全盘固定要求完整地、不做任何更改地复制一个存储设备上存储的所有内容。

从复制的对象来看,可以分为三种复制方法:第一种是文件的复制,第二种是分区的复制,第三种是整个存储设备数据的直接复制。数据的全盘固定通常需要对整个存储设备数据进行复制。

从复制技术来看,可以分为两种复制技术:一是逻辑复制,二是物理复制。逻辑复制是指采用操作系统提供的复制工具(如 Windows 提供的剪切、粘贴、XCOPY 等命令)在操作系统管理下进行的标准数据复制操作,或者对逻辑驱动器进行的映像操作。在逻辑复制中,存储设备中与文件系统无关或与分区无关的数据信息会丢失,如未划分到文件系统中的剩余扇区信息。物理复制是按照比特位将存储设备中数据直接一一对应地复制到另一个存储设备和文件的操作。从收集数据的全面性来看,物理复制优于逻辑的复制。从技术上看,所有的相关比特流均被复制了。但是物理复制并不能复制与硬盘相关的特殊信息,如硬盘交叉因子、扇区 CRC 数据以及用户无法访问的其他信息等。数据的全盘固定通常采用物理复制的方法。

根据收集的位置,数据全盘固定可分为本地复制和远程复制。通常,本地复制比远程复制快,并且在硬件要求和技术要求方面能提供更大的灵活性。因各种原因不能直接访问嫌疑机,需要在不被嫌疑人发觉的情况下进行复制时适用远程复制。本地复制有两种复制方法,第一种是机内复制,第二种是机外复制。所谓机内复制,是指被复制的硬盘等存储设备保留在它们各自的计算机内,可通过引导其他盘不对硬盘进行写操作的系统,对机内硬盘进行物理复制。所谓机外复制,是指将硬盘从原机器驱动器中移走,并采用合适的硬件进行直接复制的方法。

机内复制可以对硬件结构比较复杂的存储设备进行数据复制,如 RAID 控制卡。机内复制常采用连接方法有串并行电缆连接、网线连接、USB 连接等。串并行连接方法中,可以用串行电缆或者并行电缆连接分析计算机和嫌疑计算机,并进行复制。如对没有网络接口的便携式计算机取证可采用此连接方法。网络连接方法中,使用无线网络或者交叉线直接连接计算机并进行数据复制。USB 连接方式是采用 USB 连接线连接分析计算机、嫌疑计算机并进行数据复制的方法。

机外复制是数据复制速度相对较快的一种方式。机外复制不需要使用引导磁盘或光盘,也不需要目标机有工作光驱或软驱。它主要在相似存储设备之间复制数据,且在复制数据时采用了硬件写保护工具。机外复制时,需要将被复制的设备,如硬盘,从嫌疑计算机上取下,并通过写保护装置连接到分析机上,并通过物理复制方法复制数据。

根据被复制数据的存储形式,数据全盘固定可以分为介质到介质复制与介质到文件复制两种形式。介质到介质的复制,是指数据在相似几何结构和容量的存储设备之间进行复制,且所有比特都是完全不变地一对一被复制和存储的。介质到文件的复制指的是复制时扇区对扇区的复制,但复制目标是一个镜像文件,且通常镜像文件采用了无损压缩的方法存储以节约空间。

（二）数据全盘固定程序基本要求

1. 收集数据时须有必要的写保护措施

进行数据全盘固定时，对所要获取的数据不能存在任何形式的修改。虽然在复制过程中能够避免有意的修改，但很难避免意外的修改。一旦数据发生修改，不仅破坏整个被收集数据的完整性要求，而且也不容易发现修改的位置。更何况，操作系统的行为并不是每个取证人员均十分熟悉的。例如，当驱动器第一次被 Windows 识别时，Windows 会写入一些额外的签名信息。因此，很难通过人为的技术操作防止程序在不经意间的修改，特别是对原始设备的数据修改。为了避免这种有意或无意的数据修改，一般在取证时，需要采用写保护硬件或者写保护软件，以保护在取证的整个过程中原始驱动器内数据不被修改。写保护硬件是提供只读方式的硬件，其至少存在 2 个接口：一个为输入接口，另一个为输出接口。取证时，数据传输应该是单向的，只能从源设备到目标设备，而不能通过目标设备到源设备进行数据传输。从输出接口类型来看，常见的有火线接口、USB 接口、IDE 接口等。写保护软件是通过绕过标准的操作系统应用程序接口、覆盖基于 13 号中断等方式防止源设备数据被写。例如，digital intelligence 公司的写保护软件 PDBlock（http://www.digitalintelligence.com/）。

2. 收集结束后进行必要的完整性验证。

为了证明被复制的数据在复制过程中没有发生变化，必须验证数据的完整性。数据全盘固定完整性验证，可以在操作的每一步进行验证，也可以待整个介质复制完成，或者某个镜像文件复制完成后进行验证。在验证数据完整性时，可以采用 MD5 验证、SHA－1 验证、SHA256 验证方法中的一种或几种。MD5 验证方法产生 128 位的二进制字符串，SHA－1 产生 160 位的二进制字符串，SHA256 产生 256 位的二进制字符串。在验证时分别将计算机源设备与目标设备对应数据的散列值，比较两者散列值是否相同，如果相同表示取证过程中数据未发生变化，否则就表示取证过程中数据发生了变化。

3. 对数据源设备与目标设备进行必要的记录和区分

对数据全盘固定后，需要对备份的设备，即目标设备，进行分析，以便检索与案件有关联的证据信息。对证据的分析不宜对原始设备进行直接分析。其一，为了防止对原始设备内数据破坏；其二，防止因频繁使用导致原始设备硬件被破坏或失灵；其三，便于其他取证人员对原始设备中数据进行验证和分析。因此，在取证过程中，应该区分源设备和目标设备。在取证时，最好的方法是记录设备的型号和序列号，如记录源硬盘的型号、序列号，目标盘的型号、序列号。在取证结束以后核对取证报告中自动打印出的序列号，确认无误后，签署姓名和日期。如果存在错误，可能是原始设备或目标设备接入方式反了，或者取证设备发生了故障，此时应进行标注，取证失败。

第五节　数据鉴定与分析技术

一、数据鉴定与分析技术概述

电子数据实质上是由二进制字符组成的序列，其含义如何依赖于计算机系统的解释。有时候通过搜索和固定等技术获取的电子数据是否与案件有关联，是否真实可靠等问题还需要通过技术鉴定和分析才能作出判断。还有的时候，即使是寻找与案件相关的线索和证据工作也十分复杂，也要通过分析或鉴定才能找到相关证据。对于这种复杂的取证或者分析工作，一般需要通过计算机司法鉴定完成。通过计算机司法鉴定手段获取电子数据证据时，相关技术手段与前文有很多相似之处，而对电子数据证据进行评估，判断其是否用来证明特定案件事实或者判断与案件的相关性时又存在很多不同之处。

计算机司法鉴定并非仅指一项技术，其主体、程序、方法和标准都要受到现有法律和技术规范的严格规制。一般认为，计算机司法鉴定指有计算机司法鉴定资格的鉴定机构或鉴定人，依法接受委托，并运用计算机理论和技术以及其他相关的专门知识对与计算机相关案件的有关内容进行专业检验、分析、判断、鉴定，并出具鉴定意见的活动。

计算机司法鉴定在所使用技术、鉴定内容、鉴定方法等方面具有自身的特殊性，具有以下几个明显特点。

1. 计算机司法鉴定主体的中立性和独立性

中立性和独立性是我国所有司法鉴定的共同特点和基本特征。中立性和独立性尤其体现在司法鉴定人的诉讼地位上。我国计算机司法鉴定人与英美法系国家的专家证人、大陆法系国家的司法鉴定人地位存在差异。英美法系的专家证人相当于我国的司法鉴定人，但是专家证人属于证人范畴，其出具的意见只能作为证人证言看待。因此，其质证规则跟证人证言证据的规则大体相同。大陆法系国家的司法鉴定人一般被定位为“法官助手”，相对于一般证人具有更高的地位。而我国司法鉴定人是帮助司法机关解决诉讼案件中涉及的专门问题的诉讼参与人，其诉讼地位高于英美法系的国家的专家证人，低于大陆法系国家的法官助手的诉讼地位。我国实行司法鉴定人负责制，鉴定人独立进行鉴定活动并对自己出具的意见负责，以确保鉴定人独立性和中立性。

2. 计算机司法鉴定专门知识的交叉性与复合性

在司法鉴定执业分类中，每一类司法鉴定都利用了其特殊的专门知识解决诉讼中涉及的专门问题。法医学司法鉴定需要具有医学或法医学专门知识；物证类司法鉴定需要具备物证科学技术相关知识；司法会计鉴定需要会计和审计学方面的专门知识；计算机司法鉴定则需要利用计算机科学技术知识。但很多鉴定业务需要同时具有其他专门知识。例如：对计算机中数字图片真伪鉴定不仅需要计算机知识还需要图像技术知识；对计算机案件的损失评估还需要会计和审计等知识；对计算机信息系统安全性评估还需要一定管理学等知识。计算机司法鉴定涉及的专门知识具有交叉性和复合性的特点。这首先是因为很多计算机科学技术本身便涉及交叉学科知识，如图像处理、软件工程等。另外，很多传统鉴定类别所涉材料数字化后必须借助计算机科学技术进行解决，这必然与其他鉴定类别发生交叉，使司法鉴定人作出鉴定意见所需的知识更加具有复合性。

3. 计算机司法鉴定客体的复杂性和抽象性

计算机司法鉴定客体大多数是针对电子数据及其存储或运行的环境。与其他司法鉴定不同，其鉴定客体具有复杂性和抽象性的特点。从形态上看，电子数据可能是静态的，也可能是动态的，它们都可以成为计算机司法鉴定客体。例如，内存中数据的鉴定，其信息内容易发生变化，还有可能会消失。从表现形式上看，电子数据以二进制符号序列形式存在，其表达的信息内容依赖解释的工具和方法，而且有时候具有很强的隐蔽性，使用通用的软件或工具难以发现。例如，被删除后的文件和扇区外的病毒代码，在操作系统级别是很难正常发现的。从鉴定性质看，鉴定事项广泛而复杂，不仅有对数据的鉴定、对程序功能的鉴定，还有对证据取得的真实性、完整性鉴定；不仅有评估证据本身的鉴定，还有发现证据的鉴定。因此，计算机司法鉴定客体具有复制性和抽象性。

4. 计算机司法鉴定技术的多样性和动态性

计算机司法鉴定技术的主要理论是计算机科学技术等相关理论。但计算机理论内容比较广泛，包括计算机系统结构、操作系统、数据库、程序设计、计算机应用、计算机网络、计算机安全等许多理论和技术。因此，计算机司法鉴定涉及的相关理论很多，具体的鉴定技术更加广泛。在对某一特定事项进行鉴定时，有时也可以采用不同的技术方法达到相同或者类似的结果。以“查找与案件相关事实的数字证据”为例，可使用各种不同的数据检索技术、各种数据恢复技术来完成工作。

在计算机及存储设备中的数据具有易失性和脆弱性的特点。通晓一定计算机技术的人能够对某些数据信息进行更改、删除等操作而不留下具有鉴定意义的痕迹。这些数据操作，不像针对传统物证和书证那样，存在某种物理的痕迹可以通过物证技术和理论解决。电子数据的真实性和可靠性有时候仅仅依靠计算机科学技术理论难以解决。为了解决司法鉴定中涉及的这些实务问题，有时候需要借助一定的实验科学方法，对特定的软件、硬件及相关行为进行研究，从中发现科学规律。但这种基于经验或者实验的科学往往具有一定的时效。随着大多数人掌握这些规律后，这种鉴定依据便缺乏可靠性，或者随着技术的发展变化，这种规律缺乏原有科学基础。如果不对这些知识进行更新，依赖过去的规律鉴定，可能作出不客观的鉴定意见。例如，早期对 Microsoft Word 首次形成时的设备进行判断时，常常通过其产生的 GUID（Globally Unique Identifier）作为识别文档最初来源的依据之一。GUID 是 Microsoft Word 文档生成时加在其结构中的与特定计算机设备相关的唯一标识。但由于其涉及隐私问题，微软发布了针对它的补丁程序，在新版本的 Word 文件中，无法生成这种唯一的标识信息。因而，也无法依靠它来识别文档的来源了。

另外，随着计算机科学技术不断发展，诉讼中涉及的新的技术问题也不断出现，如果不及时更新鉴定所涉及的科学技术，很难对这些专门问题进行科学的鉴别和判断。因此，计算机司法鉴定技术具有动态性。例如，近年来手机等移动通信设备的鉴定问题越来越多，如何从手机芯片、SIM 卡、扩展卡和移动通信网络中获取与案件事实相关的数据涉及很多新问题。其中，手机涉及的操作系统种类复杂，手机芯片的连接方式和所需驱动程序也各有不同，数据内容的格式多种多样，随着新品牌和型号手机产品的不断出现，对相关手机的性能、功能和技术等知识也需要不断更新。

5. 某些计算机司法鉴定的鉴定意见具有局限性

计算机司法鉴定所出具的鉴定意见包括明确性意见、倾向性意见和无鉴定意见三种情形。明确性鉴定意见常包括肯定鉴定意见和否定鉴定意见两种。一般情况下，鉴定意见非肯定，便可得出否定结果。但很多计算机司法鉴定案件中，作出肯定意见和否定意见的难度不一样。有的案件缺乏作出肯定性鉴定意见的基本条件，有的案件缺乏作出否定性意见的基本条件，但可以对是否能作出相反鉴定意见的情况进行检验。例如，委托人需要对一张数码照片文件的原始性进行鉴定，但除了数码照片文件本身外，无其他任何可用的信息（如同一照相机所拍的样本照片）。此时，如果数码照片是伪造的，作出鉴定意见的难度相对较低，如通过数码照片文件的 EXIF 信息发现不符合真实情况，便可以作出明确的否定鉴定意见。但如果对数码照片的内容和文件属性检验后未发现编辑痕迹，仍不能作出肯定的鉴定意见。因此，即使鉴定意见中有“未发现伪造现象”的描述，也不等于确定了数码文件的原始性或真实性。

二、计算机司法鉴定的分类

根据不同的分类标准，计算机司法鉴定可以有不同的分类方法。根据计算机系统的不同，可以分为基于主机的司法鉴定、基于网络的司法鉴定。基于主机的司法鉴定主要是指对计算机系统内数据、程序、文件的鉴定，基于网络的鉴定主要是指对计算机网络内运行的状态、位置、程序、数据等的鉴定。根据数据的形态，可以分为静态数据的鉴定和动态数据的鉴定。静态的数据是指在鉴定的过程中一般不随着时间的变化而改变的数据，动态数据是指数据是瞬时的，数据所表达的信息是随着时间的变化而改变的。

按照计算机司法鉴定的性质不同应分为两大类：一类为基于“证据发现”的计算机司法鉴定；另一类为基于“证据评估”的计算机司法鉴定。在基于“证据发现”的计算机司法鉴定中,委托人往往无法提供鉴定所依据的具体“证据”及说明其所能证明的事实问题,这些问题恰恰是需要鉴定人完成的事项。通常来说,委托人仅仅提供一种可能存在证据的场所或者设备,能否发现相关证据则需要鉴定以后才能知晓。这种性质的鉴定常常出现在刑事诉讼中侦查阶段。基于“证据评估”的计算机司法鉴定中委托人往往提供了能证明某种案件事实的“证据”或材料,要求计算机司法鉴定人就这种证据能否证明某种案件事实,或者证明这种案件事实的可信度进行评价。这种性质的鉴定常常出现在诉讼中的审判阶段。

在基于“证据发现”的计算机司法鉴定中,又可以根据采用的技术手段和措施不同,进一步划分为数据内容分析、数据恢复、数据检索与固定、数据来源分析等。上述几种鉴定事项中,委托人均不知道自己所提供的证据材料中存在哪些证据,这些证据能够证明什么样的事实问题。他们希望能够在提供的现有材料基础上,通过鉴定活动发现委托人未掌握或未完全掌握的案件事实,包括案件涉及的时间、地点、人、内容等。当诉讼中发现某些电子数据可能包含案件事实相关信息,但对其信息内容无法理解时,便需要使用数据内容分析,如出现乱码和加密信息。当诉讼案件所涉及的存储设备中可能存在使用正常系统操作无法发现的证据时,便可尝试使用数据恢复技术去分析和发现。如果涉案的存储设备或者网络包含的数据量巨大,需要从中发现与案件相关的线索时,可使用数据检索和固定技术。如果希望通过现有数据信息,找出数据形成的最初来源机器或者溯源数据创建或使用者,则采用数据来源分析技术。此四项内容是基于“证据发现”的计算机司法鉴定常见鉴定事项。

在基于“证据评估”的计算机司法鉴定中,根据所评估“证据”的具体内容和性质不同,又可以分为真伪鉴定、相似性鉴定、安全性评估、功能鉴定、同一鉴定、复合鉴定六种不同的鉴定。诉讼案件中经常涉及对数字证据真实性和可靠性的质疑,对数字证据真实性作出科学的评判是真伪鉴定的主要任务。相似性鉴定则是根据所提供的检材和样本,判断两者在某种性质上的相似程度。安全性评估则是对计算机系统、网络、软硬件等的安全能力进行评估,判断其是否安全及其安全级别的鉴定。在诉讼中还会涉及需要判断程序或代码的功能,这属于功能鉴定的范畴。同一鉴定则是对两份数据文件、软件、设备等是否来源于同一客体,或来源于同一设备进行鉴别的鉴定。复合鉴定是一种相对比较复杂的鉴定,它涉及较多学科知识,或者同一事项同时涉及上述多种鉴定内容的鉴定,如涉案计算机资产损失评估、证据链的评估、用户行为分析、计算机各种复杂应用系统的鉴定等。

三、计算机司法鉴定内容

计算机司法鉴定包括基于“证据发现”的计算机司法鉴定和基于“证据评估”的计算机司法鉴定。在审判程序中,最常见的鉴定内容为后者,此处,重点讨论基于“证据评估”的计算机司法鉴定内容。

基于“证据评估”的计算机司法鉴定最终目的通常是分析和评估涉案证据的关联

性和真实性问题,即评估证据用来证明案件事实的可靠性问题。根据对可靠性评估的具体要求不同,又可以将其分为真伪鉴定、相似性鉴定、安全性评估、功能鉴定、同一鉴定、复合鉴定等不同性质的鉴定。

1. 真伪鉴定

真伪鉴定是指判断检验材料真实性的鉴定。在计算机司法鉴定中,直接判断检验材料的真实性往往难以实现,一般是通过分析影响检验材料可靠性的主要因素,检验其是否符合常见伪造手法的特征,综合评判其可靠性程度,并结合案情最后做出检材是否真实的判断。从鉴定对象来看,真伪鉴定包含的事项非常多,任何作为证据提供的材料均可能成为其对象。从司法鉴定实务来看,电子邮件、聊天记录、数字图像是常见的真伪鉴定事项。

2. 相似性鉴定

相似性鉴定是指文件或代码在某种性质上的相似程度。在司法鉴定实务中,通常多指知识产权领域的相似程度。根据相似性的性质不同,可以将相似性鉴定分为文件内容相似性鉴定、软件代码相似性鉴定等事项。

3. 安全性评估

在涉及与信息安全管理相关的纠纷或刑事案件中,当需要对单位或个人在信息安全管理上的法律责任进行确定,或者对案件中涉及计算机信息系统安全性能进行评价时,需要启动计算机司法鉴定,对计算机信息系统安全性进行评估。安全性评估涉及的事项较多,通常包括计算机信息系统的安全等级和安全保护能力的评估、信息系统漏洞的检测和评估等。前者主要用来确定计算机信息系统的安全保护能力是否达到了规定的等级,后者主要用来判断计算机信息安全系统是否存在某方面的漏洞,以及具体存在哪些漏洞进行评估。

4. 功能鉴定

功能鉴定主要是对计算机软件(包括具有破坏性的程序、合法程序等)的功能、特征进行分析、鉴定。通常情况下,委托人提供的检材为破坏程序目标文件,需要对目标文件二进制程序进行分析,发现该文件是否具有破坏性功能,具有哪些破坏功能和特征进行鉴定。功能鉴定也包括对合法软件是否具有某些特定功能进行鉴定。

5. 同一鉴定

这里的同一鉴定与物证科学技术中同一鉴定类似,指的是比较两文件、代码、信息是否来源于同一客体的鉴定。

同一鉴定与来源鉴定类似,但性质不同。在同一鉴定中,委托人需要同时提供检材和样本,且检材和样本的信息内容基本相似,它是一种基于“证据评估”的计算机司法鉴定。在来源鉴定中委托人只需要提供检材,其目的是寻找和判断检材的最初来源或者其生成或运行路径,是一种基于“证据发现”的计算机司法鉴定。

6. 复合鉴定

复合鉴定是一种相对较复杂的鉴定，往往涉及多学科知识，故其涉及的内容比较多。可纳入复合鉴定中的计算机司法鉴定的，有资产损失鉴定、ERP（Enterprise Resource Planning）系统鉴定、数字证据链鉴定、计算机司法鉴定文书复审等。

思考习题

1. 常见的电子数据检验技术有哪些？
2. 数据搜索技术包括哪些具体技术方法，它们有何区别？
3. 数据收集与固定技术包括哪些具体技术方法，它们有何区别？
4. 数据全盘固定在程序上应注意哪些问题？
5. 数据恢复技术有哪些，它们之间有哪些区别？
6. 计算机司法鉴定的常见事项有哪些？

拓展阅读书目

1. 许爱东、廖根为编著：《网络犯罪侦查实验基础》，北京大学出版社 2011 年版。
2. [美] Harlan Carvey 著：《WIndows 取证分析》，王智慧等译，科学出版社 2009 年版。
3. [美] Bill Nelson 等著：《计算机取证调查指南》，杜江等译，重庆大学出版社 2009 年版。
4. 廖根为著：《计算机司法鉴定：理论探索》，法律出版社 2012 年版。

图书在版编目(CIP)数据

物证技术学教程/许爱东主编.—北京:法律出版社,2016.8
ISBN 978-7-5118-9643-8

Ⅰ.①物… Ⅱ.①许… Ⅲ.①物证—司法鉴定—教材 Ⅳ.①D919.2

中国版本图书馆 CIP 数据核字(2016)第 142109 号

物证技术学教程

许爱东 主编

策划编辑 沈小英
责任编辑 沈小英 吴 镝
装帧设计 汪奇峰

开本 720 毫米×960 毫米 1/16
印张 40 **字数** 677 千
版本 2016 年 8 月第 1 版
印次 2016 年 8 月第 1 次印刷
出版 法律出版社
编辑统筹 财经出版分社
总发行 中国法律图书有限公司
经销 新华书店
责任校对 郭艳萍
责任印制 吕亚莉
印刷 北京嘉恒彩色印刷有限责任公司

法律出版社/北京市丰台区莲花池西里 7 号(100073)
电子邮件/info@lawpress.com.cn
销售热线/010-63939792/9779
网址/www.lawpress.com.cn
咨询电话/010-63939796

中国法律图书有限公司/北京市丰台区莲花池西里 7 号(100073)
全国各地中法图分、子公司电话:
第一法律书店/010-63939781/9782
西安分公司/029-85388843
重庆公司/023-65382816/2908
上海公司/021-62071010/1636
北京分公司/010-62534456
深圳公司/0755-83072995

书号:ISBN 978-7-5118-9643-8
定价:88.00 元
(如有缺页或倒装,中国法律图书有限公司负责退换)